江西统计年鉴

JIANGXI STATISTICAL YEARBOOK

2004

总第 22 期

江西省统计局 编

中国统计出版社
China Statistics Press

（京）新登字 041 号

图书在版编目（CIP）数据

江西统计年鉴. 2004/江西省统计局编. —北京：中国统计出版社，2004.4
ISBN 7-5037-4331-X

Ⅰ.江... Ⅱ.江... Ⅲ.统计资料—江西省—2004—年鉴 Ⅳ.C832.56-54

中国版本图书馆 CIP 数据核字（2004）第 032250 号

江西统计年鉴-2004

作　　者/ 江西省统计局
责任编辑/ 蔡启新　洪安
E - mail/ yearbook@stats.gov.cn
封面设计/ 梁步新
出版发行/ 中国统计出版社
通信地址/ 北京市西城区三里河月坛南街 75 号　中国统计出版社
邮　　编/ 100826
电　　话/（010）63262295
印　　刷/ 江西宜春资料印务有限公司
经　　销/ 新华书店
开　　本/ 890×1240 毫米　1/16
字　　数/ 1085 千字
印　　张/ 37.5
印　　数/ 1800 册
版　　别/ 2004 年 7 月第 1 版
版　　次/ 2004 年 7 月第 1 次印刷
书　　号/ ISBN 7-5037-4331-X/F·1796
定　　价/ 260 元

《江西统计年鉴—2004》编辑委员会

熊根泉　　省粮食局局长
查俊如　　省安全生产监督管理局局长
王小烈　　省地质矿产勘察开发局局长
揭国雄　　省烟草专卖局局长
贺爱民　　省煤矿安全监察局局长
吴　浈　　省食品药品监督管理局局长
刘　鹰　　省体育局局长
陈卫民　　省民族宗教事务局局长
傅伯言　　省社科院院长
周文斌　　南昌大学校长
游　海　　江西师范大学校长
罗奇祥　　省农科院院长
刘红宁　　江西中医学院院长
钟际跃　　省供销社主任
操香水　　省农垦事业管理办公室主任
陈兰洲　　省机械行业管理办主任
张志豪　　省扶贫办主任
吴中东　　东航江西分公司总经理
魏新安　　省建材集团公司总经理
李发昌　　省医药集团公司总经理
史书愚　　省稀有稀土金属钨业集团公司总经理
包章日　　省物资集团公司总经理
毛日峰　　省电力公司总经理
易光景　　省煤炭集团公司总经理
姚迪明　　省投资公司总经理
黄晓春　　省林科院院长
罗永银　　省公安厅警卫局局长
黄金辉　　省交通稽查征费局局长
丁金祥　　省测绘局局长

总 编 辑：王建农

副总编辑：邓盛平　孙菊生　彭师怀　彭道宾

《江西统计年鉴—2004》编辑部

编 者 说 明

一、《江西统计年鉴—2004》是一本统计信息密集、综合性强的资料书。它通过统计数字,向广大读者系统地、全面地介绍江西省国民经济、科学技术和社会发展情况,为各级领导和有关部门研究经济发展战略、制订规划、管理经济提供统计数据;为农、工 、商企业,生产经营,贸易交往,投资决策和科研机构、大专院校科研教学提供较全面、翔实的经济信息。

二、本《年鉴》以2003年各项统计资料为主。全书内容分为21个篇目,即:综合,人口,从业人员和职工工资,固定资产投资和房地产开发,能源生产和消费,物价,人民生活,城市建设、环境保护、水资源和气象,农业,工业,建筑业,交通运输、邮电通讯业,国内贸易,对外经济贸易和旅游,财政、金融、保险,科技、教育、文化, 卫生、体育、社会福利及其他,企业调查,市、县基本情况,各省、市、自治区主要经济指标及2003年江西统计工作大事记。篇末附有《主要统计指标解释》,对主要统计指标的含义、统计范围和统计方法以及历史上的变动情况,作了简要说明。

三、本《年鉴》对以前发表的统计资料重新予以审核,凡与本《年鉴》资料有出入的,均以本年鉴为准。

四、本《年鉴》统计表中的符号使用说明:

"..."表示数据不足本表最小计量单位数;

空格表示该项统计数据不详或无该项数据;

"#"表示其中的主要项。

五、本《年鉴》自问刊出版以来,备受广大读者的关心和支持。为使本《年鉴》不断改进和完善,更好地满足社会各界的需要,敬希广大读者提出宝贵意见。

目　录
CONTENTS

三、就业人员和职工工资
CHAPTER 3 EMPLOYMENT AND WAGE

四、固定资产投资和房地产开发
CHAPTER 4 INVESTMENT IN FIXED ASSETS AND REAL ESTATE DEVELOPMENT

五、能源生产和消费

CHAPTER 5　PRODUCTION AND CONSUMPTION OF ENERGY

六、物价

CHAPTER 6　PRICE

七、人民生活
CHAPTER 7 PEOPLES LIVELIHOOD

九、农业
CHAPTER 9 AGRICULTURE

十、工业
CHAPTER 10 INDUSTRY

十一、建筑业
CHAPTER 11 CONSTRUCTION

十二、交通运输、邮电通讯业
CHAPTER 12　TRANSPORTATION,POSTAL AND TELECOMMUNICATIONS

十三、国内贸易
CHAPTER 13　DOMESTIC TRADE

十四、对外经济贸易业和旅游

CHAPTER 14 FOREIGN ENCONOMY TRADE AND TOURISM

十五、财政、金融、保险
CHAPTER 15 PUBLIC FINANCE,BANKING AND INSURANCE

十六、科技、教育、文化
CHAPTER 16 SCI－TECH,EDUCATION AND CULTURE

十七、卫生、体育、社会福利及其他
CHAPTER 17 PUBLIC HEALTH, SPORTS, SOCIAL WELFARE AND OTHERS

十八、企业调查
CHAPTER 18 ENTERPRISE INVESTIGATION

十九、市、县基本情况
CHAPTER 19 BASIC STATISTICS OF CITIES AND COUNTIES

二十、各省、市、自治区主要经济指标

CHAPTER 20 MAIN ECONOMIC INDICATORS OF PROVICES, AUTONOMOUS REGIONS AND MUNICIPALITIES DIRECTLY UNDER THE CENTRAL GOVERNMENT

实现江西在中部地区崛起 塑造江西人新形象

风采展示篇

策划、创意：梁步新
编辑：刘　翔　喻林华
制作：袁善斌

江 西 省

副省长兼公安厅长：蔡安季

省委书记孟建柱，省委副书记、省长黄智权等领导接见“井冈山模范消防大队”代表

省领导亲切接见全省第二十四次公安会议代表

蔡安季副省长与全国优秀青年卫士万凯亲切合影

2003年，在省委、省政府和公安部的正确领导下，全省公安机关以“三个代表”重要思想为指导，按照“服从经济建设这一中心，坚持警务工作和队伍建设两手抓，突出维护社会政治稳定、严厉打击严重刑事犯罪、强化安全防范和治安管理三条主线，实施固本强警、改革强警、科技强警、素质强警四项战略”的全省公安工作基本思路，充分发挥职能作用，较好地维护了全省社会政治稳定和治安稳定，为全省改革开放和经济建设的顺利进行提供了有力的保障。一是始终抓实抓好维护稳定的各项工作，确保了全省社会政治持续稳定。严密防范、严厉打击了境内外敌对势力、敌对分子的渗透、破坏活动，有效预防和妥善处置了群体性事件，积极参与了防治非典斗争，精心组织了对警卫对象、重要会议、重大活动的警卫和重要节日的安全保卫工作，有针对性地开展“两打一反”夏季攻势、指纹破案会战、“百日打防整治”大会战等一系列专项斗争，不间断地开展烟花爆竹、交通、消防安全整治活动，确保了全省社会政治和治安的持续稳定，二是保持对刑事犯罪的高压态势，促进了全省社会治安秩序的进一步好转。今年以来，全省各级公安机关坚持严打方针不动摇，保持对刑事犯罪的高压态势，强力遏制了刑事案件上升的势头。全年全省各类刑事案件发案下降了3.8%，其中放火、爆炸、投毒、杀人、抢劫、盗窃、诈骗、绑架等八大暴力性案件继续保持下降态势。破获了一批大要案件，抓获了一批违法犯罪人员，摧毁了一批犯罪团伙，社会治安状况进一步好转。三是深入开展各项治安整治行动和安全大检查，及时解决了一批治安突出问题和安全隐患。认真开展了危爆物品、道路交通安全和消防安全检查整治工作，严厉查处打击了“毒赌色”和制售假文凭证照等违法犯罪活动，及时解决了社会治安突出问题和安全隐患。四是全面推进城市社会治安防控体系建

第二十四次全省公安会议在南昌胜利召开

公 安 厅

设，进一步强化了公安基层基础工作。认真贯彻“打防结合、预防为主”的方针，全面推进了社会治安防控体系建设，不断加大了警务运行机制改革的力度，进一步实施社区警务战略，大力加强以派出所为重点的基层所建设，建立健全群防群治队伍，提高了在动态开放条件下驾驭治安大局的能力；五是不断改革创新公安行政管理，提高了服务经济建设的质量和水平。在公安部30项便民利民措施基础上，省公安厅及时推出了20项便民利民措施，认真开展了政务环境评议评价工作，提高了服务经济建设的质量和水平。

公安部副部长赵永吉视察西湖公安分局筷子巷派出所

六是以牢固树立执法为民思想为重点，有力推动了全省公安队伍建设。在全省广大公安民警中根植立警为公、执法为民的思想观念，坚持从严治警，突出强化各级公安机关领导班子建设，迅速启动了全员教育培训，坚持“凡进必考”，深入开展了对队伍突出问题的六项整治，严格执行“五条禁令”，颁布实施了“三项禁止”，公安队伍的面貌发生了可喜的变化，增强了公安队伍的整体素质和战斗力，基本实现了队伍建设明显进步和社会治安明显好转的目标。

“金盾2004”江西反恐处突综合演习在南昌举行

江西公安召开向任长霞同志学习座谈会

井冈山消防大队被国务院、中央军委授予“模范消防大队”荣誉称号

全省“公正执法树形象”先进事迹报告团赴各地巡回报告

举办全省警务实战技能骨干教官暨大练兵师资培训

江 西 省

厅党组书记、厅长：胡幼桃

2003年，是我省财政事业取得重大突破的一年。在省委、省政府正确领导下，财政部门全面贯彻“三个代表”重要思想，以改革体制、创新机制、增强发展的动力和活力为突破口，大力组织收入，确保重点支出，全省财政总收入完成284.9亿元，增长21.5%，其中地方财政收入完成167.4亿元，增长19.1%，增幅在全国的排位，由上年的第20位前移到第7位。全省财政总收入占GDP的比重提高了0.5个百分点，地方财政收入占全国地方财政收入的比重提高了0.05个百分点，两个主要指标双双提高，标志着我省经济运行质量明显改善，与全国的发展差距正在缩小。

概括起来说，去年我省财政运行情况呈现出三大特点：第一个特点是，全省财政总收入增量、增幅和占GDP比重创了“三个新高”。一是全省财政总收入增收额达50.5亿元，创历史最高水平；二是占GDP的比重突破10%，创近二十年来的最高水平；三是增幅突破20%，创1994年“分税制”以来的最高增幅。第二个特点是，全省地方财政收入呈现出“三个加快”。一是2003年地方财政收入提前20天完成全年预算任务，收入进度明显加快；二是11个设区市平均增幅达19.3%，比上年提高9.5个百分点，市县收入增速明显加快；三是工商税收增幅达23.9%，高于上年增幅10.2个百分点，增速明显加快。第三个特点是，全省财政支出做到了“三个加大”。一是加大了对市县的支持力度。2003年省败政下达各项财力性补助达66.2亿元，比上年增加8.5亿元；二是加大了低收入群体和困难群众经费的保障力度。去年全省抚恤和社会福利救济支出增长32.7%，社会保障补助支出增长28.9%；三是加大了支农、教育、科技投入力度。去年支农、教育、科技支出同口径分别增长16.9%、13.5%和23%，高于经常性财政收入的增长。

省委副书记、常务副省长吴新雄，副省长孙刚在财政厅视察工作

2004年是全面贯彻落实党的十六大精神、实现江西在中部地区崛起的关键之年，做好今年的财政工作意义重大。按照省委十一届五次全会的统一部署，今年财政工作的总体任务和要求是：“开创新局面，取得新突破，再上新台阶”。围绕这一要求，财政工作的基本思路是：以邓小平理论和“三个代表”重要思想为指导，努力实现：“一个保持，两个提高，三个增强，四个倾斜，五

全省财政工作会议

财　政　厅

个确保，六项改革”。“一个保持”，就是保持全省财政收入快速协调健康发展的好头；“两个提高”，就是提高全省财政总收入占GDP比重，提高地方财政收入占全国地方财政收入比重；“三个增强”，就是增强困难地区财政保障能力，增强县市内在发展动力和活力，增强各地培植财源发展经济的后劲；“四个倾斜”，就是财政资金重点向“三农”倾斜，向社会发展倾斜，向生态建设和环境保护倾斜，向扩大就业和再就业、完善社会保障体系和改善困难群众生活倾斜；“五个确保”，就是确保行政事业单位国家标准工资按月足额发放，确保机构正常运转，确保社会保障资金落实到位，确保维护社会稳定支出需要，确保教育、支农、科技支出增长达到法定要求；“六项改革”，就是农村税费改革、出口退税机制改革、部门预算制度改革、财政国库管理制度改革、“收支两条线”改革和政府采购制度改革。我们将继续强化服务，改进作风，上下联动，扎实工作，全面推行“八项服务承诺”，高标准、严要求，切实做到全方位服务、全过程服务、文明高效服务，为社会提供最满意的服务。

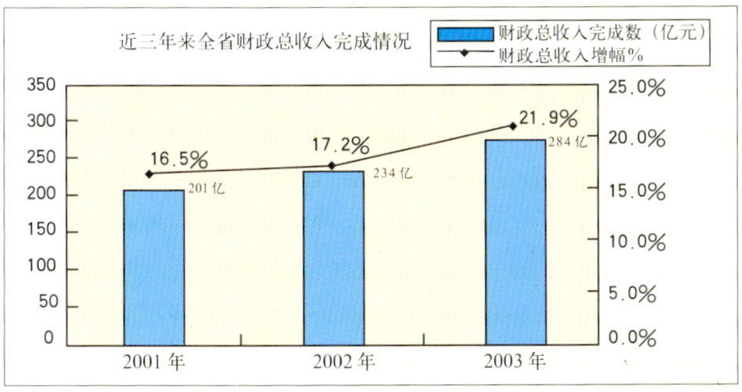

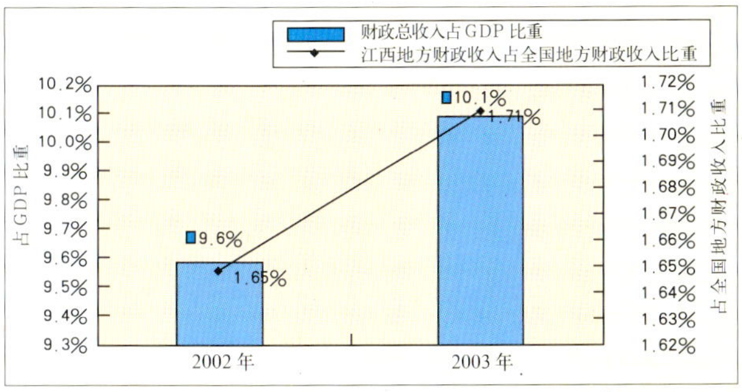

财政干部系列讲座

全省粮食直补和良种补贴工作座谈会

全省财政系统推行“八项服务承诺”优化政务环境电视电话会议

丰富多彩的职工文化生活

江 西 省

厅党组书记、厅长：胡柏龄

2003年，在省委、省政府的正确领导下，全省建设系统广大干部职工解放思想、求实创新、奋力拼搏、乘势而上，城市化和城乡建设事业取得了新的成绩，实现了新的突破，主要体现为八个进一步：一是城市化进程进一步加快。全省城市化健康快速推进，到2003年底，全省城市化水平达到34.02%，比上年提高1.82个百分点。中心城市加快了做大做强的步伐，全省设市城市建成区面积达到600平方公里，同比增长19.68%，人口达到750万人，同比增长10.1%。中心城市的聚集力和辐射力进一步增强，对全省城市化的推动作用开始显现。二是城乡建设投资力度进一步加大。全省县城以上城市建设投资总额为315.95亿元，同比增长101.72%，占全省固定资产投资额的22.89%，建设行业投资对经济增长的贡献率达41.92%。其中城市基础设施建设投资首次突破100亿元，达131.68亿元，同比增长170%。此外，村镇建设投资达120亿元，同比增长10%。建设投资的大幅增长，为全省经济发展做出了突出贡献。三是房地产业进一步发展。全年房地产开发投资173.78亿元，同比增长82.2%，增幅居全国第二，中部第一。商品房新开工面积、竣工面积、销售面积同比分别增长72.8%、98.2%、92.4%。四是城市建设水平进一步提高。全省工业园区和城市新区发展更为迅速，城市框架进一步拉开，城市建设的重点正在由扩大规模、整治市容向做大产业、完善功能转变，城市建设水平和城市发展质量显著提高。小城镇建设稳步推进，大中小城市和小城镇协调发展的局面正在形成。这标志着我省的城市化有了实质性的变化。五是建筑业支柱产业地位进一步确立。全社会建筑业增加值

厅领导经常深入地市，现场指导城市规划和建设工作

召开全省建设工作会议布置全省城建工作

建 设 厅

达385亿元，同比增长41.7%，占全省GDP总量的13.6%。建筑业对经济发展的贡献率有了显著提高。六是行业监管职能进一步加强。规划监管水平有了很大提高，规划控制体系日臻完善。整顿规范建筑市场和房地产市场秩序工作向规范、治本拓展，建筑工程质量稳步提高。住房公积金机构调整工作基本完成。七是政务环境状况进一步改善。政务环境“双评”活动成效明显，解决了一大批群众关心的热点、难点问题，各级建设行政主管部门的工作作风、服务质量、管理方式明显改进。八是市政公用设施水平排序进一步前移。人均城市建设维护资金由全国的第27位上升为第14位；人均生活用水量由第9位上升为第7位；人均道路面积由第24位上升为第20位。用水普及率和燃气普及率在中部六省中列第一位；人均拥有城市维护建设资金，人均日生活用水量和人均公共绿地面积在中部六省中列第二位。

我厅与省农行签订城镇建设项目5年合作协议，争取50亿贷款支持全省城镇基础设施建设

越来越多的开放式公园是人们休闲的好场所

我省城市面貌日新月异

南昌八一大桥

江 西 省

全省农业工作会议

2003年，是我省农业和农村工作极不平凡的一年。突如其来的“非典”，局部地区严重洪涝以及百年未遇的持续干旱，使我省农业和农村工作经受了严重的挑战。在复杂而严峻的形势面前，各级农业部门在省委、省政府的正确领导下，以“三个代表”重要思想为指针，认真贯彻中央农村工作会议和全省农村工作会议精神，紧紧围绕农产品竞争力增强、农业增效和农民增收的目标，积极主动，沉着应对，做了大量卓有成效的工作，取得了农业经济发展、农村社会稳定的可喜成绩。

果业专家在果园现场传授果树管理技术

广大农民群众盼科技下乡

农业执法队伍在抽查农业产品

农业生产稳定发展。除粮食因面积调减和灾害减产外，其他主要农产品均有较大幅度增长。去年全省早稻全面丰收，一季稻和二晚则受旱灾影响，普遍减产。全省粮食播种面积4577万亩，比上年减少205.3万亩，总产1450.3万吨，减产99万吨。油料作物播种面积1051.7万亩，减少0.44%，总产84.4万吨，增长2.4%。经济作物面积1990万亩，比上年增加100万亩，棉花总产8.5万吨，增长26.9%，水果总产80万吨，与上年基本持平。蔬菜、瓜类、茶叶、中药材、花卉等作物产量增长幅度较大，甘蔗、蚕桑、苎麻与去年基本持平。全省出栏生猪2000万头，增长1.99%，肉类总产量217万吨，禽蛋产量48万吨，鲜奶产量10万吨，分别增长3%、4.5%和10.8%。水产养殖面积533万亩，增加10万亩，水产品总量达到146万吨，增长5.6%。农机装备水平进一步提高，农机总动力达到1229万千瓦，增长10.4%。

农业结构调整不断推进。全省优质早稻播种面积1214.9万亩，占早稻面积的82.48%，提高了3.17个百分点；高档优质晚稻面积800万亩，增长17.7%；双低优质油菜播种面积达437.6万亩，占油菜播种面积的60.4%，提高9.7个百分点。草食畜禽继续保持良好发展势头，出栏肉牛、肉羊114万头和108万只，分别增长10%和8%。鳗鱼、青虾、河蟹等特种水产品产量43万吨，增长17.4%。

农产品质量安全水平稳步提高。无公害食品行动计划全面实施，主要农产品农药残留超标率比上年下降了4.5个百分点，瘦肉精检出率下降3.8个百分点。针对不同的生产季节，加大了对主要农产品市场产地和市场的检测力度，全年共抽检样品8917批次，其中蔬菜

农 业 厅

瓜果样品8257批次，生猪样品630批次，水产品30批次。同时，推动了全省各地的检测工作。据初步统计，全省共抽检样品10万余批次，其中蔬菜样品9万批次，畜产品1200余批次，水产品300余批次。

农村经济较快增长。2003年，全省农业总产值875亿元，比上年增加50.5亿元，增长6.12%；农业增加值560亿元，增加24.02亿元，增长4.48%。农民纯收入达到2458元，增加124元，增长5.3%，在中部六省中增长绝对额低于山西、湖南、湖北，位居第四，增长幅度列山西之后，位居第二。农民纯收入中外出务工收入727.49元，占29.6%，比上年提高1.4个百分点。

农业产业化经营取得新突破。针对当前我省农村市场竞争主体发展滞后，农业产业化龙头企业与农民利益联结机制不强的实际，着力培育农村市场竞争主体，大力推进农业产业化经营。目前，全省拥有各类产业化组织总数达到了3916个，比1999年增加了1380个，增长54.4%，其中龙头企业带动型2096个，占总数的53.5%，主要表现形式是公司加农户、公司加基地加农户型。全省年销售收入亿元以上的龙头企业31个，比1999年增加了12个；中介组织带动型931个，占总数的23.8%；专业市场带动型445个，占总数的11.4%；能人带动等其他形式的444个，占总数的11.3%。

开放型农业发展取得了新跨越。全省农业部门把发展开放型农业作为重中之重的工作来抓，采取多种形式，广泛开展农业招商引资活动。据统计，去年全省农业累计引进外商投资项目1141个，合同金额125亿元，实际进资42.6亿元，完成全年计划的300%。农产品出口势头良好，据海关、商检部门提供的数据，全年全省农产品出口创汇总计10010万美元，比上年增加1075万美元，增长92%，大米、生猪、水产品继续成为我省农业出口创汇的当家品种。

2004年是充满希望、大有作为的一年。在省委、省政府的正确领导下，我们将以“三个代表”重要思想为指针，认真贯彻党的十六大、十六届三中全会精神和省委第十一届五次全会、全省农村工作会议精神，进一步转变职能，转变作风，深入农村，团结奋斗，为增加农民收入，全面建设小康社会，实现江西在中部地区崛起作出新的贡献。

省委副书记彭宏松、副省长危朝安来我厅视察

优质农产品深受广大农民群众欢迎

农资打假服务队深入农村广泛宣传

农业机械在现代农业中充分发挥作用

江 西 省

厅领导班子规划全省林业新发展

省委书记孟建柱参加义务植树

2003年，在省委、省政府的正确领导下，省林业厅认真学习贯彻《中共中央、国务院关于加快林业发展的决定》，紧紧围绕“一个提高、两个调整、三个搞活”的林业发展思路，与时俱进，求真务实，大力开展城乡造林绿化，依法严格保护森林资源，林业建设和改革继续保持了良好的发展态势。

造林绿化稳步推进 2003年，我省继续实施大工程带动大发展战略，依托退耕还林、长江珠江防护林等国家林业重点工程，不断创新经营机制，改进工作方法，有力推动了造林绿化事业的快速发展。全年共完成人工造林338.7万亩，新增封山育林31.3万亩，四旁植树6746万株，林木育苗8.8万亩，义务植树8560.26万株。

森林资源保护持续加强 切实加强了国家生态公益林保护工程建设，认真开展林业严打专项整治工作，不断强化林地征占用管理，有效促进了森林资源增长。进一步加大自然保护区和森林公园建设力度，至2003年底，全省建成各类自然保护区131个，自然保护小区7000余处，总面积1533.6万亩；建成省级以上森林公园67处，其中国家级森林公园23处，总面积441.15万亩。

林业产业快速增长 通过加大对林业优势产业和优势企业的扶持，做强做大林业龙头企业。积极扩大林业开放和招商引资工作，大力发展苗木花卉、森林旅游、森林食品、森林药材等新兴产业，

现代化的木材加工企业

林　业　厅

林业经济不断壮大。2003年全省实现林业总产值219.57亿元，较2002年增长22.2%，林业总产值跃居全国前十强。

林业改革全面深化　全面深化林业分类经营改革、林业产权制度改革、国有林业场圃改革和国有森工企业改制工作，不断调整林业生产关系，优化林业生产要素配置，提高林业生产力。进一步完善林业发展措施，真正落实“谁造谁有，合造共有”的政策，非公有制林业快速发展，全社会办林业氛围日趋浓厚。

2004年，省林业厅将以党的十六大精神为指导，紧紧围绕全面建设小康社会这个中心，树立科学发展观，认真贯彻落实《中共江西省委、省人民政府关于加快林业发展的决定》，进一步深化林业改革，完善配套政策，强化管理措施，创新工作方法，为实现“在全国率先跨入林业可持续发展新阶段”的奋斗目标开好局、起好步，为建设山川秀美的新江西作出更大的贡献。

毛竹丰产林

省树——樟树

生态公益林保护区

鄱阳湖国家级自然保护区

江西省工商

局党组书记、局长：朱张才

省局领导在市场检查工作

2003年，江西省工商行政管理部门坚持以“三个代表”重要思想为指导，在省委、省政府和国家工商总局的领导下，主攻服务经济发展这个大局，抓监管、促发展、树形象，各项工作取得了明显的成效：一是全省工商系统坚持用“三个代表”重要思想统揽全局、指导工作，有力地促进了工商行政管理各项工作。通过在全系统广泛兴起学习贯彻“三个代表”重要思想的新高潮，进一步提高了对“三个代表”重要思想、科学体系、科学内涵和精神实质的把握，进一步坚定了立党为公、执政为民的信念。二是在今年抗击非典斗争中，全省工商系统坚决贯彻落实党中央、国务院和省委、省政府、国家工商总局的一系列重大决策和部署，全力以赴加强市场监管，严厉打击利用防治非典名义制假售假、发布虚假广告，无照经营等各种违法违章行为，有力地维护了市场秩序，确保了社会稳定。三是全省工商系统按照省委、省政府和国家工商总局的工作部署，坚持“标本兼治，重在治本”的方针，继续大力整顿和规范市场经济秩序，规范市场主体准入行为，严把市场准入关，加大了打假维权工作力度、强化了反不正当竞争执法工作，严厉打击了各种扰乱社会经济秩序的违法行为，切实维护了市场经济秩序。2003年共部署了元旦春节市场整治、农资市场整治、食品药品市场整治、“毒鼠强”市场整治等近二十次市场专项整治行动。截止2003年底，共查处各类违法违章案件18623起，总案值达15972.6万元，捣毁制假窝点321户。四是充分发挥工商行政管理职能，全力为经济发展服务。全省

打假扶优，对假冒伪劣商品严打不手软

全省工商系统集中销毁假冒伪劣商品

行政管理局

工商系统进一步提高了办事效率和服务水平，积极支持国有企业改组改制，大力促进个体私营经济做大做强，积极帮助、指导“金圣”、“华意”、“四特”等企业争创驰名商标。2003年江西个体私营经济呈现持续健康、快速发展的良好势头，创年度发展最高增速，两个重要指标双突破：全年纳税额56.92亿元，占全省财政收入的20.04%；个私经济国内生产总值569.962亿元，占全省GDP总量的20.14%。发展质量、效益显著提升。工商部门在执行国家减免防治非典期间行政事业性收费的规定和落实下岗失业人员再就业优惠政策上不折不扣，充分体现了工商部门的政治意识、大局意识。

基层工商组织学习

全系统共减免防治非典期间各种规费2288万元，扶持下岗失业人员再就业减免行政性收费和垫付的工本费合计1002.7万元。五是市场监管制度改革迈出了新步伐。全系统大力推进企业信用体系建设，积极实施商品准入制度，加快了信息化建设，市场监管效能进一步提高。六是敢于、善于破解难题，工商体制机构改革取得明显进展。基层工商所国家公务员考录工作进度加快，经省人事厅批准，全省共有5022人分六批被录用为公务员并通过了初任培训。对市场办管脱钩移交遗留问题的处理，加强了领导，进行了全面调查摸底，为做

基层工商人员巡查市场

好下步工作打下了良好的基础。市、县工商局机构改革正有计划、有步骤地稳步推进。七是进一步加强了信访工作，维护了稳定。2003年信访量与上年同期相比大幅度下降，来省上访的批次、人次分别下降了50%和61%。八是进一步加强了队伍建设，队伍素质有了新的提高。通过加强领导班子建设、基层建设、党风廉政建设、行风建设，进一步提高了干部领导能力，提高了队伍的整体素质，增强了队伍的依法行政、文明执法意识，工商部门执法形象进一步改善。

省工商局积极扶贫

江　西　省

国家税务总局谢旭人局长在江西调研，省委副书记、常务副省长吴新雄陪同，李安泽副局长参加了陪同

2003年，是全省地税事业加快发展的一年。全系统干部职工以“三个代表”重要思想为指导，牢牢把握发展第一要务，围绕“一个中心”（组织地税收入），加强“两项建设”（领导班子建设、党风廉政建设），狠抓“三个重点”（深化征管改革、争创文明行业、加快基层建设），推进“四个创新”（观念创新、制度创新、管理创新、机制创新），取得了以组织收入为中心的各项地税工作的全面进步。突出表现为：全省地税部门累计完成地税收入84.8亿元，比上年增长23.6%，完成年计划的111.3%，收入增幅仅次于江苏、上海、浙江，列全国地税系统第四位，跃居中部六省之首；连跨70亿和80亿两个台阶，占全省GDP和地方财政收入的比重分别比上年提高0.2和1.8个百分点；收入总量在全国排位，由2002年的第24位上升到2003年的第22位，是自1996年以来地税收入增长幅度最大、完成进度最快、收入质量最好的一年。在省政府组织开展的政务环境评议评价工作中，被评为“先进单位”，包括省局机关和11个设区市局机关在内的71个地税局被推荐为“省级文明单位”。与此同时，全省地税新一轮征管改革快速推进，基层建设全面展开，新的工作运行机制正在形成，初步实现了“比重提高，位置前移，形象更新”的工作目标，全系统上下呈现出“人心思上，精神变样”的喜人局面。

2004年，围绕“比重提高，位置前移，形象更新”的工作目标，全省地税工作的总体思

国家税务总局钱冠林副局长在江西调研

在全省地税工作会上，常务副省长吴新雄、省人大副主任蒋仲平、副省长孙刚、省政协副主席雍忠诚为先进单位颁奖

地 税 局

路是：以党的十六大和十六届三中全会精神为指针，全面贯彻省委十一届五次全会和全国税务工作会议精神，树立科学的发展观，以组织收入为中心，以深化征管改革为总抓手，狠抓“两项建设”（征管基础建设、基层建设），强化“两项管理”（机关管理、单项税种管理），实现“三个突破”（精神文明建设有新突破、人事制度改革有新突破、干部教育培训工作有新突破），努力提高税收征管水平和行政管理水平，推动地税各项工作再上新的台阶。

国家税务总局王力总经济师在江西调研

李安泽副局长考察基层信息化建设情况

李安泽副局长深入基层所进行调研

江西省

局长：刘鹰

省体育局在省委、省政府的正确领导下，全省体育战线以“三个代表”重要思想为指导。认真实施《体育法》和全民健身计划纲要及奥运争光计划，成功举办了江西省第二届全民健身运动会暨省“四办”机关首届健身运动会，狠抓各项工作的落实，圆满完成了各项工作任务。

一、以“三个代表”重要思想为指针，深入贯彻学习十六大、十六届三中全会和省十一届四次全会精神，坚持学习为先，以学习促进思想建设、素质建设、队伍建设和廉政建设。全省体育系统通过中心组学习、支部生活、主题课和请专家进行辅导讲座等形式，把十六大和十六届三中全会精神和“三个代表”重要思想，学深学透，提高了群众的思想觉悟、政治水平。

省委书记孟建柱参加运动会健身走比赛

二、深入开展政务环境评议评价活动，以评议促机关作风建设。去年7月起，省政府在省直单位开展了政务环境评议评价活动，局党组多次召开专门会议，传送学习省政府政务环境评议评价电话会议精神，研究政务环境评议评价工作。

三、战“非典”，确保各项工作顺利进行。上半年，面对“非典”疫情的严峻形势，按照全国和省里的统一部署，把抗非典当作一项政治任务来抓，及时成立了省体育局防非领导小组，印发了《关于开展全民健身活动，积极预防非典的通知》，开放体育场馆，动员全省体育工作积极自防，大力开展健身活动，抵御非典。

全省体育工作会议

四、宣传学习贯彻赣发[2003]16号文件和全省体育工作电视电话会议精神，进一步明确了目标，增强了信心。去年10月17日，省委、省政府下发了《关于进一步加快体育事业发展的决定》。11月5日，省政府召开了全省体育工作电视电话会议，深刻认识发展体育事业的重要意义，以贯彻落实党中央、国务院《关于进一步加强和改进新时期体育工作的意见》为契机，与时俱进，扎实工作，努力开创新时期体育工作的新局面。

五、以省第二届全民健身运动会为重点，深入开展全民健身活动。全省群众体育以“努力构建面向群众的多元化体育服务体系，多层次、全方位地满足群众健身的需求”为目的，以“科学锻炼、有益健康”为主题，以省第二届全民健身运动为重点，积极开展多种形式的丰富多彩的全民健身活动。

省体育局领导参加发展体育产业动员大会

六、成功地举办了“庐山杯”江西省第二届全民健身运动会暨省“四办”机关首届健身运动会。去年5月11日，“庐山杯”江西省第二届全民健身运动会在南昌市举行。本届运动会历时半年，全省11个设区市、市直机关、100个县（市、区）和34个厅局举行了开幕式，43个行业系统、16所高等院校、35个协会组团参加了各项比赛，参

体育局

与人数超过1000万人次，上至省主要领导，下至普通百姓，都置身在全民健身的热潮中。

七、以深化训练体制改革为重点，加强优秀运动队管理，全力备战奥运会、全运会和城运会。上半年，省体育局对原体工大队、省体育场、省足球运动管理中心进行资源整合，成立了省田径游泳运动管理中心、省体操运动管理中心、省球类运动管理中心，局后勤服务中心。

八、参加全国以上比赛，取得好成绩。去年10月，全国第五届城市运动会在湖南长沙举行，江西体育代表团一行200余人，参加了田径、游泳、乒乓球、羽毛球、体操、跳水、赛艇、皮划艇、射击、摔跤、柔道、跆拳道、武术、足球共14个大项95个小项，获6枚金牌、8枚银牌和1枚铜牌，金牌总数列全国第十六位的历史最好成绩。

九、精心部署、周密实施新周期“0809”工程，狠抓青少年体育训练工作。为积极实施《江西省2001－2010年竞技体育改革与发展规划》，部署周期少儿训练工作，制定了《2003－2006年江西省青少年体育训练工作方案》，对全省各设区市体育局下达了瞄准奥运、全运的目标任务，明确了各级各类体校、少儿训练网络建设目标，制定了配套评估、考核、奖励政策，在全省实施本周期体育后备人才“0809”工程，并对上个周期“600、3500”工程任务完成情况进行了总结和奖励表彰。

十、努力提高体育科研水平，充分发挥体育科研在竞技体育中的作用。省体育局以“立足现有，着眼未来，开拓创新，有所突破”为方针，狠抓体育科研工作，努力提高体育科研水平。为运动队训练监控、消除运动疲劳、情报信息、心理咨询、科学选材等方面提供服务。

形式多样的健身路径锻炼

“庐山杯”江西省第二届全民健身运动会

2002年国际泳协世界杯游泳赛100米仰泳冠军欧阳鲲鹏在比赛泳道里

大型太极拳表演

江 西 省 质 量

局党组书记、局长：朱秉发

省委书记孟建柱听取朱秉发局长汇报工作

2003年，江西省质量技术监督局在省委、省政府和国家质检总局的正确领导下，认真贯彻落实党的十六大和省委十一届四次全会精神，紧紧围绕江西在中部地区崛起，全面建设小康社会的目标，坚持把发展作为第一要务，牢记“两个务必”，践行“三个代表”，按照“忠于职守，勇于负责，严格把关，保国安民”的总要求，团结和带领全系统广大干部职工解放思想，开拓进取，与时俱进，扎实工作，经受了非典、体制改革和政务环境“双评”工作的考验，全系统保持了良好的发展势头，质监事业进一步壮大，为江西的经济和社会发展作出了积极的贡献。

服务经济作用明显增强。我局制定并全面实施“质量振兴江西，质量服务经济”十大工程，制定了《关于进一步发挥质量技术监督职能，促进江西经济发展的若干意见》即“17条措施”；培育了1个“中国名牌”产品、1个原产地域保护产品、2个国家免检产品，评价确认了105个江西名牌产品、83个省重点保护产品；对28类工业产品发放了生产许可证；223家企业的730余种产品通过强制性产品质量认证；省局荣获‘中国名牌战略推进成果展览会“的最佳组织奖。

规范市场、引导消费作用突出。全省质监系统共查办制售假冒伪劣商品违法案件6723起，移送公安机关17起。查获假冒伪劣商品标值总额8115.4万元，销毁假冒伪劣商品标值总额871.3万元。受理产品质理申诉846件，为企业和消费者挽回经济损失109.8万元。全年共对3995家企业的5016批次产品进行省级产品质量监督检查，抽样合格率为73.4%，并及时对外公布了抽查结果，积极培育了消费市场。

安全监察工作进一步强化。建立了全省特种设备动态数据库，开展了气瓶普查整治试点和压力管道的普查试点工作，实施特种设备（锅炉、压力容器、电梯、起重机械、客运索道、游乐设施）日常安全检查制度，清理整顿“土锅炉”，共检查各类设备24231台，提高了特种设备的定检率，基本实现了特种设备未发生重、特大事故的工作目标。

朱秉发局长与各设区市局长签订责任状

技术监督局

质量兴市。紧密围绕经济结构调整、工业园区建设和农业产业化，大力推进质量兴市工作，永修、崇仁两县的“质量兴市”工作得到了国家质检总局的表彰。

农业标准化。制定《江西省“十·五”后三年农业标准发展计划》；第三批国家级和首批省级农业标准化示范区建设进展顺利。制定了相关的农业地方标准和规范64项，种类示范区已将12万份标准文本送到农户手中，举办各类培训班358次，培训人员4.8万人次；第四批国家农业标准化示范区项目申报工作取得圆满成功。有14个项目被国家总局批准为国家级

质监工作人员在检定集贸市场台秤

农业标准化示范区项目。同时省局也确定下达了28（含国家级14个）个第二批省级农业标准化示范区项目。

精神文明建设成效显著。新余市局被评为全国创建文明行业工作先进单位；省局稽查总队、省工业陶瓷质量监督检验站被团省委命名为2002年度省级青年文明号；省锅检所被省直团工委命名为2002年度省直青年文明号；胡智同志被授予“江西省勤政廉政先进典型”；省局龙南扶贫点被省委组织部和老建办评为先进单位。

新的一年我们将以邓小平理论和“三个代表”重要思想为指导，全面贯彻党的十六大和十六届三中全会精神，贯彻落实省委十一届五次全会和全国质量技术监督局长会议精神，牢固树立科学的发展观，坚持把发展作为第一要

召开全省质监系统局长会议研究布置全省质监工作

务，按照“巩固、完善、发展、提高”的原则，“围绕一个中心，贯穿一条主线，抓好五项工作”，求真务实，开拓进取，不断开创江西质监工作新局面，为实现江西在中部地区崛起作出新的更大的贡献。

为保障节日期间安全，质监人员正在对大型公共场所的自动人行道进行认真、细致地检测

江 西 省 投

总经理姚迪明（中）在公司扶贫点调研

省委书记孟建柱等领导到江西丰城发电有限责任公司视察指导工作

省委副书记、省长黄智权为江西赣能股份有限公司上市揭牌

江西丰城发电有限责任公司外景

江西省投资公司，是经江西省人民政府批准成立的具有法人地位的国有独资公司，是江西省人民政府授权的政府投资主体和国有资产经营主体，公司的投资经营范围是江西的基础设施和基础产业项目，以及支柱产业和高技术产业项目。

江西省投资公司成立于1989年2月，是我国最早成立的省级地方投资公司之一。十几年来，在省委、省政府的亲切关怀和省发改委的直接领导下，公司的资产规模迅速增长。截至2003年底止，公司拥有总资产140多亿元，净资产76亿元。其中公司本部总资产54亿元，净资产48亿元。公司投资的领域涉及能源、交通、房地产、建材、对内对外贸易、高新技术开发等。下属的全资子公司有房地产公司、进出口公司、经营公司等；控股的大型企业有上市公司“赣能股份有限公司”和丰城、新余、东津三个发电有限责任公司；参股的大型企业有景德镇中电投、井冈山华能、九江三期发电有限责任公司和昌九化工集团公司、贵溪化肥有限责任公司等，还有高技术产业发展有限公司、高技术产业投资股份有限公司、富昌油库、燃料公司等。

公司以“产权经营”为核心，以阶段性持股为经营方式，积极推进“控股经营、集约经营、资本经营”。坚持“立足于效益，着眼于退出”，在股权流动中实现资本的增值。公司通过集中债权、资产置换、债转股以及联合、兼并、转让等方式

江西赣能股份有限公司大厦与江西高技术产业发展有限责任公司创新大厦双双耸立于南昌高新开发区中心地带

资　公　司

不断调整优化资产结构，特别是通过产权转让和各种融资方式，大量筹集资金，不断开辟新的投资领域。目前，公司除了巩固电力产业优势外，还积极渗入金融证券业、投资高科技产业和收费性基础设施项目。同时，做大房地产业和进出口业务，努力实现公司产业结构的调整和升级。公司目前正在创办的投资的项目有：注册资金为10亿元的江西金融租赁公司、丰电2×66万KW机组扩建工程、赣粤高速公路项目、高技术企业孵化

江西省投资公司丰富多彩的职工文化生活

大楼二期、“红谷春天”住宅小区等。

公司下一步发展的基本思路是：坚持以党的十六大精神为指导，立足于公司实际，通过强化融资功能，优化电力资产，发展高技术产业，拓宽投资领域，完善退出机制，逐步健全以资本为纽带的母子公司体系，努力构造一个实力雄厚、功能完善、筹资渠道广、投资能力强的大型企业集团。公司的目标是：忠实地执行省里的经济发展战略，在江西的经济建设中，不断发展、不断壮大，力争在较短时间内成为“省内一流、国内知名”的政府投资主体和国有资产经营主体。为全面建设小康社会，为实现江西在中部地区的崛起做出自已的贡献。

省委副书记、常务副省长吴新雄（左五）、副省长凌成兴（左六）、副省长孙刚（左四）、省政府办公厅主任姚木根（左七）、省发改委主任洪礼和（左三）到江西省地方控股发电公司接管仪式上指导工作

江西省投资公司与上海电气（集团）总公司签置战略合作意向书

江西省投资公司控股发电企业2004年工作会议在南昌召开

江西省投资公司到浙江民营企业学习考察

赣南医学院

学院名誉院长、中国科学院院士韩济生教授在讲学

附属医院门诊大楼

赣南医学院座落在江西南部、京九铁路线上的历史文化名城——赣州市内，为江西省属普通高等本科医学院校。中国科学院院士韩济生教授为名誉院长。

赣南医学院创办于1941年，经过数十年的建设与发展，学院已被国家教育部授予本科教学工作合格学校，为社会培养输送了中高级医疗卫生技术人才2万余人，校友遍布海内外，为医疗卫生、医学教育事业做出了积极贡献。

赣南医学院现设有基础医学、临床医学、人文社会科学和继续教育等4个学院，下设有临床医学、眼耳鼻喉学、麻醉学、护理学、影像医学、管理科学和运动人体科学等7个系，以及军事体育教学研究部和现代教育技术中心，基层教学、研究单位设有36个教研室、3个研究室、5个大型综合性实验室。

赣南医学院实行以本科为主、本专并举的办学体制。本科现设有临床医学(五年制)、麻醉学(五年制)、公共管理学(四年制)、护理学(四年制)和运动人体科学(四年制)等5个本科专业，其中临床医学设创伤外科、眼耳鼻喉、超声诊断、影像诊断、妇产科等专业方向，公共管理学设医院管理、信息管理、医药营销、医事法律、医疗保险等专业方向；专科设有临床医学、学校医学、妇幼卫生、护理学、口腔医学等5个专业。同时还开办了不同层次的成人学历教育。学院具有学士学位授予权和招收港澳台与海外留学生资格，面向全国20多个省市招生，现有各类在校生8000余人。

赣南医学院校园环境优美，教学设备齐全。图书馆实行了微机化管理和联机检索，设有科技期刊万方、维普等数据库，现有藏书(含电子图书)40万余册，中外文期刊2000余种；建立了完整的正常人体解剖学、组织胚胎学和病理解剖学标本室，保持了形态学教学优势；教学仪器设备固定资产总值3500万元，装备了现代电子音像水平的外语语音教学设施、临床手术闭路电视传播系统、远程教育传播接收系统、计算机教学中心，校园网、CAI实验室、多媒体教室、多功能学术报告厅等，现代教育技术得到广泛应用；现有综合性附属医院1所，非直接领导的附属医院2所。

赣南医学院坚持科研工作同教学相结合的方针，先后组建了高等教育、医学遗传学、皮肤病理学等3个研究室，建有药理学、眼科学、外科学、影像医学与核医学等4个省级重点学科。近年来陆续承担了国家和省自然科学基金、卫生部、省科委、省教育厅、省卫生厅等科研课题100余项、院级课题400余项，有近20项获省科技进步奖或厅级优秀科技成果奖，获国家专利2项；主编各种专著50余部，在国内外学术刊物发表论文1000余篇。

赣南医学院编辑出版《赣南医学院学报》，并编入中国学术期刊光盘和国际连续出版物统一刊号，向国内外公开发行；同时编辑出版党委机关报《赣南医学院报》，向院内发行和本系统交流。

赣南医学院坚持“两手抓”，依法治校，综合治理，不断优化育人环境，树立“文明、勤奋、求实、进取”的优良校风，两个文明建设取得丰硕成果。

学院图书馆大楼

赣南师范学院

学校领导规划新校区美好蓝图

赣南师范学院创办于1958年，是江西省历史较早的两所省属本科师范院校之一，也是江西省具有硕士学位授予权的两所师范院校之一。办学40多年来，已为国家输送了各类合格毕业生4万余人。

学院坐落在京九铁路干线上的历史文化名城——赣州市内，占地近2000亩，校舍建筑面积50余万平方米。现有涵盖文学、理学、经济学、教育学、法学等8个学科门类的52个本科专业，15个教学院、系（部），在校学生18000余人。现面向全国28个省市区招生，并具备招收海外留学生资格。

学院拥有一支高素质的教师队伍。在1000余名教职工中，有高级专业技术人员300余人；在690名专任教师中，有博士、硕士学位的教师200余人。聘请了王梓坤院士等一批国内知名学者为名誉教授和兼职教授，还常年聘有美国、英国、挪威、加拿大等外籍教师多名。

学校拥有完备的现代化教学设施和丰富的图书资料。近几年投入1亿多元加强了教学基本建设，校园网、计算机和多媒体等现代教育技术已普遍运用于教育教学实践和管理工作。建有分析测试中心、多媒体网络实验室等一大批装备先进的教学设施。图书馆现有藏书100余万册，并配有大量的电子读物和电子期刊。

学院以学科建设为龙头，不断提高办学水平。有机化学被批准为省重点学科；化学、数学与应用数学、体育教育学、汉语言文学、音乐学被列为江西省高校品牌专业；有专门史、有机化学等硕士点。

学院学术氛围浓厚，科研水平不断提高。近5年承担了全国社科“十五”规划重点课题等264项国家和省部级科研课题，有一批科研成果获得省部级以上奖励。现有江西省人文社科重点研究基地客家研究中心、中央苏区研究所等16个研究机构，在客家、中央苏区史等研究领域形成显著特色，在国内外产生了较大的影响。

美丽的校园休闲小区——沁心园

融“人文·生态·科技”于一体的学院新校区

学院以质量立校为宗旨，一直保持良好的办学信誉。1999年以来，在校学生获得全国大学生数学建模竞赛一等奖、全国大学生文艺汇演一等奖、全国首届大学生舞蹈比赛一等奖以及省级以上各种竞赛奖励700余项。毕业生以其综合素质优势，不仅在江西，而且在珠江三角洲、长江三角洲及福建、海南等沿海发达地区受到欢迎，应届毕业生一次就业率达97%。

学院校风淳正，环境优美。形成了“崇德、尚学、求实、创新”的优良校风，被授予江西省文明单位、江西省校风建设文明单位、省园林化单位、省高校党建工作先进单位等荣誉称号。

近年来，学院紧紧抓住我国高等教育大发展的有利时机，解放思想，加快发展，校园面貌、教职工精神面貌和工作面貌发生了翻天覆地的变化，各项事业呈现出勃勃生机。目前，全院师生员工精神振奋，斗志昂扬，以学科建设为龙头，大力推进“质量立校、科研兴校、人才强校”三大战略，为把学院建设成为在省内外信誉较高、特色明显的师范大学而努力奋斗！

江西省交通厅

深入基层，深入实际、深入群众是省稽征局领导的一贯作风，黄金辉局长（中）在基层检查指导工作

2003年，省交通稽查征费局扭住“第一要务”，牢记“两个务必”，实践“三个代表”，抓住公路体制改革机遇，创新机制，深化改革，顽强拼搏，较好地克服了“非典”影响和潜在的长期的费改税的影响，各项工作取得了可喜成绩。（一）规费（税）征收实现了历史性跨越，全年征收“四费一税”300746.6万元，占年计划的123.4%，超收56946.6万元，比上年增长15.2%，实现了凌成兴副省长年初给稽征部门提出的“确保两位数，力争30亿”的目标。（二）征管机制和环境创新开创了新局面，稽征工作纳入了各级地方政府工作日程，构建起了由省交通厅主管，各设区市重视支持，稽征部门主抓，有关部门协同抓，各方面力量齐抓共管的征收工作新格局。（三）行业管理有了扎实的进展，“联合上路，稽征牵头”在各地已达到组织落实，制度落实；通行费行业“三统一”管理已提上议事日程。（四）队伍建设取得新成绩，“收费从微笑开始”的新理念深入人心，通过开展“服务为车主，满意在稽征”活动和“三优五化”规范化站务建设，落实政务环境评议评价工作各项要求，稽征部门群众观念明显增强，工作作风明显好转，执法形象明显提升，群众满意度明显提高，稽征政务环境明显改善。（五）行业文明建设取得了丰硕的成果，稽征系统被省委省政府评为“文明行业”，27个单位获省第八届文明单位称号，省稽征局被授予全省“五一”劳动奖状，九瑞、祥符和河东通行费征收站晋升为国家级青年文明号。

稽征部门贯彻征费和抗击“非典”两手抓的方针，取得了双胜利

2003年交通稽征三个文明建设取得了辉煌的成果，交通稽征工作实现了新的跨越

2003年，是我省稽征发展史上困难与希望并存、挑战与机遇同在的一年，是我省稽征工作实现跨越式发展的一年。我局在省交通

稽查征费局

厅党委的正确领导下，始终坚持两手抓、两手都要硬，抢抓机遇，创新务实，书写了稽征发展浓墨重彩的篇章。

2004年稽征工作的指导思想是：以“三个代表”重要思想为指导，全国贯彻十六届三中全会和全省交通工作会议精神，以我省交通跨越式发展为已任，坚持以征费为中心不动摇，全面实现各项费税责任目标，千方百计为交通建设依法筹集更多资金；严格制度，严格纪律，严格管理，带好队伍；深化政务环境评议评价工作，加强执法规范化建设，加强稽征文化建设，全面提升稽征精神文明建设水平；结合新形势，深化改革，开拓思路，拓宽路子，积极作为，用发展的办法解决稽征工作中的发展问题，促进稽征事业的全面发展。

树立精品意识，打造精品收费站是省稽征局做大做强的主战略。图为祥符收费站荣膺国家级青年文明号揭牌仪式

稽征局十分重视稽征文化建设，促进了稽征部门文明建设协调发展

从严治队　实施准军事化管理，打造了一支作风过硬的稽征执法队伍

江西省交

院长、法人代表：吴宝诗

党委书记：王金根

江西省交通设计院成立于1975年10月，隶属江西省交通厅。经过近30年的艰苦创业，已经发展成为一个集路桥、港航、市政工程、交通工程勘察设计、工程咨询、工程监理、工程总承包等为一体的综合型国家甲级设计院。

院技术力量雄厚、设备先进。全院在职职工448人，具有各类各级专业技术职称人员331人，其中高中级技术职称161人。全院装备有现代化的全站型电子速测仪、红外测距仪、GPS全球卫星定位系统、激光照排印刷系统、大型工程复印机、彩色打印机、网络系统及400余台微机。全部实现了CAD设计与电脑绘图，并继续向计算机智能化、集成设计和无纸化办公方向迈进。

江西省交通设计院建院以来，完成了包括高速公路在内的勘察设计项目共300余项，建设总投资达778亿元。获得优秀勘察设计奖、科技进步奖、优秀QC小组奖等共计177项。基中：国家优秀勘察设计金奖2项，银奖3项，铜奖3项；全国科学大会奖1项；国家科技进步奖2项；

院领导班子成员正在研究工作

通设计院

省部级奖83项。已连续10年荣获“全省交通系统两个文明建设先进单位”，2001年、2002年院党委连续获得省交通厅“先进基层党组织”光荣称号，连续十年被省交通厅评为“党风廉政建设先进单位”。还荣获了全国工程建设管理先进单位、全国交通系统学习青岛港先进单位、江西省质量管理先进单位、江西省“五一”劳动奖状、江西省文明单位等荣誉称号。

凌成兴副省长来院视察

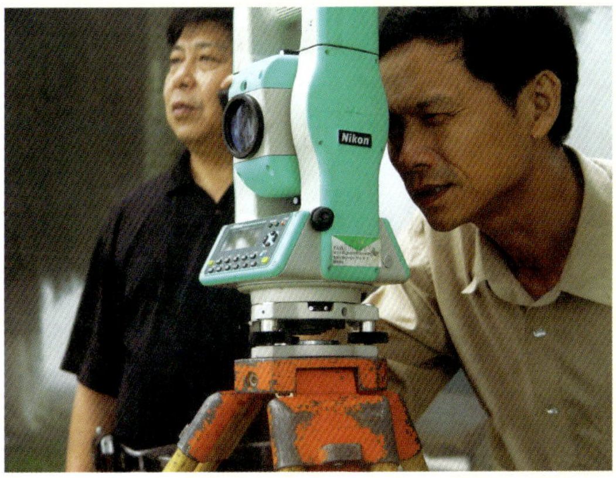

院技术人员正在进行外业勘察

优良的设计室办公环境

江西省林业科学院

团结奋进的院领导班子

红叶石楠

林木设施育苗技术

营造的杉木优良无性系示范林

山茶属种质基因库一隅

林木组培瓶苗培养室

江西省林业科学院是全省综合性林业科研单位，主要从事林业应用基础与开发研究，在森林资源开发与利用、林木花卉组培、森林生态、常绿阔叶林经营与培育、林木良种选育、竹林培育与竹产品开发等研究领域有较强优势。全院现有职工422人，其中在职职工288人，有科技人员176人，科技人员中有研究员8人，副研究员49人；博士4人，硕士12人，国家级有突出贡献的中青年专家1人，8人享受政府特殊津。内设7个专业研究所，4个经济开发实体和1个省级开放重点实验室。

改革开放以来，先后承担各级各类科研推广项目200余项，其中100多项通过了科技成果鉴定，获国家发明专利2项，国家科技进步一等奖1项、二、三等奖各2项，部省级一等奖3项、二等奖20项、三等奖32项。近年来，研究开发出陈山红心杉、杂交马褂木、美国薄壳山核桃、日本野漆树、油茶高产无性系等优良林木新品种，以及美国红叶石楠、乐东拟单性木兰、木莲等名贵园林观赏树种，一批实用综合配套技术如杉松大径材培育技术、油茶、毛竹低产林改造和病虫害防治技术、林木花卉组培工厂化育苗技术、天然次生林改造技术、无土栽培技术等在生产上得到了较好的推广应用，为江西的生态建设、经济发展和林业科技进步作出了重要贡献。

综　　合

1

GENERAL SURVEY

- 全省土地面积16.69万平方公里。

- 2003年,全省设11个设区市,10个县级市,70个县,19个市辖区。

- 2003年,生产总值2830.46亿元,比上年增长13%。

本篇章

资料整理	微机处理
幸红波	幸红波
李光东	李光东
鲁赣凤	黄建村

江西省2003年国民经济和社会发展统计公报

2003年,江西人民在省委、省政府的正确领导下,高举邓小平理论和"三个代表"重要思想伟大旗帜,全面贯彻党的十六大和十六届三中全会精神,认真落实省委十一届四次全会的各项部署,围绕江西在中部地区崛起和全面建设小康社会的宏伟目标,大力弘扬井冈山精神,解放思想,实事求是,与时俱进,扎实工作,全省上下经受住了非典、洪涝及严重干旱三大严峻考验,国民经济持续快速增长,经济运行质量明显提高,改革开放和现代化建设不断取得新成就,各项社会事业全面发展,城乡居民生活水平稳步提高,

一、综　合

国民经济持续快速增长。2003年全省实现生产总值2830亿元,按可比价格计算,比上年增长13.0%,增幅同比加快2.5个百分点,其中:第一产业增加值560亿元,增长2.7%;第二产业增加值1227亿元,增长24.4%;第三产业增加值1043亿元,增长7.4%。人均生产总值6677元,比上年增加848元,增长12.1%。

经济结构调整取得明显成效。全省生产总值中的三次产业比例由上年的21.9∶38.8∶39.3调整为19.8∶43.4∶36.8。与上年相比,第二产业比重提高4.6个百分点,超过第三产业成为国民经济的主导产业;第一产业比重下降2.1个百分点;第三产业比重下降2.5个百分点,但房地产、卫生、教育等新兴行业增长势头较猛。全社会劳动生产率13166.5元/人,比上年提高12.8%。公有制经济稳定发展,国有大中型企业改革和脱困成果进一步巩固,混合所有制经济和民营经济快速发展。全省个体业户和私营企业64.28万户,比上年增加0.53万户,增长0.83%;城乡私营企业从业人员和个体劳动者236.22万人,比上年增加21.99万人,增长10.27%。

市场价格总水平小幅上升。全年居民消费价格总指数为100.8%,比上年上涨0.8%,其中,消费品价格上涨0.7%,服务项目价格上涨1.0%。分城乡看,城市上涨0.9%,农村上涨0.6%。分类别看,食品类价格上涨2.9%,衣着类下降2.8%,娱乐教育文化用品及服务类上涨0.1%,居住类价格上涨2.1%。全年工业品出厂价格总水平上涨4.0%,其中,轻工业品上涨1.6%,重工业品上涨6.1%;原材料、燃料和动力购进价格总水平上涨6.5%,其中钢材上涨10.0%,农副产品上涨9.7%;固定资产投资价格上涨5.1%。农产品生产价格上涨5.1%,其中,谷物上涨3.4%,棉花上涨27.9%,油料上涨19.3%,畜产品上涨8.9%。

国民经济和社会发展中存在的主要问题是:经济结构和经济体制中许多深层次问题尚未得到根本解决;在加快发展中,电力、资金、人才不足的矛盾凸现出来;就业与再就业形势依然严峻,农民收入增收难度大,部分城乡居民生活困难。

二、农　业

农业克服自然灾害影响,生产保持平稳增长。全省农业总产值841.63亿元,按可比价格计算,比上年增长2.7%。农作物种植结构以市场需求为导向,进一步加快调整步伐,大力推进品种、品质和布局的优化。全年粮食播种面积3051.12千公顷,比上年调减136.87千公顷,其中早稻1083.8千公顷,减少2.4%。粮食、油料等大宗农产品受洪涝和罕见的干旱影响,产量有所下降,而棉花、水果、药材和花卉等高效农作物产量实现较快增长。其中,粮食产量1450.3万吨,下降6.4%;油料产量76.0万吨,下降7.8%;棉花产量7.6万吨,增长13.8%;水果产量78万吨,增长19.2%;烟叶产量1.8万吨,下降9.5%;糖料产量118万吨,下降9.6%。

林业发展取得新成效,生态环境进一步改善。全省各地把保护森林资源、优化生态环境放在重要位置,进一步加快了植树造林、国土绿化和低产林改造的步伐,森林面积扩大,覆盖率提高,林木蓄积量增加,主要林产品产量增长较多。全省实现林业产值70.48亿元,增长7.0%;全年完成造林面积219.8千公顷,比上年增长35.4%;森林覆盖率达59.7%,位居全国第二位。

畜牧业生产加快发展。全省牧业产值实现254.01亿元,比上年增长3.6%;牧业产品产量除生猪略减之外,均实现较快增长,草食畜禽发展迅速。全年生猪出栏1932万头,减少1.2%;牛出栏72.5万头,增长8.1%;家禽出笼3.13亿羽,增长6.8%;牛奶产量10.9万吨,增长38.3%;鲜蛋产量37万吨,增长4.8%;肉类总产量201万吨,增长2.4%。

渔业生产稳步增长。全省实现渔业产值118.55亿元,增长7.9%;水产品总产量达146.1万吨,比上年增加7.9万吨,增长5.7%,其中特种水产品产量43万吨,增长17.5%。

农业现代化和农村基础设施建设进一步得到改善。年末全省农业机械总动力达1220.52万千瓦,比上年增长9.8%,其中:农用排灌动力机械294.86万千瓦,增长11.7%;联合收割机达0.32万台,增长28%;农用运输车9.17万辆,增长12.4%。全年化肥施用量(折纯)111万吨,下降1.3%;农村用电量39.7亿千瓦小时,增长9.6%;农田有效灌溉面积达1873.18千公顷,新增13.77千公顷。

三、工业和建筑业

工业生产快速增长。全年全省完成全部工业增加值849亿元,比上年增长18.4%,增速比上年加快2.0个百分点。其中,国有及产品年销售收入500万元以上的非国有工业企业(以下简称:规模以上工业企业)增加值446.78亿

元，增长18.15%，增速同比加快2.1个百分点。分轻重工业看，全年轻工业增加值151.21亿元，增长12.95%；重工业增加值295.57亿元，增长20.74%。分注册类型看，私营企业完成增加值81.48亿元，增长83.54%，增幅居各经济类型企业前列，成为带动工业快速增长的生力军。产销衔接状况保持良好，全年规模以上工业企业产品销售率98.13%，比上年上升0.23个百分点。全省重点培育的六大支柱产业发展迅速，共完成工业增加值296.17亿元，增长19.5%，其中：特色冶金和金属制品业实现增加值92.64亿元，增长34.0%，总量、增幅均居各行业之首。全省发电量320.94亿千瓦时，比上年增长29.42%，电力生产弹性系数达2.72，创历史最高记录。

工业产品结构继续调整和优化。冶金、建材、家电、纺织、化工等行业受国家扩大内需的政策影响，市场销售形势好，产品产量均有大幅增长，其中：十种有色金属增长45.3%，生铁增长9.6%，钢和钢材分别增长9.4%和23.3%，水泥增长40.5%，彩色电视机增长54.5%，白酒增长11.6%，乳制品增长111.0%，罐头增长15.0%，布增长24.4%，纱增长29.3%，化学原料药增长23.3%。原煤受不断上升的电力需求拉动，产量比上年增长11.5%。

工业经济效益显著改善。全省规模以上工业企业共实现利润51.41亿元，同比增长1.2倍，为历史同期最高。在37个行业大类中，有32个实现赢利，盈利能力前25家企业实现利润37.30亿元，增长86.6%，占全部利润的71.6%。全省重点培育的六大支柱产业实现利润37.47亿元，增长1.0倍，占全部利润总额的71.9%。全年累计实现利税156.58亿元，增长44.2%；上缴税金104.47亿元，增长23.2%。全省规模以上工业企业经济效益综合指数达到111.96%，比上年提高15.85个百分点，创历史最好水平。全省工业加大扭亏力度，亏损面、亏损企业亏损额有所下降。全省工业企业亏损面为25.92%，比上年下降0.92个百分点；亏损企业亏损额14.02亿元，同比下降14.2%。

工业园区建设初见成效。全省工业园区实际投产企业达3579个，比年初新增843个；完成工业增加值192.89亿元，增长82.9%；实现销售收入587.7亿元，增长90%；利润总额33.99亿元，增长51.1%；实交税金28.9亿元，增长74.3%，安置就业人员52.85万人，增长61.3%。

建筑业生产发展加快，全年全社会建筑业增加值378亿元，比上年增长41.7%。

四、固定资产投资

固定资产投资增长强劲。全省区域全社会固定资产投资完成1380亿元，比上年增长49.3%。城镇以上固定资产投资完成1118.97亿元，比上年增长56.6%。其中：基本建设投资566.86亿元，增长62.9%；更新改造投资195.61亿元，增长37.8%；房地产开发投资177.47亿元，增长71.2%。

重点项目建设成绩斐然。2003年是我省历史上实施重点工程项目最多、投资最大、覆盖面最广的一年，在国民经济重要领域建设了一批重大项目，增强了经济发展的后劲。全年共安排重点建设项目69项，年度投资规模达到589.34亿元。其中总投资5亿元以上的项目32个，10亿元以上的项目21个。在工业领域，组织实施了江铜年产15万吨铜杆线和6000吨高档电解铜箔、昌河15万台K系列发动机、九江昌河年产10万辆汽车、格林科尔工业园、江西晨鸣纸业、新钢中厚板、宜春中密度纤维板等一批重大工程和项目，有力地推进了全省工业化进程；在交通领域，开工建设了泰和至井冈山高速公路、乐化至温家圳高速公路、南昌国际集装箱码头、浙赣复线电气化、武九铁路提速扩建等工程。伴随赣粤高速公路泰和—赣州—龙南段的建成，全省高速公路通车里程达到1038公里，成为全国高速公路突破1000公里的16个省份之一，南北出省通道基本实现高速化；在能源领域，重点实施了九江电厂三期二号机组、青山湖和顺外变电站、电网改造、三峡50万伏输变电江西“两站三线”工程、丰城矿区曲江井等项目，有效缓解了电力供应紧张的矛盾；在高新技术领域，实施了江西移动通信枢纽楼、江西联通CDMA二期工程、南昌第二长途电信枢纽工程、省政务信息网、LCOS数字显示芯片等一批重大项目，有力地提升了我省综合竞争力；在城市建设方面，实施一大批城市供水、道路、管网改造和垃圾污水处理项目，大幅度地提升了城市的功能和形象。

五、国内贸易

消费品市场稳中趋活。在宏观经济趋好、居民购买力增强、收入预期提高、消费环境改善等多重因素的支持下，消费需求明显回升，市场活力逐渐激发，以住房、汽车、通讯、医药、家电等为代表的新兴消费热点引领消费市场快速增长。全年实现社会消费品零售总额923.2亿元，增长11.7%，扣除价格因素，实际增长11.6%。

城乡市场基本协调发展。城市消费品市场需求相对活跃，实现零售额455.3亿元，增长12.1%；农村市场（县及县以下）需求比较稳定，实现零售额467.9亿元，增长11.4%，增幅比城市低0.7个百分点。

分行业看，餐饮业实现零售额85.3亿元，增长13.5%，增幅高居各行业之首；批发零售贸易业实现零售额812亿元，增长11.9%；其他实现零售额25.9亿元，增长2.2%。

消费结构升级明显，消费档次不断提高。轿车正在逐步走向家庭，城市手机向普及化迈进，商品房热销带动家具及建筑装潢材料销售活跃，家用电器类商品中摄像机、高档音响、大屏幕彩电等高科技产品倍受青睐。在全省限额以上批发零售贸易企业中，汽车类实现零售额15.5亿元，增长6.7倍；建筑装璜材料类零售额832万元，增长27.4%；家用电器和音像器材类零售额12.8亿元，增长35.2%；通讯器材类零售额1.7亿元，增长6.5倍；吃、穿、用基本生活用品销售稳步增长。

在开放型经济的推动下，省外、境外和国外资金加速进入我省流通领域，沃尔玛等各种超市、连锁、配送、折扣店等新兴业态发展势头强劲，消费市场的规模效应和巨大活力进一步显现，有力地刺激了消费需求增长。年末全省共有限额以上连锁企业22个，其中连锁门店1053家。全年限额以上连锁企业销售额33.7亿元，比上年增长21.2%。市场建设步伐日渐加快，优胜劣汰机制明显增强。年末全省各类消费品零售交易市场达2508个，全年成交额554.5亿元，其中年成交额在亿元以上的商品交易市场有65个，成交额达403亿元，占全部成交额的72.7%。

六、开放型经济

对外贸易形势喜人，海关出口增势迅猛。全省海关进出口额25.28亿美元，比上年增长49.2%，其中：进口额10.22亿美元，增长59.1%；出口额15.05亿美元，增长43.1%，进、出口增速分别比上年加快28.5个和41.8个百分点。出口商品结构不断优化，机电产品类、服装及衣着附件类和纺织、纱线及制品类出口占出口总额的比重为14.3%、28.5%和11.6%，分别增长44.5%、69.2%和18.0%。受出口退税力度加大、世界经济回升的影响，我省除对日本出口略降外，三大贸易伙伴的出口一直保持快速增长。其中：对香港增长67.5%，对美国增长39.5%，对欧盟增长40.0%。

招商引资成效显著，利用外资强劲增长。全省合同引进境外、国外资金23.31亿美元，比上年增长52.0%；实际利用境外、国外资金16.64亿美元，增长33.4%，其中：外商直接投资16.12亿美元，增长48.3%；新批外商投资企业项目759个，增长28.4%。全省新登记注册的“三资”企业627家，其中外商独资企业448家；年末实有“三资”企业2939家，比上年增加461家。

对外经济技术合作扩大，实施“走出去”战略步伐加快。全年新签对外承包工程和劳务合作合同金额12595万美元，增长49.1%；实际完成营业额14825万美元，增长10.0%。

七、交通、邮电和旅游

交通运输发展加快，运输能力明显增强。全年完成货物周转量879.58亿吨公里，增长9.7%。其中：铁路增长10.2%，公路增长4.1%，水运增长23.2%；完成旅客周转量544.46亿人公里，增长2.2%。其中：铁路增长3.4%，公路与上年基本持平。

邮电通信业持续快速发展，新型通讯业务量增长明显。全省完成邮电业务总量142亿元，比上年增长18.3%，其中：邮政业务总量14亿元，增长12.4%；电信业务总量128亿元，增长18.5%。住宅电话发展迅速，全年新增局用交换机10.8万门，总容量达到548.3万门。年末全省市内住宅电话用户224.2万户，与上年持平；移动电话全年新增用户96万户。计算机互联网用户达到135.1万户，增加17.8万户。全省电话普及率达27.6部/百人。邮电通信服务质量有了较大提高。

旅游业克服“非典”影响，保持稳步增长。全年全省实现旅游总收入197.47亿元，比上年增长3.4%，其中，国内旅游收入193.54亿元，增长4.5%；国际旅游（外汇）收入0.47亿美元，下降33.7%。全年旅游接待总人数3407.21万人次，增长3.5%，其中，国内旅游人数3390.65万人次，增长3.7%；接待境外游客16.56万人次，下降31.3%。

八、财税、金融和保险业

财政收入快速增长。全省财政总收入285.8亿元，同口径增长21.9%；占GDP的比重已达10.1%，是15年来首次突破两位数。地方财政一般预算收入168.2亿元，增长19.7%。与经济增长密切相关的主体税种增值税、营业税增收较多，分别增长23.2%和28.9%。税务部门征收的税收中，外商及港澳台投资企业、私营企业分别完成2.68亿元和1.24亿元。

金融与经济加速互动。年末全省金融机构各项存款余额为3239.58亿元，比上年末增加531.62亿元，增长16.4%，其中：企业存款余额为862.91亿元，比上年末增加160.45亿元，增长22.8%；城乡居民储蓄存款余额达2015.45亿元，比上年末增加308.28亿元，增长15.3%。全省金融机构各项贷款余额2545.28亿元，比上年末增加407.76亿元，增长19.1%，其中短期贷款余额为1504.72亿元，增长10.5%；中长期贷款余额为902.46亿元，增长42.4%。个人消费贷款规模迅速扩大，年末全省个人消费贷款余额153.53亿元，比年初增加55.43亿元，增长56.5%。现金投放基本正常，全年金融机构现金收入8927.05亿元，增长27.2%，金融机构现金支出8744.25亿元，增长28.1%，收支相抵，净回笼货币182.8亿元，比上年减少5.9亿元。

保险事业继续发展。全年全省保费收入69.77亿元，增长47.4%，其中：财产险保费收入13.95亿元，下降1.1%；人身险保费收入55.82亿元，增长66.5%。全年支付各类赔款总额16.06亿元，比上年增长25.9%，其中：财产险赔款金额8.42亿元，增长25.0%；人身险短期赔款和给付金额7.64亿元，增长26.9%。参加社会保险职工人数增加，年末全省已有350.95万名在职职工和离退休人员参加了社会养老保险，比上年增加11.17万人。

九、科学技术和教育

科技队伍日益壮大。全省拥有省级重点试验室19个，省部共建实验室1个，国家工程技术研究中心1个，省工程技术研究中心33个。全省地方国有单位各类专业技术人员共66.8万人。联创光电等5家高科技企业已批准为“十五”国家“863”计划成果产业化基地，组建了国家日用及建筑陶瓷工程技术中心。

科技活动日渐频繁。全年技术贸易机构发展到521个，签订各类技术合同2721项，成交额8.3亿元，比上年增长32.4%。省级科技三项费用支出4486.5万元。其中，科技攻关计划、科技产业化及环境建设及各类科技专项支出3426.5万元，占76.4%；基础研究与人才培养支出360万元，占8.0%；中小企业创新基金500万元，占11.1%；科研基地与科技条件建设支出200万元，占4.5%。

科研成果不断涌现，创新能力进一步增强。全省发明、实用新型和外观设计三种专利申请2434项，比上年增长19.5%。专利授权数为1238项，增长18.6%，其中发明专利申请量占总量的34.2%，比上年增长1.1倍。科学技术对经济发展的贡献率又有新的提高。社会科学研究成果增加，承担参与的国家级研究课题的数量明显增多。

教育事业稳步发展，国民素质得到较大提高。全省进一步深化教育体制改革，巩固和完善农村义务教育体制，加快中等职业教育发展，扩大高校办学规模。加速推进昌北、昌东等高校新校区建设。高等教育加快发展，全年全省招收研究生2562人，比上年增加766人，在校研究生5711人，增加1588人；普通高等学校招收学生14.16万人，增加3.7万人，在校学生35.86万人，增加9.24万人，毕业生4.72万人，增加1.21万人。中等教育稳定发展。普通中等专业学校在校学生15.51万人，增加0.3万人；职业高中在校学生14.4万人，相当于普通中学高中阶段在校学生总数的19.9%。普及义务教育取得新进展。全省普通中学初中在校学生228.66万人；小学在校学生390.54万人，小学适龄儿童入学率达到99.01%。在托儿童63.31万人。成人教育取得新成绩。全年参加高、中等教育自学考试的人员达23.11万人，获得本科、大专毕业证书的分别为5786人和10176人。全年共扫除文盲9.8万人，文盲率降到5%以下。

十、文化、卫生和体育

文化事业健康繁荣。全省文化事业以"五个一工程"为龙头，创造了一大批文化精神产品，为改革开放和社会主义现代化建设提供了强大的精神动力。年末全省共有各类艺术表演团体76个，文化馆、群艺馆113个，公共图书馆104个，博物馆83个。全省共有无线广播电台10座，中短波广播发射台15座，广播人口覆盖率92.66%，比上年增加0.74个百分点；电视台12座，电视发射台和转播台436座，电视人口覆盖率94.49%，比上年增加0.38个百分点。全年共出版各种图书、杂志、报纸2447种，共印报纸53063万份，分别比上年增加2种和1415万份。文艺创作和文艺宣传进一步贴近群众，贴近生活，贴近实际，一批优秀文艺、广播影视作品在国内外获奖，其中，获2003年全国"四进社区"文艺展演金奖2个，银奖1个；获第十二届"群星奖"铜奖1个，优秀奖8个。

医疗卫生事业成绩显著。在取得防治非典阶段性重大胜利的基础上，加强了城乡公共卫生设施建设，制定并实施了疾病预防控制体系和医疗救治体系建设，建立了突发公共卫生事件的预警、应急机制和公共卫生长效机制。年末全省共有各类医疗卫生机构11363个（包括个体机构），比上年增加77个，其中：医院517个，农村卫生院1533个，疗养院6个，门诊部37个，疾病预防控制中心112个，妇幼保健院108个，诊所、卫生保健所、医务室6960个。各类卫生技术人员11.5万人，其中：医生4.82万人，注册护士3.36万人；在农村，有乡村医生28293人，卫生员1446人。

体育事业继续发展。全年我省体育健儿在国际和国内的重大比赛中，奋勇拼搏，共获得58枚金牌、31枚银牌和16枚铜牌，其中金牌、银牌分别比上年增加21枚和8枚，铜牌减少6枚。群众体育运动进一步普及，全省成功举办了1000万人参加的全民健身运动会。经常参加体育活动的人数约占全部人口的30%。全年共发行体育彩票3.09亿元，其中，发行足球彩票1.13亿元，共筹集资金1.05亿元，比上年增长44%。

十一、环境保护

环境保护继续加强。年末全省环境保护系统共有职工3700人，省、市、县级环境监测站86个，完成环境污染治理项目155个，比上年增加21个，环境污染治理项目投资额0.91亿元。在全省对空气质量进行监测的11个城市中，有8个城市空气质量达到二级标准，占监测城市数的72.7%；有1个城市达到三级标准，占监测城市数的9.1%。在全省监测的15个城市中，建成了53个环境噪声达标区，面积达256.6平方公里。全省建成了65个烟尘控制区，面积达516.8平方公里；城市污水集中处理率为3.7%。

生态环境保护工作得到高度重视。全省已批准国家级生态示范区（含生态示范区建设试点地区）27个，比上年增加1个，面积达52767平方公里，比上年增长4.7%。建成国家级、省级自然保护区22个，其中国家级自然保护区5个，比上年增加1个，省级自然保护区17个。自然保护区面积7730平方公里，占全省国土面积的4.63%，比上年提高0.1个百分点。

十二、人口、人民生活和社会保障

人口总量低速增长。据人口变动情况抽样调查统计，年末全省总人口为4254.23万人。其中，城镇人口1447.29万人，占34.02%；乡村人口2806.94万人，占65.98%。全省男性人口为2180.72万人，女性为2073.51万人。0—14岁人口比重为23.72%，15—64岁人口比重为69.57%，65岁及以上老年人口比重为6.71%，老年人口达到285.46万人。全年全省出生人口59.64万人，出生率为14.07‰；死亡人口25.34万人，死亡率为5.98‰；全年净增人口31.80万人（含净迁出2.5万人），人口自然增长率为8.09‰，与上年相比，下降0.63个千分点。

城镇居民收入水平继续提高。由于提高了离退休人员、下岗职工、失业人员和城镇贫困人口保障水平，增加了机关事业单位干部职工工资和补贴，城镇居民收入水平明显提高。全省城镇居民平均每人年可支配收入达6901元，比上年增加565元，增长9.0%；农村居民人均纯收入2458元，比上年增加124元，增长5.3%。全年全省在岗职工平均工资10521元，比上年增加1259元，增长13.6%。

劳动人事改革步伐加快，就业和再就业状况基本稳定。各级政府加大了就业和再就业的政策扶持力度，就业和再就业工作取得明显成效。年末全省从业人员2168.2万人，比上年末增加37.6万人，其中城镇就业人员579.8万人，增加26.6万人；在岗职工256.7万人，减少5.3万人。城镇私营企业从业人员和个体劳动者116.2万人，比上年末增加9.3万人。多渠道扩大就业，促进下岗失业人员实现再就业。全省国有企业下岗职工人数23.7万人，比上年末减少6.4万人，下降21.2%。通过发放小额贷款、实行免费职业介绍等措施，全面落实再就业扶持政策，再就业工作成效显著。全省全年拨付再就业资金4.12亿元，其中省级促进再就业资金安排了1.2亿元，为下岗失业人员提供免费职业介绍17.2万人次，下岗失业人员再就业16.8万人，完成年目标的119.8%；帮扶就业困难人员就业3.7万人，比去年增加0.5万人，完成年目标的123.3%；跨省劳务输出455万人，完成年目标的105.0%。年末城镇人口登记失业率为3.8%，处于调控指标以内。

"两个确保"和城市低保继续得到落实。全年共为88万企业离退休人员发放养老金51亿元，当期发放率100%，社会化发放率99.9%。为18.5万国有企业下岗职工发放基本生活费及代缴社会保险费6.22亿元。有101万人享受了城市居民最低生活保障，共发放低保金6.9亿元，人均领取的低保补助金由2002年的31元提高到53元。

社会福利事业成效显著。年末全省有社会福利事业单位2457个，收养人数6万人，提供床位7.1万张，城乡各种社会救济对象得到国家定期定量救济的达115.1万人，临时救济困难户达73万人次。全省各县(市)都已建立最低生活保障制度，全省城镇建立各种社区服务设施2254个，比上年增加386个。全年通过销售社会福利彩票筹集社会福利资金1亿元，接收社会捐赠款2538.5万元。

注：(1)按国家统计局的要求，从2004年1月起，各省(市、区)国内生产总值(GDP)的中文名称统一改为"某省(市、区)生产总值"。如我省的GDP中文名称改为"江西省生产总值"，其核算口径、范围、内容均不变。

(2)公报中所列生产总值和各产业增加值指标按当年价格计算，增长速度按可比价格计算。

(3)生产总值和各产业增加值主要包括劳动者报酬、利润、税金和固定资产折旧等价值，不包括能源、原材料等各种中间消耗价值。表示一年内生产的可用于社会最终消费的物质产品和服务价值的总和。

(4)就业人员数据根据人口和劳动力调查资料整理。

(5)私营、个体户资料为工商部门登记数。

自然、地理、资源

位　　置

江西省，简称赣。位于长江中下游交接处的南岸。地处北纬24°29′~30°04′、东经113°34′~118°28′之间，东邻浙江、福建，南连广东，西接湖南，北毗湖北、安徽。北控长江，上接武汉三镇，下通南京、上海，东南与沿海开放城市相邻近。京九铁路和浙赣铁路纵横贯通全境，交通便利，地理位置优越。

地势、面积

全省东南西三面群山环绕，内侧丘陵广亘，中北部平原坦荡，整个地势，由外及里，自南而北，渐次向鄱阳湖倾斜，构成一个向北开口的巨大盆地。全省面积16.69万平方公里。全境以山地、丘陵为主，山地占全省总面积的36%，丘陵占42%，岗地、平原、水面占22%。

山脉、河流、湖泊

主要山脉分布于省境边陲，山峰一般海拔1000米左右，少数海拔2000余米。省境东和东北有蜿蜒于赣闽、赣浙之间的武夷山和怀玉山；南有逶迤于赣粤之间的大庾岭和九连山；西有耸峙于赣湘之间的罗霄山脉，雄伟的井冈山就在罗霄山脉的中段；西北有盘亘于赣鄂之间的幕阜山，庐山即是它向东延伸的余脉。

全省有大小河流2400多条，总长约18400公里，大部分河流汇向鄱阳湖，再注入长江。主要河流有5条，即赣江、抚河、信江、修河、饶河。赣江全长751公里，为本省第一大川，水量为长江第二大支流，它自南而北流贯全省，从赣州至湖口而入长江，通航里程600余公里。

鄱阳湖是全国最大的淡水湖，它是江西最大的聚水盆，长江水量的巨大调节器，也是沟通省内外各地航道的中转站。

气　　候

江西气候四季变化分明。春季温暖多雨，夏季炎热温润，秋季凉爽少雨，冬季寒冷干燥。2003年全省平均气温为18.7℃，降水量为1343.7毫米，日照为1906.4小时。全年气候温暖，光照充足，雨量充沛，无霜期长，具有亚热带湿润气候特色。

资　　源

2003年末，全省耕地面积210.62万公顷，有效灌溉面积187.32万公顷。

全省林业用地面积1050.80万公顷，活木蓄积量2.90亿立方米，森林覆盖率59.7%。

2003年，全省淡水面已养殖面积35.85万公顷。已查明鱼类155种，产量较多的有鲤、鲫、青、鲢等30余种，名贵鱼类有荷包红鲤鱼、玻璃鲤鱼、银鱼、石鱼、鲥鱼、鳜鱼等。省内还有众多的水禽和珍禽，其中不少是受到世界性保护的珍禽。

江西地下矿藏丰富，是我国矿产资源配套程度较高的省份之一。储量居全国前三位的有铜、钨、银、钽、钪、铀、铷、铯、金、伴生硫、滑石、粉石英、硅灰石等。铜、钨、铀、钽、稀土、金、银被誉为江西的“七朵金花”。

1-1 行 政 区 划

（2003年末）

地　　区	设区市	县级市	县	市辖区	市、县、区　名　称
全　省	**11**	**10**	**70**	**19**	
南昌市	1		4	5	东湖区、西湖区、青云谱区、湾里区、青山湖区、南昌县、新建县、安义县、进贤县
景德镇市	1	1	1	2	昌江区、珠山区、浮梁县、乐平市
萍乡市	1		3	2	安源区、湘东区、莲花县、上栗县、芦溪县
九江市	1	1	9	2	庐山区、浔阳区、九江县、武宁县、修水县、永修县、德安县、星子县、都昌县、湖口县、彭泽县、瑞昌市
新余市	1		1	1	渝水区、分宜县
鹰潭市	1	1	1	1	月湖区、余江县、贵溪市
赣州市	1	2	15	1	章贡区、赣　县、信丰县、大余县、上犹县、崇义县、安远县、龙南县、定南县、全南县、宁都县、于都县、兴国县、会昌县、寻乌县、石城县、瑞金市、南康市
吉安市	1	1	10	2	吉州区、青原区、吉安县、吉水县、峡江县、新干县、永丰县、泰和县、遂川县、万安县、安福县、永新县、井冈山市
宜春市	1	3	6	1	袁州区、奉新县、万载县、上高县、宜丰县、靖安县、铜鼓县、丰城市、樟树市、高安市
抚州市	1		10	1	临川区、南城县、黎川县、南丰县、崇仁县、乐安县、宜黄县、金溪县、资溪县、东乡县、广昌县
上饶市	1	1	10	1	信州区、上饶县、广丰县、玉山县、铅山县、横峰县、弋阳县、余干县、鄱阳县、万年县、婺源县、德兴市

1-2 国民经济和社会发展

指　　　　　　标	单　位	1978 年	1980 年	1985 年	1990 年
一、年末总人口	万　人	3 182.82	3 270.20	3 509.80	3 810.64
二、年末社会从业人数	万　人	1 254.3	1 356.3	1 584.8	1 816.5
#职工人数	万　人	267.4	286.7	341.6	386.2
三、国民生产总值(当年价格)	亿　元	87.00	111.15	207.89	426.23
生产总值(当年价格)	亿　元	87.00	111.15	207.89	428.62
第一产业	亿　元	36.18	48.31	84.06	175.96
第二产业	亿　元	33.08	41.00	76.05	133.56
第三产业	亿　元	17.74	21.84	47.78	119.10
四、全社会固定资产投资额	亿　元	8.13	18.82	44.03	70.65
基本建设	亿　元		9.22	16.58	26.01
更新改造	亿　元		2.92	8.53	17.52
房地产开发	亿　元				2.88
其他经济	亿　元				24.24
五、财　　政					
财政总收入	亿　元	12.22	12.47	21.18	40.62
财政支出	亿　元	16.27	15.99	29.73	50.76
六、物价指数(以上年价格为100)					
居民消费价格指数	%			109.0	102.1
商品零售价格指数	%	100.1	104.3	108.3	101.3
七、人民生活					
全部职工年平均工资	元	552	713	997	1 729
城镇住户人均年可支配收入	元	305.36	385.50	583.44	1 187.88
农村住户人均年纯收入	元	140.70	181.24	377.31	669.90
城乡居民储蓄存款年末余额	亿　元	4.16	7.71	34.85	142.79
八、农　　业					
农业总产值(当年价格)	亿　元	49.29	68.15	114.50	255.24
主要农产品产量					
粮　　食	万　吨	1 125.74	1 240.04	1 533.54	1 658.20
棉　　花	万　吨	3.48	4.30	6.22	5.70
油料折油	万　吨	6.63	6.78	12.23	19.61
油　　料	万　吨	13.49	13.76	28.88	54.89
黄 红 麻	万　吨	0.48	1.08	2.99	1.88
烟　　叶	万　吨	0.61	0.37	0.88	2.31
茶　　叶	吨	8 878	10 385	14 291	19 415
蚕　　茧	吨	143	181	640	2 639
甘　　蔗	万　吨	68.29	85.74	197.10	194.29
水　　果	万　吨	2.92	5.61	10.75	23.30
肉类总产量	万　吨	26.27	38.05	64.25	111.74
水 产 品	万　吨	5.93	7.55	16.02	30.68
生猪年末存栏	万　头	944.27	1 018.03	1 232.51	1 547.26
生猪当年出栏	万　头	574.00	700.00	881.32	1 313.18
九、工　　业					
规模以上工业增加值(当年价格)	亿　元				
轻 工 业	亿　元				
重 工 业	亿　元				
主要工业产品产量					
化学纤维	万　吨	0.42	1.33	1.30	2.00
布(混合数)	万　米	20 173	30 011	26 009	30 566
机制纸及纸板	万　吨	9.26	12.69	22.17	25.59
日 用 瓷	万　件	32 095	33 087	35 041	44 969
卷　　烟	万　箱	19.14	22.32	32.11	47.02

注：1.1998 年及以后职工人数和职工平均工资为在岗职工人数和平均工资。

2.(国民)生产总值、农业总产值、工业增加值的发展速度均按可比价格计算。

主要指标与发展速度

1995 年	2000 年	2001 年	2002 年	2003 年	2003 年为下列各年%	
					1978 年	2002 年
4 062.54	4 148.54	4 185.77	4 222.43	4 254.23	133.7	100.8
2 100.5	2 060.9	2 054.8	2 130.6	2 168.2	172.9	101.8
411.3	291.6	279.3	261.9	256.7	96.0	98.0
1 186.35	2 023.43	2 191.48	2 468.68	2 844.89	990.3	112.7
1 169.73	2 003.07	2 175.68	2 450.48	2 830.46	981.8	113.0
374.64	485.17	506.00	535.98	560.00	368.7	102.7
403.74	700.76	788.12	951.77	1 227.38	1 678.7	124.3
391.35	817.17	881.56	962.73	1 043.08	1 646.8	107.4
284.18	548.20	660.49	924.60	1 379.97	16 973.8	149.3
101.72	198.61	228.22	347.89	566.86	–	162.9
59.77	75.38	107.28	142.00	195.61	–	137.8
25.86	42.37	63.52	103.64	177.47	–	171.2
96.82	231.84	261.48	331.07	440.03	–	132.9
105.22	171.69	200.16	234.43	285.81	2 338.9	121.9
110.34	223.47	283.71	341.38	382.10	2 348.5	111.9
116.9	100.3	99.5	100.1	100.8	–	100.8
115.9	98.5	98.4	100.2	100.1	359.0	100.1
4 211	7 014	8 026	9 262	10 521	1 906.0	113.6
3 376.56	5 103.60	5 506.08	6 335.64	6 901.44	2 260.1	108.9
1 537.36	2 135.30	2 231.60	2 334.20	2 457.53	1 746.6	105.3
613.96	1 243.15	1 429.52	1 706.63	2 015.45	48 448.3	118.1
631.71	760.27	790.27	824.54	841.63	368.1	102.7
1 607.40	1 614.60	1 600.00	1 549.50	1 450.30	128.8	93.6
11.85	6.80	8.05	6.69	7.61	218.8	113.8
34.67	32.52	30.04	27.71	25.30	381.6	91.3
103.58	96.73	90.53	82.42	75.98	563.2	92.2
1.36	0.44	0.41	0.29	0.16	32.3	53.9
1.59	1.82	1.97	1.98	1.79	293.5	90.5
20 341	15 703	13 792	13 236	12 539	141.2	94.7
15 510	3 266	4 563	6 862	7 775	5 437.1	113.3
200.03	136.81	123.70	130.85	118.25	173.2	90.4
42.76	42.34	57.73	65.23	77.77	2 663.3	119.2
219.40	192.31	193.14	196.72	201.39	766.6	102.4
84.04	127.12	132.26	138.20	146.06	2 463.1	105.7
1 951.03	1 473.50	1 406.50	1 309.40	1 362.70	144.3	104.1
2 365.83	1 992.27	1 950.19	1 955.36	1 930.04	336.2	98.7
	269.81	308.22	362.68	446.78	–	118.15
	101.70	111.98	124.96	151.21	–	112.95
	168.11	196.24	237.72	295.57	–	120.74
5.11	7.08	7.74	8.59	10.02	2 385.7	116.6
35 784	21 710	17 948	20 491	22 095	109.5	107.8
41.07	24.02	26.04	28.18	24.66	266.3	87.5
48 652	57 470	55 737	56 791	44 588	138.9	78.5
43.76	50.99	54.57	55.95	60.44	315.8	108.0

1-2 续表

指　　标	单　位	1978 年	1980 年	1985 年	1990 年
原煤产量	万　吨	1 435.50	1 490.31	1 938.15	2 027.11
发 电 量	亿千瓦时	45.31	57.21	83.75	121.41
钢 产 量	万　吨	25.64	38.76	77.42	112.09
成品钢材	万　吨	24.50	46.65	60.98	92.32
水　　泥	万　吨	155.56	201.00	354.19	469.13
汽　　车	辆	991	1 463	7 060	9 711
照 相 机	万　架	1.00	1.40	10.55	9.00
化学肥料(折合 100%)	万　吨	15.97	25.73	19.41	31.07
化学农药(原药)	吨	13 539	17 405	2 753	5 146
十、建筑业(资级四级以上)					
建筑业企业人数	万人				12.58
建筑业总产值	亿　元				13.76
施工房屋面积	万平方米				487.50
竣工房屋面积	万平方米				192.50
十一、运输、邮电					
铁路营业里程	公　里	1 293	1 389	1 481	1 642
公路通车里程	公　里	30 245	29 651	31 760	33 203
货物周转量	亿吨公里	128.63	140.55	233.59	299.27
铁　　路	亿吨公里	108.48	118.68	156.61	204.48
公　　路	亿吨公里	5.14	5.62	51.63	62.83
水　　运	亿吨公里	15.01	16.25	25.35	31.96
空　　运	万吨公里			19	56
旅客周转量	亿人公里	44.67	66.22	136.69	170.37
铁　　路	亿人公里	26.73	39.49	69.52	74.65
公　　路	亿人公里	16.83	25.41	65.66	93.88
水　　运	亿人公里	1.13	1.34	1.40	1.11
空　　运	万人公里			1 150	7 306
邮电业务总量	亿　元	0.92	1.22	1.36	2.85
报刊发行量	万　份	37 075	42 334	64 274	46 842
十二、内外贸易和旅游					
社会消费品零售总额	亿　元	33.93	45.48	85.71	151.94
海关出口额	万美元				58 023
海关进口额	万美元				13 911
签订利用外资协议额	万美元			3 196	12 292
实际利用外资额	万美元			1 021	5 141
涉外旅游人数	人次		12 327	31 225	52 875
涉外旅游收汇	万美元		91	122	418
十三、教育、文化、卫生					
高等学校在校学生数	人	21 847	35 681	45 126	57 087
中等专业学校在校学生数	人	28 926	40 800	49 426	61 675
普通中学在校学生数	万　人	169.20	154.86	155.53	181.06
小学在校学生数	万　人	513.77	529.30	572.83	450.44
学龄儿童入学率	%	94.15	93.66	96.89	98.24
报纸出版数量	万　份	14 453	17 048	30 698	58 930
杂志出版数量	万　册	378	584	2 329	2 714
图书出版数量	万　册	8 495	8 474	13 429	19 216
卫生机构数	个	5 178	5 373	5 538	5 632
卫生技术人员	人	70 247	79 014	102 209	116 786
#医　生	人	30 430	32 675	43 322	51 994
病 床 数	张	72 289	76 924	84 134	92 274

注：1. 邮电业务总量 2000 年以前按 1990 年不变价格计算，2001 年以后按 2000 年不变价格计算。
2. 卫生机构数 1996 年开始包括个体机构。

1995 年	2000 年	2001 年	2002 年	2003 年	2003 年为下列各年%	
					1978 年	2002 年
2 877.90	1 813.76	1 634.05	1 375.04	951.66	66.3	69.2
176.34	201.06	216.16	247.99	320.94	708.3	129.4
149.73	319.86	399.83	548.21	599.53	2 338.3	109.4
126.36	282.90	375.63	531.64	655.37	2 675.0	123.3
1 005.59	1 382.00	1 574.00	1 966.00	2 172.00	1 396.2	110.5
52 479	133 562	159 407	207 453	185 199	18 688.1	89.3
21.75	17.84	28.81	34.87	41.47	4 147.0	118.9
38.44	43.43	46.88	55.96	47.90	299.9	85.6
5 997	13 796	14 428	12 710	9 657	71.3	76.0
12.45	29.80	34.25	42.73	50.96	–	119.3
52.05	116.41	169.03	246.04	359.81	–	146.2
798.80	2 572.30	2 956.80	3 530.77	5 145.13	–	145.7
280.70	1 359.80	1 590.30	1 915.68	2 750.86	–	143.6
1 640	2 197	2 201	2 208	2 208	170.8	100.0
34 915	60 292	60 314	60 696	61 233	202.5	100.9
393.16	747.63	747.12	801.65	879.58	683.8	109.7
252.25	563.82	560.79	604.86	668.86	616.6	110.6
106.88	147.19	146.03	155.63	162.08	3 153.3	104.1
33.70	35.81	39.44	41.00	50.50	336.4	123.2
3 189	8 143	8 594	1 541	1 438	–	93.3
239.06	453.07	480.66	532.50	544.46	1 218.8	102.2
115.90	271.91	299.38	342.55	354.10	1 324.7	103.4
117.85	171.33	172.05	179.71	181.34	1 077.5	100.9
1.39	1.20	1.06	0.96	0.82	72.9	85.8
39 311	86 356	81 714	92 800	82 042	–	88.4
14.18	81.31	88.2	120.12	141.75	15 379.2	118.0
56 016	48 881	46 491	48 558	48 726	131.4	100.3
410.86	704.87	763.34	832.71	923.21	2 720.9	110.9
101 035	119 736	103 930	105 232	150 569	–	143.1
28 009	42 663	49 189	64 236	102 230	–	159.1
68 389	26 568	52 671	153 387	233 094	–	152.0
45 356	32 781	54 046	124 725	166 353	–	133.4
73 591	163 057	196 337	240 895	165 560	–	68.7
2 498	6 234	7 031	7 162	4 746	–	66.3
82 756	146 411	199 427	270 374	364 333	1 667.7	134.8
106 297	160 022	151 036	152 087	155 084	536.1	102.0
193.27	259.22	273.28	289.42	301.06	177.9	104.0
430.54	422.68	405.50	396.69	390.54	76.0	98.4
99.42	99.58	96.91	98.53	99.01	–	–
34 935	39 929	45 839	51 648	53 063	367.1	102.7
5 183	9 060	8 729	6 598	5 820	1 539.7	88.2
14 486	20 300	18 480	20 272	19 352	227.8	95.5
5 423	8 048	7 594	11 286	11 401	220.2	101.0
122 649	123 192	122 858	114 513	117 755	167.6	102.8
55 095	54 437	53 717	46 756	49 289	162.0	105.4
93 669	90 930	91 091	90 019	85 537	118.3	95.0

1－3 国民经济主要比例关系

单位：%

指　　标	1978年	1980年	1985年	1990年	1995年	2000年	2002年	2003年
生产总值中								
第一产业	41.6	43.5	40.4	41.0	32.0	24.2	21.9	19.8
第二产业	38.0	36.9	36.6	31.2	34.5	35.0	38.8	43.4
工　业	26.6	27.8	30.4	27.2	26.9	27.0	28.3	30.0
建筑业	11.4	9.1	6.2	4.0	7.6	8.0	10.5	13.4
第三产业	20.4	19.6	23.0	27.8	33.5	40.8	39.3	36.8
#交通、运输邮电业	2.9	3.5	5.9	5.9	6.7	9.7	9.9	9.2
商业、饮食业	5.6	5.2	5.6	4.6	7.0	9.1	8.7	8.6
金融业	1.4	1.3	2.7	6.4	6.1	4.9	3.8	2.9
国内支出总额中								
最终消费中								
居民消费		84.5	83.5	80.6	81.8	77.9	76.4	76.6
政府消费		15.5	16.5	19.4	18.2	22.1	23.6	23.4
资本形成中								
固定资本形成	86.1	86.1	75.6	62.1	76.5	84.3	93.2	96.2
存货增加	13.9	13.9	24.4	37.9	23.5	15.7	6.8	3.8
全省总人口中								
城镇人口	16.8	18.8	19.8	20.3	23.8	27.7	32.2	34.0
乡村人口	83.2	81.2	80.2	79.7	76.2	72.3	67.8	66.0
社会从业人员中								
第一产业	77.2	77.7	66.7	65.7	51.0	46.6	45.3	42.0
第二产业	13.0	12.3	20.2	20.3	25.0	24.4	22.7	26.2
第三产业	9.8	10.0	13.1	14.0	24.0	29.0	32.0	31.8
农业总产值中								
农　业	74.0	70.8	64.7	60.1	52.5	46.5	46.3	45.6
林　业	11.9	14.1	12.3	9.4	6.5	7.8	8.2	8.4
牧　业	12.8	14.0	19.9	26.4	33.2	29.9	29.5	30.2
渔　业	1.3	1.1	3.1	4.1	7.8	13.5	13.9	14.1
服务业						2.3	2.1	1.7
规模以上工业增加值中								
轻工业						37.7	34.5	33.8
重工业						62.3	65.5	66.2
基本建设投资中								
农　业	13.9	10.3	3.4	4.3	4.2	14.2	5.2	3.4
能源工业	33.1	21.0	22.3	30.2	20.1	26.0	9.5	6.3
运输邮电业	4.6	3.9	3.2	11.0	26.4	24.2	33.1	28.1
财政支出中								
基建拨款	34.5	25.3	14.1	6.6	3.6	12.4	11.8	8.9
文教科学卫生事业费	18.0	25.4	26.3	27.4	27.8	24.7	24.0	23.7
#科　学	0.2	0.4	0.6	0.8	0.7	0.5	0.5	0.5
教　育	10.6	15.6	15.4	16.4	17.6	17.1	17.3	16.9

1－4　主要指标每人年平均水平

指　　标	单位	1978 年	1980 年	1985 年	1990 年	1995 年	2000 年	2002 年	2003 年
一、国民生产总值	元	276	342	597	1 128	2 937	4 901	5 872	6 712
生产总值	元	276	342	597	1 134	2 896	4 851	5 829	6 678
第一产业	元	115	149	241	466	928	1 175	1 275	1 321
第二产业	元	105	126	218	353	1 000	1 697	2 264	2 896
第三产业	元	56	67	137	315	969	1 979	2 290	2 461
二、财政总收入	元	39	38	61	107	261	416	558	674
三、年末居民储蓄存款余额	元	13	24	99	375	1 511	2 997	4 042	4 738
四、主要农产品产量									
粮　　食	公斤	357.33	381.60	440.19	438.86	397.97	391.04	368.57	342.19
棉　　花	公斤	1.10	1.32	1.79	1.51	2.93	1.65	1.59	1.80
油料折油	公斤	2.10	2.09	3.51	5.19	8.58	7.88	6.59	5.97
甘　　蔗	公斤	21.68	26.38	56.58	51.42	49.52	33.13	31.12	27.90
水　　果	公斤	0.93	1.73	3.09	6.17	10.59	10.25	15.52	18.35
肉类总产量	公斤	8.34	11.71	18.44	29.57	54.32	46.58	46.79	47.52
牛　　奶	公斤	0.16	0.28	0.52	0.59	0.79	1.36	1.87	2.57
水 产 品	公斤	1.88	2.32	4.60	8.12	20.81	30.79	32.87	34.46
五、主要工业产品产量									
化学纤维	公斤	0.13	0.41	0.37	0.53	1.27	1.71	2.04	2.36
布(混合数)	米	6.40	9.24	7.47	8.09	8.86	5.26	4.87	5.21
机制纸及纸板	公斤	2.94	3.91	6.36	6.77	10.17	5.82	6.70	5.82
日 用 瓷	件	10.19	10.18	10.06	11.90	12.05	13.92	13.51	10.52
原　　煤	公斤	455.65	458.62	556.33	536.50	712.53	439.28	327.07	224.54
发 电 量	千瓦小时	143.82	176.05	240.40	321.32	436.59	486.95	589.88	757.23
钢 产 量	公斤	8.14	11.93	22.22	29.67	37.07	77.47	130.40	141.45
成品钢材	公斤	7.78	14.36	17.50	24.43	31.29	68.52	126.46	154.63
水　　泥	公斤	49.38	61.85	101.67	124.16	248.97	334.71	467.64	512.47
化学肥料	公斤	5.07	7.92	5.57	8.22	9.52	10.52	13.31	11.30
化学农药	公斤	0.43	0.54	0.08	0.14	0.15	0.33	0.30	0.23
六、主要消费品消费量									
1.农民生活消费量									
粮　　食	公斤		314.55	325.20	340.85	325.39	303.61	274.15	265.79
植 物 油	公斤		2.03	3.41	4.76	6.21	8.73	8.03	7.49
猪牛羊肉	公斤		6.60	10.16	11.99	12.22	12.64	12.85	13.24
蛋　　类	公斤		1.04	1.73	1.95	2.58	3.26	2.89	3.50
水 产 品	公斤		1.54	1.66	2.02	3.58	3.73	4.38	5.19
2.城镇居民购买量									
粮　　食	公斤		149.04	130.80	132.60	98.88	89.52	86.28	87.48
植 物 油	公斤		3.96	5.16	5.76	6.96	10.80	11.76	12.24
猪牛羊肉	公斤		19.84	19.56	22.32	21.72	21.12	25.56	25.68
蛋　　类	公斤		12.00	6.12	8.28	6.00	7.44	10.56	7.32
水 产 品	公斤		2.88	4.80	3.72	8.40	9.60	7.32	12.36

1－5 江　西

指　　　　标	单　位	1978 年	1980 年	1985 年
一、全省每天创造的财富				
国民生产总值	万元	2 384	3 045	5 696
生产总值	万元	2 384	3 045	5 696
第一产业	万元	991	1 324	2 303
第二产业	万元	907	1 123	2 084
工　业	万元	635	845	1 730
建筑业	万元	272	278	354
第三产业	万元	486	598	1 309
#运输邮电业	万元	70	107	336
商业、饮食业	万元	135	158	317
金融业	万元	32	38	153
财政总收入	万元	335	342	580
财政支出	万元	446	438	814
布产量	万米	55	82	71
机制纸及纸板	吨	254	348	607
日用瓷	万件	88	91	96
原煤产量	吨	39 329	40 830	53 100
发电量	万千瓦小时	1 241	1 567	2 295
钢产量	吨	702	1 062	2 121
成品钢材	吨	671	1 278	1 671
水　泥	吨	4 262	5 507	9 704
汽　车	辆	3	4	19
照相机	架	27	38	289
二、全省每天消费				
最终消费	万元	1 558	2 219	4 145
居民消费	万元		1 875	3 460
农业居民消费	万元		1 348	2 486
非农业居民消费	万元		527	974
政府消费	万元		344	685
能源消费	万吨标准煤			3.68
社会消费品零售总额	万元	930	1 246	2 348
三、全省每天其他活动				
货物运输量	万吨	12.89	12.55	52.27
旅客运输量	万人	17.69	26.92	67.66
出版报纸	万份	39.60	46.71	84.10
出版杂志	万册	1.03	1.60	6.38
出版图书	万册	23.27	23.22	36.79
邮电业务总量	万元	21.05	24.99	37.24
邮寄函件	万件	20.20	24.56	42.39
邮寄包裹	件			
结婚人数	对	437	406	637
离婚人数	对	28	20	30

的 一 天

1990 年	1995 年	2000 年	2001 年	2002 年	2003 年
11 678	32 503	55 436	60 041	67 635	77 942
11 743	32 047	54 879	59 608	67 136	77 547
4 821	10 264	13 292	13 863	14 684	15 342
3 659	11 061	19 199	21 592	26 076	33 627
3 192	8 616	14 788	16 316	18 991	23 269
467	2 445	4 410	5 276	7 085	10 358
3 263	10 722	22 388	24 152	26 376	28 578
690	2 146	5 342	5 921	6 674	7 154
541	2 257	4 985	5 262	5 868	6 659
749	1 968	2 708	2 540	2 519	2 251
1 113	2 883	4 704	5 484	6 423	7 830
1 391	3 023	6 123	7 773	9 353	10 468
84	98	59	49	56	61
701	1 125	658	713	772	676
123	133	157	153	156	122
55 537	78 847	49 692	44 768	37 672	26 073
3 326	4 831	5 508	5 922	6 794	8 793
3 071	4 102	8 763	10 954	15 019	16 425
2 529	3 462	7 751	10 291	14 565	17 955
12 853	27 550	37 863	43 123	53 863	59 507
27	144	366	437	568	507
247	596	489	789	955	1 136
8 496	21 095	34 783	37 191	39 990	41 524
6 850	17 254	27 101	28 547	30 536	31 808
4 735	11 010	15 743	15 844	16 513	17 219
2 115	6 244	11 358	12 703	14 024	14 589
1 646	4 400	7 682	8 644	9 454	9 716
4.75	6.55	6.08	6.38	7.12	8.32
4 163	11 257	19 312	20 913	22 814	25 293
48.43	61.08	64.66	66.55	70.25	74.64
68.20	82.50	98.14	99.66	105.20	102.13
161.45	95.71	109.39	125.59	141.50	145.38
7.44	14.20	28.70	23.92	18.08	15.95
52.65	39.69	55.62	50.63	55.54	53.02
78.11	388.48	2 227.67	2 416.44	3 290.96	3 883.56
47.02	63.71	38.38	46.42	43.60	36.03
		6 767	6 466	7 288	7 205
917	714	810	805	776	739
48	54	66	71	87	81

1－6 生 产

（1978－2003 年，

年 份	国民生产总值	生产总值	第一产业	第二产业	工 业
1978	87.00	87.00	36.18	33.08	23.16
1979	104.15	104.15	48.70	36.41	26.43
1980	111.15	111.15	48.31	41.00	30.84
1981	121.26	121.26	56.09	41.10	31.93
1982	133.96	133.96	63.91	42.64	33.44
1983	144.13	144.13	63.98	49.20	38.12
1984	169.11	169.11	71.89	61.31	49.89
1985	207.89	207.89	84.06	76.05	63.13
1986	230.82	230.82	90.27	83.60	71.21
1987	262.90	262.90	104.63	92.44	79.33
1988	325.83	325.83	119.18	117.38	100.73
1989	373.06	376.46	133.19	131.23	111.91
1990	426.23	428.62	175.96	133.56	116.50
1991	475.54	479.37	183.27	154.77	135.82
1992	571.01	572.55	200.81	199.40	168.14
1993	745.23	723.04	225.58	282.46	233.76
1994	983.67	948.16	314.35	338.23	269.16
1995	1 186.35	1 169.73	374.64	403.74	314.49
1996	1 425.89	1 409.74	440.00	481.30	375.83
1997	1 623.53	1 605.77	475.18	548.84	438.98
1998	1 738.09	1 719.87	450.44	608.22	477.15
1999	1 872.40	1 853.65	464.40	648.82	503.79
2000	2 023.43	2 003.07	485.14	700.76	539.78
2001	2 191.48	2 175.68	506	788.12	595.55
2002	2 468.68	2 450.48	535.98	951.77	693.18
2003	2 844.89	2 830.46	560.00	1 227.38	849.32

总 值

按当年价格计算） 单位:亿元

建筑业	第三产业	#交通运输邮电业	#批零贸易餐饮业	#金融保险业	人均国民生产总值（元）	人均生产总值（元）
9.92	17.74	2.54	4.91	1.18	276	276
9.98	19.04	3.27	4.92	1.04	325	325
10.16	21.84	3.92	5.78	1.39	342	342
9.17	24.07	4.19	6.50	1.48	369	369
9.20	27.41	5.39	7.04	1.98	403	403
11.08	30.95	6.28	8.21	2.29	428	428
11.42	35.91	6.47	8.62	4.19	497	497
12.92	47.78	12.27	11.57	5.60	597	597
12.39	56.95	13.53	13.47	7.50	652	652
13.11	65.83	14.54	13.84	11.71	729	729
16.65	89.27	20.30	19.23	19.63	891	891
19.32	112.04	21.03	28.30	25.86	1 004	1 013
17.06	119.10	25.18	19.74	27.33	1 128	1 134
18.95	141.33	26.73	27.86	31.17	1 239	1 249
31.26	172.34	31.61	35.80	38.83	1 468	1 472
48.70	215.00	39.43	44.68	48.44	1 892	1 835
69.07	295.58	55.93	57.76	61.71	2 465	2 376
89.25	391.35	78.32	82.39	71.84	2 937	2 896
105.47	488.44	101.64	108.31	86.32	3 491	3 452
109.86	581.75	115.41	124.66	97.40	3 933	3 890
131.07	661.21	145.40	143.54	100.50	4 167	4 124
145.03	740.43	167.74	161.63	101.15	4 446	4 402
160.98	817.17	194.98	181.96	98.84	4 901	4 851
192.57	881.56	216.1	192.06	92.7	5 259	5 221
258.59	962.73	243.61	214.19	91.93	5 872	5 829
378.06	1 043.08	261.11	243.06	82.15	6 712	6 678

1-7 生产总值构成

（1978－2003年，以生产总值为100）　　单位：%

年份	第一产业	第二产业	工业	建筑业	第三产业	#交通运输邮电业	#批零贸易餐饮业	#金融保险业
1978	41.6	38.0	26.6	11.4	20.4	2.9	5.6	1.4
1979	46.8	34.9	25.3	9.6	18.3	3.1	4.7	1.0
1980	43.5	36.9	27.8	9.1	19.6	3.5	5.2	1.3
1981	46.3	33.9	26.3	7.6	19.8	3.5	5.4	1.2
1982	47.7	31.8	24.9	6.9	20.5	4.0	5.3	1.5
1983	44.4	34.1	26.4	7.7	21.5	4.4	5.7	1.6
1984	42.5	36.3	29.5	6.8	21.2	3.8	5.1	2.5
1985	40.4	36.6	30.4	6.2	23.0	5.9	5.6	2.7
1986	39.1	36.2	30.9	5.3	24.7	5.9	5.8	3.2
1987	39.8	35.2	30.2	5.0	25.0	5.5	5.3	4.5
1988	36.6	36.0	30.9	5.1	27.4	6.2	5.9	6.0
1989	35.4	34.8	29.7	5.1	29.8	5.6	7.5	6.9
1990	41.0	31.2	27.2	4.0	27.8	5.9	4.6	6.4
1991	38.2	32.3	28.3	4.0	29.5	5.6	5.8	6.5
1992	35.1	34.8	29.4	5.4	30.1	5.5	6.3	6.9
1993	31.2	39.1	32.3	6.8	29.7	5.5	6.2	6.7
1994	33.1	35.7	28.4	7.3	31.2	5.9	6.1	6.5
1995	32.0	34.5	26.9	7.6	33.5	6.7	7.0	6.1
1996	31.2	34.1	26.6	7.5	34.7	7.2	7.7	6.1
1997	29.6	34.2	27.3	6.9	36.2	7.2	7.8	6.1
1998	26.2	35.4	27.8	7.6	38.4	8.5	8.3	5.8
1999	25.1	35.0	27.2	7.8	39.9	9.0	8.7	5.5
2000	24.2	35.0	27.0	8.0	40.8	9.7	9.1	4.9
2001	23.3	36.2	27.4	8.8	40.5	9.9	8.8	4.3
2002	21.9	38.8	28.3	10.5	39.3	9.9	8.7	3.8
2003	19.8	43.4	30.0	13.4	36.8	9.2	8.6	2.9

1-8 生产总值项目结构

（1978－2003年）　　单位：亿元

年　份	生产总值	劳动者报酬	固定资产折旧	生产税净额	营业盈余
1978	87.00	57.36	8.19	7.62	13.83
1979	104.15	68.87	8.74	8.55	17.99
1980	111.15	73.40	9.06	9.05	19.64
1981	121.26	79.84	9.88	10.11	21.43
1982	133.96	89.26	10.66	10.79	23.25
1983	144.13	95.08	11.10	12.37	25.58
1984	169.11	115.06	12.78	14.12	27.15
1985	207.89	134.11	17.82	19.79	36.17
1986	230.82	143.36	19.71	24.56	43.19
1987	262.90	159.16	22.11	40.64	40.99
1988	325.83	192.43	25.94	32.75	74.71
1989	376.46	218.11	29.44	44.21	84.70
1990	428.62	265.24	33.85	42.61	86.92
1991	479.37	277.58	44.06	45.52	112.21
1992	572.55	358.84	55.87	50.56	107.28
1993	723.04	462.89	61.49	80.65	118.01
1994	948.16	613.87	97.04	106.10	131.15
1995	1 169.73	718.54	123.45	100.37	227.37
1996	140.74	898.92	140.02	120.04	250.76
1997	1 605.77	1 044.68	192.38	160.07	208.64
1998	1 719.87	1 081.83	229.54	166.88	241.62
1999	1 853.65	1 151.31	282.15	180.32	239.87
2000	2 003.07	1 218.95	351.41	210.94	221.77
2001	2 175.68	1 270.92	418.62	281.92	204.22
2002	2 450.48	1 391.29	498.91	317.63	242.65
2003	2 830.46	1 561.17	569.71	377.01	322.57

注：本表按当年价格计算。

1－9 生 产 总

（1978－2003年，

年 份	以 1978 年 为 100									
	国民生产总值	生产总值	第一产业	第二产业			第三产业			
					工 业	建筑业		# 交通运输邮电业	# 批零贸易餐饮业	# 金融保险业
1978	100.0	100.0	100.0	100.0	100.0	100.0	100.0	100.0	100.0	100.0
1979	115.8	115.8	115.4	115.9	120.9	104.2	116.6	141.6	108.2	83.3
1980	120.7	120.7	116.4	129.7	138.9	108.1	114.4	147.1	106.1	98.1
1981	127.5	127.5	128.3	127.8	142.2	93.6	125.0	152.0	120.4	107.2
1982	139.4	139.4	144.1	131.5	146.5	96.4	141.4	202.3	131.1	141.6
1983	148.9	148.9	144.2	150.6	165.5	115.4	154.8	221.7	149.1	155.1
1984	171.8	171.8	157.9	182.5	211.0	115.4	183.0	235.9	156.6	314.1
1985	197.2	197.2	169.1	218.3	258.7	123.5	222.9	303.1	182.8	382.9
1986	210.4	210.4	171.0	234.2	286.9	117.0	256.8	312.5	210.6	514.6
1987	227.9	227.9	186.6	250.4	310.4	115.5	280.2	320.9	199.9	761.6
1988	253.9	253.9	191.6	291.5	361.3	134.4	327.6	375.1	233.7	1 077.7
1989	266.8	269.4	199.1	305.2	373.9	150.8	364.0	390.9	207.8	1 353.6
1990	279.9	281.5	211.8	312.8	392.2	133.9	382.9	439.0	136.5	1 368.5
1991	302.0	304.6	219.2	349.7	434.6	138.5	429.2	407.4	177.7	1 467.0
1992	348.5	349.7	231.9	430.1	511.5	222.7	511.6	449.0	275.3	1 665.0
1993	409.1	397.6	235.6	554.4	650.1	315.3	573.0	489.4	277.5	1 981.4
1994	450.0	432.6	249.0	593.2	678.1	392.5	659.0	580.4	301.6	2 211.2
1995	470.7	462.0	261.5	611.0	684.2	449.0	749.3	705.2	348.6	2 339.4
1996	525.3	516.1	283.7	692.3	778.6	499.3	848.2	777.8	425.3	2 470.4
1997	588.9	579.6	303.0	799.6	917.2	520.8	966.9	912.4	482.7	2 670.5
1998	630.1	620.8	291.5	888.4	1 013.5	597.4	1 087.8	1 121.3	562.3	2 729.3
1999	678.6	669.2	309.0	946.1	1 068.2	670.3	1 204.2	1 320.9	634.3	2 786.6
2000	732.9	722.7	330.0	1 009.5	1 133.4	734.0	1 329.4	1 550.7	726.9	2 700.2
2001	795.2	786.3	343.9	1 139.7	1 255.8	879.3	1 434.4	1 713.5	780	2 554.4
2002	878.7	868.9	359.0	1 350.5	1 461.8	1 099.1	1 533.4	1 888.3	858.8	2 421.6
2003	990.3	981.8	368.7	1 678.7	1 730.7	1 552.0	1 646.8	2 045.0	971.3	2 162.5

值 指 数

按可比价格计算）

人均生产总值	以上年为100										
	国民生产总值	生产总值	第一产业	第二产业	工 业	建筑业	第三产业	# 交通运输邮电业	# 批零贸易餐饮业	# 金融保险业	人均生产总值
100.0	113.3	113.3	99.8	126.1			128.6				
113.8	115.8	115.8	115.4	115.9	120.9	104.2	116.6	141.6	108.2	83.3	113.8
117.0	104.2	104.2	100.9	111.9	114.9	103.7	98.1	103.9	98.1	117.8	102.8
122.2	105.6	105.6	110.2	98.5	102.4	86.6	109.3	103.3	113.5	109.3	104.4
132.0	109.3	109.3	112.3	102.9	103.0	103.0	113.1	133.1	108.9	132.1	108.0
139.1	106.8	106.8	100.1	114.5	113.0	119.7	109.5	109.6	113.7	109.5	105.4
157.9	115.4	115.4	109.5	121.2	127.5	100.0	118.2	106.4	105.0	202.5	113.6
178.3	114.8	114.8	107.1	119.6	122.6	107.0	121.8	128.5	116.7	121.9	112.9
187.0	106.7	106.7	101.1	107.3	110.9	94.7	115.2	103.1	115.2	134.4	104.9
199.2	108.3	108.3	109.1	106.9	108.2	98.7	109.1	102.7	94.9	148.0	106.5
218.7	111.4	111.4	102.7	116.4	116.4	116.4	116.9	116.9	116.9	141.5	109.8
228.5	105.1	106.1	103.9	104.7	103.5	112.2	111.1	104.2	88.9	125.6	104.4
234.8	104.9	104.5	106.4	102.5	104.9	88.8	105.2	112.3	65.7	101.1	102.7
250.1	107.9	108.2	103.5	111.8	110.8	103.4	112.1	92.8	130.2	107.2	106.5
283.4	115.4	114.8	105.8	123.0	117.7	160.8	119.2	110.2	154.9	113.5	113.3
318.0	117.4	113.7	101.6	128.9	127.1	141.6	112.0	109.0	100.8	119.0	112.2
341.5	110.0	108.8	105.7	107.0	104.3	124.5	115.0	118.6	108.7	111.6	107.4
360.4	104.6	106.8	105.0	103.0	100.9	114.4	113.7	121.5	115.6	105.8	105.5
398.2	111.6	111.7	108.5	113.3	113.8	111.2	113.2	110.3	122.0	105.6	110.5
442.4	112.1	112.3	106.8	115.5	117.8	104.3	114.0	117.3	113.5	108.1	111.1
468.9	107.0	107.1	96.2	111.1	110.5	114.7	112.5	122.9	116.5	102.2	106.0
500.5	107.7	107.8	106.0	106.5	105.4	112.2	110.7	117.8	112.8	102.1	106.7
551.5	108.0	108.0	106.8	106.7	106.1	109.5	110.4	117.4	114.6	96.9	110.2
594.8	108.5	108.8	104.2	112.9	110.8	119.8	107.9	110.5	107.3	94.6	107.8
651.3	110.5	110.5	104.4	118.5	116.4	125.0	106.9	110.2	110.1	94.8	109.5
730.1	112.7	113.0	102.7	124.3	118.4	141.2	107.4	108.3	113.1	89.3	112.1

1-10 支出法生产总值

（1978-2003 年，按当年价格计算）　　单位：亿元

年份	支出法生产总值	最终消费	居民消费	农村居民	城镇居民	政府消费	资本形成总额	固定资本形成总额	存货增加	货物和服务净出口
1978	87.00	56.88					34.52	29.71	4.81	-4.40
1979	104.15	65.01					39.33	33.85	5.48	-0.19
1980	111.15	81.02	68.45	49.22	19.23	12.57	36.34	31.28	5.06	-6.21
1981	121.26	89.05	75.74	51.28	23.56	13.31	33.93	28.63	5.30	-1.72
1982	133.96	103.72	88.54	63.62	24.92	15.18	38.91	32.31	6.60	-8.67
1983	144.13	111.17	95.00	69.28	25.72	16.17	42.96	38.67	4.29	-10.00
1984	169.11	127.36	105.81	77.13	28.68	21.55	53.05	44.81	8.24	-11.30
1985	207.89	151.31	126.30	90.76	35.54	25.01	68.83	52.05	16.78	-12.25
1986	230.82	165.63	137.54	96.46	41.08	28.09	80.91	61.63	19.28	-15.72
1987	262.90	184.12	150.66	103.47	47.19	33.46	95.68	65.75	29.93	-16.90
1988	325.83	219.19	182.06	120.81	61.25	37.13	129.06	71.66	57.40	-22.42
1989	376.46	268.42	212.44	140.28	72.16	55.98	134.76	79.14	55.62	-26.72
1990	428.62	310.12	250.02	172.83	77.19	60.10	126.99	78.87	48.12	-8.88
1991	479.37	341.79	270.89	185.27	85.62	70.90	147.60	86.56	61.04	-10.02
1992	572.55	381.98	299.37	196.36	103.01	82.61	219.50	136.93	82.57	-28.93
1993	723.04	460.22	349.29	222.92	126.37	110.93	298.34	222.47	75.87	-35.52
1994	944.75	597.07	471.91	291.17	180.74	125.16	368.62	282.84	85.78	-20.94
1995	1 177.26	769.98	629.78	401.86	227.92	140.20	425.44	325.55	99.89	-18.16
1996	1 413.70	919.59	758.36	495.80	262.56	161.23	507.63	395.85	111.78	-13.52
1997	1 596.56	989.60	796.77	504.29	292.48	192.83	617.03	477.30	139.73	-10.07
1998	1 719.01	1 053.66	823.03	516.98	306.05	230.63	672.85	520.82	152.03	-7.50
1999	1 831.25	1 122.56	865.87	532.56	333.31	256.69	715.49	552.67	162.82	-6.80
2000	1 982.17	1 269.58	989.20	574.63	414.57	280.38	718.29	605.54	112.75	-5.70
2001	2 161.75	1 357.47	1 041.96	578.29	463.67	315.51	800.83	696.70	104.13	3.45
2002	2 460.49	1 459.65	1 114.58	602.72	511.86	345.07	999.28	931.80	67.48	1.56
2003	2 838.40	1 515.64	1 161.01	628.50	532.51	354.63	1 354.99	1 303.23	51.76	-32.23

注：支出法生产总值不等于前表生产总值是由于计算误差的影响，后同。

1－11 支出法生产总值结构

（1978－2003年，按当年价格计算）　　单位：%

年份	最终消费率（消费率）	资本形成率（投资率）	以最终消费为100		以资本形成总额为100		以居民消费为100	
			居民消费	政府消费	固定资本形成总额	存货增加	农村居民	城镇居民
1978	65.38	39.68			86.1	13.9		
1979	62.42	37.76			86.1	13.9		
1980	72.89	32.69	84.5	15.5	86.1	13.9	71.9	28.1
1981	73.44	27.98	85.1	14.9	84.4	15.6	67.7	32.3
1982	77.43	29.05	85.4	14.6	83.0	17.0	71.9	28.1
1983	77.13	29.81	85.5	14.5	90.0	10.0	72.9	27.1
1984	75.31	31.37	83.1	16.9	84.5	15.5	72.9	27.1
1985	72.78	33.11	83.5	16.5	75.6	24.4	71.9	28.1
1986	71.76	35.05	83.0	17.0	76.2	23.8	70.1	29.9
1987	70.03	36.39	81.8	18.2	68.7	31.3	68.7	31.3
1988	67.27	39.61	83.1	16.9	55.5	44.5	66.4	33.6
1989	71.30	35.80	79.1	20.9	58.7	41.3	66.0	34.0
1990	72.35	29.63	80.6	19.4	62.1	37.9	69.1	30.9
1991	71.30	30.79	79.3	20.7	58.6	41.4	68.4	31.6
1992	66.72	38.34	78.4	21.6	62.4	37.6	65.6	34.4
1993	63.65	41.26	75.9	24.1	74.6	25.4	63.8	36.2
1994	63.20	39.02	79.0	21.0	76.7	23.3	61.7	38.3
1995	65.40	36.14	81.8	18.2	76.5	23.5	63.8	36.2
1996	65.05	35.91	82.5	17.5	78.0	22.0	65.4	34.6
1997	61.98	38.65	80.5	19.5	77.4	22.6	63.3	36.7
1998	61.29	39.14	78.1	21.9	77.4	22.6	62.8	37.2
1999	61.30	39.07	77.1	22.9	77.2	22.8	61.5	38.5
2000	64.05	36.24	77.9	22.1	84.3	15.7	58.1	41.9
2001	62.79	37.05	76.8	23.2	87.0	13.0	55.5	44.5
2002	59.32	46.61	76.4	23.6	93.2	6.8	54.1	45.9
2003	53.40	47.74	76.6	23.4	96.2	3.8	54.1	45.9

1-12 支出法生

(1980-2003年,

年份	以1980年为100							
	支出法生产总值	最终消费	居民消费			政府消费	资本形成总额	固定资本形成总额
				农村居民	城镇居民			
1980	100	100	100	100	100	100	100	100
1981	105.6	106.4	107.1	102.6	118.6	104.3	87.8	80.0
1982	115.4	122.8	121.9	121.8	122.2	129.2	113.0	105.2
1983	123.2	130.0	129.5	131.3	124.9	133.9	125.1	128.0
1984	142.2	146.6	141.5	143.5	136.6	180.0	149.0	140.9
1985	163.2	159.1	154.1	154.0	154.4	192.8	198.5	161.9
1986	174.1	168.3	158.6	156.0	165.5	233.9	216.4	212.4
1987	188.6	176.4	166.7	161.1	182.2	240.7	221.2	182.0
1988	210.1	187.5	177.5	166.4	208.4	252.7	291.8	145.6
1989	222.9	205.7	181.6	172.4	195.9	362.4	397.7	211.3
1990	232.9	219.5	193.9	184.8	207.5	385.6	371.8	205.8
1991	253.6	234.9	205.3	194.8	222.0	430.7	414.6	212.2
1992	291.1	257.5	221.9	207.3	248.6	498.3	589.1	313.8
1993	331.0	282.0	238.1	220.1	273.0	588.0	705.7	453.8
1994	358.8	298.1	255.2	233.3	300.0	588.6	767.1	516.4
1995	386.8	318.4	275.6	252.0	324.3	601.0	825.4	568.0
1996	430.1	360.7	312.8	293.3	348.6	676.7	884.0	607.2
1997	480.4	389.2	330.0	304.4	381.0	793.8	1 035.2	700.7
1998	516.9	412.6	338.9	310.5	397.0	935.1	1 129.4	756.8
1999	554.7	441.1	357.2	324.5	426.0	1 042.6	1 217.5	814.3
2000	599.6	498.4	408.3	360.5	514.2	1 137.5	1 226.0	903.1
2001	654.8	534.8	432.0	365.5	575.4	1 280.8	1 368.2	1 040.4
2002	726.8	566.9	455.3	375.4	626.0	1 385.8	1 637.7	1 333.8
2003	821.3	586.2	472.2	389.3	649.8	1 420.5	2 114.3	1 775.3

产 总 值 指 数

按可比价格计算）

存货增加	以上年为100 支出法生产总值	最终消费	居民消费	农村居民	城镇居民	政府消费	资本形成总额	固定资本形成总额	存货增加
100	104.2	100.2	99.8	97.9	105.3	100.3	93.7	99.3	57.5
105.2	105.6	106.4	107.1	102.6	118.6	104.3	87.8	80.0	105.2
145.7	109.3	115.4	113.8	118.7	103.0	123.9	128.7	131.5	138.2
77.7	106.8	105.9	106.2	107.8	102.2	103.6	110.7	121.7	53.3
163.0	115.4	112.8	109.3	109.3	109.4	134.4	119.1	110.1	209.8
315.2	114.8	108.5	108.9	107.3	113.0	107.1	133.2	114.9	193.4
204.6	106.7	105.8	102.9	101.3	107.2	121.3	109.0	131.2	64.9
324.1	108.3	104.8	105.1	103.3	110.1	102.9	102.2	85.7	158.4
815.8	111.4	106.3	106.5	103.3	114.4	105.0	131.9	80.0	251.7
904.7	106.1	109.7	102.3	103.6	94.0	143.4	136.3	145.1	110.9
811.5	104.5	106.7	106.8	107.2	105.9	106.4	93.5	97.4	89.7
1 018.4	108.9	107.0	105.9	105.4	107.0	111.7	111.5	103.1	125.5
1 367.7	114.8	109.6	108.1	106.4	112.0	115.7	142.1	147.9	134.3
1 131.1	113.7	109.5	107.3	106.2	109.8	118.0	119.8	144.6	82.7
1 079.1	108.4	105.7	107.2	106.0	109.9	100.1	108.7	113.8	95.4
1 081.3	107.8	106.8	108.0	108.0	108.1	102.1	107.6	110.0	100.2
1 164.6	111.2	113.3	113.5	116.4	107.5	112.6	107.1	106.9	107.7
1 431.3	111.7	107.9	105.5	103.8	109.3	117.3	117.1	115.4	122.9
1 610.2	107.6	106.0	102.7	102.0	104.2	117.8	109.1	108.0	112.5
1 742.2	107.3	106.9	105.4	104.5	107.3	111.5	107.8	107.6	108.2
1 210.8	108.1	113.0	114.3	111.1	120.7	109.1	100.7	110.9	69.5
1 120.0	109.2	107.3	105.8	101.4	111.9	112.6	111.6	115.2	92.5
698.9	111.0	106.0	105.4	102.7	108.8	108.2	119.7	128.2	62.4
520.7	113.0	103.4	103.7	103.7	103.8	102.5	129.1	133.1	74.5

1－13　第三产业增加值

（按当年价格计算）

行　　　业	绝对额（亿元）		构　成（以总计为100）	
	2002年	2003年	2002年	2003年
总　　计	**962.73**	**1 043.08**	**100**	**100**
农林牧渔服务业	7.74	8.25	0.8	0.8
地质勘查业、水利管理业	8.73	9.04	0.9	0.9
交通运输、仓储及邮电通信业	243.61	261.11	25.3	25.0
批发和零售贸易、餐饮业	214.19	243.06	22.2	23.3
金融保险业	91.93	82.15	9.6	7.9
房地产业	125.27	138.02	13.0	13.2
社会服务业	61.62	69.38	6.4	6.6
卫生、体育和社会福利业	24.04	28.82	2.5	2.8
教育、文化艺术和广播电影电视业	70.84	79.52	7.4	7.6
科学研究和综合技术服务业	7.39	9.51	0.8	0.9
国家机关、政党机关和社会团体	99.55	111.20	10.3	10.7
其他行业	7.82	3.02	0.8	0.3

1－14　第三产业增加值指数

（按可比价格计算，以上年为100）

行　　　业	2002年	2003年
总　　计	**106.9**	**107.4**
农林牧渔服务业	90.9	92.7
地质勘查业、水利管理业	103.9	103.2
交通运输、仓储及邮电通信业	110.2	108.3
批发和零售贸易、餐饮业	110.1	113.1
金融保险业	94.8	89.3
房地产业	108.0	109.0
社会服务业	110.0	111.5
卫生、体育和社会福利业	107.6	111.0
教育、文化艺术和广播电影电视业	108.3	109.0
科学研究和综合技术服务业	106.5	122.6
国家机关、政党机关和社会团体	107.1	106.0
其他行业	62.0	61.5

1－15 各地区生产总值

（2003年，按当年价格计算） 单位：万元

地区	生产总值	第一产业	第二产业	工业	建筑业
南昌市	6 410 248	528 216	3 241 621	2 509 518	732 103
景德镇市	1 406 910	123 850	761 078	614 298	146 780
萍乡市	1 428 645	160 352	839 540	782 971	56 569
九江市	3 067 749	516 360	1 473 222	1 015 415	457 807
新余市	1 091 000	142 732	573 300	470 300	103 000
鹰潭市	797 237	123 867	378 299	342 785	35 514
赣州市	3 450 595	1 006 519	1 127 102	801 772	325 330
吉安市	2 067 244	638 455	757 356	509 839	247 517
宜春市	2 494 974	742 246	942 159	805 222	136 937
抚州市	1 684 110	461 552	720 010	542 020	177 990
上饶市	2 527 563	626 001	928 277	759 606	168 671

地区	第三产业	# 交通运输邮电业	# 批零贸易餐饮业	# 金融保险业	人均生产总值（元）
南昌市	2 640 411	363 930	707 832	421 847	14 446
景德镇市	521 982	72 215	131 864	141 699	9 304
萍乡市	428 753	94 909	98 420	32 081	7 962
九江市	1 078 167	229 880	293 770	113 592	6 692
新余市	374 968	72 690	68 700	50 800	9 923
鹰潭市	295 071	82 678	42 030	20 071	7 491
赣州市	1 316 974	284 016	215 545	85 525	4 293
吉安市	671 433	96 181	114 424	85 301	4 480
宜春市	810 569	164 858	178 199	102 106	4 754
抚州市	502 548	79 467	59 950	32 845	4 496
上饶市	973 285	150 898	253 806	61 821	4 048

1-16 各地区生产总值构成

（2003年，按当年价格计算） 单位：%

地区	生产总值	第一产业	第二产业	工业	建筑业	第三产业	#交通运输邮电业	#批零贸易餐饮业	#金融保险业
南昌市	100	8.2	50.6	39.1	11.4	41.2	5.7	11.0	6.6
景德镇市	100	8.8	54.1	43.7	10.4	37.1	5.1	9.4	10.1
萍乡市	100	11.2	58.8	54.8	4.0	30.0	6.6	6.9	2.2
九江市	100	16.8	48.0	33.1	14.9	35.2	7.5	9.6	3.7
新余市	100	13.1	52.5	43.1	9.4	34.4	6.7	6.3	4.7
鹰潭市	100	15.5	47.5	43.0	4.5	37.0	10.4	5.3	2.5
赣州市	100	29.2	32.6	23.2	9.4	38.2	8.2	6.2	2.5
吉安市	100	30.9	36.6	24.7	12.0	32.5	4.7	5.5	4.1
宜春市	100	29.7	37.8	32.3	5.5	32.5	6.6	7.1	4.1
抚州市	100	27.4	42.8	32.2	10.6	29.8	4.7	3.6	2.0
上饶市	100	24.8	36.7	30.1	6.7	38.5	6.0	10.0	2.4

1-17 各地区生产总值指数

（2003年，以上年为100） 单位：%

地区	生产总值	第一产业	第二产业	工业	建筑业	第三产业	#交通运输邮电业	#批零贸易餐饮业	#金融保险业	人均生产总值
南昌市	115.5	104.4	118.9	118.4	120.6	113.5	111.9	113.1	109.0	114.5
景德镇市	115.6	103.6	118.1	109.6	189.8	115.1	112.7	111.9	111.6	114.7
萍乡市	118.2	104.6	124.0	123.8	126.8	113.3	117.0	111.7	93.1	117.4
九江市	115.0	106.3	120.1	118.5	124.0	113.0	112.1	109.7	107.1	114.1
新余市	115.2	102.5	123.3	124.6	117.6	109.9	108.1	110.3	103.8	114.4
鹰潭市	118.2	104.8	128.5	128.7	126.6	112.3	109.4	112.5	104.7	117.2
赣州市	112.5	103.0	121.0	117.3	131.7	113.0	112.1	108.3	121.1	111.5
吉安市	113.6	103.5	123.9	120.4	131.9	113.5	95.1	112.6	120.1	112.7
宜春市	112.7	101.6	124.4	124.4	124.2	110.4	111.4	108.5	107.5	111.8
抚州市	112.6	100.2	120.3	115.5	138.0	115.5	106.9	110.0	97.4	111.6
上饶市	114.1	103.2	120.1	118.7	127.5	116.1	113.9	117.6	112.5	113.2

注：本表按可比价格计算。

1－18　各地区生产总值项目结构

（2003 年，按当年价格计算）　单位：万元

地　　区	生产总值	劳动者报酬	固定资产折　旧	生产税净额	营业盈余
南昌市	6 410 248	2 968 264	885 562	746 760	1 809 662
景德镇市	1 406 910	622 997	267 957	235 164	280 792
萍乡市	1 428 645	779 162	258 971	126 411	264 101
九江市	3 067 749	1 684 106	484 791	574 312	324 540
新余市	1 091 000	560 500	214 611	165 669	150 220
鹰潭市	797 237	384 963	171 189	139 180	101 905
赣州市	3 450 595	2 399 760	392 949	308 854	349 032
吉安市	2 067 244	1 237 959	288 367	202 875	338 043
宜春市	2 494 974	1 609 628	348 222	213 846	323 278
抚州市	1 684 110	934 311	141 578	126 651	481 570
上饶市	2 527 563	1 449 858	346 673	146 162	584 870

1－19　各地区支出法生产总值

（2003 年，按当年价格计算）

地　　区	支出法生产总值（万元）	最终消费	资本形成总　额	货物和服务净出口	资本形成率（%）	最终消费率（%）
南昌市	6 410 248	3 768 048	2 259 837	382 363	35.3	58.8
景德镇市	1 406 910	673 166	754 116	－20 372	53.6	47.8
萍乡市	1 422 793	769 985	493 247	159 561	34.7	54.1
九江市	3 067 693	1 774 464	1 407 934	－ 114 705	45.9	57.8
新余市	1 091 000	557 880	537 320	－4 200	49.3	51.1
鹰潭市	797 237	421 204	340 178	35 855	42.7	52.8
赣州市	3 466 143	2 407 056	1 643 672	－ 584 585	47.4	69.4
吉安市	2 067 244	1 338 946	872 454	－ 144 156	42.2	64.8
宜春市	2 494 974	1 553 576	966 126	－24 728	38.7	62.3
抚州市	1 684 110	1 094 174	628 361	－38 425	37.3	65.0
上饶市	2 616 028	1 985 231	682 775	－51 978	26.1	75.9

1-20 各地区资本形成总额及构成

（2003年，按当年价格计算）

地区	资本形成总额（万元）	固定资本形成总额	存货增加	资本形成总额=100 固定资本形成总额	资本形成总额=100 存货增加
南昌市	2 259 837	1 878 980	380 857	83.1	16.9
景德镇市	754 116	496 208	257 908	65.8	34.2
萍乡市	493 247	436 756	56 491	88.5	11.5
九江市	1 407 934	1 017 470	390 464	72.3	27.7
新余市	537 320	509 600	27 720	94.8	5.2
鹰潭市	340 178	241 650	98 528	71.0	29.0
赣州市	1 643 672	1 573 561	70 111	95.7	4.3
吉安市	872 454	750 053	122 401	86.0	14.0
宜春市	966 126	915 431	50 695	94.8	5.2
抚州市	628 361	604 200	24 161	96.2	3.8
上饶市	682 775	835 496	-152 721	122.4	-22.4

1-21 各地区最终消费及构成

（2003年，按当年价格计算）

地区	最终消费（万元）	居民消费	农村居民	城镇居民	政府消费	最终消费=100 居民消费	最终消费=100 政府消费	居民消费=100 农村居民	居民消费=100 城镇居民
南昌市	3 768 048	2 459 377	763 269	1 696 108	1 308 671	65.3	34.7	31.0	69.0
景德镇市	673 166	555 541	205 073	350 468	117 625	82.5	17.5	36.9	63.1
萍乡市	769 985	669 666	329 380	340 286	100 319	87.0	13.0	49.2	50.8
九江市	1 774 464	1 345 253	798 569	546 684	429 211	75.8	24.2	59.4	40.6
新余市	557 880	444 030	209 290	234 740	113 850	79.6	20.4	47.1	52.9
鹰潭市	421 204	344 012	169 899	174 113	77 192	81.7	18.3	49.4	50.6
赣州市	2 407 056	1 827 050	1 192 291	634 759	580 006	75.9	24.1	65.3	34.7
吉安市	1 338 946	1 182 280	751 787	430 493	156 666	88.3	11.7	63.6	36.4
宜春市	1 553 576	1 307 012	842 492	464 520	246 564	84.1	15.9	64.5	35.5
抚州市	1 094 174	1 001 394	682 014	319 380	92 780	91.5	8.5	68.1	31.9
上饶市	1 985 231	1 481 596	872 194	609 402	503 635	74.6	25.4	58.9	41.1

主要统计指标解释

国内生产总值　国内生产总值是按市场价格计算的国内生产的简称，它是我国所有常住单位在一定时期内生产活动的最终成果。国内生产总值有三种表现形态，价值形态、收入形态和产品形态。从价值形态看，它是所有常住单位在一定时期内所生产的全部货物和服务价值超过同期投入的全部非固定资产货物和服务价值的差额，即所有常住单位的增加值之和；从收入形态看，它是所有常住单位在一定时期内所创造并分配给常住单位和非常住单位的初次分配收入之和；从产品形态看，它是最终使用的货物和服务减去进口货物和服务。在核算中，国内生产总值的三种表现形态表现为三种计算方法，即生产法，收入法和支出法。三种方法分别从不同的方面反映国内生产总值及其构成。

国民生产总值　国民生产总值是按市场价格计算的国民生产总值我国所有常住单位在一定时期内收入初次分配的最终成果，它等于国内生产总值加上来自国外的劳动者报酬和财产收入减支付给国外的劳动者报酬和财产收入，与国内生产总值不同，国内生产总值是一个生产概念，而国民生产总值是一个收入概念。

当年价格　指报告期的实际价格，如工厂的出厂价格，农产品的收购价格，商业的零售价格等。按当年价格计算，是指一些以货币表现的物量指标如社会总产值、工农业总产值、国民收入、国民生产总值等，按照当年的实际价格来计算总量。使用当年价格计算的数字，是为了使国民经济各项指标互相衔接，便于考察当年经济效益，便于对生产和流通、生产和分配、生产和消费进行经济核算和综合平衡。按当年价格计算的价值指标，在不同年份之间进行对比时，因为包含有各年间价格变动因素，不能确切地反映实物量的增减变动。必须消除价格变动因素后，才能真实反映经济发展动态。因此，在计算增长速度时都使用按可比价格计算的数字。

可比价格　指在不同时期的价值指标对比时，扣除了价格变动的因素，以确切表示物量的变化。按可比价格计算有两种方法：一种是直接按产品产量乘其不变价格计算，一种是用物价指数换算。

不变价格　用某一时期的同类产品的平均价格作为固定价格，来计算各个时期的产品价值。新中国成立后，随着工农业产品价格水平的变化。国家统计局先后五次制定了全国统一的工业产品不变价格和农业产品不变价格。从1949年到1957年使用1952年工（农）业产品不变价格，从1957年到1971年使用1957年不变价格，从1971年到1981年使用1970年不变价格，从1981年开始使用1980年不变价格，从1990年开始使用1990年不变价格。

平均每年增长速度　在我国计算平均增长速度有两种方法，一种是习惯上经常使用的"水平法"又称几何平均法，是以间隔期最后一年的水平同基期水平对比来计算平均每年增长（或下降）速度。另一种是"累计法"，又称代数平均法或方程法，是以间隔期内各年水平的总和同基期水平对比来计算平均每年增长（或下降）速度。在一般正常情况下，两种方法计算的平均每年增长速度比较接近，但在经济发展不平衡，出现大起大落时，两种方法计算的结果差别较大。本《年鉴》内所列的平均每年增长速度，除固定资产投资用"累计法"计算外，都是用"水平法"计算的。从某年到某年平均增长速度的年份，均不包括基期年在内。如建国44年的平均增长速度是以1949年为基期计算的，则写为1950－1993年平均增长速度，余类推。

支出法国内生产总值　指一个国家（或地区）所有常住单位在一定时期内用于最终消费和投资，以及净出口的货物和服务支出总额，它反映本期生产的国内生产总值的使用构成。

最终消费　是指常住单位在一定时期内对于货物和服务的全部最终消费支出，也就是常住单位为满足物质、文化和精神生活的需要，从本国经济领土和国外购买的货物和服务的支出。它不包括非常住单位在本国经济领土内的消费支出。最终消费分为居民消费和政府消费。

（一）居民消费：指常住住户在一定时期内对于货物和服务的全部最终消费支出。居民关于货物的最终消费支出在货物的所有权发生变化时记录，关于服务的最终消费支出在服务提供的时候记录。居民消费支出按市场格计算，即按居民支付价格计算，货物的购买者价格是购买者取得交货所支付的价格，它包括购买者支付的运输和商业费用。居民消费支出除了直接以货币形式购买的货物和服务的消费支出外，还包括以其他方式获得的货物和服务的消费支出，即所谓的虚拟消费支出。居民虚拟消费支出包括如下几种类型：单位以实物报酬及实物转移的形式提供给劳动者的货物和服务；住户生产并由本住户消费了的货物和服务，其中的服务仅指住户的自有住房服务；金融机构提供的金融媒介服务；保险公司提供的保险服务。

（二）政府消费：指政府部门为全社会提供的公共服务的消费支出和免费或以较低的价格向居民住户提供的货物和服务的净支出，前者等于政府服务的产出价值减去政府单位所获得的经营收入的价值,政府服务的产出价值等于它的经常性业务支出加上固定资产折旧;后者等于政府部门向居民住户提供的货物和服务的市场价值减去向居民住户收取的价值。

资本形成总额 指常住单位在一定时期内获得减去处置的固定资本和存货的净额,包括固定资本形成总额和存货增加两项。

(一)固定资本形成总额:指常住单位在一定时期内购置、转入和自产自用的固定资本价值,扣除固定资本的销售和转出后的价值。可分为有形固定资本形成总额和无形固定资本形成总额。有形固定资本形成总额包括一定时期内完成的建筑工程、安装工程和设备器具购置(减处置)价值,以及土地改良、新增役、种、奶、毛、娱乐用牲畜和新增经济林木价值。无形固定资本形成总额包括矿藏的勘探、计算机软件、娱乐和文学作品原件等获得减处置。

(二)存货增加:指常住单位在一定时期内存货实物量变动的市场价值即期末价值的差额。存货增加可以是正值,也可以是负值,正值表示存货上升,负值表示存货下降。它包括生产单位购进的原材料、燃料和储备物资等存货,以及生产单位生产的产成品、在制品和半产品等存货等。

货物和服务净出口 指货物和服务出口减货物和服务进口的差额。出口包括常住单位向非常住单位出售或无偿转让的各种货物和服务的价值;进口包括常住单位从非常住单位购买或无偿得到的各种货物和服务的价值。由于服务活动的提供与使用同时发生,因此服务的进出口业务并不发生出入境现象,一般把常住单位从国外得到的服务作为进口,非常住单位从本国得到的服务作为出口。货物的出口和进口都按离岸价格计算。

净出口 指出口与进口的差额。出口包括常住单位向非常住单位出售或无偿转让的各种货物和服务的总值;进口包括常住单位从非常住单位购买或无偿得到的各种货物和服务的总值。由于服务活动提供与使用同时发生,因此,服务的进出口业务并不发生出入境现象,应把常住单位从国外得到的服务作为进口,反之,非常住单位从我国得到的服务作为出口。

三次产业 根据社会生产活动历史发展的顺序对产业结构的划分,产品直接取自自然界的部门称为第一产业,对初级产品进行再加工的部门称为第二产业,为生产和消费提供各种服务的部门称为第三产业。它是世界上通用的产业结构分类,但各国的划分不尽一致。我国的三次产业划分是:

第一产业:农业(包括种植业、林业、牧业、副业和渔业)。

第二产业:工业(包括采掘工业、制造业、自来水、电力、蒸气、热水、煤气)和建筑业。

第三产业:除第一、第二产业以外的其他各业。

固定资产折旧 指一定时期内为弥补固定资产损耗而应提取的补偿价值,它反映了全部固定资产在本期生产中的资产转移价值。各类企业的固定资产折旧是指从成本费用中提取的折旧费。对不计提折旧的单位,如政府机关、事业单位、学校医院、部队和居民住房则应进行虚拟折旧。

劳动者报酬 指劳动者为常住单位提供劳务而获得的各种报酬,它反映劳动者参与增加值创造而获得的原始收入。具体包括从各种来源开支的货币工资和实物工资,即单位以工资、福利、社会保险等形式,从成本、费用和利润中为劳动者支付的各种开支,以及个体和其他劳动者通过参加社会生产活动所获得的各种劳动报酬。

生产税净额 指生产税与补贴之差,它反映政府从本期创造的增加值中所得到的原始收入份额。生产税是指政府对生产单位的生产经营活动所征收的各种税、附加和规费,具体包括销售(营业)税金及附加、增值税、管理费开支的税、应缴纳的养路费、排污费和水电附加等,以及烟酒专卖上缴政府的专项收入。补贴与生产税相反,是政府对生产单位的单方面收入转移,因此视为负税处理,包括政策亏损补贴、粮食系统价格补贴、外贸企业出口退税收入等。

营业盈余 指常住单位创造的增加值扣除固定资产折旧价值、支付劳动者报酬和上缴政府生产税净额后的余额,它反映企业参与增加值创造而应得到的原始收入份额。该指标相当于企业的营业利润,但要扣除利润后项目中支付的工资、福利及公益金等。

人　　口 2

POPULATION

- 2003 年，全省年末总户数 1222.48 万户，总人口 4254.23 万人，人口密度每平方公里 255 人。

- 全省总人口中，农业人口占 75.05%；非农业人口占 24.95%。

- 2003 年，全省人口出生率为 14.07‰，死亡率 5.98‰，自然增长率 8.09‰。

本篇章

资料整理　微机处理

杨　幸　　杨金华

2-1 户数和人口数

（1978—2003 年末）

年 份	总户数（户）	总人口（人）	按性别分		按农业、非农业分		按城乡分	
			男	女	非农业人口	农业人口	市镇人口	乡村人口
1978	6 153 908	31 828 203	16 427 779	15 400 424	4 594 562	27 233 641	5 331 228	26 496 975
1979	6 233 041	32 289 778	16 659 570	15 630 208	4 806 203	27 483 575	5 630 294	26 659 484
1980	6 364 176	32 701 960	16 866 769	15 835 191	5 080 910	27 621 050	6 145 928	26 556 032
1981	6 501 985	33 039 235	17 031 186	16 008 049	5 406 181	27 633 054	6 298 459	26 740 776
1982	6 584 978	33 483 485	17 265 308	16 218 177	5 533 231	27 950 254	6 512 538	26 970 947
1983	6 644 902	33 945 033	17 524 255	16 420 778	5 633 184	28 311 849	6 639 648	27 305 385
1984	6 851 758	34 578 879	17 872 492	16 706 387	5 870 066	28 708 813	6 801 665	27 777 214
1985	6 986 097	35 097 971	18 155 525	16 942 446	6 247 793	28 850 178	6 942 379	28 155 592
1986	7 266 117	35 757 637	18 500 090	17 257 547	6 365 561	29 392 076	7 112 194	28 645 443
1987	7 562 209	36 323 111	18 801 109	17 522 002	6 582 218	29 740 893	7 264 622	29 058 489
1988	7 857 618	36 838 811	19 053 453	17 785 358	6 745 216	30 093 595	7 408 285	29 430 526
1989	8 185 762	37 462 196	19 381 113	18 081 083	6 931 147	30 531 049	7 574 856	29 887 340
1990	8 524 926	38 106 418	19 727 708	18 378 710	7 083 983	31 022 435	7 754 656	30 351 762
1991	8 748 781	38 646 374	19 978 326	18 668 148	7 228 163	31 418 211	8 148 201	30 498 173
1992	8 877 008	39 130 927	20 259 917	18 871 010	7 407 802	31 723 125	8 537 586	30 593 341
1993	8 987 115	39 660 405	20 500 789	19 159 616	7 601 785	32 058 620	8 944 215	30 716 190
1994	9 165 092	40 154 459	20 586 009	19 568 450	7 889 735	32 264 724	9 350 367	30 804 092
1995	9 422 399	40 625 406	20 837 093	19 788 313	8 224 854	32 400 552	9 689 159	30 936 247
1996	9 611 344	41 054 635	21 184 192	19 870 443	8 423 556	32 631 079	10 092 871	30 961 764
1997	9 784 924	41 503 338	21 345 274	20 158 064	8 659 324	32 844 014	10 507 815	30 995 523
1998	10 040 894	41 912 074	21 364 925	20 547 149	8 877 268	33 034 806	10 918 934	30 993 140
1999	10 318 396	42 311 742	21 810 874	20 500 868	9 065 485	33 246 257	11 333 623	30 978 119
2000	10 645 841	41 485 447	21 570 202	19 915 245	9 410 159	32 075 288	11 487 320	29 998 127
2001	11 374 368	41 857 676	21 840 587	20 017 089	9 765 396	32 092 280	12 728 919	29 128 757
2002	11 696 475	42 224 273	21 813 059	20 411 214	10 159 160	32 065 113	13 596 216	28 628 057
2003	12 224 786	42 542 255	21 807 160	20 735 095	10 614 293	31 927 962	14 472 875	28 069 380

注：1.1983 年以前的所有数据为公安年报数。2.2000 年的数据根据第五次人口普查数据推算。3.1983－1999 年的总户数、非农业人口、农业人口为公安年报数，2001 年以后的农业人口、非农业人口根据公安年报数据推算；1982－1990 年的市镇人口、乡村人口根据第四次人口普查数据修正，1991－1999 年的市镇人口、乡村人口根据第五次人口普查和 1995 年 1% 人口抽样调查数据修正；其余数据为年度人口变动情况抽样调查推算数。

2-2 人口构成

（1978-2003年末）　　单位:%

年份	以年末总人口为100					
	男	女	非农业人口	农业人口	市镇人口	乡村人口
1978	51.61	48.39	14.44	85.56	16.75	83.25
1979	51.59	48.41	14.88	85.12	17.44	82.56
1980	51.58	48.42	15.54	84.46	18.79	81.21
1981	51.55	48.45	16.36	83.64	19.06	80.94
1982	51.56	48.44	16.53	83.47	19.45	80.55
1983	51.63	48.37	16.60	83.40	19.56	80.44
1984	51.69	48.31	16.98	83.02	19.67	80.33
1985	51.73	48.27	17.80	82.20	19.78	80.22
1986	51.74	48.26	17.80	82.20	19.89	80.11
1987	51.76	48.24	18.12	81.88	20.00	80.00
1988	51.72	48.28	18.31	81.69	20.11	79.89
1989	51.74	48.26	18.50	81.50	20.22	79.78
1990	51.77	48.23	18.59	81.41	20.35	79.65
1991	51.69	48.31	18.70	81.30	21.08	78.92
1992	51.77	48.23	18.93	81.07	21.82	78.18
1993	51.69	48.31	19.17	80.83	22.55	77.45
1994	51.27	48.73	19.65	80.35	23.29	76.71
1995	51.29	48.71	20.25	79.75	23.85	76.15
1996	51.60	48.40	20.52	79.48	24.58	75.42
1997	51.43	48.57	20.86	79.14	25.32	74.68
1998	50.98	49.02	21.18	78.82	26.05	73.95
1999	51.55	48.45	21.43	78.57	26.79	73.21
2000	51.99	48.01	22.68	77.32	27.69	72.31
2001	52.18	47.82	23.33	76.67	30.41	69.59
2002	51.66	48.34	24.06	75.94	32.20	67.80
2003	51.26	48.74	24.95	75.05	34.02	65.98

2-3 人口自然变动情况

（1978-2003年末）

年份	年平均人口（人）	人口出生率（‰）	人口死亡率（‰）	人口自然增长率（‰）	人口密度（人/平方公里）
1978	31 504 121	27.01	7.39	19.62	191
1979	32 058 990	20.97	7.23	13.74	193
1980	32 495 869	18.57	6.38	12.19	196
1981	32 870 597	20.42	6.54	13.88	198
1982	33 261 360	19.18	6.07	13.11	201
1983	33 714 259	21.92	8.23	13.69	203
1984	34 261 956	25.30	6.80	18.50	207
1985	34 838 425	20.29	5.39	14.90	210
1986	35 427 804	24.15	5.53	18.62	214
1987	36 040 374	22.92	7.23	15.69	218
1988	36 580 961	19.90	5.80	14.10	221
1989	37 150 503	23.04	6.26	16.78	224
1990	37 784 307	24.59	7.54	17.05	228
1991	38 376 396	21.20	7.13	14.07	231
1992	38 888 651	19.53	7.07	12.46	234
1993	39 395 666	20.33	6.89	13.44	238
1994	39 907 432	19.38	7.00	12.38	241
1995	40 389 933	18.94	7.28	11.66	243
1996	40 840 020	17.53	7.02	10.51	246
1997	41 278 987	17.43	6.56	10.87	249
1998	41 707 706	16.85	7.05	9.80	251
1999	42 111 908	16.51	7.02	9.49	253
2000	41 289 734	15.55	6.07	9.48	249
2001	41 671 562	15.44	6.06	9.38	251
2002	42 040 975	14.74	6.02	8.72	253
2003	42 383 264	14.07	5.98	8.09	255

2－4　各地区户数和人口数

（2003 年末）

地　　区	户　数（户）	人口数（人）	# 女	# 非农业人口	平均每户人口数（人）	人口密度（人/平方公里）
全　省	**12 224 786**	**42 542 255**	**20 735 095**	**10 614 293**	**3.48**	**255**
南昌市	1 272 610	4 454 135	2 208 666	1 931 418	3.50	599
景德镇市	462 362	1 517 723	747 047	561 558	3.28	289
萍乡市	505 685	1 800 240	870 301	519 015	3.56	471
九江市	1 310 771	4 600 806	2 259 677	1 084 828	3.51	245
新余市	370 125	1 102 973	536 966	370 118	2.98	347
鹰潭市	294 255	1 068 146	505 441	302 050	3.63	300
赣州市	2 247 769	8 069 491	3 896 775	1 574 063	3.59	205
吉安市	1 350 479	4 632 142	2 258 403	974 218	3.43	183
宜春市	1 591 498	5 267 859	2 553 100	1 246 488	3.31	283
抚州市	1 068 487	3 761 073	1 771 219	901 896	3.52	200
上饶市	1 750 745	6 267 667	3 127 500	1 148 641	3.58	275

2－5　各地区人口自然变动情况

（2003 年）

地　　区	年平均人口（人）	出　生		死　亡		自然变动	
		人数（人）	率（‰）	人数（人）	率（‰）	人数（人）	率（‰）
全　省	**42 383 264**	**596 434**	**14.07**	**253 452**	**5.98**	**342 982**	**8.09**
南昌市	4 437 476	60 705	13.68	23 785	5.36	36 920	8.32
景德镇市	1 512 084	21 411	14.16	8 997	5.95	12 414	8.21
萍乡市	1 794 343	23 829	13.28	10 730	5.98	13 099	7.30
九江市	4 584 108	64 636	14.10	27 550	6.01	37 086	8.09
新余市	1 099 522	13 414	12.20	5 619	5.11	7 795	7.09
鹰潭市	1 064 263	15 613	14.67	6 971	6.55	8 642	8.12
赣州市	8 037 651	120 002	14.93	51 602	6.42	68 400	8.51
吉安市	4 614 775	66 822	14.48	28 381	6.15	38 441	8.33
宜春市	5 248 355	75 471	14.38	33 380	6.36	42 091	8.02
抚州市	3 746 226	54 096	14.44	20 866	5.57	33 230	8.87
上饶市	6 244 461	88 359	14.15	38 341	6.14	50 018	8.01

注：本表采用 2003 年人口变动情况抽样调查推算数，故各设区市合计数不等于全省数。

2－6 分年龄、性别的人口构成

（2003年）　　单位:%

年龄别（岁）	人口构成			性别比
	合计	男	女	（女=100）
总计	**100**	**51.26**	**48.74**	**105.17**
0—4	6.17	3.51	2.66	131.85
5—9	7.06	4.02	3.04	132.06
10—14	10.49	5.68	4.81	117.66
15—19	8.04	4.12	3.92	104.97
20—24	5.81	2.69	3.12	86.29
25—29	8.84	4.38	4.46	98.30
30—34	9.20	4.54	4.66	97.28
35—39	9.64	4.87	4.77	102.05
40—44	7.16	3.62	3.54	102.36
45—49	7.43	3.78	3.65	103.50
50—54	6.12	3.13	2.99	104.83
55—59	4.14	2.12	2.02	105.49
60—64	3.19	1.61	1.58	107.85
65—69	2.40	1.19	1.21	104.60
70—74	1.83	0.90	0.93	96.73
75—79	1.43	0.67	0.76	89.18
80—84	0.74	0.32	0.42	74.62
85—89	0.24	0.09	0.15	65.43
90岁及以上	0.07	0.02	0.05	38.69

2－7 6岁及以上人口的文化构成

（2003年）　　单位:%

年龄别（岁）	不识字或识字很少	小学	初中	高中	大专以上
总计	**6.96**	**35.43**	**37.67**	**14.44**	**5.50**
6－9	0.17	5.89			
10－14	0.03	4.62	5.52	0.36	
15－19	0.03	0.56	4.18	3.42	0.51
20－24	0.04	0.80	3.62	1.12	0.71
25－29	0.07	1.84	5.26	1.55	0.85
30－34	0.09	2.60	4.85	1.55	0.87
35－39	0.17	3.15	4.59	1.64	0.89
40－44	0.20	2.38	2.82	1.77	0.57
45－49	0.46	3.37	2.48	1.33	0.39
50－54	0.62	3.27	1.90	0.60	0.24
55－59	0.64	2.22	1.05	0.41	0.17
60－64	0.79	1.63	0.62	0.30	0.12
65岁及以上	3.65	3.10	0.78	0.39	0.18

2-8 15岁及以上人口的婚姻构成

(2003年)

单位:%

年龄别 (岁)	合计		未婚		初婚有配偶		再婚有配偶		离婚		丧偶	
	男	女	男	女	男	女	男	女	男	女	男	女
总计	**50.00**	**50.00**	**10.88**	**7.79**	**36.27**	**36.90**	**0.77**	**0.82**	**0.50**	**0.30**	**1.58**	**4.19**
15-19	5.33	5.09	5.31	5.01	0.03	0.07						
20-24	3.49	4.05	2.83	2.08	0.66	1.95				0.01		
25-29	5.68	5.78	1.71	0.55	3.93	5.17	0.01	0.03	0.04	0.02		0.01
30-34	5.89	6.05	0.44	0.08	5.31	5.82	0.04	0.08	0.08	0.04	0.02	0.04
35-39	6.32	6.19	0.19	0.03	5.92	5.93	0.08	0.13	0.09	0.06	0.04	0.06
40-44	4.70	4.59	0.08	0.01	4.41	4.33	0.08	0.09	0.08	0.07	0.04	0.10
45-49	4.91	4.74	0.10	0.01	4.51	4.39	0.14	0.12	0.07	0.04	0.09	0.18
50-54	4.07	3.88	0.08	0.01	3.73	3.44	0.11	0.12	0.05	0.02	0.10	0.28
55-59	2.76	2.62	0.04		2.47	2.17	0.08	0.08	0.04	0.02	0.12	0.34
60-64	2.15	2.00	0.04		1.86	1.50	0.07	0.06	0.01	0.01	0.18	0.42
65岁及以上	4.70	5.01	0.06	0.01	3.44	2.13	0.16	0.11	0.04	0.01	0.99	2.76

2-9 育龄妇女分年龄的生育状况

(2003年)

年龄别 (岁)	平均育龄妇女比重 (%)	出生人口比重 (%)	育龄妇女生育率 (‰)			
				一孩	二孩	三孩及以上
总计	**100.00**	**100.00**	**48.99**	**33.36**	**14.11**	**1.52**
15-19	13.32	1.21	4.45	4.29	0.16	
20-24	11.69	36.57	153.21	136.93	14.29	1.99
25-29	16.02	43.82	134.02	90.05	41.46	2.51
30-34	16.98	14.51	41.87	11.46	27.29	3.12
35-39	16.95	3.45	9.98	1.87	6.24	1.87
40-44	12.11	0.35	1.40	0.52	0.52	0.35
45-49	12.93	0.09	0.33	0.16	0.16	

2－10 分年龄、性别的在业人口构成

（2003 年）　　单位:%

年 龄 别（岁）	在业人口占同龄人口比重			各年龄组在业人口所占比重		
	合 计	男	女	合 计	男	女
总 计	**69.90**	**78.69**	**61.12**	**100.00**	**100.00**	**100.00**
16－19	41.78	40.75	42.87	4.84	4.32	5.51
20－24	79.34	86.05	73.55	8.77	7.83	9.99
25－29	85.26	94.22	76.46	14.35	13.97	14.84
30－34	87.18	95.26	79.31	15.27	14.62	16.11
35－39	87.89	95.19	80.45	16.15	15.69	16.73
40－44	86.41	94.70	77.91	11.78	11.61	12.00
45－49	82.62	92.91	71.98	11.70	11.89	11.45
50－54	71.51	86.14	56.17	8.34	9.14	7.31
55－59	58.28	76.02	39.57	4.60	5.47	3.48
60－64	36.97	49.79	23.15	2.25	2.80	1.55
65 岁及以上	13.66	21.74	6.10	1.95	2.66	1.03

2－11 各地区家庭户类别构成

（2003 年）　　单位:%

地 区	合 计	单身户	一代户	二代户	三代及以上户
全 省	**100**	**6.77**	**13.82**	**59.84**	**19.57**
南昌市	100	7.18	14.90	58.43	19.49
景德镇市	100	8.77	16.21	60.28	14.74
萍乡市	100	5.46	13.70	57.72	23.12
九江市	100	6.32	13.02	60.06	20.60
新余市	100	8.05	20.92	59.73	11.30
鹰潭市	100	6.21	12.33	62.01	19.45
赣州市	100	6.24	11.70	58.83	23.23
吉安市	100	6.53	13.80	60.58	19.09
宜春市	100	7.61	16.70	60.22	15.47
抚州市	100	7.20	11.64	62.42	18.74
上饶市	100	5.41	10.24	58.18	26.17

2-12 各地区家庭户规模构成

（2003年）　　　　单位:%

地　　区	合　　计	一人户	二人户	三人户	四人户
全　省	**100**	**6.77**	**17.67**	**30.61**	**25.39**
南昌市	100	7.18	18.02	28.43	26.09
景德镇市	100	8.77	20.25	36.39	22.14
萍乡市	100	5.47	17.67	31.41	24.40
九江市	100	6.30	16.60	30.98	25.57
新余市	100	8.05	25.24	38.62	20.01
鹰潭市	100	6.21	14.53	36.09	22.68
赣州市	100	6.24	16.08	28.73	26.03
吉安市	100	6.53	18.78	31.31	24.33
宜春市	100	7.61	20.87	30.19	26.38
抚州市	100	7.20	15.24	29.36	28.08
上饶市	100	5.41	13.51	24.05	28.28

地　　区	五人户	六人户	七人户	八人户	九人户	十人及以上户
全　省	**11.21**	**4.97**	**1.84**	**0.83**	**0.36**	**0.35**
南昌市	11.02	5.64	2.08	0.77	0.49	0.28
景德镇市	7.37	3.29	0.76	0.62	0.27	0.14
萍乡市	11.59	4.93	2.39	1.04	0.58	0.52
九江市	11.86	6.11	1.40	0.67	0.30	0.21
新余市	5.55	1.79	0.65	0.06	0.03	
鹰潭市	11.43	5.30	2.03	0.82	0.26	0.65
赣州市	12.45	5.53	2.48	1.08	0.49	0.89
吉安市	11.84	4.37	1.67	0.67	0.29	0.21
宜春市	9.73	3.43	1.17	0.37	0.10	0.15
抚州市	11.48	5.58	1.90	0.70	0.24	0.22
上饶市	15.31	6.81	3.11	2.12	0.84	0.56

主要统计指标解释

人口数 指一定时点，一定地区范围内的有生命的个人的总和。

市镇人口 指设区市和不设区市的市区内、建制镇的镇区内的全部人口。2003 年市镇人口按国家统计局 1999 年发布的《关于统计上划分城乡的规定（试行）》计算。设区市的市区是指：（一）市辖区人口密度在 1500 人/平方公里及以上的，市区为辖区全部行政区域；（二）市辖区人口密度不足 1500 人/平方公里及以上的，市区为市辖区人民政府驻地和区辖其他街道办事处地域；（三）前款市辖区人民政府驻地的城区建设已延伸到周边建制镇（乡）的部分地域，其市区还应包括该建制镇（乡）的全部行政区域。不设区市的市区是指：（一）市人民政府驻地和市辖其他街道办事处地域；（二）市人民政府驻地的城区建设已延伸到周边建制镇（乡）的部分地域，其市区还应包括该建制镇（乡）的全部行政区域。镇区是指：（一）镇人民政府驻地和镇辖其他居委会地域；（二）镇人民政府驻地的城区建设已延伸到周边村民委员会的驻地，其镇区还应包括该村民委员会的全部区域。

乡村人口 指市镇人口以外的全部人口。

人口密度 指一定时点一定地区的人口数与该地区的面积数之比，即一定时点的单位土地面积上的人口数，通常以每平方公里的居住人数来表示：

$$人口密度 = \frac{该地区的人口数}{该地区的土地面积}$$

出生率 （又称总出生率或粗出生率）指在一定时期内（通常为在一年内）出生人数与同期人口总数之比。它反映人口的出生水平，一般以千分率即平均每千人口所出生的人数来表示，计算公式为：

$$出生率 = \frac{年出生人数}{年平均人口数} \times 1000‰$$

死亡率 指在一定时期内（通常为在一年内）一定地区的死亡人数与同期平均人口数（或期中人口数）之比。一般以千分率表示。计算公式为：

$$死亡率 = \frac{年死亡人数}{年平均人口数} \times 1000‰$$

人口自然增长率 指在一定时期内（通常为在一年内）一定地区人口自然增加数（即出生人数减死亡人数）与平均人口数（或期中人口数）之比，一般以千分率表示。计算公式为：

$$人口自然增长率 = \frac{本年出生人口数 - 本年死亡人口数}{年平均人口数} \times 1000‰$$

也可直接用出生率减死亡率求得。

就业人员和职工工资 3

EMPLOYMENT AND WAGE

- 2003年,全省社会就业人员2168.2万人,其中:城镇私营企业就业人员42.7万人,城镇个体劳动者73.5万人。

- 2003年,在岗职工人数256.7万人;在岗职工工资总额271.1亿元;在岗职工年平均工资10521元。

- 2003年,城镇登记失业人员21.62万人,失业率3.80%。

本篇章

资料整理 微机处理

黄韶华 杨建萍

3-1 劳 动 力 资 源

（1978－2003年末）　　　　单位:万人

年 份	劳动力资源总数	社会就业人数	# 职工人数	国有经济单位	城镇集体经济单位	其他各种经济单位	劳动力资源总数占人口数的（%）	劳动力资源利用率（%）
1978	1 448.1	1 254.3	267.4	221.0	46.4		45.5	86.6
1979	1 503.5	1 307.0	269.6	219.6	50.0		46.6	86.9
1980	1 559.6	1 356.3	286.7	233.0	53.7		47.7	87.0
1981	1 610.2	1 409.8	301.9	242.2	59.7		48.7	87.6
1982	1 638.9	1 434.0	311.9	249.3	62.6		49.0	87.5
1983	1 731.4	1 498.2	311.1	245.6	65.5		51.2	86.5
1984	1 824.8	1 537.3	324.9	247.0	77.9		53.4	84.3
1985	1 887.1	1 584.8	341.6	261.4	80.1	0.1	54.5	84.0
1986	1 934.6	1 622.6	351.9	269.4	82.3	0.2	55.1	83.9
1987	1 981.4	1 668.4	365.3	281.4	83.7	0.2	55.7	84.2
1988	2 055.3	1 723.0	379.2	293.8	85.0	0.4	56.6	83.8
1989	2 107.2	1 760.4	380.1	298.3	81.3	0.5	57.0	83.5
1990	2 175.3	1 816.5	386.2	304.0	81.6	0.6	57.1	83.5
1991	2 248.8	1 874.5	398.9	313.9	83.9	1.1	58.2	83.4
1992	2 354.0	1 870.4	408.4	322.0	84.4	2.0	60.2	79.5
1993	2 418.7	1 903.7	412.0	326.9	80.4	4.7	61.0	78.7
1994	2 636.1	2 007.7	413.5	328.6	79.2	5.7	65.6	76.2
1995	2 653.3	2 100.5	411.3	332.7	71.4	7.2	63.3	79.2
1996	2 735.4	2 107.2	412.0	336.0	68.8	7.2	66.6	77.0
1997	2 768.8	2 120.6	409.4	334.0	67.6	7.8	66.7	76.6
1998	2 809.1	2 094.3	322.5	254.9	41.0	26.6	67.0	74.6
1999	2 830.2	2 089.0	305.9	242.8	36.3	26.8	66.9	73.8
2000	2 898.2	2 060.9	291.6	231.8	33.0	26.8	69.8	71.1
2001	2 898.5	2 054.8	279.3	222.2	27.9	29.2	69.2	70.9
2002	2 911.6	2 130.6	261.9	206.8	22.8	32.3	69.0	73.2
2003	3 016.6	2 168.2	256.7	196.1	20.0	40.6	70.9	71.9

注:自1998年起,职工人数为在岗职工人数。

3-2 三次产业社会就业人员数

（1978-2003 年末）

年份	合计（万人）	第一产业	第二产业	第三产业	构成（以合计数为100）第一产业	第二产业	第三产业
1978	1 254.3	968.7	163.4	122.2	77.2	13.0	9.8
1979	1 307.0	1 015.3	163.9	127.8	77.7	12.5	9.8
1980	1 356.3	1 053.8	166.9	135.6	77.7	12.3	10.0
1981	1 409.8	1 093.4	172.7	143.7	77.6	12.2	10.2
1982	1 434.0	1 100.9	180.4	152.7	76.8	12.6	10.6
1983	1 498.2	1 133.6	195.3	169.3	75.7	13.0	11.3
1984	1 537.3	1 117.8	216.3	203.2	72.7	14.1	13.2
1985	1 584.8	1 057.2	320.5	207.1	66.7	20.2	13.1
1986	1 622.6	1 068.1	330.6	223.9	65.8	20.4	13.8
1987	1 668.4	1 098.3	339.3	230.8	65.8	20.4	13.8
1988	1 723.0	1 111.6	368.1	243.3	64.5	21.4	14.1
1989	1 760.4	1 146.4	367.0	247.0	65.1	20.9	14.0
1990	1 816.5	1 193.1	368.6	254.8	65.7	20.3	14.0
1991	1 874.5	1 224.2	388.7	261.6	65.3	20.7	14.0
1992	1 870.4	1 186.2	412.9	271.3	63.4	22.0	14.6
1993	1 903.7	1 085.9	462.5	355.3	57.3	24.3	18.4
1994	2 007.7	1 127.2	493.3	387.2	56.1	24.6	19.3
1995	2 100.5	1 071.7	525.1	503.7	51.0	25.0	24.0
1996	2 107.2	1 049.7	539.7	517.8	49.8	25.6	24.6
1997	2 120.6	1 000.9	549.8	569.9	47.2	25.9	26.9
1998	2 094.3	975.5	548.8	570.0	46.6	26.2	27.2
1999	2 089.0	969.3	530.7	589.0	46.4	25.4	28.2
2000	2 060.9	960.9	502.8	597.2	46.6	24.4	29.0
2001	2 054.8	949.6	482.6	622.6	46.2	23.5	30.3
2002	2 130.6	964.5	483.8	682.3	45.3	22.7	32.0
2003	2 168.2	910.7	568.0	689.5	42.0	26.2	31.8

3-3 社会就业人员数

（2003年末） 单位:万人

分类	合计	城镇	乡村
总计	**2 168.2**	**579.8**	**1 588.4**
一、按经济类型分			
#国有	204.4	204.4	
集体	21.1	21.1	
联营	0.2	0.2	
股份合作	3.9	3.9	
有限责任公司	17.8	17.8	
股份有限公司	9.2	9.2	
外商投资	2.5	2.5	
港澳台投资	4.0	4.0	
农村乡(村)劳动者	1 588.4		1 588.4
私营企业从业人数与个体劳动者	236.2	116.2	120.0
二、按国民经济行业分			
农、林、牧、渔业	910.7	18.1	892.6
采矿业	438.3	11.7	308.0
制造业		118.6	
电力、燃气及水的生产和供应业	9.3	9.3	
建筑业	120.4	22.1	98.3
交通运输、仓储和邮政业	82.6	34.6	48.0
信息传输、计算机服务和软件业	5.4	5.1	0.3
批发和零售业	250.1	127.3	122.8
住宿和餐饮业	116.0	73.3	42.7
金融业	8.6	8.6	
房地产业	2.0	2.0	
租赁和商务服务业	3.5	3.1	0.4
科学研究、技术服务和地质勘查业	4.9	4.9	
水利、环境和公共设施管理业	4.2	4.2	
居民服务和其他服务业	111.4	37.1	74.3
教育	43.1	43.1	
卫生、社会保障和社会福利业	13.0	13.0	
文化、体育和娱乐业	8.0	7.0	1.0
公共管理和社会组织	36.7	36.7	

注:就业人员总计是根据人口变动抽样调查资料调整,私营、个体就业人员数据为工商部门登记数,因此,分地区、分经济类型、分行业资料相加不等于总计(下表同)。

3-4 各地区社会就业人员数

（2003 年末） 单位：万人

地区	合计	第一产业	第二产业	工业	建筑业	第三产业	# 交通运输、仓储和邮政业	# 批发和零售业
全省	**2 168.2**	**910.7**	**568.0**	**447.6**	**120.4**	**689.5**	**82.6**	**250.1**
南昌市	234.7	82.7	66.6	50.0	16.6	85.4	10.1	24.2
景德镇市	79.9	26.6	26.7	22.7	4.0	26.6	1.4	5.8
萍乡市	92.8	34.6	37.7	30.4	7.3	20.5	2.6	6.8
九江市	271.2	127.1	54.8	40.4	14.4	89.3	7.5	25.2
新余市	59.2	25.0	19.1	13.8	5.3	15.1	1.7	8.2
鹰潭市	58.3	24.7	11.9	8.6	3.3	21.7	1.7	4.7
赣州市	427.6	223.8	80.0	56.7	23.3	123.8	17.9	51.7
吉安市	229.5	128.5	32.7	23.3	9.4	68.3	6.3	12.3
宜春市	234.1	121.4	53.7	37.9	15.8	59.0	4.8	17.3
抚州市	181.3	99.3	40.5	25.6	14.9	41.5	6.1	10.0
上饶市	311.2	152.7	47.0	28.2	18.8	111.5	7.6	18.8

3-5 城镇私营企业就业人数和城镇个体劳动者

（2003 年末） 单位：人

行业	城镇私营企业就业人数	城镇个体劳动者
总计	**426 979**	**734 953**
农、林、牧、渔业	6 018	3 136
采矿业	3 740	2 828
制造业	195 685	105 098
电力、燃气及水的生产和供应业		
建筑业	33 630	2 012
交通运输、仓储和邮政业	10 699	47 771
信息传输、计算机服务和软件业	4 700	6 553
批发和零售业	80 666	288 746
住宿和餐饮业	40 066	183 650
金融业		
房地产业		
租赁和商务服务业	8 428	2 161
科学研究、技术服务和地质勘查业		
水利、环境和公共设施管理业		
居民服务和其他服务业	39 772	83 633
教育		
卫生、社会保障和社会福利业		
文化、体育和娱乐业	3 575	9 365
公共管理和社会组织		

3－6　各地区城镇就业人员数

（2003 年末）　　单 位：万人

地　　区	合　计	单　位 就业人员	国　有	集　体	联　营	股份合作
全　省	**579.8**	**267.7**	**204.4**	**21.1**	**0.2**	**3.9**
南 昌 市	113.4	50.7	34.1	5.4		0.1
景德镇市	31.4	14.9	10.9	1.7	0.1	
萍 乡 市	29.5	12.9	9.5	1.5		1.9
九 江 市	71.9	33.1	24.2	2.3	0.1	0.8
新 余 市	21.0	10.1	5.4	0.7		
鹰 潭 市	21.3	8.2	7.3	0.3		
赣 州 市	74.5	33.5	24.6	1.9		0.3
吉 安 市	52.0	21.5	18.2	1.4		0.1
宜 春 市	51.4	24.7	19.6	1.3		0.1
抚 州 市	44.6	20.7	17.3	2.0		0.1
上 饶 市	55.3	28.9	24.7	2.6		0.5

地　　区	有限责任 公　　司	股份有限 公　　司	外商投资 经　　济	港 澳 台 投资经济	城　　镇 私营企业 就业人数	城镇个体 劳 动 者
全　省	**17.8**	**9.2**	**2.5**	**4.0**	**42.7**	**73.5**
南 昌 市	4.5	4.3	1.1	1.0	16.2	7.3
景德镇市	1.7	0.4		0.1	1.9	3.7
萍 乡 市					4.0	5.7
九 江 市	2.4	2.4	0.3	0.2	6.1	13.7
新 余 市	3.8	0.1		0.1	2.0	5.8
鹰 潭 市	0.3	0.2		0.1	1.6	5.2
赣 州 市	2.3	0.8	0.8	1.9	8.2	24.8
吉 安 市	0.6	0.2	0.1	0.2	4.5	8.2
宜 春 市	1.3	0.5	0.1		7.6	11.5
抚 州 市	0.8			0.3	6.8	10.2
上 饶 市	0.1	0.3	0.1	0.1	3.0	13.4

3-7 城镇失业人数及失业率

（1978-2003年）

年份	城镇失业人数（万人）	#失业青年	占城镇失业人数（%）	失业率（%）
1978	21.38			7.39
1979	15.17	13.35	88.0	5.31
1980	17.03	14.43	84.7	5.59
1981	14.58	11.61	79.6	4.57
1982	14.81	11.63	78.5	4.47
1983	13.26	10.60	79.9	3.98
1984	7.57	6.10	80.6	2.21
1985	5.21	4.74	91.0	1.45
1986	5.42	4.98	91.9	1.46
1987	5.56	4.83	86.9	1.45
1988	6.17	5.57	90.3	1.53
1989	6.95	6.60	95.0	1.69
1990	10.26	9.60	93.6	2.44
1991	10.56	10.14	96.0	2.40
1992	8.65	7.92	91.6	1.92
1993	8.65	8.29	95.8	1.82
1994	8.85	7.13	80.6	1.79
1995	8.66	7.48	86.3	1.57
1996	10.10	6.36	63.1	2.20
1997	14.22	8.52	60.0	2.32
1998	14.45	8.26	57.2	2.47
1999	15.50	5.95	38.4	2.60
2000	16.68	5.45	32.7	2.90
2001	17.28	3.39	19.6	3.30
2002	17.76	3.86	21.7	3.40
2003	21.62	4.21	19.5	3.80

注：自1999年起失业青年为长期失业者。

3-8 在岗职工年末人数、工资

（2003年）

分类	在岗职工人数（人）	在岗职工工资总额（万元）	在岗职工平均工资（元）
总计	**2 566 656**	**2 710 865.2**	**10 521**
一、按经济类型分组			
国有单位	1 961 232	2 161 535.7	10 918
城镇集体单位	199 592	137 779.0	6 905
其他单位	405 832	411 550.5	10 359
#股份合作	36 763	30 189.0	8 405
联营	2 011	2 170.0	11 361
有限责任公司	174 017	180 188.5	10 347
股份有限公司	83 691	111 214.9	13 327
港澳台商投资	40 125	29 113.9	8 058
外商投资	24 085	23 154.1	10 448
其他	45 140	35 520.1	8 149
二、按隶属关系分组			
中央	192 157	327 156.8	16 438
地方	2 365 005	2 375 431.6	10 030
其他	9 494	8 276.8	8 940
三、按企业、事业、机关分组			
企业	1 426 811	1 425 675.2	9 885
事业	807 024	890 832.4	11 083
机关	332 821	394 357.6	11 931
四、按国民经济行业分组			
农、林、牧、渔业	160 709	89 708.4	5 534
采矿业	96 048	92 770.7	9 421
制造业	591 627	573 061.5	9 626
电力、燃气及水的生产和供应业	89 922	114 907.4	12 707
建筑业	164 029	149 989.9	9 220
交通运输、仓储和邮政业	151 453	213 788.4	14 011
信息传输、计算机服务和软件业	20 734	34 719.7	16 831
批发和零售业	131 033	105 377.1	7 782
住宿和餐饮业	20 519	17 064.8	8 313
金融业	70 901	113 181.4	15 390
房地产业	19 266	19 129.4	9 873
租赁和商务服务业	16 091	17 462.4	10 783
科学研究、技术服务和地质勘查业	48 834	62 440.3	12 804
水利、环境和公共设施管理业	37 904	32 887.9	8 736
居民服务和其他服务业	9 230	7 397.6	8 152
教育	421 941	460 656.0	10 986
卫生、社会保障和社会福利业	125 251	158 308.8	12 614
文化、体育和娱乐业	32 046	38 436.2	11 888
公共管理和社会组织	359 118	409 577.3	11 484
五、按地区分组			
南昌市	476 250	650 420.2	13 648
景德镇市	143 287	136 182.5	9 574
萍乡市	128 323	130 747.9	10 345
九江市	311 456	303 947.2	9 536
新余市	99 490	113 816.7	11 402
鹰潭市	80 931	92 618.0	11 453
赣州市	325 684	309 935.1	9 312
吉安市	207 404	182 442.6	8 777
宜春市	239 788	229 002.9	9 604
抚州市	200 714	165 072.1	8 166
上饶市	273 968	255 461.6	9 374

3-9 各种分组的在岗职工人数

（2003 年末）　　　　单位：人

分类	合计	国有单位	城镇集体单位	其他单位
总计	**2 566 656**	**1 961 232**	**199 592**	**405 832**
一、按企业、事业、机关分组				
企业	1 426 811	836 954	185 562	404 295
#地方	1 259 687	669 830	185 562	404 295
事业	807 024	792 665	12 822	1 537
#地方	776 130	761 771	12 822	1 537
机关	332 821	331 613	1 208	
#地方	318 570	317 362	1 208	
二、按国民经济行业分组				
农、林、牧、渔业	160 709	157 937	2 282	490
农业	79 529	79 137	378	14
林业	49 459	49 339	120	
畜牧业	5 515	5 068	118	329
渔业	5 115	4 912	155	48
农、林、牧、渔服务业	21 091	19 481	1 511	99
采矿业	96 048	73 474	3 199	19 375
制造业	591 627	231 846	54 096	305 685
电力、煤气及水的生产和供应业	89 922	75 291	449	14 182
建筑业	164 029	71 427	71 935	20 667
房屋和土木工程建筑业	144 630	59 024	66 455	19 151
建筑安装业	11 202	6 832	3 870	500
建筑装饰业	3 747	2 059	992	696
其他建筑业	4 450	3 512	618	320
交通运输、仓储和邮政业	151 453	137 094	8 994	5 365
铁路运输业	62 349	61 019	1 330	
道路运输业	45 165	38 465	2 054	4 646
城市公共交通业	11 477	10 451	488	538
水上运输业	6 745	4 470	2 275	
航空运输业	2 015	1 843	172	
装卸搬运和其他运输服务业	4 571	1 935	2 636	
仓储业	5 606	5 425		181
邮政业	13 525	13 486	39	
信息传输、计算机服务和软件业	20 734	17 196	130	3 408
电信和其他信息传输服务业	19 415	16 104		3 311
计算机服务业	1 085	888	130	67
软件业	234	204		30
批发和零售业	131 033	89 791	24 219	17 023
批发业	70 513	58 320	8 467	3 726
零售业	60 520	31 471	15 752	13 297
住宿和餐饮业	20 519	15 002	1 342	4 175
住宿业	15 582	11 151	713	3 718
餐饮业	4 937	3 851	629	457
金融业	70 901	45 979	18 184	6 738
银行业	60 995	40 760	16 985	3 250
证券业	1 637	286	385	966
保险业	7 689	4 752	415	2 522
其他金融活动	580	181	399	
房地产业	19 266	14 252	1 057	3 957
房地产开发经营	11 061	6 643	1 011	3 407

单位:人

分 类	合 计	国有单位	城镇集体单 位	其他单位
物业管理	3 800	3 674	15	111
房地产中介服务	2 720	2 352	31	337
租赁和商务服务业	16 091	12 688	1 163	2 240
租赁业	980	926		54
商务服务业	15 111	11 762	1 163	2 186
科学研究、技术服务和地质勘查业	48 834	48 658	133	43
研究与试验发展	14 896	14 850	46	
自然科学研究与试验发展	6 240	6 240		
工程和技术研究与试验发展	2 020	2 020		
农业科学研究与试验发展	5 951	5 905	46	
医学研究与试验发展	317	317		
社会人文科学研究与试验发展	368	368		
专业技术服务业	14 008	13 917	48	43
#气象服务	1 634	1 634		
地震服务	162	162		
测绘服务	1 173	1 173		
技术检测	3 241	3 201	40	
环境监测	1 218	1 218		
工程技术与规划管理	6 249	6 206	8	35
科技交流和推广服务业	1 575	1 575		
地质勘查业	18 355	18 316	39	
水利、环境和公共设施管理业	37 904	34 594	3 244	66
水利管理业	10 222	10 219	3	
环境管理业	14 337	11 443	2 828	66
公共设施管理业	13 345	12 932	413	
居民服务和其他服务业	9 230	7 378	1 805	47
居民服务业	5 126	4 040	1 078	8
其他服务业	4 104	3 338	727	39
教育	421 941	420 769	46	1 126
#初等教育	207 230	206 777	15	438
中等教育	158 944	158 370		574
高等教育	30 782	30 782		
卫生、社会保障和社会福利业	125 251	118 405	5 760	1 086
卫生	119 446	112 660	5 701	1 085
社会保障业	2 056	2 053	3	
社会福利业	3 749	3 692	56	1
文化、体育和娱乐业	32 046	31 856	31	159
新闻出版社	3 431	3 431		
广播、电视、电影和音像业	15 769	15 759	10	
文化艺术业	10 582	10 572	10	
体育	1 775	1 775		
娱乐业	489	319	11	159
公共管理和社会组织	359 118	357 595	1 523	
#中国共产党机关	15 778	15 752	26	
国家机构	326 793	326 030	763	
人民政协和民主党派	4 483	4 483		
群众社团、社会团体和宗教组织	7 883	7 340	543	
三、按地区分组				
南 昌 市	476 250	317 349	51 466	107 435
景德镇市	143 287	105 093	16 026	22 168
萍 乡 市	128 323	94 706	15 320	18 297
九 江 市	311 456	228 286	22 130	61 040
新 余 市	99 490	53 212	6 640	39 638
鹰 潭 市	80 931	72 014	2 391	6 526
赣 州 市	325 684	239 076	17 860	68 748
吉 安 市	207 404	177 180	12 598	17 626
宜 春 市	239 788	190 019	12 722	37 047
抚 州 市	200 714	168 925	18 682	13 107
上 饶 市	273 968	236 011	23 757	14 200

3-10 各种分组的女专业技术人员

（2003年末）　　　　单位：人

分　　类	合　计	国有单位	城镇集体单　位	其他单位
总　　计	**312 213**	**274 846**	**12 875**	**24 492**
一、按企业、事业、机关分组				
企业	95 115	60 581	10 562	23 972
#地方	73 890	39 356	10 562	23 972
事业	201 361	198 574	2 267	520
#地方	194 505	191 718	2 267	520
机关	15 737	15 691	46	
#地方	14 850	14 804	46	
二、按国民经济行业分组				
农、林、牧、渔业	5 932	5 817	78	37
农业	1 927	1 874	53	
林业	2 207	2 207		
畜牧业	465	432	11	22
渔业	201	189		12
农、林、牧、渔服务业	1 132	1 115	14	3
采矿业	4 046	2 996	22	1 028
制造业	33 559	14 711	1 935	16 913
电力、煤气及水的生产和供应业	6 328	5 134	34	1 160
建筑业	7 380	4 667	2 104	609
房屋和土木工程建筑业	6 050	3 759	1 797	494
建筑安装业	692	406	220	66
建筑装饰业	225	140	51	34
其他建筑业	413	362	36	15
交通运输、仓储和邮政业	8 313	7 706	395	212
铁路运输业	3 601	3 556	45	
道路运输业	2 634	2 329	110	195
城市公共交通业	255	223	15	17
水上运输业	379	257	122	
航空运输业	77	47	30	
装卸搬运和其他运输服务业	180	109	71	
仓储业	648	648		
邮政业	539	537	2	
信息传输、计算机服务和软件业	2 073	1 740	10	323
电信和其他信息传输服务业	1 987	1 676		311
计算机服务业	66	48	10	8
软件业	20	16		4
批发和零售业	9 920	7 069	1 200	1 651
批发业	6 342	5 166	383	793
零售业	3 578	1 903	817	858
住宿和餐饮业	1 055	780	44	231
住宿业	880	648	11	221
餐饮业	175	132	33	10
金融业	18 063	12 597	4 444	1 022
银行业	16 473	11 867	4 274	332
证券业	372	22	30	320
保险业	1 045	654	21	370
其他金融活动	173	54	119	
房地产业	1 675	1 301	33	341
房地产开发经营	993	670	30	293

分 类	合 计	国有单位	城镇集体单位	其他单位
物业管理	346	339		7
房地产中介服务	184	165	3	16
租赁和商务服务业	1 126	1 013	47	66
租赁业	63	60		3
商务服务业	1 063	953	47	63
科学研究、技术服务和地质勘查业	6 723	6 686	33	4
研究与试验发展	2 179	2 169	10	
自然科学研究与试验发展	923	923		
工程和技术研究与试验发展	379	379		
农业科学研究与试验发展	710	700	10	
医学研究与试验发展	99	99		
社会人文科学研究与试验发展	68	68		
专业技术服务业	2 659	2 649	6	4
#气象服务	401	401		
地震服务	20	20		
测绘服务	151	151		
技术检测	563	560	3	
环境监测	264	264		
工程技术与规划管理	1 207	1 200	3	4
科技交流和推广服务业	214	214		
地质勘查业	1 671	1 654	17	
水利、环境和公共设施管理业	1 933	1 798	112	23
水利管理业	649	649		
环境管理业	405	297	85	23
公共设施管理业	879	852	27	
居民服务和其他服务业	427	217	206	4
居民服务业	172	137	31	4
其他服务业	255	80	175	
教育	131 090	130 707	15	368
#初等教育	72 387	72 229		158
中等教育	43 051	42 874		177
高等教育	9 660	9 660		
卫生、社会保障和社会福利业	52 101	49 513	2 089	499
卫生	51 504	48 916	2 089	499
社会保障业	254	254		
社会福利业	343	343		
文化、体育和娱乐业	6 445	6 436	8	1
新闻出版社	655	655		
广播、电视、电影和音像业	3 062	3 062		
文化艺术业	2 525	2 525		
体育	171	171		
娱乐业	32	23	8	1
公共管理和社会组织	14 024	13 958	66	
#中国共产党机关	170	170		
国家机构	12 556	12 516	40	
人民政协和民主党派	136	136		
群众社团、社会团体和宗教组织	763	746	17	
三、按地区分组				
南昌市	67 276	55 774	2 918	8 584
景德镇市	14 342	12 574	562	1 206
萍乡市	13 630	12 483	696	451
九江市	31 648	27 419	1 487	2 742
新余市	9 763	6 781	251	2 731
鹰潭市	9 473	8 756	275	442
赣州市	38 907	33 993	1 647	3 267
吉安市	27 545	25 608	929	1 008
宜春市	32 472	29 125	829	2 518
抚州市	25 327	23 732	1 225	370
上饶市	36 761	33 532	2 056	1 173

3－11　工业企业在岗职工人数、工资

（2003 年末）

分　　类	在岗职工人　数（人）	在岗职工工资总额（万元）	在岗职工平均工资（元）
总　　计	**777 597**	**780 739.6**	**9 956**
一、按经济类型分组			
国有单位	380 611	403 073.9	10 248
集体单位	57 744	36 395.2	6 182
其他单位	339 242	341 270.5	10 279
二、按国民经济行业分组			
采矿业	96 048	92 770.7	9 421
煤炭开采和洗选业	66 450	64 787.4	9 688
黑色金属矿采选业	730	591.6	8 205
有色金属矿采选业	24 720	23 332.0	8 844
非金属矿采选业	3 601	3 622.1	9 287
其他采矿业	547	437.6	7 404
制造业	591 627	573 061.5	9 626
农副食品加工业	14 887	9 614.6	6 279
食品制造业	13 574	8 216.8	6 211
饮料制造业	15 476	13 509.5	8 608
烟草制品业	7 911	12 036.5	14 878
纺织业	54 894	37 856.9	6 861
纺织服装、鞋、帽制造业	14 846	7 630.0	5 393
皮革、毛皮、羽毛(绒)及其制品业	11 003	6 000.4	6 282
木材加工及木、竹、藤、棕、草制品业	8 167	5 025.5	5 945
家具制造业	1 891	962.9	4 999
造纸及纸制品业	11 714	9 733.7	7 030
印刷业和记录媒介的复制	10 945	12 480.3	11 597
文教体育用品制造业	1 442	894.2	6 638
石油加工、炼焦及核燃料加工业	6 408	14 593.7	22 274
化学原料及化学制品制造业	36 084	29 979.9	8 166
医药制造业	36 725	35 518.1	9 875
化学纤维制造业	13 538	9 660.3	6 958
橡胶制品业	3 197	2 088.3	6 747
塑料制品业	6 528	4 800.4	7 312
非金属矿物制品业	59 363	45 605.0	7 524
黑色金属冶炼及压延加工业	54 698	90 212.7	16 764
有色金属冶炼及压延加工业	27 277	42 774.5	15 347
金属制品业	10 501	8 942.2	7 779
通用设备制造业	31 843	27 378.6	8 503
专用设备制造业	19 970	13 808.4	6 902
交通运输设备制造业	59 903	80 670.9	13 494
电气机械及器材制造业	13 575	10 497.4	7 539
通信设备、计算机及其他电子设备制造业	7 957	5 365.2	6 686
仪器仪表及文化、办公用机械制造业	17 652	12 609.9	7 214
工艺品及其他制造业	18 646	13 892.1	7 385
废弃资源和废旧材料回收加工业	1 012	702.6	7 206
电力、燃气及水的生产和供应业	89 922	114 907.4	12 707
电力、热力的生产和供应业	72 569	98 434.9	13 481
燃气生产和供应业	3 632	3 572.7	9 802
水的生产和供应业	13 721	12 899.8	9 370
三、按地区分组			
南 昌 市	159 898	198 005.1	12 294
景德镇市	65 527	59 481.1	9 006
萍 乡 市	60 785	60 587.8	10 185
九 江 市	99 457	96 410.8	9 154
新 余 市	52 697	65 435.1	12 340
鹰 潭 市	28 374	44 285.2	15 688
赣 州 市	92 857	72 687.1	7 824
吉 安 市	45 622	33 659.8	7 270
宜 春 市	67 641	65 368.4	9 761
抚 州 市	43 643	29 141.0	6 571
上 饶 市	56 240	48 825.2	8 779

3－12 离开本单位仍保留劳动关系的职工人数

（2003年末） 单位：人

行业	合计	#内部退养
总计	**764 463**	**170 903**
一、按经济类型分组		
国有单位	531 631	118 890
城镇集体单位	138 632	11 985
其他单位	94 200	40 028
#股份合作	18 870	3 565
联营	150	116
有限责任公司	53 598	25 670
股份有限公司	11 342	5 521
港澳台商投资	773	113
外商投资	3 056	600
其他	6 411	4 443
二、按企业、事业、机关分组		
企业	694 799	149 940
事业	57 887	15 043
机关	11 777	5 920
三、按国民经济行业分组		
农、林、牧、渔业	64 738	9 262
采矿业	44 586	10 211
制造业	357 185	77 864
电力、燃气及水的生产和供应业	11 336	6 850
建筑业	50 096	6 751
交通运输、仓储和邮政业	45 788	14 359
信息传输、计算机服务和软件业	1 925	1 782
批发和零售业	122 603	18 984
住宿和餐饮业	5 804	1 259
金融业	7 385	6 591
房地产业	2 126	728
租赁和商务服务业	8 791	1 313
科学研究、技术服务和地质勘查业	8 105	1 571
水利、环境和公共设施管理业	4 093	1 247
居民服务和其他服务业	1 139	487
教育	8 583	3 223
卫生、社会保障和社会福利业	4 438	1 599
文化、体育和娱乐业	2 196	789
公共管理和社会组织	13 546	6 033
四、按地区分组		
南昌市	197 674	43 385
景德镇市	60 825	7 482
萍乡市	51 765	14 583
九江市	122 207	22 219
新余市	34 629	16 324
鹰潭市	13 919	2 506
赣州市	56 567	16 111
吉安市	68 751	13 295
宜春市	37 740	11 085
抚州市	53 804	9 791
上饶市	59 302	10 649

3－13　单位就业人员增加情况

（2003年）　　　　　　　　单位：人

分　　类	合　计	# 从农村招　收	# 从城镇招　收	# 录用的退伍军人	#录用的大、中专、技工学校毕业生	#外省、自治区、直辖市调入
总　　计	**187 722**	**36 614**	**29 517**	**8 432**	**25 713**	**2 084**
国有单位	105 281	13 551	9 736	6 312	17 893	842
城镇集体单位	15 640	4 133	2 414	758	3 226	18
其他单位	66 801	18 930	17 367	1 362	4 594	1 224
农、林、牧、渔业	5 181	1 057	570	226	247	6
采矿业	10 095	2 712	2 580	148	169	12
制造业	57 133	15 568	13 993	1 256	5 063	1 185
电力、燃气及水的生产和供应业	4 659	1 405	612	410	581	6
建筑业	28 787	12 461	3 963	625	3 001	15
交通运输、仓储和邮政业	13 392	166	1 894	2 717	1 651	46
信息传输、计算机服务和软件业	2 491	28	749	220	569	7
批发和零售业	4 506	575	859	266	411	15
住宿和餐饮业	1 620	537	575	89	61	1
金融业	5 458	227	667	336	431	47
房地产业	2 003	96	465	175	127	2
租赁和商务服务业	933	111	158	109	65	6
科学研究、技术服务和地质勘查业	2 360	111	163	196	505	55
水利、环境和公共设施管理业	2 197	286	426	196	425	1
居民服务和其他服务业	1 518	338	237	35	28	11
教育	18 776	555	434	176	7 673	184
卫生、社会保障和社会福利业	6 334	133	436	490	2 126	20
文化、体育和娱乐业	1 292	13	97	65	360	20
公共管理和社会组织	18 987	235	639	697	2 220	445

3－14　单位就业人员减少情况

（2003年）　　　　　　　　单位：人

项　　目	合　计	# 离休、退休、退职	# 开除、除名、辞退	# 终止、解除合同	# 离开单位仍保留劳动关系的职工	# 调到外省、自治区、直辖市
总　　计	**314 912**	**52 000**	**11 421**	**66 675**	**116 647**	**2 443**
国有单位	228 075	42 724	5 321	47 349	77 619	2 259
城镇集体单位	39 858	5 395	1 121	8 911	18 787	18
其他单位	46 979	3 881	4 979	10 415	20 241	166
农、林、牧、渔业	21 769	3 637	413	5 610	7 700	6
采矿业	24 991	1 717	802	3 245	17 576	41
制造业	117 221	13 200	5 919	25 029	56 227	402
电力、燃气及水的生产和供应业	7 272	1 784	119	1 189	1 073	51
建筑业	13 302	2 519	859	3 088	4 705	39
交通运输、仓储和邮政业	13 353	2 541	106	3 411	3 368	12
信息传输、计算机服务和软件业	4 005	407	133	1 799	659	20
批发和零售业	37 012	3 792	381	15 077	14 036	11
住宿和餐饮业	4 070	580	140	1 530	813	1
金融业	5 146	704	206	1 828	967	58
房地产业	1 767	171	164	555	491	1
租赁和商务服务业	5 237	1 132	23	735	2 359	26
科学研究、技术服务和地质勘查业	5 293	1 858	189	351	432	128
水利、环境和公共设施管理业	7 379	3 343	81	668	424	28
居民服务和其他服务业	857	251	19	123	39	8
教育	20 456	6 455	883	545	1 821	1 452
卫生、社会保障和社会福利业	5 776	1 882	135	333	837	56
文化、体育和娱乐业	2 686	889	171	359	423	10
公共管理和社会组织	17 320	5 138	678	1 200	2 697	93

3-15 职工工资总额和平均工资

(1978-2003年)

年份	职工工资总额(万元)				职工平均工资(元)			
	合计	国有经济单位	城镇集体经济单位	其他各种经济单位	合计	国有经济单位	城镇集体经济单位	其他各种经济单位
1978	145 123.0	122 929.0	22 194.0		552	562	500	
1979	161 102.0	135 538.0	25 564.0		603	624	512	
1980	199 674.0	167 220.0	32 454.0		713	733	625	
1981	210 974.0	175 632.0	35 342.0		719	745	613	
1982	223 632.0	185 973.0	37 659.0		732	758	625	
1983	230 035.0	190 050.0	39 985.0		747	774	640	
1984	284 282.0	230 178.0	54 067.0	37.0	894	949	716	949
1985	329 858.4	266 559.7	63 213.2	85.5	997	1 052	817	1 132
1986	394 647.4	321 559.8	72 890.2	197.4	1 147	1 215	919	1 190
1987	431 756.4	352 659.5	78 895.0	201.9	1 215	1 286	974	1 312
1988	533 073.6	440 106.9	92 403.1	563.6	1 446	1 539	1 121	1 675
1989	583 499.2	486 784.9	95 916.6	797.7	1 562	1 658	1 205	1 809
1990	656 974.5	551 601.8	104 212.6	1 160.1	1 729	1 843	1 300	2 079
1991	719 290.8	598 920.2	118 233.7	2 136.9	1 842	1 946	1 446	2 329
1992	860 275.3	724 645.9	131 368.3	4 261.1	2 154	2 295	1 606	2 414
1993	1 042 007.1	883 776.4	144 510.3	13 720.4	2 580	2 753	1 842	3 114
1994	1 407 031.0	1 207 665.4	176 282.0	23 083.6	3 450	3 720	2 268	4 214
1995	1 621 603.0	1 393 677.2	189 980.2	37 945.6	4 211	4 427	2 990	5 623
1996	1 858 269.2	1 588 202.8	218 857.2	51 209.2	4 852	5 050	3 562	7 275
1997	1 944 010.9	1 666 515.8	219 198.5	58 296.6	5 089	5 303	3 636	7 843
1998	1 739 295.4	1 400 368.4	152 032.3	186 894.7	5 384	5 473	3 720	7 104
1999	2 057 810.9	1 675 968.7	170 517.6	211 324.6	6 749	6 930	4 692	7 913
2000	2 047 372.1	1 681 669.4	151 719.5	213 983.2	7 014	7 249	4 676	7 798
2001	2 255 433.2	1 864 518.9	144 575.5	246 338.8	8 026	8 346	5 149	8 349
2002	2 437 527.3	2 001 094.5	133 577.4	302 855.4	9 262	9 607	5 859	9 444
2003	2 710 865.2	2 161 535.7	137 779.0	411 550.5	10 521	10 918	6 905	10 359

注:自1998年起,职工工资为在岗职工工资。

3－16 职工平均工资指数

（1978－2003年，以上年为100）

年份	货币工资指数				实际工资指数			
	合计	国有经济单位	城镇集体经济单位	其他各种经济单位	合计	国有经济单位	城镇集体经济单位	其他各种经济单位
1978	106.8	105.4	102.0		106.6	105.2	101.8	
1979	109.2	111.0	102.4		107.0	108.7	100.3	
1980	118.2	117.5	122.1		112.0	111.4	115.7	
1981	100.8	101.6	98.1		97.1	97.9	94.5	
1982	101.8	101.7	102.0		98.7	98.6	98.9	
1983	102.0	102.1	102.4		100.1	100.2	100.5	
1984	119.7	122.6	111.9		116.7	119.5	109.1	
1985	111.5	110.9	114.1	119.3	102.5	101.9	104.9	109.7
1986	115.0	115.5	112.5	105.1	108.5	108.7	106.1	99.2
1987	105.9	105.8	106.0	108.0	98.1	98.1	98.2	100.1
1988	119.0	119.7	115.1	127.7	96.2	96.8	93.0	103.2
1989	108.0	107.7	107.5	108.0	92.2	91.9	91.7	92.2
1990	110.7	111.2	107.9	114.9	109.1	109.6	106.3	113.2
1991	106.5	105.6	111.2	112.0	102.0	101.1	106.5	107.3
1992	116.9	117.9	111.1	103.6	108.7	109.7	103.3	96.4
1993	115.9	115.9	111.5	127.8	100.1	100.1	96.3	110.4
1994	138.2	139.8	126.1	136.6	108.9	110.2	99.4	107.6
1995	122.1	119.0	131.8	133.4	104.4	101.8	112.7	114.1
1996	115.2	114.1	105.8	129.4	106.6	105.5	97.9	119.7
1997	104.9	105.0	102.1	107.8	101.8	101.9	99.1	104.7
1998	105.8	103.2	102.3	90.6	104.8	102.2	101.3	89.7
1999	125.4	126.6	126.1	111.4	127.2	128.4	127.9	112.9
2000	103.9	104.6	99.7	98.5	103.5	104.2	99.4	98.2
2001	114.4	115.1	110.1	107.0	114.9	115.7	110.7	107.5
2002	115.4	115.1	113.8	113.1	115.3	114.9	113.7	112.9
2003	113.6	113.6	117.9	109.7	112.7	112.7	117.0	108.8

注：自1998年起，职工工资为在岗职工工资。

3－17 各种分组的在岗职工工资总额

（2003年末）　　单位：万元

分　　类	合　计	国有单位	城镇集体单　位	其他单位
总　　计	**2 710 865.2**	**2 161 535.7**	**137 779.0**	**411 550.5**
一、按企业、事业、机关分组				
企业	1 425 675.2	889 129.9	126 502.6	410 042.7
#地方	1 151 267.5	614 722.2	126 502.6	410 042.7
事业	890 832.4	879 082.3	10 242.3	1 507.8
#地方	849 071.7	837 321.6	10 242.3	1 507.8
机关	394 357.6	393 323.5	1 034.1	
#地方	367 001.2	365 967.1	1 034.1	
二、按国民经济行业分组				
农、林、牧、渔业	89 708.4	87 869.6	1 428.3	410.5
农业	37 673.0	37 430.5	236.5	6.0
林业	28 557.8	28 462.6	95.2	
畜牧业	4 564.5	4 210.6	101.8	252.1
渔业	2 543.2	2 436.7	70.2	36.3
农、林、牧、渔服务业	16 369.9	15 329.2	924.6	116.1
采矿业	92 770.7	73 873.6	1 823.0	17 074.1
制造业	573 061.5	236 418.2	34 205.8	302 437.5
电力、煤气及水的生产和供应业	114 907.4	92 782.1	366.4	21 758.9
建筑业	149 989.9	87 160.0	48 447.1	14 382.8
房屋和土木工程建筑业	123 300.8	66 175.3	44 022.1	13 103.4
建筑安装业	18 245.3	14 466.2	3 320.5	458.6
建筑装饰业	3 287.3	2 042.2	724.2	520.9
其他建筑业	5 156.5	4 476.3	380.3	299.9
交通运输、仓储和邮政业	213 788.4	204 158.7	4 883.2	4 746.5
铁路运输业	114 658.7	113 760.7	898.0	
道路运输业	50 319.5	44 806.2	1 280.8	4 232.5
城市公共交通业	12 041.6	11 379.7	243.8	418.1
水上运输业	4 638.8	3 658.4	980.4	
航空运输业	4 843.7	4 776.5	67.2	
装卸搬运和其他运输服务业	3 326.0	1 931.0	1 395.0	
仓储业	4 959.9	4 864.0		95.9
邮政业	19 000.2	18 982.2	18.0	
信息传输、计算机服务和软件业	34 719.7	25 050.9	74.1	9 594.7
电信和其他信息传输服务业	33 208.3	23 868.3		9 340.0
计算机服务业	1 250.0	986.2	74.1	189.7
软件业	261.4	196.4		65.0
批发和零售业	105 377.1	77 104.5	13 274.4	14 998.2
批发业	65 517.2	56 667.8	5 016.5	3 832.9
零售业	39 859.9	20 436.7	8 257.9	11 165.3
住宿和餐饮业	17 064.8	12 499.8	878.9	3 686.1
住宿业	13 116.3	9 267.7	483.3	3 365.3
餐饮业	3 948.5	3 232.1	395.6	320.8
金融业	113 181.4	77 890.9	20 491.6	14 798.9
银行业	96 385.6	69 899.1	19 495.5	6 991.0
证券业	2 720.2	492.1	280.1	1 948.0
保险业	13 299.7	7 164.1	275.7	5 859.9
其他金融活动	775.9	335.6	440.3	
房地产业	19 129.4	14 741.6	945.6	3 442.2
房地产开发经营	11 079.8	7 149.4	897.1	3 033.3

分类	合计	国有单位	城镇集体单位	其他单位
物业管理	3 829.9	3 783.7	10.8	35.4
房地产中介服务	2 345.9	2 036.3	37.7	271.9
租赁和商务服务业	17 462.4	14 867.8	941.8	1 652.8
租赁业	1 062.9	958.6	17.0	87.3
商务服务业	16 399.5	13 909.2	924.8	1 565.5
科学研究、技术服务和地质勘查业	62 440.3	62 277.5	123.0	39.8
研究与试验发展	17 421.8	17 381.0	40.8	
自然科学研究与试验发展	7 165.8	7 165.8		
工程和技术研究与试验发展	3 545.1	3 545.1		
农业科学研究与试验发展	5 816.0	5 775.2	40.8	
医学研究与试验发展	435.2	435.2		
社会人文科学研究与试验发展	459.7	459.7		
专业技术服务业	20 012.8	19 928.8	44.2	39.8
#气象服务	2 416.0	2 416.0		
地震服务	342.7	342.7		
测绘服务	2 417.5	2 417.5		
技术检测	4 362.4	4 324.6	37.8	
环境监测	1 289.6	1 289.6		
工程技术与规划管理	8 788.6	8 753.2	6.4	29.0
科技交流和推广服务业	1 690.7	1 690.7		
地质勘查业	23 315.0	23 277.0	38.0	
水利、环境和公共设施管理业	32 887.9	30 727.3	2 111.8	48.8
水利管理业	8 266.0	8 263.6	2.4	
环境管理业	10 926.7	9 068.6	1 809.3	48.8
公共设施管理业	13 695.2	13 395.1	300.1	
居民服务和其他服务业	7 397.6	6 255.9	1 107.7	34.0
居民服务业	4 224.6	3 917.5	302.3	4.8
其他服务业	3 173.0	2 338.4	805.4	29.2
教育	460 656.0	459 411.9	31.2	1 212.9
#初等教育	203 190.6	202 659.3	10.1	521.2
中等教育	176 870.2	176 282.0		588.2
高等教育	52 243.5	52 243.5		
卫生、社会保障和社会福利业	158 308.8	151 804.1	5 374.1	1 130.6
卫生	152 229.6	145 762.3	5 337.3	1 130.0
社会保障业	2 294.4	2 292.6	1.8	
社会福利业	3 784.8	3 749.2	35.0	0.6
文化、体育和娱乐业	38 436.2	38 318.9	16.1	101.2
新闻出版社	4 987.7	4 987.7		
广播、电视、电影和音像业	20 050.4	20 047.4	3.0	
文化艺术业	10 862.5	10 857.0	5.5	
体育	2 064.8	2 064.8		
娱乐业	470.8	362.0	7.6	101.2
公共管理和社会组织	409 577.3	408 322.4	1 254.9	
#中国共产党机关	17 738.2	17 709.6	28.6	
国家机构	372 835.2	372 096.9	738.3	
人民政协和民主党派	6 310.8	6 310.8		
群众社团、社会团体和宗教组织	8 347.5	8 004.5	343.0	
三、按地区分组				
南昌市	650 420.2	457 234.9	39 940.1	153 245.2
景德镇市	136 182.5	108 418.0	8 164.3	19 600.2
萍乡市	130 747.9	108 151.4	9 700.7	12 895.8
九江市	303 947.2	235 415.4	15 419.3	53 112.5
新余市	113 816.7	55 606.5	4 872.2	53 338.0
鹰潭市	92 618.0	86 301.4	1 652.1	4 664.5
赣州市	309 935.1	244 329.9	14 795.1	50 810.1
吉安市	182 442.6	162 838.3	8 184.8	11 419.5
宜春市	229 002.9	187 497.7	7 799.6	33 705.6
抚州市	165 072.1	145 792.0	11 612.4	7 667.7
上饶市	255 461.6	228 731.8	15 638.4	11 091.4

3－18　各种分组的在岗职工平均工资

（2003 年末）　　　　单位:元

分　　　类	合　计	国有单位	城镇集体单位	其他单位
总　　　计	**10 521**	**10 918**	**6 905**	**10 359**
一、按企业、事业、机关分组				
企业	9 885	10 324	6 830	10 359
#地方	9 068	8 928	6 830	10 359
事业	11 083	11 139	7 809	10 154
#地方	10 978	11 034	7 809	10 154
机关	11 931	11 944	8 455	
#地方	11 589	11 601	8 455	
二、按国民经济行业分组				
农、林、牧、渔业	5 534	5 519	5 917	8 412
农业	4 700	4 698	5 032	4 286
林业	5 735	5 730	7 868	
畜牧业	8 301	8 331	8 627	7 709
渔业	4 864	4 847	4 558	7 563
农、林、牧、渔服务业	7 639	7 750	5 961	11 727
采矿业	9 421	9 664	5 613	9 095
制造业	9 626	9 810	6 200	10 110
电力、煤气及水的生产和供应业	12 707	12 224	8 160	15 455
建筑业	9 220	11 902	7 009	7 075
房屋和土木工程建筑业	8 699	11 169	6 911	6 972
建筑安装业	14 661	17 569	8 950	9 154
建筑装饰业	8 367	9 137	7 405	7 275
其他建筑业	11 266	12 724	5 139	9 401
交通运输、仓储和邮政业	14 011	14 774	5 376	8 934
铁路运输业	18 554	18 814	6 752	
道路运输业	10 969	11 441	6 119	9 159
城市公共交通业	10 476	10 841	5 016	8 182
水上运输业	6 773	8 072	4 231	
航空运输业	24 475	26 433	3 907	
装卸搬运和其他运输服务业	7 204	9 822	5 262	
仓储业	8 496	8 598		5 298
邮政业	13 445	13 465	5 143	
信息传输、计算机服务和软件业	16 831	14 299	6 124	32 100
电信和其他信息传输服务业	17 202	14 541		32 307
计算机服务业	11 682	11 194	6 124	27 897
软件业	10 291	8 768		21 667
批发和零售业	7 782	8 279	5 261	8 801
批发业	8 800	9 202	5 576	9 891
零售业	6 539	6 477	5 086	8 480
住宿和餐饮业	8 313	8 137	6 355	9 746
住宿业	8 454	8 074	6 769	10 130
餐饮业	7 878	8 324	5 913	6 974
金融业	15 390	16 069	11 234	21 664
银行业	15 227	16 232	11 456	21 698
证券业	16 476	16 349	7 238	20 228
保险业	16 645	14 532	6 659	22 146
其他金融活动	12 889	18 644	10 434	
房地产业	9 873	10 132	8 691	9 211
房地产开发经营	10 016	10 562	8 593	9 336

分　　类	合　计	国有单位	城镇集体单　位	其他单位
物业管理	10 170	10 229	7 714	6 679
房地产中介服务	8 225	8 181	12 567	8 165
租赁和商务服务业	10 783	11 732	7 914	7 091
租赁业	10 441	10 176	7 727	16 167
商务服务业	10 806	11 857	7 918	6 875
科学研究、技术服务和地质勘查业	12 804	12 816	9 248	9 950
研究与试验发展	11 684	11 693	8 870	
自然科学研究与试验发展	11 432	11 432		
工程和技术研究与试验发展	17 524	17 524		
农业科学研究与试验发展	9 772	9 779	8 870	
医学研究与试验发展	14 507	14 507		
社会人文科学研究与试验发展	12 492	12 492		
专业技术服务业	14 397	14 428	9 208	9 950
#气象服务	14 831	14 831		
地震服务	21 690	21 690		
测绘服务	20 841	20 841		
技术检测	13 688	13 742	9 450	
环境监测	10 675	10 675		
工程技术与规划管理	14 105	14 143	8 000	8 529
科技交流和推广服务业	10 728	10 728		
地质勘查业	12 686	12 692	9 744	
水利、环境和公共设施管理业	8 736	8 937	6 610	7 394
水利管理业	8 045	8 045	8 000	
环境管理业	7 799	8 119	6 520	7 394
公共设施管理业	10 251	10 349	7 197	
居民服务和其他服务业	8 152	8 593	6 244	16 190
居民服务业	8 399	9 920	2 817	6 000
其他服务业	7 844	7 020	11 489	22 462
教育	10 986	10 986	6 638	11 304
#初等教育	9 825	9 821	6 313	11 927
中等教育	11 222	11 222		11 015
高等教育	17 448	17 448		
卫生、社会保障和社会福利业	12 614	12 829	8 843	10 372
卫生	12 716	12 944	8 869	10 376
社会保障业	11 347	11 355	6 000	
社会福利业	10 069	10 127	6 250	6 000
文化、体育和娱乐业	11 888	11 925	5 194	6 024
新闻出版社	14 395	14 395		
广播、电视、电影和音像业	12 546	12 552	3 000	
文化艺术业	10 223	10 227	5 500	
体育	11 759	11 759		
娱乐业	9 378	11 207	6 909	6 024
公共管理和社会组织	11 484	11 498	8 117	
#中国共产党机关	12 336	12 339	11 000	
国家机构	11 418	11 422	9 626	
人民政协和民主党派	14 252	14 252		
群众社团、社会团体和宗教组织	10 647	10 997	6 114	
三、按地区分组				
南 昌 市	13 648	14 304	7 855	14 449
景德镇市	9 574	10 412	5 083	8 886
萍 乡 市	10 345	11 647	6 314	7 101
九 江 市	9 536	10 055	6 503	8 720
新 余 市	11 402	10 474	7 208	13 344
鹰 潭 市	11 453	11 948	6 950	7 454
赣 州 市	9 312	9 712	8 026	8 086
吉 安 市	8 777	9 154	6 753	6 391
宜 春 市	9 604	9 862	6 743	9 172
抚 州 市	8 166	8 560	6 235	5 808
上 饶 市	9 374	9 709	6 603	8 382

3－19 职业介绍机构基本情况

项目	职业介绍机构数（个）		职业介绍机构工作人员数（人）	
	2002 年	2003 年	2002 年	2003 年
合计	**598**	**649**	**2 184**	**2 061**
1. 劳动部门办	336	393	1 417	1 373
#县（区）及以上	149	161	847	721
街道	9	97	19	123
乡镇	178	135	551	529
2. 非劳动部门办	262	256	767	688
#公民个人办	167	155	504	408

3－20 劳动部门职业介绍工作情况

项目	单位	2002 年	2003 年
一、本期登记求职人次数	人次	705 334	613 873
#下岗职工	人次	164 270	154 146
失业人员	人次	219 250	248 097
获得职业资格人员	人次	54 304	71 767
二、本期介绍成功人次数	人次	446 432	398 743
#女性	人次	210 127	197 110
下岗职工	人次	73 301	82 832
失业人员	人次	107 029	114 447

主要统计指标解释

就业人员　指从事一定社会劳动并取得劳动报酬或经营收入的人员。包括(1)在岗职工；(2)再就业的离退休人员；(3)私营业主；(4)个体户主；(5)私营企业和个体就业人员；(6)乡镇企业就业人员；(7)农村就业人员；(8)其他就业人员。

单位就业人员　各单位的就业人员是指在各级国家机关、政党机关、社会团体及企业、事业单位中工作，取得工资或其他形式的劳动报酬的全部人员。包括在岗职工、再就业的离退休人员、民办教师以及在各单位中工作的外方人员和港澳台方人员、兼职人员、借用的外单位人员和第二职业者。不包括离开本单位仍保留劳动关系的职工。

在岗职工　指在本单位工作并由单位支付工资的人员，以及有工作岗位，但由于学习、病伤产假等原因暂未工作，仍由单位支付工资的人员。

离开本单位仍保留劳动关系的职工　指由于各种原因，已离开本人的生产或工作岗位，并已不在本单位从事其他工作，仍与用人单位保留劳动关系的职工。

内部退养职工　指接近正常退休年龄，但由于各种原因退出工作岗位，并办理了内退手续，在办理正式退休手续前由单位按月发给一定生活费的职工。

私营企业就业人员　指在工商管理部门注册登记的私营企业就业人员，包括私营企业投资者和雇工。

个体就业人员　指在工商管理部门注册登记，经批准从事个体工商经营的就业人员，包括个体户主和在个体工商户劳动的家庭帮工和雇工。

单位就业人员劳动报酬　指各单位在一定时期内直接支付给本单位全部就业人员的劳动报酬总额。包括在岗职工工资总额和本单位其他从业人员劳动报酬两部分。

在岗职工工资总额　指各单位在一定时期内直接支付给本单位全部在岗职工的劳动报酬总额。包括：计时工资（含计时标准工资）、计件工资、计件超额工资、奖金、津贴和补贴、加班加点工资、特殊情况下支付的工资等。

津贴和补贴　包括：(1)补偿职工特殊额外劳动消耗的津贴及岗位性津贴；(2)保健性津贴；(3)技术性津贴；(4)年功性津贴；(5)地区津贴；(6)其他津贴包括伙食补贴、上下班交通补贴、洗理卫生费、书报费等。以及为保证职工工资不受物价上涨或变动影响而支付的各种补贴，如副食价格补贴（含肉类等价格补贴）、粮、油、蔬菜等价格补贴，煤价补贴、房贴、水电贴、房改补贴等。

离开本单位仍保留劳动关系职工的生活费　指离开本单位仍保留劳动关系职工在离开本单位仍保留劳动关系期间从本单位领取的生活费用。

固定资产投资和房地产开发 4

INVESTMENT IN FIXED ASSETS AND REAL ESTATE DEVELOPMENT

- 2003年，全社会固定资产投资1379.97亿元，比上年增长49.3%。
- 2003年全省房地产开发投资177.47亿元，比上年增长71.2%。
- 2003年，全省房地产开发施工面积2578万平方米，竣工面积1055万平方米，实际销售面积866万平方米。

本篇章

资料整理	微机处理
刘晓红	周运来
周运来	

4-1 全社会固定资产投资

（1980-2003年）　　单位:万元

年　　份	总　计	# 基本建设	# 更新改造	# 房地产开发
1980	188 219	92 217	29 177	
“六五”时期	**1 489 137**	**601 791**	**299 514**	
1981	170 858	60 837	43 262	
1982	244 972	100 786	50 387	
1983	280 948	123 298	53 627	
1984	352 080	151 043	66 909	
1985	440 279	165 827	85 329	
“七五”时期	**3 342 388**	**1 066 480**	**760 383**	
1986	533 527	178 115	116 900	
1987	587 729	187 654	132 471	
1988	781 751	209 612	180 385	
1989	732 849	230 983	155 438	
1990	706 532	260 116	175 189	28 782
“八五”时期	**9 235 791**	**3 256 994**	**2 182 651**	**707 591**
1991	910 773	316 675	206 367	47 957
1992	1 253 607	415 569	303 672	76 487
1993	1 855 038	642 755	486 156	137 036
1994	2 374 548	864 778	588 719	187 480
1995	2 841 825	1 017 217	597 737	258 631
“九五”时期	**22 346 029**	**7 895 582**	**3 371 174**	**1 546 100**
1996	3 558 519	1 145 352	602 549	263 962
1997	3 843 045	1 302 557	658 714	251 323
1998	4 547 650	1 730 118	661 578	271 234
1999	4 914 811	1 731 457	694 544	335 876
2000	5 482 004	1 986 098	753 789	423 705
“十五”时期				
2001	6 604 942	2 282 222	1 072 775	635 195
2002	9 246 027	3 478 881	1 419 991	1 036 441
2003	13 799 696	5 668 556	1 956 144	1 774 707
1980-2003	**66 252 229**	**24 342 723**	**11 091 809**	**5 728 816**

4－2　全社会固定资产投资发展速度

（1981－2003年）

年　　份	总　计	#基本建设	#更新改造	#房地产开发
一、发展速度(以上年为100)				
1981	90.8	66.0	148.3	
1982	143.4	165.7	116.5	
1983	114.7	122.3	106.4	
1984	125.3	122.5	124.8	
1985	125.1	109.8	127.5	
1986	121.2	107.4	137.0	
1987	110.2	105.4	113.3	
1988	133.0	111.7	136.2	
1989	93.7	110.2	86.2	
1990	96.4	112.6	112.7	
1991	128.9	121.7	117.8	166.6
1992	137.6	131.2	147.2	159.5
1993	148.0	154.7	160.1	179.2
1994	128.0	134.5	121.1	136.8
1995	119.7	117.6	101.5	138.0
1996	125.2	112.6	100.8	102.1
1997	108.0	113.7	109.3	95.2
1998	118.3	132.8	100.4	107.9
1999	108.1	100.1	105.0	123.8
2000	111.5	114.7	108.5	126.1
2001	120.5	114.9	142.3	149.9
2002	140.0	152.4	132.4	163.2
2003	149.3	162.9	137.8	171.2
二、平均发展速度(%)				
“六五”时期	115.7	109.0	125.0	
“七五”时期	114.3	108.5	119.9	
“八五”时期	134.0	132.4	132.2	158.8
“九五”时期	115.5	115.0	104.0	106.0
1981－2003	119.3	117.4	119.8	

4-3 城镇固定资产投资

（2000-2003年）

指　　　　　标	2000年	2001年	2002年	2003年
一、投资总额(万元)	**3 762 004**	**4 824 942**	**7 146 027**	**11 189 696**
#住宅	691 417	749 717	1 019 114	1 508 785
1. 按企业登记注册类型分				
内资	3 578 261	4 613 299	6 609 745	10 248 724
国有	2 630 481	3 220 933	4 204 677	5 799 158
集体	79 585	66 256	67 734	70 920
股份合作	24 494	34 481	80 800	124 157
联营	139 841	23 905	36 083	36 618
有限责任公司	155 841	417 296	746 701	1 377 874
股份有限公司	72 572	114 625	339 821	988 826
私营个体	471 214	717 595	1 094 433	1 765 041
其他内资	4 233	18 208	39 496	86 130
港、澳、台投资	86 378	117 323	305 345	509 808
外商投资	97 365	94 320	230 937	431 164
2. 按构成分				
建筑工程	2 157 079	2 543 281	4 111 040	7 041 362
安装工程	376 179	470 173	570 266	700 690
设备、工器具构置	847 847	1 194 691	1 403 290	2 143 756
其他费用	380 899	616 797	1 061 431	1 303 888
3. 按建设性质分				
#新建	1 682 548	2 009 817	2 976 513	7 500 999
扩建	968 471	1 255 577	1 453 319	2 000 736
改建	1 038 096	1 108 891	1 185 968	1 454 692
4. 按产业分				
第一产业	24 339	32 816	63 052	67 445
第二产业	1 193 983	1 426 417	2 177 303	3 390 292
第三产业	2 543 682	3 365 709	4 905 672	7 731 959
5. 按国民经济行业分				
农、林、牧、渔业	24 339	32 816	63 052	67 445
#农业	5 901	6 940	17 976	21 067
工业	1 170 650	1 400 136	2 128 144	3 381 651
采掘业	69 425	58 601	149 565	128 832
#煤炭采选业	9 895	26 633	34 735	50 743
黑色金属矿采选业	400	417	3 433	13 830
有色金属矿采选业	51 642	24 904	90 359	36 303
制造业	472 446	665 820	1 466 056	2 717 024
轻工业	102 942	149 271	415 114	802 940
纺织业	49 811	32 434	134 191	271 789
石油加工及炼焦业	17 599	13 364	24 782	29 329
化学原料及化学制品制造业	31 632	88 132	127 098	186 116
非金属矿物制品业	81 279	68 463	165 286	368 411

4－3 续表

指　　　　标	2000年	2001年	2002年	2003年
黑色金属冶炼及压延加工业	51 428	117 320	152 487	358 038
有色金属冶炼及压延加工业	31 488	59 201	110 217	150 728
机械工业	95 844	107 050	246 869	418 669
电子及通信设备制造业	5 717	13 125	50 695	63 686
其他制造业	4 706	17 460	39 317	67 318
电力、煤气及水的生产和供应业	628 779	675 715	512 523	535 795
#电力	564 657	620 017	462 586	455 991
建筑业	23 333	26 281	49 159	8 641
地质勘查业、水利管理业	261 784	152 646	137 339	163 269
#水利管理业	261 279	151 653	135 364	161 327
交通运输、仓储及邮电通信业	959 512	1 341 148	1 797 604	2 419 109
#交通运输业	519 156	747 102	1 273 125	1 868 346
邮电通信业	32 559	567 317	496 538	540 040
批发和零售贸易、餐饮业	53 216	95 609	152 419	224 828
金融、保险业	20 618	31 513	22 068	23 792
房地产业	791 498	1 001 686	1 419 490	2 252 260
#房地产投资	423 705	635 195	1 036 441	1 774 707
城镇和工矿区私人建房	359 544	352 536	343 003	408 064
社会服务业	135 014	307 425	527 407	1 276 015
卫生、体育和社会福利业	32 433	34 083	52 038	264 457
教育、文化艺术及广播电影电视业	119 283	142 087	270 167	509 787
科学研究和综合技术服务业	15 983	21 604	20 423	24 892
国家机关、政党机关和社会团体	151 237	223 481	418 306	548 039
其他行业	3 104	14 427	88 411	25 511
二、资金来源合计(万元)	4 095 746	5 168 434	7 569 776	11 807 382
#本年资金来源	3 776 318	4 722 830	7 204 582	11 235 843
国家预算内资金	416 213	401 163	462 645	662 881
国内贷款	955 924	945 962	1 592 684	2 649 789
债券	17 765	15 184	30 825	31 540
利用外资	99 359	196 705	459 912	612 316
自筹资金	1 703 037	2 544 831	3 599 013	5 562 635
其他资金	584 020	618 985	1 059 503	1 716 682
三、新增固定资产(万元)	2 899 071	3 356 698	4 744 336	6 959 350
四、房屋建筑施工面积(万平方米)	3 172.76	3 479.07	4 348.6	6 120.71
#住宅	2 132.63	2 358.65	2 566.34	3 465.89
房屋建筑竣工面积	2 113.71	2 434.85	2 585.27	3 473.72
#住宅	1 581.48	1 781.85	1 670.7	2 136.75

注：1.2003年按登记注册类型分的内资和私营个体投资中均包括个体经营投资473180万元。

2.2000－2003年分行业投资为国民经济旧行业分类。2003年废气资源和废旧材料回收加工业(投资额6556万元)在旧行业中归入批发零售贸易业,在新行业中归入工业行业的制造业中。

3.按新的三次产业分类标准,原归入第一产业的水利管理业现放入第三产业中(后同)。

4－4　城镇固定资产投资构成

（2000－2003年）　　单位:%

指　　标	2000年	2001年	2002年	2003年
投资总额	**100**	**100**	**100**	**100**
#住宅	18.4	15.5	14.3	13.5
一、按企业登记注册类型分				
内资	95.1	95.6	92.5	91.6
国有	69.9	66.7	58.8	51.8
集体	2.1	1.4	0.9	0.6
股份合作	0.7	0.7	1.1	1.1
联营	3.7	0.5	0.5	0.3
有限责任公司	4.2	8.6	10.5	12.3
股份有限公司	1.9	2.4	4.8	8.9
私营个体	12.5	14.9	15.3	15.8
其他内资	0.1	0.4	0.6	0.8
港、澳、台投资	2.3	2.4	4.3	4.6
外商投资	2.6	2.0	3.2	3.8
二、按构成分				
建筑工程	57.4	52.7	57.5	62.9
安装工程	10.0	9.7	8.0	6.3
设备、工器具构置	22.5	24.8	19.6	19.2
其他费用	10.1	12.8	14.9	11.6
三、按建设性质分				
#新建	44.7	41.7	41.7	67.0
扩建	25.7	26.0	20.3	17.9
改建	27.6	23.0	16.6	13.0
四、按产业分				
第一产业	0.7	0.7	0.9	0.6
第二产业	31.7	29.6	30.5	30.3
第三产业	67.6	69.7	68.6	69.1

4-5 分行业城镇

(2003

指　　　标	合　计	内　资	国　有	集　体	股份合作
总　　计	**11 189 696**	**9 775 544**	**5 799 158**	**70 920**	**124 157**
农、林、牧、渔业	**67 445**	**63 000**	**29 285**	**5 613**	**520**
农业	21 067	19 097	5 521		
林业	16 937	15 922	14 472		
畜牧业	8 958	8 608	1 793		
渔业	4 436	3 826			
农、林、牧、渔服务业	16 047	15 547	7 499	5 613	520
工业	**3 388 207**	**2 842 825**	**897 507**	**11 573**	**38 502**
采矿业	128 832	120 868	59 765	168	900
煤炭开采和洗选业	50 743	50 743	46 188		
黑色金属矿采选业	13 830	13 830			150
有色金属矿采选业	36 303	35 253	12 265	168	750
非金属矿采选业	27 956	21 042	1 312		
制造业	2 723 580	2 193 487	489 948	11 113	31 116
农副食品加工业	65 085	52 325	5 580		1 150
食品制造业	73 436	51 491	6 842		1 810
饮料制造业	81 265	57 720	1 960	358	330
烟草制品业	40 530	40 530	40 530		
纺织业	95 820	83 746	10 000	724	
纺织服装、鞋、帽制造业	67 252	41 933		180	772
皮革、毛皮、羽毛(绒)及其制品业	52 970	12 834	230		1 100
木材加工及木、竹、藤、棕、草制品业	52 616	46 685	490		1 220
家具制造业	28 352	24 348	1 226	56	300
造纸及纸制品业	93 856	92 021	2 711	666	2 100
印刷业和记录媒介的复制	41 717	35 053	10 767	323	180
文教体育用品制造业	23 625	19 748			586
石油加工、炼焦加工业	29 329	29 329	26 429		
化学原料及化学制品制造业	117 185	105 952	20 603	1 360	2 230
医药制造业	182 236	174 105	9 226		5 403
化学纤维制造业	175 969	23 515	17 017		
橡胶制品业	16 758	9 623		800	650
塑料制品业	52 173	44 843	2 950	101	750
非金属矿物制品业	368 411	283 862	41 098	2 775	9 373
黑色金属冶炼及压延加工业	358 038	337 838	115 043		
有色金属冶炼及压延加工业	150 728	148 678	71 649		
金属制品业	88 907	65 159	2 490		730
通用设备制造业	36 779	28 703	2 887		860
专用设备制造业	50 668	49 876	5 732	880	1 267
交通运输设备制造业	129 505	124 399	45 895		155
电气机械及器材制造业	86 803	55 588	1 664	310	

年）　　单位:万元

联营	有限责任公司	股份有限公司	私营	其他	港澳台商投资	外商投资	个体经营
36 618	**1 377 874**	**988 826**	**1 291 861**	**86 130**	**509 808**	**431 164**	**473 180**
	5 204	**10 223**	**12 155**		**610**	**1 515**	**2 320**
	1 088	7 293	5 195				1 970
			1 450			1 015	
	1 420	2 400	2 995				350
	1 496	530	1 800		610		
	1 200		715			500	
8 350	**817 391**	**497 205**	**535 577**	**36 720**	**232 115**	**288 359**	**24 908**
	9 370	21 852	28 733	80	1 340	4 929	1 695
	3 235		1 320				
	1 842		11 838				
	3 292	11 720	7 058		550	500	
	1 001	10 132	8 517	80	790	4 429	1 695
4 050	702 936	445 899	474 760	33 665	229 365	278 825	21 903
	14 876	12 049	16 815	1 855	2 356	7 100	3 304
	12 300	3 858	21 551	5 130	2 475	19 290	180
30	30 850	15 352	7 200	1 640		23 205	340
	34 643	7 950	28 479	1 950	10 516	1 110	448
1 250	12 702	3 370	23 659		21 322	1 275	2 722
	9 070		2 434		36 136	4 000	
	16 067	9 465	17 474	1 969	400	5 296	235
	9 102	3 456	10 208		1 029	2 873	102
160	49 143	6 252	29 189	1 800	300	1 305	230
700	6 921	9 291	5 571	1 300	1 000	5 664	
	11 995	1 436	4 931	800	3 097	600	180
	1 400	1 500					
260	31 826	19 498	28 860	1 315	3 453	6 500	1 280
	75 391	47 454	36 631		2 204	5 927	
	6 350		148			152 454	
	950	4 904	1 119	1 200	7 005		130
430	20 380	6 085	14 147		4 560	1 000	1 770
320	96 832	78 725	50 646	4 093	78 738	3 501	2 310
550	114 627	58 838	48 780		9 200	11 000	
	28 574	22 115	24 240	2 100	950	1 100	
	18 751	22 249	20 559	380	880	20 650	2 218
	12 765	6 525	4 966	700	8 026	50	
	15 431	12 818	12 252	1 496	70	602	120
	22 661	39 644	15 687	357	2 171	1 000	1 935
	7 393	14 563	30 158	1 500	29 245		1 970

4－5 续表1

指标	合计	内资	国有	集体	股份合作
通信设备、计算机及其他电子设备	63 686	56 831	12 226	80	150
仪器仪表及文化、办公用机械制造	26 007	26 007	5 370		
工艺品及其他制造业	67 318	64 189	27 333	2 500	
废弃资源和废旧材料回收加工业	6 556	6 556	2 000		
电力、燃气及水的生产和供应业	535 795	528 470	347 794	292	6 486
电力、热力的生产和供应业	456 831	449 716	290 939		4 286
燃气生产和供应业	22 611	22 401	5 407		2 200
水的生产和供应业	56 353	56 353	51 448	292	
建筑业	**8 641**	**8 401**	**4 115**	**350**	
房屋和土木工程建筑业	4 105	4 105	2 763	350	
建筑装饰业	310	70			
其他建筑业	4 226	4 226	1 352		
交通运输、仓储和邮政业	**1 907 278**	**1 905 758**	**1 871 793**	**2 172**	**780**
铁路运输业	89 154	89 154	89 154		
道路运输业	1 739 147	1 737 627	1 709 101		780
城市公共交通业	11 522	11 522	6 163	2 172	
水上运输业	12 069	12 069	12 069		
航空运输业	21 572	21 572	21 572		
装卸搬运和其他运输服务业	6 404	6 404	6 404		
仓储业	10 723	10 723	10 643		
邮政业	16 687	16 687	16 687		
信息传输、计算机服务和软件业	**538 768**	**518 257**	**482 085**		**300**
电信和其他信息传输服务业	523 353	507 592	482 058		300
计算机服务业	8 937	8 937	27		
软件业	6 478	1 728			
批发和零售业	**197 634**	**147 480**	**37 843**	**8 663**	**3 160**
批发业	85 830	69 093	15 060	1 900	2 000
零售业	111 804	78 387	22 783	6 763	1 160
住宿和餐饮业	**120 017**	**74 299**	**15 167**	**682**	**2 540**
住宿业	99 379	60 538	14 464	320	1 000
餐饮业	20 638	13 761	703	362	1 540
金融业	**23 792**	**23 792**	**15 987**	**1 186**	
银行业	20 010	20 010	13 750	1 186	
保险业	2 944	2 944	1 399		
其他金融活动	838	838	838		
房地产业	**2 252 260**	**1 565 177**	**252 334**	**27 217**	**69 163**
房地产开发投资	1 774 707	1 503 001	237 804	26 592	69 163
房地产开发经营	44 731	37 418	5 194	625	
物业管理	4 222	4 222	2 967		
房地产中介服务	769	769	769		

单位:万元

联营	有限责任公司	股份有限公司	私营	其他	港澳台商投资	外商投资	个体经营
300	25 564	17 136	1 375		3 632	1 323	1 900
	5 100	7 470	8 067				
50	11 272	9 340	9 614	4 080	600	2 000	529
		4 556					
4 300	105 085	29 454	32 084	2 975	1 410	4 605	1 310
300	100 241	19 350	31 825	2 775	1 200	4 605	1 310
4 000	2 460	8 334			210		
	2 384	1 770	259	200			
	2 482	**680**	**774**				**240**
	258	610	124				
		70					240
	2 224		650				
	18 840	**5 623**	**5 920**	**630**		**900**	**620**
	17 386	4 770	4 960	630		900	620
	1 454	773	960				
		80					
368	**2 805**	**26 371**	**6 178**	**150**	**19 217**	**1 044**	**250**
368	1 365	17 971	5 380	150	14 717	1 044	
	410	8 050	450				
	1 030	350	348		4 500		250
2 800	**21 692**	**36 602**	**27 830**	**8 890**	**34 806**	**7 380**	**7 968**
200	13 123	15 102	18 868	2 840	13 589	100	3 048
2 600	8 569	21 500	8 962	6 050	21 217	7 280	4 920
1 810	**14 588**	**9 872**	**19 079**	**10 561**	**31 341**	**7 860**	**6 517**
110	11 173	9 422	13 638	10 411	28 841	7 760	2 240
1 700	3 415	450	5 441	150	2 500	100	4 277
		6 619					
		5 074					
		1 545					
17 472	**424 565**	**254 873**	**517 602**	**1 951**	**171 966**	**103 013**	**412 104**
17 472	394 516	249 691	506 862	901	165 013	103 013	3 680
	19 957	5 182	6 460		6 953		360
	1 255						

4－5　续表2

指　　标	合　计	内　资	国　有	集　体	股份合作
其他房地产活动	19 767	19 767	5 600		
城镇和工矿区私人建房	408 064				
租赁和商务服务业	**41 249**	**39 561**	**26 841**	**3 857**	**2 095**
租赁业	700	400			
商务服务业	40 549	39 161	26 841	3 857	2 095
科学研究、技术服务和地质勘查业	**26 834**	**26 834**	**25 774**		
研究与试验发展	17 418	17 418	17 418		
专业技术服务业	6 414	6 414	6 414		
科技交流和推广服务业	1 060	1 060			
地质勘查业	1 942	1 942	1 942		
水利、环境和公共设施管理业	**1 249 714**	**1 220 970**	**1 029 869**		
水利管理业	161 327	161 327	154 302		
环境管理业	38 354	37 134	33 574		
公共设施管理业	1 050 033	1 022 509	841 993		
居民服务和其他服务业	**13 999**	**9 742**	**4 237**		**580**
居民服务业	12 319	8 442	4 137		300
其他服务业	1 680	1 300	100		280
教育	**451 143**	**435 598**	**293 981**	**220**	**6 517**
学前教育	3 847	3 732	3 422		
初等教育	12 451	12 351	7 933	60	
中等教育	128 912	113 982	80 491	160	4 622
高等教育	282 556	282 556	194 827		
其他教育	23 377	22 977	7 308		1 895
卫生、社会保障和社会福利业	**256 430**	**254 870**	**222 408**	**686**	
卫生	232 758	231 198	216 006	686	
社会保障业	20 127	20 127	3 127		
社会福利业	3 545	3 545	3 275		
文化、体育和娱乐业	**98 246**	**90 941**	**66 198**		
新闻出版业	6 746	6 746	6 746		
广播、电视、电影和音像业	40 886	40 886	36 233		
文化艺术业	11 012	10 862	10 862		
体育	8 027	8 027	7 583		
娱乐业	31 575	24 420	4 774		
公共管理和社会组织	**548 039**	**548 039**	**523 734**	**8 701**	
中国共产党机关	2 966	2 966	2 966		
国家机构	541 133	541 133	517 836	8 565	
人民政协和民主党派	500	500	500		
群众团体、社会团体和宗教组织	2 500	2 500	1 628		
基层群众自治组织	940	940	804	136	

注:本表为按国民经济新行业分类,后表同。

单位:万元

联营	有限责任公司	股份有限公司	私营	其他	港澳台商投资	外商投资	个体经营
	8 837		4 280	1 050			
							408 064
	650	**371**	**5 747**		**1 388**		**300**
			400				300
	650	371	5 347		1 388		
	1 060						
	1 060						
2 453	**48 503**	**109 505**	**25 950**	**4 690**	**6 515**	**16 227**	**6 002**
	640	3 855	2 530				
		3 300	260		700		520
2 453	47 863	102 350	23 160	4 690	5 815	16 227	5 482
	1 145	**500**	**1 780**	**1 500**	**1 778**	**599**	**1 880**
	1 145	200	1 660	1 000	1 778	599	1 500
		300	120	500			380
102	**5 695**	**20 775**	**106 588**	**1 720**	**4 132**	**4 267**	**7 146**
			90	220			115
		3 510	848		100		
102	3 530	5 985	17 592	1 500	4 032	4 267	6 631
	2 165		85 564				
		11 280	2 494				400
60	**310**	**5 228**	**7 160**	**19 018**	**360**		**1 200**
60	310	5 228	6 890	2 018	360		1 200
				17 000			
			270				
303	**4 644**	**4 379**	**15 117**	**300**	**5 580**		**1 725**
303	3 950		400				
							150
	444						
	250	4 379	14 717	300	5 580		1 575
2 900	**8 300**		**4 404**				
2 900	8 300		3 532				
			872				

4-6 基本建设投资

（2000-2003 年）

指　　标	单位	2000 年	2001 年	2002 年	2003 年
一、投资总额	**万元**	**1 986 098**	**2 282 222**	**3 478 881**	**5 668 556**
1.按构成分					
建筑安装工程	万元	1 405 882	1 559 271	2 539 340	4 467 177
设备、工器具购置	万元	362 796	431 260	452 728	661 739
其他费用	万元	217 420	291 691	486 813	539 640
2.按建设性质分					
#新建	万元	841 646	1 162 923	2 281 938	3 803 183
扩建	万元	568 385	662 349	713 457	1 215 758
改建	万元	532 803	423 293	395 660	541 820
3.按产业分					
第一产业	万元	23 179	23 558	49 310	35 261
第二产业	万元	708 365	695 035	795 100	1 155 060
#工业	万元	691 304	677 750	766 036	1 152 644
#能源工业	万元	523 580	560 809	330 892	356 636
第三产业	万元	1 254 554	1 563 629	2 634 471	4 478 235
#水利业	万元	259 579	151 031	132 107	157 050
#运输邮电业	万元	480 370	643 871	1 150 428	1 595 075
二、新增固定资产	**万元**	**1 530 487**	**1 392 946**	**2 287 188**	**3 778 462**
三、资金来源合计	**万元**	**2 213 360**	**2 384 029**	**3 521 557**	**5 782 954**
#本年资金来源	万元	1 983 161	2 093 799	3 365 324	5 608 528
国家预算内资金	万元	401 369	379 622	437 171	612 776
国内贷款	万元	650 880	531 984	907 217	1 813 343
债券	万元	13 586	14 644	26 774	30 730
利用外资	万元	48 432	120 797	284 623	338 296
自筹资金	万元	641 934	820 238	1 335 291	2 222 254
其他	万元	226 960	226 514	374 248	591 129
四、施工项目	**个**	**2 367**	**2 403**	**2 994**	**3 370**
#大中型项目	个	24	26	27	52
全部建成投产项目	个	1 360	1 367	1 531	1 801

4-7 更新改造投资

（2000-2003年）

指　　　　　标	单　位	2000年	2001年	2002年	2003年
一、投资总额	**万元**	**753 789**	**1 072 775**	**1 419 991**	**1 956 144**
1.按构成分					
建筑安装工程	万元	279 476	407 291	659 069	761 301
设备、工器具购置	万元	434 842	607 095	668 323	1 045 917
其他费用	万元	39 471	58 389	92 599	148 926
2.按建设性质分					
#新建	万元	17 222	87 249	164 963	614 632
扩建	万元	365 797	493 211	665 116	632 789
改建	万元	343 724	450 350	543 430	636 264
3.按产业分					
第一产业	万元		1 700	1 743	7 726
第二产业	万元	420 790	512 929	891 086	1 357 696
#工业	万元	418 531	508 829	883 596	1 355 419
#能源工业	万元	73 018	95 218	175 770	146 531
第三产业	万元	332 999	558 146	527 162	590 722
#水利业	万元		622	2 637	1 747
#运输邮电业	万元	311 473	494 694	444 876	124 274
二、新增固定资产	**万元**	**489 546**	**783 370**	**944 931**	**797 708**
三、资金来源合计	**万元**	**770 031**	**1 117 984**	**1 477 689**	**2 129 028**
#本年资金来源	万元	753 949	1 100 696	1 425 923	1 962 981
国家预算内资金	万元	11 964	18 363	20 269	47 754
国内贷款	万元	161 639	186 593	324 788	321 513
债券	万元	3 479	540	3 478	810
利用外资	万元	13 822	15 616	35 402	130 743
自筹资金	万元	500 144	830 960	969 731	1 343 589
其他	万元	62 901	48 624	72 255	118 572
四、施工项目	**个**	**1 192**	**1 033**	**1 554**	**792**
#限上项目	个	10	11	14	30
全部建成投产项目	个	597	659	529	342

4-8 按登记注册类型

（2003

指标	合计	内资	国有	集体	股份合作
一、投资总额	**5 668 556**	**5 306 939**	**4 344 488**	**2 500**	**1 181**
1.按隶属关系分					
中央	283 362	250 975	207 747		
省	1 543 110	1 462 689	1 313 199		
地区	1 629 167	1 591 370	1 391 712		
县	1 712 296	1 669 125	1 413 488	2 500	1 181
其他	500 621	332 780	18 342		
2.按构成分					
建筑工程	4 117 726	3 967 529	3 428 338	400	452
安装工程	349 451	264 251	191 067	600	80
设备工器具购置	661 739	577 579	333 753	1 500	599
其他费用	539 640	497 580	391 330		50
二、建设项目(个)					
施工项目个数	3 370	3 234	2 560	1	2
#本年新开工项目	2 173	2 104	1 661	1	2
本年投产项目个数	1 801	1 733	1 455		1
三、本年资金来源合计	**5 782 954**	**5 412 042**	**4 374 401**	**2 500**	**1 181**
1.上年末结余资金	174 426	154 628	111 824		
2.本年资金来源小计	5 608 528	5 257 414	4 262 577	2 500	1 181
国家预算内资金	612 776	611 876	605 065		
国内贷款	1 813 343	1 775 016	1 670 333		
债券	30 730	30 730	29 480		
利用外资	338 296	196 869	130 160		
#外商直接投资	260 796	130 427	73 830		
对外借款	66 360	66 360	56 250		
自筹资金	2 222 254	2 088 530	1 418 007	2 500	350
中央各部门自筹	21 278	18 768	17 338		
省自筹	64 659	64 659	64 359		
地(市)自筹	87 471	87 471	84 471		
县自筹	225 414	223 431	217 312		
企事业单位自筹	1 823 432	1 694 201	1 034 527	2 500	350
其他资金来源	591 129	554 393	409 532		831
#集资	34 447	34 447	33 556		

分的基本建设投资

年）　　　　　　　　　　　　　　　　　　　　　　　　单位:万元

联　营	有限责任公　司	股份有限公　司	私　营	其他	港澳台商投　资	外商投资	个体经营
16 254	**461 176**	**423 124**	**27 510**	**30 706**	**258 273**	**103 194**	**150**
	41 520	1 708			14 387	18 000	
4 603	15 850	128 920		117	79 887	534	
110	117 775	78 505		3 268	16 863	20 934	
8 261	152 196	88 389		3 110	19 746	23 425	
3 280	133 835	125 602	27 510	24 211	127 390	40 301	150
9 349	240 418	248 016	19 588	20 968	94 820	55 266	111
2 356	44 727	22 491	461	2 469	74 866	10 324	10
3 768	124 892	105 958	4 179	2 930	52 491	31 669	
781	51 139	46 659	3 282	4 339	36 096	5 935	29
18	379	209	31	34	80	55	1
16	240	131	25	28	41	27	1
10	150	89	10	18	44	24	
16 411	**524 341**	**437 943**	**24 477**	**30 788**	**268 288**	**102 474**	**150**
	23 589	18 924	291		13 764	6 034	
16 411	500 752	419 019	24 186	30 788	450		150
110	3 051	3 200		450		900	
	53 110	47 393	4 180		33 252	5 075	
	1 250						
	15 119	48 646	2 942	2	95 793	45 634	
	5 009	48 646	2 942		95 223	35 146	
	10 110						
13 283	365 262	257 915	16 094	15 119	94 377	39 347	
			1 430		2 510		
	300						
		3 000					
760	1 294	1 330	2 735			1 983	
12 523	363 668	253 585	11 929	15 119	91 867	37 364	
3 018	62 960	61 865	970	15 217	31 102	5 484	150
	214		500	177			

4-9 分行业基本建设投资和新增固定资产

（2003年）　　　　单位:万元

行业	投资完成额	按建设性质分 #新建	#扩建	#改建	新增固定资产	施工项目（个）	建成投产项目（个）
总计	**5 668 556**	**3 803 183**	**1 215 758**	**541 820**	**3 778 462**	**3 370**	**1 801**
农、林、牧、渔业	**35 261**	**20 133**	**10 703**	**4 425**	**36 701**	**69**	**43**
农业	6 596	5 499	1 097		2 959	11	6
林业	14 887	5 707	8 078	1 102	13 538	25	16
畜牧业	3 673	3 073	600		2 743	7	4
渔业	2 106	1 680	426		2 496	3	3
农、林、牧、渔服务业	7 999	4 174	502	3 323	14 965	23	14
工业	**1 152 644**	**855 447**	**208 000**	**75 014**	**1 107 962**	**778**	**340**
采矿业	26 493	19 415	7 078		87 233	22	11
煤炭开采和洗选业	8 119	1 654	6 465		68 255	4	2
黑色金属矿采选业	1 700	1 700			1 700	1	1
有色金属矿采选业	8 502	8 502			4 181	6	3
非金属矿采选业	8 172	7 559	613		13 097	11	5
制造业	736 278	663 671	53 405	7 385	504 138	569	256
农副食品加工业	18 100	16 228	662		13 820	27	18
食品制造业	31 248	28 010	2 753	260	7 570	24	12
饮料制造业	26 903	9 883	17 020		20 730	14	7
纺织业	29 111	29 111			15 204	25	11
纺织服装、鞋、帽制造业	18 860	18 018	250		14 963	24	14
皮革、毛皮、羽毛(绒)及其制品业	19 341	19 341			9 200	14	5
木材加工及木、竹、藤、棕、草制	22 867	22 299	328	240	17 317	22	14
家具制造业	10 257	9 631	626		5 668	14	7
造纸及纸制品业	20 121	20 121			16 611	21	13
印刷业和记录媒介的复制	11 016	7 151	3 865		9 884	11	6
文教体育用品制造业	6 228	6 078	150		4 116	7	3
石油加工、炼焦加工业	5 900	5 900			3 400	3	1
化学原料及化学制品制造业	32 676	30 520	546	1 610	24 118	40	16
医药制造业	39 064	31 175	2 684	275	21 777	41	12
化学纤维制造业	5 500	5 500			5 500	2	2
橡胶制品业	2 650	2 400	250		2 650	4	3
塑料制品业	27 471	25 735	1 736		17 665	32	11
非金属矿物制品业	146 605	136 095	10 150		107 622	67	26
黑色金属冶炼及压延加工业	15 366	14 693	673		10 181	7	3
有色金属冶炼及压延加工业	17 106	17 106			17 374	5	3
金属制品业	32 461	32 461			26 678	24	9
通用设备制造业	19 600	19 050	550		9 984	16	8
专用设备制造业	13 215	11 707	1 508		12 073	20	11
交通运输设备制造业	53 273	46 442	4 331		41 259	29	9
电气机械及器材制造业	36 266	35 466	800		31 597	22	8
通信设备、计算机及其他电子设备	31 556	30 953	603		14 762	25	11
仪器仪表及文化、办公用机械制造	2 552	2 552			1 300	5	2
工艺品及其他制造业	38 965	30 045	3 920	5 000	19 115	24	11
废弃资源和废旧材料回收加工业	2 000				2 000		
电力、燃气及水的生产和供应业	389 873	172 361	147 517	67 629	516 591	187	73
电力、热力的生产和供应业	323 216	120 175	133 424	67 251	495 766	124	57
燃气生产和供应业	19 401	18 681	720		6 060	12	1
水的生产和供应业	47 256	33 505	13 373	378	14 765	51	15
建筑业	**2 416**	**910**	**1 232**	**274**	**1 932**	**6**	**4**
房屋和土木工程建筑业	1 064	650	140	274	580	4	2
其他建筑业	1 352	260	1 092		1 352	2	2

4－9 续表 单位:万元

行业	投资完成额	按建设性质分			新增固定资产	施工项目（个）	建成投产项目（个）
		#新建	#扩建	#改建			
交通运输、仓储和邮政业	**1 605 718**	**1 263 356**	**118 175**	**220 108**	**1 091 437**	**567**	**400**
铁路运输业	13 117	10 717	2 400		200	3	1
道路运输业	1 542 833	1 221 232	100 526	218 210	1 058 762	522	370
城市公共交通业	3 069	1 370	545		3 139	4	4
水上运输业	12 069	12 069			389	5	1
航空运输业	9 800		9 800		1 680	1	
装卸搬运和其他运输服务业	500			500	500	1	1
仓储业	10 643	5 851	3 694	1 098	16 566	18	14
邮政业	13 687	12 117	1 210	300	10 201	13	9
信息传输、计算机服务和软件业	**203 376**	**125 381**	**73 070**	**4 565**	**73 563**	**71**	**44**
电信和其他信息传输服务业	194 779	116 784	73 070	4 565	63 493	64	39
计算机服务业	8 487	8 487			9 960	6	4
软件业	110	110			110	1	1
批发和零售业	**126 717**	**108 765**	**14 536**	**3 234**	**98 649**	**105**	**62**
批发业	52 366	47 249	5 067	50	44 540	57	33
零售业	74 351	61 516	9 469	3 184	54 109	48	29
住宿和餐饮业	**85 140**	**72 212**	**4 110**	**8 818**	**51 981**	**51**	**29**
住宿业	79 022	68 069	4 110	6 843	47 033	41	21
餐饮业	6 118	4 143		1 975	4 948	10	8
金融业	**16 703**	**15 216**	**946**	**250**	**20 545**	**32**	**21**
银行业	12 921	11 704	926		16 389	25	16
保险业	2 944	2 674	20	250	4 119	6	5
其他金融活动	838	838			37	1	
房地产业	**53 708**	**42 634**	**5 460**	**4 414**	**20 143**	**35**	**13**
租赁和商务服务业	**29 362**	**14 851**	**14 006**	**505**	**8 581**	**23**	**6**
商务服务业	29 362	14 851	14 006	505	8 581	23	6
科学研究、技术服务和地质勘查业	**26 011**	**15 999**	**8 505**	**150**	**9 709**	**26**	**11**
研究与试验发展	17 418	10 009	6 294		7 096	9	5
专业技术服务业	6 191	5 028	941	150	1 855	9	3
科技交流和推广服务业	460	460				2	
地质勘查业	1 942	502	1 270		758	6	3
水利、环境和公共设施管理业	**1 197 816**	**624 089**	**390 935**	**179 217**	**562 802**	**551**	**276**
水利管理业	157 050	52 967	30 073	71 852	61 479	101	35
环境管理业	36 189	17 814	951	17 330	23 158	35	21
公共设施管理业	1 004 577	553 308	359 911	90 035	478 165	415	220
居民服务和其他服务业	**8 159**	**7 979**		**80**	**5 527**	**16**	**6**
居民服务业	7 559	7 479		80	5 427	15	6
其他服务业	600	500			100	1	
教育	**325 625**	**228 582**	**72 602**	**17 963**	**162 023**	**351**	**226**
教育	325 625	228 582	72 602	17 963	162 023	351	226
卫生、社会保障和社会福利业	**216 672**	**35 769**	**176 894**	**1 914**	**192 652**	**126**	**67**
卫生	210 270	30 167	176 244	1 914	185 812	109	55
社会保障业	3 127	3 127			3 730	6	6
社会福利业	3 275	2 475	650		3 110	11	6
文化、体育和娱乐业	**69 417**	**46 970**	**21 147**	**1 200**	**30 903**	**72**	**33**
新闻出版业	6 600	300	6 000	300	6 300	3	2
广播、电视、电影和音像业	33 041	19 623	13 118	200	14 676	20	12
文化艺术业	9 095	7 169	1 226	700	5 512	24	9
体育	8 027	8 027			2 608	11	5
娱乐业	12 654	11 851	803		1 807	14	5
公共管理和社会组织	**513 811**	**324 890**	**95 437**	**19 689**	**303 352**	**491**	**220**
中国共产党机关	2 430	1 550	830	50	1 410	6	2
国家机构	508 596	322 186	93 016	19 599	301 031	476	216
人民政协和民主党派	500		500		500	1	1
群众团体、社会团体和宗教组织	1 481	350	1 091	40	91	5	
基层群众自治组织	804	804			320	3	1

4－10 按登记注册类型

（2003

指　　　标	合　计	内　资	国　有	股份合作
一、投资总额	**1 956 144**	**1 739 794**	**1 041 232**	**2 503**
1. 按隶属关系分				
中央	208 751	208 751	206 525	
省	861 287	852 422	539 912	
地区	278 368	277 913	209 688	
县	212 344	209 040	80 955	2 503
其他	395 394	191 668	4 152	
2. 按构成分				
建筑工程	544 068	508 138	248 066	946
安装工程	217 233	203 092	143 213	714
设备工器具购置	1 045 917	894 303	576 539	746
其他费用	148 926	134 261	73 414	97
二、建设项目(个)				
施工项目个数	792	749	394	2
#本年新开工项目	499	477	256	1
本年投产项目个数	342	329	171	2
三、本年资金来源合计	**2 129 028**	**1 891 740**	**1 077 686**	**2 503**
1. 上年末结余资金	166 047	69 169	43 738	
2. 本年资金来源小计	1 962 981	1 822 571	1 033 948	2 503
国家预算内资金	47 754	47 754	39 802	
国内贷款	321 513	302 414	154 585	200
债券	810	810	810	
利用外资	130 743	39 830	32 090	
#外商直接投资	128 843	39 830	32 090	
自筹资金	1 343 589	1 313 411	783 811	300
中央各部门自筹	57 757	57 757	56 037	
省自筹	23 932	23 932	23 932	
地(市)自筹	7 005	7 005	3 475	
县自筹	11 186	11 186	9 832	
企事业单位自筹	1 243 709	1 213 531	690 535	300
#股票	7 280	7 280		
其他资金来源	118 572	118 352	22 850	2 003
#集资	8	8	8	

分的更新改造投资

年)　　　　单位:万元

联营	有限责任公司	股份有限公司	私营	其他	港澳台商投资	外商投资
750	**380 890**	**238 736**	**49 333**	**26 350**	**25 713**	**190 637**
		2 226				
	179 972	115 538		17 000	6 105	2 760
750	33 911	32 364		1 200		455
	77 039	41 393		7 150	629	2 675
	89 968	47 215	49 333	1 000	18 979	184 747
	116 438	109 660	25 338	7 690	12 114	23 816
90	34 460	16 940	5 379	2 296	1 481	12 660
530	202 893	85 550	13 343	14 702	10 328	141 286
130	27 099	26 586	5 273	1 662	1 790	12 875
2	199	128	6	18	18	25
1	125	75	4	15	10	12
2	93	53	4	4	4	9
750	**472 781**	**262 180**	**49 490**	**26 350**	**43 286**	**194 002**
	18 353	7 078			2 339	94 539
750	454 428	255 102	49 490	26 350	40 947	99 463
	7 293	659				
	60 779	48 657	35 633	2 560	18 479	620
	5 540	2 200			9 108	81 805
	5 540	2 200			9 108	79 905
320	335 884	173 571	13 475	6 050	13 360	16 818
320	1 400					
				3 530		
	854	500				
	333 630	173 071	13 475	2 520	13 360	16 818
		7 280				
430	44 932	30 015	382	17 740		220

4-11 分行业更新改造投资和新增固定资产

（2003年）　　　　单位：万元

行业	投资完成额	按建设性质分 # 新建	# 扩建	# 改建	新增固定资产	施工项目（个）	建成投产项目（个）
总　计	**1 956 144**	**614 632**	**632 789**	**636 264**	**797 708**	**792**	**342**
农、林、牧、渔业	**7 726**	**6 953**	**173**	**600**	**6 000**	**5**	**1**
农　业	6 586	6 413	173		6 000	3	1
林　业	600			600		1	
畜牧业	540	540				1	
工业	**1 355 419**	**454 702**	**535 537**	**342 744**	**626 777**	**596**	**239**
采掘业	57 846	334	20 970	36 542	53 228	46	25
煤炭开采和洗选业	33 804		3 054	30 750	30 848	20	14
有色金属矿采选业	21 162	134	16 236	4 792	19 940	23	8
非金属矿采选业	2 880	200	1 680	1 000	2 440	3	3
制造业	1 199 729	417 185	494 138	268 186	515 248	502	196
农副食品加工业	15 727	3 338	8 066	4 323	13 713	14	7
食品制造业	11 198	3 850	5 948		5 415	16	7
饮料制造业	22 396	11 845	7 715	2 686	15 712	18	5
烟草制品业	40 530	925	38 525		1 080	4	
纺织业	30 011	4 180	14 482	11 260	11 088	28	9
纺织服装、鞋、帽制造业	952		802	150	802	3	1
皮革、毛皮、羽毛(绒)及其制品业	1 500		1 500				
木材加工及木、竹、藤、棕、草制	6 273	1 000	2 316	2 957	1 933	8	4
造纸及纸制品业	34 783	28 150	6 073	560	2 262	13	6
印刷业和记录媒介的复制	15 200	2 633	10 100	1 940	10 337	11	2
文教体育用品制造业	10 299	7 413	2 886		2 176	3	1
石油加工、炼焦及核燃料加工业	23 429		22 270	1 159	6 019	9	2
化学原料及化学制品制造业	39 342	3 981	28 994	5 783	29 843	33	12
医药制造业	93 253	58 674	15 913	11 665	44 467	44	18
化学纤维制造业	170 321	152 454	3 850	14 017	12 318	12	6
橡胶制品业	6 749		250	6 499	5 509	4	3
塑料制品业	4 640	4 140		500	7 630	5	2
非金属矿物制品业	150 775	68 185	56 189	24 951	59 189	79	29
黑色金属冶炼及压延加工业	289 092	6 451	169 039	113 602	134 410	67	37
有色金属冶炼及压延加工业	87 919	6 218	43 401	36 430	80 796	23	8
金属制品业	13 179	6 442	4 827	1 910	6 286	11	7
通用设备制造业	6 951	415	5 125	282	3 934	12	4
专用设备制造业	18 392	2 406	7 386	8 600	14 590	14	8
交通运输设备制造业	57 897	22 398	20 102	12 306	12 601	25	3
电气机械及器材制造业	12 434	8 506	3 464	200	8 853	11	6
通信设备、计算机及其他电子设备	14 423	3 471	4 783	3 184	14 255	12	4
仪器仪表及文化、办公用机械制造	15 510	5 780	9 170	560	9 730	6	4
工艺品及其他制造业	5 010	4 330	680		300	14	1
废弃资源和废旧材料回收加工业	1 544		282	1 262		3	
电力、蒸汽、热水生产和供应业	**97 844**	**37 183**	**20 429**	**38 016**	**58 301**	**48**	**18**
电力、热力的生产和供应业	88 288	32 585	16 818	36 669	56 469	32	13
燃气生产和供应业	1 010			1 010	1 010	2	2
水的生产和供应业	8 546	4 598	3 611	337	822	14	3
建筑业	**2 277**			**178**	**406**	**2**	
房屋和土木工程建筑业	2 207			108	406	1	
建筑装饰业	70			70		1	

行业	投资完成额	按建设性质分			新增固定资产	施工项目（个）	建成投产项目（个）
		#新建	#扩建	#改建			
交通运输、仓储和邮政业	**124 274**	**1 087**	**12 312**	**106 327**	**45 321**	**52**	**35**
铁路运输业	76 037			76 037	11 999	2	
道路运输业	23 013	1 087	540	21 386	12 064	42	33
城市公共交通业	**4 548**				**3 882**		
航空运输业	11 772		11 772		11 772	1	1
装卸搬运和其他运输服务业	5 904			5 904	2 604	6	
邮政业	3 000			3 000	3 000	1	1
信息传输、计算机服务和软件业	**327 200**	**129 527**	**28 428**	**164 260**	**9 332**	**53**	**4**
电信和其他信息传输服务业	321 670	123 997	28 428	164 260	9 332	51	4
软件业	5 530	5 530				2	
批发和零售业	**5 246**	**1 600**	**800**	**1 655**	**4 660**	**6**	**5**
批发业	1 815	510	800	505	1 305	4	3
零售业	3 431	1 090		1 150	3 355	2	2
住宿和餐饮业	**1 570**		**263**	**1 217**	**587**	**4**	**3**
住宿业	570		263	217	287	3	2
餐饮业	1 000			1 000	300	1	1
金融业	**5 903**	**2 636**		**108**	**4 329**	**2**	**1**
银行业	5 903	2 636		108	4 329	2	1
房地产业	**1 856**			**1 799**	**628**	**1**	
科学研究、技术服务和地质勘查业	**223**				**123**		
专业技术服务业	223				123		
水利、环境和公共设施管理业	**14 266**		**1 662**	**12 001**	**13 248**	**43**	**35**
水利管理业	1 747		1 452	295	2 172	5	3
环境管理业	1 385			1 002	1 385	1	1
公共设施管理业	11 134		210	10 704	9 691	37	31
居民服务和其他服务业	**1 000**			**1 000**	**1 000**	**1**	**1**
居民服务业	1 000			1 000	1 000	1	1
教育	**51 310**	**980**	**48 460**	**505**	**48 804**	**8**	**4**
教育	51 310	980	48 460	505	48 804	8	4
卫生、社会保障和社会福利业	**30 502**	**17 000**		**523**	**22 891**	**4**	**3**
卫生	13 502			523	5 891	3	2
社会保障业	17 000	17 000			17 000	1	1
文化、体育和娱乐业	**9 358**		**1 411**	**2 297**	**8 271**	**5**	**4**
新闻出版业	146		61		146	1	1
广播、电视、电影和音像业	7 445		1 350	2 297	6 358	4	3
文化艺术业	1 767				1 767		
公共管理和社会组织	**18 014**	**147**	**3 743**	**1 050**	**5 331**	**10**	**7**
中国共产党机关	536				536		
国家机构	17 331		3 743	1 050	4 648	9	6
群众团体、社会团体和宗教组织	147	147			147	1	1

4－12　基本建设投资资金来源

（2003 年）　　　　　　　　　　　　单位：万元

行　　　业	资金来源						
	合　计	国家预算内拨款	国内贷款	债　券	利用外资	自筹资金	其他资金
总　　计	**5 608 528**	**612 776**	**1 813 343**	**30 730**	**338 296**	**2 222 254**	**591 129**
农、林、牧、渔业	34 866	7 573	1 092	2 734	6 060	13 638	3 769
工业	1 132 029	27 300	201 391	9 486	108 303	706 019	79 530
采矿业	22 452	2 500			3 099	13 260	3 593
制造业	778 669	2 300	42 784		89 242	585 513	58 830
电力、燃气及水的生产和供应业	330 908	22 500	158 607	9 486	15 962	107 246	17 107
建筑业	4 080	95				2 044	1 941
交通运输、仓储和邮政业	1 602 147	211 765	1 048 235	6 020	56 129	203 507	76 491
信息传输、计算机服务和软件业	212 514	4 870	5 959			181 395	20 290
批发和零售业	135 910	108	6 371		15 142	61 126	53 163
住宿和餐饮业	93 616	1 731	12 900		29 401	30 344	19 240
金融业	15 868	390	22			14 268	1 188
房地产业	54 385	50	170		3 253	29 492	21 420
租赁和商务服务业	30 991	3 800	4 500		1 355	17 081	4 255
科学研究、技术服务和地质勘查业	25 284	6 456	2 369			6 515	9 944
水利、环境和公共设施管理业	1 132 651	145 860	293 282	2 055	48 240	474 946	168 268
居民服务和其他服务业	8 099	400	85			4 236	3 378
教育	343 350	24 143	136 830		9 335	134 876	38 166
卫生、社会保障和社会福利业	222 624	68 659	17 273	10	50 025	58 873	27 784
文化、体育和娱乐业	73 044	3 495	5 335		8 108	49 863	6 243
公共管理和社会组织	487 070	106 081	77 529	10 425	2 945	234 031	56 059

4－13　更新改造投资资金来源

（2003 年）　　　　　　　　　　　　单位：万元

行　　　业	资金来源						
	合　计	国家预算内拨款	国内贷款	债　券	利用外资	自筹资金	其他资金
总　　计	**1 962 981**	**47 754**	**321 513**	**810**	**130 743**	**1 343 589**	**118 572**
农、林、牧、渔业	7 863	500	4 600		1 000	1 590	173
工业	1 358 053	22 004	268 041	260	97 803	879 863	90 082
采矿业	57 930	1 011	24 894		2 230	27 655	2 140
制造业	1 214 274	15 982	194 261	200	94 555	824 559	84 717
电力、燃气及水的生产和供应业	85 849	5 011	48 886	60	1 018	27 649	3 225
建筑业	2 218					2 148	70
交通运输、仓储和邮政业	124 778	17 174	12 709			86 870	8 025
信息传输、计算机服务和软件业	331 170		180		30 000	300 102	888
批发和零售业	5 446		507			4 789	150
住宿和餐饮业	1 570				940	630	
金融业	5 971					5 971	
房地产业	515					515	
科学研究、技术服务和地质勘查业	223	173				50	
水利、环境和公共设施管理业	14 362	1 829	100	550	800	10 663	420
居民服务和其他服务业	440						440
教育	52 074	2 385	34 000			15 614	75
卫生、社会保障和社会福利业	29 909	1 035	776			11 033	17 065
文化、体育和娱乐业	9 496	30	300		200	8 958	8
公共管理和社会组织	18 893	2 624	300			14 793	1 176

4－14 各地区城镇固定资产投资

（2003年）

地　　区	固定资产投资（万元）	#基本建设	#更新改造	#房地产
全　　省	**11 189 696**	**5 668 556**	**1 956 144**	**1 774 707**
南 昌 市	2 197 314	992 804	382 335	600 118
景德镇市	553 308	216 658	103 146	171 359
萍 乡 市	531 584	223 939	143 368	68 074
九 江 市	1 189 047	561 463	293 427	122 990
新 余 市	382 813	121 808	167 154	62 343
鹰 潭 市	292 843	122 372	97 731	44 523
赣 州 市	1 486 636	950 568	63 684	134 959
吉 安 市	737 095	350 579	41 739	121 713
宜 春 市	653 266	393 351	55 504	107 133
抚 州 市	605 588	191 377	39 486	167 466
上 饶 市	870 288	511 339	79 142	174 029
不分地区数	1 689 914	1 032 298	489 428	

地　　区	比上年增长（%）	#基本建设	#更新改造	#房地产
全　　省	**56.6**	**62.9**	**37.8**	**71.2**
南 昌 市	74.3	92.4	66.9	73.1
景德镇市	92.9	59.6	73.6	155.8
萍 乡 市	125.2	146.7	159.1	59.8
九 江 市	54.8	18.5	144.1	13.5
新 余 市	48.2	59.1	26.8	87.0
鹰 潭 市	18.9	118.0	－34.6	47.7
赣 州 市	59.8	98.9	－15.9	16.3
吉 安 市	80.6	81.4	－5.7	147.5
宜 春 市	67.3	85.8	85.4	47.3
抚 州 市	66.4	39.2	15.9	108.7
上 饶 市	67.6	79.8	107.0	93.1
不分地区数	9.6	25.1	8.1	

4－15 各地区按经济类型分的城镇固定资产投资

（2003年） 单位:万元

地　　区	合　　计	内　　资				
			国　　有	集　　体	股份合作	联　　营
全　　省	**11 189 696**	**9 775 544**	**5 799 158**	**70 920**	**124 157**	**36 618**
南 昌 市	2 197 314	1 874 236	993 255	10 378	28 183	9 832
景德镇市	553 308	524 043	252 694	13 005	20 860	12 418
萍 乡 市	531 584	499 697	305 895	1 898	24 793	
九 江 市	1 189 047	847 736	390 250	6 540	8 306	4 260
新 余 市	382 813	337 548	127 700	12 360		2 453
鹰 潭 市	292 843	272 268	187 570	120		900
赣 州 市	1 486 636	1 245 346	838 005	5 938	15 035	3 102
吉 安 市	737 095	644 849	313 107	2 046	8 520	
宜 春 市	653 266	582 182	265 404	9 731	5 676	2 800
抚 州 市	605 588	493 875	184 611	8 382	4 530	
上 饶 市	870 288	763 850	389 891	522	8 254	853
不分地区数	1 689 914	1 689 914	1 550 776			

地　　区					港澳台商投　　资	外商投资	个体经营
	有限责任公　　司	股份有限公　　司	私　　营	其　　他			
全　　省	**1 377 874**	**988 826**	**1 291 861**	**86 130**	**509 808**	**431 164**	**473 180**
南 昌 市	393 441	181 275	257 859	13	197 889	66 452	58 737
景德镇市	55 987	68 517	96 477	4 085	1 830	18 195	9 240
萍 乡 市	40 529	57 311	43 065	26 206	14 792	3 842	13 253
九 江 市	132 024	112 991	190 596	2 769	115 193	184 511	41 607
新 余 市	147 550	6 554	38 181	2 750	15 158	23 255	6 852
鹰 潭 市	9 472	30 741	43 465			10 650	9 925
赣 州 市	211 254	530	158 780	12 702	73 284	67 184	100 822
吉 安 市	148 362	45 799	118 420	8 595	13 786	27 681	50 779
宜 春 市	125 046	116 812	55 363	1 350	11 161	8 570	51 353
抚 州 市	21 735	123 358	149 989	1 270	32 351	785	78 577
上 饶 市	92 474	166 800	95 666	9 390	34 364	20 039	52 035
不分地区数		78 138	44 000	17 000			

4－16 各地区基本建设投资

（2003 年）　　单位:万元

地区	合计	内资	国有	集体	股份合作	联营
全省	**5 668 556**	**5 306 939**	**4 344 488**	**2 500**	**1 181**	**16 254**
南昌市	992 804	860 095	754 182			110
景德镇市	216 658	215 288	164 176			3 428
萍乡市	223 939	220 547	170 818			
九江市	561 463	468 143	292 350			4 260
新余市	121 808	114 570	99 519			2 453
鹰潭市	122 372	122 372	97 451			900
赣州市	950 568	899 049	792 133			1 800
吉安市	350 579	333 593	266 332			
宜春市	393 351	385 576	228 554	2 500	1 181	2 800
抚州市	191 377	182 885	158 080			
上饶市	511 339	472 523	360 733			503
不分地区数	1 032 298	1 032 298	960 160			

地区	有限责任公司	股份有限公司	私营个体	其他	港澳台商投资	外商投资	个体经营
全省	**461 176**	**423 124**	**27 510**	**30 706**	**258 273**	**103 194**	**150**
南昌市	42 045	63 756		2	100 880	31 829	
景德镇市	12 171	26 697	8 816		830	540	
萍乡市	12 036	25 221		12 472		3 392	
九江市	100 017	67 127	4 239	150	87 755	5 565	
新余市	4 163		6 885	1 550	1 200	6 038	
鹰潭市	2 850	21 171					
赣州市	95 799	530	1 430	7 357	23 635	27 884	
吉安市	53 610	5 746	6 070	1 835	1 108	15 878	
宜春市	79 758	69 433		1 350	3 205	4 420	150
抚州市	1 491	23 094		220	8 492		
上饶市	57 236	48 211	70	5 770	31 168	7 648	
不分地区数		72 138					

4－17 各地区更新改造投资

（2003 年）　　　　单位:万元

地区	合计	内资	国有	股份合作	联营
全省	**1 956 144**	**1 739 794**	**1 041 232**	**2 503**	**750**
南昌市	382 335	351 226	147 957		
景德镇市	103 146	103 146	68 835		750
萍乡市	143 368	142 068	128 842		
九江市	293 427	135 764	68 379	1 703	
新余市	167 154	167 004	23 318		
鹰潭市	97 731	97 681	86 668		
赣州市	63 684	43 155	24 938	800	
吉安市	41 739	38 240	19 853		
宜春市	55 504	55 504	21 652		
抚州市	39 486	39 336	12 463		
上饶市	79 142	77 242	15 899		
不分地区数	489 428	489 428	422 428		

地区	有限责任公司	股份有限公司	私营	其他	港澳台商投资	外商投资
全省	**380 890**	**238 736**	**49 333**	**26 350**	**25 713**	**190 637**
南昌市	111 919	91 350			16 198	14 911
景德镇市	18 107	8 643	3 281	3 530		
萍乡市	9 876	2 550		800	1 300	
九江市	24 183	41 399	100		5 209	152 454
新余市	136 203	6 283		1 200		150
鹰潭市	2 669	8 344				50
赣州市	17 217			200	2 539	17 990
吉安市	9 865	6 622	1 900		467	3 032
宜春市	23 604	10 196	52			
抚州市	1 650	25 223				150
上饶市	25 597	32 126		3 620		1 900
不分地区数		6 000	44 000	17 000		

4－18 各地区基本建设项目和新增固定资产

（2003 年）

地区	施工项目个数（个）	# 本年新开工	全部建成投产项目（个）	新增固定资产（万元）
全省	**3 370**	**2 173**	**1 801**	**3 778 462**
南昌市	613	395	447	468 753
景德镇市	180	122	67	114 449
萍乡市	171	119	79	126 000
九江市	331	232	189	710 172
新余市	99	68	60	72 693
鹰潭市	83	46	52	71 550
赣州市	521	328	253	863 136
吉安市	353	217	141	176 032
宜春市	383	258	182	268 071
抚州市	292	169	175	115 118
上饶市	312	206	144	314 581
不分地区数	32	13	12	477 907

4－19 各地区更新改造项目和新增固定资产

（2003 年）

地区	施工项目个数（个）	# 本年新开工	全部建成投产项目（个）	新增固定资产（万元）
全省	**792**	**499**	**342**	**797 708**
南昌市	113	38	19	79 971
景德镇市	76	39	21	30 488
萍乡市	37	21	8	18 212
九江市	136	102	100	108 292
新余市	66	47	45	165 291
鹰潭市	23	14	7	73 018
赣州市	67	46	29	43 242
吉安市	47	28	14	19 134
宜春市	56	36	38	49 349
抚州市	59	34	20	18 732
上饶市	52	39	23	51 398
不分地区数	60	55	18	140 581

4-20 基本建设、更新改造新增生产能力（或效益）

（2003 年）

能力名称	单位	合计	基本建设	更新改造
发电机组容量	万千瓦	3.51	3.01	0.5
水力发电	万千瓦	3.51	3.01	0.5
输电线路长度（11 万伏及以上）	公里	149.32	49.32	100
变电设备能力（11 万伏及以上）	万千伏安	61.95	41.15	20.8
水泥	万吨/年	70.8		70.8
胶合板	万立方米/年	2.5	2	0.5
中成药	吨/年	5 467.00		5 467.00
棉纺锭	锭	95 000	80 000	15 000
饼　干	吨/年	7 300.00	7 200.00	100
酒	万吨/年	3.60	0.52	3.08
白　酒	万吨/年	0.3	0.22	0.08
服　装	万件/年	523	513	10
新建公路	公里	540.04	424.24	115.8
改建公路	公里	2 869.85	2 622.35	247.50
造林面积	万亩	54.1	34.1	20
中等学校：学生席位	个	20 888	19 738	1 150
建筑面积	平方米	189 445	184 545	4 900
小学校：学生席位	个	10 827	10 627	200
建筑面积	平方米	92 202	91 802	400
医院病床	张	1 315	1 255	60
城市自来水供水能力	万吨/日	24.3	22	2.3
城市自来水管道长度	公里	133	133	
城市公共交通车辆购置	辆	699	367	332
城市道路扩建长度	公里	737.21	718.11	19.1
城市道路扩建面积	万平方米	1 056.84	1 035.54	21.3
城市防洪堤长度	公里	30.25	27.25	3
片剂	万片/年	100 007.5		100 007.5
输液	万瓶/年	115 000	15 000	100 000
软饮料	吨/年	43 500	40 300	3 200
机制纸	万吨/年	13.7	9.7	4
二级公路	公里	189.88	111.88	78
二级公路	公里	740.3	690.4	49.9

4－21　城镇和工矿区私人建房情况

（2000－2003年）

项　　　　目	2000年	2001年	2002年	2003年
一、城镇、工矿区个数(个)	**625**	**625**	**682**	**748**
市	21	21	16	12
县城	70	70	86	78
镇	510	510	559	638
工矿区	24	24	21	20
二、建房户数(户)	**54 894**	**65 685**	**46 452**	**53 132**
#农业户建房	40 459	46 432	30 979	32 980
市	4 405	5 137	5 015	3 514
县城	9 373	13 778	14 243	15 431
镇	40 661	46 427	27 000	33 854
工矿区	455	343	194	333
三、本年竣工房屋价值(万元)	**359 544**	**352 536**	**343 003**	**408 064**
#农业户建房	176 021	180 322	165 546	192 050
市	51 189	35 513	28 501	39 744
县城	103 146	132 113	152 242	166 247
镇	202 207	182 430	160 144	198 573
工矿区	3 002	2 480	2 116	3 500
本年竣工住宅价值(万元)	276 386	283 945	311 238	366 746
#农业户建房	165 003	170 196	154 199	177 554
市	41 717	31 101	24 337	30 022
县城	71 272	87 419	135 532	149 973
镇	160 687	163 183	149 544	184 083
工矿区	2 710	2 242	1 825	2 668
四、本年竣工房屋建筑面积(万平方米)	**1 075.65**	**1 194.40**	**985.65**	**1 165.67**
#农业户建房	672.01	769.52	585.62	611.39
市	127.29	100.54	76.70	116.22
县城	256.61	339.58	351.12	455.67
镇	683.71	747.39	552.22	584.41
工矿区	8.04	6.89	5.61	9.38
本年竣工住宅面积(万平方米)	974.88	1 083.61	887.26	1 035.22
#农业户建房	621.01	727.40	549.56	555.56
市	116.35	86.51	64.59	86.32
县	221.82	290.45	303.79	402.04
镇	629.34	700.61	513.99	539.92
工矿区	7.36	6.04	4.89	6.94

4-22 按登记注册类型分

（2003

指标	合计	内资	国有	集体	股份合作
一、投资总额	**1 382 225**	**1 225 810**	**175 634**	**41 828**	**51 310**
1. 按隶属关系分					
省	171 006	169 962	168 188	774	1 000
地区	9 999	9 799	1 798	1 202	1 591
县	75 416	70 232	5 648	14 762	24 360
其他	1 125 804	975 817		25 090	24 359
2. 按构成分					
建筑工程	764 650	687 178	171 772	23 679	24 157
安装工程	76 075	67 437	500	4 975	3 488
设备工器具购置	419 263	372 520	2 862	8 652	19 169
其他费用	122 237	98 675	500	4 522	4 496
二、建设项目(个)					
施工项目个数	1 633	1 436	36	68	70
#本年新开工项目	1 077	949	35	42	49
本年投产项目个数	933	811	32	49	37
三、本年资金来源合计	**1 461 659**	**1 275 616**	**175 829**	**44 357**	**52 147**
1. 上年末结余资金	46 470	17 952		2 084	1 889
2. 本年资金来源小计	1 415 189	1 257 664	175 829	42 273	50 258
国家预算内资金	2 351	2 351	2 000	85	
国内贷款	175 612	161 007	103 798	350	250
利用外资	77 930	24 671		800	2 400
#外商直接投资	76 530	23 671		800	1 400
自筹资金	834 977	795 176	55 031	26 616	25 744
省自筹	53 568	53 568	48 188		
县自筹	6 283	6 183	2 843	2 340	
企事业单位自筹	775 126	735 425	4 000	24 276	25 744
其他资金来源	324 319	274 459	15 000	14 422	21 864
#集资	3 141	1 231		377	30

的其他固定资产投资

年）

单位：万元

联营	有限责任公司	股份有限公司	私营	其他	港澳台商投资	外商投资	个体经营
2 142	**141 292**	**77 275**	**708 156**	**28 173**	**60 809**	**34 320**	**61 286**
						1 044	
	3 743	1 465			200		
102	9 433	15 627		300	4 384	800	
2 040	128 116	60 183	708 156	27 873	56 225	32 476	61 286
1 712	52 966	45 231	355 996	11 665	29 166	21 743	26 563
110	8 951	1 518	47 197	698	2 579	2 647	3 412
320	71 094	14 844	241 944	13 635	24 685	5 731	16 327
	8 281	15 682	63 019	2 175	4 379	4 199	14 984
6	130	146	936	44	39	21	137
6	67	112	600	38	19	14	95
4	43	77	537	32	18	4	100
2 142	**144 641**	**80 397**	**747 497**	**28 606**	**65 359**	**35 387**	**85 297**
	3 124	2	10 653	200	801		27 717
2 142	141 517	80 395	736 844	28 406	64 558	35 387	57 580
			266				
	1 131	500	54 978		2 600	11 105	900
	1 787	670	19 014		46 117	6 742	400
	1 787	670	19 014		46 117	6 742	
790	111 490	41 919	510 550	23 036	14 241	12 599	12 961
			5 380				
			1 000			100	
790	111 490	41 919	504 170	23 036	14 241	12 499	12 961
1 352	27 109	37 306	152 036	5 370	1 600	4 941	43 319
			824			1 044	866

4－23　房地产开发与经营主要指标

（2000－2003 年）

指　　　　标	2000 年	2001 年	2002 年	2003 年
一、投资额和新增固定资产（万元）				
1. 投资额	423 705	635 195	1 036 441	1 774 707
#商品房建设投资额	290 590	413 571	653 110	1 202 183
土地开发投资额	75 072	127 883	187 749	209 005
按隶属关系分				
中央	8 476	2 102	4 977	32 012
地方	415 229	633 093	1 031 464	1 742 695
按资质等级分				
一级			2 353	15 195
二级	110 928	172 605	274 217	459 432
三级	143 480	208 562	313 792	507 814
四级	140 629	193 957	263 803	347 575
暂定				409 979
其他	15 061	12 591	28 464	34 712
按构成分				
建筑工程	294 410	385 343	640 311	1 206 854
安装工程	10 658	16 961	23 060	57 931
设备工器具购置	2 704	4 191	7 678	16 837
其他费用	115 933	228 700	365 392	493 085
#土地购置费	66 281	167 579	259 734	385 814
按工程用途分				
住宅	264 555	307 994	542 829	1 085 084
#别墅、高档公寓	14 316	28 202	11 734	36 311
经济适用房	83 853	76 306	97 724	134 782
办公楼	14 324	18 157	25 178	25 820
商业营业用房	67 984	85 985	166 492	316 210
其他	76 842	223 059	301 942	347 593
2. 本年新增固定资产	294 124	399 154	527 661	1 005 207
二、土地开发（公顷）				
本年完成开发土地面积	258.67	474.04	721.66	772.16
待开发土地面积	108.85	247.60	580.94	432.03
本年购置土地面积	287.81	866.71	1 163.96	1 504.43

4－23 续表

指　　　　标	2000 年	2001 年	2002 年	2003 年
三、开发经营情况(万元)				
1. 资产总计	1 070 575	1 509 702	1 966 611	2 595 427
负债总计	757 204	1 059 473	1 295 682	1 699 858
2. 经营收入总计	302 608	451 094	655 817	857 459
土地转让收入	8 797	16 104	24 908	28 676
商品房屋销售收入	281 019	417 527	585 303	815 100
#销售给个人	249 133	393 302	573 102	760 510
商品住宅销售收入	213 762	323 906	426 510	554 096
#销售给个人	192 589	313 547	421 794	541 353
房屋出租收入	1 481	1 057	1 907	999
其他收入	11 311	16 406	43 699	12 684
3. 税金与利润				
经营成本	242 732	368 310	523 677	708 923
经营税金及附加	13 066	20 912	34 731	45 495
利润总额	7 297	8 116	38 379	13 392
四、资金来源(万元)				
本年资金来源合计	444 086	690 394	1 151 529	1 841 081
国家预算内资金	620		4 805	
国内贷款	71 414	136 340	227 576	339 321
债券	700			
利用外资	33 925	46 472	59 687	65 347
#外商直接投资	32 997	44 368	58 736	61 059
对外借款	128	1 304	16	821
自筹资金	134 697	237 732	437 115	753 751
#自有资金	68 906	132 860	285 644	468 865
其他资金来源	202 730	269 850	422 346	682 662
#集资	9 282	10 560	10 510	17 788
定金及预收款	164 019	206 552	322 260	534 579
五、其他指标				
竣工房屋住宅套数合计(套)	31 146	36 490	45 427	65 383
#别墅、高档公寓套数	231	676	948	1 494
经济适用房套数	12 703	13 678	13 104	12 461
拆迁还建竣工房屋面积(平方米)	304 260	310 011	299 244	385 448
统建代建竣工房屋面积(平方米)	337 642	272 664	345 879	164 780
公益性建筑竣工面积(平方米)	68 490	11 070	143 113	120 995
年末从业人员数(人)	17 937	25 001	33 694	36 589
全年从业人员劳动报酬(万元)	11 665	17 251	29 792	36 467

4－24 按登记注册类型分

（2003

指　　　　标	合　计	内　资	国　有	集　体	股份合作
一、投资总额	**1 774 707**	**1 503 001**	**237 804**	**26 592**	**69 163**
1. 按隶属关系分					
中央	32 012	32 012	1 226		
省	157 303	135 368	31 235		8 996
地区	540 326	451 047	104 765	6 298	35 128
县	329 687	317 023	99 863	8 797	15 458
其他	685 529	537 701	715	710	8 181
2. 按构成分					
建筑工程	1 206 854	1 015 585	196 312	19 124	31 890
安装工程	57 931	52 085	5 402	1 199	8 775
设备工器具购置	16 837	14 937	682	24	440
其他费用	493 085	420 394	35 408	6 245	28 058
3. 按工程用途分					
住宅	1 085 084	926 360	191 298	20 036	35 429
#别墅、高档公寓	36 311	33 546	2 253		
经济适用房	134 782	129 909	71 760	5 726	2 067
办公楼	25 820	22 406	1 844	157	854
商业营业用房	316 210	254 494	14 450	2 176	15 740
其他	347 593	299 741	30 212	4 223	17 140
二、本年资金来源合计	**2 025 677**	**1 685 676**	**258 071**	**39 529**	**87 623**
1. 上年末结余资金	184 596	153 238	27 628	4 769	10 739
2. 本年资金来源小计	1 841 081	1 532 438	230 443	34 760	76 884
国内贷款	339 321	279 323	39 554	2 727	12 475
利用外资	65 347	10 220	180		
#外商直接投资	61 059	9 440	180		
对外借款	821				
自筹资金	753 751	674 058	83 131	23 153	39 880
#自有资金	468 865	424 594	35 969	19 637	38 325
其他资金来源	682 662	568 837	107 578	8 880	24 529
#集资	17 788	17 788	4 483		95
定金及预收款	534 579	432 783	79 263	4 590	18 881

的房地产开发投资

年）　　　　　　　　　　　　　　　　　　　　　　　　　　　　　　　　单位:万元

					港澳台商投资	外商投资	个体经营
联营	有限责任公司	股份有限公司	私营	其他			
17 472	**394 516**	**249 691**	**506 862**	**901**	**165 013**	**103 013**	**3 680**
	29 566	800	420				
	63 860	5 189	26 088		18 735	3 200	
15 722	83 154	73 508	132 082	390	44 793	44 486	
1 750	44 092	61 026	86 037		6 932	5 732	
	168 898	101 859	256 827	511	94 553	49 595	3 680
13 628	247 161	159 489	347 117	864	121 370	67 679	2 220
1 000	9 815	6 228	19 666		2 676	3 170	
1 672	6 140	2 106	3 873		1 230	670	
1 172	131 400	81 868	136 206	37	39 737	31 494	1 460
5 820	275 823	126 375	271 355	224	111 841	45 053	1 830
	17 059	4 460	9 774		2 765		
5 512	12 422	21 635	10 787		1 465	2 178	1 230
4 980	5 317	2 654	6 540	60	1 554	1 860	
5 515	44 512	53 498	118 023	580	21 768	38 758	1 190
1 157	68 864	67 164	110 944	37	29 850	17 342	660
25 479	**427 102**	**282 033**	**564 088**	**1 751**	**213 866**	**121 355**	**4 780**
5 486	37 035	20 254	47 313	14	24 588	6 770	
19 993	390 067	261 779	516 775	1 737	189 278	114 585	4 780
500	91 687	49 241	83 139		32 391	26 607	1 000
		8 840	1 200		23 769	31 358	
		8 060	1 200		21 082	30 537	
						821	
2 672	193 597	122 578	208 030	1 017	40 760	35 153	3 780
	97 816	84 365	148 282	200	28 954	13 137	2 180
16 821	104 783	81 120	224 406	720	92 358	21 467	
	869	1 920	10 421				
1 821	78 202	68 690	180 836	500	84 500	17 296	

4－25　房地产开发建设施工、竣工房屋面积

（2003 年）

指　　　标	施工面积（平方米）	# 新开工	竣工面积（平方米）	竣工价值（万元）
合　　计	**25 779 467**	**14 841 658**	**10 554 546**	**782 784**
1. 住宅	19 887 398	11 282 165	7 944 380	533 945
#别墅、高档公寓	365 044	198 496	166 670	15 683
经济适用房	2 995 112	1 665 043	1 190 640	73 620
2. 办公楼	394 112	124 574	88 352	8 262
3. 商业营业用房	4 700 270	2 872 373	2 306 308	225 914
4. 其他	797 687	562 546	215 506	14 663

4－26　商品房屋销售与出租情况

（2003 年）

指　　　标	实际销售面　积（平方米）	# 个 人	预售面积（平方米）	出租面积（平方米）	空置面积（平方米）	实际销售额（万元）	# 个 人
合　　计	**8 658 299**	**8 328 824**	**1 874 675**	**81 276**	**1 795 468**	**1 047 243**	**948 183**
1. 住宅	6 935 256	6 833 700	1 292 064	5 929	964 034	668 583	649 916
#别墅、高档公寓	72 813	72 813	68 182		19 030	10 332	10 332
经济适用房	990 599	988 961	192 866	1 029	167 252	66 114	66 114
2. 办公楼	60 890	30 882	71 681	500	38 725	12 351	8 762
3. 商业营业用房	1 555 190	1 357 279	494 305	70 847	724 819	350 696	273 892
4. 其他	106 963	106 963	16 625	4 000	67 890	15 613	15 613

4－27 各地区房地产开发投资

（2003年）　　单位:万元

地区	合计	内资	国有	集体	股份合作	联营
全省	**1 774 707**	**1 503 001**	**237 804**	**26 592**	**69 163**	**17 472**
南昌市	600 118	499 595	91 116	4 632	16 056	9 022
景德镇市	171 359	152 854	19 683	920	17 638	8 100
萍乡市	68 074	57 003	6 235	1 790	7 580	
九江市	122 990	96 466	29 521	1 120	3 907	
新余市	62 343	31 318	4 863	2 520		
鹰潭市	44 523	44 523	3 451	120		
赣州市	134 959	113 382	16 391	1 765	9 324	
吉安市	121 713	104 086	24 081	1 775	5 840	
宜春市	107 133	94 057	15 136	6 856	1 480	
抚州市	167 466	143 312	14 068	4 900	1 330	
上饶市	174 029	166 405	13 259	194	6 008	350

地区	有限责任公司	股份有限公司	私营	其他	港澳台商投资	外商投资	个体经营
全省	**394 516**	**249 691**	**506 862**	**901**	**165 013**	**103 013**	3 680
南昌市	239 477	26 169	113 112	11	80 811	19 712	
景德镇市	19 316	31 077	56 120		1 000	17 505	
萍乡市	11 226	25 026	5 146		9 691	450	930
九江市	7 624	2 265	52 029		9 182	17 342	
新余市	7 184	271	16 480		13 958	17 067	
鹰潭市	3 953	1 226	35 773				
赣州市	40 456		45 056	390	10 432	11 145	
吉安市	22 367	30 601	18 922	500	9 211	8 416	
宜春市	17 510	22 903	30 172		7 956	4 150	970
抚州市	16 812	33 320	72 882		21 739	635	1 780
上饶市	8 591	76 833	61 170		1 033	6 591	

4－28　各地区房地产开发投资和施工面积、竣工面积

（2003 年）

地　　区	房地产开发投资（万元）	#住宅	#经济适用房	#办公楼	#商业营业用房	施工面积（平方米）	竣工面积（平方米）
全　省	**1 774 707**	**1 085 084**	**134 782**	**25 820**	**316 210**	**25 779 467**	**10 554 546**
南昌市	600 118	445 574	28 112	13 555	72 110	6 602 968	1 340 284
景德镇市	171 359	63 771	21 646	507	61 644	2 153 190	879 957
萍乡市	68 074	27 353	660	1 116	12 387	1 093 694	416 077
九江市	122 990	80 621	9 834	3 876	13 674	1 886 269	1 221 504
新余市	62 343	30 053	2 974	280	10 916	875 904	446 744
鹰潭市	44 523	23 118	1 756	1 113	10 812	857 574	423 097
赣州市	134 959	78 786	5 500	1 665	28 076	3 475 236	1 500 779
吉安市	121 713	81 986	27 109	1 575	20 379	2 218 247	636 070
宜春市	107 133	44 437	23 318	315	23 493	1 536 090	1 005 617
抚州市	167 466	110 372	2 331	335	27 613	2 885 382	1 361 162
上饶市	174 029	99 013	11 542	1 483	35 106	2 194 913	1 323 255

4－29　各地区商品房销售与出租情况

（2003 年）

地　　区	实际销售面积（平方米）	#个人	预售面积（平方米）	出租面积（平方米）	空置面积（平方米）	实际销售额（万元）	#个人
全　省	**8 658 299**	**8 328 824**	**1 874 675**	**81 276**	**1 795 468**	**1 047 243**	**948 183**
南昌市	1 351 008	1 093 625	785 903	17 966	240 454	319 727	229 789
景德镇市	631 009	630 843	81 234	4 078	239 027	82 401	82 311
萍乡市	362 839	362 419	40 635	3 686	42 384	41 297	41 251
九江市	776 748	764 816	64 753	6 480	151 469	71 841	70 524
新余市	350 958	339 278	109 471	3 165	70 773	37 161	35 914
鹰潭市	262 609	257 286	100 666		47 054	27 976	25 771
赣州市	1 327 592	1 317 208	333 611	10 025	220 098	113 040	112 473
吉安市	598 241	585 546	180 870	13 526	203 179	47 716	45 770
宜春市	714 459	714 459	116 945	21 350	349 601	56 488	56 488
抚州市	1 227 191	1 207 699	17 200		136 815	145 646	143 942
上饶市	1 055 645	1 055 645	43 387	1 000	94 614	103 950	103 950

主要统计指标解释

全社会固定资产投资 固定资产投资是社会固定资产再生产的主要手段。

固定资产投资额是以货币表现的建造和购置固定资产活动的工作量，它是反映固定资产投资规模、速度、比例关系和使用方向的综合性指标。全社会固定资产投资包括国有经济单位投资、城乡集体经济单位投资、城乡居民个人投资和其他各种经济类型单位投资。按照我国计划管理体制，国有经济单位固定资产投资总额分为基本建设、更新改造、房地产开发投资和其他固定资产投资四个部分；城乡集体经济单位投资包括城镇集体所有制单位投资和农村集体所有制单位投资；城乡居民个人投资包括城市、县城、镇、工矿区所辖范围内的个人建房和农村个人建房及购买生产性固定资产（使用年限在二年以上，单位价值在50元以上的生产资料）的投资。其他各种经济类型单位投资包括联营经济、股份制经济、外商投资经济、港澳台投资经济及其他经济类型的单位投资。

基本建设投资 基本建设是指以扩大生产能力或工程效益为主要目的的新建、扩建工程及有关工作，包括工厂、矿山、铁路、桥梁、港口、农田水利、商店、住宅、学校、医院等工程的建造和机器设备、车辆、船舶、飞机等的购置。基本建设投资额是以货币表现的基本建设完成的工作量，是反映一定时期内基本建设规模和建设进度的综合性指标。它是根据工程的实际进度按预算价格（预算价格是编制施工图预算时所用的价格）计算的工作量。没有形成工程实体的建筑材料和没有开始安装的设备，都不计算投资完成额。

更新改造投资 更新改造一般是指现有企业、事业单位对原有设施进行固定资产更新和技术改造，以及相应配套的工程和有关工作（不包括大修和维护工程）。更新改造投资是以货币表现的更新改造完成的工作量。根据我国现行统计制度，基本建设和更新改造的划分是：（1）列入基本建设计划的项目作为基本建设投资，列入更新改造计划的项目作为更新改造投资；（2）更新改造计划与基本建设计划结合安排的项目和未列入计划的项目，根据工程性质分别作为基本建设投资或更新改造投资。属于对企业、事业单位原有设施进行技术改造或更新的项目和增建主要生产车间、分厂等，其新增生产能力或效益尚未达到大中型标准的项目，以及由于城市环境保护和安全生产的需要而进行的迁建工程，作为更新改造投资。

房地产开发投资 是指各种经济类型的房地产开发公司、商品房建设公司及其他房地产开发单位统一开发的商品住宅、厂房、仓库、饭店、宾馆、度假村、写字楼、办公楼等房屋建筑物和配套的服务设施，以及土地开发工程，如道路、给水、排水、供电、供热、通讯、平整场地等工程完成的投资。房地产开发投资不包括单纯的土地交易活动和房地产开发单位本身自建自用的房屋、设备购置等投资。

其他固定资产投资 全社会固定资产投资中未列入基本建设、更新改造和房地产开发投资的建造和购至置固定资产的活动。包括：

（1）国有单位按规定不纳入基本建设和更新改造计划管理，计划总投资在50万元以上的以下工程：①煤矿、铁矿、森工等采掘采伐业用维简费进行的开拓延伸工程；②交通部门用公路养路费对原有公路、桥梁进行改建的工程；③商业部门用简易建筑费建造的仓库工程。

（2）联营经济、股份制经济、外商投资经济、港澳台投资经济及其他经济类型的企事业单位建造和购置固定资产投资其计划总投资在50万元以上、未列入基本建设计划和更新改造计划的项目。

（3）集体经济固定资产投资：包括城镇集体经济单位建造和购置固定资产投资其计划总投资在50万元以上的项目和农村集体经济单位建造和购置固定资产投资其计划总投资在5万元以上的项目。

（4）城镇和工矿区私人建房投资和农村个人投资：城镇和工矿区私人建房包括市、县城、镇、工矿区所辖范围内的全部私人建房；农村个人投资包括农村个人建房及购置生产性固定资产的投资。

固定资产投资资金来源 是指基本建设单位、更新改造企、事业单位和其他固定资产投资单位在报告期收到的，用于固定资产建造和购置的各种资金。

上年末结余资金 是指上年资金来源中没有形成固定资产投资额而结余的资金。包括尚未用到工程上去的材料价值、未开始安装的需要安装设备价值及结存的现金和银行存款等。

国家预算内资金 又称国家投资，分为国家预算内拨款和国家预算内“拨改贷”两部分。包括中央财政和地方财政中由国家统筹安排的基本建设拨款和更新改造拨款、中央财政安排的专项拨款（包括煤代油拨款、以港养港拨款等）中用于基本建设的资金和基本建设拨款改贷款的资金。

国内贷款 指报告期固定资产投资单位向银行及非银行金融机构借入的用于固定资产投资的各种国内借款，包括银行利用自有资金及吸收的存款发放的贷款、上级主管部门拨入的国内贷款、国家专项贷款(包括煤代油贷款、劳改煤矿专项贷款等),地方财政专项资金安排的贷款、国内储备贷款、周转贷款等。

债券 是企业(公司)或金融机构通过发行各种债券筹集到的用于固定资产投资的资金,包括由银行代理国家专业投资公司发行的重点企业债券和重点建设债券。

利用外资 是指报告期收到的用于固定资产建造和购置的国外资金(包括设备、材料、技术在内),包括对外借款(外国政府贷款、国际金融组织贷款、出口信贷、外国银行商业贷款、对外发行债券和股票)、外商直接投资及外商其他投资。不包括我国自有外汇资金(国家外汇、地方外汇、留成外汇、调挤外汇和中国银行自有资金发行的外汇贷款等)。其中,国家统借统还的外资,是指由我国政府出面同外国政府、团体或金融组织签订贷款协议,并负责偿还本息的国外贷款。

自筹资金 是指固定资产投资单位报告期收到的,由各地区、各部门及企事业单位筹集用于固定资产投资的预算外资金,包括中央各部门、各级地方和企事业单位的自筹资金。

其他资金来源 是指在报告期收到的除以上各种资金之外其他用于固定资产投资的资金,包括群众集资、个人资金、无偿捐赠的资金及其他单位拨入的资金等。

本年各项应付款 指本年用于固定资产投资的应付未付的投资款。包括当年应付工程款、应付器材款、应付工资、应付有偿调入器材及工程款、其他应付款、应交税金、应交基建收入、应交投资包干结余、应交能源交通建设基金、应交预算调节基金及其他应交款。各项应付款填报本报告期实际增加数(或发生数),不是填报开始建设以来的累计数。

固定资产投资按国民经济行业分 国民经济行业分类是按企、事业单位所从事的生产或其他经济活动的性质的同一性进行的分类。固定资产投资按国民经济行业分类,基本建设项目按建成投产后的主要产品种类或主要用途及社会经济活动种类来划分。一般情况下,一个基本建设项目,只能属于一种国民经济行业;更新改造,其他固定资产投资根据整个企、事业单位所属的行业来划分,一般情况下,一个企、事业单位只能属于一种国民经济行业。

为了更准确地反映国民经济各行业之间的比例关系,联合企业(总厂)所属分厂属于不同行业的,原则上按分厂划分行业。

固定资产投资按建设性质分 建设项目的性质一般分为新建、扩建、改建、迁建、恢复。基本建设按建设项目划分建设性质,更新改造、国有单位其他固定资产投资及城镇集体投资按整个企业、事业单位的建设情况确定建设性质。目前基本建设和更新改造是根据我国现行的计划管理体制区分的,所以基本建设和更新改造都可以分别按新建、扩建和改建等划分。

(1)新建 一般是指从无到有,“平地起家”新开始建设的单位。有的单位原有的基础很小,经过建设后其新增加的固定资产价值超过原有固定资产价值(原值)三倍以上的也算新建。

(2)扩建 一般是指为扩大原有产品的生产能力,在厂内或其他地点增建主要生产车间(或主要工程)、独立的生产线或总厂之下的分厂的企业;事业单位和行政单位在原单位增建业务用房(如学校增建教学用房、医院增建门诊部或病床用房,行政机关增建办公楼等)也作为扩建。

(3)改建 一般是指现有企业、事业单位为了技术进步,提高产品质量,增加花色品种,促进产品升级换代、降低消耗和成本,加强资源综合利用和三废治理,以及劳保安全等,采用新技术、新工艺、新设备、新材料等对现有设施、工艺条件进行技术改造或更新(包括相应配套的辅助性生产、生活福利设施)。有的企业为充分发挥现有生产能力,进行填平补齐而增建不增加本单位主要产品生产能力的车间等,也属于改建。

固定资产投资按用途分 固定资产投资按工程经济用途分为农林牧渔业用、工业建筑业用、商业运输邮电业用、住宅和其它五部分的建设,是研究不同用途的固定资产投资之间比例关系的重要指标。基本建设投资、国有经济单位其他固定资产投资及城镇集体投资的用途按单项工程确定,现有企业、事业单位更新改造投资的用途按更新改造项目确定。

固定资产投资按构成分 固定资产投资活动按其工作内容和实现方式分为建筑工程,安装工程,设备、工具器具购置,其他费用四个部分。

(1)建筑安装工程(建筑工作量) 指各种房屋、建筑物的建造工程和多种设备、装置的安装工程。包括各种房屋建造工程;各种用途设备基础和各种工业窑炉的砌筑工程;为施工而进行的各种准备工作和临时工程以及完工后的清理工作等;铁路、道路的铺设,矿井的开凿及石油管道的架设等;水利工程;防空地下建筑等特殊工程;及各种机械设备的安装工程;为测定工作质量,对设备进行试运行工作。在安装工程中,不包括被安装设备本身的价值。

(2)设备、工具、器具购置 指购置或自制达到固定资产标准的设备、工具、器具的价值。固定资产的标准按财务部门规定。新建单位、扩建单位的新建车间,按照设计和计划要求购置或自制的全部设备、工具、器具,不论是否达到固定资产标准均计入“设备、工具、器具购置”中。

(3)其他费用 指除建筑安装工程和设备、工具、器具购置以外的投资完成额。它包括两种性质的费用,一种是属于增加固定资产的费用,主要有:建设单位管理费、土地、青苗等补偿费和安置补助费、勘察设计费、研究实验费、农林单位牲畜购置费、各种经济林木的营造费、办公和生活家具、器具购置费。引进技术和进口设备项目的其他费用、联合试运转费等；一种是属于不增加固定资产的费用，主要有：施工机构转移费、生产职工培训费、农业开荒费用及报废工程损失费等。

基本建设项目按大中小型划分 基本建设划分大中小型项目原则上应按照上级批准的设计任务书或初步设计所确定的总规模或总投资划分，没有正式批准设计任务书或初步设计的，按国家或省、自治区、直辖市年度基本建设投资计划中所列的总规模或总投资划分。上述两条均不具备的，按本年计划施工工程的建设总规模或总投资划分。生产单一产品的工业项目。按产品的设计能力划分；生产多种产品工业项目，按其主要产品的设计能力划分；品种繁多，难以按生产能力划分的，按全部计划投资额划分。划分标准以国家颁发的《大中小型建设项目划分标准》为依据。国家曾在1958年、1962年、1972年、1977年和1979年五次修订《大中小型建设项目划分标准》。因此各历史时期的大中型项目数不完全可比。

施工项目 指报告期内曾进行建筑或安装施工活动的建设项目。包括报告期内新开工项目，报告期以前开工跨入报告期继续施工的项目，报告期施工并在报告期内全部建成投产或停缓建的项目。

全部建成投产项目 工业项目是指设计文件规定形成生产能力的主体工程及其相应配套的辅助设施全部建成，经负荷试运转，证明具备生产设计规定合格产品的条件，并经过验收鉴定合格或达到竣工验收标准，与生产性工程配套的生活福利设施可以满足近期正常生产的需要，正式移交生产的建设项目；非工业项目是指设计文件规定的主体工程和相应的配套工程全部建成，能够发挥设计规定的全部效益，经验收鉴定合格或达到竣工验收标准，正式移交使用的建设项目。

新增生产能力 指通过固定资产投资活动而增加的设计能力或工程效益，它是用实物形态表示的固定资产投资的成果。新增生产能力的计算，是以能独立发挥生产能力或效益的单项工程（或项目）为对象。当单项工程（或项目）建成，经有关部门鉴定合格、正式移交投入生产，即可计算新增生产能力。新增生产能力的数量一般按设计能力计算。设计文件中规定的在正常情况下能够达到的生产能力，而不论投产后的实际产量如何。以设备数量、建筑物容积、面积、长度等表示为新增生产能力（或效益），则按建成的实际数量计算。

施工和竣工房屋建筑面积 房屋建筑面积是从房屋外墙线算起的各层平面面积的总和，包括房屋结构（如柱、墙）占用的面积和地下室面积，多层建筑按各自然层面积和计算，包括房屋内的楼隔层，突出墙面的眺望间、门斗、有柱雨罩的面积。不包括突出墙面结构的构件、艺术装饰等所占的面积，如台阶等。凹阳台、挑阳台按其水平投影面积一半计算建筑面积。

施工面积 指报告期内施工的全部房屋建筑面积。包括本期新开工的面积和上期开工跨入本期继续施工的房屋面积，以及上期已停建在本期继续施工的房屋建筑面积。

竣工面积 指在报告期内房屋建筑按照设计要求已全部完工，达到住人和使用条件，经验收鉴定合格，正式移交使用单位的建筑面积。

新增固定资产 指通过投资活动所形成的新的固定资产价值。包括已经建成投入生产或交付使用的工程价值和达到固定资产标准的设备、工具、器具的投资及有关应摊入的费用。它是以价值形式表示的固定资产投资成果的综合性指标，可以综合反映不同时期、不同部门、不同地区的固定资产投资成果。

能源生产和消费 5

PRODUCTION AND CONSUMPTION OF ENERGY

- 2003 年，一次能源生产量 1022.44 万吨标准煤，比上年下降 2.83%。

- 2003 年，能源消费总量 3035.20 万吨标准煤，比上年增长 16.78%，其中工业用 1995.55 万吨，比上年增长 15.35%。

本篇章

资料整理	微机处理
谭 玲	谭 玲
章 鹏	章 鹏

5-1 综合能源平衡表

单位:万吨标准煤

项目	1990年	1995年	2000年	2002年	2003年
一、可供消费的能源总量	**1 704.54**	**2 416.50**	**2 086.87**	**2 599.45**	**3 082.09**
一次能源生产量	1 282.42	1 868.76	1 293.23	1 052.17	1 022.44
回收能源		72.89			
外省(区、市)调入量	808.97	858.96	872.37	1 602.88	2 133.51
进口量	0.09		229.73	141.26	202.78
本省(区、市)调出量(-)	303.53	377.28	225.80	213.36	234.56
出口量(-)	8.15				
年初年末库存差额	-75.26	-6.84	-82.65	16.5	-42.08
二、能源消费总量	**1 732.29**	**2 391.66**	**2 220.12**	**2 599.11**	**3 035.20**
在总量中:					
(一)物质生产部门	1 482.71	2 101.16	1 878.16	2 209.18	2 589.24
1.农、林、牧、渔、水利业	132.87	150.91	138.65	134.86	149.28
2.工业	1 264.22	1 835.44	1 543.80	1 730	1 995.55
3.建筑业	8.88	14.44	5.72	7.73	9.97
4.交通运输和邮电通讯业	65.93	82.98	171.40	315.73	408.20
5.商业、饮食、物资供销和仓储业	10.81	17.39	18.59	20.86	26.24
(二)非物质生产部门	25.60	27.99	39.46	38.24	41.94
(三)生活消费	223.98	262.51	302.50	351.69	404.02
在总量中:					
1.终端消费	1 617.12	2 236.96	2 035.52	2 447.91	2 793.78
#工业	1 149.05	1 680.74	1 357.21	1 575.75	1 754.13
2.加工转换损失量	74.40	93.24	130.64	73.11	153.70
#炼焦	9.71	8.77	24.88	5.23	33.84
炼油	2.46	6.75	24.91	18.77	5.19
3.损失量	40.77	61.46	53.96	78.09	87.72
#输变电损失量	40.68	61.46	53.96	77.52	84.62
三、平衡差额	**-27.75**	**24.84**	**-133.25**	**0.34**	**46.89**

注:电力、热力按等价热值计算,因此加工转换损失量中不包括发电、供热损失量。

5-2 煤炭平衡表

单位:万吨

项目	1990年	1995年	2000年	2002年	2003年
一、可供量	**2 218.37**	**3 080.4**	**2 245.84**	**2 610.05**	**3 243.66**
原煤产量	2 027.11	2 877.9	1 813.76	1 375.04	1 451.66
外省(市、区)调入量	491.22	552.67	649.08	1 315.82	1 888.89
进口量					
本省(市、区)调出量(-)	178.29	346.92	111.96	108.19	80
出口量(-)	4.78				
年初年末库存差额	-116.89	-3.25	-105.04	27.38	-16.89
二、消费量	**2 265.87**	**3 039.37**	**2 468.63**	**2 556.6**	**3 088.6**
在消费量中:					
(一)物质生产部门	1 959.49	2 735.11	2 292.5	2 268.09	2 774.42
1.农、林、牧、渔、水利业	54.2	59.86	12.1	12	5
2.工业	1 852.93	2 631.57	2 263.78	2 236.65	2 747.92
3.建筑业	2.29	5.58			
4.交通运输和邮电通讯业	38.66	24.1	11.42	12.44	13.5
5.商业、饮食、物资供销和仓储业	11.41	14	5.2	7	8
(二)非物质生产部门	2.51	1.89			
(三)生活消费	303.87	302.37	176.13	288.51	314.18
在消费量中:					
1.中间消费(用于加工转换)	882.27	1 131.58	1 261.89	1 458.5	1 875.4
#发电	720.53	871.85	906.11	1 069.01	1 429.44
炼焦	161.74	228.71	247.94	263.89	311.22
2.终端消费	1 254.79	1 715.65	1 076.66	1 070.33	1 165.03
#工业	841.85	1 307.85	871.81	750.38	824.35
3.洗选损耗	128.81	192.14	130.08	27.77	48.17
三、平衡差额	**-47.5**	**41.03**	**-222.79**	**53.45**	**155.06**

5-3 石油平衡表

单位:万吨

项目	1990年	1995年	2000年	2002年	2003年
一、可供量	**132.89**	**168.3**	**261.13**	**392.95**	**465.92**
外省(市、区)调入量	244.24	275.19	213.39	370.36	408.77
进口量	0.06		160.81	98.88	141.94
本省(市、区)调出量(-)	109.04	110.24	103.36	79.56	68.42
出口量(-)	3.06				
年初年末库存差额	0.69	3.35	-9.71	3.27	-16.34
二、消费量	**133.09**	**168.31**	**268.26**	**387.22**	**471.42**
在消费量中:					
(一)物质生产部门	117.5	154.31	239.71	323.95	410.2
1.农、林、牧、渔、水利业	25.82	18.24	25.05	18.12	18.46
2.工业	62.96	95.55	105.96	98.99	115.43
3.建筑业	2.27	1.91	1.48	1.4	2.9
4.交通运输和邮电通讯业	26.27	38.27	105.17	203.44	268.71
5.商业、饮食、物资供销和仓储业	0.18	0.34	2.12	2	4.7
(二)非物质生产部门	8.01	6.3	4.08	4.48	5
(三)生活消费	7.58	7.7	24.4	58.79	56.22
在消费量中:					
1.中间消费(用于加工转换)	8.63	13.75	28.56	8.71	7.88
#发电	8.63	9.07	11.56	1.82	2.7
供热		4.68	17	6.59	5.18
2.终端消费	119.34	146.45	216.88	364.78	454.54
#工业	49.21	73.69	54.58	76.55	98.55
3.炼油损失量	5.06	8.11	19.26	13.33	6.83
4.损失量	0.06		3.56	0.4	2.17
三、平衡差额	**-0.2**	**-0.01**	**-7.13**	**5.73**	**-5.5**

5-4 电 力 平 衡 表

单位:亿千瓦小时

项目	1990 年	1995 年	2000 年	2002 年	2003 年
一、可 供 量	**127.65**	**181.21**	**209.39**	**246.56**	**299.53**
发 电 量	121.41	176.48	202.31	247.99	320.94
水　电	27.77	55.13	53.5	61.51	47.64
火　电	93.64	121.35	148.81	186.48	273.3
外省(市、区)调入量	6.51	5.36	7.12	3.71	0.15
本省(市、区)调出量(-)	0.27	0.63	0.04	5.14	21.56
二、消 费 量	**127.65**	**181.21**	**209.39**	**246.56**	**299.53**
在消费量中:					
(一)物质生产部门	116.41	162.39	178.64	210.09	247.66
1.农、林、牧、渔、水利业	14.34	21.62	21.92	25.01	32.07
2.工　　业	99.05	133.64	149.52	176.35	206.05
3.建 筑 业	0.93	2.03	6.8	1.38	1.52
4.交通运输和邮电通讯业	1.19	3.03	3.42	3.78	3.99
5.商业、饮食、物资供销和仓储业	0.9	2.07	2.98	3.57	4.03
(二)非物质生产部门	2.77	4.32	7.52	8.47	9.25
(三)生活消费	8.47	14.5	23.23	28	42.62
在消费量中:					
1.终端消费	118.55	166.11	197.21	227.69	276.94
#工　业	89.95	118.54	137.24	157.48	183.46
2.输配损失量	9.1	15.1	12.18	18.87	22.59

5－5 能 源 消 费 量

单位:万吨标准煤

行　　　　业	1990 年	1995 年	2000 年	2002 年	2003 年
消费总量	**1 732.29**	**2 391.66**	**2 220.12**	**2 599.11**	**3 035.2**
一、物质生产部门	**1 482.71**	**2 101.16**	**1 878.16**	**2 209.18**	**2 589.24**
1. 农、林、牧、渔、水利业	132.87	150.91	138.65	134.86	149.28
2. 工　业	1 264.22	1 835.45	1 543.8	1 730	1 995.55
#煤炭开采和洗选业	115.91	150.04	125.95	139.55	117.06
黑色金属矿采选业	2.74	12.64	0.41	0.23	0.84
有色金属矿采选业	48.27	63.6	16.01	59.67	50.09
非金属矿采选业	6.21	18.02	20.86	4.1	15.23
其他采矿业	0.06	0.23	0.08		
农副食品加工业	20.12	22.11	27.87	8.55	8.7
食品制造业	3.06	10.52	7.7	2.41	11.7
饮料制造业	16.32	17.63	10.34	7.03	8.38
烟草制品业	2.42	2.62	2.49	2.11	3.48
纺织业	48.08	53.06	37.07	24.96	34.3
纺织服装、鞋、帽制造业	1.64	3.48	0.68	0.56	1.28
皮革、毛皮、羽毛(绒)及其制品业	1.78	5.14	1.04	0.33	0.84
木材加工及木、竹、藤、棕、草制品业	11.9	18.17	14.83	7.3	11.69
家具制造业	0.88	0.7	0.93	0.32	0.19
造纸及纸制品业	38.67	58.86	35.57	33.12	31.62
印刷业和记录媒介的复制	1.2	1.7	1.77	1.56	1.37
文教体育用品制造业	0.63	0.27	0.38	0.21	0.31
石油加工、炼焦及核燃料加工业	53.45	65.68	145.55	220.6	303
化学原料及化学制品制造业	154.02	185.56	151.93	110.42	145.69
医药制造业	23.02	55.37	15.31	12.17	31.17
化学纤维制造业	14.83	28.56	12.57	19.48	42.26
橡胶制品业	7.66	7.54	2.74	2.88	3.86
塑料制品业	3.54	3.43	1.71	2.2	1.61
非金属矿物制品业	248.61	426.95	233.35	228.82	214.62
黑色金属冶炼及压延加工业	232.43	349.39	313.1	483.9	526.18
有色金属冶炼及压延加工业	31.8	51.41	102.17	72.91	126.12
金属制品业	9.8	9.72	5.2	6.75	5.48
通用设备制造业	16.52	17.13	10.95	11.15	9.61
专用设备制造业	7.95	8.14	10.38	4.26	5.88
交通运输设备制造业	13.36	17.41	17.34	21.59	19.04
电气机械及器材制造业	8.23	8.8	7.69	6.38	9.04
通信设备、计算机及其他电子设备制造业	5.65	5.9	6.68	3.21	2.67
仪器仪表及文化、办公用机械制造业	1.64	2.06	3.61	1.73	1.44
工艺品及其他制造业	14.25	15.5	1.83	23.26	34.61
电力、热力的生产和供应业	84.97	131.78	164.68	186.39	201.77
燃气生产和供应业	2.3	4.15	1.37	0.45	1.29
水的生产和供应业	6.9	0.14	13.7	12.69	13.13
3. 建筑业	8.88	14.44	5.72	7.73	9.97
4. 交通运输、仓储及邮电通信业	65.93	82.98	171.4	315.73	408.2
5. 商业及餐饮业	10.81	17.39	18.59	20.86	26.24
二、非物质生产部门	**25.6**	**27.99**	**39.46**	**38.24**	**41.94**
三、生活消费	**223.98**	**262.51**	**302.5**	**351.69**	**404.02**
城　镇	120.75	185.97	231.33	228.4	258.98
乡　村	103.23	76.54	71.17	123.32	145.04

注:工业能源消费量包括村办工业。

5－6 煤炭消费量

单位:万吨

行业	1990 年	1995 年	2000 年	2002 年	2003 年
消费总量	**2 265.87**	**3 039.37**	**2 468.63**	**2 556.6**	**3 088.6**
一、物质生产部门	**1 959.49**	**2 735.11**	**2 292.5**	**2 268.09**	**2 774.42**
1.农、林、牧、渔、水利业	54.2	59.86	12.1	12	5
2.工　业	1 852.93	2 631.57	2 263.78	2 236.65	2 747.92
#煤炭开采和洗选业	182.33	288.92	200.13	107.29	95.84
黑色金属矿采选业	0.42	8.92	0.86		0.12
有色金属矿采选业	13.9	14.31	4.76	1.12	3.01
非金属矿采选业	3.87	16.28	22.4	2.8	23.09
农副食品加工业	26.03	35.86	18.59	3.18	6.32
食品制造业	6.58	9.82	7.72	1.37	14.77
饮料制造业	17.53	23.63	14.48	7.32	9.1
烟草制品业	1.98	1.89	2.23	0.75	2.25
纺织业	47.21	55.16	32.8	7.04	21.91
纺织服装、鞋、帽制造业	1.14	1.59	0.03	0.03	0.1
皮革、毛皮、羽毛(绒)及其制品业	1.09	1.53	0.64	0.06	0.55
木材加工及木、竹、藤、棕、草制品业	12.82	22.94	18.09	4.81	10.19
家具制造业	0.38	0.41	0.07	0.16	
造纸及纸制品业	43.2	77.27	60.49	43.25	38.03
印刷业和记录媒介的复制	0.24	0.65	0.25	0.04	0.04
文教体育用品制造业	0.13	0.49	0.12	0.07	0.16
石油加工、炼焦及核燃料加工业	90.6	150.65	125.5	165.79	207.86
化学原料及化学制品制造业	146.91	188.77	179.2	70.01	134.73
医药制造业	24.08	65.86	19.2	7.18	27.63
化学纤维制造业	17.98	31.96	20.32	19.49	42.88
橡胶制品业	9.56	10.74	4.86	1.36	2.16
塑料制品业	2.39	1.67	0.9	0.09	0.24
非金属矿物制品业	316.22	469.52	360.31	367.02	243.84
黑色金属冶炼及压延加工业	152.4	210.85	290.36	241.89	389.75
有色金属冶炼及压延加工业	12.09	38.19	24.17	23.78	22.3
金属制品业	3.69	5.53	2.39	0.35	1.4
通用设备制造业	4.46	5.88	4.99	0.95	1.9
专用设备制造业	3.16	3.56	2.32	0.42	1.14
交通运输设备制造业	5.04	6.06	6.86	2.38	7.69
电气机械及器材制造业	11.93	15.26	12.9	0.52	1.29
通信设备、计算机及其他电子设备制造业	2.45	2.98	2.03	0.17	0.63
仪器仪表及文化、办公用机械制造业	0.81	0.98	0.66	0.96	0.54
工艺品及其他制造业	1.12	5.53	8.04	50.77	36.01
电力、热力的生产和供应业	685.2	853.31	857.12	1 053.45	1 398.23
燃气生产和供应业	1.92	2.55	1.83	0.53	2.22
水的生产和供应业		0.01	0.04	0.22	
3.建筑业	2.29	5.58			
4.交通运输、仓储及邮电通信业	38.66	24.1	11.42	12.44	13.5
5.商业及餐饮业	11.41	14	5.2	7	8
二、非物质生产部门	**2.51**	**1.89**			
三、生活消费	**303.87**	**302.37**	**176.13**	**288.51**	**314.18**
城　镇	165.12	242.38	95.64	143.51	141.72
乡　村	138.75	59.99	80.49	145.26	172.46

5-7 电力消费量

单位:亿千瓦小时

行业	1990年	1995年	2000年	2002年	2003年
消费总量	**127.65**	**181.21**	**209.39**	**246.56**	**299.53**
一、物质生产部门	**116.41**	**162.39**	**178.64**	**210.09**	**247.66**
1.农、林、牧、渔、水利业	14.34	21.62	21.92	25.01	32.07
2.工　　业	99.05	133.64	149.52	176.35	206.05
#煤炭开采和洗选业	8.28	6.27	7.54	11.77	9.4
黑色金属矿采选业	0.51	0.09	0.07	0.05	0.2
有色金属矿采选业	8.63	12.21	2.88	14.16	12.81
非金属矿采选业	0.57	1.55	0.9	0.58	0.58
其他采矿业	0.05		0.01		
农副食品加工业	1.58	1.78	4.26	1.64	1.21
食品制造业	0.42	0.42	1.01	0.39	0.93
饮料制造业	0.85	1.03	0.89	0.74	0.75
烟草制品业	0.23	0.26	0.32	0.4	0.5
纺织业	4.42	5.23	5	5.15	5.86
纺织服装、鞋、帽制造业	0.16	0.65	0.15	0.13	0.32
皮革、毛皮、羽毛(绒)及其制品业	0.23	1.01	0.17	0.07	0.14
木材加工及木、竹、藤、棕、草制品业	0.61	0.73	1.52	1.07	1.44
家具制造业	0.09	0.1	0.19	0.06	0.05
造纸及纸制品业	2.91	3.41	3	2.82	2.41
印刷业和记录媒介的复制	0.27	0.32	0.33	0.34	0.31
文教体育用品制造业	0.11	0.05	0.07	0.04	0.06
石油加工、炼焦及核燃料加工业	1.31	1.65	4.05	5.47	3.56
化学原料及化学制品制造业	13.37	14.98	16.76	18.48	20
医药制造业	1.95	3.35	1.52	2.04	4.25
化学纤维制造业	0.69	3.48	1.95	2.35	4.18
橡胶制品业	0.4	0.3	0.36	0.4	0.52
塑料制品业	0.42	0.55	0.34	0.52	0.38
非金属矿物制品业	7.81	12.08	13.34	20.02	19.2
黑色金属冶炼及压延加工业	11.69	14.61	16.37	21.69	27.54
有色金属冶炼及压延加工业	3.64	5.08	18.25	12.68	23.73
金属制品业	0.91	0.86	0.78	1.41	0.94
通用设备制造业	1.78	1.92	1.78	2.3	2.08
专用设备制造业	1.05	1.25	1.94	0.92	1.26
交通运输设备制造业	1.89	2.24	2.73	4.29	3.41
电气机械及器材制造业	0.93	1.01	1.1	1.41	2.14
通信设备、计算机及其他电子设备制造业	0.45	0.59	0.62	0.73	0.61
仪器仪表及文化、办公用机械制造业	0.19	0.24	0.29	0.28	0.27
工艺品及其他制造业	0.12	0.6	0.15	1.31	0.24
电力、热力的生产和供应业	18.84	30.97	35.68	37.33	51.26
燃气生产和供应业	0.03	0.6	0.03	0.04	0.02
水的生产和供应业	1.51	2	3.04	3.05	3.49
3.建筑业	0.93	2.03	0.8	1.38	1.52
4.交通运输、仓储及邮电通信业	1.19	3.03	3.42	3.78	3.99
5.商业及餐饮业	0.9	2.07	3.08	3.57	4.03
二、非物质生产部门	**2.77**	**4.32**	**7.52**	**8.47**	**9.25**
三、生活消费	**8.47**	**14.5**	**23.23**	**28**	**42.62**
城　镇	4.51	9.48	15.68	19.59	29.88
乡　村	3.96	5.02	7.55	8.41	12.74

5-8 能 源 生 产 量

品名	单位	1990年	1995年	2000年	2002年	2003年
一次能源生产量	**万吨标准煤**	**1 282.42**	**1 853.92**	**1 293.23**	**1 052.17**	**1 022.44**
原煤	万吨	2 027.11	2 877.9	1 813.76	1 375.04	1 451.66
洗精煤	万吨	144.84	204.01	125.84	82.33	99.97
其他洗煤	万吨	189.72	130.48	52.1	51.55	28.97
焦炭	万吨	119.96	162.74	177.5	225.39	176.07
燃料油	万吨	42.36	43.27	54.27	42.25	52.1
汽油	万吨	47.82	63.75	81.75	73.31	77.88
煤油	万吨	1.1	2.12	2.41	4.09	5.08
柴油	万吨	46.12	82.84	125.82	111.88	115.73
液化石油气	万吨	4.53	6.94	16.92	17.73	19.79
炼厂干气	万吨	3.98	4.64	9.43	9.52	12.14
焦炉煤气	亿立方米	3.72	6.06	7.03	8.83	9.03
电力	亿千瓦小时	121.41	176.48	202.31	247.99	320.94

5-9 平均每天各种能源消费量

品名	单位	1990年	1995年	2000年	2002年	2003年
合计	**吨标准煤**	**47 460**	**65 525**	**60 825**	**71 208**	**83 156**
煤炭	吨	62 079	83 270	67 634	70 044	84 619
焦炭	吨	4 308	5 147	5 642	7 161	8 156
原油	吨	4 249	6 317	9 073	8 144	8 605
燃料油	吨	641	732	937	1 264	1 088
汽油	吨	1 159	1 152	1 602	2 252	1 634
煤油	吨	145	87	62	22	146
柴油	吨	1 245	1 584	2 871	4 490	6 893
电力	万千瓦小时	3 497	4 965	5 736	6 755	8 206

5-10 平均每人年生活用能源

品名	单位	1990年	1995年	2000年	2002年	2003年
生活用能总量	**千克标准煤**	**59.68**	**64.99**	**73.07**	**83.29**	**94.68**
煤炭	千克	80.97	74.86	42.55	68.33	73.85
煤油	千克	1.13	0.28	0.04	0.07	0.02
液化石油气	千克	0.89	1.62	4.93	12.76	11.92
煤气	立方米	0.24	0.45	0.73	1.02	1.16
电力	千瓦小时	22.57	35.9	56.11	66.31	100.18

5－11　能源、电力生产弹性系数

（1985年－2003年）

年　份	能源生产比上年增长（%）	电力生产比上年增长（%）	生产总值比上年增长（%）	能源生产弹性系数	电力生产弹性系数
1985	2.52	15.43	14.8	0.17	1.04
1986	-3.94	13.74	6.7		2.05
1987	5.63	8.98	8.3	0.68	1.08
1988	6.75	12.54	11.4	0.59	1.1
1989	-0.09	3.5	6.1		0.57
1990	-2.86	1.42	4.5		0.32
1991	5.51	7.04	8.2	0.67	0.86
1992	-0.6	10.52	14.8		0.71
1993	1.57	5.08	13.7	0.11	0.37
1994	10.79	13.01	17	0.63	0.77
1995	22.5	3.45	14.5	1.55	0.24
1996	-15.82	3.94	13.4		0.29
1997	-10.37	-1.89	11.5		
1998	-1.09	0.69	8.2		0.08
1999	-17.22	8.9	7.8		1.14
2000	12.02	7.73	8	1.5	0.97
2001	-13.19	6.85	8.8		0.78
2002	-6.28	14.73	10.5		1.4
2003	-2.83	29.42	13		2.26

5－12　能源、电力消费弹性系数

（1985年－2003年）

年　份	能源消费比上年增长（%）	电力消费比上年增长（%）	生产总值比上年增长（%）	能源消费弹性系数	电力消费弹性系数
1985	4.75	14.11	14.8	0.32	0.95
1986	11.19	11.1	6.7	1.67	1.66
1987	8.07	11.53	8.3	0.97	1.39
1988	8.75	11.76	11.4	0.77	1.03
1989	0.76	4.61	6.1	0.12	0.76
1990	-2.08	4.1	4.5		0.91
1991	3.53	6.22	8.2	0.43	0.76
1992	4.35	9.37	14.8	0.29	0.63
1993	3.99	6.2	13.7	0.29	0.45
1994	6.45	10.37	17	0.38	0.61
1995	15.5	4.3	14.5	1.07	0.3
1996	-9.9	4.97	13.4		0.37
1997	-1.03	-2.18	11.5		
1998	-4.88	0.83	8.2		0.1
1999	5.23	3.35	7.8	0.67	0.42
2000	4.01	7.98	8	0.5	1
2001	4.91	6.16	8.8	0.56	0.7
2002	11.59	10.92	10.5	1.1	1.04
2003	16.78	21.48	13	1.29	1.65

5－13 主 要 能 源 分

（2003

行　　　　业	原　煤	洗精煤	其他洗煤
总　　计	**24 012 849**	**3 317 980**	**110 718**
#煤炭开采和洗选业	2 572 233	60	25 465
黑色金属矿采选业	1 200		
有色金属矿采选业	28 196		347
非金属矿采选业	229 155	1 798	
农副食品加工业	52 486	4 203	2 566
食品制造业	147 660		6
饮料制造业	89 683	1 274	
烟草制品业	19 182	3 302	
纺织业	217 621		566
纺织服装、鞋、帽制造业	966		
皮革、毛皮、羽毛(绒)及其制品业	5 511		
木材加工及木、竹、藤、棕、草制品业	98 332	1 916	713
家具制造业	50		
造纸及纸制品业	180 286		
印刷业和记录媒介的复制	386		
文教体育用品制造业	1 668		
石油加工、炼焦及核燃料加工业	481 025	807 298	7
化学原料及化学制品制造业	1 335 076	16	4 537
医药制造业	275 290		291
化学纤维制造业	428 787		
橡胶制品业	18 070		1 400
塑料制品业	2 397		20
非金属矿物制品业	3 232 388	89 719	61 560
黑色金属冶炼及压延加工业	560 051	2 403 932	8 114
有色金属冶炼及压延加工业	222 104	272	21
金属制品业	11 991	1 272	127
通用设备制造业	17 014	373	450
专用设备制造业	6 467	1 984	1 134
交通运输设备制造业	72 929	373	1 394
电气机械及器材制造业	12 677	188	
通信设备、计算机及其他电子设备制造业	4 772		490
仪器仪表及文化、办公用机械制造业	5 360		
工艺品及其他制造业	65 286		
电力、热力的生产和供应业	13 598 040		
燃气生产和供应业	18 510		1 510
水的生产和供应业			

行 业 消 费 量

年）

单位:吨

焦　炭	原　油	汽　油	煤　油	柴　油	燃料油
2 976 770	**3 145 872**	**21 580**	**2 038**	**103 520**	**381 849**
20		1 034	34	1 241	46 092
		47		160	
187		968	46	2 137	56
		100	10	2 550	
2		922	7	2 443	456
		287	2	732	5
		307		283	
		1 681		214	
32		736	23	519	17
		86	5	91	
		86	20	17	
		149	6	232	3 434
		18	20	11	
		195	40	372	
		466	20	827	
		13		10	
4 844	3 145 872	1 000	32	1 702	244 378
36 023		744	38	3 564	4 276
11		389		517	
33 094		174		54	
		244	1	489	4 537
		63		306	
499		620	55	13 006	13 195
2 855 141		2 546		9 228	28 453
21 179		2 669	812	32 206	27 917
9 206		142	11	448	
5 075		625	180	1 226	
2 721		698	26	914	3
6 371		1 494	530	8 138	27
1 536		499	61	367	
		206	4	124	
804		240	31	168	
25		160		215	
		1 653	24	18 762	9 003
		19		75	
		300		172	

5－14 各地区主要能源消费量

（2003 年）

品　　名	单位	全　省	南昌市	景德镇市	萍乡市	九江市	新余市
原　　煤	吨	24 013 573	3 325 707	2 120 010	2 127 433	4 224 484	2 240 956
洗 精 煤	吨	3 317 980	647 035	720 400	366 919		1 471 115
其他洗煤	吨	110 718	11 929		4 834	1 554	31 460
焦　　炭	吨	14					
原　　油	吨	3 145 872				3 145 872	
汽　　油	吨	21 580	5 006	1 669	882	2 147	2 930
煤　　油	吨	2 038	773	104	67	61	50
柴　　油	吨	103 539	16 659	2 225	4 273	19 402	9 629
燃 料 油	吨	381 849	20 284		46 176	260 183	17 993

品　　名	单位	鹰潭市	赣州市	吉安市	宜春市	抚州市	上饶市
原　　煤	吨	1 894 489	617 537	1 872 614	4 598 169	170 798	821 376
洗 精 煤	吨		5 958	1 290	104 131	52	1 080
其他洗煤	吨	4	1 088	6 809	46 808	6 232	
焦　　炭	吨	14					
原　　油	吨						
汽　　油	吨	2 371	1 431	1 993	1 609	864	678
煤　　油	吨	1	711	44	112	37	78
柴　　油	吨	31 334	3 933	1 961	7 603	3 618	2 902
燃 料 油	吨	30 294	1 301		5 578	27	13

主要统计指标解释

能源生产总量 指一定时期内地区一次能源生产量的总和,是观察地区能源生产水平、规模、构成和发展速度的总量指标。一次能源生产量包括原煤、原油、天然气、水电及其他动力能(如风能、地热能等)发电量。不包括低热值燃料生产量、生物质能、太阳能等的利用和由一次能源加工转换而成的二次能源产量。

能源消费总量 指一定时期内地区物质生产部门、非物质生产部门和生活消费的各种能源的总和。是观察能源消费水平、构成和增长速度的总量指标。能源消费总量包括原煤和原油及其制品、天然气、电力。不包括低热值燃料、生物质能和太阳能等的利用。能源消费总量分为三部分,即终端能源消费量、能源加工转换损失量和损失量。

(1)终端能源消费量 指一定时期内地区物质生产部门,非物质生产部门和生活消费的各种能源在扣除了用于加工转换二次能源消费量和损失量以后的数量。

(2)能源加工转换损失量 指一定时期内地区投入加工转换的各种能源数量之和与产出各种能源产品之和的差额。它是观察能源在加工转换过程中损失量变化的指标。

(3)能源损失量 指一定时期内能源在输送、分配、储存过程中发生的损失和由于客观原因造成的各种损失量。不包括各种气体能源放空、放散量。

能源生产弹性系数 是研究能源生产量的增长与国民经济增长之间关系的指标。计算公式:

$$\text{能源生产弹性系数}=\frac{\text{能源生产总量年平均增长速度}}{\text{国民经济年平均增长速度}}$$

电力生产弹性系数 是研究电力生产量的增长与国民经济增长之间关系的指标。一般来说,电力的发展应快于国民经济的发展,也就是说电力应超前发展。其计算公式为:

$$\text{电力生产弹性系数}=\frac{\text{电力生产量年平均增长速度}}{\text{国民经济年平均增长速度}}$$

能源消费弹性系数 是反映能源消费增长速度与国民经济增长速度之间比例关系的指标。其计算公式为:

$$\text{能源消费弹性系数}=\frac{\text{能源消费量年平均增长速度}}{\text{国民经济年平均增长速度}}$$

电力消费弹性系数 是反映电力消费增长速度与国民经济增长速度之间比例关系的指标。其计算公式为:

$$\text{电力消费弹性系数}=\frac{\text{电力消费量年平均增长速度}}{\text{国民经济年平均增长速度}}$$

物　　价　6

PRICE

- 2003年,商品零售价格比2002年上升0.1%,其中:城市下降0.6%,农村上升0.7%。

- 2003年,居民消费价格比2002年上升0.8%,其中:城市上升0.9%,农村上升0.6%。

本篇章

资料整理	微机处理
逯　虹	逯　虹
杨国万	

6-1 各种物价总指数

（1978－2003年，以上年价格为100）

年　份	商品零售价格指数	城　市	农　村	居民消费价格指数	城　市	农　村
1978	100.1	100.2	100.1		100.2	
1979	101.3	102.2	100.8		102.1	
1980	104.3	106.6	102.9		106.0	
1981	104.6	104.0	105.2		103.8	
1982	102.9	103.0	102.1		103.1	
1983	101.4	102.0	100.6		101.9	
1984	102.5	102.3	102.9	102.1	102.6	101.5
1985	108.3	109.0	107.8	109.0	108.8	109.1
1986	105.8	105.7	106.2	106.6	106.0	107.4
1987	106.9	108.2	105.7	106.6	107.9	105.1
1988	121.8	124.7	119.4	121.8	123.7	119.7
1989	118.6	117.1	119.5	118.5	117.2	119.7
1990	101.3	100.3	102.2	102.1	101.5	102.8
1991	102.4	104.0	101.2	102.8	104.4	101.3
1992	105.6	107.2	103.9	105.7	107.5	103.5
1993	111.1	112.6	110.1	114.6	115.8	112.5
1994	123.9	122.9	125.4	126.9	126.9	126.7
1995	115.9	115.0	116.9	116.9	116.9	117.0
1996	106.6	106.4	106.7	108.4	108.1	108.6
1997	99.6	100.1	99.3	102.0	103.0	102.1
1998	98.8	98.5	98.9	101.0	101.0	101.0
1999	96.8	97.3	96.3	98.6	99.1	98.1
2000	98.5	98.6	98.5	100.3	102.1	99.1
2001	98.4	98.3	98.4	99.5	99.8	99.2
2002	100.2	100.1	100.3	100.1	100.2	99.9
2003	100.1	99.4	100.7	100.8	100.9	100.6

6-2 各种物价总指数

（2003年）

指　标	以1978年价格为100	以1980年价格为100	以1985年价格为100	以1990年价格为100	以1995年价格为100	以2002年价格为100
商品零售价格指数	359.0	341.1	282.0	170.2	98.7	100.1
#城　市	385.6	356.4	292.4	174.6	98.4	99.4
农　村	330.5	320.2	274.4	167.7	98.8	100.7
居民消费价格指数			342.9	204.8	110.8	100.8
#城　市	489.0	453.0	372.5	221.4	114.8	100.9
农　村			312.8	188.2	107.5	100.6

注：1986年－1993年零售、消费价格指数中城市、农村口径为城镇、农村。

6－3　商品零售价格指数

（2003年，以上年价格为100）

类　　　　　别	全　　省	城　　市	农　　村
商品零售价格总指数	**100.1**	**99.4**	**100.7**
一、食品类	103.5	103.7	103.3
粮食	104.0	102.9	105.2
淀粉及薯类	103.2	103.7	102.5
干豆类及豆制品	105.9	103.0	109.5
油脂	112.5	112.6	111.7
肉禽及其制品	105.0	104.2	105.7
蛋	99.8	99.8	99.9
水产品	97.1	96.8	97.3
菜	111.4	115.3	107.8
调味品	99.7	100.4	99.2
糖	97.2	97.7	96.8
干鲜瓜果	100.3	102.2	98.7
糕点饼干面包	100.0	100.8	99.0
奶及奶制品	99.5	99.3	99.6
在外用膳食品	100.1	100.1	100.1
其它食品	98.9	99.6	98.1
二、饮料、烟酒	99.3	99.1	99.5
茶及饮料	98.7	98.4	99.1
烟草	99.7	99.9	99.5
酒	99.3	98.6	99.9
三、服装、鞋帽类	96.8	95.7	98.0
服装	96.0	94.6	97.9
鞋袜帽	98.2	98.1	98.1
其它	98.2	97.4	98.3
四、纺织品类	99.7	99.5	99.9
衣着材料	100.2	99.5	100.8
床上用品	99.1	99.6	98.7
五、家用电器及音像器材	94.6	93.5	96.1
家庭设备	95.3	94.1	96.6
文娱用耐用消费品	93.5	91.7	95.6
音像器材类	98.1	98.7	98.3
六、文化办公用品	97.3	96.3	98.7
七、日用品	98.9	98.7	99.1
日用百货	99.3	99.6	99.0
日用杂品	99.4	100.3	98.7
洗涤用品	99.2	98.7	99.6
其它日用品	97.5	96.0	98.8
八、体育娱乐用品	98.4	97.7	99.2

6-3 续表

类别	全省	城市	农村
体育用品	99.8	98.4	101.7
娱乐用品	97.5	97.4	97.6
九、交通、通信用品	90.9	91.1	90.3
交通运输机械	95.8	95.2	96.8
通讯器材类	84.8	84.8	84.6
十、家具	97.9	98.3	97.4
十一、化妆品类	98.2	97.8	98.6
十二、金银珠宝类	108.8	108.7	108.9
十三、中西药品及医疗保健用品类	94.4	93.1	96.2
医疗器具及用品	101.1	100.7	101.0
中药材及中成药	98.6	96.3	101.7
西药	89.9	88.2	91.8
保健器具及用品	95.0	96.9	96.9
十四、书报杂志及电子出版物类	101.1	100.8	101.6
教材及参考书	101.8	102.5	100.8
书报杂志	101.4	100.3	102.4
电子音像制品	98.5	97.7	99.6
十五、燃料类	108.7	108.6	108.7
煤炭及制品类	101.2	99.8	101.3
石油及制品类	111.4	111.2	111.7
十六、建筑材料及五金电料类	101.5	99.7	102.4
建筑装璜材料	101.1	99.9	101.7
五金电料类	103.2	98.2	105.6
农业生产资料价格指数	**102.5**		**102.5**
一、小农具	101.1		101.1
二、饲料	104.0		104.0
三、产品畜	108.0		108.0
四、役畜	109.7		109.7
五、半机械化农具	98.8		98.8
六、机械化农具	99.5		99.5
七、化学肥料	102.6		102.6
八、农药及农药械	99.9		99.9
化学农药	100.2		100.2
农药器械	98.2		98.2
九、农用机油	108.2		108.2
十、其他农业生产资料	99.6		99.6
农用种子	100.1		100.1
其它	99.3		99.3

6－4 居民消费价格指数

（2003年，以上年价格为100）

类别	全省	城市	农村
居民消费价格总指数	**100.8**	**100.9**	**100.6**
服务项目价格指数	**101.0**	**101.0**	**101.0**
一、食品	102.9	104.3	101.9
粮食	103.6	103.3	104.0
淀粉及薯类	102.9	102.5	105.4
干豆类及豆制品	106.1	103.4	108.2
油脂	115.4	115.7	114.9
肉禽及其制品	103.5	103.6	103.3
食用畜肉及副产品	106.9	106.4	107.3
禽	97.9	98.0	98.4
肉禽加工制品	101.6	101.2	101.5
蛋	99.8	99.3	100.5
水产品	97.8	98.2	97.9
鱼	96.2	97.2	95.3
其它水产品	101.3	100.3	103.6
菜	112.8	116.2	105.8
调味品	99.3	100.6	98.7
糖	98.7	98.8	98.6
茶及饮料	98.6	98.5	97.8
茶叶	99.5	99.3	97.3
饮料	98.6	98.6	98.1
干鲜瓜果	101.7	102.6	100.6
糕点饼干面包	99.5	101.0	97.0
奶及奶制品	99.3	99.4	98.5
在外用膳食品	99.4	100.2	99.2
其它食品及食品加工服务	99.7	98.9	100.2
二、烟酒及用品	99.8	99.6	99.8
烟草	99.6	99.9	99.5
酒	99.9	98.8	100.5
吸烟饮酒用品	100.1	100.1	100.2
三、衣着	97.2	95.8	98.7
服装	96.6	94.8	98.7
男式服装	96.5	95.3	98.4
女式服装	95.6	94.1	97.8
儿童服装	99.4	97.0	100.1
衣着材料	99.8	99.3	100.2
鞋袜帽	98.1	97.8	98.3
鞋	97.9	97.7	98.1
袜子	98.7	99.0	98.6
帽子	100.2	99.9	100.2
衣着加工服务	103.2	103.8	102.0
四、家庭设备用品及维修服务	97.5	96.7	98.7
耐用消费品	95.0	94.2	97.6

6－4　续表

类　　　　　别	全　　省	城　　市	农　　村
家具	98.0	98.0	98.1
家庭设备	93.5	93.0	97.2
室内装饰品	95.9	93.0	98.0
床上用品	99.3	99.4	99.2
家庭日用杂品	99.1	99.5	98.6
家庭服务及加工维修服务	102.5	103.6	101.1
五、医疗保健和个人用品	97.8	96.0	98.7
医疗保健	96.6	94.6	97.8
医疗器具及用品	101.9	99.8	102.4
中药材及中成药	99.2	97.4	101.2
西药	90.5	89.3	91.8
保健器具及用品	96.4	96.5	96.0
医疗保健服务	100.5	100.6	100.6
个人用品及服务	99.7	98.7	100.2
化妆美容用品	99.7	99.6	99.3
卫生用品	97.1	94.3	99.0
个人饰品	101.9	102.3	101.6
个人服务	100.6	101.6	100.3
六、交通和通讯	99.3	97.4	101.2
交通	101.6	99.8	103.0
交通工具	95.5	93.3	96.2
车用燃料及零配件	107.7	106.4	108.5
车辆使用及维修	101.2	101.1	102.3
市区公共交通	102.1	101.2	103.3
城市间交通	105.8	101.3	107.5
通信	97.2	96.2	99.0
通信工具	83.1	79.8	92.5
通信服务	99.9	99.9	99.9
七、娱乐教育文化用品及服务	100.1	100.1	100.2
文娱用耐用消费品及服务	92.9	91.4	94.8
教育	101.1	102.4	100.5
教材及参考书	101.9	103.0	100.3
学杂托幼费	101.1	102.4	100.5
文化娱乐用品	101.5	102.6	100.4
文化娱乐	99.1	99.1	99.1
书报杂志	101.2	100.4	101.5
文娱费	104.7	105.5	100.6
旅游及外出	95.7	95.1	99.9
八、居住	102.1	102.7	101.3
建房及装修材料	100.9	99.5	101.2
租房	102.7	102.1	105.2
自有住房	100.0	100.0	100.1
水、电、燃料	105.1	107.4	101.3

6-5 各市、县商品零售价格指数

（2003年，以上年价格为100）

类　　别	南昌市	景德镇市	萍乡市	九江市	新余市	鹰潭市	赣州市	宜春市	上饶市
商品零售价格总指数	**99.7**	**99.5**	**100.3**	**100.6**	**99.4**	**99.9**	**99.5**	**98.8**	**99.7**
一、食品类	104.2	104.8	104.0	107.3	105.1	104.4	104.8	103.0	103.3
二、饮料、烟酒	99.5	100.0	98.3	97.7	98.7	99.3	98.8	99.6	99.9
三、服装、鞋帽类	93.5	98.1	97.8	99.7	100.4	96.6	94.6	99.1	97.6
四、纺织品类	100.4	98.9	98.8	99.3	99.8	97.1	99.3	98.6	100.2
五、家用电器及音像器材	91.6	92.4	94.5	95.7	96.3	93.6	89.7	100.8	92.3
六、文化办公用品	94.9	97.3	98.6	95.4	96.8	99.8	94.4	98.1	99.9
七、日用品	98.3	99.1	97.7	99.3	97.8	98.0	99.8	95.1	100.0
八、体育娱乐用品	96.1	99.7	98.0	102.5	99.7	97.8	100.0	98.1	100.0
九、交通、通信用品	93.9	85.2	94.6	84.9	89.9	92.6	88.8	87.0	96.5
十、家具	100.0	96.7	97.3	98.3	99.9	93.5	89.2	97.6	99.9
十一、化妆品类	97.8	99.1	100.0	98.2	98.3	99.6	99.9	90.4	90.8
十二、金银珠宝类	108.3	103.2	110.9	102.5	107.3	102.6	118.5	108.8	102.9
十三、中西药品及医疗保健用品类	98.9	88.4	98.5	93.8	82.2	99.0	89.0	78.5	94.2
十四、书报杂志及电子出版物类	100.9	103.6	100.7	100.5	99.5	99.9	101.3	102.1	100.2
十五、燃料类	110.1	105.4	106.2	107.7	111.5	104.0	110.4	105.2	100.1
十六、建筑材料及五金电料类	98.8	97.8	95.6	98.9	102.7	99.8	100.5	101.2	98.7
农业生产资料价格指数									

类　　别	吉安市	井冈山市	抚州市	瑞昌市	信丰县	上高县	铅山县	泰和县	东乡县
商品零售价格总指数	**100.9**	**101.4**	**99.2**	**100.6**	**100.3**	**99.4**	**102.1**	**101.0**	**100.9**
一、食品类	103.5	106.3	102.9	101.2	102.6	104.8	105.6	104.3	103.1
二、饮料、烟酒	99.8	99.9	99.2	99.3	99.8	99.4	100.1	98.3	100.1
三、服装、鞋帽类	97.6	98.2	94.2	99.1	102.0	91.6	98.7	99.1	97.5
四、纺织品类	98.5	98.0	100.2	99.7	99.8	96.8	102.1	100.2	98.1
五、家用电器及音像器材	94.8	98.1	94.3	98.1	94.8	92.9	98.6	93.4	96.7
六、文化办公用品	94.7	99.4	100.5	98.4	100.1	98.0	99.7	99.5	96.7
七、日用品	98.2	100.2	100.2	99.1	99.6	97.0	99.9	99.1	99.8
八、体育娱乐用品	99.1	100.0	99.1	99.9	100.0	94.8	99.8	98.2	100.0
九、交通、通信用品	91.8	97.1	90.2	98.7	90.5	82.2	93.6	90.9	94.1
十、家具	99.5	99.7	97.3	98.8	97.0	91.7	100.0	99.0	99.3
十一、化妆品类	99.1	100.0	100.0	100.1	99.6	100.2	99.0	99.0	95.9
十二、金银珠宝类	121.7	106.3	117.7	99.5	116.8	107.7	108.6	103.8	120.2
十三、中西药品及医疗保健用品类	96.7	97.9	79.4	97.9	87.2	92.0	105.9	94.7	94.4
十四、书报杂志及电子出版物类	103.5	98.2	101.6	102.4	102.1	100.5	101.1	102.3	99.4
十五、燃料类	107.6	99.3	103.0	112.6	103.1	109.3	97.5	111.7	104.2
十六、建筑材料及五金电料类	100.7	99.7	102.1	102.6	100.2	100.6	101.9	101.3	104.2
农业生产资料价格指数				**100.1**	**103.4**	**103.0**	**100.6**	**102.4**	**106.5**

6-6 各市、县居民消费价格指数

（2003年，以上年价格为100）

市、县	居民消费价格指数	服务项目价格指数	食品类	烟酒及用品类	衣着类
南昌市	100.5	100.2	103.6	100.2	93.0
景德镇市	101.9	104.9	104.8	99.6	98.8
萍乡市	101.2	101.5	103.8	99.1	97.7
九江市	102.2	99.4	107.2	98.9	99.7
新余市	101.2	101.9	105.0	98.4	99.7
鹰潭市	101.3	101.6	104.7	98.8	96.8
赣州市	100.9	100.6	105.5	98.4	94.0
宜春市	100.4	101.8	103.0	98.8	98.9
上饶市	101.1	103.1	101.7	100.0	97.2
吉安市	101.6	103.4	103.4	99.5	97.2
井冈山市	102.9	102.4	106.0	100.0	99.1
抚州市	101.1	101.3	103.1	99.0	94.2
瑞昌市	101.1	101.1	101.0	99.5	99.1
信丰县	101.3	103.0	102.6	99.9	102.4
上高县	100.3	99.2	104.8	100.1	92.8
铅山县	102.0	100.7	105.3	100.0	99.2
泰和县	101.3	101.4	104.2	98.1	99.3
东乡县	100.6	101.3	102.4	99.9	96.7

市、县	家庭设备用品及维修服务类	医疗保健和个人用品	交通和通讯	娱乐教育文化用品及服务类	居住
南昌市	96.1	97.5	98.3	98.8	103.2
景德镇市	96.9	94.4	97.6	100.0	107.6
萍乡市	97.6	99.3	99.2	99.5	103.1
九江市	97.9	96.3	96.9	98.3	101.8
新余市	98.0	88.7	97.7	102.3	103.2
鹰潭市	96.6	99.7	96.3	98.8	103.6
赣州市	94.4	96.7	96.9	99.7	101.8
宜春市	97.5	88.6	97.1	101.3	102.8
上饶市	96.9	95.8	100.0	104.3	104.2
吉安市	97.8	99.5	97.2	103.7	104.3
井冈山市	99.5	104.1	99.0	101.0	103.2
抚州市	97.2	88.8	98.6	100.9	106.0
瑞昌市	98.9	98.4	102.2	100.6	103.9
信丰县	97.1	95.8	102.6	99.7	104.1
上高县	94.3	97.3	96.0	98.7	101.1
铅山县	99.6	102.8	99.2	101.6	99.3
泰和县	99.1	99.2	98.0	99.6	102.5
东乡县	98.5	99.1	98.6	101.9	100.2

6-7 商品零售价

（2003年,以上年

类别	一月	二月	三月	四月	五月
商品零售价格总指数	**99.9**	**99.3**	**99.8**	**99.8**	**98.8**
一、食品类	102.2	100.6	102.1	102.4	100.3
粮食	100.2	100.4	100.9	101.6	101.4
淀粉及薯类	98.9	99.6	103.2	103.9	100.0
干豆类及豆制品	101.2	102.5	101.7	102.6	102.8
油脂	107.0	107.8	107.9	109.1	110.2
肉禽及其制品	100.9	100.1	99.4	100.6	100.0
蛋	99.0	95.7	95.9	96.5	94.0
水产品	97.4	92.2	92.6	92.4	93.7
菜	112.6	115.6	132.8	128.6	108.6
调味品	99.0	102.1	99.6	100.0	99.7
糖	96.2	96.6	96.6	97.4	97.4
干鲜瓜果	106.2	93.7	89.9	90.1	95.6
糕点饼干面包	99.7	99.1	99.4	99.6	99.4
奶及奶制品	99.3	100.1	99.6	99.7	99.7
在外用膳食品	99.4	99.3	99.5	99.7	99.6
其它食品	99.3	99.2	99.0	98.2	98.7
二、饮料、烟酒	99.5	99.1	99.0	98.9	99.0
茶及饮料	99.7	98.9	97.8	96.9	98.0
烟草	99.3	99.4	99.5	99.8	99.6
酒	99.7	98.9	99.1	98.9	99.0
三、服装、鞋帽类	96.8	96.5	96.3	97.2	96.2
四、纺织品类	99.4	99.4	99.4	99.3	99.4
五、家用电器及音像器材	94.4	94.7	94.7	95.0	94.8
六、文化办公用品	98.7	98.3	98.2	97.9	97.6
七、日用品	98.6	98.5	98.6	98.8	98.8
八、体育娱乐用品	98.3	98.1	97.9	97.9	98.4
九、交通、通信用品	90.0	89.9	90.7	90.6	90.8
十、家具	97.5	97.5	97.7	98.0	97.8
十一、化妆品类	98.5	98.6	98.5	98.2	98.4
十二、金银珠宝类	105.0	109.0	109.9	107.6	105.8
十三、中西药品及医疗保健用品类	96.0	96.0	95.1	95.5	96.3
十四、书报杂志及电子出版物类	100.1	100.8	101.1	101.0	101.0
十五、燃料类	119.7	119.5	117.5	113.6	108.0
十六、建筑材料及五金电料类	98.4	99.1	99.1	99.0	99.2
农业生产资料价格指数	**101.3**	**101.5**	**101.5**	**101.5**	**101.5**
饲料	99.9	99.9	100.1	100.5	100.6
化学肥料	101.0	101.3	101.3	101.6	101.6
农药及农药械	97.8	97.8	98.1	98.4	98.8

格分月指数

同期价格为100）

六 月	七 月	八 月	九 月	十 月	十一月	十二月
98.8	**99.7**	**99.8**	**99.5**	**100.4**	**102.5**	**102.9**
99.9	102.6	104.0	103.4	104.9	109.4	109.7
101.5	101.0	101.8	103.1	104.0	115.7	116.9
99.6	100.0	104.6	105.8	104.2	108.8	109.4
103.7	104.3	104.5	104.4	105.6	117.4	120.4
110.3	110.8	111.4	109.7	112.2	126.5	125.5
101.1	104.3	105.9	107.9	108.8	115.3	115.8
92.1	95.6	95.1	100.5	103.5	112.5	117.4
98.3	99.6	99.4	98.5	99.4	101.1	101.0
92.7	100.1	108.2	105.0	112.3	111.2	108.4
99.9	99.9	99.6	99.4	99.2	99.2	99.1
97.2	97.5	97.2	96.4	96.3	98.2	99.2
99.5	108.4	113.3	105.7	105.2	103.4	102.0
99.6	100.0	100.1	100.2	100.1	100.9	101.4
99.4	99.6	99.2	99.2	99.2	99.3	99.9
99.6	99.6	100.0	100.1	100.0	101.9	102.1
98.6	98.7	99.1	98.8	98.7	98.8	99.8
99.2	99.0	99.3	99.4	99.6	99.9	100.2
97.9	97.8	99.6	99.7	99.6	99.4	99.3
99.8	99.7	99.7	99.7	99.9	99.9	100.0
99.3	99.0	98.7	98.9	99.2	100.1	101.0
96.6	96.6	95.5	94.6	98.3	98.7	98.0
99.4	99.3	99.4	99.7	100.0	100.6	101.3
94.1	94.4	94.8	94.6	94.5	94.9	94.8
97.3	96.8	96.3	96.7	96.7	96.8	96.8
98.9	99.0	99.0	99.1	99.1	99.3	99.5
98.3	98.4	98.5	98.5	98.4	99.0	98.9
91.2	91.5	91.2	90.7	91.1	91.2	91.9
97.2	97.7	98.2	98.1	98.0	98.2	98.5
98.4	98.1	97.9	98.0	98.0	98.2	98.1
105.8	106.2	107.2	109.7	111.8	113.0	115.1
96.2	94.3	92.4	93.4	92.8	92.3	92.3
101.0	101.0	100.9	101.6	101.6	101.8	101.8
107.0	107.1	104.4	103.0	100.3	102.4	105.5
99.5	100.3	100.7	101.2	104.7	108.2	109.0
101.6	**101.6**	**101.6**	**101.6**	**101.8**	**102.1**	**102.5**
100.7	100.9	101.1	102.0	102.4	103.2	104.0
101.6	101.4	101.3	101.2	101.3	101.9	102.6
99.1	99.2	99.4	99.5	99.6	99.7	99.9

6-8 居民消费价

(2003年,以上年

类别	一月	二月	三月	四月	五月
居民消费价格总指数	**100.4**	**99.3**	**99.9**	**100.1**	**99.7**
服务项目价格指数	**102.2**	**99.4**	**100.3**	**100.8**	**100.8**
一、食品	101.3	100.6	101.5	101.6	100.4
粮食	100.5	100.8	100.9	101.5	101.2
淀粉及薯类	97.3	99.6	102.7	105.8	103.4
干豆类及豆制品	103.0	103.5	102.4	102.9	103.9
油脂	110.6	110.7	111.3	111.9	112.2
肉禽及其制品	99.8	97.9	97.2	98.3	97.9
蛋	98.6	95.8	96.1	97.2	94.5
水产品	98.5	92.5	93.3	93.7	95.0
菜	112.1	119.3	136.2	131.0	110.9
调味品	98.9	102.0	99.2	100.0	99.3
糖	98.2	98.2	98.3	99.1	99.2
茶及饮料	99.6	99.2	98.0	96.8	98.2
干鲜瓜果	101.3	95.8	93.7	93.2	99.9
糕点饼干面包	98.5	98.2	98.6	98.8	98.7
奶及奶制品	99.4	100.0	99.6	99.7	99.5
在外用膳食品	98.5	98.4	98.5	98.6	98.6
其它食品及食品加工服务	102.0	101.3	99.9	99.2	99.3
二、烟酒及用品	99.6	99.3	99.5	99.6	99.6
烟草	99.2	99.2	99.4	99.6	99.5
酒	100.4	99.4	99.7	99.5	99.8
三、衣着	97.4	97.1	96.8	97.4	96.6
四、家庭设备用品及维修服务	97.2	97.1	97.2	97.2	97.4
五、医疗保健和个人用品	98.4	98.5	98.1	98.2	98.3
医疗保健	97.9	98.0	97.3	97.5	98.0
个人用品及服务	99.2	99.5	99.5	99.3	99.0
六、交通和通讯	102.4	94.7	97.3	99.3	99.1
交通	107.3	94.4	97.7	101.6	101.3
通信	97.5	97.2	97.3	97.2	97.0
七、娱乐教育文化用品及服务	101.1	100.3	100.2	99.9	99.9
文娱用耐用消费品及服务	92.4	92.8	92.6	92.9	92.9
教育	102.1	101.3	101.1	101.1	101.1
八、居住	100.4	100.5	100.8	100.7	100.9
建房及装修材料	97.5	98.4	98.2	97.8	98.0
租房	105.0	105.0	101.8	101.8	101.8
自有住房	96.8	97.9	100.5	100.5	100.5
水、电、燃料	105.6	103.7	104.5	104.4	104.9

格分月指数

同期价格为100）

六月	七月	八月	九月	十月	十一月	十二月
99.5	**100.4**	**100.8**	**100.8**	**101.6**	**103.3**	**103.4**
100.9	**100.9**	**101.5**	**101.1**	**101.4**	**101.4**	**101.4**
99.7	102.0	103.4	103.5	104.5	108.3	108.4
101.4	101.2	101.4	102.5	103.4	113.4	114.6
101.9	101.8	99.9	102.2	104.1	108.3	108.3
104.3	104.2	104.4	104.1	105.1	116.2	119.0
113.2	113.9	112.8	111.9	115.4	130.2	129.1
99.3	102.8	104.7	107.6	108.0	114.4	114.9
93.2	96.0	95.2	100.4	103.3	111.4	115.6
98.6	100.4	100.4	99.7	100.6	101.0	100.8
94.3	102.2	109.9	105.8	112.7	111.2	108.5
99.6	99.4	98.7	98.6	98.5	98.7	98.6
98.9	99.0	98.7	98.1	97.9	98.8	99.7
98.1	98.0	99.1	99.2	99.2	98.9	99.0
100.8	108.4	115.9	107.4	105.3	102.4	101.5
99.0	99.7	99.8	99.9	99.8	101.3	101.7
99.1	99.3	98.9	98.9	98.7	98.9	99.7
98.6	99.2	99.4	99.5	99.5	101.7	101.9
99.4	99.3	99.5	99.4	99.3	99.0	99.3
99.8	99.7	99.7	99.7	99.9	100.1	100.6
99.6	99.5	99.7	99.7	99.9	100.0	100.0
100.1	99.9	99.4	99.5	99.8	100.2	100.9
96.8	96.8	96.1	95.5	98.3	99.2	98.3
97.3	97.4	97.5	97.6	97.7	98.0	98.7
98.4	97.7	97.0	97.5	97.4	96.7	96.7
98.0	96.8	95.4	95.9	95.7	94.4	94.3
99.1	99.3	99.8	100.1	100.4	100.6	100.7
99.0	99.3	100.3	100.2	100.1	100.1	100.3
101.3	101.6	103.4	103.3	103.2	103.3	103.5
96.9	97.3	97.2	97.0	97.2	97.0	97.1
99.9	100.0	100.1	99.4	100.1	100.1	100.2
91.6	92.3	93.1	92.8	93.0	94.5	94.4
101.1	101.1	101.1	100.2	101.1	101.1	101.1
101.2	101.9	101.8	102.1	103.2	105.4	105.6
98.4	99.1	99.5	100.1	104.1	109.7	109.9
101.8	100.9	103.0	103.0	103.0	103.0	103.0
100.5	100.5	100.6	100.6	100.8	100.7	100.7
105.6	107.4	105.1	105.1	104.1	105.0	105.5

6－9 工业品出厂价格指数

（2000－2003年，以上年价格为100）

类　　别	2000年	2001年	2002年	2003年
全部工业品	**101.0**	**98.1**	**98.5**	**104.0**
按轻重工业分：				
轻工业	98.2	99.0	98.0	101.6
以农产品为原料	98.5	99.4	98.3	101.2
以非农产品为原料	97.0	96.2	95.6	102.2
重工业	102.4	97.6	98.8	106.1
采　　掘	102.0	105.4	102.7	104.8
原　　料	105.7	96.7	98.4	107.4
加　　工	97.2	97.5	98.3	102.8
按生产生活资料分：				
生产资料	102.2	97.7	98.5	105.3
采　　掘	101.4	103.3	106.6	103.7
原　　料	106.1	96.6	97.0	107.8
加　　工	97.1	97.7	97.7	103.0
生活资料	97.7	99.3	98.5	100.1
食　　品	95.4	99.2	99.0	100.9
衣　　着	104.2	104.0	99.6	101.2
一般日用品	95.8	100.2	97.7	99.2
耐用消费品	95.4	94.1	96.7	94.8
按工业部门分：				
冶金工业	105.6	96.1	94.7	109.9
电力工业	103.0	100.2	100.5	96.2
煤炭及炼焦工业	102.2	102.6	111.3	104.2
石油工业	118.9	95.6	92.1	116.9
化学工业	97.9	97.1	97.8	101.3
机械工业	96.2	96.0	97.6	99.8
建筑材料工业	96.1	96.6	100.1	104.2
森林工业	99.8	98.2	97.3	95.6
食品工业	94.5	99.9	99.1	100.9
纺织工业	108.2	92.5	92.0	107.7
缝纫工业	94.3	104.7	99.6	102.6
皮革工业	105.3	102.9	95.3	99.9
造纸工业	97.8	98.9	99.2	97.9
文教艺术用品工业	103.8	100.0	97.7	94.2
其他工业	99.5	111.1	106.6	101.5

6－10　原材料、燃料、动力购进价格指数

（2000－2003 年，以上年价格为 100）

类　　　　别	2000 年	2001 年	2002 年	2003 年
全部原材料	101.2	99.3	98.6	106.5
燃料、动力类	105.4	100.3	100.3	104.9
黑色金属材料类	100.5	102.5	100.0	112.9
#钢　　材	103.5	99.7	97.7	110.0
其　　他	97.4	105.7	102.4	115.3
有色金属材料和电线类	101.1	92.4	95.3	109.7
化工原料类	103.7	98.3	99.2	106.6
木材及纸浆类	98.8	101.3	100.9	106.2
建筑材料及非金属矿类	99.9	97.4	97.7	102.2
其它工业原材料及半成品类	96.2	100.8	96.4	102.3
农副产品类	95.7	104.0	97.8	109.7
纺织原料类	105.2	102.9	95.2	102.0

6－11 固定资产投资价格指数

（2000－2003 年，以上年价格为 100）

项　　　　目	2000 年	2001 年	2002 年	2003 年
固定资产投资	**101.4**	**98.9**	**100.0**	**105.1**
一、建筑安装工程	103.7	99.7	100.4	107.5
#人工费	107.6	102.0	103.5	105.8
材料费	102.7	99.0	99.8	108.8
机械使用费	100.9	100.3	99.2	101.2
二、设备、工器具购置	96.2	96.0	97.6	99.8
三、其他费用	101.2	102.8	103.3	102.9

6－12　建筑安装工程中材料价格指数

（2000－2003 年，以上年价格为 100）

项　　　　目	2000 年	2001 年	2002 年	2003 年
钢　　材	109.7	97.0	99.9	116.1
木　　材	103.9	96.9	98.7	100.4
水　　泥	95.2	100.5	98.6	105.7
地方建筑材料	100.1	95.5	101.6	108.3
化工材料	100.7	100.2	95.6	102.4
电　　料	104.1	100.5	97.0	100.6
其他材料	99.7	103.8	101.2	100.7

主要统计指标解释

居民消费价格指数 是反映一定时期内城乡居民支付所购买生活消费品和获得服务项目的价格变动趋势和程度的相对数。编制居民消费价格指数，可以观察居民生活消费品及服务项目价格的变动对城乡居民生活的影响，为各级党政领导掌握居民消费价格状况，研究和制定居民消费价格政策、工资政策等提供科学依据。居民消费价格指数还是反映通货膨胀的重要指标。

商品零售价格指数 是反映工业、商业、餐饮业和其他零售企业向城乡居民、机关团体出售生活消费品和办公用品的价格变动趋势和程度的相对数。通过它，可以观察市场商品零售价格总升降水平，说明货币购买力的强弱，分析市场供求关系。同时，还可在此基础上编制其它各种派生价格指数，为研究城乡市场流通和新国民经济核算体系提供科学依据。

工业品出厂价格指数 是反映全部工业产品出厂价格总水平的变动趋势和程度的相对数。其中除包括工业企业售给商业、外贸、物资部门的产品外，还包括售给工业和其他部门的生产资料以及直售给居民的生活消费品。编制工业品出厂价格指数的目的在于及时、准确、科学地反映全部工业产品、各工业行业产品价格水平及各种工业产品价格的变动趋势及幅度，为国民经济核算、测算工业发展速度、宏观经济分析和调控、理顺价格体系提供科学、准确的依据。

固定资产投资价格指数 是反映固定资产投资额价格变动趋势和程度的相对数。固定资产投资额是由建筑安装工程投资完成额、设备、工器具购置投资完成额和其他费用投资完成额三部分组成。编制固定资产投资价格指数应首先分别编制上述三部分投资的价格指数，然后采用加权算术平均法求出固定资产投资价格总指数。编制固定资产投资价格指数的目的在于及时、准确地反映全社会、国民经济各门类及各类工程固定资产投资中涉及的各类投资品和取费项目价格的变动趋势和变动幅度，消除按现价计算的固定资产投资指标中的价格变动因素，真实地反映全社会、国民经济各门类及各类工程固定资产投资的规模、速度、结构和效益，为国家及各部门科学地制定、检查固定资产投资计划和进行国民经济核算提供科学的、可靠的依据。

人民生活 7

PEOPLES LIVELIHOOD

- 2003 年，城镇居民人均可支配收入 6901.44 元，比 2002 年实际增长 8.0%。
- 2003 年，农民人均年纯收入 2457.53 元，比 2002 年实际增长 4.6%。
- 2003 年，城镇居民人均使用面积 24.50 平方米，农村居民人均生活用房面积 30.55 平方米 。
- 2003 年，城乡居民储蓄存款年末余额 2015.45 亿元，在储蓄存款中，定期存款占 63.4%，活期存款占 36.6%。

本篇章

资料整理	微机处理
鲁赣凤	黄建村
钱　锋	钱　锋
曾淑珍	曾淑珍

7－1 人民物质文化生活情况

指　　　　　标	单位	1978年	1980年	1985年	1990年	1995年	2000年	2002年	2003年
一、就　　业									
城镇住户每一就业者赡养人数	人			1.88	1.83	1.70	1.79	1.86	1.87
农村住户每一劳动力负担人口	人	2.50	2.36	1.87	1.76	1.54	1.46	1.46	1.43
二、收　　入									
职工平均工资	元	552	713	997	1729	4211	7014	9262	10521
城镇住户可支配性收入	元	305.36	385.50	583.44	1187.88	3376.56	5103.60	6335.64	6901.44
农村住户纯收入	元	140.70	181.24	377.31	669.90	1537.36	2135.30	2334.20	2457.53
三、消　　费									
国内支出总消费	亿元	56.88	81.02	151.31	310.12	769.98	1269.58	1459.65	1515.64
居民消费	亿元		68.45	126.30	250.02	629.78	989.20	1114.58	1161.01
农业居民消费	亿元		49.22	90.76	172.83	401.86	574.63	602.72	628.50
非农业居民消费	亿元		19.23	35.54	77.19	227.92	414.57	511.86	532.51
政府消费	亿元		12.57	25.01	60.10	140.20	280.38	345.07	354.63
四、储　　蓄									
平均每人储蓄存款年末余额	元	13	24	99	375	1511	2997	4042	4738
五、居　　住									
城镇住户人均使用面积	平方米							24.32	24.50
农村住户人均居住面积	平方米		9.09	16.20	20.58	22.70	27.79	29.24	30.55
六、交通、通讯									
城镇住户每百户自行车拥有量	辆			123.16	172.89	185.00	146.41	138.13	139.92
城镇住户每百户摩托车拥有量	辆			0.32	0.92	3.39	12.96	17.54	18.13
城镇居民每百户拥有移动电话	台						14.37	54.05	78.06
农村住户每百户自行车拥有量	辆		12.12	55.27	105.27	131.92	116.12	121.55	119.14
农村住户每百户摩托车拥有量	辆				0.37	3.80	17.47	22.98	27.84
农村住户每百户拥有移动电话	台						1.43	9.63	18.73
七、教　　育									
每万人中有普通高等学校在校学	人	6.85	10.91	12.86	14.98	20.37	35.29	64.04	85.64
每万人中有中等学校在校学	人	551.43	491.67	488.06	530.97	552.69	702.41	763.43	795.08
每万人中有小学在校生	人	1614.20	1618.56	1632.09	1182.05	1059.77	1018.85	939.49	918.00
学龄儿童入学率	%	94.15	93.66	96.89	98.24	99.42	99.58	98.53	99.01
八、卫　　生									
每万人中有卫生技术人员	人	22.1	24.2	29.1	30.6	30.2	29.7	27.1	27.7
#医生	人	9.6	10.0	12.3	13.6	13.6	13.1	11.1	11.6
每万人中有病床数	张	22.7	23.5	24.0	24.2	23.1	21.9	21.3	20.1
#医院卫生院	张	20.5	21.3	21.4	21.7	20.6	20.1	19.9	18.8
九、文　　化									
城镇住户每百户拥有彩色电视机	台			7.26	36.95	75.51	106.01	123.83	130.37
城镇住户每百户拥有照相机	台			5.16	13.20	24.41	25.48	32.60	32.11
城镇住户每百户拥有组合音响	套						16.00	22.83	22.85
城镇住户每百户拥有家用电脑	台						4.56	10.97	16.05
农村住户每百户拥有彩色电视机	台			0.16	1.63	5.31	30.16	41.55	52.04
农村住户每百户拥有照相机	台			0.20	0.41	0.53	2.08	1.88	1.59

7-2 居民消费水平和指数

（1978－2003年）

年份	年平均消费水平(元)			指数(以上年为100)			指数(以1978年100)		
	合计	农村居民	城镇居民	合计	农村居民	城镇居民	合计	农村居民	城镇居民
1978	181	161	281	115.7	115.7	109.7	100.0	100.0	100.0
1979	203	179	323	110.7	109.7	113.4	110.7	109.7	113.4
1980	211	183	340	99.7	98.0	101.0	110.4	107.5	114.5
1981	230	194	394	104.1	101.3	110.8	114.9	108.9	126.9
1982	266	235	403	112.4	117.7	99.5	129.1	128.2	126.3
1983	282	253	410	104.5	106.1	100.3	134.9	136.0	126.7
1984	311	279	448	107.6	107.6	106.6	145.2	146.3	135.1
1985	367	327	535	108.7	107.9	109.7	157.8	157.9	148.2
1986	395	346	590	101.6	101.0	101.6	160.3	159.5	150.6
1987	427	365	675	103.7	101.7	107.0	166.2	162.2	161.1
1988	506	421	842	104.7	101.7	111.7	174.0	165.0	179.9
1989	580	480	971	100.0	101.6	96.5	174.0	167.6	173.6
1990	666	577	1 017	104.5	104.8	103.6	181.8	175.6	179.8
1991	706	605	1 105	103.6	103.2	104.6	188.3	181.2	188.1
1992	770	634	1 295	106.7	105.1	110.0	200.9	190.4	206.9
1993	887	712	1 566	105.9	105.0	107.8	212.8	199.9	223.0
1994	1 182	923	2 165	105.8	105.2	106.3	225.1	210.3	237.0
1995	1 559	1 266	2 632	106.8	107.6	104.2	240.4	226.3	247.0
1996	1 857	1 553	2 942	112.2	115.7	104.4	269.7	261.8	257.9
1997	1 930	1 569	3 200	104.4	103.1	106.7	281.6	269.9	275.2
1998	1 973	1 599	3 267	101.6	101.4	101.7	286.1	273.7	279.9
1999	2 056	1 637	3 482	104.4	103.9	105.0	298.7	284.4	293.9
2000	2 396	1 793	4 488	116.6	114.9	117.2	348.3	326.8	344.5
2001	2 500	1 801	4 845	104.8	101.2	108.0	365.0	330.7	372.1
2002	2 651	1 879	5 138	104.5	102.8	104.5	381.4	340.0	388.8
2003	2 739	1 964	5 127	102.9	104.0	99.6	392.5	353.6	387.3

7-3 各地区居民消费水平和指数

2003年

地区	年平均消费水平 (元)			指数 (以上年为100)		
	合计	农村居民	城镇居民	合计	农村居民	城镇居民
南昌市	5 542	2 997	8 969	108.7	107.9	108.2
景德镇市	3 674	2 132	6 368	107.5	106.5	105.8
萍乡市	3 732	2 583	6 555	111.1	107.3	113.7
九江市	2 935	2 267	5 148	110.5	110.0	108.4
新余市	4 038	2 891	6 250	108.1	109.9	103.5
鹰潭市	3 233	2 609	4 217	119.8	141.0	85.9
赣州市	2 273	1 835	4 121	103.1	103.1	100.1
吉安市	2 562	2 071	4 368	106.1	104.2	106.3
宜春市	2 490	2 120	3 645	104.3	104.1	103.2
抚州市	2 673	2 402	3 464	105.5	105.7	102.6
上饶市	2 373	1 709	5 346	109.2	102.7	117.5

注:平均消费水平按当年价格计算,指数按可比价格计算。

7－4 城乡居民储蓄存款年末余额

（1978－2003年） 单位：万元

年份	合计	定期	活期
1978	41 577		
1980	77 127		
1985	348 463	242 277	106 186
1986	480 440	352 393	128 047
1987	646 801	469 971	176 830
1988	811 381	575 035	236 346
1989	1 064 999	824 379	240 620
1990	1 427 897	1 150 788	277 109
1991	1 862 639	1 528 733	333 906
1992	2 378 005	1 904 617	473 388
1993	3 216 531	2 505 990	710 541
1994	4 581 242	3 550 830	1 030 412
1995	6 139 568	4 805 479	1 334 089
1996	7 770 406	6 148 175	1 622 231
1997	9 282 412	7 401 216	1 881 196
1998	10 692 222	8 317 135	2 375 087
1999	11 624 907	8 705 993	2 918 914
2000	12 431 536	8 852 991	3 578 545
2001	14 295 157	9 865 993	4 429 164
2002	17 066 270	11 250 187	5 816 083
2003	20 154 504	12 787 336	7 367 168

7－5 各地区城乡居民储蓄存款

（2003年末） 单位：万元

地区	合计	定期	活期
南昌市	4 828 029	3 018 166	1 809 863
景德镇市	923 671	584 777	338 894
萍乡市	774 561	433 381	341 180
九江市	1 814 321	1 162 818	651 503
新余市	789 760	511 140	278 620
鹰潭市	598 791	399 084	199 707
赣州市	2 685 922	1 570 500	1 115 422
吉安市	1 887 920	1 226 734	661 186
宜春市	2 081 778	1 335 415	746 363
抚州市	1 653 296	1 094 154	559 142
上饶市	2 117 498	1 451 180	666 318

7－6 城镇住户基本情况

（1985－2003年）

年份	调查户数（户）	家庭人口数（人）	就业人口（人）	平均每户人口数（人）	平均每户就业人口数（人）	平均每户就业面（%）
1985	950	3 867.47	2 048.80	4.07	2.16	53.07
1986	1 000	4 024.36	2 154.74	4.02	2.15	53.48
1987	1 000	3 982.45	2 143.89	3.98	2.14	53.83
1988	1 280	4 755.00	2 554.70	3.72	2.00	53.72
1989	1 280	4 668.66	2 556.73	3.65	2.00	54.72
1990	1 280	4 612.26	2 525.10	3.60	1.97	54.75
1991	1 280	4 533.51	2 507.11	3.54	1.96	55.30
1992	1 280	4 419.19	2 479.57	3.45	1.94	56.11
1993	1 280	4 317.27	2 457.96	3.37	1.92	56.93
1994	1 180	3 870.41	2 245.89	3.28	1.90	58.03
1995	1 180	3 777.63	2 224.19	3.20	1.88	58.88
1996	1 180	3 757.83	2 221.32	3.18	1.88	59.12
1997	1 180	3 693.40	2 242.00	3.13	1.90	60.70
1998	1 180	3 631.62	2 210.20	3.08	1.87	60.86
1999	1 314	4 023.70	2 385.53	3.06	1.82	59.29
2000	1 280	3 943.31	2 205.98	3.08	1.72	55.94
2001	1 280	3 892.75	2 151.10	3.04	1.68	55.26
2002	1 280	3 801.60	2 048.00	2.97	1.60	53.87
2003	1 280	3 801.60	2 035.20	2.97	1.59	53.54

年份	平均每一就业者赡养人数（人）	平均每人每月实际收入（元）	平均每人每月可支配收入（元）	可支配收入指数		平均每人每月消费性支出（元）
				以上年为100	以1978年为100	
1985	1.88	49.95	48.62	107.6	145.7	43.40
1986	1.87	62.01	60.82	118.0	171.9	52.58
1987	1.86	67.35	65.99	100.6	172.9	58.60
1988	1.83	80.43	78.15	95.7	165.5	73.04
1989	1.83	93.07	90.16	98.4	161.2	81.49
1990	1.83	102.04	98.99	107.5	173.3	81.98
1991	1.81	110.61	107.95	104.5	181.0	92.52
1992	1.78	132.44	132.08	113.8	206.0	106.33
1993	1.76	165.56	165.40	108.1	222.8	132.14
1994	1.72	231.58	231.40	110.2	245.6	183.42
1995	1.70	281.74	281.38	104.0	255.5	226.04
1996	1.69	315.19	315.02	103.6	264.6	245.18
1997	1.65	340.89	339.28	104.6	276.7	266.63
1998	1.64	356.19	354.29	103.4	286.0	272.23
1999	1.69	395.52	393.38	112.0	320.3	290.19
2000	1.79	427.46	425.30	105.9	339.2	301.96
2001	1.81	462.14	458.84	108.1	366.7	324.54
2002	1.86	543.44	527.97	114.8	421.0	379.11
2003	1.87	596.14	575.12	108.0	454.7	409.55

注：可支配收入指数均按可比价计算，2002年之后人均月实际收入指标为人均月家庭总收入。后同。

7-7 城市住户基本情况

（1980-2003年）

年份	调查户数（户）	家庭人口数（人）	就业人口（人）	平均每户人口数（人）	平均每户就业人口数（人）	平均每户就业面（%）
1980	270	1 212.30	583.20	4.49	2.16	48.11
1981	270	1 182.60	596.70	4.38	2.21	50.46
1982	320	1 443.20	736.00	4.51	2.30	51.00
1983	320	1 410.00	720.00	4.40	2.25	51.14
1984	320	1 371.32	726.40	4.29	2.27	52.91
1985	800	3 203.35	1 740.22	4.00	2.18	54.50
1986	800	3 156.85	1 727.50	3.95	2.16	54.68
1987	800	3 123.95	1 722.83	3.90	2.15	55.15
1988	930	3 419.16	1 870.85	3.68	2.01	54.73
1989	930	3 355.44	1 973.81	3.61	2.01	55.84
1990	930	3 305.01	1 839.02	3.55	1.98	55.77
1991	930	3 263.04	1 812.35	3.51	1.95	55.54
1992	930	3 192.51	1 792.00	3.43	1.93	56.13
1993	930	3 117.51	1 779.55	3.35	1.91	57.08
1994	880	2 871.92	1 676.48	3.26	1.91	58.37
1995	880	2 783.02	1 650.20	3.16	1.88	59.30
1996	880	2 770.16	1 641.41	3.15	1.87	59.37
1997	880	2 736.80	1 654.40	3.11	1.88	60.45
1998	880	2 693.22	1 635.60	3.06	1.86	60.73
1999	1 014	3 071.83	1 814.65	3.03	1.79	59.07
2000	980	3 045.81	1 703.32	3.11	1.74	55.92
2001	980	2 986.50	1 676.67	3.05	1.71	56.14
2002	1 030	3 079.70	1 678.90	2.99	1.63	54.52
2003	1 030	3 069.40	1 668.60	2.98	1.62	54.36

年份	平均每一就业者赡养人数（人）	平均每人每月实际收入（元）	平均每人每月可支配收入（元）	可支配收入指数		平均每人每月消费性支出（元）
				以上年为100	以1978年为100	
1980	2.08	36.62	32.13	106.1	117.2	31.83
1981	1.98	33.76	33.60	100.7	118.1	31.15
1982	1.96	35.82	35.41	102.2	120.7	31.19
1983	1.95	37.09	36.55	101.3	122.2	32.21
1984	1.89	42.17	41.55	110.8	135.4	36.34
1985	1.83	51.18	50.43	111.6	151.1	44.13
1986	1.83	63.01	62.37	116.7	176.3	53.73
1987	1.81	69.34	68.63	102.0	179.8	59.58
1988	1.83	82.04	80.68	95.0	170.9	75.00
1989	1.79	94.91	94.03	98.4	168.1	84.35
1990	1.79	104.90	103.96	108.3	182.0	84.81
1991	1.80	113.14	112.46	103.6	188.6	95.11
1992	1.78	135.35	135.05	111.7	210.7	108.79
1993	1.75	170.82	170.70	109.2	229.9	137.94
1994	1.71	235.99	235.96	108.9	250.4	189.46
1995	1.69	288.65	288.58	104.6	262.0	233.53
1996	1.69	322.91	322.84	103.5	271.2	254.48
1997	1.65	347.52	346.07	104.1	282.2	275.29
1998	1.65	362.69	360.92	103.3	291.4	281.43
1999	1.69	408.52	406.25	113.6	331.0	314.76
2000	1.79	441.93	439.66	106.0	350.9	320.18
2001	1.78	481.20	477.10	108.7	381.4	350.61
2002	1.83	550.82	534.52	111.8	426.4	388.80
2003	1.84	606.98	584.48	108.4	462.2	423.91

7-8 城镇住户分组基本情况

（2003 年）

指标	单位	总计		最低收入户		# 更低收入户	
		城镇	城市	城镇	城市	城镇	城市
调查户数	户	1 280	1 030	128	103	64	52
平均每户家庭人口数	人	2.97	2.98	3.58	3.50	3.67	3.72
平均每户有收入人口数	人	2.08	2.10	1.99	2.00	1.97	2.05
平均每户就业人口数	人	1.59	1.62	1.48	1.49	1.41	1.50
平均每户就业面	%	53.54	54.36	41.34	42.57	38.42	40.32
平均每一就业者赡养人数（含就业者本人）	人	1.87	1.84	2.42	2.35	2.60	2.48
平均每人每月家庭总收入	元	596.14	606.98	238.43	242.58	210.70	214.22
平均每人每月可支配收入	元	575.12	584.48	228.19	231.19	200.19	201.95
平均每人每月消费性支出	元	409.55	423.91	195.64	203.88	181.36	178.58

指标	单位	低收入户		中等偏下收入户		中等收入户	
		城镇	城市	城镇	城市	城镇	城市
调查户数	户	128	103	256	206	256	206
平均每户家庭人口数	人	3.20	3.17	3.10	3.15	2.98	2.99
平均每户有收入人口数	人	2.02	1.98	2.07	2.15	2.13	2.13
平均每户就业人口数	人	1.44	1.43	1.62	1.67	1.69	1.68
平均每户就业面	%	45.00	45.11	52.26	53.02	56.71	56.19
平均每一就业者赡养人数（含就业者本人）	人	2.22	2.22	1.91	1.89	1.76	1.79
平均每人每月家庭总收入	元	333.30	337.12	427.65	429.16	553.91	553.13
平均每人每月可支配收入	元	321.47	322.86	411.25	411.28	536.51	535.56
平均每人每月消费性支出	元	278.24	290.94	328.42	336.12	396.24	405.96

指标	单位	中等偏上收入户		高收入户		最高收入户	
		城镇	城市	城镇	城市	城镇	城市
调查户数	户	256	206	128	103	128	103
平均每户家庭人口数	人	2.84	2.87	2.62	2.68	2.47	2.46
平均每户有收入人口数	人	2.13	2.14	2.07	2.07	2.10	2.14
平均每户就业人口数	人	1.63	1.68	1.55	1.56	1.59	1.66
平均每户就业面	%	57.39	58.54	59.16	58.21	64.37	67.48
平均每一就业者赡养人数（含就业者本人）	人	1.74	1.71	1.69	1.71	1.55	1.49
平均每人每月家庭总收入	元	711.82	715.09	909.61	920.71	1415.10	1 481.15
平均每人每月可支配收入	元	687.74	688.53	876.37	888.22	1364.97	1 428.23
平均每人每月消费性支出	元	477.63	487.33	586.59	594.05	797.82	849.44

7-9 城镇住户分市、县基本情况

（2003 年）

指标	单位	总计		南昌市	九江市	景德镇市	赣州市	萍乡市
		城镇	城市					
调查户数	户	1 280	1 030	300	100	100	100	50
平均每户家庭人口数	人	2.97	2.98	2.93	2.92	3.04	3.06	3.04
平均每户有收入人口数	人	2.08	2.10	2.07	2.16	2.18	2.12	2.17
平均每户就业人口数	人	1.59	1.62	1.48	1.59	1.88	1.82	1.78
平均每户就业面	%	53.54	54.36	50.51	54.45	61.84	59.48	58.55
平均每人每月家庭总收入	元	596.14	606.98	674.43	610.05	595.10	586.37	611.93
平均每人每月可支配收入	元	575.12	584.48	649.43	588.19	582.73	560.29	594.20
平均每人每月消费性支出	元	409.55	423.91	423.24	433.61	440.65	424.21	481.72
平均每人使用面积	平方米	24.50	21.52	17.43	20.75	19.32	21.25	21.94

指标	单位	宜春市	上饶市	吉安市	抚州市	新余市	鹰潭市	井冈山市
调查户数	户	50	50	50	50	50	50	30
平均每户家庭人口数	人	2.99	3.05	3.20	2.78	2.98	3.05	2.91
平均每户有收入人口数	人	2.05	2.31	2.22	1.98	2.07	1.90	2.05
平均每户就业人口数	人	1.56	1.48	1.93	1.35	1.70	1.41	1.83
平均每户就业面	%	52.17	48.52	60.31	48.56	57.05	46.23	62.89
平均每人每月家庭总收入	元	564.62	585.35	564.03	588.38	629.16	611.52	564.76
平均每人每月可支配收入	元	543.00	564.40	544.06	566.67	590.56	584.51	544.93
平均每人每月消费性支出	元	414.56	373.60	420.71	388.39	482.37	445.81	374.28
平均每人使用面积	平方米	22.30	20.84	23.14	24.36	21.40	19.01	22.54

指标	单位	瑞昌市	信丰县	泰和县	上高县	铅山县	东乡县
调查户数	户	50	50	50	50	50	50
平均每户家庭人口数	人	3.32	2.94	2.93	2.85	3.00	3.18
平均每户有收入人口数	人	2.28	2.07	1.86	1.97	1.99	2.11
平均每户就业人口数	人	1.70	1.43	1.65	1.62	1.44	1.77
平均每户就业面	%	51.20	48.64	56.31	56.84	48.00	55.66
平均每人每月家庭总收入	元	545.18	549.76	551.30	569.69	538.11	582.85
平均每人每月可支配收入	元	541.65	535.84	530.17	547.75	528.14	572.49
平均每人每月消费性支出	元	340.24	335.41	325.73	372.89	378.53	342.29
平均每人使用面积	平方米	33.80	44.57	26.40	26.17	30.57	37.64

7－10 城镇住户平均每人每月现金收支

单位:元

指标	城镇		城市	
	2002 年	2003 年	2002 年	2003 年
一、期初手存现金	**499.13**	**605.22**	**522.05**	**643.19**
二、家庭总收入	**543.44**	**596.14**	**550.82**	**606.98**
#可支配收入	527.97	575.12	534.52	584.48
(一)工薪收入	383.22	425.68	400.12	444.97
#工资及补贴收入	374.52	418.45	389.53	436.93
其他劳动收入	8.70	7.23	10.58	8.04
(二)经营净收入	25.16	30.54	23.46	26.01
(三)财产性收入	5.72	5.31	6.26	5.31
(四)转移性收入	129.34	134.60	120.98	130.69
#养老金或离退休金	92.19	95.13	87.35	95.08
赡养收入	8.46	8.37	6.00	5.58
捐赠收入	14.21	14.87	13.63	14.78
亲友搭伙费	6.84	6.06	6.68	6.70
三、出售财物收入	**1.75**	**3.62**	**1.58**	**4.46**
四、借贷收入	**116.10**	**128.22**	**109.93**	**123.96**
#提取储蓄存款	100.61	106.53	95.27	102.19
借入款	9.54	11.28	9.80	10.99
住房贷款	2.05	7.02	2.57	8.82
五、家庭总支出	**485.64**	**532.29**	**497.34**	**546.36**
#消费性支出	379.11	409.55	388.80	423.91
购房建房支出	16.62	29.87	19.91	31.87
个人所得税	1.00	1.47	0.89	1.46
捐赠支出	45.09	44.21	45.11	44.29
赡养支出	25.39	25.21	23.71	21.93
六、借贷支出	**154.16**	**171.43**	**139.58**	**161.79**
#存入储蓄款	132.49	150.00	120.11	141.79
借出款	2.17	0.70	0.87	0.68
归还借款	5.75	4.10	5.23	3.80
归还住房贷款	1.45	5.31	1.47	4.40
七、期末手存现金	**520.63**	**629.48**	**547.45**	**670.44**

7-11 城镇住户平均每人每月现金收支

（2003 年） 单位:元

指标	合计	最低收入户	#更低收入户	低收入户	中等偏下户	中等收入户	中等偏上户	高收入户	最高收入户
一、期初手存现金	**605.22**	**351.75**	**291.36**	**349.00**	**538.06**	**584.91**	**637.11**	**771.79**	**1 323.34**
二、家庭总收入	**596.14**	**238.43**	**210.70**	**333.30**	**427.65**	**553.91**	**711.82**	**909.61**	**1 415.10**
#可支配收入	575.12	228.19	200.19	321.47	411.25	536.51	687.74	876.37	1 364.97
(一)工薪收入	425.68	153.64	136.23	208.89	304.80	421.04	504.64	685.37	985.46
#工资及补贴收入	418.45	143.53	121.06	203.90	295.98	417.47	498.47	679.89	969.78
其他劳动收入	7.23	10.11	15.18	4.99	8.82	3.57	6.17	5.47	15.68
(二)经营净收入	30.54	18.23	11.38	17.12	30.57	18.58	41.71	20.20	81.99
(三)财产性收入	5.31	1.32	1.99	1.64	5.57	2.90	6.68	6.57	17.36
(四)转移性收入	134.60	65.25	61.10	105.65	86.72	111.39	158.80	197.47	330.28
#养老金或离退休金	95.13	42.72	39.19	88.08	61.55	81.75	110.96	140.49	213.52
赡养收入	8.37	7.09	8.24	5.13	4.68	5.86	13.30	10.51	15.38
捐赠收入	14.87	4.29	4.76	6.09	9.92	10.07	18.61	23.73	48.97
亲友搭伙费	6.06	5.60	1.58	2.46	3.86	1.85	8.23	15.23	11.88
三、出售财物收入	**3.62**	**15.36**	**0.20**	**0.07**	**0.20**	**0.23**	**0.23**	**1.22**	**18.56**
四、借贷收入	**128.22**	**19.58**	**19.48**	**49.41**	**63.53**	**74.25**	**133.42**	**216.64**	**596.20**
#提取储蓄存款	106.53	15.56	14.40	43.28	51.75	68.44	118.90	151.95	490.36
借入款	11.28	3.95	5.08	2.72	7.75	1.91	13.90	47.92	18.85
住房贷款	7.02				3.91	3.34		10.05	59.79
五、家庭总支出	**532.29**	**221.41**	**201.98**	**326.80**	**391.54**	**480.07**	**616.05**	**794.29**	**1 290.34**
#消费性支出	409.55	195.64	181.36	278.24	328.42	396.24	477.63	586.59	797.82
购房建房支出	29.87				6.52	4.94	16.95	36.51	266.33
个人所得税	1.47	0.09	0.14	0.10	0.27	0.59	1.26	3.80	8.70
捐赠支出	44.21	12.73	7.65	25.14	27.84	41.31	61.33	72.13	94.00
赡养支出	25.21	4.03	3.63	11.25	10.89	19.29	33.89	56.70	71.28
六、借贷支出	**171.43**	**28.07**	**18.38**	**47.56**	**82.87**	**125.97**	**207.06**	**307.70**	**665.31**
#存入储蓄款	150.00	26.42	16.83	43.96	74.57	116.20	185.23	243.96	574.19
借出款	0.70	0.03		0.16	0.09	0.81	0.54	0.79	4.09
归还借款	4.10	0.82	0.46	0.74	2.21	3.07	6.46	11.87	6.50
归还住房贷款	5.31				0.70	1.30	9.26	10.13	27.25
七、期末手存现金	**629.48**	**375.64**	**301.38**	**357.41**	**555.02**	**607.27**	**659.47**	**797.28**	**1 397.55**

7－12　城市住户平均每人每月现金收支

（2003 年）　　　　单位:元

指　　标	合　计	最　低收入户	#更低收入户	低收入户	中　等偏下户	中　等收入户	中　等偏上户	高收入户	最　高收入户
一、期初手存现金	**643.19**	**417.79**	**350.72**	**365.00**	**539.18**	**617.41**	**663.49**	**825.08**	**1 437.95**
二、家庭总收入	**606.98**	**242.58**	**214.22**	**337.12**	**429.16**	**553.13**	**715.09**	**920.71**	**1 481.15**
#可支配收入	584.48	231.19	201.95	322.86	411.28	535.56	688.53	888.22	1 428.23
（一）工薪收入	444.97	161.06	143.94	224.84	309.65	426.17	529.43	716.92	1 038.16
#工资及补贴收入	436.93	147.92	122.12	218.48	300.52	422.82	522.86	710.25	1 020.92
其他劳动收入	8.04	13.14	21.82	6.36	9.13	3.35	6.57	6.67	17.23
（二）经营净收入	26.01	11.04	3.94	9.83	26.86	12.95	35.84	9.18	96.99
（三）财产性收入	5.31	1.75	2.75	2.14	5.69	2.64	6.79	4.02	18.66
（四）转移性收入	130.69	68.73	63.59	100.31	86.96	111.36	143.02	190.60	327.34
#养老金或离退休金	95.08	47.71	45.25	85.20	62.46	87.46	105.58	129.34	217.51
赡养收入	5.58	4.98	5.38	1.23	3.76	5.25	4.94	10.69	13.71
捐赠收入	14.78	4.57	5.18	6.84	9.12	8.75	17.49	24.20	53.23
亲友搭伙费	6.70	6.20	0.94	3.21	4.41	1.83	8.65	17.69	12.59
三、出售财物收入	**4.46**	**20.45**	**0.24**	**0.05**	**0.17**	**0.13**	**0.26**	**1.14**	**23.61**
四、借贷收入	**123.96**	**22.47**	**18.42**	**54.30**	**67.65**	**69.43**	**111.46**	**228.92**	**568.92**
#提取储蓄存款	102.19	19.89	16.17	49.06	54.03	64.29	101.63	155.82	461.48
借入款	10.99	2.52	2.18	1.76	8.73	0.41	9.23	53.88	22.97
住房贷款	8.82				4.76	4.10		12.18	76.11
五、家庭总支出	**546.36**	**230.20**	**198.29**	**340.27**	**400.04**	**487.44**	**615.31**	**804.72**	**1 357.58**
#消费性支出	423.91	203.88	178.58	290.94	336.12	405.96	487.33	594.05	849.44
购房建房支出	31.87				7.92	6.07	19.47	42.67	272.58
个人所得税	1.46	0.12	0.20	0.10	0.32	0.71	1.46	3.84	7.36
捐赠支出	44.29	13.49	7.40	24.30	27.38	40.80	60.57	71.72	96.83
赡养支出	21.93	3.03	1.49	11.94	10.16	16.22	19.61	56.00	75.21
六、借贷支出	**161.79**	**23.53**	**21.39**	**42.05**	**81.62**	**110.41**	**187.62**	**309.58**	**635.32**
#存入储蓄款	141.79	22.14	20.00	40.56	73.16	101.35	171.28	238.29	555.05
借出款	0.68	0.04		0.15	0.10	0.86	0.43	0.95	3.77
归还借款	3.80	0.46	0.09	0.02	2.60	1.19	6.87	12.26	5.91
归还住房贷款	4.40				0.85	1.59	2.76	8.89	32.60
七、期末手存现金	**670.44**	**449.56**	**363.92**	**374.15**	**554.49**	**642.24**	**687.36**	**861.56**	**1 518.72**

7－13　城镇住户平均每人每月消费性支出和构成

指　　标	消费性支出（元）				构　成（%）			
	城　镇		城　市		城　镇		城　市	
	2002 年	2003 年	2002 年	2003 年	2002 年	2003 年	2002 年	2003 年
消费支出	**379.11**	**409.55**	**388.80**	**423.91**	**100.00**	**100.00**	**100.00**	**100.00**
一、食品	153.64	164.99	158.02	170.25	40.53	40.29	40.64	40.16
#粮食	13.96	14.84	14.16	15.13	3.68	3.62	3.64	3.57
油脂类	7.46	8.67	7.39	8.65	1.97	2.12	1.90	2.04
肉禽及其制品类	34.78	37.07	35.64	38.17	9.17	9.05	9.17	9.00
蛋类	4.00	4.01	4.13	4.19	1.06	0.98	1.06	0.99
水产品类	9.21	9.23	9.41	9.46	2.43	2.25	2.42	2.23
蔬菜类	19.61	21.91	19.90	22.50	5.17	5.35	5.12	5.31
干鲜瓜果类	11.37	12.15	11.71	12.50	3.00	2.97	3.01	2.95
奶及奶制品	6.60	7.86	6.87	8.22	1.74	1.92	1.77	1.94
在外饮食	19.93	20.25	20.81	21.11	5.26	4.94	5.35	4.98
二、衣着	37.32	40.07	39.15	42.04	9.84	9.78	10.07	9.92
三、家庭设备用品及服务	25.49	29.29	26.07	29.42	6.72	7.15	6.71	6.94
#耐用消费品	13.23	16.00	13.80	15.77	3.49	3.91	3.55	3.72
四、医疗保健	22.31	22.07	20.37	23.12	5.89	5.39	5.24	5.45
五、交通和通讯	36.44	38.82	36.38	39.46	9.61	9.48	9.36	9.31
#交通	11.02	10.53	11.16	10.27	2.91	2.57	2.87	2.42
通信	25.42	28.29	25.22	29.19	6.71	6.91	6.49	6.89
六、教育文化娱乐服务	55.08	55.36	58.50	58.84	14.53	13.52	15.05	13.88
#文化娱乐用品	13.24	14.44	14.60	15.97	3.49	3.53	3.76	3.77
文化娱乐服务	8.55	9.99	8.86	10.99	2.26	2.44	2.28	2.59
教育	33.29	30.93	35.04	31.88	8.78	7.55	9.01	7.52
七、居住	36.96	47.78	37.61	48.26	9.75	11.67	9.67	11.38
八、杂项商品和服务	11.86	11.16	12.69	12.51	3.13	2.72	3.26	2.95

7－14 城镇住户平均每人每月消费性支出

（2003 年）

单位：元

指标	合计	最低收入户	#更低收入户	低收入户	中等偏下户	中等收入户	中等偏上户	高收入户	最高收入户
消费支出	**409.55**	**195.64**	**181.36**	**278.24**	**328.42**	**396.24**	**477.63**	**586.59**	**797.82**
一、食品	164.99	110.11	102.16	133.00	144.82	165.60	184.67	207.78	247.84
#粮食	14.84	13.76	13.62	15.13	14.30	14.91	14.58	16.21	16.38
油脂类	8.67	7.46	7.09	8.40	8.84	9.17	8.68	8.98	8.90
肉禽及其制品类	37.07	28.64	26.67	32.37	33.60	38.00	40.15	43.05	48.89
蛋类	4.01	2.96	3.25	3.47	3.87	4.03	4.39	4.66	5.07
水产品类	9.23	6.94	6.50	7.70	8.42	9.19	10.51	10.12	12.84
蔬菜类	21.91	19.35	18.70	19.51	21.82	21.83	22.77	24.12	25.15
干鲜瓜果类	12.15	6.46	5.81	9.18	10.05	12.65	14.58	15.73	19.16
奶及奶制品	7.86	3.00	2.39	4.20	6.30	8.37	9.14	10.83	16.78
在外饮食	20.25	5.57	4.40	11.51	13.95	18.50	25.09	33.92	48.25
二、衣着	40.07	11.39	8.61	20.29	26.48	41.42	55.41	64.83	77.16
三、家庭设备用品及服务	29.29	8.64	7.45	15.40	20.08	26.54	36.14	38.27	84.16
#耐用消费品	16.00	2.85	2.08	7.10	10.07	14.24	19.80	18.49	56.28
四、医疗保健	22.07	9.44	9.22	18.75	16.40	21.07	25.68	24.28	51.85
五、交通和通讯	38.82	11.75	11.52	20.07	26.02	38.21	49.37	64.87	85.60
#交通	10.53	2.59	2.62	4.21	7.33	9.46	11.95	22.25	25.94
通信	28.29	9.16	8.90	15.86	18.68	28.75	37.42	42.61	59.66
六、教育文化娱乐服务	55.36	19.74	17.78	34.99	43.70	56.52	61.98	98.26	101.70
#文化娱乐用品	14.44	3.98	1.92	7.48	9.55	13.91	18.09	27.11	30.78
文化娱乐服务	9.99	1.90	1.28	4.47	5.33	7.98	11.26	24.47	27.74
教育	30.93	13.86	14.57	23.05	28.81	34.63	32.63	46.68	43.18
七、居住	47.78	21.24	22.17	31.14	43.79	35.28	50.75	66.11	126.36
八、杂项商品和服务	11.16	3.34	2.46	4.60	7.13	11.60	13.62	22.20	23.15

7－15 城市住户平均每人每月消费性支出

（2003年）

单位:元

指标	合计	最低收入户	#更低收入户	低收入户	中等偏下户	中等收入户	中等偏上户	高收入户	最高收入户
消费支出	**423.91**	**203.88**	**178.58**	**290.94**	**336.12**	**405.96**	**487.33**	**594.05**	**849.44**
一、食品	170.25	114.10	101.40	134.96	147.67	170.86	189.68	208.91	265.16
#粮食	15.13	14.03	13.28	15.36	15.01	15.21	14.99	15.45	16.53
油脂类	8.65	8.09	7.65	8.89	9.08	8.78	8.81	8.34	7.65
肉禽及其制品类	38.17	29.06	26.07	32.34	35.09	38.53	41.51	43.90	51.60
蛋类	4.19	2.97	3.28	3.79	4.12	4.13	4.51	4.82	5.40
水产品类	9.46	6.67	5.73	7.52	8.84	9.70	10.50	10.23	13.73
蔬菜类	22.50	19.37	17.58	20.03	22.78	22.23	23.20	23.85	27.17
干鲜瓜果类	12.50	6.93	6.12	9.10	10.30	12.94	14.85	15.77	20.28
奶及奶制品	8.22	3.11	2.80	4.61	5.76	8.53	10.07	11.14	18.31
在外饮食	21.11	6.49	4.75	11.79	12.52	19.92	25.03	36.74	52.90
二、衣着	42.04	11.77	8.77	22.04	26.17	42.65	57.91	72.73	77.72
三、家庭设备用品及服务	29.42	9.47	7.41	15.88	20.01	24.97	35.71	38.00	87.96
#耐用消费品	15.77	3.61	2.29	7.62	9.53	12.42	19.68	17.49	58.28
四、医疗保健	23.12	9.57	8.44	20.38	15.76	21.82	27.95	24.32	56.14
五、交通和通讯	39.46	11.80	11.07	21.47	26.26	38.44	48.94	61.97	92.00
#交通	10.27	2.85	2.96	4.10	7.70	7.53	11.16	21.21	28.45
通信	29.19	8.95	8.11	17.37	18.56	30.92	37.78	40.75	63.55
六、教育文化娱乐服务	58.84	20.76	15.26	38.29	44.37	58.44	66.32	109.81	103.61
#文化娱乐用品	15.97	4.09	1.32	8.28	10.12	14.25	21.18	28.11	36.34
文化娱乐服务	10.99	2.15	1.47	4.66	5.56	8.80	11.84	29.60	28.53
教育	31.88	14.52	12.47	25.35	28.68	35.38	33.30	52.10	38.74
七、居住	48.26	22.53	23.24	32.91	48.24	36.14	45.44	53.46	140.69
八、杂项商品和服务	12.51	3.87	2.99	5.01	7.65	12.64	15.39	24.85	26.15

7-16　城镇住户平均每百户主要消费品年末拥有量

品　　名	单　位	2002 年	2003 年
摩托车	辆	17.54	18.13
家用汽车	辆	0.16	0.21
洗衣机	台	92.51	93.92
电冰箱	台	83.65	84.97
冰柜	台	4.26	3.22
彩色电视机	台	123.83	130.37
影碟机	台	47.80	50.55
家用电脑	台	10.97	16.05
组合音响	套	22.83	22.85
摄像机	架	1.63	1.85
照相机	架	32.60	32.11
中高档乐器	件	8.76	8.93
微波炉	台	17.60	23.04
空调器	台	34.86	46.01
电炊具	台	73.82	77.43
淋浴热水器	台	65.25	69.22
健身器材	套	2.08	2.13
移动电话	部	54.05	78.06

7-17　城市住户平均每百户主要消费品年末拥有量

品　　名	单　位	2002 年	2003 年
摩托车	辆	16.48	17.02
家用汽车	辆	0.20	0.26
洗衣机	台	95.00	95.65
电冰箱	台	87.24	88.43
冰柜	台	3.72	3.10
彩色电视机	台	125.81	132.92
影碟机	台	49.49	52.29
家用电脑	台	11.93	18.13
组合音响	套	24.10	24.12
摄像机	架	2.05	2.34
照相机	架	35.96	35.36
中高档乐器	件	9.26	10.06
微波炉	台	20.51	26.31
空调器	台	40.62	51.92
电炊具	台	72.85	76.41
淋浴热水器	台	67.91	70.95
健身器材	套	2.60	2.65
移动电话	部	57.15	81.29

7－18　农村住户基本情况

（1978－2003年）

年　　份	调查县数（个）	调查户数（户）	平均每户常住人口（人）	平均每户整半劳动力（人）	平均每个劳动力负担人口（人）	平均每人纯收入（元）	纯收入指数（以1978年为100）	平均每人年末住房面积（平方米）
1978	12	132	5.68	2.77	2.50	140.70	100	
1979	12	133	5.67	2.26	2.50	156.50	109.80	
1980	20	520	5.91	2.50	2.36	181.24	127.59	9.09
1981	20	800	6.06	2.78	2.18	226.87	157.57	10.05
1982	20	1 220	5.97	2.63	2.27	269.71	185.46	11.57
1983	20	1 200	5.92	2.90	2.04	301.76	207.51	13.92
1984	20	1 200	5.94	3.02	1.97	334.11	227.85	15.55
1985	35	2 450	5.79	3.09	1.87	377.31	250.63	16.20
1986	35	2 450	5.72	3.04	1.88	395.63	255.65	17.50
1987	35	2 450	5.61	3.02	1.85	429.29	268.94	18.47
1988	35	2 450	5.48	3.01	1.82	488.16	280.23	19.35
1989	35	2 450	5.38	3.02	1.78	558.64	286.96	19.94
1990	35	2 450	5.28	3.00	1.76	669.90	292.70	20.58
1991	35	2 450	5.09	2.92	1.74	702.53	303.82	20.08
1992	35	2 450	5.01	2.94	1.70	768.41	322.36	20.70
1993	35	2 450	4.92	3.02	1.63	869.81	335.14	22.91
1994	35	2 450	4.86	3.10	1.57	1 218.19	356.02	21.61
1995	35	2 450	4.79	3.12	1.54	1 537.36	384.06	22.70
1996	35	2 450	4.71	3.02	1.56	1 869.63	430.16	24.00
1997	35	2 450	4.61	3.00	1.54	2 107.28	473.19	24.33
1998	35	2 450	4.56	2.99	1.52	2 048.00	466.04	25.31
1999	35	2 450	4.50	2.99	1.50	2 129.45	492.14	26.90
2000	35	2 450	4.44	3.03	1.46	2 135.30	504.84	27.79
2001	35	2 450	4.43	3.01	1.47	2 231.60	531.45	28.25
2002	35	2 450	4.39	3.01	1.46	2 334.20	554.83	29.24
2003	35	2 450	4.36	3.05	1.43	2 457.53	580.35	30.55

注：纯收入指数按可比价格计算。

7－19 各地区农村住户基本情况

（2003 年）

地　　区	调查户数（户）	平均每户常住人口（人）	平均每户劳动力（人）	7－15 岁人口入学率（%）	人均经营耕地面积（亩）	人均经营山地面积（亩）	平均每人年末住房面积（平方米）
全　省	**2 450**	**4.36**	**3.05**	**95.45**	**1.30**	**0.61**	**30.55**
南昌市	400	4.16	2.94	97.83	1.56	0.19	29.46
景德镇市	180	4.28	3.09	96.30	0.92	0.71	30.71
萍乡市	170	4.30	2.89	98.45	0.51	0.26	40.66
九江市	780	4.39	2.95	97.27	1.11	0.10	31.87
新余市	140	3.78	2.84	86.21	1.33	0.07	37.44
鹰潭市	180	4.11	3.08	95.12	1.41	0.58	48.35
赣州市	1 260	4.46	3.09	95.65	0.72	1.18	26.15
吉安市	820	4.27	3.02	96.94	1.68	1.10	31.32
宜春市	700	4.17	2.91	95.89	1.55	1.02	34.51
抚州市	770	4.23	2.99	96.24	1.58	0.94	27.56
上饶市	795	4.41	3.12	96.56	1.03	0.22	32.03

注：各设区市调查户数包括非国家调查县的调查户。

7－20 各地区农村住户劳动力文化程度构成

（2003 年）　　单位：%

地　　区	文盲或半文盲	小学程度	初中程度	高中程度	中专程度	大专以上程度
全　省	**5.51**	**34.76**	**48.88**	**9.00**	**1.44**	**0.40**
南昌市	3.93	32.99	52.31	8.80	1.11	0.86
景德镇市	3.24	29.50	46.04	10.43	9.71	1.08
萍乡市	2.20	25.14	54.82	12.07	3.61	2.14
九江市	6.56	31.96	48.46	10.42	1.87	0.74
新余市	6.80	25.69	54.41	12.34	0.76	
鹰潭市	7.75	36.04	44.32	9.19	2.52	0.18
赣州市	7.24	29.06	50.59	10.70	1.97	0.44
吉安市	4.36	37.49	47.54	8.68	1.61	0.32
宜春市	1.72	29.46	55.54	10.98	1.81	0.49
抚州市	6.26	40.57	44.31	6.86	1.56	0.43
上饶市	7.49	39.19	44.34	6.85	1.89	0.24

7－21 农村住户年末拥有生产性固定资产情况

指　　　　标	单位	1985年	1990年	1995年	2000年	2002年	2003年
一、平均每百户生产性固定资产拥有量							
汽车	辆	0.10	0.24	0.48	0.82	0.61	0.82
大中型拖拉机	辆	0.31	0.18	0.14	0.49	0.33	0.41
小型和手扶拖拉机	辆	1.10	1.11	1.28	2.12	2.67	2.41
机动脱粒机	台	1.25	2.93	5.39	8.07	19.88	19.11
胶轮大车	辆	2.59	2.27	2.69	4.39	13.00	10.96
胶轮手推车	辆	24.07	27.23	37.04			
抽水机	台	0.37	1.29	2.47			
水　泵	台	0.36	1.06	5.19	8.15	11.20	14.99
机动船	艘	0.16	0.18	0.16			
役　畜	头	51.01	56.10	60.21	49.67	46.81	45.53
产品畜	头	20.19	22.10	66.47	23.68	22.88	16.18
二、平均每户年末生产性固定资产原值	**元**	**619.06**	**924.72**	**1 914.80**	**2 695.23**	**2 873.95**	**3 115.30**
#役畜、产品畜	元	288.59	363.67	731.75	548.42	555.40	614.36
大中型铁木农具	元	73.51	106.27	214.69	299.85	325.94	329.81
农林牧渔业机械	元	17.42	37.86	69.44	200.90	194.37	247.36
工业机械	元	7.59	24.91	54.53	69.69	76.27	58.02
交通运输业、仓储和邮电业	元	36.89	88.18	149.49	459.85	439.23	470.24
房屋和建筑物	元	164.59	261.42	600.99	873.90	950.79	1 102.81

7－22 农村住户住房情况

单位:平方米

指　　　　标	1985年	1990年	1995年	2000年	2002年	2003年
一、平均每户年内新建房屋面积	**6.04**	**3.05**	**4.12**	**4.43**	**4.17**	**4.04**
#砖木结构	4.01	1.46	0.75	0.62	0.49	0.43
钢筋混凝土结构	0.21	0.89	3.14	3.78	3.68	3.55
#新建房屋中生活用房面积	4.99	2.31	3.97	4.43	4.17	4.04
新建房屋中楼房面积	1.10	0.57	0.78	3.81	3.97	3.83
平均每户年内新建房屋价值(元)	207.34	175.68	659.45	846.33	805.3	807.9
二、平均每户年末住房间数(间)	**5.58**	**5.90**	**4.83**			
平均每户年末住房面积	93.80	108.62	108.66	123.30	128.29	133.19
#砖木结构	52.98	65.24	68.82	57.35	52.87	58.64
钢筋混凝土结构	0.76	5.44	15.40	48.33	59.03	59.82
三、平均每人年末住房面积	**16.20**	**20.58**	**22.70**	**27.79**	**29.24**	**30.55**
#砖木结构	9.15	12.36	14.38	12.92	12.05	13.45
钢筋混凝土结构	0.13	1.03	3.22	10.89	13.46	13.72
四、平均每户年末住房价值(元)	**2 604.20**	**4 187.00**	**7 357.74**	**16 601.98**	**18 315.74**	**20 223.17**

7－23　农村住户总收入和构成

指　　标	平均每人（元）		构　成（%）	
	2002年	2003年	2002年	2003年
全年总收入	**3 039.63**	**3 180.95**	**100.00**	**100.00**
一、工资性收入	928.64	1 022.14	30.55	32.13
1. 在非企业组织中得到收入	119.43	121.90	3.93	3.83
2. 在本乡地域内劳动得到收入	151.21	172.76	4.97	5.43
#在企业中劳动得到收入	64.32	69.57	2.12	2.19
3. 常住人口外出从业得到收入	658.01	727.49	21.65	22.87
二、家庭经营收入	1 988.62	2 037.06	65.42	64.04
1. 农业收入	1 057.08	1 102.46	34.78	34.66
#粮食收入	648.59	682.30	21.34	21.45
2. 林业收入	82.88	69.68	2.73	2.19
3. 牧业收入	483.75	468.61	15.91	14.73
4. 渔业收入	44.52	43.71	1.46	1.37
5. 工业收入	45.68	53.84	1.50	1.69
6. 建筑业收入	42.94	55.51	1.41	1.75
7. 交通、运输和邮电业收入	60.21	67.18	1.98	2.11
8. 批发零售贸易、餐饮业收入	66.50	66.71	2.19	2.10
9. 社会服务业收入	47.50	48.46	1.56	1.52
10. 文教卫生业收入	13.47	22.11	0.44	0.70
11. 其他家庭经营收入	42.00	37.69	1.38	1.18
三、财产性收入	20.80	28.93	0.68	0.91
四、转移性收入	101.57	92.82	3.34	2.92

7－24　农村住户总支出和构成

指　　标	平均每人（元）		构　成（%）	
	2002年	2003年	2002年	2003年
全年总支出	**2 573.96**	**2 731.14**	**100.00**	**100.00**
一、家庭经营费用支出	547.30	568.33	21.26	20.81
1. 农业生产	234.90	251.90	9.13	9.22
2. 林业生产	2.67	2.14	0.10	0.08
3. 牧业生产	245.44	225.74	9.54	8.27
4. 渔业生产	11.58	11.43	0.45	0.42
5. 工业生产	9.63	17.48	0.37	0.64
6. 建筑业生产	3.58	6.34	0.14	0.23
7. 交通、运输和邮电业	15.94	17.34	0.62	0.63
8. 批发和零售贸易、餐饮业	7.90	11.08	0.31	0.41
9. 社会服务业	4.87	8.49	0.19	0.31
10. 文教卫生业	4.72	8.63	0.18	0.32
11. 其他家庭经营支出	6.07	7.77	0.24	0.28
二、购置生产性固定资产支出	59.96	65.55	2.33	2.40
三、税费支出	68.82	63.72	2.67	2.33
1. 第一产业税	41.39	49.96	1.61	1.83
2. 第二产业税	0.84	0.88	0.03	0.03
3. 第三产业税	2.40	2.67	0.09	0.10
4. 其他各项收费	24.18	10.22	0.94	0.37
四、生活消费支出	1 784.60	1 907.57	69.33	69.85
五、财产性支出	7.65	6.85	0.30	0.25
六、转移性支出	149.30	118.32	5.80	4.33
附:生产性固定资产折旧	43.67	47.63	1.70	1.74

注:由于统计方法和计算口径变动,2002年的部分指标数据作了调整。下同。

7-25 农村住户纯收入和构成

指标	平均每人（元）		构成（%）	
	2002年	2003年	2002年	2003年
全年纯收入	**2 334.20**	**2 457.53**	**100.00**	**100.00**
现金纯收入	1 701.57	1 938.45	72.90	78.88
实物纯收入	632.63	519.08	27.10	21.12
一、工资性纯收入	928.64	1 022.14	39.78	41.59
1.在非企业组织中劳动得到的	119.43	121.90	5.12	4.96
2.在本乡地域内劳动得到的	151.21	172.76	6.48	7.03
#在本地企业中劳动得到的	64.32	69.56	2.76	2.83
3.常住人口外出从业得到的	658.01	727.49	28.19	29.60
二、家庭经营纯收入	1 328.86	1 357.37	56.93	55.23
1.第一产业纯收入	1 077.49	1 097.44	46.16	44.66
农业收入	773.21	782.38	33.13	31.84
林业收入	58.81	67.19	2.52	2.73
牧业收入	214.13	216.44	9.17	8.81
渔业收入	31.34	31.43	1.34	1.28
2.第二产业纯收入	72.60	83.27	3.11	3.39
3.第三产业纯收入	178.77	176.66	7.66	7.19
三、财产性纯收入	20.80	28.93	0.89	1.18
四、转移性纯收入	55.90	49.09	2.39	2.00

7-26 各地区农村住户平均每人年纯收入

（2003年） 单位:元

地区	纯收入				
		工资性纯收入	家庭经营纯收入	财产性收入	转移性收入
全省	**2 457.5**	**1 022.1**	**1 357.4**	**28.9**	**49.1**
南昌市	2 808.1	1 080.0	1 465.7	217.6	44.8
景德镇市	2 665.6	1 293.4	1 238.2	45.7	88.4
萍乡市	2 686.0	1 211.1	1 273.0	118.9	83.0
九江市	2 373.4	1 168.5	1 120.9	26.5	57.5
新余市	2 849.6	1 417.4	1 360.1	42.2	29.9
鹰潭市	2 717.2	1 279.2	1 345.6	59.2	33.3
赣州市	2 240.2	980.7	1 150.0	30.7	78.8
吉安市	2 329.5	886.1	1 333.1	63.7	46.5
宜春市	2 689.5	989.3	1 583.2	52.1	64.9
抚州市	2 353.0	699.6	1 601.5	33.4	18.4
上饶市	2 383.1	1 267.4	1 018.3	55.8	41.6

7－27　农村住户生活消费支出、构成和商品性比重

指　　标	平均每人（元）		构　成（%）		商品性比重（%）	
	2002 年	2003 年	2002 年	2003 年	2002 年	2003 年
全年生活消费支出	**1 784.60**	**1 907.57**	**100.00**	**100.00**	**75.23**	**74.62**
1. 食品消费	894.53	986.07	50.12	51.69	56.24	55.83
#主食	244.61	248.37	13.71	13.02	10.70	9.49
在外饮食	161.98	176.05	9.08	9.23	100.00	100.00
2. 衣着消费	97.33	99.85	5.45	5.23	99.79	99.42
3. 居住消费	263.15	264.12	14.75	13.85	80.78	82.03
#服务性消费	73.72	69.41	4.13	3.64	100.00	100.00
4. 家庭设备、用品及服务	61.93	62.68	3.47	3.29	100.00	100.00
5. 交通通讯消费	125.98	141.69	7.06	7.43	100.00	100.00
6. 文教娱乐用品及服务	216.47	223.80	12.13	11.73	100.00	100.00
#学杂费	183.86	177.55	10.30	9.31	100.00	100.00
7. 医疗保健	80.95	91.98	4.54	4.82	100.00	100.00
#药品	44.91	46.04	2.52	2.41	100.00	100.00
8. 其他商品和服务消费	44.26	37.39	2.48	1.96	100.00	100.00

注：由于统计方法和计算口径变动，2002 年的部分指标数据作了调整。下同。

7－28　农村住户现金收入和构成

指　　标	平均每人（元）		构　成（%）	
	2002 年	2003 年	2002 年	2003 年
全年现金收入	**2 309.53**	**2 542.57**	**100.00**	**100.00**
一、工资性现金收入	928.64	1 022.13	40.21	40.20
1. 在非企业组织中得到收入	119.43	121.89	5.17	4.79
2. 在本乡地域内劳动得到收入	151.21	172.75	6.55	6.79
#在本地企业中得到收入	64.32	69.56	2.78	2.74
3. 常住人口外出从业得到收入	658.01	727.49	28.49	28.61
二、家庭经营现金收入	1 248.78	1 403.58	54.07	55.20
1. 出售产品的收入	917.83	1 051.40	39.74	41.35
#出售农业产品收入	477.67	556.33	20.68	21.88
出售林业产品收入	18.57	24.31	0.80	0.96
出售牧业产品收入	381.95	408.41	16.54	16.06
出售渔业产品收入	31.58	40.30	1.37	1.59
出售工业产品的收入	5.95	20.95	0.26	0.82
出售其他产品的收入	2.10	1.10	0.09	0.04
2. 工业服务性收入	39.73	32.89	1.72	1.29
3. 建筑业	42.94	55.51	1.86	2.18
4. 交通运输、邮电	60.21	67.18	2.61	2.64
5. 批发和零售贸易、餐饮业	66.50	66.71	2.88	2.62
6. 社会服务业	47.50	48.46	2.06	1.91
7. 文教卫生业	13.47	22.11	0.58	0.87
8. 其他家庭经营收入	42.00	37.62	1.82	1.48
三、财产性现金收入	19.78	26.70	0.86	1.05
四、转移性现金收入	99.55	90.15	4.31	3.55
非收入所得	**292.52**	**283.02**	**12.67**	**11.13**

7－29　农村住户现金支出和构成

指　　标	平均每人（元）		构　成（%）	
	2002年	2003年	2002年	2003年
全年现金支出	**2 070.91**	**2 152.45**	**100.00**	**100.00**
一、生产费用现金支出	506.19	542.21	24.44	25.19
1.家庭经营费用现金支出	446.23	475.86	21.55	22.11
农业生产支出	224.42	235.91	10.84	10.96
林业生产支出	2.40	2.14	0.12	0.10
牧业生产支出	155.95	149.50	7.53	6.95
渔业生产支出	11.34	11.24	0.55	0.52
工业生产支出	9.52	17.44	0.46	0.81
建筑业生产支出	3.58	6.34	0.17	0.29
交通运输支出	15.77	17.34	0.76	0.81
批发和零售贸易、餐饮业支出	7.76	11.08	0.37	0.51
社会服务业支出	4.71	8.48	0.23	0.39
文教卫生业	4.72	8.63	0.23	0.40
其他经营支出	6.05	7.77	0.29	0.36
2.购置生产性固定资产现金支出	59.96	65.55	2.90	3.05
二、税费现金支出	67.44	62.47	3.26	2.90
三、生活消费现金支出	1 342.51	1 423.41	64.83	66.13
四、财产性现金支出	7.58	6.83	0.37	0.32
五、转移性现金支出	147.18	117.52	7.11	5.46
非消费性现金支出	**213.60**	**375.24**	**10.31**	**17.43**

7－30　农村住户平均每人主要食物消费量

单位:元

品　　名	1980年	1985年	1990年	1995年	2000年	2002年	2003年
粮　　食	314.55	325.20	340.85	325.39	303.61	274.15	265.79
蔬菜及菜制品	160.71	172.77	166.52	152.70	148.72	146.33	144.22
植 物 油	2.03	3.41	4.76	6.21	8.73	8.03	7.49
动 物 油	1.01	1.52	1.56	1.40	1.57	1.45	1.28
猪肉及肉制品	6.48	9.97	11.58	12.00	12.37	12.62	13.00
牛 羊 肉	0.12	0.19	0.41	0.22	0.27	0.23	0.24
家　　禽	1.11	1.23	1.31	1.88	2.49	2.46	3.31
蛋类及蛋制品	1.04	1.73	1.95	2.58	3.26	2.89	3.50
奶及奶制品		0.02	0.03	0.05	0.13	0.22	0.40
水 产 品	1.54	1.66	2.02	3.58	3.73	4.38	5.19
食　　糖	1.02	1.43	1.64	1.46	1.36	1.26	1.13
酒	1.37	3.34	5.15	7.57	7.29	6.21	7.31
糖　　果		0.32	0.26	0.19	0.26	0.33	0.35
糕　　点		0.83	0.96	1.30	1.15	1.20	1.22
水　　果		3.69	5.32	15.53	21.25	11.73	9.45
瓜　　类						14.03	17.35

注:2002年以前的水果消费量包括瓜类。

7－31 农村住户平均每百户耐用物品年末拥有量

指标	单位	1980年	1985年	1990年	1995年	2000年	2002年	2003年
自行车	辆	12.12	55.27	105.27	131.92	116.12	121.55	119.14
电风扇	台		6.94	43.76	95.92	138.53	151.59	161.92
洗衣机	台			0.65	1.10	3.55	4.53	5.39
电冰箱	台			0.08	1.06	3.63	4.78	6.29
摩托车	辆			0.37	3.80	17.47	22.98	27.84
大型家具	件		292.29	333.92	875.80	326.08	287.14	288.29
彩色电视机	台		0.16	1.63	5.31	30.16	41.55	52.04
黑白电视机	台		6.04	36.57	75.67	74.65	70.73	65.92
收录机	台		2.65	13.71	22.37	14.65	14.37	11.18
照相机	架		0.20	0.41	0.53	2.08	1.88	1.59
空调机	台					0.04	0.08	0.41
抽油烟机	台					0.41	0.61	0.82
微波炉	台					0.08	0.16	0.33
热水器	台					1.14	1.18	1.76
电话机	部					21.63	35.67	42.45
移动电话	部					1.43	9.63	18.73
寻呼机	台					3.71	1.96	0.98
录放像机	台						3.43	2.53
影碟机	台					8.90	13.02	15.92
组合音响	台					5.06	5.51	6.41

7－32 农村住户按人均纯收入水平分组的户数构成

单位:%

分组	1985年	1990年	1995年	2000年	2002年	2003年
合计	**100**	**100**	**100**	**100**	**100**	**100**
200元以下	6.6					0.2
200－300元	25.3	1.1			0.1	…
300－400元	32.1	6.2	0.2	0.2		0.3
400－500元	21.3	14.8	0.5	0.3	0.2	0.4
500－600元	8.4	19.3	1.3	0.6	1.0	0.9
600－800元	4.8	33.6	4.9	3.1	3.3	3.1
800－1000元	1.1	15.1	10.1	4.0	5.9	4.6
1000－1500元	0.4	8.6	33.9	18.7	11.8	10.8
1500－2000元		1.1	28.0	23.3	19.4	17.7
2000－2500元		0.2		19.2	18.9	18.7
2500－3000元				12.1	13.6	13.8
3000－3500元				6.6	9.6	10.2
3500－4000元				4.3	6.3	6.7
4000－4500元				3.2	3.3	4.6
4500元以上				4.2	6.6	8.0

7－33 按纯收入高低分组的农村住户基本情况

（2003 年）

指　标	单位	最低收入	低收入	中间收入	高收入	最高收入
一、调查户数	户	490	490	490	490	490
二、平均每户常住人口	人	4.74	4.57	4.41	4.20	3.87
平均每户整半劳动力	人	3.02	3.04	3.00	3.12	3.06
平均每个劳动力负担人口	人	1.57	1.50	1.47	1.35	1.26
三、家庭常住人口的年龄构成						
6 岁以下	%	7.96	5.72	6.01	4.42	3.74
7－15 岁	%	16.90	17.33	16.60	13.95	9.44
16－60 岁	%	66.49	70.79	72.17	77.40	83.44
60 岁及以上	%	8.65	6.16	5.22	4.23	3.38
四、人均经营耕地面积	亩	1.05	1.17	1.31	1.42	1.61
人均经营山地面积	亩	0.61	0.65	0.67	0.66	0.43
五、劳动力的文化程度						
盲或半文盲	%	6.89	5.16	6.24	5.43	3.86
小学程度	%	39.74	35.32	34.19	33.77	30.85
初中程度	%	46.15	49.33	49.39	50.66	48.84
高中程度	%	6.62	8.98	8.55	8.44	12.39
中专程度	%	0.60	0.87	1.22	1.44	3.06
大专程度	%		0.34	0.41	0.26	1.00
六、户均生产性固定资产原值	元	2 793.80	2 512.17	2 560.48	2 898.69	4 811.36
#农业	元	1 853.84	1 748.69	1 939.76	2 024.43	2 329.77
#房屋及建筑物	元	636.52	652.15	718.62	828.29	981.82
役畜	元	478.77	540.85	563.35	560.82	581.64
大中型铁木农具	元	321.51	301.79	318.87	324.69	342.47
农业机械	元	239.37	169.94	255.02	226.47	294.01
林业	元	0.59	0.92	1.12	8.88	7.29
牧业	元	376.37	406.95	368.58	433.82	429.01
#房屋及建筑物	元	322.45	329.61	305.29	350.22	328.38
产品畜	元	50.80	73.36	60.84	69.00	92.37
渔业	元	2.43	1.33	8.82	37.24	11.12
制造业	元	21.22	46.94	40.92	80.92	84.08
交通运输业、仓储和邮政业	元	404.90	167.14	132.65	189.39	1 457.14
批发和零售贸易业	元	70.41	90.61	17.35	32.45	159.65
居民服务与其他服务业	元	44.90		16.94	52.04	115.82
七、平均每人年末住房面积	平方米	24.95	27.20	29.91	34.23	38.11
#钢筋混泥土结构	平方米	9.45	12.17	13.13	16.79	18.14
砖木结构	平方米	11.63	11.21	13.16	14.48	17.54

7－34　按纯收入高低分组的农民人均总收入及纯收入

（2003 年）　　单位:元

指　　　　标	最低收入	低 收 入	中间收入	高 收 入	最高收入
全年总收入	**1 531.78**	**2 353.22**	**2 948.75**	**3 750.47**	**5 827.48**
一、工资性收入	319.86	697.81	979.85	1 347.63	1 961.28
1. 在非企业组织中劳动得到收入	18.55	75.18	74.75	127.64	351.34
2. 在本乡地域内劳动得到收入	86.80	146.31	187.93	196.73	266.06
3. 外出从业得到收入	214.50	476.32	717.16	1 023.27	1 343.88
二、家庭经营收入	1 160.91	1 583.67	1 884.82	2 289.59	3 546.44
1. 第一产业收入	1 062.02	1 392.16	1 647.59	1 929.61	2 568.82
(1)农业收入	722.44	943.34	1 115.27	1 264.38	1 565.97
#粮食收入	464.72	574.70	713.66	778.03	936.51
(2)林业收入	50.92	63.70	74.07	83.43	79.79
(3)牧业收入	269.78	362.38	431.96	519.13	824.84
(4)渔业收入	18.88	22.74	26.28	62.67	98.22
2. 第二产业收入	29.47	70.63	77.17	134.53	262.41
(1)工业收入	16.54	22.67	33.35	73.43	138.48
(2)建筑业收入	12.93	47.96	43.82	61.10	123.94
3. 第三产业收入	69.42	120.88	160.06	225.45	715.20
(1)其他产品收入	1.57	1.73	0.52	0.77	0.78
(2)第三产业服务性收入	67.85	119.15	159.54	224.68	714.42
①交通、运输、邮电业收入	19.78	22.53	24.76	54.10	240.63
②批零贸易业、饮食业收入	20.06	37.91	53.96	68.65	170.37
③社会服务业收入	14.89	21.15	42.20	46.64	131.01
④文教卫生业收入	1.74	5.15	8.20	10.83	95.26
⑤其他行业收入	11.38	32.40	30.42	44.46	77.15
三、财产性收入	4.61	12.46	15.85	16.99	106.10
四、转移性收入	46.40	59.29	68.23	96.25	213.67
#家庭非常住人口寄回和带回	3.64	7.31	12.10	13.00	45.44
城市亲友赠送收入	1.95	3.41	1.16	6.54	7.61
全年纯收入	**1 017.02**	**1 768.77**	**2 314.23**	**3 008.29**	**4 603.03**

7-35 按纯收入高低分组的农民人均总支出

（2003年） 单位：元

指标	最低收入	低收入	中间收入	高收入	最高收入
全年总支出	**1 735.03**	**2 289.63**	**2 524.44**	**3 087.12**	**4 323.42**
一、家庭经营费用支出	396.60	458.77	495.23	582.98	975.77
1.第一产业生产费用支出	364.33	420.46	452.39	515.30	748.47
(1)农业生产费用支出	185.80	223.72	252.01	272.31	343.96
A.农业生产资料支出	160.43	200.06	221.57	240.65	290.26
B.农业服务性支出	25.36	23.65	30.44	31.66	53.70
(2)林业生产费用支出	0.81	3.86	1.42	2.76	1.90
(3)牧业生产费用支出	170.16	188.26	190.54	224.59	379.53
(4)渔业生产费用支出	7.56	4.62	8.42	15.64	23.07
2.第二产业生产费用支出	10.96	14.28	14.25	30.55	54.45
(1)工业生产费用支出	8.95	8.54	11.05	22.00	40.94
(2)建筑业生产费用支出	2.02	5.74	3.21	8.56	13.51
3.第三产业生产费用支出	21.30	24.04	28.59	37.13	172.85
(1)交通运输邮电业生产费用支出	5.60	5.81	4.53	10.90	66.97
(2)批零贸易餐饮业生产费用支出	6.82	3.57	10.34	8.95	28.30
(3)社会服务业生产费用支出	3.33	3.72	6.45	8.73	22.49
(4)文教卫生业生产费用支出	0.30	1.31	0.70	0.16	45.73
(5)其他行业生产费用支出	5.25	9.62	6.58	8.39	9.36
二、购置生产性固定资产支出	44.79	36.66	39.64	60.57	160.07
三、建造生产性固定资产雇工支出	0.17	0.22	0.42	0.46	3.05
四、税费支出	48.52	54.54	63.15	65.73	91.70
1.第一产业税	41.12	45.14	50.97	52.15	62.95
2.第二产业税	0.09	0.15	1.12	0.23	3.14
3.第三产业税	0.50	2.03	1.30	2.91	7.37
4.其他各种收费	6.81	7.22	9.75	10.44	18.24
五、生活消费支出	1 180.77	1 630.94	1 825.07	2 237.92	2 861.04
#服务性支出	288.63	501.87	597.25	761.62	1 050.38
1.食品消费支出	704.04	872.65	981.66	1 120.37	1 325.10
2.衣着消费支出	54.92	84.10	96.32	118.50	157.32
3.居住消费支出	127.48	198.49	224.48	361.72	448.45
4.家庭设备用品消费支出	38.26	54.11	60.91	70.28	96.51
5.交通和通讯消费支出	54.84	100.67	131.65	187.47	258.40
6.文化教育娱乐消费支出	120.04	202.77	227.09	231.30	363.96
7.医疗保健消费支出	56.72	87.16	73.15	102.61	150.85
8.其他商品和服务消费支出	24.47	30.99	29.81	45.68	60.46
六、财产性支出	0.50	6.18	3.68	8.83	16.88
七、转移性支出	63.68	102.31	97.25	130.62	214.91
#寄给带给家庭非常人口	0.11	10.21	5.74	17.19	44.07
赠送城市亲友	1.12	3.45	2.55	6.18	6.90

7－36　农村住户人口与就业情况

指　　　标	单位	2002 年	2003 年	指　　　标	单位	2002 年	2003 年
一、家庭常住人口	人	10 748	10 681	6. 交通运输仓储及邮电通讯业	人	75	85
6 岁及以下	人	621	605	7. 批发和零售贸易	人	128	86
7－15 岁	人	1 758	1 606	8. 住宿和餐饮业	人		126
16－60 岁	人	7 739	7 867	9. 居民服务和其他服务业	人	266	192
61 岁及以上	人	630	603	10. 教育	人		81
二、在校学生人数	人	2 160	2 064	11. 卫生、社会保障和社会福利业	人	24	23
#7－15 岁在校学生人数	人	1 633	1 533	12. 文化、体育和娱乐业	人	76	9
三、整半劳动力	人	7 383	7 475	13. 其他	人	555	574
#整劳动力	人	5 488	5 418	六、劳动力就业地点			
四、劳动力文化程度				1. 乡内	人	5 602	5 363
1. 不识字或识字很少	人	437	412	2. 县内乡外	人	121	65
2. 小学程度	人	2 633	2 598	3. 省内县外	人	162	186
3. 初中程度	人	3 543	3 654	4. 国内省外	人	1 476	1 829
4. 高中程度	人	646	673	5. 国外		2	4
5. 中专	人	101	108	七、乡镇企业职工人数	人	57	48
6. 大专及以上	人	23	30	八、当年外出从业劳动力人数	人	1 867	2 112
五、劳动力就业状况				#累计外出 6 个月以上人数	人	1 573	1 879
1. 农业	人	5 074	4 824	九、劳动力年内从事各种行业的时间			
2. 采掘业	人	67	86	1. 从事农业的时间	月	50 447	47 252
3. 制造业	人	829	1 110	2. 从事非农产业的时间	月	26 558	29 291
4. 电力煤气及水的生产供应业	人	15	13	十、外出务工时间	月	15 823	18 434
5. 建筑业	人	255	238				

7－37　农村住户所在村基本情况

指　　　标	单位	2002 年	2003 年	指　　　标	单位	2002 年	2003 年
一、调查村个数	个	245	245	1. 年末拥有耕地面积	亩/村	1 893	1 953
地势				#有效灌溉面积	亩/村	1 478	1 356
1. 平原村个数	个	52	50	2. 园地面积	亩/村	77	81
2. 丘陵村个数	个	151	156	3. 林地面积	亩/村	1 694	1 903
3. 山区村个数	个	42	39	4. 牧草地面积	亩/村	14	11
#老区村个数	个	74	74	5. 养殖水面面积	亩/村	57	55
郊区村个数	个	8	9	四、乡镇企业发展情况			
少数民族村个数	个			1. 乡镇企业个数	个	289	259
二、基本情况				2. 乡镇企业从业人员	人	4 967	5 168
1. 乡村户数	户	107 972	112 661	五、社会发展			
2. 乡村总人口	人	452 964	466 447	1. 通公路的村个数	个	233	241
3. 乡村总劳动力	人	221 609	232 728	2. 通电话的村个数	个	242	245
#男劳动力	人	119 379	127 132	3. 通电的村个数	个	245	245
三、土地资源				4. 能接收电视节目的村个数	个	243	242

主要统计指标解释

城镇居民家庭就业人口　指从事社会劳动并取得劳动报酬或经营收入的人口，不论有固定性职业或临时性职业都是就业人口。各学校在校学生在假期劳动，虽然领取一定的报酬，但不计算为就业人口。“就业人口”包括“国有单位职工”、“集体单位职工”、“个体雇主与自营者”、“个体被雇人员”、“被聘用和留用的离退休人员”、“其他就业者”六项。

城镇居民家庭实际收入　指调查户的全部实际的现金收入。包括经常或固定得到的收入和一次性收入。不包括周转性的收入，如提取银行存款，向亲友借入款、收回借出款以及其他各种暂收款。

城镇居民家庭可支配收入　指居民家庭在支付个人所得税后，所余下的实际收入。

即：可支配收入 = 实际收入 - 个人所得税 - 家庭副业生产支出 - 记账补贴

城镇居民家庭消费性支出　指调查户用于日常生活的全部支出，包括购买各种商品支出和文化生活、服务等非商品支出。

城镇居民家庭居住面积　指调查户家庭成员在调查时点实际居住的住房面积，不包括厨房、厕所、走廊面积和临时搭建房屋的面积。

农村住户常住人口　指全年经常在家或在家居住6个月以上，而且经济生活和本户连成一体的人口。外出从业人员在外居住时间虽然在6个月以上，但收入主要带回家中，经济与本户连为一体，仍视为家庭常住人口；在家居住，生活和本户连成一体的国家职工、退休人员也为家庭常住人口。但是现役军人、中专及以上(走读生除外)的在校学生、以及常年在外(不包括探亲、看病等)且已有稳定的职业与居住场所的外出从业人员，不应当作家庭常住人口。

常住人口中整半劳动力　整劳动力指男子18-50周岁，女子18-45周岁，半劳动力是指男子16-17周岁，51-60周岁，女子16-17周岁，46-55周岁的同时具有劳动能力的人。虽然在劳动年龄之内，但已丧失劳动能力的人，不应算为劳动力；超过劳动年龄，但能经常参加劳动，计入半劳动力数内。常住人口中的职工若为劳动力，也包括在整半劳动力中。

农村居民总收入　指农村住户年内从各种来源渠道得到的收入总和。由工资性收入、家庭经营收入、财产性收入和转移性收入四部分组成。

1. 工资性收入：工资性收入(即原劳动者的报酬收入)，指农村住户成员受雇于单位或个人，靠出卖劳动而获得的收入。包括在非企业组织中劳动得到的、在本地(住户所属乡镇地域范围内)劳动得到的收入、常住人口外出从业得到的收入。

2. 家庭经营收入：指农村住户以家庭为生产经营单位进行生产筹划和管理而获得的收入。包括农业、林业、牧业、渔业、工业、建筑业、交通运输邮电业、批发零售贸易餐饮业、社会服务业、文教卫生业和其他家庭经营收入。

3. 财产性收入：指金融资产或有形非生产性资产的所有者向其他机构单位提供资金或将有形非生产性资产供其支配，作为回报而从中获得的收入。如利息收入，股息收入，租金收入，红利收入，土地征用补偿收入，其他财产收入。

4. 转移性收入：指农村住户和住户成员无须付出任何对应物而获得的货物、服务、资金或资产所有权等，不包括无偿提供的用于固定资产形成的资金。一般指农村住户在二次分配中的所有收入。如非常住人口寄回和带回、农村外部亲友赠送、救济金、救灾款、保险年金、退休金、抚恤金、其它转移性收入。

农村居民纯收入　指农村住户当年从各个来源得到的总收入相应地扣除所发生的费用后的收入总和。它主要用于再生产投入和生活消费支出，也可用于储蓄和各种非义务性支出。它能反映一个地区或一个农村居民的平均收入水平。

农村居民购置生产性固定资产支出　指农村居民用于建造和购置生产性固定资产所支出的费用。

农村居民税费支出　指农村住户以现金和实物形式缴纳的从事生产经营活动的农业税、特产税、两税附加、一事一议费和从事非农业生产经营活动所缴纳的各种税费。还包括地方额外增加的各种费用。

农村居民生活消费支出　指农村住户用于物质生活和精神生活方面的支出。它包括食品、衣着、居住、家庭设备 用品及服务、医疗保健、交通和通讯、文化教育娱乐用品及服务、其他商品和服务等消费支出。

农村居民年末住房面积　指农村住户自有或租用的住房面积。房屋中的起居室、厨房或放置灶具的地方包括在内。但不包括仓库等作为生产用途房屋面积。

农村居民现金收入　指农村住户和住户成员在年内得到以现金形态表现的收入。包括工资性收入、家庭经营现金收入、财产性收入、转移性收入。

农村居民非收入所得　指农村住户和住户成员得到的不具收入特性的款项。包括：支取的储蓄存款、出卖财产得到的款项、借款、贷款和其他款项。非收入所得也可用于农村居民的消费支出。

农村居民非消费性现金支出　指农村住户不是用于生产、生活和再分配的现金付出。包括：归还贷款、借出款、归还借款、存款、购买股票和其他款项。

城市建设、环境保护、水资源和气象 8

CITY CONSTRUCTION, ENVIRONMENTAL PROTECTION, WATER RESOURCES AND METEOROLOGY

- 2003年，全省城市年末总人口670.52万人，城市面积2596.99平方公里，其中建成区面积598.54平方公里。

- 2003年，全省总水资源量1362.68亿立方米，比上年减少31.3%；全省总用水量172.50亿立方米，比上年减少13.2%。

- 2003年，全省废污水排放量28.53亿吨，比上年减少13.2%。

- 2003年，工业废气排放3202亿标立方米，二氧化硫排放量39.17万吨，排放达标量15.80万吨。

- 2003年，工业固体废物产生量6181.82万吨，综合利用率22.13%。

本篇章

资料整理	微机处理
涂姗华	涂姗华
赵志辉	赵志辉
张　辉	李光东

8－1　城市公用事业基本情况

指　　标	单位	1990年	1995年	2000年	2001年	2002年	2003年
自来水供水总量	万立方米	117 758	123 984	131 816	135 663	139 120	143 240
#生产运营用水	万立方米	92 271	75 060	68 954	78 975	77 023	76 629
居民家庭用水	万立方米	23 297	40 733	50 548	44 404	44 859	48 050
用水普及率	%	84.7	91.3	93.3	80.2	84.2	92.3
供水管道长度	公里	1 549	2 496	3 968	4 174	4 379	5 095
公共车辆(汽、电车)运营数	辆	1 091	1 950	4 031	4 628	4 168	4 678
平均每万人拥有	辆	1.3	1.5	3.0	6.8	5.7	6.8
道路长度	公里	1 108	2 330	3 033	2 954	3 053	3 430
平均每万人拥有	公里	1.4	1.8	2.3	4.3	4.5	5.1
道路面积	万平方米	1 119	2 277	3 293	3 931	4 448	5 466
平均每万人拥有	万平方米	1.4	1.8	2.5	5.8	6.5	8.2
排水管道长度	公里	878	1 577	2 074	2 142	2 392	2 953
平均每万人拥有	公里	1.1	1.2	1.5	3.1	3.5	4.4
公用煤气、液化气							
煤气供应量	万立方米	1 203	27 849	39 463	34 954	36 291	39 984
#家庭用量	万立方米	1 007	10 331	12 299	12 751	14 505	14 916
液化石油气供应量	吨	12 385	43 655	164 698	89 886	130 700	150 406
#家庭用量	吨	12 182	43 026	162 783	82 281	117 973	131 019
燃气普及率	%	13.5	52.3	69.2	61.4	65.8	73.9
城 市 绿 化							
绿化覆盖面积	公顷	7 044	15 252	20 044	18 783	19 946	23 809
平均每万人拥有	公顷	8.6	12.0	14.9	27.5	29.3	35.5
公园数	个	47	80	109	101	106	112
公园面积	公顷	593	1 379	1 820	1 786	1 912	1 808
市容环境卫生							
污水处理率	%					17.67	21.16
生活垃圾清运量	万吨	70	232	197	213	205	237
生活垃圾无害化处理率	%					52.10	49.45
粪便清运量	万吨	17	33	16	23	17	20
粪便处理率	%					92.68	89.85

注：平均每万人拥有指标按城市人口计算(以前年度均作调整)。

8－2 城市建设固定资产投资完成额

单位:万元

行业	1990 年	1995 年	2000 年	2001 年	2002 年	2003 年
总计	**22 810**	**49 965**	**152 077**	**201 604**	**450 857**	**820 584**
1.供水	1 716	8 906	15 535	15 400	31 489	39 387
2.燃气	8 669	5 443	4 972	4 778	5 992	22 280
3.公共交通	430	3 177	9 781	10 876	22 575	39 866
4.道路桥梁	8 947	20 273	60 596	120 060	224 659	430 465
5.排水	347	3 514	11 905	9 461	24 909	94 372
6.防洪	342	1 033	15 755	4 620	8 441	12 016
7.园林绿化	436	1 498	11 427	9 438	42 302	63 586
8.市容环境卫生	385	1 472	4 921	10 625	11 265	7 777
9.其他	1 538	4 649	17 185	16 346	79 225	110 835

8－3 城市规模和建设用地

(2003 年)

城市	年末城市人口(万人)	# 非农业人口	城市面积(平方公里)	建成区面积(平方公里)	建设用地面积(平方公里)	# 居住用地面积	城市人口密度(人/平方公里)
合计	**670.52**	**506.73**	**2 596.99**	**598.54**	**621.14**	**194.28**	**2 582**
南昌市	196.37	149.53	617.07	134.97	134.97	38.68	3 182
景德镇市	42.15	33.96	151.00	42.50	39.38	14.10	2 791
乐平市	13.39	10.38	31.44	13.60	15.26	4.98	4 259
萍乡市	46.81	32.11	132.90	43.00	43.00	11.06	3 522
九江市	55.90	43.16	699.00	48.40	48.40	16.50	800
瑞昌市	12.77	8.50	16.50	12.50	14.99	5.55	7 739
新余市	35.83	29.85	160.00	36.00	27.65	11.49	2 239
鹰潭市	18.20	12.00	143.00	19.00	20.96	7.00	1 273
贵溪市	12.00	11.00	34.00	19.00	24.70	7.56	3 529
赣州市	38.83	33.16	73.13	36.95	39.61	13.20	5 310
瑞金市	12.10	7.20	31.90	13.50	12.77	4.82	3 793
南康市	17.40	8.50	35.30	15.00	15.22	3.79	4 929
吉安市	34.21	20.99	206.80	24.41	25.18	7.21	1 654
井冈山市	1.62	1.41	8.96	5.50	4.64	2.39	1 808
宜春市	23.10	21.00	72.59	28.00	28.93	7.71	3 182
丰城市	19.82	14.37	25.40	19.30	18.50	3.80	7 803
樟树市	13.00	11.60	18.00	14.00	17.71	7.20	7 222
高安市	11.97	10.16	24.18	13.25	21.90	5.00	4 950
抚州市	37.79	25.42	50.00	32.60	33.61	10.47	7 558
上饶市	21.66	18.33	44.82	21.06	23.04	8.69	4 833
德兴市	5.60	4.10	21.00	6.00	10.72	3.08	2 667

注:城市人口密度是以规划区面积计算的,而不是以行政区面积计算。

8-4 城市市政工程

(2003年)

城市	道路长度(公里)	道路面积(万平方米)	桥梁数(座)	路灯数(盏)	排水管道长度(公里)	污水年排放量(万立方米)	防洪堤长度(公里)
合计	**3 430.49**	**5 465.9**	**410**	**255 084**	**2 952.58**	**96 737**	**384.26**
南昌市	780.74	1 506.2	69	66 375	782.98	29 750	
景德镇市	162.70	272.0	27	39 000	124.40	3 113	5.10
乐平市	68.30	94.3	3	4 609	46.60	1 750	13.00
萍乡市	274.48	518.5	47	29 300	225.60	3 544	28.20
九江市	268.24	360.2	66	9 195	249.04	8 000	33.00
瑞昌市	88.00	148.5		3 060	52.90	408	4.80
新余市	246.50	449.4	24	16 719	256.00	6 200	3.60
鹰潭市	76.00	140.0	22	3 748	52.00	980	
贵溪市	137.87	130.8	20	2 630	67.85	25 200	3.22
赣州市	257.20	374.9	7	10 362	213.20	3 680	11.87
瑞金市	108.00	116.2	10	1 302	36.60	524	87.00
南康市	77.00	100.0	9	2 600	130.00	344	10.00
吉安市	80.08	143.8	15	12 571	112.10	1 359	8.00
井冈山市	25.65	32.8	12	635	12.60	146	
宜春市	126.55	204.0	14	15 015	96.63	2 500	
丰城市	112.35	157.5	6	2 413	110.00	3 000	9.00
樟树市	63.00	61.1	13	1 928	56.60	720	52.00
高安市	49.75	46.9	8	1 100	37.46	450	14.00
抚州市	228.70	298.1	19	7 597	131.90	2 250	72.07
上饶市	161.03	258.8	10	24 240	127.56	2 459	23.80
德兴市	38.35	51.9	9	685	30.56	360	5.60

8-5 城市公共交通

(2003年)

城市	运营车数(辆)	#公共汽车(辆)	标准运营车数(标台)	运营线路网长度(公里)	客运总量(万人次)	运营收入(万元)	出租车数量(辆)
合计	**4 678**	**4 586**	**4 550**	**2 648**	**64 722**	**46 073**	**9 510**
南昌市	1 447	1 355	1 748	874	30 357	25 481	3 450
景德镇市	233	233	210	86	3 680	3 600	594
乐平市	60	60	42	13	400	400	130
萍乡市	568	568	444	252	5 180	2 650	600
九江市	705	705	647	119	9 614	3 109	1 478
瑞昌市	86	86	64	50	285	150	270
新余市	191	191	181	182	3 095	950	231
鹰潭市	53	53	50	99	228	421	50
贵溪市	57	57	42	60	228	965	150
赣州市	357	357	320	256	3 226	3 088	539
瑞金市	78	78	47	40	488	366	22
南康市	37	37	30	40	800	360	20
吉安市	116	116	144	120	2 160	1 662	115
井冈山市							255
宜春市	144	144	133	105	2 500	1 800	324
丰城市	91	91	64	97	480	180	120
樟树市	165	165	116	80	22		130
高安市	44	44	30	16	42		65
抚州市	135	135	130	70	1 127	271	329
上饶市	111	111	108	89	810	620	638
德兴市							

8-6 城市园林绿化

(2003年)

城市	绿化覆盖面积（公顷）	园林绿地面积（公顷）	公共绿地面积（公顷）	建成区绿化覆盖率（%）	建成区绿地率（%）	公园数（个）	公园面积（公顷）
合计	**23 808.8**	**21 689.1**	**4 305.74**	**30.21**	**26.76**	**112**	**1 808.15**
南昌市	4 952.7	4 708.8	1 281.64	36.69	34.89	16	293.68
景德镇市	1 759.3	1 610.4	234.30	40.10	37.28	8	90.70
乐平市	369.4	343.8	65.90	26.07	20.22	8	37.34
萍乡市	1 762.0	1 350.0	398.00	40.79	31.40	5	140.66
九江市	5 983.2	5 811.2	435.90	30.83	26.31	7	179.50
瑞昌市	276.8	246.0	57.00	19.08	17.32	2	42.40
新余市	1 481.0	1 374.0	279.47	38.55	35.56	8	152.80
鹰潭市	560.0	440.0	46.30	28.37	22.97	2	20.00
贵溪市	447.0	402.0	195.30	23.47	21.05	4	123.40
赣州市	1 335.3	1 134.6	272.35	24.50	21.48	7	71.15
瑞金市	213.0	221.0	77.00	15.78	12.44	1	43.00
南康市	383.0	325.0	84.76	23.40	20.67	1	43.00
吉安市	813.3	756.2	125.84	22.70	18.89	4	53.85
井冈山市	270.1	258.8	54.60	45.02	44.13	5	50.67
宜春市	1 124.0	1 034.0	188.00	36.50	33.57	4	169.50
丰城市	228.6	167.4	61.60	11.84	8.67	9	27.51
樟树市	160.0	71.0	56.00	11.14	4.86	1	11.00
高安市	243.2	193.6	59.00	16.32	13.06	2	46.00
抚州市	483.5	440.9	133.20	12.70	11.45	6	98.02
上饶市	707.4	630.4	152.58	33.59	29.93	11	72.97
德兴市	256.0	170.0	47.00	32.50	27.17	1	41.00

8-7 城市市容环境卫生

(2003年)

城市	道路清扫保洁面积（万平方米）	生活垃圾清运量（万吨）	垃圾无害化处理量（万吨）	粪便清运量（万吨）	粪便无害化处理量（万吨）	市容环卫车辆总数（台）	公共厕所（座）
合计	**4 143.4**	**239**	**117.01**	**19.70**	**17.70**	**629**	**1 311**
南昌市	1 313.5	58	57.60	0.30	0.30	180	202
景德镇市	173.0	11	11.15	0.50	0.40	29	126
乐平市	60.3	5		0.30	0.30	2	61
萍乡市	327.0	21		2.40	2.30	52	89
九江市	265.3	18	17.00	0.10		42	159
瑞昌市	60.0	5				4	24
新余市	290.0	22		0.80	0.80	32	112
鹰潭市	88.0	6				7	26
贵溪市	57.0	5		0.30	0.30	5	17
赣州市	273.1	12	12.30	1.00	1.00	62	86
瑞金市	42.0	7		0.90	0.90	9	33
南康市	99.6	6				11	31
吉安市	196.5	9	8.76	1.10	1.10	39	52
井冈山市	23.0	3	2.60	0.80	0.80	10	9
宜春市	129.0	8	7.60	3.00	3.00	34	80
丰城市	75.0	7		1.50	1.50	37	30
樟树市	65.3	7		3.00	3.00	17	51
高安市	47.0	5		2.00	2.00	8	10
抚州市	281.6	10		1.70		24	32
上饶市	247.2	11				16	73
德兴市	30.0	3				9	8

8－8　城市燃气（人工煤气）

（2003 年）

城　　市	供气管道长　度（公里）	供气总量（万立方米）	＃家庭用量	用气户数（户）	＃家庭用户	用气人口（万人）
合　计	**1 663.39**	**39 984**	**14 916**	**380 509**	**369 530**	**138.73**
南 昌 市	457.00	2 735	2 571	111 261	111 170	42.58
景德镇市	197.00	21 024	1 789	33 070	32 677	9.92
乐 平 市						
萍 乡 市	148.00	1 900	1 465	32 380	31 765	11.98
九 江 市	28.00	444	430	6 420	6 390	2.61
瑞 昌 市						
新 余 市	320.00	9 038	4 386	72 226	70 135	24.90
鹰 潭 市						
贵 溪 市	8.00	566	565	6 000	6 000	2.30
赣 州 市	184.00	1 445	1 225	45 787	45 721	16.80
瑞 金 市						
南 康 市						
吉 安 市	88.00	793	745	21 000	19 700	6.80
井冈山市						
宜 春 市	90.00	726	632	22 980	22 922	8.30
丰 城 市	45.00	575	575	11 300	11 300	6.15
樟 树 市						
高 安 市						
抚 州 市						
上 饶 市	98.39	738	533	18 085	11 750	6.39
德 兴 市						

8－9　城市燃气（液化石油气）

（2003 年）

城　　市	供气管道长　度（公里）	供气总量（吨）	＃家庭用量	用气户数（户）	＃家庭用户	用气人口（万人）
合　计	**92.64**	**150 406**	**133 019**	**1 018 531**	**982 975**	**356.48**
南 昌 市	90.40	64 500	60 630	354 052	337 052	130.29
景德镇市		12 000	3 168	28 000	26 700	9.80
乐 平 市		1 548	1 548	16 500	16 400	5.50
萍 乡 市		6 810	6 120	52 910	52 910	19.28
九 江 市		18 970	18 092	144 612	140 710	48.80
瑞 昌 市		600	580	20 000	19 800	7.10
新 余 市		1 224	981	8 960	8 690	3.86
鹰 潭 市		3 500	3 000	21 240	21 000	7.30
贵 溪 市		1 400	1 200	6 000	5 800	2.45
赣 州 市		4 788	4 656	45 600	44 342	16.00
瑞 金 市		5 710	5 608	22 569	21 553	7.40
南 康 市	2.00	1 600	1 540	23 000	21 000	9.30
吉 安 市		4 950	4 850	25 300	25 180	8.03
井冈山市		300	260	2 300	1 840	1.21
宜 春 市	0.18	4 120	3 900	21 900	21 880	7.90
丰 城 市		750	750	11 000	11 000	5.16
樟 树 市		1 900	1 900	38 000	37 000	11.60
高 安 市		2 400	2 200	36 000	33 000	11.00
抚 州 市		6 500	5 600	93 403	90 233	27.90
上 饶 市	0.06	4 436	4 436	34 285	34 285	12.00
德 兴 市		2 400	2 000	12 900	12 600	4.60

8－10 城市供水和用水

（2003 年）

城市	综合生产能力（万立方米/日）	供水总量（万立方米）	#生产运营用	#居民家庭用	供水管道长度（公里）	用水人口（万人）	人均日生活用水量（升）
合计	**620.05**	**143 240**	**76 629**	**48 050**	**5 095**	**618.60**	**262.20**
南昌市	134.00	37 188	12 986	18 782	1 714	196.37	302.07
景德镇市	20.40	4 551	436	1 837	187	37.00	152.39
乐平市	8.70	2 398	1 213	422	92	12.80	220.25
萍乡市	26.00	5 866	1 910	3 612	378	45.50	230.02
九江市	196.50	29 580	22 938	4 064	324	55.89	320.79
瑞昌市	3.00	832	100	700	42	8.70	227.37
新余市	32.50	7 898	3 033	2 551	305	35.20	303.70
鹰潭市	13.70	1 356	641	568	70	15.00	120.73
贵溪市	79.30	28 863	28 378	430	112	7.70	160.11
赣州市	17.00	4 571	831	2 285	606	38.00	237.64
瑞金市	3.70	1 273	568	323	42	9.30	180.00
南康市	1.30	450	189	233	49	11.00	60.02
吉安市	16.00	2 346	382	1 220	238	19.50	270.32
井冈山市	2.60	250	161	34	38	1.60	143.84
宜春市	10.00	3 078	462	2 308	220	23.00	293.27
丰城市	9.60	3 023	243	2 528	78	18.99	382.32
樟树市	8.00	1 860	590	1 190	73	13.00	267.65
高安市	4.50	589	47	475	55	10.20	143.70
抚州市	17.65	3 609	941	2 136	236	33.05	210.47
上饶市	13.10	3 074	500	2 122	151	21.30	308.57
德兴市	2.50	585	80	230	85	5.50	176.84

8－11 城市设施水平

（2003 年）

城市	人均拥有城市维护建设资金（元）	用水普及率（%）	燃气普及率（%）	每万人拥有公共交通车辆（标台）	人均拥有道路面积（平方米）	人均公共绿地面积（平方米）	排水管道密度（公里/平方公里）
合计	**1 238**	**92.26**	**73.87**	**6.79**	**8.15**	**6.42**	**4.93**
南昌市	1 549	100.00	88.03	8.90	7.67	6.53	5.8
景德镇市	358	87.78	46.79	4.98	6.45	5.56	2.93
乐平市	473	95.59	41.08	3.14	7.05	4.92	3.43
萍乡市	2 494	97.20	66.78	9.49	11.08	8.50	5.25
九江市	688	99.98	92.15	11.57	6.44	7.80	5.15
瑞昌市	480	68.13	55.60	5.01	11.63	4.46	4.23
新余市	1 377	98.24	80.27	5.05	12.54	7.80	7.11
鹰潭市	1 018	82.42	40.11	2.75	7.69	2.54	2.74
贵溪市	2 101	64.17	39.58	3.50	10.90	16.28	3.57
赣州市	1 442	97.86	84.48	8.24	9.65	7.01	5.77
瑞金市	781	76.86	61.16	3.88	9.60	6.36	2.71
南康市	584	63.22	53.45	1.72	5.75	4.87	8.67
吉安市	942	57.00	43.35	4.21	4.20	3.68	4.59
井冈山市	10 027	98.77	74.69		20.25	33.70	2.29
宜春市	845	99.57	70.13	5.76	8.83	8.14	3.45
丰城市	782	95.81	57.06	3.23	7.95	3.11	5.7
樟树市	323	100.00	89.23	8.92	4.70	4.31	4.04
高安市	287	85.21	91.90	2.51	3.92	4.93	2.83
抚州市	890	87.46	73.83	3.44	7.89	3.52	4.05
上饶市	2 178	98.34	84.90	4.99	11.95	7.04	6.06
德兴市	429	98.21	82.14		9.27	8.39	5.09

8－12 环保系统机构和人员基本情况

指 标	单位	1990年	1995年	2000年	2002年	2003年
环保机构	个	223	279	344	304	335
省 级	个	3	8	9	10	9
地、市级	个	34	40	49	50	58
县 级	个	196	231	245	240	260
乡镇级	个			41	4	8
环保人员	人	1 758	2 200	3 338	3 617	3 700
环境监理所	个				77	83
省 级	个				1	1
地、市级	个				10	11
县 级	个				66	71
环境监理人员	人				990	1 109
环境监测站	个	83	88	90	80	86
省 级	个	1	1	1	1	1
地、市级	个	10	11	11	11	11
县 级	个	72	76	78	68	74
环境监测人员	人	910	944	1 076	1 150	1 114

8－13 各地区工业废水排放及处理情况

（2003年）

地 区	工业用水总量（万吨）	工业用水重复利用率（%）	工业废水排放量（万吨）	#排放达标量	工业废水排放达标率（%）	废水治理设施数（套）	废水治理设施处理能力（万吨/日）	污水排放口（个）
总 计	**506 889.86**	**45.92**	**50 135.14**	**41 642.47**	**83.06**	**1 130**	**274.96**	**1 135**
南昌市	42 672.15	47.65	6 917.37	6 605.17	95.49	109	30.09	135
景德镇市	12 305.48	54.19	5 038.72	4 853.74	96.33	64	14.96	33
萍乡市	55 251.88	92.56	1 857.24	1 529.46	82.35	95	31.64	55
九江市	113 467.49	52.79	6 190.96	4 920.27	79.48	105	17.20	140
新余市	52 900.87	84.57	4 607.69	3 681.35	79.90	82	55.08	42
鹰潭市	65 365.06	37.97	6 199.52	5 668.31	91.43	29	17.66	17
赣州市	7 587.98	45.87	3 360.62	1 519.69	45.22	130	12.81	153
吉安市	64 181.79	4.95	7 144.98	5 449.10	76.26	130	24.11	182
宜春市	71 749.37	8.75	1 794.06	1 661.01	92.58	120	15.53	115
抚州市	4 658.14	19.55	2 752.82	2 181.87	79.26	72	5.85	96
上饶市	16 749.65	67.62	4 271.16	3 572.50	83.64	194	50.03	167

8－14 工业“三废”排放及处理利用情况

指　　标	单 位	1990 年	1995 年	2000 年	2002 年	2003 年
工业废水						
工业用水总量	万 吨			329 408	428 284	506 890
工业用水量重复利用率	%			55.05	48.83	45.92
工业废水排放总量	万 吨	77 123	66 880	42 083	46 119	50 135
工业废水排放达标量	万 吨	13 008	33 099	28 796	35 786	41 642
工业废水排放达标率	%			68.34	77.60	83.06
工业废气						
工业废气排放总量	亿标立方米	1 659	2 396	2 220	2 612	3 202
燃料燃烧中废气排放量	亿标立方米	1 087	1 576	1 360	1 458	1 812
生产工艺中废气排放量	亿标立方米	572	820	860	1 154	1 390
工业二氧化硫去除量	万 吨		34	53	52	67
工业二氧化硫排放量	万 吨	30	28	29	25	39
燃料燃烧中废气排放量	万 吨			22	21	32
#排放达标量	万 吨				15	16
生产工艺中废气排放量	万 吨			3	4	7
#排放达标量	万 吨				2	3
工业烟尘						
工业烟尘去除量	万 吨		263	289	394	454
工业烟尘排放量	万 吨	30	28	22	15	19
#排放达标量	万 吨				8	13
工业粉尘						
工业粉尘去除量	万 吨	32	61	122	154	186
工业粉尘排放量	万 吨	34	23	34	24	31
#排放达标量	万 吨				6	17
工业固体废物						
工业固体废物产生量	万 吨	3 199.00	3 669.00	4 814.97	5 849.92	6 181.82
#危险废物	万 吨			1.71	2.27	2.89
放射性废物	万 吨			…	0.01	0.01
工业固体废物综合利用量	万 吨	412.00	739.00	702.24	1 136.27	1 368.00
#危险废物	万 吨			1.60	2.11	2.58
工业固体废物综合利用率	%			14.64	19.21	22.13
工业固体废物贮存量	万 吨			3 861.40	4 404.89	4 534.00
#危险废物贮存量	万 吨			0.86	0.20	0.10
工业固体废物处置量	万 吨	2 381.00	144.00	98.71	1 776.87	590.10
#危险废物贮存量	万 吨			0.01	0.04	0.23
工业固体废物排放量	万 吨	105.00	29.00	28.70	12.95	9.55
重点调查工业企业汇总数	个	2 049	1 558	1 069	1 000	1 054
“三废”综合利用产品产值	万 元	12 783	36 909	40 455	88 024	100 654

8－15　各地区工业固体废物产生及处理利用情况

（2003 年）　　单位:万吨

地　区	固体废物产生量	# 危险废物（吨）	# 冶炼废渣	# 粉煤灰	# 尾　矿	固体废物综合利用量	# 危险废物（吨）
总　计	**6 181.82**	**28 947.25**	**385.10**	**467.65**	**4 462.62**	**1 368.00**	**25 758.98**
南昌市	159.27	10 890.17	71.74	53.62		135.42	10 362.10
景德镇市	105.13			43.00	19.64	104.06	
萍乡市	220.30		64.87	74.16		180.45	
九江市	318.57	1 384.00	0.84	79.03	191.02	138.95	1 370.00
新余市	361.59		171.32	52.73	77.07	243.29	
鹰潭市	223.55	14 000.00	63.75	56.56	28.39	117.33	13 900.00
赣州市	345.25	1 638.28	1.21		293.59	162.64	19.28
吉安市	92.06	1 022.60	0.13	39.03	22.92	28.63	107.60
宜春市	454.05	12.00		68.86	92.28	153.41	
抚州市	36.61	0.20	0.5	0.21	7.32	14.71	
上饶市	3 865.44		10.73	0.43	3 730.39	89.11	

地　区	# 冶炼废渣	# 粉煤灰	# 尾　矿	固体废物综合利用率（%）	固体废物贮存量	固体废物处置量	固体废物排放量	“三废”综合利用产品产值（万元）
总　计	**379.70**	**337.27**	**250.89**	**22.13**	**4 534.00**	**590.10**	**9.55**	**100 654.4**
南昌市	71.44	36.33		85.03	21.88	1.75	0.21	9 301.7
景德镇市		53.56	16.55	98.98	21.55	1.29	0.63	2 935.3
萍乡市	64.87	57.55		81.91	39.60	0.04	0.20	3 108.7
九江市	0.01	80.29	24.00	43.62	181.10	1.10	0.14	3 784.7
新余市	171.32	30.32	2.00	67.28	121.01	0.57		12 183.3
鹰潭市	63.71	16.11	12.37	52.49	104.07	2.15		38 149.3
赣州市	0.92		139.45	47.11	155.56	25.63	1.47	1 644.3
吉安市	0.13	11.43	2.40	31.09	26.48	37.16	0.19	6 827.6
宜春市		51.05	24.31	33.77	83.55	212.34	5.03	16 838.0
抚州市	0.50	0.21		40.17	8.63	11.64	1.63	811.4
上饶市	6.80	0.42	29.82	2.31	3 770.57	296.43	0.05	5 070.1

8－16 各地区工业废气排放及处理利用情况

（2003年）

地区	工业废气排放总量（亿标立方米）	燃料燃烧过程中排放的	生产工艺过程中排放的	废气治理设施数（套）	#脱硫设施数	废气治理设施处理能力（万标立方米/时）	#脱硫设施脱硫能力（吨/时）
总计	**3 201.9**	**1 812.0**	**1 389.9**	**1 994**	**213**	**4 505.57**	**101.21**
南昌市	401.3	191.4	209.9	205	35	826.22	13.76
景德镇市	185.9	150.5	35.3	65	8	305.30	1.43
萍乡市	344.6	153.8	190.8	138	11	265.33	0.48
九江市	497.2	390.1	107.1	170	49	704.54	2.38
新余市	444.3	200.8	243.5	159	19	791.08	1.05
鹰潭市	280.1	171.5	108.6	82	6	253.55	77.62
赣州市	124.7	22.6	102.1	247	24	154.04	1.26
吉安市	242.9	160.0	82.8	245	21	597.53	0.23
宜春市	422.9	322.6	100.3	294	8	516.78	0.50
抚州市	67.1	18.2	49.0	106		49.81	
上饶市	190.9	30.4	160.4	283	32	41.39	2.50

地区	废气治理设施运行费用（万元）	二氧化硫去除量（吨）	二氧化硫排放量（吨）	#燃料燃烧过程中排放量	排放达标量	#生产工艺过程中排放量	排放达标量
总计	**40 155.4**	**667 084**	**391 746**	**323 002**	**158 029**	**68 743**	**33 059**
南昌市	5 095.9	5 117	32 882	30 934	30 613	1 948	1 929
景德镇市	389.3	1 296	27 888	27 496	15 167	391	109
萍乡市	2 120.7	4 645	37 666	35 936	9 936	1 730	711
九江市	2 362.3	5 783	62 133	58 888	33 975	3 245	1 668
新余市	5 074.7	6 345	31 212	25 898	11 724	5 314	5 308
鹰潭市	20 461.3	624 143	35 090	29 143	20 737	5 946	5 946
赣州市	543.1	671	14 030	2 528	584	11 503	1 283
吉安市	2 094.5	1 853	35 725	33 022	17 837	2 703	1 129
宜春市	820.2	6 993	66 639	63 821	8 810	2 819	356
抚州市	265.5	1 048	21 051	5 641	4 503	15 410	9 063
上饶市	927.9	9 190	27 430	9 695	4 143	17 734	5 557

8－17　各地区工业烟尘、粉尘排放及达标情况

（2003 年）　　　　单位:吨

地　　区	烟尘去除量	烟尘排放量	# 排放达标量	粉尘去除量	粉尘排放量	# 排放达标量
总　计	**4 543 237**	**188 715**	**128 853**	**1 857 601**	**307 253**	**165 480**
南 昌 市	469 443	23 222	23 067	171 865	6 461	6 462
景德镇市	44 566	10 440	9 842	1 872	5 493	4 393
萍 乡 市	653 014	28 476	5 730	680 595	114 383	15 866
九 江 市	1 007 235	21 309	14 807	192 912	6 442	2 807
新 余 市	473 589	3 711	2 965	287 478	11 027	9 780
鹰 潭 市	596 363	11 470	11 461	101 291	655	655
赣 州 市	10 167	15 209	3 053	106 779	34 582	22 642
吉 安 市	458 503	11 805	10 349	71 791	42 646	35 654
宜 春 市	790 872	19 771	18 232	124 321	60 847	52 841
抚 州 市	8 549	28 432	23 204	2 408	11 084	8 823
上 饶 市	30 936	14 870	6 143	116 289	13 633	5 557

8－18　各地区城镇生活污水产生及排放情况

（2003 年）　　　　单位:吨

地　　区	城镇生活污水排放量（万吨）	城镇生活污水中 COD 产生量	城镇生活污水中 COD 排放量	城镇生活污水中氨氮产生量	城镇生活污水中氨氮排放量
总　计	**61 823**	**338 946**	**335 467**	**26 701**	**26 183**
南 昌 市	11 691	61 899	58 420	4 814	4 296
景德镇市	3 316	18 652	18 652	1 451	1 451
萍 乡 市	3 171	17 834	17 834	1 387	1 387
九 江 市	6 384	35 905	35 905	2 793	2 793
新 余 市	2 151	12 102	12 102	941	941
鹰 潭 市	1 752	9 855	9 855	767	767
赣 州 市	8 772	49 351	49 351	3 838	3 838
吉 安 市	5 574	31 352	31 352	2 439	2 439
宜 春 市	6 895	38 193	38 193	2 970	2 970
抚 州 市	5 325	29 946	29 946	2 329	2 329
上 饶 市	6 792	33 857	33 857	2 972	2 972

8－19　各地区城镇生活及其他污染情况

（2003 年）

地　　区	生活及其他煤炭含硫率（%）	生活及其他煤炭含灰率（%）	生活及其他SO2 排放量（吨）	生活及其他烟尘排放量（吨）
总　计	**1.25**	**26.61**	**45 495**	**7 813**
南 昌 市	1.50	25.00	5 394	280
景德镇市	0.78	27.20	1 920	480
萍 乡 市	0.67	29.28	3 224	299
九 江 市	1.17	25.08	1 591	266
新 余 市	0.56	28.00	1 820	295
鹰 潭 市	1.98	25.00	969	31
赣 州 市	1.21	24.40	4 652	2 586
吉 安 市	1.94	32.34	8 308	1 397
宜 春 市	1.20	29.28	8 381	448
抚 州 市	2.00	30.00	2 567	1 023
上 饶 市	0.77	17.17	6 669	708

8－20　各地区工业污染治理项目建设情况

（2003 年）　　单位:个

地　　区	汇总工业企业	本年施工项目					
			废水治理项目	废气治理项目	固体废物治理项目	噪声治理项目	其他治理项目
总　计	**131**	**177**	**51**	**104**	**10**	**2**	**10**
南 昌 市	11	19	5	12	1		1
景德镇市	6	6	3	2	1		
萍 乡 市	20	29	1	28			
九 江 市	5	5	4	1			
新 余 市	10	16	4	8	2	2	
鹰 潭 市	4	4		4			
赣 州 市	16	16	7	4	5		
吉 安 市	9	16	4	8			4
宜 春 市	22	25	8	16	1		
抚 州 市	8	8	6	2			
上 饶 市	20	33	9	19			5

8－21 各地区工业污染治理项目本年完成投资额

（2003 年）　　单位:万元

地区	本年完成投资额	废水治理项目	废气治理项目	固体废物治理项目	噪声治理项目	其他治理项目
总计	**9 181.4**	**1 827.4**	**6 054.8**	**1 010.8**	**46.0**	**242.4**
南昌市	1 547.9	415.7	895.2	200.0		37.0
景德镇市	345.0	12.5	53.5	279.0		
萍乡市	1 785.6	3.0	1 782.6			
九江市	59.9	39.9	20.0			
新余市	1 039.3	148.3	755.0	90.0	46.0	
鹰潭市	1 127.0		1 127.0			
赣州市	793.1	123.3	233.0	436.8		
吉安市	226.1	72.3	91.0			62.8
宜春市	1 094.5	448.3	641.2	5.0		
抚州市	201.0	185.0	16.0			
上饶市	962.0	379.1	440.3			142.6

8－22 各地区工业污染本年竣工项目及处理能力情况

（2003 年）　　单位:个

地区	本年竣工项目	废水治理项目	废气治理项目	固体废物治理项目	噪声治理项目	其他治理项目	新增设计处理能力		
							治理废水（吨/日）	治理废气（万标立方米/时）	治理固体废物（吨/日）
总计	**155**	**45**	**90**	**9**	**1**	**10**	**133 105**	**138.2**	**25 901**
南昌市	19	5	12	1		1	87 800	42.4	13 000
景德镇市	4	3	1				2 566	0.1	
萍乡市	19	1	18				200	0.3	
九江市	4	3	1				1 780	5.0	
新余市	11	3	5	2	1		801	30.1	100
鹰潭市	4		4					8.8	
赣州市	16	7	4	5			5 577	12.8	12 351
吉安市	16	4	8			4	1 972	5.8	
宜春市	25	8	16	1			24 462	24.1	450
抚州市	6	4	2				5 047		
上饶市	31	7	19			5	2 900	8.8	

8－23　重点调查工业企业废水排放及处理情况

（2003 年）　　　　　　　　　　单位：万吨

指　　标	工业用水总量	工业用水重复利用率（%）	工业废水排放量	#排放达标量	工业废水排放达标率（%）	废水治理设施数（套）	废水治理设施处理能力（万吨/日）	污水排放口（个）
总　　计	**486 293**	**47.23**	**46 446**	**39 308**	**84.63**	**1 130**	**274.96**	**1 135**
煤炭采和洗选业	1 275	46.62	827	741	89.52	55	5.16	52
石油和天然气开采业	0		0	0	100.00			1
黑色金属矿采选业	1 274	51.55	616	615	99.84	5	1.06	5
有色金属矿采选业	18 706	73.25	4 676	3 781	80.87	155	61.62	70
非金属矿采选业	250	50.87	98	38	39.10	32	1.32	25
其他矿采选业	13		13	13	100.00	1	0.03	1
农副食品加工业	587	36.85	326	130	39.77	21	2.22	60
食品制造业	1 528	44.09	742	705	95.12	37	1.72	46
饮料制造业	1 447	44.40	616	472	76.60	32	3.96	40
烟草制品业	383	33.68	219	203	92.95	5	0.48	5
纺织业	976	24.20	571	500	87.60	33	3.79	57
纺织服装、鞋、帽制造业	0		0					1
皮革、毛皮、羽毛（绒）及其制造业	130	35.54	65	45	70.00	4	0.03	8
木材加工及竹、藤、棕制造业	408	49.23	111	90	81.07	24	0.32	28
造纸及纸制品业	7 220	20.68	4 847	1 824	37.62	71	12.05	98
印刷和记录媒介的复制业	177	84.40	25	25	100.00	3	0.11	2
文教体育用品制造业	0		0	0	100.00			1
石油加工、炼焦及核燃料业	21 716	98.06	398	382	96.13	2	2.40	2
化学原料及化学制品制造业	58 621	84.96	6 425	5 619	87.44	123	29.62	95
医药制造业	3 664	69.75	845	784	92.71	55	2.48	66
化学纤维制造业	1 966	46.27	914	914	100.00	7	2.40	4
橡胶制品业	697	45.31	287	257	89.55	7	0.26	7
塑料制品业	0		0	0	100.00			1
非金属矿物制品业	4 164	40.24	1 344	1 209	89.93	152	2.48	245
#水泥制造业	2 085	31.12	853					
黑色金属冶炼及压延加工业	56 194	88.37	5 229	4 339	82.97	70	78.50	15
有色金属冶炼及压延加工业	23 853	77.91	4 925	4 413	89.62	43	14.53	44
金属制品业	369	89.05	24	9	35.09	17	1.84	10
通用设备制造业	310	9.77	216	213	98.34	13	0.16	32
专用设备制造业	449	12.44	339	265	78.25	30	1.10	21
交通运输设备制造业	728	25.29	463	461	99.60	45	1.83	31
电气机械及器材制造业	44	15.04	31	29	93.48	15	0.09	18
通信设备、计算机及其他制造业	108	22.12	68	47	69.17	7	0.19	6
仪器仪表及文化、办公用品制造业	279	22.63	118	118	100.00	11	0.24	8
工艺品及其他制造业	4	3.52	3	3	100.00			3
废弃资源和废旧材料回收制造业	0	30.00	0	0	100.00			1
电力、热力的生产和供应业	276 518	23.49	9 257	9 257	100.00	47	42.68	21
#火力发电业	276 518	23.49	9 257	9 257	100.00	47	42.68	21
煤气生产和供应业	1 108	35.34	703	703	99.94	8	0.26	4
水的生产和供应业	1 126		1 104	1 104	100.00			1

8－24　重点调查工业企业固体废物产生及处理利用情况

（2003 年）　　单位:万吨

指　　标	固体废物产生量	固体废物综合利用量	固体废物综合利用率（%）	固体废物贮存量	固体废物处置量	固体废物排放量（吨）	"三废"综合利用产品产值（万元）
总　　计	**6 009.20**	**1 325.22**	**21.95**	**4 426.41**	**569.55**	**78 540**	**100 654.4**
煤炭采和洗选业	172.71	97.74	55.86	52.65	20.28	43 140	9 331.2
黑色金属矿采选业	25.47	1.94	7.60	22.08	1.46		
有色金属矿采选业	4 539.51	259.76	5.72	4 068.70	501.06	11 067	4 046.2
非金属矿采选业	7.72	4.90	63.44	2.82			128.0
农副食品加工业	2.26	2.11	93.32	0.08	0.07	10	732.7
食品制造业	4.42	4.24	95.95	0.12	0.04	228	298.2
饮料制造业	4.04	3.82	94.39	0.02	0.16	480	481.6
烟草制品业	0.84	0.81	96.16		0.03		1 615.5
纺织业	4.20	4.08	96.98	0.02	0.14	207	31.1
纺织服装、鞋、帽制造业			100.00				
皮革、毛皮、羽毛(绒)及其制造业	0.09	0.06	63.06		0.03	24	242.0
木材加工及竹、藤、棕制造业	5.93	4.45	74.93	0.50	0.88	1 116	1 057.2
造纸及纸制品业	9.61	9.03	93.97	0.03	0.50	449	213.3
印刷和记录媒介的复制业	0.05	0.05	100.00				
石油加工、炼焦及核燃料业	1.02	1.02	100.00				1 342.4
化学原料及化学制品制造业	115.42	77.58	67.22	34.65	2.17	10 217	5 577.5
医药制造业	9.00	8.40	93.44	0.05	0.54	59	115.8
化学纤维制造业	5.14	5.12	99.77			120	120.2
橡胶制品业	0.89	0.85	95.16	0.01		432	200.0
塑料制品业	0.01	0.01	100.00				
非金属矿物制品业	54.09	50.36	93.10	1.23	1.56	9 455	21 345.2
#水泥制造业	41.76	41.11					20 779.7
黑色金属冶炼及压延加工业	412.81	347.85	84.00	65.24	1.00		14 271.7
有色金属冶炼及压延加工业	99.68	87.40	87.68	6.16	6.03	958	36 466.7
金属制品业	0.22	0.21	95.68	…	…	40	6.0
通用设备制造业	0.43	0.33	76.10	0.01	0.10		141.5
专用设备制造业	1.79	1.78	99.41		…	105	180.9
交通运输设备制造业	3.51	2.14	60.94	…	1.37		100.0
电气机械及器材制造业	0.16	0.14	87.44	0.02			38.3
通信设备、计算机及其他制造业	0.04	0.03	65.25		0.02		
仪器仪表及文化、办公用品制造业	0.03	0.03	96.59	…			9.0
工艺品及其他制造业	0.04	0.04	100.00				
电力、热力的生产和供应业	526.73	347.7	63.01	172.03	32.10		2 562.2
#火力发电业	526.73	347.7	63.01	172.03	32.10		2 562.2
煤气生产和供应业	1.36	1.27	93.65		0.04	432	

8－25 重点调查工业企业废气排放及处理情况

（2003 年）

指标	工业废气排放总量（亿标立方米）	燃料燃烧过程中排放量	生产工艺过程中排放量	废气治理设施数（套）	#脱硫设施数	废气治理设施处理能力（万标立方米）	#脱硫设施能力（千克时）	废气治理设施运行费用（万元）
总计	**3 201.87**	**1 811.98**	**1 389.89**	**1 994**	**213**	**4 505.57**	**101 205**	**40 155**
煤炭采和洗选业	23.10	20.16	2.94	39	5	31.51	514	112
石油和天然气开采业	0.00	0.00						
黑色金属矿采选业	0.17	0.17		2		0.03		4
有色金属矿采选业	13.46	11.91	1.55	31	6	11.35	108	117
非金属矿采选业	8.11	8.11		13	2	12.68	1 008	14
农副食品加工业	3.15	3.15		27	2	19.38	3	85
食品制造业	9.00	9.00		40	9	13.29	757	119
饮料制造业	9.10	8.57	0.53	61	16	30.69	11 755	101
烟草制品业	11.13	2.51	8.62	27	1	1.65	1	25
纺织业	11.00	10.68	0.32	54	19	39.82	54	170
皮革、毛皮、羽毛(绒)及其制造业	2.33	2.33		3	1	2.55	14	10
木材加工及竹、藤、棕制造业	13.27	8.65	4.61	41	2	31.56	55	107
造纸及纸制品业	24.36	24.30	0.06	57	3	41.10	154	152
印刷和记录媒介的复制业	0.05	0.05						
石油加工、炼焦及核燃料业	37.23	36.11	1.12	2	2	0.24	1 826	508
化学原料及化学制品制造业	159.13	113.35	45.78	148	39	175.08	3 001	1 696
医药制造业	24.40	24.40		89	13	54.00	507	204
化学纤维制造业	35.59	13.56	22.02	9	4	45.91	178	656
橡胶制品业	32.19	3.21	28.98	11		22.61		21
塑料制品业	0.06	0.02	0.03	1		0.37		1
非金属矿物制品业	786.68	99.41	687.27	948	24	960.66	472	4 112
黑色金属冶炼及压延加工业	603.73	136.32	467.41	132	6	78.50	895	8 187
有色金属冶炼及压延加工业	104.14	15.66	88.48	87	17	127.91	78 682	18 808
金属制品业	0.44	0.44		6	3	1.16	4	6
通用设备制造业	0.50	0.50		6		0.76		21
专用设备制造业	4.73	2.70	2.03	24	2	1.05	5	40
交通运输设备制造业	13.64	8.14	5.50	51	7	107.08	14	147
电气机械及器材制造业	0.53	0.53	0.00	10	3	3.23	17	26
通信设备、计算机及其他制造业	0.13	0.13		4	3	1.91	4	5
仪器仪表及文化、办公用品制造业	0.32	0.31	0.01	19	8	2.01	33	26
工艺品及其他制造业	0.11	0.11						
电力、热力的生产和供应业	1 251.47	1 245.97	5.50	42	12	1 978.66	1 106	4 528
#火力发电业	1 251.47	1 245.97	5.50	42	12	1 978.66	1 106	4 528
煤气生产和供应业	18.61	1.51	17.11	10	4	2.28	40	150

8－26 重点调查工业企业二氧化硫去除与排放情况

(2003 年)　　　　单位:吨

指标	二氧化硫去除量	#燃料燃烧过程中去除量	二氧化硫排放量	燃料燃烧过程中排放量	#排放达标量	生产工艺过程中排放量	#排放达标量
总计	**667 084**	**27 786**	**375 352**	**311 635**	**153 608**	**63 717**	**31 291**
煤炭采和洗选业	6 570	6 570	5 317	5 172	418	144	
石油和天然气开采业			1	1			
黑色金属矿采选业	16	16	37	37	37		
有色金属矿采选业	1 166	1 166	1 206	1 169	931	37	15
非金属矿采选业	538	538	188	188	33		
农副食品加工业	165	165	834	834	374		
食品制造业	131	131	1 598	1 598	703		
饮料制造业	219	219	1 542	1 542	713		
烟草制品业	60	60	840	840	494		
纺织业	620	620	2 315	2 283	1 761	33	
皮革、毛皮、羽毛(绒)及其制造业	100	100	658	658	118		
木材加工及竹、藤、棕制造业	590	590	1 533	1 533	606		
造纸及纸制品业	1 085	1 085	7 743	7 743	5 539		
印刷和记录媒介的复制业			4	4	4		
石油加工、炼焦及核燃料业	61		2 177	1 419	1 419	758	645
化学原料及化学制品制造业	4 637	3 513	11 516	11 394	10 000	121	103
医药制造业	1 494	1 492	4 895	4 889	4 103	5	1
化学纤维制造业	1 529	1 529	1 541	1 541	1 541		
橡胶制品业	234	234	1 606	1 606	451	0	0
塑料制品业			11	11			
非金属矿物制品业	1 470	707	70 435	22 549	12 312	47 886	16 495
#水泥制造业			25 673	608	167	25 065	8 311
黑色金属冶炼及压延加工业	9 743	90	8 999	2 248	2 121	6 750	6 732
有色金属冶炼及压延加工业	627 642	353	8 250	1 322	886	6 928	6 263
金属制品业	24	24	172	172	166		
通用设备制造业			70	70	56		
专用设备制造业	65	65	516	516	342		
交通运输设备制造业	76	76	876	876	843		
电气机械及器材制造业	28	28	72	72	61		
通信设备、计算机及其他制造业	6	6	35	35	35		
仪器仪表及文化、办公用品制造业	10	10	102	101	27	1	1
工艺品及其他制造业			46	46	46		
电力、热力的生产和供应业	8 766	8 376	134 168	133 200	107 351	969	969
#火力发电业	8 766	8 376	134 168	133 200	107 351	969	969
煤气生产和供应业	40	23	248	163	117	86	68
其他行业			105 800	105 800			

8－27 重点调查工业企业烟尘、粉尘排放及达标情况

（2003年） 单位：吨

指标	烟尘去除量	烟尘排放量	#排放达标量	粉尘去除量	粉尘排放量	#排放达标量
总计	**4 543 237**	**173 211**	**120 871**	**1 857 601**	**284 510**	**159 500**
煤炭采和洗选业	101 077	6 264	6 099	675	675	639
石油和天然气开采业		3				
黑色金属矿采选业	89	38	38			
有色金属矿采选业	1 882	252	235	1 953	484	484
非金属矿采选业	21 597	319	159		113	
农副食品加工业	2 140	629	422	46	6	0
食品制造业	5 160	935	711	16	3	3
饮料制造业	4 981	1 494	1 032			
烟草制品业	1 501	429	198	106	118	118
纺织业	19 540	2 355	1 624	1	4	0
皮革、毛皮、羽毛(绒)及其制造业	66	2 048	1 897			
木材加工及竹、藤、棕制造业	5 023	1 779	1 152	556	56	38
造纸及纸制品业	25 743	6 383	4 959			
印刷和记录媒介的复制业		1	1			
石油加工、炼焦及核燃料业		237	237		424	424
化学原料及化学制品制造业	323 736	10 186	9 453	32 481	728	626
医药制造业	12 575	2 669	2 347	851	95	95
化学纤维制造业	9 033	625	613			
橡胶制品业	2 407	520	176	15	86	86
塑料制品业	16	7	5	2	1	
非金属矿物制品业	105 232	76 105	35 602	968 795	260 552	137 901
#水泥制造业	72 927	5 598	4 737	644 016	150 399	120 952
黑色金属冶炼及压延加工业	2 139	1 279	525	783 509	16 154	15 058
有色金属冶炼及压延加工业	11 215	443	302	68 173	699	699
金属制品业	243	373	373			
通用设备制造业	268	202	146			
专用设备制造业	1 540	588	362	107	3 419	3 307
交通运输设备制造业	1 332	434	362	72	893	22
电气机械及器材制造业	237	61	56		2	2
通信设备、计算机及其他制造业	123	14	14			
仪器仪表及文化、办公用品制造业	37	51	32			
工艺品及其他制造业	49	14	14			
电力、热力的生产和供应业	3 883 753	55 861	51 240	245		
#火力发电业	3 883 753	55 861	51 240	245		
煤气生产和供应业	503	613	486			

8－28　国家级生态示范区建设情况

（2003 年）

建　设　项　目	生　态示范区	面　积（公顷）	森　林覆盖率（%）	绿色有机食品基地面　积（公顷）	秸秆综合利用率（%）	畜禽粪便处理率（%）	城镇人均公共绿地面　积（平方米）	受保护陆地面积占总面积（%）
生态农业	南昌县	162 804	10.1		100.0	100.0	5.8	40.0
特色农业	新建县	238 278	15.5		100.0	100.0	8.0	23.0
林业、农业生态建设	安义县	66 722	38.2		100.0	100.0	12.7	28.4
生态示范市	南昌市	740 236	16.8				6.2	13.5
农业、林业、旅游	武宁县	350 660	70.5	3 500	91.2	91.0	33.0	20.8
鸭鸭、林果、低坝网栏、粮食工程	共青城	23 870	45.0	8 000	72.0		14.0	70.0
生态旅游、生态农业、生态林业	星子县	84 000	30.7	6 500	50.0	100.0	4.5	30.0
水生态环境、生态农业、林果业、生态型工程	彭泽县	154 200	43.3		55.6	30.0	2.7	11.0
植被、生态农业	分宜县	139 176	61.3		65.0	92.0	4.4	20.0
生态农业、“猪、沼、果”模式、小流域综合治理	信丰县	287 800	66.7	2 500	100.0	91.0	10.3	17.6
生态农业、“猪、沼、果”模式、小流域综合治理、自然保护区建设	上犹县	154 387	76.3		96.0	97.0	6.9	5.8
生态农业、“猪、沼、果”模式、小流域综合治理、自然保护区建设	崇义县	219 666	85.0	270	96.0	60.0	4.0	5.1
生态农业、环境污染治理、自然保护区建设、城乡住区环境改善、生态环境建设	宁都县	405 316	71.0	340	100.0	92.0	7.6	10.2
生态农业、“猪、沼、果”模式、小流域综合治理、自然保护区建设	兴国县	321 446	72.5		95.0	100.0	1.5	1.6
	石城县	158 153	73.6		90.0	100.0	12.8	11.6
生态农业、生态旅游	吉安县	209 716	58.9		40.0			
生态种养等	新干县	124 800	58.0					
生态农业、生态旅游	永丰县	269 731	70.6					
天然林保护、退耕还林、生态种养等	安福县	279 581	66.7	37	58.5	95.1	6.0	60.0
生态环境、生态经济	靖安县	137 700	79.3		75.0	80.0	23.0	11.9
生态旅游	南城县	169 797	59.0	400		93.0	1.5	75.0
生态农业	黎川县	175 000	58.0	1 400		96.0	3.5	1.6
生态农业	南丰县	190 667	68.0		100.0	98.0	3.0	
生态建设项目	金溪县	135 800	56.8	10 000		97.2	5.6	96.0
生态经济社会整体协调高产高效生态体系	资溪县	125 100	85.2	800		95.0	6.0	29.0
野生稻保护绿色食品基地红岭现代农业生态示范	东乡县	127 000	43.2	410		85.0	7.6	18.4
	婺源县	294 800	81.5	35 000	96.0	60.0	20.5	

8－29 生 态 功 能

（2003

名称	地点	面积（公顷）	批准机关
鄱阳湖生态功能保护区	鄱阳湖	2 000 000	国家环保总局
仙女湖水源涵养地及生物多样性保护区	新余市	131 891	
赣江、章江源生态功能保护区	上犹、崇义县	374 053	江西省环保局
东江源生态功能保护区	寻乌、安远、定南县	305 000	国家环保总局
赣江、贡江源生态功能保护区	石城、会昌、瑞金、宁都县	10 798	江西省环保局

8－30 国 家 级 、省 级

（2003

名称	地点	面积（公顷）	批准机关
江西省鄱阳湖自然保护区	永修、星子、新建县	22 400	国务院
江西省九连山自然保护区	龙南县	14 650	国务院
江西省井冈山自然保护区	井冈山	20 700	国务院
江西省武夷山自然保护区	铅山县	16 007	国务院
江西省桃红岭梅花鹿自然保护区	彭泽县	12 500	国务院
江西省南矶山自然保护区	新建县	33 333	省政府
江西省青岚湖自然保护区	进贤县	1 000	省政府
江西省鄱阳湖河蚌保护区	南昌、星子、新建县	15 533	省政府
江西省鄱阳湖湖鲤鲫鱼产卵场保护区	南昌、永修、新建县	30 600	省政府
江西省瑶里自然保护区	浮梁县	3 627	省政府
江西省庐山自然保护区	庐山区	30 500	省政府
江西省云居山自然保护区	永修县	2 480	省政府
江西省阳岭自然保护区	崇义县	1 880	省政府
江西省水浆自然保护区	永丰县	2 000	省政府
江西省三十把自然保护区	万载县	2 100	省政府
江西省官山自然保护区	宜丰县	2 200	省政府
江西省九岭山自然保护区	靖安县	14 942	省政府
江西省岩泉自然保护区	黎川县	2 460	省政府
江西省华南虎自然保护区	宜黄县	58 300	省政府
江西省马头山自然保护区	资溪县	13 867	省政府
江西省鸳鸯湖自然保护区	婺源县	917	省政府
江西省鄱阳湖银鱼保护区	鄱阳县	2 000	省政府

试 点 保 护 区

年)

主要保护内容	级别	建立时间（年、月）	主管部门
调蓄洪功能及湿地保护、生物多样性保护	国家级	2001年8月	省环保局
水源涵养地及生物多样性	省级		新余市环保局
水源涵养	省级	2001年10月	赣州市环保局
水源涵养	国家级	2002年11月	省环保局
水源涵养	省级	2002年5月	赣州市环保局

自 然 保 护 区

年)

主要保护内容	级别	建立时间（年、月）	主管部门	顺序
白鹤等越冬珍禽栖息地	国家级	1988年5月	省林业厅	1
亚热带常绿阔叶林森林生态系统	国家级	2003年	省林业厅	2
中亚热带常绿阔叶林	国家级	2000年4月	省林业厅	3
中亚热带高山针阔混交林生态系统	国家级	2002年7月	省林业厅	4
梅花鹿南方亚种栖息地	国家级	1981年8月	省林业厅	5
天鹅、大雁等	省级	1997年1月	南昌市林业局	6
白鹳、小天鹅等	省级	1997年1月	南昌市林业局	7
三角河蚌、皱纹蚌	省级	1980年	农业部门	8
鲤鲫鱼产卵场	省级	1980年	农业部门	9
珍稀动植物和原始森林	省级	2000年5月	县林业局	10
森林生态、文化遗迹、野生动植物自然历史遗迹	省级	1981年7月	省野生动植物保护管理局	11
亚热带常绿阔叶林森林生态系统	省级	1997年1月	县林业局	12
亚热带常绿阔叶林森林生态系统	省级	1985年	省林业厅	13
亚热带常绿阔叶林野生动植物	省级	1997年1月	省林业厅	14
天然次生阔叶及猕猴、云豹、鸳鸯	省级	1996年8月	县林业局	15
中亚热带森林生态系统	省级	1982年1月	省林业厅	16
野生动植物	省级	1995年10月	县林业局	17
大量珍稀动植物	省级	1985年8月	县林业局	18
华南虎	省级	1992年6月	县林业局	19
珍稀、濒危动物及优良乔木	省级	1994年4月	省林业厅	20
鸳鸯等珍禽	省级	1997年1月	县水利局	21
银鱼	省级	1986年	农业部门	22

8-31 水资源总量

(2003年)

地区	水资源总量（亿立方米）	年降水量（毫米）	年降水量（亿立方米）	地表水资源量 年径流深（毫米）	地表水资源量 年径流量（亿立方米）	地下水资源量（亿立方米）
全省	**1 362.68**	**1 308.8**	**2 185.00**	**805.9**	**1 345.51**	**339.86**
南昌市	68.76	1 571.3	116.32	859.8	63.65	13.53
景德镇市	56.02	1 733.8	90.99	1 067.5	56.02	11.19
萍乡市	32.66	1 258.7	48.17	853.4	32.66	7.47
九江市	173.97	1 492.7	280.98	898.2	169.07	38.43
新余市	26.77	1 255.1	39.71	846.1	26.77	5.37
鹰潭市	35.62	1 497.7	53.23	998.9	35.50	6.36
赣州市	260.48	1 078.5	424.73	661.5	260.48	83.97
吉安市	165.60	1 081.9	273.40	655.3	165.60	42.54
宜春市	178.71	1 461.7	272.90	955.5	178.39	45.96
抚州市	140.96	1 204.2	226.60	748.6	140.86	40.53
上饶市	223.13	1 570.7	357.97	950.0	216.51	44.51

8-32 供水量

(2003年)　　单位:亿立方米

地区	总供水量	地表水源供水量	蓄水	引水	提水	地下水源供水量
全省	**172.50**	**163.29**	**74.34**	**46.85**	**42.10**	**9.21**
南昌市	24.21	22.59	2.22	7.57	12.80	1.62
景德镇市	6.69	5.90	2.71	0.59	2.60	0.79
萍乡市	5.97	4.72	2.41	1.73	0.58	1.25
九江市	19.67	19.31	6.81	2.93	9.57	0.36
新余市	6.35	6.08	1.52	3.97	0.59	0.27
鹰潭市	8.35	8.13	3.29	1.46	3.38	0.22
赣州市	24.11	22.07	10.86	7.39	3.82	2.04
吉安市	20.45	20.37	13.94	5.38	1.05	0.08
宜春市	23.87	21.91	15.57	3.94	2.40	1.96
抚州市	16.32	16.06	7.32	7.19	1.55	0.26
上饶市	16.51	16.15	7.69	4.70	3.76	0.36

8－33 用 水 量

(2003 年) 单位：亿立方米

地 区	总用水量	农田灌溉用水	林牧渔畜用水	规模以上工业用水	规模以下工业用水	城镇公共用水	城镇居民生活用水	农村居民生活用水	生态环境用水
全 省	**172.50**	**93.90**	**12.89**	**33.76**	**12.99**	**2.56**	**6.91**	**8.40**	**1.09**
南昌市	24.21	10.40	1.15	6.69	3.12	0.49	1.29	0.75	0.32
景德镇市	6.69	2.59	0.16	2.33	0.79	0.14	0.40	0.26	0.02
萍乡市	5.97	1.92	0.23	1.09	1.86	0.13	0.34	0.37	0.03
九江市	19.67	6.71	0.35	8.81	1.75	0.29	0.74	0.98	0.04
新余市	6.35	2.72	0.65	1.88	0.55	0.10	0.27	0.16	0.02
鹰潭市	8.35	2.60	0.88	4.16	0.22	0.08	0.20	0.18	0.03
赣州市	24.11	14.48	2.53	1.37	2.33	0.41	0.98	1.71	0.30
吉安市	20.45	14.79	2.23	0.94	0.81	0.22	0.60	0.83	0.03
宜春市	23.87	14.69	1.65	4.65	0.56	0.28	0.77	1.03	0.24
抚州市	16.32	11.64	1.86	0.72	0.63	0.16	0.56	0.73	0.02
上饶市	16.51	11.36	1.20	1.12	0.37	0.26	0.76	1.40	0.04

注：1. 城镇公共用水指建筑业用水和服务业用水。
2. 生态环境用水指城镇环境用水和农村环境用水。

8－34 废污水排放量

(2003 年) 单位：万吨/年

地 区	合 计	第二产业			第三产业	城镇居民生活
		小 计	工 业	建筑业		
全 省	**285 280**	**209 210**	**207 970**	**1 240**	**15 930**	**60 140**
南昌市	65 300	51 200	51 000	200	3 100	11 000
景德镇市	19 740	15 540	15 500	40	1 000	3 200
萍乡市	21 480	20 140	20 100	40	920	420
九江市	37 510	28 450	28 410	40	2 080	6 980
新余市	15 580	12 780	12 740	40	600	2 200
鹰潭市	11 410	9 280	9 240	40	500	1 630
赣州市	38 020	26 220	25 880	340	2 130	9 670
吉安市	19 030	11 900	11 800	100	1 300	5 830
宜春市	22 500	13 800	13 600	200	1 500	7 200
抚州市	15 510	9 600	9 500	100	1 000	4 910
上饶市	19 200	10 300	10 200	100	1 800	7 100

8-35 气象台站及主要技术装备情况

（2003 年）

地区和单位	气象台站数（个）		天气雷达(部)		卫星云图接收站（个）	自动气象站（个）	特种观测设备（台）
		气象台	气象站	多普勒雷达	其它雷达			
合　计	**90**	**12**	**82**	**3**	**11**	**18**	**87**	**22**
南 昌 市	5	1	4	1	2		5	1
景德镇市	2	1	1		1		2	2
萍 乡 市	3	1	2		1	2	2	
九 江 市	11	1	10		1	12	10	4
新 余 市	2	1	2				2	1
鹰 潭 市		1	2		1	1	3	2
赣 州 市	19	1	18	1	2	1	18	3
宜 春 市	10	1	9		1		10	1
上 饶 市	12	1	11		1		12	2
吉 安 市	13	1	12	1			12	2
抚 州 市	12	1	11		1		11	3
省环境预报中心	1	1				1		
省气象科学研究所						1		
省气象科技服务中心								1

8-36 各地区气候基本情况

（2003 年）

地　区	年平均气温（℃）/△T	年降水量（mm）/△R	年日照时数（h）/△S	年平均相对湿度（%）/△U	重大灾害性天气(站次)					
					暴雨	大风	冰雹	大雾	大雪	雷暴
合　计	**-**	**-**	**-**	**-**	**353**	**167**	**14**	**1 373**	**68**	**3 507**
全省平均	**18.7/0.9**	**1343.7/-329.8**	**1906.4/234.3**	**75/-3**	**-**	**-**	**-**	**-**	**-**	**-**
南 昌 市	18.6/1.0	1744.1/-119.7	2196.9/376.5	75/-2	42	9		38	1	206
景德镇市	18.6/1.2	1728.8/-97.6	1940.8/143.4	74/-4	15			28		42
萍 乡 市	18.0/0.7	1333.7/-269.5	1599.9/147.1	79/-3	6			37	2	30
九 江 市	17.9/0.7	1446.3/-26.0	1580.8/-145.1	74/-3	51	60	2	142		413
新 余 市	19.0/1.1	1217.6/-385.3	2091.5/492.7	74/-5	5			14	2	73
鹰 潭 市	19.1/-	1444.6/-	2085.0/-	75/-	15	4	1	19	3	103
赣 州 市	20.0/0.6	983.0/-478.2	1987.1/208.7	74/-2	56	16	4	270		789
宜 春 市	17.9/0.7	1218.8/-411.2	1714.8/-151.6	78/-2	42	16	1	199	12	444
上 饶 市	18.6/0.9	1425.1/-414.6	2072.2/257.3	76/-2	70	17	4	162	6	551
吉 安 市	19.4/1.0	935.9/-582.9	1859.9/219.6	75/-4	23	19	1	267	18	470
抚 州 市	18.8/0.9	1302.3/-513.3	1841.9/201.1	76/-5	28	26	1	197	24	386

注：△T、△R、△S、△U 分别表示本年度平均气温、降水量、日照时数、平均相对湿度与近三十年情况比较的偏差值，其中鹰潭为新建站点，无历史记录，这几项空缺。

主要统计指标解释

废水排放总量 包括生产废水和生活污水。生产废水指企、事业单位的生产、科研过程中向外环境排放的所有排放口的废水量总和。生活污水指城镇居民区和企事业单位职工集中居住区排放的污水量。

工业废水排放量 指经过企业所有排放口排到企业外的生产废水总量,包括外排的直接冷却水和矿区超标排放的有毒有害矿井地下水,但不包括外排的间接冷却水(清污不分流的应计算在内)。

符合排放标准的工业废水量 指全面达到国家排放标准的外排工业废水量(包括经过处理和未经过处理的),但不包括虽经处理仍未达到国家排放标准的工业废水。国家尚未正式颁布标准的,以地方制定的标准为准。

工业废水处理量 指经过各种水处理装置净化处理后的外排工业废水量(包括虽经处理仍未达到国家或地方标准的外排工业废水量)。

废气排放总量 指燃料燃烧和生产工艺过程中排放的各种废气总量,以标准状态下每年万标立方米表示。

燃料燃烧过程废气排放量 指燃煤、油、气锅炉及工业窑炉在燃烧过程中所排废气的总量。

生产工艺过程废气排放量 指生产工艺过程中排放的废气总量。

净化处理的废气量 指生产工艺过程中排放的废气经过各种处理装置净化、处理的量。

工业粉尘排放量 指生产工艺过程中排放的固体微粒重量。

工业粉尘回收量 指经过各种回收处理装置回收的工业粉尘和尘泥量(包括干法和湿法)。

工业固体废物产生量 指工矿企业、事业单位在生产(试验)过程中产生的工业固体废弃物总量,不包括矿山开采的剥离废石和掘进废石(煤矸石除外)。

工业固体废物处理量 指以填埋、焚烧等方式最终处理的工业固体废物量。

工业固体废物综合利用量 指已用作农业肥料、造田、生产建筑材料、以及其他方式综合利用的工业固体废物量(不包括填埋和焚烧量)。利用量由原产固体废物的单位统计。

水资源总量 指评价区内当地降水形成的地表、地下产水量,不包括入境水量。

地表水资源量 指地表水体的动态水量,即河川径流量。

地下水资源量 指与降水、地表水有直接补排关系的动态地下水量。

供水量 指各种水源工程为用户提供的包括输水损失在内的毛供水量。

用水量 指分配给用户的包括输水损失在内的毛用水量。按用水性质分为农业用水、工业用水和生活用水三大类。

废污水排放量 又称产污量,是工业废水和生活污水的总称。

年平均气温 指全年气温平均值,单位为摄氏温标(℃)。测值取自观测场离地面 1.5 米高的百叶箱温度表的读数。

年降水量 指全年总的降水量。降水量是指从天空落到地面上的液态、固态降水,未经蒸发、渗透、流失的情况下,在水平面上积聚的水层深度,单位为毫米(mm)。

年日照时数 指全年太阳在一地实际照射地面的时数,以小时为单位。

年平均相对湿度 指相对湿度全年平均值,相对湿度是空气中实际水汽压与当时气温下的饱和水汽压之比。以百分数(%)表示,取整数。

农 业 9

AGRICULTURE

- 2003 年，乡(村)总户数 776.12 万户，总人口 3244.94 万人，劳动力 1588.36 万人。
- 2003 年，农林牧渔业总产值 841.6 亿元，其中：林、牧、渔产值占 52.7%。
- 2003 年，农林牧渔业商品产值 559.8 亿元，农林牧渔业商品率为 66.5%。
- 2003 年，粮食总产量 1450.30 万吨，棉花产量 7.6 万吨，油料折油 25.3 万吨，肉类总产量 201.4 万吨。

本篇章

资料整理	微机处理
谢国梅	谢国梅

9-1 农村乡(镇)基本情况

项　　目	单位	2002年	2003年	项　　目	单位	2002年	2003年
一、乡镇政府	个	1 507	1 449	五、自来水受益村委会个数	个	3 356	3 194
镇政府	个	785	768	占村委会总个数比重	%	16.6	17.8
乡政府	个	722	681	六、通电话的村委会个数	个	19 279	17 195
二、村民委员会	个	20 183	17 955	占村委会总个数比重	%	95.5	95.8
三、村民小组	个	205 952	199 779	七、通广播的村委会个数	个	11 091	9 633
四、通汽车的村委会个数	个	19 483	17 201	占村委会总个数比重	%	55.0	53.7
占村委会总个数比重	%	96.5	95.8				

9-2 各地区乡(镇)组织情况

(2003年)

地　　区	乡(镇)政府个数(个)	#镇政府	村　民委员会(个)	村民小组(个)	乡　村总户数(万户)	乡　村总人口(万人)
全　省	**1 449**	**768**	**17 955**	**199 779**	**776.12**	**3 244.94**
南昌市	80	47	1 188	9 346	58.00	256.58
景德镇市	38	24	504	4 181	22.89	94.04
萍乡市	46	28	641	9 705	32.48	136.75
九江市	179	95	1 899	23 216	80.58	339.31
新余市	28	15	397	3 745	19.29	70.23
鹰潭市	33	20	363	4 100	19.21	78.11
赣州市	285	139	3 540	48 927	158.56	666.97
吉安市	213	111	2 507	26 929	85.04	369.77
宜春市	161	96	2 279	25 937	97.92	387.74
抚州市	150	86	1 818	16 904	69.45	288.38
上饶市	236	107	2 819	26 789	132.70	557.06

9-3 各地区乡(镇)劳动力

(2003年)　　　　单位:人

地区	合计	农林牧渔业	工业	建筑业	交通运输、仓储及邮政业	批发和零售业、住宿和餐饮业	其他行业
全省	**15 883 613**	**9 712 568**	**1 326 255**	**861 234**	**304 498**	**465 405**	**3 213 653**
南昌市	1 245 267	779 939	114 217	77 582	33 564	58 422	181 543
景德镇市	442 384	253 720	30 121	22 737	9 102	11 952	114 752
萍乡市	691 363	344 632	169 000	43 375	17 485	23 094	93 777
九江市	1 676 758	1 015 098	138 426	102 137	33 028	46 830	341 239
新余市	352 040	223 354	28 744	23 165	7 001	13 151	56 625
鹰潭市	369 477	233 439	35 665	21 257	7 657	17 434	54 025
赣州市	3 530 420	2 101 334	234 297	159 016	46 057	83 977	905 739
吉安市	1 823 861	1 235 061	148 098	63 647	29 177	41 082	306 796
宜春市	1 826 911	1 133 857	152 313	84 588	40 448	46 182	369 523
抚州市	1 366 664	907 906	81 965	94 526	27 588	46 553	208 126
上饶市	2 558 468	1 484 228	193 409	169 204	53 391	76 728	581 508

9-4 各地区耕地面积

单位:公顷

地区	1990年	1995年	2000年	2002年	2003年
全省	**2 349 563**	**2 308 679**	**2 253 275**	**2 140 664**	**2 106 180**
南昌市	215 753	213 038	207 657	210 682	246 865
景德镇市	64 283	63 810	62 756	56 606	55 667
萍乡市	53 986	53 211	52 681	48 838	46 081
九江市	235 176	228 068	209 225	206 010	200 280
新余市	64 937	64 021	63 383	55 879	54 900
鹰潭市	60 935	59 973	58 719	56 352	54 969
赣州市	355 388	349 116	342 311	310 982	295 709
吉安市	368 523	360 468	355 558	338 287	324 390
宜春市	362 354	355 600	350 627	335 296	326 127
抚州市	257 678	255 514	251 414	234 745	222 752
上饶市	310 550	305 860	298 944	286 987	278 440

9-5 农、林、牧、渔业总产值和商品产值

（1978-2003年，按当年价格计算） 单位：万元

年份	农林牧渔业总产值	农业产值	林业产值	牧业产值	渔业产值	服务业产值	农林牧渔业商品产值	农林牧渔业商品率（%）
1978	492 900	364 752	58 723	63 025	6 400		175 842	35.7
1979	665 189	481 718	85 897	90 597	6 977		253 118	38.1
1980	681 508	482 402	96 038	95 168	7 900		279 874	41.1
1981	742 600	522 463	104 083	104 682	11 372		305 367	41.1
1982	831 511	586 907	103 454	127 796	13 354		364 929	43.9
1983	860 800	594 400	114 129	135 497	16 774		402 457	46.8
1984	983 498	665 510	124 571	170 557	22 860		479 589	48.8
1985	1 145 040	740 353	141 190	228 397	35 100		566 795	49.5
1986	1 247 893	768 670	144 880	291 666	42 677		646 039	51.8
1987	1 443 474	890 020	157 209	343 928	52 317		803 109	55.6
1988	1 741 810	962 597	188 566	518 391	72 256		1 042 194	59.8
1989	1 979 302	1 111 245	189 588	597 366	81 103		1 210 169	61.1
1990	2 119 055	1 202 955	195 286	620 351	100 463		1 372 256	64.8
1990	2 552 437	1 534 586	239 624	674 764	103 463		1 372 256	53.8
1991	2 715 836	1 612 274	288 951	688 523	126 088		1 483 574	54.6
1992	2 983 528	1 683 513	315 804	830 611	153 600		1 735 728	58.2
1993	3 601 064	1 961 358	314 875	1 095 139	229 692		2 165 316	60.1
1994	5 278 602	2 762 704	375 230	1 776 561	364 107		3 368 228	63.8
1995	6 317 137	3 316 376	414 590	2 095 348	490 823		4 053 816	64.2
1996	7 334 888	3 863 193	463 328	2 311 829	696 538		4 751 920	66.9
1997	7 855 119	3 946 088	468 592	2 558 551	881 888		5 180 617	66.0
1998	7 348 844	3 615 365	476 187	2 383 146	874 146		4 824 857	65.7
1999	7 502 895	3 881 699	495 903	2 239 960	885 333		4 824 974	64.3
2000	7 602 670	3 872 737	511 086	2 217 976	1 000 871		4 923 589	64.8
2000	7 413 543	3 446 961	579 735	2 217 976	1 000 871	168 000	4 497 813	60.7
2001	7 674 396	3 583 299	605 300	2 261 129	1 042 668	182 000	4 812 927	62.7
2002	7 918 643	3 664 496	649 332	2 339 367	1 099 548	165 900	5 093 507	64.3
2003	8 416 300	3 837 127	704 801	2 540 056	1 185 493	148 823	5 598 337	66.5

注：1990年数为按老口径计算的数据，自2000年后按新的国民经济行业分类计算（下表同）

9－6　农、林、牧、渔业总产值构成

（1978－2003年，按当年价格计算）　　单位：%

年　　份	农林牧渔业总产值	农业产值	林业产值	牧业产值	渔业产值	服务业产值
1978	100.0	74.0	11.9	12.8	1.3	
1979	100.0	72.5	12.9	13.6	1.0	
1980	100.0	70.7	14.1	14.0	1.2	
1981	100.0	70.4	14.0	14.1	1.5	
1982	100.0	70.6	12.4	15.4	1.6	
1983	100.0	69.1	13.3	15.7	1.9	
1984	100.0	67.7	12.7	17.3	2.3	
1985	100.0	64.7	12.3	19.9	3.1	
1986	100.0	61.6	11.6	23.4	3.4	
1987	100.0	61.7	10.9	23.8	3.6	
1988	100.0	55.3	10.8	29.8	4.1	
1989	100.0	56.1	9.6	30.2	4.1	
1990	100.0	56.8	9.2	29.3	4.7	
1990	100.0	60.1	9.4	26.4	4.1	
1991	100.0	59.4	10.6	25.4	4.6	
1992	100.0	56.5	10.6	27.8	5.1	
1993	100.0	54.5	8.7	30.4	6.4	
1994	100.0	52.3	7.1	33.7	6.9	
1995	100.0	52.4	6.6	33.2	7.8	
1996	100.0	52.7	6.3	31.5	9.5	
1997	100.0	50.2	6.0	32.6	11.2	
1998	110.0	59.2	6.5	32.4	11.9	
1999	100.0	51.7	6.6	29.9	11.8	
2000	100.0	50.9	6.7	29.2	13.2	
2000	100.0	46.5	7.8	29.9	13.5	2.3
2001	100.0	46.7	7.9	29.5	13.6	2.3
2002	100.0	46.3	8.2	29.5	13.9	2.1
2003	100.0	45.6	8.4	30.2	14.1	1.7

9－7 农、林、牧、渔业总产值指数

（1978－2003 年，可比价格，以 1978 年为 100）

年份	农林牧渔业总产值	农业产值	林业产值	牧业产值	渔业产值	服务业产值
1978	100	100	100	100	100	100
1979	114.8	115.0	112.4	116.5	113.6	
1980	111.2	109.3	108.7	120.6	127.4	
1981	115.6	111.2	127.3	122.6	150.7	
1982	127.4	122.4	124.8	148.7	170.0	
1983	129.4	122.7	128.2	152.7	213.2	
1984	143.3	135.4	144.5	169.0	240.9	
1985	153.6	140.4	153.7	200.8	291.5	
1986	157.7	138.0	154.9	232.9	337.4	
1987	171.6	150.8	169.3	247.9	387.9	
1988	176.3	147.5	176.9	282.1	445.1	
1989	185.8	156.8	177.6	296.5	485.3	
1990	198.0	167.7	184.0	315.5	532.0	
1991	210.0	176.0	199.4	337.6	584.6	
1992	223.8	181.4	212.9	378.7	712.1	
1993	240.1	185.2	194.2	456.3	972.1	
1994	264.7	193.4	209.7	537.7	1 243.1	
1995	278.4	193.9	210.3	590.9	1 562.5	
1996	301.8	208.4	221.5	609.2	2 087.5	
1997	322.9	221.3	218.1	644.1	2 510.9	
1998	310.2	203.8	220.4	623.6	2 656.1	
1999	325.4	226.2	216.8	600.3	2 847.3	
2000	334.5	230.3	234.4	599.1	3 103.6	335.0
2001	344.5	238.1	237.2	608.7	3 261.9	364.8
2002	358.3	244.5	251.2	628.8	3 539.2	332.3
2003	368.1	243.3	268.7	651.4	3 819.9	296.1

9-8 农、林、牧、渔业总产值指数

（1978－2003年，可比价格，以上年为100）

年 份	农林牧渔业总产值	农业产值	林业产值	牧业产值	渔业产值	服务业产值
1978	102.8	101.6	105.7	107.2	98.9	
1979	114.8	115.0	112.4	116.5	113.6	
1980	96.9	95.1	96.8	103.6	112.2	
1981	103.9	101.7	117.1	101.8	118.3	
1982	110.2	110.1	98.0	121.1	112.8	
1983	101.5	100.2	102.7	102.7	125.4	
1984	110.8	110.3	112.7	110.7	112.9	
1985	107.2	103.7	106.4	118.8	121.0	
1986	102.6	98.3	100.8	116.0	115.7	
1987	108.8	109.3	109.3	106.4	115.0	
1988	102.7	97.8	104.5	113.8	114.8	
1989	105.4	106.3	100.4	105.1	109.0	
1990	106.5	106.9	103.6	106.4	109.6	
1991	106.1	105.0	108.3	107.0	109.9	
1992	106.6	103.0	106.8	112.2	121.8	
1993	107.3	102.1	91.2	120.5	136.5	
1994	110.2	104.5	108.0	117.8	127.9	
1995	105.2	100.2	100.3	109.9	125.7	
1996	108.4	107.5	105.3	103.1	133.6	
1997	107.0	106.2	98.5	105.7	120.3	
1998	96.1	92.1	101.1	96.8	105.8	
1999	104.9	111.0	98.4	96.3	107.2	
2000	102.8	101.8	108.1	99.8	109.0	100.6
2001	103.0	103.4	101.2	101.6	105.1	108.9
2002	104.0	102.7	105.9	103.3	108.5	91.1
2003	102.7	99.5	107.0	103.6	107.9	89.1

9－9　农、林、牧、渔业总产值

单位：万元

行　　业	按当年价格计算		按1990年不变价格计算		
	2002年	2003年	2002年	2003年	2003年比2002年增减%
农林牧渔业总产值	**7 918 643**	**8 416 300**	**4 855 883**	**4 988 933**	**2.7**
一、农业产值	**3 664 496**	**3 837 127**	**2 055 721**	**2 045 352**	**-0.5**
1.谷物及其他作物	2 289 780	2 336 294	1 317 017	1 249 990	-5.1
(1)谷物	1 596 663	1 572 202	896 753	836 992	-6.7
(2)薯类	72 024	82 755	28 159	26 344	-6.5
(3)油料	225 175	234 865	134 866	124 689	-7.6
(4)豆类	75 734	76 371	36 282	32 352	-10.8
(5)棉花	74 130	119 192	51 653	59 416	15.0
(6)麻类	10 052	11 111	7 189	6 229	-13.4
(6)糖料	45 513	45 839	19 189	18 483	-3.7
(7)烟草	15 916	14 957	6 277	5 975	-4.8
(8)其他农作物	174 573	179 002	136 649	139 510	2.1
2.蔬菜园艺作物	1 013 309	1 109 884	520 378	548 189	5.3
3.水果、坚果和香料作物	313 447	337 208	188 046	211 837	12.7
4.中药材	47 960	53 741	30 280	35 336	16.7
二、林业产业	**649 332**	**704 801**	**506 593**	**541 916**	**7.0**
1.林木的培育和种植	153 764	193 742	114 449	140 353	22.6
2.竹木采运	289 642	290 079	245 118	244 474	-0.3
3.林产品	205 926	220 980	147 026	157 089	6.8
三、牧业产业	**2 339 367**	**2 540 056**	**1 348 296**	**1 396 773**	**3.6**
1.牲畜饲养	146 455	162 628	89 121	98 863	10.9
2.猪的饲养	1 404 041	1 500 123	743 386	738 477	-0.7
3.家禽饲养	636 151	700 467	432 847	460 091	6.3
4.狩猎和捕捉动物	13 085	12 626	10 387	9 360	-9.9
5.其他畜牧业	139 635	164 212	72 555	89 982	24.0
四、渔业产值	**1 099 548**	**1 185 493**	**863 629**	**932 139**	**7.9**
五、农林牧渔服务业	**165 900**	**148 823**	**81 644**	**72 753**	**-10.9**

9－10 各地区农、林、牧、渔业总产值

（2003 年，按当年价格计算） 单位：万元

地区	农林牧渔业总产值	农业产值	林业产值	牧业产值	渔业产值	服务业产值
全省	**8 416 300**	**3 837 127**	**704 801**	**2 540 056**	**1 185 493**	**148 823**
南昌市	823 041	291 524	11 261	307 067	195 530	17 659
景德镇市	213 663	130 367	12 333	51 475	12 904	6 584
萍乡市	275 006	125 128	23 149	108 275	16 134	2 320
九江市	750 097	363 037	40 775	141 393	191 093	13 799
新余市	238 706	127 480	19 547	62 844	21 782	7 053
鹰潭市	217 754	102 694	12 803	76 842	23 968	1 447
赣州市	1 543 196	657 094	96 554	571 602	185 402	32 544
吉安市	1 029 364	504 682	110 494	287 290	108 898	18 000
宜春市	1 151 744	573 949	91 484	345 773	128 255	12 283
抚州市	892 376	463 254	80 161	245 969	78 596	24 396
上饶市	971 352	443 095	92 830	241 232	182 931	11 264

9－11 各地区农、林、牧、渔业总产值

（2003 年，按 1990 年不变价格计算） 单位：万元

地区	农林牧渔业总产值	农业产值	林业产值	牧业产值	渔业产值	服务业产值
全省	**4 988 933**	**2 045 352**	**541 916**	**1 396 773**	**932 139**	**72 753**
南昌市	509 871	145 963	8 987	177 024	161 903	15 994
景德镇市	108 891	56 249	9 704	28 786	8 948	5 204
萍乡市	128 315	58 456	14 574	41 552	11 583	2 150
九江市	434 671	167 476	29 006	74 052	155 803	8 334
新余市	138 424	66 886	15 385	36 365	16 501	3 287
鹰潭市	118 130	47 659	8 896	41 290	19 241	1 044
赣州市	907 958	346 620	79 087	315 125	135 962	31 164
吉安市	541 525	240 503	75 102	136 585	77 295	12 040
宜春市	667 486	290 768	63 261	196 330	107 775	9 352
抚州市	576 412	281 089	64 476	142 373	66 831	21 643
上饶市	633 222	254 895	73 318	147 141	148 655	9 213

9－12　各地区粮食作物和多种经营产值

（2003年，按当年价格计算）

地　　区	绝对数（万元）			构成（以农林牧渔业总产值为100）	
	农林牧渔业总产值	粮食作物	多种经营	粮食作物	多种经营
全　省	**8 416 300**	**1 731 327**	**6 684 973**	**20.6**	**79.4**
南昌市	823 041	159 816	663 225	19.4	80.6
景德镇市	213 663	49 129	164 534	23.0	77.0
萍乡市	275 006	63 676	211 330	23.2	76.8
九江市	750 097	108 124	641 973	14.4	85.6
新余市	238 706	53 701	185 005	22.5	77.5
鹰潭市	217 754	56 650	161 104	26.0	74.0
赣州市	1 543 196	247 240	1 295 956	16.0	84.0
吉安市	1 029 364	275 264	754 100	26.7	73.3
宜春市	1 151 744	318 419	833 325	27.6	72.4
抚州市	892 376	181 394	710 982	20.3	79.7
上饶市	971 352	217 914	753 438	22.4	77.6

9－13　各地区粮食作物和多种经营产值

（2003年，按1990年不变价格计算）

地　　区	绝对数（万元）			构成（以农林牧渔业总产值为100）	
	农林牧渔业总产值	粮食作物	多种经营	粮食作物	多种经营
全　省	**4 988 933**	**895 688**	**4 093 245**	**18.0**	**82.0**
南昌市	509 871	80 300	429 571	15.7	84.3
景德镇市	108 891	23 199	85 692	21.3	78.7
萍乡市	128 315	25 811	102 504	20.1	79.9
九江市	434 697	52 511	382 186	12.1	87.9
新余市	138 424	27 937	110 487	20.2	79.8
鹰潭市	118 130	27 929	90 201	23.6	76.4
赣州市	907 958	120 504	787 454	13.3	86.7
吉安市	541 525	116 391	425 134	21.5	78.5
宜春市	667 486	154 488	512 998	23.1	76.9
抚州市	576 412	96 416	479 996	16.7	83.3
上饶市	633 222	138 902	494 320	21.9	78.1

9－14　农林牧渔业商品产值和商品率

（按当年价格计算）

行　　业	农林牧渔业商品产值(万元)		农林牧渔业商品率（%）	
	2002 年	2003 年	2002 年	2003 年
合　计	**5 093 057**	**5 598 337**	**68.4**	**66.5**
#粮食作物产值	772 778	790 613	44.3	45.7
多种经营产值	4 320 279	4 807 724	74.9	71.9
农　业	2 003 179	2 193 542	60.6	57.2
林　业	333 848	356 658	56.4	50.6
牧　业	1 866 776	2 028 223	79.8	79.8
渔　业	889 257	970 800	80.9	81.9

9－15　各地区农林牧渔业商品产值和商品率

（2003 年，按当年价格计算）

地　　区	农林牧渔业商品产值（万元）	农　业	林　业	牧　业	渔　业	农林牧渔业商品率（%）
全　省	5 598 337	2 193 542	356 658	2 028 223	970 800	66.5
南昌市	587 501	152 034	4 164	245 738	167 943	71.4
景德镇市	143 191	17 641	6 372	42 488	10 106	67.0
萍乡市	177 339	63 026	10 689	87 924	13 380	64.5
九江市	547 160	235 273	19 111	111 747	169 520	72.9
新余市	157 196	85 344	7 174	47 347	17 331	65.9
鹰潭市	144 491	53 563	9 437	59 699	20 345	66.4
赣州市	1 040 242	321 345	55 879	497 118	165 900	67.4
吉安市	672 311	272 977	72 837	237 010	89 487	65.3
宜春市	791 467	340 506	58 993	292 299	97 984	68.7
抚州市	665 907	336 659	50 785	209 754	68 709	74.6
上饶市	671 532	255 174	61 217	197 099	150 095	69.1

9－16 农、林、牧、渔业中间消耗

指　　标	2002 年	2003 年	指　　标	2002 年	2003 年
农林牧渔业中间消耗总计	**2 760 039**	**3 032 377**	办公用品购置	**2 522**	3 334
一、农业中间消耗	**1 188 500**	**1 266 827**	其他物质消耗	13 211	25 592
（一）物质消耗	1 064 928	1 127 400	（二）生产服务支出	38 152	37 933
用种量	240 807	210 523	**三、牧业中间消耗**	**1 081 712**	**1 181 420**
役畜用饲料	61 017	72 313	（一）物质消耗	1 038 964	1 121 844
肥料	497 112	492 175	用种量	92 784	112 237
燃料	51 504	57 722	饲料、饲草	817 563	883 643
农药	79 654	75 937	燃料	52 293	50 749
农用塑料薄膜	34 150	37 783	用电量	7 250	7 115
用电量	46 921	57 073	畜牧用药品	25 418	26 116
小农具购置	36 646	37 755	其他	43 656	41 984
办公用品购置	4 255	4 441	（二）生产服务支出	42 748	59 576
其他	48 862	81 678	**四、渔业中间消耗**	**275 913**	**360 322**
（二）生产服务支出	123 572	139 427	（一）物质消耗	231 663	310 195
二、林业中间消耗	**129 914**	**157 535**	饲料	174 274	223 708
（一）物质消耗	91 762	119 602	燃料	12 697	11 153
用种量	31 069	40 773	用电量	8 837	8 393
肥料	23 989	26 191	办公用品购置	2 692	4 317
燃料	6 253	7 197	其他	33 163	62 624
农药	4 589	5 215	（二）生产服务支出	44 250	50 127
用电量	2 703	3 209	**五、农林牧渔服务业中间消耗**	**84 000**	**66 273**
小农具购置	7 426	8 091			

9－17 主要农业机械年末拥有量和机耕情况

项　　目	单　位	1990年	1995年	2000年	2002年	2003年
一、农业机械总动力	**万瓦特**	**667 717**	**663 075**	**902 307**	**1 111 820**	**1 220 520**
柴油发动机动力	万瓦特	410 637	396 053	620 228	779 150	863 140
汽油发动机动力	万瓦特	80 651	76 777	63 401	86 720	92 900
电动机动力	万瓦特	176 429	190 245	211 399	242 210	260 830
其他机械动力	万瓦特			7 279	3 740	3 650
二、农业机械与设备						
大中型拖拉机	台	19 324	7 606	22 725	54 600	63 600
	万瓦特	49 449	24 877	54 001	97 020	115 550
小型拖拉机	台	91 682	70 124	78 634	89 000	91 300
	万瓦特	76 492	62 108	65 329	80 950	83 040
大中型配套农具	部	10 190	2 605	3 037	5 000	5 100
小型配套农具	部	67 319	50 662	105 813	100 400	117 300
农用排灌动力机械	台	130 713	158 378	253 881	364 100	429 900
	万瓦特	150 864	165 382	213 168	263 890	294 860
#柴油机	台	67 476	74 532	144 926	255 000	292 100
	万瓦特	68 615	69 304	111 667	159 190	181 650
电动机	台	60 446	83 762	90 423	105 400	134 800
	万瓦特	80 923	96 007	103 744	102 220	113 790
农用水泵	台	118 122	134 768	223 295	294 300	379 400
节水灌溉机械	套	4 816	5 921	7 033	27 900	7 900
机动脱粒机	台	42 047	58 578	253 864	406 900	445 700
机动喷雾(粉)机	部	6 942	11 669	24 589	37 300	44 900
	万瓦特	1 155	1 434	3 676	5 560	9 330
饲料粉碎机	台	14 995	14 037	26 934	32 100	28 900
农用运输车	辆	22 811	39 769	57 489	81 600	91 700
	万瓦特	27 037	55 940	92 667	152 690	178 620
三、农业机耕情况						
当年实际机耕面积	千公顷	640.6	650.7	1 029.4	1 200.8	1 232.0
机耕面积占耕地面积比重	%	27.3	28.2	45.7	56.1	58.5

9－18　各地区主要农业机械年末拥有量和机耕情况

（2003年）

地　　区	农业机械总动力（万千瓦）	大中型农用拖拉机（万台）	小型及手扶拖拉机（万台）	当年实际机耕面积（千公顷）	机耕面积占耕地面积比重（%）
全　　省	**1 220.52**	**6.36**	**9.13**	**1 232.00**	**58.5**
南昌市	143.73	0.23	1.11	141.51	57.3
景德镇市	58.45	0.27	0.62	45.13	81.1
萍乡市	58.16	0.59	0.22	35.33	76.7
九江市	111.68	0.44	0.44	98.13	49.0
新余市	40.84	0.11	0.17	32.34	58.9
鹰潭市	20.68	0.22	0.14	34.65	63.0
赣州市	168.45	1.01	0.88	132.01	44.6
吉安市	161.05	0.55	1.86	154.69	47.7
宜春市	193.67	1.00	1.70	222.76	68.3
抚州市	101.65	0.62	0.75	161.91	72.7
上饶市	162.16	1.32	1.24	173.54	62.3

地　　区	农用排灌动力机械		# 柴油机		# 电动机	
	（万台）	（万千瓦）	（万台）	（万千瓦）	（万台）	（万千瓦）
全　　省	**42.99**	**294.86**	**29.21**	**181.65**	**13.48**	**113.41**
南昌市	4.96	40.83	2.91	20.42	2.04	20.42
景德镇市	0.72	9.93	0.47	4.65	0.25	5.29
萍乡市	1.12	10.12	0.29	3.33	0.82	6.55
九江市	5.79	39.07	4.38	26.08	1.37	13.01
新余市	1.11	6.91	0.70	3.52	0.4	3.4
鹰潭市	0.55	4.65	0.41	2.83	0.14	1.83
赣州市	5.84	26.40	3.07	18.06	2.66	10.16
吉安市	10.96	38.59	9.42	31.03	1.44	7.56
宜春市	6.7	58.44	4.75	40.67	1.91	17.04
抚州市	2.32	19.36	1.31	12.50	1.01	7.13
上饶市	2.92	40.56	1.50	18.56	1.44	21.02

注：各地区数未含农垦、监狱系统的数量

9－19　农村小水电和农业电气化、化学化、水利化情况

指　　　　标	单　位	1990 年	1995 年	2000 年	2002 年	2003 年
一、农村小水电情况						
乡镇(场)及以下办水电站个数	个	4 623	5 366	2 069	1 827	1 849
发电能力	千瓦	219 709	313 854	344 232	339 844	434 332
二、农业电气化情况						
农村用电量	万千瓦小时	159 927	265 717	339 255	362 666	397 310
每公顷耕地面积用电量	千瓦小时	680.7	1 150.9	1 505.6	1 694.2	1 886.4
通电的村民委员会个数	个	18 957	20 316	20 242	19 954	17 552
通电的村委会占村委会总数比重	%	91.1	97.1	97.6	98.9	97.8
三、农业化学化情况						
农用化肥施用量(实物量)	万吨	285.6	350.0	343.4	340.3	334.9
氮　　肥	万吨	150.5	176.3	150.2	143.2	135.4
磷　　肥	万吨	90.0	97.3	88.2	83.7	82.3
钾　　肥	万吨	26.7	35.1	40.0	41.9	42.6
复 合 肥	万吨	18.4	41.3	65.0	71.5	74.6
农用化肥施用量(折纯量)	万吨	83.6	112.1	106.9	112.4	111.0
氮　　肥	万吨	46.1	60.0	47.5	46.8	44.4
磷　　肥	万吨	17.8	21.9	19.6	22.0	22.2
钾　　肥	万吨	13.3	16.5	17.2	18.9	18.9
复 合 肥	万吨	6.4	13.7	22.7	24.7	25.5
每公顷耕地化肥施用量(实物量)	千克	1 215.5	1 516.0	1 523.9	1 589.8	1 590.1
每公顷耕地化肥施用量(折纯量)	千克	355.8	485.6	474.6	525.3	527.0
农用塑料薄膜使用量	吨	16 428	21 785	28 599	35 407	33 930
每公顷耕地面积用农膜	千克	7.0	9.4	12.7	16.5	16.1
农药使用量	吨	36 482	41 932	51 406	57 323	53 470
每公顷耕地面积用农药	千克	15.5	18.2	22.8	26.8	25.4
四、农业水利化情况						
有效灌溉面积	千公顷	1 836.7	1 879.7	1 903.4	1 894.2	1 873.2
有效灌溉面积占耕地面积比重	%	78.2	81.4	84.5	88.5	88.9
旱涝保收面积	千公顷	1 365.9	1 463.8	1 544.1	1 532.9	1 487.0
旱涝保收面积占耕地面积比重	%	58.1	63.4	68.5	71.6	70.6

9－20　水利灌溉设施年末建成达到情况

指　　　标	单　位	1990 年	1995 年	2000 年	2002 年	2003 年
一、工程座数						
蓄水工程	座	265 967	256 697	256 664	253 614	252 421
大型水库	座	18	20	23	24	25
中型水库	座	193	200	209	214	224
小(一)型水库	座	1 307	1 325	1 328	1 333	1 323
小(二)型水库	座	7 969	8 165	8 042	8 006	7 868
塘坝	座	256 480	246 987	247 062	244 037	242 981
引水工程	座	98 388	97 818	97 907	93 965	96 865
机电灌站	座	24 460	26 531	26 572	26 198	26 146
水轮泵站	座	1 237	1 126	1 147	1 114	1 145
机电井	座	2 036	2 093	2 248	2 310	3 468
二、引水工程总库容	**万立方米**	**2 527 166**	**2 819 044**	**2 948 757**	**2 989 071**	**3 003 469**
大型水库	万立方米	1 325 400	1 558 500	1 664 860	1 688 446	1 706 636
中型水库	万立方米	437 727	469 863	495 538	511 679	528 790
小(一)型水库	万立方米	369 672	373 495	372 721	378 925	375 561
小(二)型水库	万立方米	214 169	220 334	221 578	222 554	215 521
塘坝	万立方米	180 198	196 852	194 060	187 467	176 961
三、有效灌溉面积	**千公顷**	**1 836.8**	**1 879.7**	**1 903.4**	**1 894.2**	**1 873.2**
蓄水工程	千公顷	930.0	954.9	974.3	975.4	965.0
大型水库	千公顷	80.2	81.6	81.3	82.0	81.4
中型水库	千公顷	204.9	210.7	214.6	218.0	223.8
小(一)型水库	千公顷	242.5	248.4	247.7	247.0	243.0
小(二)型水库	千公顷	201.2	207.2	210.8	211.0	208.4
塘坝	千公顷	201.2	207.0	219.9	217.4	208.4
引水工程	千公顷	488.6	493.4	503.4	505.5	492.8
30 万亩以上	千公顷	54.9	54.9	57.3	89.4	53.2
10－30 万亩	千公顷	47.5	46.6	45.2	18.2	46.0
1－10 万亩	千公顷	45.7	48.7	49.2	48.6	53.5
1 万亩以下	千公顷	340.5	342.2	351.7	349.3	340.1
机电泵井提灌	千公顷	414.0	429.5	423.9	413.0	415.4
其他	千公顷	4.2	1.9	1.8	1.3	

9－21 各地区农村小水电和农业

（2003

指 标	单 位	全 省	南昌市	景德镇市	萍乡市
一、农村小水电情况					
乡镇(场)及以下办水电站个数	个	1 849	18	19	100
发电能力	千瓦	434 332	1 955	4 842	26 981
二、农业电气化情况					
农村用电量	万千瓦小时	397 310	52 103	14 945	35 826
每公顷耕地面积用电量	千瓦小时	1 886.4	2 110.6	2 684.7	7 774.6
通电的村民委员会个数	个	17 552	1 188	504	641
通电的村委会占村委会总数比重	%	97.8	100.0	100.0	100.0
三、农业化学化情况					
农用化肥施用量(实物量)	吨	3 348 847	300 695	69 888	83 502
氮 肥	吨	1 354 062	114 782	28 970	37 920
磷 肥	吨	822 605	93 464	16 258	20 907
钾 肥	吨	425 982	42 845	6 347	9 636
复合肥	吨	746 198	49 604	18 313	15 039
农用化肥施用量(折纯量)	吨	1 109 845	112 206	23 820	33 501
氮 肥	吨	444 014	38 563	10 719	13 272
磷 肥	吨	221 783	31 396	2 602	9 409
钾 肥	吨	188 960	21 323	3 174	4 804
复合肥	吨	255 088	20 924	7 325	6 016
每公顷耕地化肥施用量(实物量)	千克	1 590.0	1 218.1	1 255.5	1 812.1
每公顷耕地化肥施用量(折纯量)	千克	527.0	454.5	427.9	727.0
农用塑料薄膜使用量	吨	33 930	2 177	658	608
每公顷耕地面积用农膜	千克	16.1	8.8	11.8	13.1
农药使用量	吨	53 470	6 468	761	1 321
每公顷耕地面积用农药	千克	25.4	26.2	13.7	28.7
四、农业水利化情况					
有效灌溉面积	千公顷	1 873.2	198.7	52.6	39.0
有效灌溉面积占耕地面积比重	%	88.9	80.5	94.6	84.6
旱涝保收面积	千公顷	1 487.0	160.5	44.7	34.0
旱涝保收面积占耕地面积比重	%	70.6	65.0	80.4	73.8

电气化、化学化、水利化情况

年)

九江市	新余市	鹰潭市	赣州市	吉安市	宜春市	抚州市	上饶市
139	17	21	413	129	440	411	142
30 844	920	1 065	96 338	50 094	99 142	70 042	52 109
30 075	13 501	6 245	59 549	37 615	56 048	28 715	62 688
1 501.6	2 459.2	1 136.1	2 013.8	1 159.6	1 718.6	1 289.1	2 251.4
1 883	397	363	3 502	2 480	2 246	1 809	2 539
99.2	100.0	100.0	98.9	98.9	98.6	99.5	90.1
319 316	100 964	88 728	640 350	380 612	557 954	397 161	409 677
138 434	35 942	25 269	318 513	129 702	195 898	163 744	164 888
61 016	30 445	30 555	131 483	73 325	157 435	110 680	97 037
39 360	18 481	11 992	61 023	44 940	93 351	54 277	43 730
80 506	16 096	20 912	129 331	132 645	111 270	68 460	104 022
116 062	38 114	29 595	185 710	122 477	187 677	126 656	134 027
52 943	15 950	9 524	72 869	39 562	75 191	59 246	56 175
22 487	6 258	8 059	27 464	17 548	36 873	26 839	32 848
15 796	9 011	5 994	29 344	20 997	39 019	19 891	19 607
24 836	6 895	6 018	56 033	44 370	36 594	20 680	25 397
1 594.3	1 839.1	1 614.1	2 165.5	1 173.3	1 710.8	1 783.0	1 471.3
579.5	694.2	538.4	628.0	377.6	575.5	568.6	481.3
2 941	714	739	9 128	2 859	4 722	6 936	2 448
14.6	13.0	13.4	30.8	8.8	14.4	31.1	8.7
5 841	1 821	1 067	11 289	7 292	8 186	5 903	3 521
29.2	33.2	19.4	38.2	22.5	25.1	26.5	12.6
175.0	53.3	56.8	264.3	282.3	249.9	289.0	212.3
87.4	97.1	103.3	89.4	87.0	76.6	129.7	76.2
112.2	41.6	40.8	222.2	231.0	209.1	212.4	178.5
56.0	75.8	74.2	75.1	71.2	64.1	95.4	64.1

9-22 堤防、水闸、除涝、水土保持及解决饮水困难情况

指　　标	单 位	1990 年	1995 年	2000 年	2002 年	2003 年
一、堤防工程	公里	9 259.06	9 701.00	9 868.00	9 711.63	9 652.43
保护耕地 30 万亩以上的堤防	公里	198.33	199.00	209.00	307.00	308.10
保护耕地 10-30 万亩以上的堤防	公里	755.79	755.00	755.00	757.00	771.74
保护耕地 1-10 万亩以上的堤防	公里	2 242.99	2 322.00	2 540.00	2 551.50	2 461.53
保护耕地 1 万亩以下的堤防	公里	6 061.95	6 425.00	6 364.00	6 096.13	6 111.06
二、堤防保护耕地面积	千公顷	629.28	650.57	677.84	718.65	733.07
万亩以上堤防保护	千公顷	438.27	445.41	468.78	506.00	523.09
万亩以下堤防保护	千公顷	191.01	205.16	209.06	212.65	209.98
三、堤防保护人口	万人	936.10	1 031.49	1 118.71	1 248.33	1 237.51
万亩以上堤防保护	万人	654.35	704.84	773.18	879.99	842.37
万亩以下堤防保护	万人	281.75	326.65	345.53	368.34	395.14
四、水闸工程设施	座	365	374	393	424	464
大型水闸	座	3	3	3	3	3
中型水闸	座	31	35	34	34	34
小型水闸	座	331	336	357	387	427
五、低洼易涝耕地面积	千公顷	473.31	473.56	473.63	514.93	491.00
除涝面积	千公顷	313.86	329.89	337.95	344.73	345.75
除涝标准 3-5 年一遇的	千公顷	143.52	156.81	157.73	158.69	161.83
除涝标准 5 年以上的	千公顷	170.34	173.08	180.22	186.05	183.92
现有易涝面积	千公顷	159.45	143.67	135.68	170.20	145.25
六、水土流失面积	千公顷	3 859.91	4 103.23	4 103.50	3 715.69	4 738.65
七、水土流失治理面积	千公顷	1 223.45	1 963.05	2 759.98	3 328.22	3 320.81
#小流域综合治理	千公顷	184.63	345.12	630.39	898.94	781.35
采取水平梯田措施治理	千公顷	73.49	123.51	179.60	199.32	194.54
采取沟坝地措施治理	千公顷	21.03	41.05	55.76	61.32	61.91
采取水保林措施治理	千公顷	1 091.82	1 674.75	2 221.67	2 213.01	1 744.57
采取种草措施治理	千公顷	9.19	22.14	55.49	72.14	72.78
采取其他措施治理	千公顷	27.93	101.84	247.46	782.43	1 247.01
八、需要解决饮水困难的人数	万人	815.80	960.64	958.64	1 558.87	1 322.17
已解决饮水困难的人数	万人	542.96	797.87	950.35	1 057.79	1 096.86
九、需要解决饮水困难的牲畜数	万头	438.69	550.35	559.66	1 053.44	766.84
已解决饮水困难的牲畜数	万头	257.95	400.65	519.31	569.11	593.47

9－23　农作物播种面积和产量

指　　标	播种面积(千公顷)		单产(千克/公顷)		总产量(粮食:万吨;其他:吨)		
	2002 年	2003 年	2002 年	2003 年	2002 年	2003 年	2003年比2002年增长%
总　　计	**5 355.12**	**4 997.35**					
一、粮食作物	3 188.00	3 051.12	4 860	4 753	1 549.50	1 450.30	－6.4
1.谷　　物	2 839.27	2 729.04	5 152	5 025	1 462.89	1 371.05	－6.3
稻　　谷	2 786.67	2 685.27	5 209	5 067	1 451.60	1 360.54	－6.3
早　　稻	1 110.50	1 083.80	4 818	4 924	535.00	533.70	－0.2
中稻及一季晚稻	410.50	479.74	6 397	5 798	262.60	278.14	5.9
二季晚稻	1 265.67	1 121.73	5 167	4 892	654.00	548.70	－16.1
小　　麦	28.45	20.60	1 516	1 403	4.31	2.89	－32.9
杂　　谷	24.15	23.17	2 885	3 289	6.98	7.62	9.2
#玉　　米	16.75	17.50	3 302	3 583	5.53	6.27	13.4
大(米)麦	1.83	1.13	1 403	1 331	0.26	0.15	－42.3
2.豆类合计	203.33	184.43	1 472	1 453	29.93	26.80	－10.5
大　　豆	131.79	117.40	1 679	1 631	22.13	19.15	－13.5
杂　　豆	71.54	67.03	1 090	1 142	7.80	7.65	－1.9
#蚕(豌)豆	57.04	53.29	1 029	1 075	5.87	5.73	－2.4
3.薯类(按折粮计算)	145.40	137.65	3 898	3 811	56.68	52.45	－7.5
二、油料折油(含油茶籽)					277 100	252 998	－8.7
油料合计	704.17	632.71	1 170	1 201	824 182	759 765	－7.8
#花　　生	176.65	166.78	2 309	2 208	407 900	368 282	－9.7
油 菜 籽	482.88	428.05	794	852	383 506	364 761	－4.9
芝　　麻	42.38	36.06	727	682	30 824	24 603	－20.2
三、棉　　花	54.95	65.51	1 217	1 162	66 891	76 148	13.8
四、麻类合计	9.84	8.92	1 587	1 314	15 611	11 717	－24.9
黄红麻	0.95	0.61	3 024	2 544	2 882	1 552	－46.1
苎　麻	8.89	8.31	1 433	1 224	12 729	10 165	－20.1
五、甘　　蔗	25.99	24.42	50 347	48 431	1 308 464	1 182 490	－9.6
六、烟叶合计	13.43	11.55	1 474	1 550	19 787	17 904	－9.5
烤　烟	11.30	9.73	1 525	1 590	17 232	15 470	－10.2
晒　烟	2.13	1.82	1 199	1 334	2 555	2 434	－4.7
七、中 药 材	26.33	29.38	4 612	3 509	112 143	103 084	－8.1
八、蔬菜、瓜类	723.56	638.19					
#蔬　　菜	625.00	548.29					
九、其他作物	608.85	535.55					
#莲　　子	20.70	18.08	661	1 080	13 518	19 526	44.4
青 饲 料	79.88	63.18					
绿　　肥	459.07	401.03					

注:本表粮食作物均为农产量抽样调查数。

9-24 农作物

(1978-

年份	合计	粮食作物	#稻谷	#小麦	棉花	油料
1978	5 701.1	3 820.8	3 380.3	121.2	114.3	270.8
1979	5 699.5	3 844.0	3 386.8	136.1	98.9	329.7
1980	5 553.7	3 775.3	3 383.7	121.3	108.5	324.0
1981	5 542.8	3 758.3	3 362.7	116.3	104.7	360.5
1982	5 578.3	3 743.9	3 339.5	104.0	100.9	370.3
1983	5 465.3	3 714.1	3 323.7	98.4	82.6	351.7
1984	5 456.7	3 714.1	3 326.9	98.7	81.1	348.0
1985	5 419.1	3 650.9	3 264.9	94.2	66.3	372.0
1986	5 438.7	3 629.8	3 250.7	86.8	61.5	414.5
1987	5 482.7	3 647.9	3 268.7	83.7	62.2	449.8
1988	5 396.3	3 588.7	3 210.5	80.1	65.2	440.9
1989	5 555.3	3 693.9	3 297.7	78.2	66.1	507.1
1990	5 759.7	3 700.9	3 286.6	74.9	70.3	686.5
1991	5 829.7	3 589.7	3 146.1	71.9	114.6	800.7
1992	5 844.9	3 446.2	2 981.5	72.5	135.1	913.9
1993	5 721.0	3 360.1	2 865.1	74.0	151.3	840.9
1994	5 753.4	3 434.4	2 939.5	73.1	163.3	853.8
1995	5 949.5	3 510.0	3 019.4	59.1	131.8	1 057.0
1996	6 105.3	3 570.6	3 055.4	72.3	107.4	1 055.3
1997	6 037.6	3 586.5	3 087.4	72.5	102.2	1 003.3
1998	5 804.0	3 421.1	3 034.6	63.3	108.4	947.7
1999	5 871.0	3 548.2	3 050.0	61.5	69.2	900.4
2000	5 650.8	3 322.0	2 832.0	51.4	69.0	858.1
2001	5 534.7	3 265.2	2 808.3	38.3	70.5	778.7
2002	5 355.1	3 188.0	2 786.7	28.5	55.0	704.2
2003	4 997.4	3 051.1	2 685.3	20.6	65.5	632.7

播 种 面 积

2003 年）　　　　　　　　　　　　　　　　　　　　　　　　　　单位：千公顷

#花 生	#油菜籽	#芝 麻	黄红麻	苎 麻	甘 蔗	烤 烟	晒 烟	蔬 菜
46.2	174.3	50.3	5.2	1.3	19.5	3.8	4.1	69.9
46.4	214.1	69.3	5.1	1.4	18.8	2.1	3.8	65.1
47.7	217.7	58.7	6.4	2.1	19.1	1.1	3.1	70.2
48.7	252.2	59.6	10.1	2.7	24.1	2.3	3.3	71.1
49.6	255.9	64.7	7.9	2.5	23.7	2.8	3.7	128.7
48.6	246.1	57.1	4.7	2.3	21.1	1.8	3.0	159.5
52.3	238.3	57.4	5.4	2.6	30.1	2.1	3.8	185.9
64.2	245.9	61.9	16.3	9.5	37.7	2.3	4.8	207.1
80.3	273.0	61.1	9.7	28.9	38.9	1.7	4.3	211.3
89.7	302.9	57.2	7.7	37.3	36.7	3.2	4.9	222.3
93.3	300.1	47.5	6.9	21.1	36.1	11.7	6.5	238.3
91.9	358.9	56.3	7.7	12.0	31.8	10.5	6.7	243.5
91.7	540.9	54.0	8.3	6.6	35.6	14.8	5.9	269.2
92.0	657.2	51.3	8.3	5.3	41.8	28.1	6.5	272.3
117.9	741.5	54.5	6.9	6.4	50.4	31.1	6.9	317.9
131.1	648.8	61.1	6.9	5.0	43.4	37.4	6.5	371.6
138.5	653.8	61.4	5.9	7.0	38.5	16.0	5.5	399.1
130.3	864.1	62.4	4.4	8.6	40.2	9.8	5.1	436.1
140.0	853.6	61.8	3.9	9.1	37.0	11.8	4.9	484.7
142.6	801.1	59.7	3.0	8.5	41.8	23.7	4.9	508.1
151.8	745.3	50.6	2.8	7.5	38.6	13.9	3.2	491.6
163.5	685.4	51.4	1.8	7.3	33.6	11.8	3.1	525.9
179.9	629.2	49.0	1.7	9.0	28.4	11.5	2.7	560.1
183.4	547.7	47.0	1.3	9.9	25.9	12.1	2.6	605.0
176.7	482.9	42.4	1.0	8.9	26.0	11.3	2.1	625.0
166.8	428.1	36.1	0.6	8.3	24.4	9.7	1.8	548.3

9－25 主 要 农

（1978－

年 份	粮 食（万吨）	棉 花（吨）	油料折油（吨）	油料合计（吨）	#花 生	#油菜籽	#芝 麻
1978	1 125.74	34 796	66 271	134 940	51 686	68 399	14 855
1979	1 296.50	43 542	103 540	199 216	60 588	100 639	37 989
1980	1 240.04	43 039	67 804	137 605	50 502	71 999	15 104
1981	1 268.71	46 909	104 690	198 344	56 713	116 275	25 356
1982	1 408.74	65 621	105 360	259 958	62 974	159 804	37 180
1983	1 460.45	47 932	93 031	228 752	62 424	141 353	24 975
1984	1 549.18	69 141	104 260	245 317	74 155	144 974	26 188
1985	1 533.54	62 199	122 268	288 842	103 050	156 691	29 101
1986	1 453.77	54 558	115 323	315 869	135 578	156 664	23 627
1987	1 562.77	59 187	135 282	356 974	157 779	171 632	27 563
1988	1 535.43	32 495	122 547	328 348	138 059	174 773	15 516
1989	1 589.62	50 050	148 379	376 519	150 739	198 755	27 025
1990	1 658.20	56 995	196 114	548 851	151 909	371 383	25 559
1991	1 625.70	108 998	226 176	621 726	149 377	444 558	27 791
1992	1 566.00	148 368	257 389	741 627	215 142	490 178	36 307
1993	1 517.10	156 222	260 851	778 140	257 203	480 746	40 191
1994	1 603.50	174 714	282 747	836 078	309 554	483 500	42 966
1995	1 607.40	118 547	346 693	1 035 823	302 510	690 239	42 971
1996	1 766.30	123 071	339 313	1 010 393	331 169	634 898	44 277
1997	1 767.70	132 390	365 379	1 056 276	332 669	681 332	42 244
1998	1 555.50	76 092	282 503	843 455	334 317	477 853	31 165
1999	1 732.70	63 417	318 638	943 803	365 179	546 651	31 907
2000	1 614.60	68 025	325 212	967 297	403 832	529 998	33 407
2001	1 600.00	80 510	300 390	905 295	408 616	463 306	32 333
2002	1 549.50	66 891	277 100	824 182	407 900	383 506	30 824
2003	1 450.30	76 148	252 998	759 765	368 282	364 761	24 603

注：本表1990年以后粮食产量为农产量抽样调查数。

产 品 产 量

2003年)

黄红麻（吨）	苎 麻（吨）	甘 蔗（吨）	烤 烟（吨）	晒 烟（吨）	水 果（吨）	肉 类总产量（吨）	生猪年末存栏（万头）	水产品总产量（万吨）
4 793	773	682 908	2 601	3 540	29 229	262 704	944.3	5.93
7 529	1 212	790 784	1 726	3 266	60 190	313 749	1 004.7	6.73
10 775	1 252	857 362	950	2 758	56 126	380 490	1 018.0	7.55
14 993	1 627	1 167 281	2 542	3 265	70 870	411 140	1 006.6	8.58
11 567	2 050	1 204 245	3 439	4 184	73 356	441 368	1 023.3	9.40
6 427	1 732	1 021 939	2 033	2 777	89 348	458 122	1 079.4	11.55
8 257	2 495	1 499 874	2 758	4 046	89 485	547 967	1 138.8	13.01
29 875	5 106	1 971 006	2 914	5 880	107 543	642 514	1 232.5	16.02
18 301	13 211	1 720 310	1 664	4 287	161 274	777 126	1 344.1	19.28
14 080	33 475	1 907 887	3 525	5 928	172 879	838 692	1 387.6	22.59
10 456	19 212	1 735 822	7 699	5 890	146 135	978 268	1 454.5	25.59
13 423	10 581	1 494 895	9 155	6 173	229 708	1 040 340	1 486.5	28.12
18 846	6 039	1 942 913	17 175	5 942	232 983	1 117 438	1 547.3	30.68
20 472	5 166	2 299 461	31 454	6 686	334 161	1 239 667	1 589.6	33.93
17 984	6 592	2 561 426	38 246	7 867	140 914	1 410 488	1 656.6	41.32
18 327	5 727	2 311 395	46 106	7 980	208 141	1 676 110	1 781.0	55.49
17 547	8 644	2 041 521	15 186	6 433	303 658	1 976 564	1 867.1	69.48
13 597	11 141	2 000 272	10 179	5 730	427 637	2 193 984	1 951.0	84.04
9 017	12 224	1 857 833	14 870	6 422	503 928	2 219 302	1 978.7	100.10
7 984	11 288	2 205 930	31 444	7 527	676 384	2 275 735	1 979.8	115.08
6 555	9 921	1 863 799	15 906	3 660	454 628	2 147 125	1 799.6	118.35
4 254	9 692	1 720 059	14 156	3 304	703 877	1 982 708	1 554.3	122.12
4 437	11 397	1 368 109	15 092	3 065	423 403	1 923 111	1 473.5	127.12
4 142	13 034	1 237 046	16 635	3 095	577 314	1 931 396	1 406.5	132.26
2 882	12 729	1 308 464	17 232	2 555	652 276	1 967 198	1 309.4	138.20
1 552	10 165	1 182 490	15 470	2 434	777 691	2 013 931	1 362.7	146.06

9－26 各地区农作

(2003

指　　标	全　省	南昌市	景德镇市	萍乡市	九江市
总　计	**4 997 350**	**461 770**	**136 329**	**116 937**	**423 909**
一、粮食作物	3 051 320	271 664	76 881	67 397	201 927
1.谷　物	2 729 040	253 617	69 307	57 176	170 113
稻　谷	2 685 270	250 959	67 992	55 174	157 197
早　稻	1 083 800	100 418	20 460	18 366	48 832
中稻及一季晚稻	479 740	45 775	19 997	19 895	59 339
二季晚稻	1 121 730	104 766	27 535	16 913	49 026
小　麦	20 605	2 368	359	570	7 930
杂　谷	23 167	290	956	1 432	4 986
#玉　米	17 500	131	823	1 033	4 129
大(米)麦	1 127	144	59		102
2.豆类合计	184 432	13 315	4 266	4 581	15 394
大　豆	117 427	11 906	2 754	2 134	9 179
杂　豆	67 005	1 409	1 512	2 447	6 215
#蚕(豌)豆	53 288	837	1 325	1 682	4 698
3.薯类(按折粮计算)	137 659	4 712	3 308	5 640	16 420
二、油料合计	632 709	75 428	13 568	7 255	89 915
#花　生	166 783	17 552	1 944	1 189	9 129
油菜籽	428 049	48 408	9 603	5 956	76 677
芝　麻	36 059	9 468	1 954	10	3 997
三、棉　花	65 506	1 953	447	76	45 120
四、麻类合计	8 915		8	2	2 502
黄红麻	610		2		1
苎　麻	8 306		6	2	2 501
五、甘　蔗	24 416	971	901	29	1 147
六、烟叶合计	11 553			174	
烤　烟	9 730				
晒　烟	1 824			174	
七、中药材	29 381	144	417	629	10 158
八、蔬菜、瓜类	638 191	40 168	26 864	21 783	47 717
#蔬　菜	548 293	38 061	24 720	20 239	43 385
九、其他作物	535 548	71 462	17 243	19 592	25 423
#莲　子	18 081			10	82
青饲料	63 184	1 853	1 014	3 048	7 836
绿　肥	401 028	66 386	13 406	15 831	12 031

物播种面积

年）

单位:公顷

新余市	鹰潭市	赣州市	吉安市	宜春市	抚州市	上饶市
131 807	**146 185**	**722 687**	**719 014**	**784 221**	**566 676**	**619 921**
77 996	92 534	417 805	457 174	499 228	302 766	417 884
66 384	84 979	353 369	409 936	449 668	265 671	380 924
66 179	84 457	349 378	407 303	443 162	262 773	372 799
27 666	33 677	155 223	182 081	185 779	93 263	144 640
8 098	14 900	36 973	60 590	62 106	50 624	80 703
30 415	35 880	157 182	164 632	195 277	118 886	147 456
	112	140		3 515	165	5 446
206	410	3 851	2 633	2 991	2 733	2 679
143	208	3 628	1 447	2 035	2 673	1 250
	121			252	6	443
8 280	4 442	34 385	30 103	29 530	18 711	21 425
3 559	2 134	17 670	18 081	21 416	13 796	14 798
4 721	2 308	16 715	12 022	8 114	4 915	6 627
4 310	1 736	15 370	9 924	5 261	3 255	4 890
3 332	3 113	30 051	17 135	20 030	18 384	15 534
14 941	10 848	64 782	120 436	109 600	44 526	81 410
3 958	5 925	43 229	28 042	27 048	14 456	14 311
10 703	4 011	21 283	89 888	74 480	28 218	58 822
281	825	270	2 500	6 926	1 852	7 976
6 091	9	26	199	5 482	3 935	2 168
2 034	24	88	151	3 232	451	423
	15	69	144		89	290
2 034	9	19	7	3 232	362	134
104	750	4 323	4 247	2 193	7 101	2 650
	12	7 196	636	339	2 785	411
		6 891	590		1 899	350
	12	305	46	339	886	62
132	111	1 602	7 038	2 479	4 954	1 717
15 989	14 862	138 098	85 440	79 953	110 858	56 459
14 111	13 336	120 692	70 326	67 825	83 981	51 617
14 520	27 035	88 767	43 693	81 715	89 301	56 797
	19	4 580	181	251	12 843	115
2 571	1 973	16 493	6 362	8 571	6 380	7 083
9 446	24 054	53 119	27 638	67 923	66 879	44 315

9－27 各地区主要农作物

（2003

指　　　标	全　省	南昌市	景德镇市	萍乡市	九江市
一、粮食作物	4 753	4 989	5 039	6 353	4 383
1.谷　　物	5 025	5 232	5 301	6 844	4 790
稻　　谷	5 067	5 276	5 359	6 942	5 028
早　　稻	4 924	5 054	4 487	6 131	4 249
中稻及一季晚稻	5 798	5 785	6 261	7 761	5 881
二季晚稻	4 892	5 266	5 357	6 859	4 771
小　　麦	1 403	887	1 114	3 158	1 387
杂　　谷	3 289	2 759	2 615	4 469	2 688
#玉　　米	3 583	4 580	2 795	4 647	2 390
大(米)麦	1 331	694	1 695		980
2.豆类合计	1 453	1 066	1 594	2 663	1 254
大　　豆	1 631	1 075	1 888	2 858	1 351
杂　　豆	1 142	994	1 058	2 493	1 110
#蚕(豌)豆	1 075	1 075	906	1 665	1 128
3.薯类(按折粮计算)	3 811	2 992	4 021	4 397	3 106
二、油料合计	1 201	915	1 221	1 159	1 183
#花　　生	2 208	1 999	3 082	1 926	1 593
油 菜 籽	852	618	920	978	1 154
芝　　麻	682	423	878	1 500	833
三、棉　　花	1 162	579	826	1 000	1 183
四、麻类合计	1 314		1 250	1 500	1 203
黄红麻	2 544		2 000		4 000
苎　麻	1 224		1 000	1 500	1 202
五、甘　　蔗	48 431	33 118	42 863	25 517	32 955
六、烟叶合计	1 550			1 213	
烤　烟	1 590				
晒　烟	1 334			1 213	
七、其他作物					
#莲　子	1 080			600	

单位播种面积产量

年）

新余市	鹰潭市	赣州市	吉安市	宜春市	抚州市	上饶市
5 082	5 161	4 765	4 238	5 240	5 334	4 869
5 712	5 420	5 203	4 487	5 521	5 611	5 094
5 721	5 438	5 213	4 500	5 568	5 637	5 161
5 118	4 947	5 267	4 443	5 228	5 391	4 738
6 125	6 020	5 247	4 568	5 745	6 045	5 984
6 066	5 655	5 150	4 537	5 836	5 657	5 126
	1 786	1 429		1 252	1 818	1 561
2 913	2 683	4 466	2 545	3 511	3 330	2 949
3 497	4 327	4 658	2 833	3 882	3 292	3 040
	826			1 587		1 580
882	1 733	1 451	1 242	1 592	1 710	1 596
1 152	2 015	1 822	1 405	1 723	1 870	1 777
678	1 473	1 059	998	1 245	1 261	1 192
696	1 498	1 047	988	1 102	1 260	1 166
2 971	3 020	3 404	3 542	4 309	5 032	3 882
908	1 786	1 963	1 000	1 104	1 442	1 150
1 617	2 367	2 486	1 774	2 249	2 496	2 503
652	1 037	914	770	734	927	868
651	1 036	1 041	599	608	1 069	819
1 319	889	1 192	990	899	1 182	1 550
1 246	3 500	4 148	1 828	1 149	1 326	2 657
	3 533	4 594	1 771		2 764	2 321
1 246	3 444	2 526	3 000	1 149	972	3 366
20 413	40 648	58 961	37 792	61 550	54 127	39 940
	833	1 529	1 715	1 209	1 515	2 338
		1 532	1 754		1 626	2 266
	833	1 469	1 217	1 209	1 277	2 710
	1 474	686	724		639	

9－28 各地区主要

（2003

指　　　　　标	全　省	南昌市	景德镇市	萍乡市	九江市
一、粮食作物	1 450.30	135.53	38.74	42.82	88.51
1.谷　　物	1 371.05	132.69	36.74	39.13	81.49
稻　　谷	1 360.54	132.40	36.44	38.30	79.04
早　　稻	533.70	50.75	9.18	11.26	20.75
中稻及一季晚稻	278.14	26.48	12.52	15.44	34.90
二季晚稻	548.70	55.17	14.75	11.60	23.39
小　　麦	2.89	0.21	0.04	0.18	1.10
杂　　谷	7.62	0.08	0.25	0.64	1.34
#玉　　米	6.27	0.06	0.23	0.48	1.21
大(米)麦	0.15	0.01	0.01		0.01
2.豆类合计	26.80	1.42	0.68	1.22	1.93
大　　豆	19.15	1.28	0.52	0.61	1.24
杂　　豆	7.65	0.14	0.16	0.61	0.69
#蚕(豌)豆	5.73	0.09	0.12	0.28	0.53
3.薯类(按折粮计算)	52.45	1.41	1.33	2.48	5.10
二、油料折油(含油茶籽)	252 998	21 008	5 375	6 606	34 406
油料合计	759 765	68 991	16 561	8 412	106 394
#花　生	368 282	35 091	5 991	2 290	14 542
油菜籽	364 761	29 894	8 830	5 823	88 489
芝　麻	24 603	4 006	1 716	15	3 328
三、棉　　花	76 148	1 131	369	76	53 356
四、麻类合计	11 717		10	3	3 010
黄红麻	1 552		4		4
苎　麻	10 165		6	3	3 006
五、甘　　蔗	1 182 490	32 158	38 620	740	37 799
六、烟叶合计	17 904			211	
烤　烟	15 470				
晒　烟	2 434			211	
七、其他作物					
#莲　子	19 526			6	514

农作物总产量

年)　　粮食:万吨;其他:吨

新余市	鹰潭市	赣州市	吉安市	宜春市	抚州市	上饶市
39.64	47.76	199.07	193.77	261.59	161.51	203.48
37.92	46.06	183.85	183.95	248.26	149.06	194.03
37.86	45.93	182.12	183.28	246.77	148.13	192.39
14.16	16.66	81.76	80.90	97.12	50.28	68.53
4.96	8.97	19.40	27.68	35.68	30.60	48.29
18.45	20.29	80.95	74.70	113.97	67.25	75.58
	0.02	0.02		0.44	0.03	0.85
0.06	0.11	1.72	0.67	1.05	0.91	0.79
0.05	0.09	1.69	0.41	0.79	0.88	0.38
	0.01			0.04	…	0.07
0.73	0.77	4.99	3.74	4.70	3.20	3.42
0.41	0.43	3.22	2.54	3.69	2.58	2.63
0.32	0.34	1.77	1.20	1.01	0.62	0.79
0.30	0.26	1.61	0.98	0.58	0.41	0.57
0.99	0.94	10.23	6.07	8.63	9.25	6.03
5 073	5 278	40 768	38 656	39 321	20 569	35 938
13 564	19 372	127 187	120 493	120 967	64 227	93 597
6 402	14 026	107 455	49 755	60 821	36 088	35 821
6 979	4 159	19 451	69 237	54 703	26 160	51 036
183	855	281	1 497	4 210	1 979	6 533
8 036	8	31	197	4 931	4 652	3 361
2 534	84	365	276	3 713	598	1 124
	53	317	255		246	673
2 534	31	48	21	3 713	352	451
2 123	30 486	254 890	160 501	134 979	384 354	105 840
	10	11 002	1 091	410	4 219	961
		10 554	1 035		3 088	793
	10	448	56	410	1 131	168
	28	3 142	131	6 147	8 205	1 353

9-29 茶叶、水果生产情况

指标	单位	2002年	2003年	2003年比2002年增长%
一、产量				
茶叶	吨	13 236	12 539	-5.3
#红毛茶	吨	2 067	1 783	-13.7
绿毛茶	吨	10 394	9 958	-4.2
水果	吨	652 276	777 691	19.2
#柑桔类	吨	489 940	619 887	26.5
#柑	吨	92 718	104 918	13.2
桔	吨	259 222	333 741	28.7
橙	吨	91 070	141 358	55.2
柚	吨	12 560	12 334	-1.8
梨	吨	48 795	45 181	-7.4
桃	吨	26 505	26 994	1.8
其他水果	吨	87 036	113 165	30.0
二、面积				
年末茶园面积	公顷	35 667	33 949	-4.8
#当年采摘	公顷	27 968	26 910	-3.8
当年新增	公顷	927	815	-12.1
年末果园面积	公顷	248 225	262 355	5.7
柑桔园	公顷	166 439	185 980	11.7
梨园	公顷	21 302	21 750	2.1
桃园	公顷	8 958	8 940	-0.2
其他果园	公顷	51 528	45 690	-11.3
#当年产果	公顷	131 012	143 313	9.4
#柑桔	公顷	85 338	96 651	13.3
当年新增	公顷	18 164	22 629	24.6
#柑桔	公顷	15 346	18 923	23.3

9－30　各地区茶叶、水果产量

（2003 年）　　单位:吨

地　　区	茶　　叶	#红毛茶	#绿毛茶	水　　果	#柑　桔	#梨
全　　省	**12 539**	**1 783**	**9 958**	**777 691**	**104 918**	**45 181**
南 昌 市	758	11	641	10 370	2 028	546
景德镇市	1 699	757	942	4 826	1 135	359
萍 乡 市	248		224	8 922	303	573
九 江 市	1 973	573	1 080	18 718	789	2 234
新 余 市	40		39	17 044	1 448	2 615
鹰 潭 市	223	98	90	27 291	1 125	4 354
赣 州 市	1 500		1 500	345 643	54 252	14 339
吉 安 市	1 038	64	939	72 394	9 875	3 023
宜 春 市	882	42	743	44 572	22 201	1 834
抚 州 市	657	24	609	190 876	3 731	11 687
上 饶 市	3 521	214	3 151	37 035	8 031	3 617

9－31　各地区茶园、果园面积

（2003 年）　　单位:公顷

地　　区	年末茶园面　　积	年末果园面　　积	#当年产果面　　积	#柑　桔	#当年新增面　　积	#柑　桔
全　　省	**33 949**	**262 355**	**143 313**	**96 651**	**22 629**	**18 923**
南 昌 市	952	5 812	3 619	1 907	83	40
景德镇市	5 418	3 658	1 258	632	109	98
萍 乡 市	436	3 566	2 713	2 150	173	86
九 江 市	2 926	11 513	6 239	3 064	1 227	334
新 余 市	67	6 500	3 729	2 862	219	37
鹰 潭 市	390	8 304	4 800	1 737	63	11
赣 州 市	5 647	118 825	55 933	37 961	14 978	14 279
吉 安 市	3 752	31 159	18 897	14 545	604	384
宜 春 市	1 782	14 514	8 982	5 227	1 173	414
抚 州 市	1 414	46 841	28 669	22 887	3 269	3 109
上 饶 市	11 165	11 663	8 474	3 679	731	131

9-32 林业生产情况

指　　标	单　位	2002 年	2003 年	2003年比2002年增长%
一、当年造林总面积	千公顷	162.3	219.8	35.4
1. 按造林方式分:				
人工造林面积	千公顷	162.3	219.8	35.4
飞机播种面积	千公顷			
2. 按主要林种用途分:				
用材林	千公顷	20.5	23.4	14.0
经济林	千公顷	19.6	24.8	26.3
防护林	千公顷	121.7	170.6	40.2
薪炭林	千公顷	0.2	0.6	175.0
特种用途林	千公顷	0.3	0.5	66.7
二、迹地更新面积	千公顷	11.7	1.1	-90.5
三、封山育林面积	千公顷	1 402.1	430.1	-69.3
#本年新封	千公顷	35.3	20.9	-40.8
四、零星(四旁)植树	万株	6 255	6 746	7.8
五、林木种子采集量	吨	358	1 026	186.6
六、育苗面积	公顷	3 956	8 949	126.2
#本年新育	公顷	3 056	5 865	91.9
七、幼林抚育实际面积	千公顷	221.0	236.4	7.0
八、成林抚育面积	千公顷	146.7	86.3	-41.2
九、低产林改造面积	千公顷	62.8	5.9	-90.6
十、主要林产品产量				
油桐籽	吨	14 252	12 681	-11.0
油茶籽	吨	189 586	163 191	-13.9
乌柏籽	吨	2 952	453	-84.7
五倍籽	吨	42	111	164.3
棕　片	吨	4 408	5 092	15.5
松　脂	吨	48 801	54 758	12.2
竹笋干	吨	10 019	8 600	-14.2
板　栗	吨	18 160	16 209	-10.7
紫胶(原胶)	吨	5		
十一、村及村以下竹木采伐				
木材生产性采伐量	万立方米	306.1	301.5	-1.5
竹材采伐量	万根	2 812.3	4 472.4	59.0

9－33 牧业生产情况

指　　标	单　位	2002 年	2003 年	2003年比2002年增长 %
一、当年出栏肉猪头数	头	19 553 587	19 320 402	－1.2
二、当年出售和自宰肉用牛	头	670 822	725 403	8.1
当年出售和自宰肉用羊	只	743 621	869 658	16.9
当年出售和自宰肉用兔	只	1 572 584	1 840 460	17.0
当年出售和自宰肉用禽	万羽	29 276.8	31 279.0	6.8
三、肉类总产量	吨	1 967 198	2 013 931	2.4
猪　肉	吨	1 496 681	1 505 079	0.6
牛　肉	吨	59 952	69 627	16.1
羊　肉	吨	11 249	13 924	23.8
兔　肉	吨	2 652	3 552	33.9
禽　肉	吨	391 770	416 027	6.2
四、牛奶产量	吨	78 732	108 862	38.3
五、家禽产蛋量	吨	353 658	370 631	4.8
六、蜂蜜产量	吨	8 524	9 609	12.7
七、牛年末头数	头	3 567 059	3 585 456	0.5
#从事农事劳役的	头	2 748 922	2 680 534	－2.5
能繁殖母牛	头	1 506 125	1 489 123	－1.1
当年生仔牛	头	621 236	639 928	3.0
黄　牛	头	2 291 645	953 464	－58.4
水　牛	头	1 249 202	509 411	－59.2
良种及改良种乳牛	头	26 212	36 367	38.7
八、生猪年末头数	头	13 093 855	13 626 977	4.1
#能繁殖母猪	头	877 608	904 174	3.0
九、羊年末只数	头	925 778	1 036 664	12.0
十、兔年末只数	头	1 053 522	1 242 451	17.9
十一、家禽年末只数	万羽	18 086.4	19 040.0	5.3
十二、养蜂年末箱数	箱	283 796	323 229	13.9
十三、年末桑园面积	公顷	31 398	32 203	2.6
十四、蚕　茧	吨	6 862	7 775	13.3

9－34 各 地 区 林

（2003

指　　　　标	单　位	全　省	南昌市	景德镇市	萍乡市
一、当年造林总面积	公顷	219 745	10 325	5 867	8 930
1. 按造林方式分：					
人工造林面积	公顷	219 745	10 325	5 867	8 930
2. 按主要林种用途分：					
用材林	公顷	23 367		2 401	
经济林	公顷	24 762	549	571	867
防护林	公顷	170 616	9 397	2 895	8 063
薪炭林	公顷	554			
特种用途林	公顷	446	379		
二、迹地更新面积	公顷	1 114			
三、封山育林面积	公顷	430 067	7 647	99 689	2 635
#本年新封	公顷	20 893	747	1 280	467
四、零星（四旁）植树	万株	6 746	722	466	274
五、林木种子采集量	吨	1 026			
六、育苗面积	公顷	8 949	299	37	62
#本年新育	公顷	5 865	103	32	62
七、幼林抚育实际面积	公顷	236 409	7 801	7 930	9 433
八、成林抚育面积	公顷	86 334	315	17 543	284
九、低产林改造面积	公顷	5 900		170	71
十、主要林产品产量					
油桐籽	吨	12 681	91	52	291
油茶籽	吨	163 191	3 930	1 218	20 817
乌桕籽	吨	453			
五倍籽	吨	111			
棕　片	吨	5 092	70	20	58
松　脂	吨	54 758	685	2 289	395
竹笋干	吨	8 600		22	43
板　栗	吨	16 209	200	157	740
紫胶（原胶）	吨				
十一、村及村以下竹木采伐					
木材生产性采伐量	万立方米	301.51	1.02	9.76	5.11
竹材采伐量	万根	4 472.37	4.28	48.12	74.91

业 生 产 情 况

年)

九江市	新余市	鹰潭市	赣州市	吉安市	宜春市	抚州市	上饶市
33 366	3 501	5 104	38 600	25 937	24 788	29 735	33 592
33 366	3 501	5 104	38 600	25 937	24 788	29 735	33 592
5 964	1 426		8 481			1 933	3 162
5 142	206	245	7 237	1 770	2 054	2 772	3 349
21 861	1 869	4 859	22 660	24 167	22 734	25 030	27 081
332			222				
67							
				43	137	934	
150 997	2 267	4 960	21 349	12 240	3 355	116 241	8 687
567		933	5 514	2 494	3 355	2 595	2 941
558	640	232	1 028	446	1 047	307	1 026
39	2	12	21	906	31		15
2 328	1 090	52	274	500	3 217	288	802
895	1 018	28	228	320	2 662	270	247
47 932	6 002	5 866	37 935	30 589	19 594	35 787	27 540
12 990	1 164		17 402	12 259	9 796	10 253	4 328
		496	2 475	575	1 168	295	650
411	250	24	5 574	1 458	2 373	914	1 243
4 452	5 765	192	37 739	16 785	23 161	11 232	37 900
20	49	6	183	5	93	55	42
			14		92	3	2
192	163	17	2 500	16	1 457	63	536
2 410	1 340	50	14 391	16 520	7 981	8 185	512
803	81	8	2 579	597	2 188	1 649	630
1 306	286	944	3 005	179	2 379	1 632	5 381
14.77	7.41	4.39	63.19	82.60	44.04	40.8	28.44
197.40	49.00	124.3	737.60	396.98	1688.56	671.09	480.13

9－35 各 地 区 牧

（2003

指 标	单 位	全 省	南昌市	景德镇市	萍乡市
一、当年出栏肉猪头数	头	19 320 402	2 232 374	449 298	753 127
二、当年出售和自宰肉用牛	头	725 403	33 855	8 264	8 426
当年出售和自宰肉用羊	只	869 658	13 616	4 030	161 038
当年出售和自宰肉用兔	只	1 840 460	29 740	1 654	13 680
当年出售和自宰肉用禽	万羽	31 279.0	3 439.7	386.5	523.5
三、肉类总产量	吨	2 013 931	229 361	42 350	74 204
猪 肉	吨	1 505 079	182 311	37 490	61 091
牛 肉	吨	69 627	4 015	1 001	923
羊 肉	吨	13 924	276	134	2 487
兔 肉	吨	3 552	88	6	30
禽 肉	吨	416 027	42 545	3 719	8 958
四、牛奶产量	吨	108 862	62 273	96	2 857
五、家禽产蛋量	吨	370 631	111 049	8 080	6 809
六、蜂蜜产量	吨	9 609	227	121	99
七、牛年末头数	头	3 585 456	224 853	62 230	78 088
#从事农事劳役的	头	2 680 534	150 782	49 967	64 014
能繁殖母牛	头	1 489 123	112 293	25 650	23 629
当年生仔牛	头	639 928	41 259	11 791	6 699
黄 牛	头	953 464	46 591	10 013	19 285
水 牛	头	509 411	52 375	15 617	4 247
良种及改良种乳牛	头	26 313	13 327	20	97
八、生猪年末头数	头	13 626 977	1 754 412	418 875	519 966
#能繁殖母猪	头	904 174	92 333	23 499	24 409
九、羊年末只数	头	1 036 664	17 171	9 574	151 390
十、兔年末只数	头	1 242 451	27 122	4 619	13 976
十一、家禽年末只数	万羽	19 040.0	2 885.6	323.1	435.9
十二、养蜂年末箱数	箱	323 229	4 269	6 865	9 263
十三、年末桑园面积	公顷	32 203	62	432	
十四、蚕 茧	吨	7 775	9	73	

业 生 产 情 况

年）

九江市	新余市	鹰潭市	赣州市	吉安市	宜春市	抚州市	上饶市
1 446 980	548 025	735 399	3 600 042	2 295 644	3 042 970	2 179 726	2 036 817
9 889	66 899	20 385	227 977	132 382	150 148	27 918	39 260
255 371	25 788	12 006	98 309	24 341	161 767	15 703	97 689
38 955	3 745	5 365	1 209 621	17 347	424 112	4 264	91 977
899.5	514.5	731.0	11 396.5	2 619.2	3 619.7	4 878.5	2 270.4
119 958	55 861	77 402	474 736	229 167	293 249	213 659	203 984
106 093	41 739	59 170	269 968	179 026	232 733	169 716	165 742
2 221	5 382	3 278	15 974	11 593	16 551	3 869	4 820
3 481	391	360	1 493	360	2 939	334	1 669
129	8	8	1 995	51	881	5	351
7 878	8 263	13 595	184 119	37 011	39 459	39 540	30 940
1 583	882	575	35 314	1 419	515	2 947	401
14 278	6 718	14 003	61 175	28 092	50 381	34 958	35 088
437	147	246	1 703	608	2 350	858	2 813
134 476	149 991	86 825	809 589	713 533	713 949	330 399	281 523
95 671	109 429	69 002	613 568	614 315	487 258	265 742	160 786
37 266	68 280	46 179	403 122	265 102	285 283	121 076	101 243
26 324	30 392	27 179	191 542	102 681	125 503	35 288	41 270
11 087	48 424	29 336	278 750	215 273	184 855	50 838	59 012
25 182	19 479	16 766	116 606	47 720	99 983	69 378	42 058
997	377	77	7 766	2 109	445	860	238
1 137 439	400 538	535 006	2 209 038	1 460 426	1 849 888	1 477 529	1 863 860
42 802	29 995	45 018	205 856	109 355	155 758	87 760	87 389
370 708	23 787	7 514	111 884	22 898	226 776	24 402	70 560
28 514	2 704	6 180	620 353	19 060	470 322	3 918	45 683
701.7	320.8	592.0	5 678.1	2 019.5	2 269.7	2 206.9	1 606.7
30 661	4 653	5 485	75 525	23 669	64 791	15 273	82 775
12 740			2 084	1 655	3 065	2 199	9 966
3 343			1 688	1 009	343	525	785

9-36 渔业生产情况

指标	单位	2002年	2003年	2003年比2002年增长%
一、渔业乡	个	6	5	-16.7
二、渔业村	个	320	322	0.6
三、渔业户	户	195 802	206 833	5.6
四、渔业人口	万人	105.38	106.15	0.7
五、渔业劳动力	万人	67.91	69.89	2.9
专业劳动力	万人	22.88	24.78	8.3
捕捞专业劳动力	万人	4.42	4.37	-1.1
养殖专业劳动力	万人	15.95	17.72	11.1
后勤专业劳动力	万人	2.51	2.69	7.2
兼业劳动力	万人	45.04	45.11	0.2
六、已养殖面积	千公顷	348.78	358.54	2.8
#池　塘	千公顷	103.74	103.58	-0.2
水　库	千公顷	135.18	131.21	-2.9
湖　泊	千公顷	82.85	83.58	0.9
七、养殖亩产	千克/公顷	3 304	3 430	3.8
#池　塘	千克/公顷	6 158	6 084	-1.2
水　库	千克/公顷	1 778	1 924	8.2
湖　泊	千克/公顷	1 491	1 739	16.7
八、水产品总产量	吨	1 382 016	1 460 644	5.7
#养殖产量	吨	1 152 235	1 229 697	6.7
#池　塘	吨	638 824	630 187	-1.4
水　库	吨	240 344	252 491	5.1
湖　泊	吨	123 556	145 371	17.7
水产品总产量中：鱼　类	吨	1 285 448	1 162 268	-9.6
虾蟹类	吨	35 626	21 386	-40.0
贝　类	吨	43 396	27 758	-36.0
九、珍珠产量	千克	20 007	202 500	912.1
十、鱼苗产量	亿尾	122.86	137.51	11.9
十一、鱼种产量	吨	122 856	123 921	0.9

9－37 各地区渔业生产情况

(2003年)

地区	渔业劳动力（人）	专业劳动力	捕捞劳动力	养殖劳动力	后勤劳动力	兼业劳动力	养殖面积（公顷）	养殖单产（千克/公顷）
全省	**698 899**	**247 817**	**43 746**	**177 223**	**26 848**	**451 082**	**358 536**	**3 430**
南昌市	50 843	26 813	7 788	15 989	3 036	24 030	52 333	3 887
景德镇市	3 501	2 039	341	1 343	355	1 462	6 510	2 013
萍乡市	23 943	6 911	553	5 945	413	17 032	3 734	5 522
九江市	63 092	32 092	12 891	16 704	2 497	31 000	64 558	3 027
新余市	14 213	5 696	853	3 773	1 070	8 517	10 203	2 344
鹰潭市	4 752	2 714	883	1 279	552	2 038	6 744	3 188
赣州市	206 557	46 133	3 039	38 568	4 526	160 424	39 541	4 202
吉安市	72 380	22 720	2 036	17 526	3 158	49 660	37 744	2 846
宜春市	79 669	25 155	3 262	18 980	2 913	54 514	41 548	4 256
抚州市	69 735	27 294	1 267	23 693	2 334	42 441	32 131	2 757
上饶市	110 214	50 250	10 833	33 423	5 994	59 964	63 490	3 352

地区	水产品总产量（吨）	#养殖产量	水产品产量中：鱼类	虾蟹类	贝类	珍珠产量（千克）	鱼苗产量（亿尾）	鱼种产量（吨）
全省	**1 460 644**	**1 229 697**	**1 162 268**	**21 386**	**27 758**	**202 500**	**137.51**	**123 921**
南昌市	258 002	203 402	189 068	5 931	6 631	60 000	21.8	18 884
景德镇市	15 294	13 105	12 777	16	234	100	0.98	517
萍乡市	22 326	20 617	19 340	146	711		3.58	2 053
九江市	253 015	195 398	183 376	5 682	5 393	80 000	18.99	8 524
新余市	27 493	23 913	22 902	409	494	1 400	1.8	2 047
鹰潭市	26 059	21 499	19 095	288	1 389	550	1.28	1 456
赣州市	175 028	166 151	156 672	1 857	3 533		37.23	25 150
吉安市	117 601	107 403	103 486	521	1 209	1 932	14.73	8 613
宜春市	210 070	176 832	165 639	3 329	4 326	16 000	18.21	26 514
抚州市	95 589	88 577	83 546	938	1 259	4 318	9.33	11 768
上饶市	260 167	212 800	206 367	2 269	2 579	38 200	9.58	18 395

9-38 各地区农村经济效益

（2003年）

指标	单位	全省	南昌市	景德镇市	萍乡市	九江市	新余市
每一农业劳动力创造农林牧渔业总产值	元	8 665	10 553	8 421	7 980	7 389	10 687
每一农业劳动力创造农林牧渔业增加值	元	5 543	7 055	6 487	4 688	5 075	6 561
每一农业劳动力创造农林牧渔业商品产值	元	5 764	7 533	5 544	5 146	5 391	7 038
每一农业劳动力生产的主要农产品							
粮食	千克	1 493.22	1 737.76	1 527.03	1 242.59	871.97	1 774.83
棉花	千克	7.84	1.45	1.45	0.22	52.56	35.98
油料	千克	78.22	88.46	65.27	24.41	104.81	60.73
糖料	千克	121.75	41.23	152.22	2.15	37.24	9.51
肉类总产量	千克	207.35	294.08	166.92	215.31	118.17	250.10
水产品产量	千克	150.39	330.80	60.28	64.78	249.25	123.09
平均每千公顷耕地种植业产值	万元	1 795.81	1 180.90	2 341.91	2 715.39	1 812.65	2 322.04
农林牧渔业中间消耗占农林牧渔业总产值	%	36.03	33.14	22.96	41.25	31.32	38.61
农林牧渔业商品率	%	66.52	71.38	67.02	64.49	72.95	65.85

指标	单位	鹰潭市	赣州市	吉安市	宜春市	抚州市	上饶市
每一农业劳动力创造农林牧渔业总产值	元	9 328	7 344	8 335	10 158	9 829	6 544
每一农业劳动力创造农林牧渔业增加值	元	5 297	4 772	4 968	5 915	5 309	3 760
每一农业劳动力创造农林牧渔业商品产值	元	6 190	4 950	5 444	6 980	7 335	4 524
每一农业劳动力生产的主要农产品							
粮食	千克	2 046.02	947.37	1 568.87	2 307.10	1 778.89	1 370.93
棉花	千克	0.03	0.01	0.16	4.35	5.12	2.26
油料	千克	82.99	60.53	97.56	106.69	70.74	63.06
糖料	千克	130.60	121.30	129.95	119.04	423.34	71.31
肉类总产量	千克	331.57	225.92	185.55	258.63	235.33	137.43
水产品产量	千克	111.63	83.29	95.22	185.27	105.29	175.29
平均每千公顷耕地种植业产值	万元	1 868.22	2 222.10	1 555.79	1 759.89	2 079.69	1 591.35
农林牧渔业中间消耗占农林牧渔业总产值	%	43.21	35.02	40.40	41.77	45.98	42.54
农林牧渔业商品率	%	66.36	67.41	65.31	68.72	74.62	69.13

9－39 各地区按人口平均的主要农产品产量

（2003 年）

地　　区	粮　食（千克/人）	棉　花（千克/人）	油料折油（千克/人）	花　生（千克/人）	油菜籽（千克/人）	芝　麻（千克/人）
全　省	**342.19**	**1.80**	**5.97**	**8.69**	**8.61**	**0.58**
南昌市	305.43	0.25	7.73	7.91	6.74	0.90
景德镇市	256.23	0.24	3.55	3.96	5.84	1.13
萍乡市	238.66	0.04	3.68	1.28	3.25	0.01
九江市	193.09	11.64	7.51	3.17	19.30	0.73
新余市	360.53	7.31	4.61	5.82	6.35	0.17
鹰潭市	448.78	0.01	4.96	13.18	3.91	0.80
赣州市	247.68		5.07	13.37	2.42	0.03
吉安市	419.00	0.04	8.38	10.78	15.00	0.32
宜春市	498.43	0.94	7.49	11.59	10.42	0.80
抚州市	431.12	1.24	5.49	9.63	6.98	0.53
上饶市	325.85	0.54	5.76	5.74	8.17	1.05

地　　区	生猪出栏（头/人）	生猪存栏（头/人）	肉类总产量（千克/人）	水产品产量（千克/人）	水果产量（千克/人）	#柑　桔
全　省	**0.46**	**0.32**	**47.52**	**34.46**	**18.35**	**14.63**
南昌市	0.50	0.40	51.69	58.14	2.34	1.85
景德镇市	0.30	0.28	28.01	10.11	3.19	1.28
萍乡市	0.42	0.29	41.35	12.44	4.97	4.19
九江市	0.32	0.25	26.17	55.19	4.08	2.62
新余市	0.50	0.36	50.80	25.00	15.50	10.13
鹰潭市	0.69	0.50	72.73	24.49	25.64	19.81
赣州市	0.45	0.27	59.06	21.79	43.00	33.39
吉安市	0.50	0.32	49.66	25.48	15.69	13.32
宜春市	0.58	0.35	55.87	40.03	8.49	5.98
抚州市	0.58	0.39	57.03	25.52	50.95	45.64
上饶市	0.33	0.30	32.67	41.66	5.93	4.12

9－40 商品粮基地

（2003

县市区	乡村人口（人）	耕地面积（公顷）	农作物总播种面积（公顷）	#粮食	粮食总产量（吨）	棉花总产量（吨）
37个粮食基地	**1 533.5**	**1 165 858**	**2 777 905**	**1 674 549**	**8 416 055**	**22 780**
南昌县	72.2	72 031	154 616	95 150	569 506	
进贤县	63.1	48 290	123 376	63 702	268 499	494
浮梁县	22.5	18 679	41 396	23 115	115 011	52
乐平市	62.7	32 949	86 525	50 060	252 556	305
修水县	61.5	38 205	57 709	36 665	153 316	223
德安县	10.7	7 612	16 811	6 192	30 289	4 244
渝水区	44.8	35 269	86 651	49 519	268 363	7 350
分宜县	20.8	16 588	37 927	24 079	106 766	25
余江县	27.7	20 882	56 870	33 061	174 715	5
贵溪市	42.0	29 395	75 955	51 953	267 341	3
信丰县	55.7	24 336	60 929	34 681	168 574	
宁都县	60.9	38 989	81 905	47 835	242 709	5
瑞金市	50.0	21 696	55 376	30 482	137 981	1
吉安县	37.7	36 736	71 380	46 819	169 384	2
吉水县	38.8	36 919	76 722	56 286	253 856	
新干县	23.6	27 544	74 024	43 130	217 401	178
泰和县	43.6	44 146	97 165	51 233	214 102	
安福县	28.5	30 084	70 152	47 189	189 659	7
永新县	40.0	24 589	54 781	35 925	170 281	1
袁州区	72.7	35 425	91 040	58 943	297 240	146
奉新县	21.5	25 084	48 241	33 650	175 867	236
万载县	39.5	22 422	59 816	37 793	200 539	30
上高县	21.4	23 491	63 647	37 069	201 925	395
宜丰县	17.7	20 227	39 819	32 480	177 896	27
丰城市	97.6	81 702	207 599	131 717	645 556	573
樟树市	40.0	38 311	102 260	61 685	325 653	236
高安市	58.7	64 739	145 523	88 047	496 173	3 145
临川区	70.9	51 967	133 225	69 328	398 598	2 654
南城县	23.1	16 254	47 554	25 257	136 191	131
黎川县	19.0	14 617	36 810	20 912	111 678	40
南丰县	22.3	17 256	51 848	22 454	128 660	
崇仁县	26.5	19 379	64 268	28 730	168 918	1 800
金溪县	23.9	23 342	59 635	33 373	161 158	
铅山县	34.1	19 619	42 713	27 714	138 785	6
弋阳县	29.6	21 859	42 494	30 019	147 894	15
余干县	79.4	46 118	114 844	77 927	387 599	49
万年县	28.8	19 107	46 299	30 375	145 416	402

县农村经济情况

年)

油料总产量（吨）	肉类总产量（吨）	农业机械总动力（万瓦特）	有效灌溉面积（公顷）	化肥施用量（折纯量，吨）	农村用电量（万千瓦小时）	农林牧渔总产值（万元）	
						1990年不变价格	当年价格
418 430	**1 082 681**	**1 254.1**	**1 030 466**	**610 840**	**185 632**	**2 499 363**	**4 246 125**
7 754	96 844	55.3	71 540	48 926	14 730	195 435	308 790
31 960	37 722	33.1	47 550	19 748	9 456	116 746	186 296
3 332	10 428	14.8	16 100	7 098	1 991	28 779	55 866
12 326	23 978	28.7	31 300	15 255	11 456	65 782	132 694
4 497	18 334	16.0	18 816	8 945	4 128	50 551	92 486
4 277	5 478	3.4	7 290	3 239	1 769	17 856	29 764
10 158	34 165	24.0	34 280	25 987	9 518	84 429	147 773
2 826	18 105	11.2	12 640	10 836	3 251	43 676	74 658
10 738	38 515	6.2	20 882	13 958	2 783	44 145	80 450
7 604	30 694	11.5	29 395	14 148	2 720	62 334	118 588
12 364	20 120	15.7	24 250	12 461	4 872	75 685	125 806
10 932	59 233	13.0	31 550	18 775	3 605	82 689	144 481
10 145	29 464	8.5	21 270	11 792	3 209	69 899	109 397
13 320	21 240	16.5	27 730	8 569	2 566	51 782	101 545
11 164	23 441	24.8	34 970	14 847	2 581	62 839	97 511
15 850	26 485	12.1	25 060	15 717	2 435	50 442	84 650
22 058	48 313	19.5	38 970	11 780	6 459	73 923	163 903
13 953	17 542	12.0	30 000	13 256	2 488	49 344	94 546
13 860	18 051	14.2	22 800	10 133	2 441	42 136	93 455
6 867	42 851	30.8	29 880	16 386	6 685	75 084	142 880
6 722	10 667	13.2	23 000	11 697	6 041	52 142	81 631
3 770	20 956	10.2	18 780	5 867	3 011	51 588	83 975
11 640	36 602	12.5	20 170	15 190	3 722	66 901	127 038
1 562	21 184	19.5	19 160	9 523	6 045	48 560	80 749
23 550	44 698	34.0	70 460	45 613	14 223	150 184	247 352
22 777	59 775	24.9	33 490	26 907	4 615	85 293	147 324
40 533	47 836	37.7	54 220	53 317	8 992	90 840	164 927
15 540	41 083	18.7	51 967	31 298	4 230	152 470	230 366
6 362	22 050	10.0	14 980	7 904	2 918	50 162	81 808
4 146	15 811	6.4	11 239	6 390	1 511	40 773	59 901
6 557	19 349	8.9	15 600	20 192	1 750	56 261	79 677
16 319	35 830	622.0	18 604	13 059	1 760	57 847	91 654
2 905	12 029	8.0	19 040	11 968	9 589	40 817	65 946
1 593	13 411	11.8	18 660	9 257	3 413	44 117	71 468
4 735	17 175	10.5	8 870	12 666	3 495	39 044	58 914
15 503	23 407	30.2	37 780	22 184	9 327	86 107	108 194
8 231	19 815	4.3	18 173	5 952	1 847	42 701	79 662

9-41 商品棉基地县农村经济情况

（2003年）

县市区	乡村人口（万人）	耕地面积（公顷）	农作物总播种面积（公顷）	#粮食	粮食总产量（吨）	棉花总产量（吨）	油料总产量（吨）
7个棉花基地	**257.4**	**190 891**	**438 306**	**222 591**	**1 110 347**	**50 914**	**119 209**
九江县	26.7	16 108	37 353	11 044	45 488	10 109	13 892
德安县	10.7	7 612	16 811	6 192	30 289	4 244	4 277
都昌县	65.2	35 572	77 706	41 261	151 074	4 129	13 674
湖口县	22.0	13 797	32 325	14 018	64 501	5 299	13 193
彭泽县	29.3	17 794	41 937	12 510	54 459	16 638	23 482
渝水区	44.8	35 269	86 651	49 519	268 363	7 350	10 158
高安市	58.7	64 739	145 523	88 047	496 173	3 145	40 533

县市区	肉类总产量（吨）	农业机械总动力（万千瓦特）	有效灌溉面积（公顷）	化肥施用量（折纯量，吨）	农村用电量（万千瓦小时）	农林牧渔业总产值（万元）	
						1990年不变价格	当年价格
7个棉花基地	**121 140**	**110.9**	**165 660**	**140 466**	**30 966**	**376 489**	**650 423**
九江县	5 289	7.4	14 792	14 838	2 469	45 886	66 119
德安县	5 478	3.4	7 290	3 239	1 769	17 856	29 764
都昌县	14 099	18.7	29 680	23 502	3 532	58 145	92 090
湖口县	6 171	8.1	12 192	11 460	1 739	31 174	61 211
彭泽县	8 102	11.6	13 206	8 123	2 947	48 159	88 539
渝水区	34 165	24.0	34 280	25 987	9 518	84 429	147 773
高安市	47 836	37.7	54 220	53 317	8 992	90 840	164 927

9－42　乡镇企业基本情况

（2003 年）

分　　类	企业个数（个）	从业人员（人）	增加值（万元）	总产值（万元）	营业收入（万元）	利润总额（万元）	上交税金（万元）
总　　计	**682 316**	**3 460 613**	**5 942 492**	**21 802 421**	**19 844 257**	**1 256 389**	**472 514**
一、按登记注册类型分组							
1. 内资企业小计	681 768	3 407 158	5 845 910	21 424 974	19 491 300	1 233 127	462 580
#集体企业	7 178	186 016	285 596	1 091 121	970 088	59 944	25 210
股份合作企业	4 942	69 508	179 379	649 979	638 720	42 958	15 317
联营企业	3 456	22 533	20 308	91 705	79 793	5 711	2 451
有限责任公司	2 991	107 171	241 132	1 054 968	923 060	52 071	35 678
股份有限公司	1 854	24 580	74 273	283 763	263 666	13 484	4 978
私营企业	86 679	1 106 775	2 206 637	7 730 567	7 130 018	448 145	189 340
个体独资企业	472 819	1 588 833	2 263 932	8 325 819	7 657 922	489 952	160 718
其他企业	101 849	301 742	574 653	2 197 052	1 828 033	120 862	28 888
2. 港、澳、台商投资企业	198	27 836	42 371	170 190	150 938	10 675	5 597
3. 外商投资企业	350	25 619	54 211	207 257	202 019	12 587	4 337
二、按国民经济行业分组							
1. 农、林、牧、渔业	18 207	109 320	132 098	489 528	422 732	28 461	7 935
2. 采矿业	17 323	220 322	390 201	1 499 105	1 359 140	87 755	36 173
3. 制造业	184 343	1 523 601	3 254 433	12 312 093	10 839 878	655 573	260 835
4. 建筑业	33 085	313 043	446 287	1 600 950	1 484 676	111 676	41 105
5. 交通运输及仓储业	93 915	213 436	401 608	1 297 628	1 270 925	88 867	28 423
6. 批发及零售业	211 853	582 263	730 935	2 728 420	2 586 332	156 328	49 077
7. 住宿及餐饮业	64 146	257 151	260 943	882 525	856 952	62 431	22 638
#餐饮业	33 152	121 978	121 727	410 366	324 859	30 277	10 561
8. 社会服务业	27 513	84 796	117 589	392 187	343 109	25 487	8 602
9. 其他	31 931	156 681	208 398	599 985	680 513	39 811	17 726

9－43 各地区乡镇集体企

（2003

指　　标	全　省	南昌市	景德镇市	萍乡市	九江市
营业收入	19 844 257	4 908 466	582 918	1 976 132	1 292 569
#营业成本	17 225 720	4 712 375	534 848	1 540 540	1 198 868
营业费用	101 976	25 515	1 089	10 732	
营业税金及附加	325 192	64 489	8 571	49 828	17 581
管理费用	107 124	34 506	1 960	4 591	
财务费用	31 049	3 917	496	2 284	
#规模企业利息支出净额	21 763	2 601	160	2 050	
利润总额	1 256 389	334 694	36 399	121 667	74 660
实交税金总额	472 514	74 926	13 019	53 619	35 115
利税总额	1 780 081	442 135	50 121	202 057	101 422
净利润	1 199 160	326 903	35 687	112 880	70 179
支农、建农支出总额	10 782	1 916	52	500	1 985
劳动者报酬	1 841 824	207 311	66 908	193 084	112 748
#工资总额	1 826 895	204 683	66 765	192 269	112 748
固定资产原值年末数	5 684 757	778 049	152 924	577 670	283 436
本年提取的折旧	242 638	22 813	7 177	28 420	3 326
固定资产净值余额	4 578 751	655 630	121 478	444 680	211 189
流动资产年末数	2 936 224	627 142	79 160	251 098	195 597
年末长短期借款余额	880 310	98 622	16 237	56 444	66 863
#银行借款	717 912	79 131	14 349	49 744	66 863
资本金总额	3 634 206	608 298	97 754	334 497	270 208
亏损企业数(个)	33 123	7	865	5 301	8 906
亏损金额	61 164	89	1 044	31 607	1 000

业主要财务指标情况

年）

单位：万元

新余市	鹰潭市	赣州市	吉安市	宜春市	抚州市	上饶市
636 963	491 572	2 374 243	1 753 557	1 728 664	1 396 567	2 702 606
591 923	431 365	1 598 439	1 440 691	1 497 036	1 276 874	2 402 761
1 580	2 011	6 223	21 552	7 232	4 285	21 757
12 914	7 423	27 463	33 656	31 900	27 179	44 188
2 522	1 749	7 738	13 685	5 195	4 150	31 028
805	238	3 479	7 231	2 924	2 673	7 002
770	532	2 355	3 206	1 892	1 200	6 997
27 277	25 562	195 748	110 815	84 398	81 535	163 634
12 653	7 291	65 985	55 762	46 099	29 228	78 817
42 548	35 453	248 999	168 174	133 633	114 671	240 868
26 658	22 898	186 365	104 668	79 134	80 518	153 270
476	85	741	2 424	418	395	1 790
54 041	48 121	277 159	175 351	212 678	183 517	310 906
53 535	46 357	275 729	173 088	210 864	183 093	307 764
136 845	99 391	1 042 183	566 343	817 843	387 226	842 847
9 181	2 498	44 298	27 898	46 296	16 543	34 188
100 813	80 433	845 478	456 111	661 560	316 431	684 948
85 705	44 893	299 906	365 502	309 307	167 278	510 636
52 783	29 639	107 955	107 620	88 192	46 099	209 856
22 697	28 659	90 724	79 988	75 818	38 571	171 368
63 966	70 829	532 272	436 175	377 526	258 057	584 624
2 449	2 154	6 006	1 655	4 267	129	1 384
6 541	2 690	3 226	4 677	4 032	1 222	5 036

9-44 各地区乡镇企业单位数和从业人数

(2003年)

地区	单位个数(个)			从业人数(人)		
	合计	集体	个私	合计	集体	个私
全省	**682 316**	**7 178**	**675 138**	**3 460 613**	**186 016**	**3 274 597**
南昌市	76 190	132	76 058	362 350	16 348	346 002
景德镇市	20 871	124	20 747	121 637	7 921	113 716
萍乡市	30 721	747	29 974	386 192	29 765	356 427
九江市	88 609	2 443	86 166	275 601	43 845	231 756
新余市	26 395	161	26 234	106 098	6 377	99 721
鹰潭市	20 289	76	20 213	86 373	2 068	84 305
赣州市	125 430	665	124 765	570 480	13 418	557 062
吉安市	68 253	1 064	67 189	329 544	12 224	317 320
宜春市	74 283		74 283	451 074		451 074
抚州市	52 007	1 683	50 324	281 560	51 078	230 482
上饶市	99 268	83	99 185	489 704	2 972	486 732

9-45 各地区乡镇企业总产值和增加值

(2003年,当年价格)　　单位:万元

地区	总产值			增加值		
	合计	集体	个私	合计	集体	个私
全省	**21 802 421**	**1 091 121**	**20 711 300**	**5 942 492**	**285 596**	**5 656 896**
南昌市	5 453 851	97 325	5 356 526	1 539 025	31 969	1 507 056
景德镇市	632 431	25 582	606 849	155 000	7 085	147 915
萍乡市	2 210 665	239 232	1 971 433	591 340	60 578	530 762
九江市	1 494 624	198 558	1 296 066	411 728	47 115	364 613
新余市	655 848	30 218	625 630	141 704	5 690	136 014
鹰潭市	522 980	6 776	516 204	125 822	1 720	124 102
赣州市	2 544 279	41 886	2 502 393	637 347	12 855	624 492
吉安市	1 867 031	59 598	1 807 433	520 847	15 631	505 216
宜春市	2 174 589		2 174 589	533 323		533 323
抚州市	1 588 644	373 549	1 215 095	404 062	97 880	306 182
上饶市	2 657 479	18 397	2 639 082	882 294	5 073	877 221

9－46 农村贫困人口分布情况

（2003 年）　　　　　　　　　　　　　　　　　　　　单位：人

县（市、区）	总　数	重点乡	#重点村
全　　省	**846 000**	**378 897**	**133 989**
南 昌 市	**24 375**	**11 072**	**5 315**
湾 里 区	457	216	106
青山湖区	142		
青云谱区	38		
高新开发区	145		
经济技术开发区	36		
红谷滩新区	22		
南 昌 县	4 767	1 873	858
新 建 县	7 715	3 624	1 735
安 义 县	3 809	1 887	936
进 贤 县	7 244	3 472	1 680
景德镇市	**9 968**	**1 883**	**726**
昌 江 区	718		
浮 梁 县	3 917	1 883	726
乐 平 市	5 333		
萍 乡 市	**18 052**	**9 956**	**2 326**
湘 东 区	1 013	238	26
莲 花 县	10 648	7 053	1 731
上 栗 县	3 445	1 428	314
芦 溪 县	2 946	1 237	255
九 江 市	**104 168**	**47 802**	**13 766**
庐 山 区	627		
共　　青	208		
浔 阳 区	32		
九 江 县	6 284	1 567	376
武 宁 县	6 770	2 193	527
修 水 县	32 379	15 946	5 049
永 修 县	5 333	2 628	762
德 安 县	2 686	349	66
星 子 县	7 375	3 574	786
都 昌 县	20 646	14 067	4 596
湖 口 县	6 729	2 220	422
彭 泽 县	5 864	1 700	364
瑞 昌 市	9 235	3 558	818
新 余 市	**5 689**	**1 061**	**650**
渝 水 区	2 125		
分 宜 县	3 230	1 061	650
仙女湖区	334		
鹰 潭 市	**7 889**	**2 322**	**935**
月 湖 区	374		
龙虎山风景旅游区	187		
余 江 县	2 934	782	229
贵 溪 市	4 394	1 540	706
赣 州 市	**256 784**	**110 084**	**41 403**
章 贡 区	1 557		
赣　　县	22 842	10 278	4 087
信 丰 县	7 474	2 825	471
大 余 县	10 535	4 394	1 536
上 犹 县	12 540	5 357	1 559
崇 义 县	2 460	839	263
安 远 县	14 854	6 685	2 523
龙 南 县	11 468	4 411	1 436
定 南 县	9 086	4 039	1 277
全 南 县	3 406	1 231	345
宁 都 县	31 238	14 057	6 076
于 都 县	27 443	12 349	5 908
兴 国 县	30 995	12 857	5 911
会 昌 县	19 862	9 051	2 156
寻 乌 县	13 377	6 517	2 552
石 城 县	10 601	4 641	1 957
瑞 金 市	12 372	4 233	1 071
南 康 市	14 674	6 320	2 275
吉 安 市	**138 293**	**66 159**	**15 631**
吉 州 区	4 056	2 098	464
青 原 区	5 162	2 226	452
吉 安 县	13 990	6 615	2 780
吉 水 县	7 874	3 140	808
峡 江 县	1 547		
新 干 县	4 682	1 083	230
永 丰 县	13 581	6 670	1 060
泰 和 县	8 373	1 983	552
遂 川 县	25 365	10 306	2 713
万 安 县	14 307	11 303	1 958
安 福 县	11 090	4 829	927
永 新 县	20 814	12 003	2 673
井冈山市	7 452	3 903	1 014
宜 春 市	**35 672**	**3 895**	**1 215**
袁 州 区	6 395	765	365
奉 新 县	2 952	359	42
万 载 县	4 265	516	60
上 高 县	2 339	285	29
宜 丰 县	1 621	194	12
靖 安 县	2 049	257	92
铜 鼓 县	4 823	584	95
丰 城 市	3 927	476	212
樟 树 市	3 828	459	308
高 安 市	3 473		
抚 州 市	**73 537**	**29 416**	**6 952**
临 川 区	4 617	240	148
南 城 县	2 647	431	130
黎 川 县	4 652	1 972	372
南 丰 县	2 682	1 110	270
崇 仁 县	2 874	690	278
乐 安 县	24 902	11 441	2 645
宜 黄 县	3 512	836	217
金 溪 县	6 304	2 604	940
资 溪 县	1 590	859	268
东 乡 县	2 195		
广 昌 县	17 562	9 233	1 684
上 饶 市	**171 573**	**95 247**	**45 070**
信 州 区	1 418		
上 饶 县	33 628	20 176	6 066
广 丰 县	1 575	1 100	439
玉 山 县	3 873	2 013	1 658
铅 山 县	3 563	1 817	861
横 峰 县	9 914	6 047	2 284
弋 阳 县	5 021	3 313	2 110
余 干 县	38 612	23 939	14 672
鄱 阳 县	61 856	30 639	13 028
万 年 县	4 352	2 306	1 118
婺 源 县	5 972	2 985	2 125
德 兴 市	1 789	912	709

9－47　扶贫开发工作重点村扶贫资金使用效益情况

指　　标	单　位	2003年	指　　标	单　位	2003年
一、当年扶持种养业情况			小水库	座	153
开发果茶园	千公顷	4.50		万平方米	4 866.00
开发桑蚕园	千公顷	0.20	小水电站	座	13
造育林面积	千公顷	5.89		千瓦	1 089
经济作物播种面积	千公顷	2.00	公路	条	1 256
粮食作物播种面积	千公顷	43.18		公里	4 732.30
饲养家畜	万头	11.5	桥梁	座	721
饲养家禽	万羽	127.75		米	8 817
投放鱼苗	万尾	511	学校	所	470
二、当年扶持基础设施情况			卫生院	所	32
排灌站	座	92	新增灌溉面积	千公顷	7.98
	千瓦	4 379.70			

9－48　扶贫开发工作重点村的情况

指　　标	单　位	2003年	指　　标	单　位	2003年
一、基本情况			通邮自然村个数	个	7 122
重点村个数	个	1 200	有卫生室自然村个数	个	1 855
自然村个数	个	16 429	**三、适龄儿童情况**		
年末总户数	户	509 150	适龄儿童人数	人	303 106
年末总人口	人	2 156 367	#女童人数	人	149 014
二、基础设施情况			适龄儿童在校人数	人	286 207
通公路自然村个数	个	10 194	#女童人数	人	141 475
水泥路面公路长度	公里	848	**四、解决饮水情况**		
通电自然村个数	个	14 571	解决饮水困难人口数	人	336 196
通广播电视自然村个数	个	10 698	年末未解决饮水困难人口数	人	342 681
通电话自然村个数	个	9 893			

主要统计指标解释

农林牧渔业总产值　是以货币表现的农林牧渔四业全部产品的总量。它反映一定时期内农业生产的总规模和总成果。农、林、牧、渔四业的统计范围是：

(1)农业，包括粮、棉、油料、糖料、麻类、烟叶、蔬菜、药材、瓜类和其他农作物的种植，以及茶园、桑园、果园的生产经营，还包括原副业中的采集野生植物和农民家庭兼营工业。

(2)林业，包括林木的栽培(不包括茶园、桑园和果园的栽培、管理和收获等活动)、林产品的采集和村及村以下(即原生产大队、生产队和社员)的竹木采伐，以及原副业中的野生杂柴、小山竹产值。

(3)牧业，包括除渔业养殖以外的一切动物饲养和放牧，以及原副业中的捕猎野兽、野禽。

(4)渔业，水生动物和海藻类植物的养殖捕捞。

农林牧渔业中间消耗　指各种经济类型的农业生产单位和农户，在农业生产经营过程中投入(或消耗)的各种物质产品和劳务价值的总和。包括中间物质消耗和中间劳务消耗两个部分。计入中间消耗必须具备以下两个条件：一是与总产出相对应的生产过程中消耗的物质产品和劳务活动；二是本期投入并一次性消耗的不属于固定资产的非耐用品。

农林牧渔业增加值　指各种经济类型的农业生产单位和农户从事农业生产经营活动所提供的社会最终产品的货币表现。增加值的计算方法有两种，一是生产法：农林牧渔业增加值 = 农村牧渔业总产出 - 农村牧渔业中间消耗；二是分配法：农村牧渔业增加值 = 固定资产折旧 + 劳动者报酬 + 生产税净额(生产税 - 生产补贴) + 营业盈余。

粮食产量　指全社会的产量，包括国营农场等全民所有制经济的，集体统一经营的和农民家庭经营的产量，还包括工矿企业家属办的农场和其他生产单位的产量，粮食除包括稻谷、小麦、玉米、高粱、谷子及其他杂粮外，还包括薯类和大豆。其产量计算方法，豆类按去豆荚后的干豆计算；薯类(包括甘薯和马铃薯，不包括芋头和木薯)，1963 年以前按每 4 公斤鲜薯折 1 公斤粮食计算，从 1964 年以后按 5 公斤鲜薯折 1 公斤粮食计算，其他粮食一律按脱粒后的原粮计算。

谷物　指稻谷、小麦、玉米、谷子、高粱和其他谷物，不包括薯类和大豆。早稻是指从播种到成熟约 120 天以内，中稻为 120 - 150 天，晚稻为 150 - 180 天。其他谷物指除稻谷、小麦、玉米、谷子、高粱以外的一些子实主要用作粮食的作物，包括大麦、元麦(青稞)、莜麦、荞麦、糜子、黍子等。

造林面积　是指本年度内在荒山、荒地、沙丘等一切可以造林的土地上，采用人工播种、植苗、飞机播种等方法新植的集中连片的乔木林和灌木林，经过检查验收，符合"造林技术规程"要求的株数，成活率达 85% 以上的年末实测面积。

工程造林　是指(1)有资金保证；(2)按工程项目进行管理；(3)经过严格的检查验收并记入技术档案。这三个条件要同时具备才属工程造林。

水产品产量　指人工养殖的水产品和天然生长水产品的捕捞量。包括海水的鱼类、虾蟹类、贝类和藻类以及淡水的鱼类、虾蟹类和贝类，不包括淡水水生植物。

猪、牛、羊肉产量　指当年出栏并已屠宰的猪、牛、羊的肉产量。即屠宰后除去头蹄下水后带骨肉(即胴体重)的重量。

灌溉面积　指有效灌溉面积即具有一定的水源，地块比较平整，灌溉工程或设备已经配套，在一般年景下当年能够进行正常灌溉的面积。

农业机械总动力　指主要用于农、林、牧、渔业的各种动力机械的动力总和，包括耕作机械，排灌机械、收获机械、农产品加工机械、运输机械、植物保护机械、牧业机械、林业机械、渔业机械和其他农业机械(内燃机按引擎功率折成瓦(特)计算，电动机按功率折成瓦(特)计算)。不包括专门用于乡办工业、基本建设、非农业运输、科学试验和教学等非农业生产方面用的动力与作业机械。

江西省科技馆

江西省科学技术馆坐落于美丽的赣江之滨，与江南文化名楼滕王阁毗邻，是江西省委、省政府于世纪之交决策投资兴建的一项重点建设工程，2000年4月16日正式动工兴建，2002年9月20日正式对外开放。

江西科技馆占地面积4.6万平方米，建筑面积1.6万平方米，总投资额1.45亿元，由展示区、管理办公区、儿童科学乐园、国际会议厅、青云厅、世纪广场和宇宙剧场构成，是以展教为中心，融科技培训、科学报告、科学实验和科教影视为一体的大型科普教育基地，通过开展科学技术普及活动，向公众传播科学思想、弘扬科学精神、倡导科学方法、普及科学知识、启迪科学思维。

2002年12月，江西省科学技术馆在第三次全国科普工作会议上被科技部、中宣部、教育部、中国科协授予“全国青少年科技教育基地”称号，2003年被共青团中央、全国青联命名为“青年科技创新教育基地”。完备的教育设施、丰富的科技内涵和极具现代感的建筑外形，使江西科技馆成为英雄城南昌一道亮丽的风景线。

南昌市锅炉设备安装公司

法人代表、经理：叶明

我公司是ISO9001:2000国际质量管理体系认证的全民所有制综合性施工企业。

自1976年组建以来，在上级有关部门的正确领导下，在省质量技术监督局、省建设厅、省劳动厅、省环境保护厅的直接关怀和大力支持下，由小到大，自身发展较快，管理水平不断提高，形成了一套完整的管理体系和质量保证体系，拥有一支技术素质、施工能力都较高的专业工程技术工人队伍，并配备齐全安装、修理、改造、制造的一切机具装备。

我公司于98年12月还与台湾东兴锅炉有限公司、江西南方工业锅炉厂三方共同组建成立了“中外合资江西热能设备联合有限公司”。

我公司已取得江西省质量技术监督局B级（蒸汽压力9.81MPa）锅炉安装、修理、改造许可证和电梯(1.75M/S)起重机械（吨位不限），升降机安装、修理、改造、制造认可证；并取得了江西省劳动厅颁发的压力容器、修理、改造、制造认可证；并取得了江西省劳动厅颁发的压力容器、压力管道（GIA、GIB、C_2级）安装、修理、改造许可证；经江西省建设厅审查、批准为市政工程贰级总承包企业与管道、煤气安装、修理的专业单位；还取得了江西省环境保护局颁发的废水、废气、噪声防治设施制造、安装、修理资质证书；公司压力容器制造厂是经国家劳动部、原江西省劳动厅、江西省机械工业厅定点制造Ⅰ、Ⅱ类压力容器的专业生产厂家。

我公司自1985年至2003年连续十八年被江西省、市人民政府、省经委、省工商局授予全省建安系统唯一的一家省级“重保同、守信用”企业；在1987年到1994年（95年后停止了评比活动）南昌地区安装行业质量、安全评比中，又连续八年被南昌市劳动局评为南昌地区安装唯一的一家安全、质量“优胜单位”。而且，被江西省建设厅授予江西省先进施工企业与质量信得过企业，我公司在社会上享有很高的信誉。

南昌市国

与时俱进的南昌市国税局领导班子

国家税务总局党组书记、局长谢旭人在南昌市李豆罗市长、省国税局周广仁局长的陪同下视察指导南昌国税信息化建设工作

省国税局周广仁局长、孙荣洲副局长视察指导南昌国税税收"一窗式"管理服务工作

南昌市国家税务局于1994年9月因税务机构分设而成立，座落在美丽如画的青山湖畔。现设有13个行政科室及事业单位，下辖11个县、区征管局和4个直属局，有正式干部职工1460人。

近年来，南昌市国税局在江西省国税局和南昌市委、市政府的正确领导下，以"三个代表"重要思想为指导，紧紧围绕"聚财为国、执法为民"，努力实现理念、体制、机制、制度和手段"五项创新"，各项工作取得明显成效，为促进南昌经济发展，支持南昌做大做强和实现南昌"三个率先"目标做出了积极贡献。先后荣获"全国税务系统信息化建设先进单位"、"省级文明单位"和南昌市委、市政府授予的"招商引资服务奖"、"投资环境、文明行风评议评价十佳单位"和南昌市"五一"劳动奖等荣誉称号。

聚财为国，统筹税收与经济协调发展 该局始终坚持"依法治税，应收尽收，坚决不收'过头税'，坚决制止和防止越权减免税"的组织收入原则，确保收入稳定增长，南昌国税收入总量五年跨出四大步，继1999年突破20亿元，2000年又突破30亿元，2002年突破40亿元，2003年突破50亿元，达到50.98亿元，占全省国税总量的38%，占全市财政总收入的68%。

执法为民，统筹依法治税与优质服务共同发展 长期以来该局牢固树立"税收服务于经济"的税收发展观，以优化投资环境的实际成果为落脚点，以"为纳税人服务、让纳税人满意"为出发点，不断优化税收服务，完善服务体系，公开办税承诺，规范和简化税务行政审批，宣传和落实税收优惠政策，积极营造"安商、亲商、重商、富商"的经济发展氛围，唱响成本最低、回报最快、效率最高、信誉最好的"四最"品牌，全力支持南昌做大做强和建设现代制造业重要基地，实现南昌率先在中部地区崛起。

改革为先，统筹税收基础工作与改革创新工作辩证发展 该局认真落实各项税收制度改革措施，充分应用信息化技术，为强化管理提供现代化的手段，积极探索和推进以"一窗式"受理、"一站式"办结、"一户式"查询、"一网式"管理、"一体化"监控、"一

家税务局

条心”共事为主要内容的新型税收管理服务模式的改革，实施科学化、规范化、精细化、集约化管理，税收征管改革取得了突破性进展。2003年，该局自行设计的《多元化电子申报纳税系统》荣获了省科技成果二等奖，自主开发的纳税人电子信息“一户式”查询系统在全国税务系统总结推广。

以人为本，统筹税收事业与人员素质全面发展 按照“内强素质，外树形象”的要求，该局“以人为本”，狠抓基层建设、党风廉政建设和干部队伍建设，积极营造“终身学习，全员学习”的氛围，全力打造学习型组织，在全系统树立爱岗敬业、公正执法、诚信服务、廉洁奉公的良好国税形象，实现国税创新力、凝聚力、竞争力、工作效率和管理水平的全面提升。

团省委郭美荐副书记和省国税局孟庆启副局长为青山湖区国税局洪城分局授“全国青年文明号”牌匾

国家税务总局谢旭人局长、许善达副局长听取南昌市国税局“一户式”查询软件演示汇报

特邀部分全国、省、市人大代表和政协委员点评国税工作

市局领导深入企业开展税收征管、服务和税源调研

营造亲商、安商、富商的税收环境，全力支持南昌做大做强

贯彻落实中央一号文件，开展送税法下乡、促农民增收活动

上犹县人

大型客家灯彩——九狮拜象

县城全貌

玻纤拉丝车间

犹江两岸

上犹县位于江西省赣州市西部，横亘于105、106国道之间，距京九铁路赣州站40公里和赣州黄金机场35公里，距赣粤高速公路仅20公里，境内交通便利，适宜各种货物流通聚散。全县国土面积1545平方公里，现有人口28万。境内山清水秀，物产丰饶，人杰地灵，民风淳朴，素有“水电之乡、旅游之乡、茶叶之乡”的美誉。

上犹以水丰、电足著称，是全国最早的农村电气化县之一。境内有湖泊、水库、山塘1800多座，水域面积13万亩，库容10亿多立方米，居赣州市之首，有发展水产业的良好优势。全县水能蕴藏量19.5万千瓦，已开发水电资源17.1万千瓦，有上犹江、龙潭、南河、仙人陂等大小水力发电站36座，年发电量可达5.3亿千瓦时。近年来，上犹县利用电足价廉的优势，在巩固传统产业的同时，积极引进客商投资，逐步形成了冶金、机械加工、造纸、竹木加工、制衣等以载能型和劳动密集型为主的地方工业。主要工业产品有钢材、玻纤、漆包线、稀土制品、钨钼制品、刀模具、石板材、水泥、摩托车齿轮、成衣服装等。

上犹气候宜人，生态环境良好。上犹地属江南山地丘陵地带和亚热带季风区，气候温和，年均气温18.8℃，降雨量1350—1900mm之间。全县有山地面积193万亩，森林履盖率达76.3%，有林地面积174万亩，立木蓄积量380万立方米，毛竹林20万亩，草地草坡40万亩，可大力发展竹木加工业和畜牧业。良好的气候和环境，使上犹成为了赣南最大的产茶县和江西省产茶重点县，茶园面积3万余亩，茶叶产量占全市的三分之一，“梅岭剑绿”和“梅岭毛尖”茶分别荣获第二届中国农业博览会金奖和银奖。此外，上犹的玉兰片、水煮笋罐头、上犹石鱼等农副产品远销日本、香港及东南亚地区。

上犹旅游资源得天独厚。境内自然环境优美，山奇水秀，风光旖旎，是“大京九”沿线赣南西部地带理想的旅游休闲场所。经中国科学院专家调查确定，可利用和开发的景点有162处，其中达国家一级景点4处，二级景点12处，三级景点31处，被列为全国旅游开发重点县。上犹江上五大电站拦筑成五大水库区，形成“一江连五湖，一线串五珠(电站)”的靓丽风景线。尤其是陡

民 政 府

水湖景区，湖光山色，苍树烟花，构成了独具一格的江南水乡田园景观，被国家林业局批准为国家级森林公园；五指峰景区是世界候鸟的“中转站”，境内奇峰异石，峭壁峥嵘，仪态万千，是探幽观光的美妙胜地，最近也被国家林业局批准为国家级“森林公园”；明净秀丽的上犹江蜿蜒穿城而过，给上犹县城增添了无限秀色和灵气。也正是借助县城“一江两岸，四面环山”的特点，县城建设充分注重生态和自然，依山傍水，依山走势，力争用3—5年的时间把上犹县城打造为小家碧玉的富有特色、富有灵气的山水园林城市。

此外，上犹境内矿产资源丰富，高岭土储量600多万吨，瓷土质量适合日用建筑、工艺美术瓷土的标准；花岗岩储量250多万立方，有墨绿、藏青、江西红，梅花白、翠红等品种；铅锌、白银矿石储量360多万吨，其中含铅2万吨，含锌2万吨，含白银250吨。矿泉水资源也十分丰富，具有分布广、流量大、水质优良等特点。丰富的矿产资源，蕴藏着巨大的发展潜力。

在以后的发展中，上犹县将进一步树立和落实科学的发展观，依托电力资源、山水资源、生态资源“三个优势”，加快对接“长珠闽”步伐，全力实施以市场为导向的资源转换战略，努力把上犹建设成为“赣州中心城区1小时都市经济圈”内具有特色和竞争力的生态经济县。同时，上犹将以更加开放的理念、更加优惠的政策、更加宽松的环境、更加优质的服务，竭诚欢迎海内外客商、朋友到上犹投资兴业、旅游观光。

雄关吐练

五峰竞秀

秀山秀水茶香悠

清山绿水陡水湖

横峰县人民政府

横峰县位于江西省东北部，原名兴安县，明嘉靖39年建县，是第二次国内革命战争时期的全国六大根据地之一，也是全省21个国定贫困县之一。全县总人口20.7万，国土面积655.24平方公里，辖7乡2镇3场，全县耕地面咱积12.5万亩，林地62万亩。

横峰交通区位优势突出，浙赣铁路复线横贯东西，横南铁路在县城接轨，梨温高速公路、320国道和上德公路穿境而过。

横峰自然资源丰富，已探明的矿种有煤、钽、铌、钨等40多种，其中钽铌储量和品位均居亚洲之首；原煤储量约4000万吨；油茶林地面积达24万亩，年产茶油100万公斤，素有“绿色油库”之称，是江西省重点商品油基地之一。

横峰“葛、猪、菜”等特色农业初具规模，正逐步成为优质农副产品的供应基地。葛因其药用保健价值而享誉全国，被誉为“中国葛之乡”，全县葛根据地面积接近4万亩，已开发出葛露、葛粉、葛茶等系列产品20多个；全年生猪饲养量达到29.5万头，外向型蔬菜复种面积超过4万亩。

2003年是横峰经济发展全面提速的一年，实现国内生产总值6.49亿元，比上年增长13.9%，其中第一产业增加值1.9亿元，同比增长3.5%；第二产业增加值2.54亿元，同比增长21%；第三产业增加值2.05亿元；同比增长19.6%。全县工业增加值1.81亿元，增长20%。

开放型经济取得突破性进展。2003年共签约项目76个，实际引进内资4.08亿元，同比增长155%；其中1000万元以上的项目达21个，并且高科技项目、绿色环保型项目占有较高的比重；园区经济效益逐步显现。县兴安工业园入园企业已达42家，园区企业实现税收120万元；支柱产业日趋壮大，纺织器材、葛业、药业、铜材加工、锁业已形成规模，初显产业聚群效益；民营经济快速发展。全县支柱产业完成工业增加值2112.9万元，同比增长42.5%,民营企业完成工业增加值2411.9亿元，同比增长41.2%；基础设施日趋完善，2003年全社会固定资产投资1.9亿元，比上年同期增长130.6%；城市化进程加快。新城区开发建设、旧城包装改造齐头并进，基础设施建设逐步完善，城市品位和对外形象不断提高。

新余市交通局

新余市交通局为市人民政府主管公路和水路交通行业的工作部门，主要负责公路、水路的路政、港政的行业管理和道路的运政、运输组织管理等工作。

贯彻执行国家和省关于交通行业的发展战略、方针政策和法律法规，拟订全市公路和水路交通行业发展战略和规范性文件，并组织指导实施。

编制全市公路和水路交通行业的发展规划和中长期计划，并组织实施；负责交通行业统计和信息工作。

负责全市道路和水路旅客运输、货物运输、装卸搬运、汽车维修市场、运输服务、汽车租赁、汽车综合性能检测站、汽车驾驶学校和驾驶员培训的行业管理；调控重点物资运输和紧急客货的运输；负责交通战备工作。

指导交通行业体制改革；维护公路、水路交通行业平等竞争秩序；引导交通运输行业优化结构、协调发展。

负责全市公路和水路交通基础设施的建设、维护和管理；组织重点交通工程建设的实施；管理交通建设市场。

负责全市交通规费、公路通行费的征收稽查和使用管理；组织交通基础设施建设资金的筹集使用和管理；负责收费公路的行业管理；指导交通系统内部审计工作。

负责全市水上交通安全监督、船舶及水上设施检验、救助打捞、通信导航工作；负责船舶代理、航道疏浚、港口及港航设施建设使用岸线布局的行业管理。

指导、组织实施公路、水路、车船的技术标准管理，组织重大科技开发、项目攻关、推动行业科技进步；指导交通行业教育培训工作。

负责局机关及下属单位人事管理、劳动工资、机构编制管理和局机关及下属单位的党群工作；指导交通行业职工队伍建设和精神文明建设。

负责交通行业的涉外工作。

承办市政府交办的其他事项。

局领导班子

新余市委书记钟利贵、副书记宋才火在交通局领导陪同下，视察市重点工程——迎宾大道建设进展情况

市交通局领导在市重点工程天工大桥施工现场办公

已建成的农村公路“村村通”工程——盆溪水泥公路

崇义县人民政府

八十里七星湖风光

十万亩阳岭竹海

阳岭云海·原始沟谷雨林

崇义县地处江西西南边陲，面积2206平方公里，人口19.7万。辖16个乡镇、123个行政村，3个居委会。已实现乡乡通公路和程控电话，乡乡通移动通信和互联网。是中国山区综合开发示范县、中国重点林业县、中国竹子之乡、全国林业分类经营试点县和全国计划生育先进县和全国村民自治模范县。

崇义地处赣、粤、湘三省交界“金三角”，处在江西龙形格局中最具活力因素的龙尾位置，同时又处在对接粤湘的前沿位置，进有商机无限，退有转移空间。

主要有两种颜色：一是绿色，全县林地面积259万亩，活立木蓄积量1023万立方米，毛竹6258万根，每年可提供商品材11万立方米，毛竹400多万根。全县水能理论蕴藏量为19.9万千瓦，现已开发水电装机5.2万千瓦，还有14.7万千瓦水能开发空间；96万亩草场和林间草地等待开发，5万亩脐橙、南酸枣等优势果茶林进入盛产期，做大果品加工潜力巨大。二是黑色。即地下矿藏。现已探明的矿产资源有24类109种，开发利用的有钨、锡、铀、铅、锌、煤、萤石、硅石等，其中钨、锡、煤最为丰富。丰富的资源，使我县发展林产工业、矿产工业、食品工业、水能工业、农产品开发等具备了人无我有的独特优势。

崇义生态条件优越，“中华绿谷”品牌战略正逐步实施。全县森林覆盖率高达85%，为全省之冠，境内万山林密，云雾缭绕，层峦叠翠，竹海齐云。海拔2061.3米的齐云山为江西第二高峰，原始森林保存完好。县城南麓的阳岭森林公园评为国家森林公园，国家3A级旅游景点，负离子高达14万个单位，是吸氧、避暑、休闲、健身生态旅游的理想境地。由25个溶洞群组成的聂都溶洞，人称“地下宫殿”，吸引了海内外各路探险爱好者的眼球。胜似漓江山水的杰坝七星湖水上度假村，80里湖光山色令人心旷神怡。更有绿色环保的森林野菜、绿色食品等生态礼包让你的休闲之旅平添惊喜。

崇义县是江西省文化先进县，文化底蕴深厚。有濒临失传的“三节龙”灯彩，充满神秘的道教舞蹈，古朴悠扬的树叶音乐，纯真婉美的民间曲谱，迂回荡肠的民间小调，原始奇特的牛葬习俗(乐洞乡)等。还有明代著名哲学家、教育家王阳明“茶寮碑”石刻、八大山人墨宝真迹等十余处人文景观。有王尔琢烈士墓、军史上著名的“上堡整训”旧址等革命胜迹，全县建设了二十个特色文化村，享誉江西文化界。崇义已成为集竹乡文化、客家文化、乡土文化、社区文化为一体的文化“百花园”。

近年来，崇义县紧紧围绕“经济强县、生态大县、文化名县”目标，倡导“不唯最大，力创最佳；不唯全面，力创特色”的工作理念。坚持以开明促发展，主攻工业形成了竹木、矿产、水能、食品等四大亿元支柱，农业产业立起了果、茶、桑、药、羊等五大特色支柱，经营城镇拉开了“一点四线”的大框架，各项事业欣欣向荣。坚持以开放促崛起，近三年，我县GDP、利用外资、工业增加值、财政收入、农民收入等五项指标增幅均呈两位数增长。坚持以开拓促创新，着力优化发展环境。通过创新机制，全县畅通了体制改革、融资增投、利用外资、安全稳定四条“绿色”通道，搭建了崇义投资兴业、休闲旅游、安居度假的最佳平台。

抚州市林业局

抚州是江西省重点林区之一，森林资源极为丰富，全市林业用地面积127.3万公顷，占土地总面积的67.7%，其中森林面积100.4万公顷，森林覆盖率为61.0%，活立木总面积3572万立方米，竹林面积13.7万公顷，毛竹株数2.55亿株。

进入新世纪，抚州市林业局紧紧抓住国家大搞生态环境建设、全面启动实施六大重点工程的有利时机，围绕全市经济和社会发展大计，按照省委、省政府提出的建设"三个基地，一个后花园"的战略构想和省林业厅提出的"一个提高，两个调整，三个搞活"的林业发展思路，解放思想，更新观念，创新机制，调整结构，以林业重点工程建设为核心，切实加强森林资源保护，林业建设取得了显著的成绩。

林业生态建设有新突破 从2000年起，市实施的林业重点工程有退耕还林工程、长防林工程、种苗工程、农村小型公益林以及生态公益林建设项目等，至2003年底，累计投入建设资金2.3亿元；完成退耕还林77.5万亩，完成长江中上游防护林体系建设面积6.5579万亩，其中人工造林2.3679万亩，封山育林4.19万亩；在市林科所、黎川县、资溪县建立了3个种苗繁育基地，在资溪县建立了一个优良种源采种基地。全市共引进林业项目建设资金5889.44万元。

林业商品基地有新发展 结合林业重点工程建议，实行封、改、补、造相结合的办法，进一步加大商品林业基地建设步伐。加强对毛竹和油菜低产林的改造，做大做强竹产业和油菜产业。不失时机地抓住市场，优化结构，发展品种对路，市场需求量大的速生丰产、质优价廉的建竹用材、造纸用材商品林基地。全市共建立用材林及工业原料林基地14万公顷，蓄积量839.7万m^3；其中：湿地松原料林2.8万公顷，蓄积量41.1万m^3。毛竹林基地4.3万公顷，蓄积量8450万株。油茶林基地0.53万公顷，年产茶油470吨。果木林基地2.7万公顷，年产干鲜果品4.3万吨。森林药材1200公顷，年产药材700吨。森林花卉、绿化苗木基地100公顷。

森林资源保护取得新成绩 森林采伐管理进一步规范，做到伐前有设计，伐中有检查，伐后有验收。林地保护切实加强，全面推行征占用林地审批制度、林地使用许可证制度和依法收取森林植被恢复费制度。野生动植物保护力度进一步加大，自然保护区建设步伐加快，全市已建成资溪马头山、黎川岩家、宜黄华南虎等3处省级自然保护区；建有广昌盱江、南城麻姑山两个森林公园。森林"三防"体系逐步完善。森林火灾受害率年平均为0.2‰，全市9个森防站通过达标验收，并设立病虫害测报点333个，监测面积250多万亩。森林公安机关加大林业治安管理和防范力度，全力维护林区稳定，各类森林案件查处率为99.1%。

林业产业建设开创新局面 按照"山上建基地，山下搞加工，山外找市场，科技创高效"的思路，走林业产业化发展的道路，全市现有以木材为原料的加工企业400家，主要产品有方料、装潢料、建筑模板、单板、地板等，年消耗木材20.8万m^3，全市现有以毛竹为原料的加工企业139家，主要产品有竹拉丝、竹车厢底板、竹地板、建筑模板、竹凉席、竹筷等，年消耗毛竹621.1万根。全市有林产化工厂7家，年产松脂8452吨。2003年，全市林业总产值33.45亿元，其中第一产业产值22.86亿元，第二产业产值9.44亿元，第三产业产值1.55亿元。

新时期面临着新机遇。我们将按照建立完备的林业生态体系和发达的林业产业体系的要求，坚持"生态优先，三大效益兼顾"的原则，进一步实施重点工程带动战略，以科技创新和机制创新为动力，加快资源培育步伐，强化资源林政管理，加大招商引资力度，推进产业化建设，实现林业综合效益提高、林农增收和财政增长的目标，促进经济社会可持续发展。

林业局办公大楼

弋阳县人民政府

“革命一故乡，江西弋阳，山城如画世无双，南屏武夷北怀玉；遍地文章。”这是江西省第一任省长邵式平同志赞美弋阳的诗句。弋阳位于我省东北部，信江中游，全县辖18个乡镇，面积1580平方公里，人口36.6万。

弋阳区位优越，交通便捷，资源丰富，山水相依，风光秀丽，历史悠久，人文荟萃，是中国“四大声腔”之一弋阳腔的发源地，是谢叠山、方志敏等众多仁人志士的故乡。境内的国家级重点风景名胜区龟峰，奇峰如画，享有“江上龟峰天下稀”的美誉。全县地表地下资源丰富，蕴含的金属、非金属矿产达30余种，其中铜储量6万吨，瓷土2000万吨，石灰石3.6亿吨，蛇纹石5亿吨，居亚洲第一。弋阳交通便利，现已形成集铁路、公路、水路于一体的交通网络，浙赣铁路、320国道、311高速公路横贯县境，信江四季通航，经鄱阳湖可直达长江黄金水道。

近年来，弋阳紧扣“工业做强、农业调优、旅游做大、城市建美”的发展思路，不断加快改革开放步伐，经济社会快速协调发展。2003年，全县实现国内生产总值12.17亿元，比上年增长15.6%；完成财政总收入1.156亿元，比上年增长16.1%，全县经济综合实力跃上新的台阶。

站在新起点上，弋阳着力推进生产力布局向道口转移、产业重点向工业转移、城市建设向城南转移，统筹城乡经济社会发展，力争到2007年，国内生产总值达到21.1亿元，财政总收入达到2亿元。

弋阳，正在舒展腾飞的翅膀，向着全面建设小康社会的征程奋进！

赣东北贸易广场

弋阳县农业龙头企业生产的特色产品

弋阳县工业园区内生产企业

弋阳县国家重点名胜风景区——龟峰

工　　业 10

INDUSTRY

- 2003年,全省规模以上工业企业3051个,工业增加值446.78亿元,产品销售收入1494.28亿元,实现利税156.10亿元。

- 2003年,钢产量599.53万吨,原煤产量951.66万吨,发电量320.94亿千瓦小时。

本篇章

资料整理	微机处理
喻　滨	喻　滨

10－1 规模以上工业企业单位数及工业总产值

（2003 年）

分　　类	企业单位数（个）	# 亏损企业	工业总产值（当年价格）（万元）
总　　计	**3 051**	**766**	**14 723 335**
一、按登记注册类型及隶属关系分			
国有企业	878	352	5 480 341
中央企业	49	25	1 919 128
地方企业	829	327	3 561 213
集体企业	201	32	400 374
股份合作企业	135	28	326 397
联营企业	10	2	61 777
有限责任公司	346	96	3 213 474
股份有限公司	78	16	727 463
私营企业	1 155	189	2 685 800
港、澳、台商投资企业	144	29	530 337
外商投资企业	92	21	1 253 910
其他企业	12	1	43 464
在总计中:国有控股企业	1 071	407	9 466 047
二、按轻、重工业分			
轻工业	1 365	350	4 358 753
重工业	1 686	416	10 364 582
三、按企业规模分			
大型企业	25	3	5 831 427
中型企业	301	63	4 402 637
小型企业	2 725	700	4 489 271
四、按工业行业分			
#煤炭开采和洗选业	64	15	316 735
黑色金属矿采选业	8	2	14 428
有色金属矿采选业	71	9	155 489
非金属矿采选业	48	12	79 561
农副食品加工业	242	61	595 389
食品制造业	92	26	231 757
饮料制造业	84	21	221 670
烟草制品业	8	1	475 764
纺织业	206	52	570 851
纺织服装、鞋、帽制造业	52	15	94 773
皮革、毛皮、羽毛(绒)及其制品业	32	8	145 029
木材加工及木、竹、藤、棕、草制品业	124	18	193 181
家具制造业	16	4	9 592

10－1　续表　　　　　　　　　　　　　（2003 年）

分　　　类	企业单位数（个）	# 亏损企业	工业总产值（当年价格）（万元）
造纸及纸制品业	78	21	134 213
印刷业和记录媒介的复制	65	7	220 645
文教体育用品制造业	33	4	30 342
石油加工、炼焦及核燃料加工业	14	3	877 471
化学原料及化学制品制造业	257	48	732 127
医药制造业	125	27	848 663
化学纤维制造业	10	1	143 171
橡胶制品业	25	3	68 642
塑料制品业	48	13	63 674
非金属矿物制品业	382	78	841 245
黑色金属冶炼及压延加工业	43	5	1 784 536
有色金属冶炼及压延加工业	94	24	1 350 343
金属制品业	63	11	170 400
通用设备制造业	122	38	274 736
专用设备制造业	70	24	180 429
交通运输设备制造业	103	35	1 645 322
电气机械及器材制造业	74	16	429 794
通信设备、计算机及其他电子设备制造业	44	14	319 634
仪器仪表及文化、办公用机械制造业	27	12	98 554
工艺品及其他制造业	44	14	85 742
废弃资源和废旧材料回收加工业	2	2	2 012
电力、热力的生产和供应业	187	78	1 231 488
燃气生产和供应业	7	6	4 714
水的生产和供应业	86	38	81 161
五、按地区分			
南 昌 市	498	134	4 153 233
景德镇市	183	45	1 127 606
萍 乡 市	155	34	852 054
九 江 市	380	116	1 952 366
新 余 市	106	36	1 083 222
鹰 潭 市	77	18	1 109 351
赣 州 市	471	133	1 154 092
吉 安 市	251	64	683 287
宜 春 市	337	66	995 642
抚 州 市	296	44	626 884
上 饶 市	296	76	785 782

10－2　规模以上工业企业增加值

单位:万元

分　　　类	2002 年	2003 年	2003年比2002年增长(%)
总　　　计	**3 626 837**	**4 467 808**	**18.15**
一、按登记注册类型及隶属关系分			
国有企业	1 551 894	1 749 878	17.60
中央企业	671 818	727 925	9.56
地方企业	880 076	1 021 954	20.63
集体企业	139 044	128 766	－10.08
股份合作企业	79 490	125 070	2.43
联营企业	13 151	12 499	53.58
有限责任公司	947 508	900 040	－8.94
股份有限公司	204 496	221 768	22.83
私营企业	351 060	814 768	83.54
港、澳、台商投资企业	107 617	157 793	25.82
外商投资企业	229 271	343 109	32.52
其他企业	3 307	14 117	235.55
在总计中:国有控股企业	2 703 277	2 835 213	5.34
二、按轻、重工业分			
轻工业	1 249 589	1 512 098	12.95
重工业	2 377 248	2 955 711	20.74
三、按企业规模分			
大型企业	1 363 932	1 544 177	10.71
中型企业	1 190 729	1 494 909	31.53
小型企业	1 072 176	1 428 723	14.89
四、按工业行业分			
#煤炭开采和洗选业	124 580	118 706	16.49
黑色金属矿采选业	1 024	4 120	282.95
有色金属矿采选业	51 011	58 046	8.94
非金属矿采选业	21 479	31 727	9.96
农副食品加工业	130 940	158 777	6.46
食品制造业	43 017	70 511	25.51
饮料制造业	61 175	88 151	23.15
烟草制品业	258 941	306 139	12.72
纺织业	120 436	179 707	15.71
纺织服装、鞋、帽制造业	15 854	30 223	57.70
皮革、毛皮、羽毛(绒)及其制品业	20 747	39 698	42.17
木材加工及木、竹、藤、棕、草制品业	50 676	67 295	18.68
家具制造业	3 948	3 021	－32.89

分　　类	2002年	2003年	2003年比2002年增长(%)
造纸及纸制品业	35 038	42 472	9.12
印刷业和记录媒介的复制	74 292	89 655	13.53
文教体育用品制造业	8 007	9 317	52.38
石油加工、炼焦及核燃料加工业	137 023	195 934	6.45
化学原料及化学制品制造业	162 769	212 548	20.02
医药制造业	231 340	259 438	23.87
化学纤维制造业	20 529	24 821	19.43
橡胶制品业	16 944	24 409	10.76
塑料制品业	15 316	20 799	12.30
非金属矿物制品业	193 371	294 983	30.67
黑色金属冶炼及压延加工业	333 717	479 785	17.18
有色金属冶炼及压延加工业	205 431	304 339	43.12
金属制品业	41 776	43 652	10.26
通用设备制造业	85 707	84 875	1.26
专用设备制造业	59 710	54 358	15.42
交通运输设备制造业	372 687	396 426	9.79
电气机械及器材制造业	98 855	122 341	23.63
通信设备、计算机及其他电子设备制造业	72 750	88 833	9.78
仪器仪表及文化、办公用机械制造业	23 593	25 475	24.37
工艺品及其他制造业	18 601	24 654	13.55
废弃资源和废旧材料回收加工业		461	
电力、热力的生产和供应业	470 473	469 768	19.54
燃气生产和供应业	1 518	1 902	40.51
水的生产和供应业	30 868	40 418	41.19
五、按地区分			
南昌市	1 072 520	1 343 305	16.21
景德镇市	327 880	328 430	2.79
萍乡市	211 541	275 986	18.74
九江市	358 714	523 547	26.32
新余市	214 296	313 069	18.07
鹰潭市	182 555	256 342	43.54
赣州市	260 115	306 676	17.99
吉安市	152 420	235 346	43.35
宜春市	253 747	331 612	23.51
抚州市	159 924	196 721	12.60
上饶市	203 489	260 195	24.45

10－3　各地区规模以上工业企业单位数

（2003 年）　　　　单位：个

分　　类	全　省	南昌市	景德镇市	萍乡市	九江市	新余市
总　　计	**3 051**	**498**	**183**	**155**	**380**	**106**
一、按登记注册类型及隶属关系分						
国有企业	878	142	69	12	169	26
中央企业	49	11	3		15	3
地方企业	829	131	66	12	154	23
集体企业	201	45	15	8	15	19
股份合作企业	135	34	7	14	14	2
联营企业	10	1	1	1	1	
有限责任公司	346	58	19	19	37	17
股份有限公司	78	23	12	7	9	
私营企业	1 155	136	53	88	108	39
港、澳、台商投资企业	144	25	1	4	17	1
外商投资企业	92	29	6	1	9	2
其他企业	12	5		1	1	
在总计中：国有控股企业	1 071	189	81	14	192	35
二、按轻、重工业分						
轻工业	1 365	284	92	20	178	27
重工业	1 686	214	91	135	202	79
三、按企业规模分						
大型企业	25	9	3	2	2	1
中型企业	301	58	19	9	47	17
小型企业	2 725	431	161	144	331	88

分　　类	鹰潭市	赣州市	吉安市	宜春市	抚州市	上饶市
总　　计	**77**	**471**	**251**	**337**	**296**	**296**
一、按登记注册类型及隶属关系分						
国有企业	20	102	56	72	92	117
中央企业	5	3	3	1	1	3
地方企业	15	99	53	71	91	114
集体企业	5	19	8	14	35	18
股份合作企业	4	5	16	10	21	8
联营企业	1		1	2	2	
有限责任公司	12	81	18	32	15	38
股份有限公司	1		4	7	7	8
私营企业	30	192	132	187	97	93
港、澳、台商投资企业	2	54	11	10	15	4
外商投资企业	2	18	5	3	7	10
其他企业					5	
在总计中：国有控股企业	26	146	73	87	100	127
二、按轻、重工业分						
轻工业	36	182	119	120	182	125
重工业	41	289	132	217	114	171
三、按企业规模分						
大型企业	3			1		3
中型企业	8	50	22	35	14	22
小型企业	66	421	229	301	282	271

注：各地区指标均未包括江西省电力公司统一核算数据。下同。

10－4 各地区规模以上工业企业总产值

（2003年,按当年价计算） 单位:万元

分类	全省	南昌市	景德镇市	萍乡市	九江市	新余市
总计	**14 723 335**	**4 153 233**	**1 127 606**	**852 054**	**1 952 366**	**1 083 222**
一、按登记注册类型及隶属关系分						
国有企业	5 480 341	1 327 545	298 561	169 447	1 275 772	51 280
中央企业	1 919 128	442 458	35 594		986 084	2 591
地方企业	3 561 213	885 087	262 967	169 447	289 688	48 689
集体企业	400 374	97 733	40 919	19 919	29 662	40 070
股份合作企业	326 397	140 569	6 288	19 321	31 796	6 882
联营企业	61 777	4 925	529	1 208	3 081	
有限责任公司	3 213 474	603 372	642 749	47 155	259 767	840 605
股份有限公司	727 463	496 473	54 889	11 253	42 110	
私营企业	2 685 800	369 529	77 522	560 651	158 858	80 993
港、澳、台商投资企业	530 337	136 979	1 723	21 249	42 133	52 276
外商投资企业	1 253 910	945 130	4 426	1 511	108 813	11 117
其他企业	43 464	30 978		340	374	
在总计中:国有控股企业	9 466 047	2 918 607	936 625	180 663	1 477 107	933 921
二、按轻、重工业分						
轻工业	4 358 753	1 848 588	237 436	26 346	431 025	66 940
重工业	10 364 582	2 304 645	890 170	825 708	1 521 342	1 016 282
三、按企业规模分						
大型企业	5 831 427	1 729 479	673 812	608 222	832 327	725 045
中型企业	4 402 637	1 403 401	280 673	78 513	688 831	245 719
小型企业	4 489 271	1 020 353	173 121	165 319	431 208	112 457

分类	鹰潭市	赣州市	吉安市	宜春市	抚州市	上饶市
总计	**1 109 351**	**1 154 092**	**683 287**	**995 642**	**626 884**	**785 782**
一、按登记注册类型及隶属关系分						
国有企业	863 622	201 323	215 393	266 524	136 777	474 282
中央企业	66 516	67 649	101 084	1 889	11 472	3 976
地方企业	797 106	133 674	114 309	264 635	125 305	470 306
集体企业	11 959	22 663	16 808	12 005	81 670	26 965
股份合作企业	18 199	3 480	25 982	10 049	30 568	33 264
联营企业	45 711		274	2 969	3 080	
有限责任公司	93 141	342 672	49 527	218 902	66 130	49 455
股份有限公司	10 800		3 917	54 747	33 110	20 165
私营企业	61 175	356 535	310 101	376 370	171 882	162 184
港、澳、台商投资企业	1 891	144 540	15 129	37 585	73 763	3 071
外商投资企业	2 853	82 880	46 157	16 491	18 135	16 397
其他企业					11 771	
在总计中:国有控股企业	934 157	416 086	244 578	523 507	201 388	499 594
二、按轻、重工业分						
轻工业	87 270	407 051	264 055	301 568	371 589	316 886
重工业	1 022 081	747 041	419 232	694 074	255 295	468 896
三、按企业规模分						
大型企业	863 137			51 800		147 790
中型企业	121 427	505 117	183 267	513 875	154 984	226 831
小型企业	124 788	648 975	500 021	429 967	471 900	411 161

10－5 各地区规模以上工业企业增加值

（2003 年） 单位：万元

分类	全省	南昌市	景德镇市	萍乡市	九江市	新余市
总计	**4 467 808**	**1 343 305**	**328 430**	**275 986**	**523 547**	**313 069**
一、按登记注册类型及隶属关系分						
国有企业	1 749 878	489 254	106 973	63 980	304 796	18 003
中央企业	727 925	285 105	13 122		220 247	1 356
地方企业	1 021 954	204 150	93 850	63 980	84 549	16 647
集体企业	128 766	32 159	11 066	8 557	10 495	12 514
股份合作企业	125 070	62 671	2 801	7 236	10 524	2 097
联营企业	12 499	1 724	111	423	1 265	
有限责任公司	900 040	178 877	155 731	18 556	74 997	245 895
股份有限公司	221 768	149 750	14 323	3 812	14 571	
私营企业	814 768	118 366	34 799	165 809	52 837	22 833
港、澳、台商投资企业	157 793	54 742	603	6 825	11 570	8 543
外商投资企业	343 109	245 185	2 022	632	42 382	3 184
其他企业	14 117	10 578		157	111	
在总计中：国有控股企业	2 835 213	916 355	255 620	67 806	365 151	269 365
二、按轻、重工业分						
轻工业	1 512 098	719 150	81 075	8 999	117 200	20 552
重工业	2 955 711	624 155	247 355	266 987	406 346	292 517
三、按企业规模分						
大型企业	1 544 177	435 289	171 966	185 768	173 202	209 723
中型企业	1 494 909	560 577	89 317	27 465	206 885	67 272
小型企业	1 428 723	347 439	67 148	62 753	143 460	36 074

分类	鹰潭市	赣州市	吉安市	宜春市	抚州市	上饶市
总计	**256 342**	**306 676**	**235 346**	**331 612**	**196 721**	**260 195**
一、按登记注册类型及隶属关系分						
国有企业	209 307	85 487	94 354	92 193	38 180	150 771
中央企业	19 038	36 204	51 449	1 440	1 985	1 398
地方企业	190 269	49 283	42 905	90 753	36 195	149 373
集体企业	3 110	5 731	4 381	4 387	27 620	8 747
股份合作企业	5 177	1 189	9 300	3 412	9 695	10 968
联营企业	5 684		142	2 227	924	
有限责任公司	14 241	88 424	17 752	68 589	19 544	17 435
股份有限公司	3 822		882	17 893	10 081	6 634
私营企业	14 147	73 526	95 405	123 822	54 333	58 892
港、澳、台商投资企业	392	29 275	3 621	13 617	27 577	1 029
外商投资企业	462	23 044	9 510	5 472	5 496	5 720
其他企业					3 271	
在总计中：国有控股企业	221 424	144 896	105 253	177 484	56 412	158 866
二、按轻、重工业分						
轻工业	21 671	124 472	85 520	98 320	120 504	114 634
重工业	234 670	182 204	149 827	233 292	76 217	145 560
三、按企业规模分						
大型企业	204 386			16 018		51 244
中型企业	28 626	165 530	70 091	170 506	45 811	62 829
小型企业	23 329	141 146	165 255	145 087	150 909	146 122

10－6　各地区规模以上工业企业增加值率

（2003 年）　　单位:%

分　类	全　省	南昌市	景德镇市	萍乡市	九江市	新余市
总　计	**25.9**	**27.9**	**24.4**	**27.7**	**23.7**	**23.7**
一、按登记注册类型及隶属关系分						
国有企业	26.5	31.7	31.5	33.5	20.9	31.5
中央企业	31.5	55.0	32.7		19.2	44.6
地方企业	23.8	19.9	31.3	33.5	26.9	30.8
集体企业	29.6	30.9	25.5	41.2	31.0	27.1
股份合作企业	35.0	41.9	40.4	33.2	29.6	26.8
联营企业	16.4	35.0	18.9	29.9	40.1	
有限责任公司	23.6	26.4	19.4	35.0	25.0	23.6
股份有限公司	26.7	26.4	23.3	31.3	28.3	
私营企业	27.4	30.8	42.0	24.7	30.5	24.5
港、澳、台商投资企业	27.2	36.8	31.4	27.9	25.0	13.8
外商投资企业	22.4	20.3	42.1	36.5	38.5	27.8
其他企业	30.2	31.6		36.0	28.6	
在总计中:国有控股企业	24.8	26.4	22.5	33.2	21.6	23.4
二、按轻、重工业分						
轻工业	31.3	34.7	30.7	29.7	24.4	27.9
重工业	23.8	22.7	22.9	27.6	23.5	23.5
三、按企业规模分						
大型企业	21.0	20.6	20.4	25.7	17.8	23.1
中型企业	29.9	35.0	28.0	31.3	27.0	23.7
小型企业	29.2	31.5	36.1	33.7	30.3	28.1

分　类	鹰潭市	赣州市	吉安市	宜春市	抚州市	上饶市
总　计	**17.8**	**24.0**	**31.4**	**29.6**	**28.5**	**27.1**
一、按登记注册类型及隶属关系分						
国有企业	18.0	37.3	38.4	30.6	25.6	24.4
中央企业	24.6	46.4	43.5	65.1	16.7	30.8
地方企业	17.6	32.7	33.6	30.3	26.4	24.3
集体企业	22.6	23.7	24.1	33.4	31.5	28.8
股份合作企业	24.8	31.1	32.8	31.5	29.5	27.9
联营企业	9.7		45.2	53.8	29.8	
有限责任公司	13.9	22.4	33.2	27.0	25.9	31.7
股份有限公司	31.2		20.5	28.8	25.9	32.2
私营企业	21.6	19.1	28.4	29.9	28.8	33.3
港、澳、台商投资企业	19.7	19.4	21.5	33.6	33.1	33.3
外商投资企业	14.3	25.7	20.0	32.3	28.9	34.3
其他企业					26.2	
在总计中:国有控股企业	17.9	30.5	37.8	29.5	25.1	24.6
二、按轻、重工业分						
轻工业	23.0	28.0	30.3	29.8	29.7	33.1
重工业	17.4	21.9	32.0	29.6	26.7	23.7
三、按企业规模分						
大型企业	17.7			27.0		20.2
中型企业	20.1	29.0	34.2	28.8	25.9	24.6
小型企业	16.8	20.0	30.3	31.1	29.4	32.4

10－7 工 业 产 品 产 量

品　　　　名	单　位	2002 年	2003 年	2003年比 2002年 增长(%)
原　　煤	万　吨	853.24	951.66	11.53
洗 精 煤	万　吨	82.18	108.84	32.44
硫铁矿生产量(折含硫 35%)	万　吨	111.49	119.96	7.60
钨精矿折含量(折三氧化钨)	万　吨	3.64	4.52	24.18
原　　盐	万　吨	13.99	15.28	9.22
木　　材	万立方米	279.87	354.24	26.57
配混合饲料	万　吨	111.80	118.54	6.03
机 制 糖	万　吨	1.17	1.22	4.27
乳 制 品	吨	6 550	13 822	111.02
罐　　头	万　吨	0.75	0.86	14.67
软 饮 料	万　吨	5.11	8.82	72.60
白　　酒	万　吨	6.16	6.88	11.69
啤　　酒	万　吨	40.02	45.31	13.22
精 制 茶	吨	1 980	3 358	69.60
卷　　烟	万　箱	61.56	60.44	-1.82
纱	万　吨	11.50	14.87	29.30
布	万　米	17 759	22 095	24.42
1.纯棉布	万　米	8 246	12 439	50.85
2.棉绲纺交织布	万　米	9 384	9 072	-3.32
3.纯化纤布	万　米	130	584	349.23
印 染 布	万　米	6 994	8 136	16.33
毛　　线	吨	337	193	-42.73
呢　　绒	万　米	45	15	-66.67
丝	吨	732	1 020	39.34
丝 织 品	万　米	2 761	3 311	19.92
针棉织品折用纱线量	万　吨	0.97	0.78	-19.59
服　　装	万　件	9 911	11 534	16.38
皮　　鞋	万　双	89.50	266.30	197.54
人 造 板	万立方米	64.72	119.35	84.41
机 制 纸	万　吨	15.45	15.24	-1.36
#新 闻 纸	万　吨	4.91	3.16	-35.64
家　　具	万　件	24.08	32.42	34.63
原油加工量	万　吨	296.87	311.90	5.06
焦　　炭	万　吨	223.63	236.35	5.69
硫　　酸(折合 100%)	万　吨	78.13	103.29	32.20
烧　　碱(折合 100%)	万　吨	19.63	19.91	1.43
电石(折合量)	万　吨	8.21	6.91	-15.83
合 成 氨	万　吨	45.90	46.84	2.05
化学肥料(折有效成份 100%)	万　吨	46.84	47.90	2.26
氮　肥	万　吨	35.91	36.59	1.89
磷　肥	万　吨	10.93	11.30	3.39

10－7　续表1

品　　名	单　位	2002年	2003年	2003年比2002年增长(%)
化学农药	吨	8 858	9 657	9.02
纯　　苯	吨	11 235	14 934	32.92
油　　漆	吨	530	972	83.40
塑料树脂及共聚物	万　吨	12.95	14.29	10.35
肥　　皂	万　吨	0.14	0.09	－35.71
合成洗涤剂	吨	8 669	17 141	97.73
火　　柴	万　件	8.06	15.11	87.47
化学原料药	吨	2 374	2 457	3.50
中 成 药	吨	22 556	27 937	23.86
化学纤维	万　吨	8.53	10.02	17.47
1.粘胶纤维	万　吨	3.17	3.70	16.72
2.合成纤维	万　吨	5.35	6.33	18.32
轮胎外胎	万　条	114.85	205.41	78.85
塑料制品	吨	39 455	37 628	－4.63
水　　泥	万　吨	1 547	2 172	40.40
平板玻璃	万重量箱	472	575	21.82
日用玻璃制品	万　吨	3.66	3.89	6.28
玻璃保温容品	万　个	867.92	1 335.90	53.92
釉 面 砖	万平方米	25	44.85	79.40
墙 地 砖	万平方米	1 606.24	3 404.31	111.94
日用陶瓷	万　件	45 214	44 588	－1.38
耐火材料制品	万　吨	5.62	11.58	106.05
生　　铁	万　吨	453.05	496.40	9.57
钢	万　吨	547.91	599.53	9.42
1.普 通 钢	万　吨	485.06	531.86	9.65
2.优 质 钢	万　吨	62.85	67.66	7.65
成品钢材	万　吨	531.70	655.37	23.26
#普通大型钢材	万　吨	0.68	0.83	22.06
普通中型钢材	万　吨	17.77	20.60	15.93
普通小型钢材	万　吨	206.11	277.38	34.58
优质钢型材	万　吨	35.64	41.77	17.20
线　　材	万　吨	136.36	163.22	19.70
中厚钢板	万　吨	84.76	95.01	12.09
薄 钢 板	万　吨	0.28	0.25	－10.71
硅 钢 板	万　吨	9.65	9.55	－1.04
钢　　带	万　吨	12.81	14.42	12.57
无缝钢管	万　吨	14.34	17.47	21.83
焊接钢管	万　吨	11.79	12.69	7.63
十种有色金属	万　吨	27.53	39.98	45.22
铁 合 金	万　吨	7.23	7.33	1.38
搪瓷制品	吨	1 500	576	－61.60

10－7　续表2

品　　　　　名	单　位	2002年	2003年	2003年比2002年增长(%)
工业锅炉	蒸发量吨	764	1 022	33.77
内燃机生产量	万千瓦	11.05	14.44	30.68
金属切削机床	台	3 281	4 023	22.62
#数控机床	台	743	802	7.94
泵	万　台	2.95	2.84	-3.73
风　　机	万　台	0.41	0.26	-36.59
气体压缩机	台	1 409	2 224	57.84
轴　　承	万　套	778	865	11.18
矿山设备	吨	3 158	4 793	51.77
化工设备	吨	5 421	6 506	20.01
小型拖拉机	万　台	0.47	0.39	-17.02
汽　　车	万　辆	20.75	18.52	-10.75
#载货汽车	万　辆	19.59	16.63	-15.11
农用运输车	万　辆	0.38	0.44	15.79
摩托车	万　辆	3.74	5.10	36.36
自 行 车	万　辆	0.15	0.40	166.67
民用钢质船舶	综合万吨	3.48	3.67	5.46
发电设备	万千瓦	20.18	21.19	5.00
交流电动机	万千瓦	93.06	119.82	28.76
变压器	万千伏安	816	1 357	66.30
通讯电缆	公　里	85 447	104 158	21.90
钢芯铝铰线	吨	1 238	552	-55.41
原电池(折干电池)	万　只	7 405	9 776	32.02
冷冻箱	台	27 500	43 849	59.45
家用电冰箱	万　台	37.95	29.95	-21.08
电风扇	万　台	5.47	17.20	214.44
灯　　泡	万　只	4 130	3 937	-4.67
电话单机	万　部	0.29	9.71	3 248.28
微型电子计算机	部	24 330	105 557	333.86
电子元件	万　只	80 341	84 042	4.61
电 视 机	万　台	41.49	64.10	54.50
#彩色电视机	万　台	41.49	64.10	54.50
录放音机	万　台	59.35	58.09	-2.12
大型及大型专用衡器	台	153	186	21.57
照 相 机	万　架	35.50	41.47	16.82
发电量总计	亿千瓦小时	247.99	320.94	29.42
1.火力发电	亿千瓦小时	186.48	273.30	46.56
2.水力发电	亿千瓦小时	61.51	47.64	-22.55

10－8 主 要 工 业

（1978－

年　份	化学纤维（万吨）	纱（混合数）（吨）	布（混合数）（万米）	机制纸及纸　板（万吨）	自行车（万辆）	日用瓷（万件）	火　柴（万件）
1978	0.42	42 373	20 173	9.26	0.30	32 095	54.37
1979	0.78	51 695	24 773	11.02	0.25	29 635	55.27
1980	1.33	61 791	30 011	12.69	3.39	33 087	64.85
1981	1.62	68 151	32 491	12.71	10.23	33 504	79.80
1982	1.34	73 379	33 222	12.94	25.74	35 983	89.50
1983	0.76	61 419	27 505	14.94	27.34	35 286	99.49
1984	1.09	63 725	23 080	18.41	22.80	36 807	122.65
1985	1.30	72 161	26 009	22.17	30.65	35 041	132.85
1986	1.50	79 782	30 817	22.79	39.17	40 166	126.34
1987	1.77	86 317	34 240	24.89	51.31	45 899	120.54
1988	1.84	86 666	33 219	25.62	56.01	43 759	131.78
1989	1.95	87 099	32 015	25.56	58.27	47 315	162
1990	2.00	80 749	30 566	25.59	27.74	44 969	176.65
1991	2.37	86 729	27 897	26.36	52.33	53 083	192.41
1992	2.54	96 433	29 194	31.03	59.25	55 837	203.02
1993	4.13	90 595	29 670	36.54	60.61	53 063	188.28
1994	5.33	101 349	34 041	36.29	39.61	54 702	150.62
1995	5.11	109 652	35 784	41.07	37.32	48 652	122.49
1996	4.80	105 556	33 256	38.24	16.11	60 053	126.27
1997	6.33	110 362	36 086	35.49	9.62	57 016	76.18
1998	6.42	107 994	25 088	23.39	9.75	38 213	53.71
1999	7.65	109 102	26 315	27.96	4.09	52 391	25.82
2000	7.08	99 512	21 710	24.02	0.38	57 470	15.76
2001	7.74	79 652	17 948	26.04	0.08	55 737	5.49
2002	8.59	112 105	20 491	28.18	0.15	56 791	8.81
2003	10.02	148 731	22 095	24.66	0.40	44 588	15.11

产 品 产 量

2003年）

合成洗涤剂（吨）	机制糖（万吨）	卷烟（万箱）	钢（万吨）	生铁（万吨）	成品钢材（万吨）	发电量（亿千瓦小时）
5 098	4.09	19.14	25.64	35.84	24.50	45.31
7 047	5.97	20.79	27.65	27.90	37.54	51.11
6 298	7.14	22.32	38.76	31.45	46.65	57.21
8 181	7.04	24.17	42.71	30.86	46.03	59.86
9 198	9.54	26.88	43.08	30.14	44.44	62.75
9 662	7.51	31.03	48.69	33.06	44.33	64.39
10 538	9.52	33.52	59.84	35.42	49.23	71.83
12 778	13.32	32.11	77.42	57.43	60.98	83.75
13 905	13.52	29.91	91.71	80.30	76.40	94.30
13 392	11.65	32.89	106.02	84.02	90.92	102.77
15 595	12.05	39.17	105.91	84.85	94.04	115.66
16 377	10.09	43.11	105.83	78.57	93.44	119.71
17 083	10.59	47.02	112.09	89.03	92.32	121.41
21 700	14.38	49.58	109.68	84.05	95.27	129.96
25 100	15.03	49.49	133.06	97.83	109.76	143.63
29 984	13.86	50.09	148.68	120.72	119.61	153.13
34 600	8.95	46.42	150.94	150.16	129.84	170.57
45 194	9.04	43.76	149.73	136.63	126.36	176.34
42 063	8.62	38.63	173.02	133.86	139.87	183.29
38 626	9.92	35.54	173.80	149.48	154.79	179.82
38 267	9.31	38.31	222.94	192.43	179.23	181.06
24 696	8.37	41.20	267.03	248.24	228.60	187.80
34 257	1.50	50.99	319.86	304.69	282.90	201.06
24 400	1.64	54.57	399.83	338.26	375.63	216.16
14 563	1.99	55.95	548.21	453.04	531.64	247.99
17 141	1.22	60.44	599.53	496.40	655.37	320.94

10－8　续表

年　　份	原　　煤（万吨）	焦　　炭（万吨）	原油加工量（万吨）	硫　　酸（折合100%）（万吨）	烧　　碱（折合100%）（万吨）	化学肥料（折合100%）（万吨）	化学农药（原药）（吨）
1978	1 435.50	88.75		2.68	2.32	15.97	13 539
1979	1 567.61	85.85		2.84	2.76	18.37	15 163
1980	1 490.31	79.39	10.31	4.00	3.07	25.73	17 405
1981	1 553.13	70.86	36.50	3.79	3.09	23.74	13 587
1982	1 634.62	73.44	48.17	4.25	3.34	22.76	11 783
1983	1 707.62	77.02	69.66	5.24	2.91	23.12	6 766
1984	1 875.37	79.35	70.30	4.69	3.24	23.67	5 508
1985	1 938.15	83.40	83.37	3.81	3.74	19.41	2 753
1986	1 863.67	87.51	121.61	29.03	4.43	24.21	3 362
1987	1 970.23	109.36	134.91	36.77	5.26	28.37	2 574
1988	2 049.19	120.54	143.55	39.83	5.17	29.92	3 077
1989	2 063.31	115.31	150.86	43.27	5.36	30.48	4 209
1990	2 027.11	119.96	155.10	43.59	5.88	31.07	5 146
1991	2 122.98	145.31	180.98	46.93	6.12	32.49	5 819
1992	2 087.81	146.26	208.82	47.49	6.59	33.04	5 151
1993	2 104.22	160.60	230.52	49.40	7.24	29.44	4 100
1994	2 267.18	177.60	202.32	52.00	8.53	31.78	4 589
1995	2 877.90	166.53	230.56	57.10	9.97	38.44	5 997
1996	2 437.72	167.02	234.37	54.27	9.74	37.86	5 793
1997	2 064.42	170.58	246.51	59.72	9.57	44.73	6 257
1998	2 107.46	177.87	248.80	61.43	10.51	52.22	7 495
1999	1 730.73	182.11	280.70	62.77	12.76	54.55	12 810
2000	1 813.76	184.48	327.62	79.92	16.24	43.43	13 796
2001	1 634.05	187.91	296.99	87.75	18.65	46.88	14 428
2002	1 375.04	223.63	296.87	78.95	18.87	55.96	12 710
2003	951.66	236.35	311.90	103.29	19.91	47.90	9 657

化学原料药（吨）	交流电动机（万千瓦）	金属切削机床（台）	汽车（辆）	电视机（万部）	照相机（万架）	水泥（万吨）	木材（万立方米）
847	52.74	2 619	991	0.25	1.00	155.56	216.45
998	60.40	1 938	1 087	0.78	1.20	189.70	302.05
860	36.02	4 012	1 463	2.51	1.40	201	301.83
698	34.95	5 297	679	9.03	3.40	227.05	269.57
932	48.64	5 124	369	11.30	4.60	248.20	270.93
973	60.57	5 482	1 909	12.83	5.50	280.97	290.87
1 012	61.95	3 977	2 978	17.44	7.51	303.96	297.36
8 472	81.20	5 330	7 060	31.40	10.55	354.19	297.14
8 520	96.33	4 784	3 811	9.57	14.75	400.35	285.05
9 080	104.48	6 428	8 074	22.69	19.00	443.71	245.41
11 334	114.20	6 875	11 065	32.94	23.83	503	236.82
10 582	98.56	7 063	9 821	38.20	29.60	504.54	253.22
10 140	88.45	4 727	9 711	43.88	9.00	469.13	262.45
12 750	97.48	4 686	14 443	48.90	16.17	566.91	247.34
15 442	118.09	6 055	25 301	61.90	14.20	689.25	278.33
13 910	136.07	7 043	38 678	59.16	13.15	811.63	258.25
14 799	127.51	4 905	45 321	63.64	17.97	905.80	268.73
24 318	106.33	5 646	52 479	52.56	21.75	1 005.59	147.98
7 697	78.79	4 014	63 166	32.16	21.78	1 062.16	276.48
5 487	64.31	3 073	90 943	17.31	17.32	1 105.39	268.65
4 389	46.35	2 163	121 987	6.50	29.34	1 133.38	249.68
1 631	48.51	2 693	119 915	31.27	18.87	1 315.02	254.99
1 842	61.73	3 559	133 562	19.80	17.84	1 382.00	249.68
1 182	70.52	3 047	159 407	30.16	28.81	1 574.00	319.76
2 327	93.06	3 281	207 453	44.86	34.87	1 966.00	279.87
2 457	119.82	4 023	185 199	64.10	41.47	2 172.00	354.24

10-9 规模以上工业企业经济指标

（2000-2003年）

指　　标	单　位	2000年	2001年	2002年	2003年
企业单位数	个	3 548	3 283	3 076	3 051
#亏损企业	个	1 250	1 135	945	766
资产总计	万　元	18 358 562	19 327 549	20 186 707	22 687 483
流动资产合计	万　元	7 302 030	7 482 694	8 083 948	9 424 790
流动资产年平均余额	万　元	7 082 303	7 448 744	7 864 189	8 882 273
固定资产合计	万　元	8 918 184	9 426 658	9 848 235	10 911 809
固定资产原值	万　元	11 543 905	12 345 658	12 909 539	14 262 655
固定资产净值年平均余额	万　元	7 635 813	8 028 311	8 427 155	9 233 975
负债总计	万　元	12 538 729	12 827 411	13 168 071	15 025 558
流动负债合计	万　元	8 031 375	8 304 867	8 660 017	10 285 580
长期负债合计	万　元	4 304 673	4 417 273	4 128 921	4 559 627
所有者权益	万　元	5 749 725	6 419 158	6 825 559	7 425 979
产品销售收入	万　元	8 970 030	9 736 008	11 432 603	14 942 837
#产品销售税金及附加	万　元	223 525	254 856	296 939	340 780
产品销售费用	万　元	348 333	414 143	456 096	548 482
利　润　总　额	万　元	125 262	134 872	231 011	514 116
利润和税金总额	万　元	805 410	901 489	1 094 632	1 561 040
职工年平均人数	人	1 088 214	1 006 489	957 232	961 219
工业总产值(按当年价格计算)	万　元	9 323 234	10 160 151	11 887 991	14 723 335
工业总产值(按1990年不变价格计算)	万　元	7 650 634	8 615 965	10 079 109	11 992 688
工业增加值(按当年价格计算)	万　元	2 698 133	3 082 230	3 626 837	4 467 808
总资产贡献率	%	6.19	6.24	7	8.31
资本保值增值率	%	108.93	111.64	106.33	108.80
资产负债率	%	68.30	66.37	65.23	66.23
流动资产周转率	次	1.27	1.31	1.45	1.68
成本费用利润率	%	1.44	1.42	2.09	3.65
全员劳动生产率	元/人	24 794	30 624	37 889	46 481
产品销售率	%	97.27	97.60	97.95	98.01
工业经济效益综合指数	%	81.77	86.70	96.11	111.96

10－10　规模以上工业企业主要经济指标(一)

(2003 年)　　单位:万元

分　　类	产品销售收　入	产品销售税金及附加	产品销售成　本	产品销售费　用
总　　计	**14 942 837**	**340 781**	**12 261 655**	**548 482**
一、按登记注册类型及隶属关系分				
国有企业	5 938 818	249 313	4 931 275	136 009
中央企业	2 255 982	200 219	1 844 591	25 614
地方企业	3 682 836	49 094	3 086 684	110 395
集体企业	357 362	4 930	301 012	10 825
股份合作企业	291 195	4 823	253 561	8 756
联营企业	65 031	231	61 733	1 174
有限责任公司	3 299 680	34 803	2 731 426	119 161
股份有限公司	731 494	4 188	554 385	59 347
私营企业	2 532 304	25 844	2 076 268	111 227
港、澳、台商投资企业	491 472	1 709	412 575	23 873
外商投资企业	1 201 408	14 393	914 826	76 455
其他企业	34 074	547	24 595	1 655
在总计中:国有控股企业	9 980 005	288 983	8 211 526	297 947
二、按轻、重工业分				
轻工业	4 005 571	215 957	3 009 010	273 057
重工业	10 937 266	124 824	9 252 645	275 425
三、按企业规模分				
大型企业	6 667 416	99 029	5 673 988	166 623
中型企业	4 153 539	196 542	3 169 692	206 327
小型企业	4 121 882	45 209	3 417 975	175 533
四、按工业行业分				
#煤炭开采和洗选业	289 633	3 023	220 712	7 707
黑色金属矿采选业	16 461	700	10 785	406
有色金属矿采选业	152 623	2 224	114 076	3 005
非金属矿采选业	75 043	1 804	51 057	12 665
农副食品加工业	544 368	4 730	476 620	21 196
食品制造业	209 715	1 084	162 271	18 136
饮料制造业	204 315	20 104	134 113	16 222
烟草制品业	461 687	171 807	182 292	24 231
纺织业	511 884	4 204	455 215	9 215
纺织服装、鞋、帽制造业	68 265	611	56 851	2 127
皮革、毛皮、羽毛(绒)及其制品业	91 978	170	79 750	4 827
木材加工及木、竹、藤、棕、草制品业	172 756	2 094	140 144	8 583
家具制造业	8 501	113	6 969	371

单位:万元

分　　　　类	产品销售收　　入	产 品 销 售税金及附加	产品销售成　　本	产品销售费　　用
造纸及纸制品业	121 090	733	104 673	5 133
印刷业和记录媒介的复制	202 473	1 238	156 060	4 800
文教体育用品制造业	28 530	325	24 307	864
石油加工、炼焦及核燃料加工业	882 456	42 543	797 885	4 358
化学原料及化学制品制造业	712 965	6 169	600 235	30 141
医药制造业	837 794	5 958	580 478	144 143
化学纤维制造业	138 066	397	123 449	1 203
橡胶制品业	59 405	1 161	49 223	3 250
塑料制品业	62 474	1 156	54 269	1 443
非金属矿物制品业	775 838	8 316	585 488	45 106
黑色金属冶炼及压延加工业	1 885 752	10 946	1 638 696	17 116
有色金属冶炼及压延加工业	1 642 305	7 269	1 467 748	20 869
金属制品业	173 888	1 063	148 882	6 693
通用设备制造业	248 412	1 880	199 726	11 524
专用设备制造业	158 714	583	128 001	5 690
交通运输设备制造业	1 595 679	22 274	1 255 431	79 698
电气机械及器材制造业	420 248	2 023	350 938	18 660
通信设备、计算机及其他电子设备制造业	282 199	574	234 738	7 612
仪器仪表及文化、办公用机械制造业	117 552	394	93 964	4 167
工艺品及其他制造业	80 664	441	66 923	1 896
废弃资源和废旧材料回收加工业	2 012	6	1 953	9
电力、热力的生产和供应业	1 627 069	11 700	1 452 863	1 650
燃气生产和供应业	5 773	61	3 985	553
水的生产和供应业	74 191	903	50 845	3 213
五、按地区分				
南 昌 市	4 093 736	161 793	3 121 416	230 649
景德镇市	1 039 958	14 847	847 401	43 549
萍 乡 市	862 751	6 733	671 750	24 643
九 江 市	1 773 114	49 160	1 533 777	37 750
新 余 市	1 160 591	7 138	1 019 159	16 597
鹰 潭 市	1 412 229	6 396	1 253 581	20 262
赣 州 市	1 114 624	37 348	911 258	42 024
吉 安 市	640 340	15 362	528 395	21 043
宜 春 市	944 401	17 453	744 679	51 301
抚 州 市	531 228	5 055	436 799	27 819
上 饶 市	799 407	16 800	653 870	32 844

10－11 规模以上工业企业主要经济指标(二)

(2003年)　　单位:万元

分　类	资产合计	流动资产	#产成品存货	流动资产全年平均余额	长期投资
总　计	**22 687 484**	**9 424 790**	**884 806**	**8 882 274**	**688 329**
一、按登记注册类型及隶属关系分					
国有企业	10 723 354	4 453 593	340 574	4 129 269	254 965
中央企业	3 869 848	1 586 699	35 966	1 493 587	91 601
地方企业	6 853 505	2 866 894	304 608	2 635 683	163 364
集体企业	386 274	188 002	35 774	189 499	3 056
股份合作企业	304 626	146 409	20 142	138 795	9 642
联营企业	55 604	21 395	2 949	23 454	9 422
有限责任公司	5 565 164	2 112 705	190 736	2 003 549	147 792
股份有限公司	1 499 242	708 099	49 596	666 048	161 849
私营企业	2 303 099	933 454	142 675	896 067	49 880
港、澳、台商投资企业	491 854	228 488	42 542	231 374	6 543
外商投资企业	1 335 054	621 717	58 548	592 970	44 123
其他企业	23 215	10 928	1 269	11 249	1 058
在总计中:国有控股企业	17 829 550	7 383 855	548 799	6 914 411	548 471
二、按轻、重工业分					
轻工业	5 201 711	2 423 558	338 085	2 290 039	162 465
重工业	17 485 772	7 001 232	546 721	6 592 235	525 864
三、按企业规模分					
大型企业	9 557 340	4 305 868	223 712	3 937 602	318 220
中型企业	7 619 943	2 805 155	288 823	2 724 450	284 876
小型企业	5 510 201	2 313 768	372 272	2 220 222	85 234
四、按工业行业分					
#煤炭开采和洗选业	675 671	320 176	9 357	298 096	6 661
黑色金属矿采选业	23 492	10 647	185	9 991	86
有色金属矿采选业	269 507	92 040	9 435	87 083	6 197
非金属矿采选业	132 852	61 867	5 811	57 224	2 546
农副食品加工业	392 502	183 542	19 591	185 289	10 435
食品制造业	181 968	73 416	10 127	73 279	2 781
饮料制造业	355 546	149 957	24 204	149 449	17 150
烟草制品业	399 483	273 280	11 577	263 702	7 826
纺织业	614 999	255 857	56 159	246 486	5 471
纺织服装、鞋、帽制造业	112 647	56 263	10 465	58 103	669
皮革、毛皮、羽毛(绒)及其制品业	134 107	86 054	41 955	84 158	1 264
木材加工及木、竹、藤、棕、草制品业	196 480	82 034	17 623	77 994	7 535
家具制造业	15 022	8 519	607	8 055	

分　　类	资产合计	流动资产	#产成品存货	流动资产全年平均余额	长期投资
造纸及纸制品业	358 694	198 264	16 441	194 462	5 974
印刷业和记录媒介的复制	197 394	86 183	5 300	81 687	5 816
文教体育用品制造业	28 889	12 029	1 771	11 242	460
石油加工、炼焦及核燃料加工业	600 217	209 726	17 588	173 284	9 096
化学原料及化学制品制造业	1 187 621	431 880	51 171	421 760	16 239
医药制造业	911 303	416 386	60 245	387 905	58 016
化学纤维制造业	316 120	96 733	5 364	102 438	8 474
橡胶制品业	63 579	27 798	5 288	39 331	202
塑料制品业	90 114	40 234	5 555	37 874	3 153
非金属矿物制品业	1 453 958	494 100	90 771	469 300	48 507
黑色金属冶炼及压延加工业	1 896 259	787 854	59 983	702 767	52 661
有色金属冶炼及压延加工业	1 896 263	809 823	69 291	749 851	47 746
金属制品业	182 542	94 971	17 348	93 058	6 569
通用设备制造业	489 432	246 151	43 910	232 403	11 252
专用设备制造业	343 633	181 822	16 914	165 411	38 566
交通运输设备制造业	2 424 682	1 366 552	104 425	1 329 083	94 370
电气机械及器材制造业	755 292	441 303	40 858	363 169	25 972
通信设备、计算机及其他电子设备制造业	376 126	214 057	27 425	208 554	14 402
仪器仪表及文化、办公用机械制造业	206 839	108 514	20 379	101 832	16 859
工艺品及其他制造业	140 993	55 913	6 812	48 454	94
废弃资源和废旧材料回收加工业	1 837	1 758	216	1 699	
电力、热力的生产和供应业	4 937 984	1 368 039	383	1 289 741	150 148
燃气生产和供应业	34 093	6 411	8	6 321	
水的生产和供应业	288 733	74 581	262	71 681	5 131
五、按地区分					
南昌市	5 292 757	2 636 324	249 440	2 484 466	255 502
景德镇市	1 990 340	1 007 774	118 936	913 613	70 553
萍乡市	1 069 130	449 108	36 277	445 700	28 559
九江市	2 968 189	917 104	127 525	897 593	25 406
新余市	1 457 004	548 447	34 515	497 295	28 422
鹰潭市	1 866 422	730 084	47 040	668 846	30 006
赣州市	1 496 316	600 494	67 045	591 137	33 351
吉安市	1 029 256	303 172	41 045	283 559	19 575
宜春市	1 752 456	591 536	67 365	553 191	49 040
抚州市	675 786	279 774	41 707	263 955	13 337
上饶市	1 190 280	495 286	53 911	467 927	55 718

10－12 规模以上工业企业主要经济指标(三)

(2003年)　　　　单位:万元

分类	固定资产合计	固定资产原值年末数	#生产经营用	累计折旧	固定资产净值全年平均余额
总计	**10 911 810**	**14 262 656**	**12 952 360**	**4 804 961**	**9 233 975**
一、按登记注册类型及隶属关系分					
国有企业	5 287 260	7 250 193	6 581 839	2 738 401	4 394 080
中央企业	2 036 434	2 896 939	2 829 975	1 142 764	1 721 361
地方企业	3 250 826	4 353 255	3 751 864	1 595 637	2 672 719
集体企业	145 129	178 797	154 711	52 242	130 698
股份合作企业	120 280	139 814	128 943	34 604	108 079
联营企业	24 414	28 685	27 264	8 757	19 956
有限责任公司	2 891 372	3 761 434	3 524 165	1 188 269	2 506 014
股份有限公司	577 446	742 160	672 708	236 051	490 904
私营企业	1 097 575	1 159 326	965 040	241 772	887 691
港、澳、台商投资企业	206 150	262 014	235 193	79 882	184 417
外商投资企业	552 218	728 423	651 842	221 166	503 823
其他企业	9 965	11 810	10 656	3 818	8 315
在总计中:国有控股企业	8 722 765	11 826 569	10 835 667	4 280 099	7 369 676
二、按轻、重工业分					
轻工业	2 103 077	2 634 726	2 312 642	816 249	1 809 821
重工业	8 808 733	11 627 929	10 639 718	3 988 712	7 424 154
三、按企业规模分					
大型企业	4 371 512	6 011 993	5 519 259	2 391 723	3 480 592
中型企业	3 960 111	5 081 154	4 667 685	1 581 009	3 451 454
小型企业	2 580 186	3 169 509	2 765 415	832 229	2 301 929
四、按工业行业分					
#煤炭开采和洗选业	304 725	330 015	299 810	123 772	203 470
黑色金属矿采选业	9 823	12 795	10 886	3 669	9 072
有色金属矿采选业	127 434	176 747	134 656	73 011	102 140
非金属矿采选业	53 901	73 381	37 516	29 451	41 027
农副食品加工业	150 916	206 611	171 421	65 357	145 491
食品制造业	89 655	105 918	96 925	26 191	70 298
饮料制造业	146 605	194 829	168 979	60 916	133 728
烟草制品业	113 307	136 280	116 495	52 747	87 569
纺织业	261 011	345 576	292 544	107 674	239 456
纺织服装、鞋、帽制造业	30 770	25 263	20 772	5 539	19 088
皮革、毛皮、羽毛(绒)及其制品业	26 641	35 575	20 060	10 412	24 432
木材加工及木、竹、藤、棕、草制品业	89 465	112 567	94 727	30 246	81 574
家具制造业	5 074	5 512	4 483	1 237	4 391

单位:万元

分　　　　　类	固定资产合　计	固定资产原　值年末数	#生　产经营用	累计折旧	固定资产净值全年平均余额
造纸及纸制品业	135 916	160 513	153 188	37 994	122 337
印刷业和记录媒介的复制	98 069	139 589	126 246	49 933	85 485
文教体育用品制造业	14 855	15 230	13 270	1 796	13 360
石油加工、炼焦及核燃料加工业	370 956	571 414	569 591	246 798	347 188
化学原料及化学制品制造业	619 956	766 985	672 726	211 214	546 043
医药制造业	329 419	326 302	293 622	85 650	239 011
化学纤维制造业	191 603	252 127	251 131	82 981	162 707
橡胶制品业	30 052	38 333	33 037	8 766	25 453
塑料制品业	43 828	55 282	45 911	14 831	41 671
非金属矿物制品业	811 607	978 468	873 396	203 011	698 135
黑色金属冶炼及压延加工业	838 009	1 061 387	950 483	456 957	620 393
有色金属冶炼及压延加工业	967 487	1 570 596	1 422 595	668 281	866 062
金属制品业	63 378	90 791	74 121	30 454	61 307
通用设备制造业	164 222	225 790	190 700	85 527	140 601
专用设备制造业	99 067	130 763	106 511	43 451	84 535
交通运输设备制造业	838 399	1 071 889	942 803	385 359	655 349
电气机械及器材制造业	190 928	286 190	230 471	117 427	168 777
通信设备、计算机及其他电子设备制造业	136 917	183 991	166 833	69 139	96 291
仪器仪表及文化、办公用机械制造业	67 951	93 788	78 716	29 961	62 489
工艺品及其他制造业	79 232	85 382	73 642	8 944	77 109
废弃资源和废旧材料回收加工业	80	69	69	13	68
电力、热力的生产和供应业	3 190 060	4 130 956	3 981 730	1 298 257	2 775 194
燃气生产和供应业	22 928	22 973	20 871	4 149	16 672
水的生产和供应业	197 018	242 222	210 926	73 835	165 452
五、按地区分					
南 昌 市	2 035 875	2 630 279	2 256 185	938 971	1 669 737
景德镇市	772 203	1 017 147	897 526	387 976	609 105
萍 乡 市	510 768	513 984	424 083	154 286	371 401
九 江 市	1 785 984	2 374 778	2 279 486	727 224	1 663 048
新 余 市	678 025	1 056 779	1 008 754	452 875	592 081
鹰 潭 市	1 073 335	1 714 853	1 537 074	715 923	963 594
赣 州 市	716 050	858 321	761 593	233 975	609 279
吉 安 市	646 262	889 372	850 179	283 279	604 482
宜 春 市	988 634	1 205 239	1 101 637	362 215	818 717
抚 州 市	315 773	373 784	305 654	98 569	268 686
上 饶 市	542 236	655 706	557 773	165 139	429 772

10－13　规模以上工业企业主要经济指标(四)

(2003年)　　　　单位:万元

分　　类	负债合计	流动负债	长期负债	所有者权益
总　　计	**15 025 559**	**10 285 580**	**4 559 628**	**7 425 979**
一、按登记注册类型及隶属关系分				
国有企业	7 770 827	4 790 535	2 913 661	2 932 892
中央企业	2 890 778	1 141 936	1 741 541	979 070
地方企业	4 880 049	3 648 599	1 172 120	1 953 822
集体企业	276 697	187 774	62 684	109 577
股份合作企业	176 808	141 827	29 604	127 817
联营企业	32 351	29 374	2 450	23 253
有限责任公司	3 686 514	2 635 594	1 027 474	1 823 719
股份有限公司	883 603	710 304	163 571	615 639
私营企业	1 239 984	1 080 515	138 444	1 063 114
港、澳、台商投资企业	227 271	175 301	43 369	264 582
外商投资企业	721 004	524 389	177 839	452 670
其他企业	10 499	9 968	531	12 716
在总计中:国有控股企业	12 371 281	8 184 217	4 099 169	5 222 323
二、按轻、重工业分				
轻工业	3 292 364	2 563 544	637 174	1 909 347
重工业	11 733 195	7 722 037	3 922 453	5 516 632
三、按企业规模分				
大型企业	6 092 859	3 963 766	2 128 140	3 230 005
中型企业	5 339 472	3 706 259	1 579 366	2 279 002
小型企业	3 593 228	2 615 555	852 123	1 916 972
四、按工业行业分				
#煤炭开采和洗选业	383 388	304 008	77 441	292 283
黑色金属矿采选业	12 260	9 990	1 669	11 232
有色金属矿采选业	193 414	137 022	54 096	76 093
非金属矿采选业	80 189	60 198	19 991	52 663
农副食品加工业	259 547	231 683	24 183	132 955
食品制造业	104 602	81 941	20 283	77 366
饮料制造业	202 718	169 269	30 050	152 828
烟草制品业	276 926	238 982	37 944	122 558
纺织业	399 759	314 191	65 473	215 240
纺织服装、鞋、帽制造业	67 577	42 552	4 384	45 070
皮革、毛皮、羽毛(绒)及其制品业	107 805	88 534	8 989	26 303
木材加工及木、竹、藤、棕、草制品业	89 096	58 049	21 743	107 384
家具制造业	7 742	7 605	137	7 281

分类	负债合计	流动负债	长期负债	所有者权益
造纸及纸制品业	342 251	287 251	50 684	16 443
印刷业和记录媒介的复制	98 948	76 652	22 277	98 445
文教体育用品制造业	9 417	8 534	782	19 473
石油加工、炼焦及核燃料加工业	461 363	231 398	229 965	138 854
化学原料及化学制品制造业	817 665	604 314	196 881	369 956
医药制造业	527 509	418 840	97 475	383 794
化学纤维制造业	192 633	108 725	83 635	123 487
橡胶制品业	36 158	31 038	4 555	27 420
塑料制品业	64 700	43 456	14 710	25 414
非金属矿物制品业	917 529	576 525	327 008	536 429
黑色金属冶炼及压延加工业	1 219 666	1 169 381	49 499	658 426
有色金属冶炼及压延加工业	1 141 564	783 039	352 745	754 699
金属制品业	94 188	79 913	12 447	86 885
通用设备制造业	376 163	301 712	71 695	113 269
专用设备制造业	206 420	180 300	25 513	137 213
交通运输设备制造业	1 587 746	1 384 226	199 326	620 626
电气机械及器材制造业	491 734	411 590	71 683	263 558
通信设备、计算机及其他电子设备制造业	175 596	137 202	35 992	200 531
仪器仪表及文化、办公用机械制造业	121 616	105 816	15 799	85 223
工艺品及其他制造业	54 670	51 178	2 247	86 324
废弃资源和废旧材料回收加工业	1 662	1 643	6	175
电力、热力的生产和供应业	3 755 220	1 476 628	2 258 853	1 182 764
燃气生产和供应业	20 836	11 151	9 685	13 256
水的生产和供应业	125 244	61 007	59 783	163 490
五、按地区分				
南昌市	3 209 628	2 677 163	468 383	1 847 184
景德镇市	1 355 614	1 068 426	273 858	634 726
萍乡市	704 361	662 621	41 004	364 769
九江市	2 366 939	1 429 514	905 633	601 250
新余市	910 297	752 208	158 089	546 708
鹰潭市	1 026 561	710 163	307 095	839 861
赣州市	966 629	750 334	198 719	529 688
吉安市	722 890	436 829	282 574	306 367
宜春市	1 160 570	639 738	513 819	591 886
抚州市	442 961	324 352	103 223	232 825
上饶市	818 212	575 459	225 106	372 069

10－14 规模以上工业企业主要经济指标(五)

(2003年) 单位:万元

分类	利润总额	#盈利企业的利润额	#亏损企业的亏损额	利润税金总额	应交所得税
总计	**514 116**	**654 393**	**140 277**	**1 561 040**	**122 943**
一、按登记注册类型及隶属关系分					
国有企业	91 736	181 227	89 491	637 357	42 807
中央企业	37 957	80 858	42 901	376 697	20 411
地方企业	53 779	100 369	46 590	260 659	22 395
集体企业	11 253	13 140	1 887	29 356	739
股份合作企业	8 737	11 056	2 319	21 345	1 032
联营企业	993	1 191	198	2 550	759
有限责任公司	101 969	121 384	19 415	316 360	26 257
股份有限公司	43 766	55 465	11 699	81 473	9 068
私营企业	141 164	148 737	7 573	269 210	29 912
港、澳、台商投资企业	23 076	25 569	2 493	40 982	2 063
外商投资企业	88 379	93 573	5 194	157 884	10 237
其他企业	3 044	3 053	9	4 523	71
在总计中:国有控股企业	262 938	379 935	116 997	1 072 265	81 140
二、按轻、重工业分					
轻工业	172 594	209 393	36 799	549 379	41 715
重工业	341 523	445 001	103 478	1 011 661	81 229
三、按企业规模分					
大型企业	211 925	238 795	26 870	626 982	61 739
中型企业	194 364	242 254	47 890	630 690	44 827
小型企业	107 828	173 344	65 517	303 368	16 377
四、按工业行业分					
#煤炭开采和洗选业	7 325	11 547	4 222	30 209	2 609
黑色金属矿采选业	1 225	1 387	162	2 517	11
有色金属矿采选业	7 323	10 682	3 358	19 008	2 339
非金属矿采选业	2 149	2 698	549	8 780	148
农副食品加工业	4 634	10 959	6 325	14 459	656
食品制造业	7 026	9 674	2 648	13 690	947
饮料制造业	8 661	10 244	1 583	41 579	1 625
烟草制品业	49 122	49 238	116	270 322	15 159
纺织业	15 127	19 205	4 078	31 475	1 687
纺织服装、鞋、帽制造业	277	1 745	1 468	3 002	21
皮革、毛皮、羽毛(绒)及其制品业	1 826	2 205	379	4 612	230
木材加工及木、竹、藤、棕、草制品业	9 152	9 719	566	18 856	680
家具制造业	326	372	46	754	2

分　　类	利润总额	# 盈利企业的利润额	# 亏损企业的亏损额	利润税金总　额	应　交所得税
造纸及纸制品业	－4 747	3 840	8 587	2	445
印刷业和记录媒介的复制	22 162	22 380	219	31 888	6 410
文教体育用品制造业	1 441	1 459	18	2 153	27
石油加工、炼焦及核燃料加工业	－15 943	4 708	20 652	64 560	1 608
化学原料及化学制品制造业	2 584	22 477	19 893	34 947	3 099
医药制造业	45 109	47 428	2 319	93 722	10 086
化学纤维制造业	2 004	2 031	27	7 948	
橡胶制品业	1 468	1 578	109	3 489	69
塑料制品业	2 019	2 621	603	4 916	178
非金属矿物制品业	42 336	50 173	7 838	93 981	6 775
黑色金属冶炼及压延加工业	87 709	87 958	249	216 473	31 695
有色金属冶炼及压延加工业	49 865	54 897	5 032	109 165	6 298
金属制品业	7 375	8 393	1 018	14 866	1 510
通用设备制造业	3 353	9 606	6 253	14 553	770
专用设备制造业	9 965	12 834	2 868	15 564	1 592
交通运输设备制造业	69 858	77 155	7 297	159 284	13 790
电气机械及器材制造业	14 985	16 231	1 246	20 839	2 177
通信设备、计算机及其他电子设备制造业	12 888	18 108	5 220	21 594	1 578
仪器仪表及文化、办公用机械制造业	1 020	3 992	2 972	11 865	857
工艺品及其他制造业	4 016	4 890	874	6 764	593
废弃资源和废旧材料回收加工业	－1		1	80	
电力、热力的生产和供应业	37 216	54 816	17 600	165 091	4 853
燃气生产和供应业	－1 494	88	1 582	－1 189	21
水的生产和供应业	4 759	7 057	2 298	9 216	2 401
五、按地区分					
南 昌 市	232 027	260 849	28 822	576 517	53 067
景德镇市	18 632	28 524	9 892	72 079	7 045
萍 乡 市	65 902	67 632	1 729	120 981	22 482
九 江 市	－9 236	37 819	47 055	124 054	4 134
新 余 市	22 243	29 526	7 283	106 156	9 331
鹰 潭 市	45 378	47 548	2 170	94 608	6 910
赣 州 市	43 254	50 459	7 205	136 209	4 777
吉 安 市	15 713	29 579	13 866	65 435	2 268
宜 春 市	41 218	52 483	11 265	117 373	4 958
抚 州 市	15 299	19 289	3 991	41 833	2 303
上 饶 市	18 545	25 544	6 999	77 634	4 868

10－15　规模以上工业企业主要财务指标分析资料(一)

(2003年)　　　　单位:%

分　　类	企业亏损面	增加值率	经济效益综合指数	总资产贡献率	资本保值增值率
总　　计	**25.11**	**25.91**	**111.96**	**8.31**	**108.80**
一、按登记注册类型及隶属关系分					
国有企业	40.09	26.48	96.89	7.51	95.73
中央企业	51.02	31.48	141.72	11.88	89.85
地方企业	39.45	23.79	84.00	5.05	98.97
集体企业	15.92	29.56	98.96	8.55	96.35
股份合作企业	20.74	34.96	116.19	7.91	116.47
联营企业	20.00	16.37	113.12	5.92	165.12
有限责任公司	27.75	23.61	107.94	7.17	101.25
股份有限公司	20.51	26.73	120.74	6.60	99.18
私营企业	16.36	27.43	151.72	12.95	194.12
港、澳、台商投资企业	20.14	27.19	124.18	9.34	144.93
外商投资企业	22.83	22.44	160.69	12.88	122.20
其他企业	8.33	30.19	135.04	21.15	126.44
在总计中:国有控股企业	38.00	24.80	104.49	7.53	96.15
二、按轻、重工业分					
轻工业	25.64	31.33	123.35	11.78	108.95
重工业	24.67	23.80	108.64	7.28	108.74
三、按企业规模分					
大型企业	12.00	21.01	124.52	7.96	98.11
中型企业	20.93	29.90	121.16	9.95	114.78
小型企业	25.69	29.18	100.58	6.64	123.84
四、按工业行业分					
#煤炭开采和洗选业	23.44	33.27	80.64	5.30	115.08
黑色金属矿采选业	25.00	27.08	179.38	11.34	409.21
有色金属矿采选业	12.68	34.10	102.10	8.42	120.11
非金属矿采选业	25.00	36.32	90.30	7.23	95.03
农副食品加工业	25.21	26.06	118.80	4.79	125.49
食品制造业	28.26	28.14	120.97	8.79	110.00
饮料制造业	25.00	35.31	136.22	12.60	145.98
烟草制品业	12.50	54.84	513.81	70.00	99.01
纺织业	25.24	28.42	95.99	5.96	116.06
纺织服装、鞋、帽制造业	28.85	30.38	76.28	3.10	147.64
皮革、毛皮、羽毛(绒)及其制品业	25.00	26.01	103.06	4.08	322.58
木材加工及木、竹、藤、棕、草制品业	14.52	32.12	127.59	10.70	138.81
家具制造业	25.00	29.94	91.08	6.03	146.99

分　　类	企　业 亏损面	增加值率	经济效益 综合指数	总资产 贡献率	资本保值 增值率
造纸及纸制品业	26.92	28.86	34.77	1.98	32.83
印刷业和记录媒介的复制	10.77	37.50	193.16	17.09	109.80
文教体育用品制造业	12.12	29.45	122.47	7.68	177.05
石油加工、炼焦及核燃料加工业	21.43	19.11	252.57	11.28	80.64
化学原料及化学制品制造业	18.68	25.96	87.84	4.24	115.25
医药制造业	21.60	26.84	139.42	11.30	114.86
化学纤维制造业	10.00	13.57	87.06	4.10	111.16
橡胶制品业	12.00	32.57	117.99	6.63	152.46
塑料制品业	27.08	29.15	93.69	6.15	94.05
非金属矿物制品业	20.42	32.17	114.32	7.82	139.19
黑色金属冶炼及压延加工业	11.63	22.14	158.70	12.45	115.85
有色金属冶炼及压延加工业	25.53	17.78	133.14	7.46	99.93
金属制品业	17.46	22.54	113.77	9.25	100.22
通用设备制造业	31.15	27.71	72.05	4.00	77.66
专用设备制造业	34.29	27.11	101.11	5.88	96.41
交通运输设备制造业	33.98	19.24	115.14	7.57	113.40
电气机械及器材制造业	21.62	25.13	105.37	4.34	107.45
通信设备、计算机及其他电子设备制造业	31.82	25.02	109.18	6.52	131.49
仪器仪表及文化、办公用机械制造业	44.44	13.21	82.67	7.37	130.80
工艺品及其他制造业	31.82	26.66	98.16	6.01	109.94
废弃资源和废旧材料回收加工业	100.00	19.57	85.84	4.37	101.68
电力、热力的生产和供应业	41.71	31.11	96.75	5.61	94.41
燃气生产和供应业	85.71	36.33	－33.79	－1.61	106.20
水的生产和供应业	44.19	47.19	99.36	4.01	111.25
五、按地区分					
南昌市	26.91	27.87	144.09	11.85	114.97
景德镇市	24.59	24.40	89.88	4.81	109.66
萍乡市	21.94	27.67	143.42	12.52	128.10
九江市	30.53	23.66	93.23	5.61	113.33
新余市	33.96	23.73	114.39	8.48	103.25
鹰潭市	23.38	17.81	123.75	6.61	99.19
赣州市	28.24	24.01	110.20	10.32	123.46
吉安市	25.50	31.35	110.16	8.37	120.83
宜春市	19.58	29.65	112.69	8.71	134.43
抚州市	14.86	28.48	104.43	7.11	109.54
上饶市	25.68	27.10	103.05	8.48	121.16

10－16 规模以上工业企业主要财务指标分析资料(二)

(2003年)　　单位:%

分类	资产负债率	流动资产周转率(次)	成本费用利润率	全员劳动生产率(元/人)	产品销售率
总计	**66.23**	**1.68**	**3.65**	**46 481**	**98.01**
一、按登记注册类型及隶属关系分					
国有企业	72.47	1.44	1.62	46 610	97.90
中央企业	74.70	1.51	1.84	106 447	100.33
地方企业	71.21	1.40	1.50	33 283	96.59
集体企业	71.63	1.89	3.37	27 933	98.42
股份合作企业	58.04	2.10	3.13	46 493	97.19
联营企业	58.18	2.77	1.51	35 803	98.26
有限责任公司	66.24	1.65	3.24	47 714	99.54
股份有限公司	58.94	1.10	6.33	57 752	99.24
私营企业	53.84	2.83	6.04	42 512	97.08
港、澳、台商投资企业	46.21	2.12	4.99	36 798	98.57
外商投资企业	54.01	2.03	8.03	74 263	95.81
其他企业	45.23	3.03	11.05	92 628	94.38
在总计中:国有控股企业	69.39	1.44	2.76	50 174	98.79
二、按轻、重工业分					
轻工业	63.29	1.75	4.83	44 734	97.35
重工业	67.10	1.66	3.24	47 428	98.29
三、按企业规模分					
大型企业	63.75	1.69	3.31	71 107	99.06
中型企业	70.07	1.52	5.11	50 828	97.41
小型企业	65.21	1.86	2.77	31 753	97.24
四、按工业行业分					
#煤炭开采和洗选业	56.74	0.97	2.54	18 225	97.40
黑色金属矿采选业	52.19	1.65	10.13	39 239	98.45
有色金属矿采选业	71.77	1.75	4.93	20 692	99.42
非金属矿采选业	60.36	1.31	3.02	23 950	98.83
农副食品加工业	66.13	2.94	0.89	61 656	97.62
食品制造业	57.48	2.86	3.55	38 340	96.14
饮料制造业	57.02	1.37	5.07	59 130	93.94
烟草制品业	69.32	1.75	20.71	414 823	101.43
纺织业	65.00	2.08	3.07	22 316	97.80
纺织服装、鞋、帽制造业	59.99	1.17	0.44	20 312	98.10
皮革、毛皮、羽毛(绒)及其制品业	80.39	1.09	2.02	27 070	86.84
木材加工及木、竹、藤、棕、草制品业	45.35	2.22	5.66	34 468	95.42
家具制造业	51.54	1.06	4.08	14 867	98.51

10－16　续表　　　　单位:%

分　　类	资　产 负债率	流动资产 周转率 (次)	成本费用 利润率	全员劳动 生产率 (元/人)	产　品 销售率
造纸及纸制品业	95.42	0.62	－3.79	32 927	100.06
印刷业和记录媒介的复制	50.13	2.48	12.61	81 944	94.92
文教体育用品制造业	32.60	2.54	5.52	22 802	94.50
石油加工、炼焦及核燃料加工业	76.87	5.09	－1.86	259 104	100.05
化学原料及化学制品制造业	68.85	1.69	0.37	39 260	98.47
医药制造业	57.89	2.16	5.71	57 431	98.29
化学纤维制造业	60.94	1.35	1.47	33 880	99.31
橡胶制品业	56.87	1.51	2.66	57 826	98.13
塑料制品业	71.80	1.65	3.38	31 221	97.73
非金属矿物制品业	63.11	1.65	6.01	30 397	93.72
黑色金属冶炼及压延加工业	64.32	2.68	4.95	83 306	100.91
有色金属冶炼及压延加工业	60.20	2.19	3.14	78 641	94.58
金属制品业	51.60	1.87	4.47	36 788	99.66
通用设备制造业	76.86	1.07	1.39	30 067	97.87
专用设备制造业	60.07	0.96	6.44	30 815	94.74
交通运输设备制造业	65.48	1.20	4.58	54 268	99.67
电气机械及器材制造业	65.11	1.16	3.67	56 293	96.33
通信设备、计算机及其他电子设备制造业	46.69	1.35	4.78	37 654	98.04
仪器仪表及文化、办公用机械制造业	58.80	1.15	0.89	19 235	96.68
工艺品及其他制造业	38.77	1.66	5.42	16 607	98.72
废弃资源和废旧材料回收加工业	90.47	1.18	－0.06	82 250	100.00
电力、热力的生产和供应业	76.05	1.26	2.29	52 745	99.29
燃气生产和供应业	61.12	0.91	－23.31	16 076	93.34
水的生产和供应业	43.38	1.04	6.60	27 369	98.04
五、按地区分					
南 昌 市	60.64	1.65	6.26	68 497	98.82
景德镇市	68.11	1.14	1.85	40 758	101.66
萍 乡 市	65.88	1.94	8.48	46 517	98.67
九 江 市	79.74	1.98	－0.54	51 187	96.21
新 余 市	62.48	2.33	1.98	48 681	100.03
鹰 潭 市	55.00	2.11	3.34	66 047	93.90
赣 州 市	64.60	1.89	4.14	26 778	98.37
吉 安 市	70.23	2.26	2.60	40 064	96.60
宜 春 市	66.23	1.71	4.60	34 687	96.73
抚 州 市	65.55	2.01	3.04	35 930	96.80
上 饶 市	68.74	1.71	2.43	36 853	98.10

10－17　规模以上工业企业主要财务指标分析资料(三)

(2003 年)　　　　单位:%

分　　　类	利　税　率			
	按工业总产值计算		按销售收入计算	按全部资金计算
	当年价格	1990 年不变价格		
总　　　计	**10.60**	**13.02**	**10.45**	**8.62**
一、按登记注册类型及隶属关系分				
国有企业	11.63	16.67	10.73	7.48
中央企业	19.63	38.62	16.70	11.72
地方企业	7.32	9.15	7.08	4.91
集体企业	7.33	8.27	8.21	9.17
股份合作企业	6.54	8.63	7.33	8.65
联营企业	4.13	4.60	3.92	5.87
有限责任公司	9.84	11.14	9.59	7.02
股份有限公司	11.20	11.43	11.14	7.04
私营企业	10.02	12.31	10.63	15.09
港、澳、台商投资企业	7.73	8.60	8.34	9.86
外商投资企业	12.59	12.60	13.14	14.40
其他企业	10.41	10.41	13.27	23.12
在总计中:国有控股企业	11.33	14.16	10.74	7.51
二、按轻、重工业分				
轻工业	12.60	14.42	13.72	13.40
重工业	9.76	12.36	9.25	7.22
三、按企业规模分				
大型企业	10.75	14.68	9.40	8.45
中型企业	14.33	16.21	15.18	10.21
小型企业	6.76	7.92	7.36	6.71
四、按工业行业分				
#煤炭开采和洗选业	9.54	18.31	10.43	6.02
黑色金属矿采选业	17.45	22.39	15.29	13.21
有色金属矿采选业	12.22	13.75	12.45	10.05
非金属矿采选业	11.04	14.29	11.70	8.94
农副食品加工业	2.43	2.86	2.66	4.37
食品制造业	5.91	6.37	6.53	9.54
饮料制造业	18.76	28.30	20.35	14.68
烟草制品业	56.82	129.26	58.55	76.96
纺织业	5.51	6.26	6.15	6.48
纺织服装、鞋、帽制造业	3.17	3.51	4.40	3.89
皮革、毛皮、羽毛(绒)及其制品业	3.18	3.53	5.01	4.25
木材加工及木、竹、藤、棕、草制品业	9.76	10.40	10.91	11.82
家具制造业	7.86	9.26	8.87	6.06

10－17　续表　　　　单位:%

分　　类	利　税　率			
	按工业总产值计算		按销售收入计算	按全部资金计算
	当年价格	1990年不变价格		
造纸及纸制品业				
印刷业和记录媒介的复制	14.45	15.66	15.75	19.07
文教体育用品制造业	7.09	7.67	7.54	8.75
石油加工、炼焦及核燃料加工业	7.36	21.95	7.32	12.40
化学原料及化学制品制造业	4.77	4.74	4.90	3.61
医药制造业	11.04	10.99	11.19	14.95
化学纤维制造业	5.55	3.32	5.76	3.00
橡胶制品业	5.08	5.84	5.87	5.39
塑料制品业	7.72	8.36	7.87	6.18
非金属矿物制品业	11.17	13.43	12.11	8.05
黑色金属冶炼及压延加工业	12.13	21.08	11.48	16.36
有色金属冶炼及压延加工业	8.08	8.93	6.65	6.76
金属制品业	8.72	9.06	8.55	9.63
通用设备制造业	5.30	5.41	5.86	3.90
专用设备制造业	8.63	8.97	9.81	6.23
交通运输设备制造业	9.68	8.54	9.98	8.03
电气机械及器材制造业	4.85	4.57	4.96	3.92
通信设备、计算机及其他电子设备制造业	6.76	4.93	7.65	7.08
仪器仪表及文化、办公用机械制造业	12.04	11.83	10.09	7.22
工艺品及其他制造业	7.89	8.75	8.39	5.39
废弃资源和废旧材料回收加工业	3.99	3.99	3.99	4.54
电力、热力的生产和供应业	13.41	32.72	10.15	4.06
燃气生产和供应业	-25.21	-32.15	-20.59	-5.17
水的生产和供应业	11.35	27.87	12.42	3.89
五、按地区分				
南昌市	13.88	15.56	14.08	13.88
景德镇市	6.39	5.85	6.93	4.73
萍乡市	14.20	22.63	14.02	14.81
九江市	6.35	9.93	7.00	4.84
新余市	9.80	15.28	9.15	9.74
鹰潭市	8.53	10.90	6.70	5.80
赣州市	11.80	12.80	12.22	11.35
吉安市	9.58	12.47	10.22	7.37
宜春市	11.79	17.00	12.43	8.56
抚州市	6.67	7.06	7.87	7.85
上饶市	9.88	12.07	9.71	8.65

10－18　规模以上工业企业主要财务指标分析资料(四)

(2003 年)　　　　单位:元

分　类	平均每一职工			
	实现利润税金	实现利润	占有固定资产原值	实现工业增加值
总　计	**16 240**	**5 349**	**148 381**	**46 481**
一、按登记注册类型及隶属关系分				
国有企业	16 977	2 443	193 116	46 610
中央企业	55 086	5 551	423 628	106 447
地方企业	8 489	1 751	141 778	33 283
集体企业	6 368	2 441	38 785	27 933
股份合作企业	7 935	3 248	51 974	46 493
联营企业	7 305	2 844	82 168	35 803
有限责任公司	16 771	5 406	199 407	47 714
股份有限公司	21 217	11 397	193 271	57 752
私营企业	14 046	7 365	60 489	42 512
港、澳、台商投资企业	9 557	5 381	61 103	36 798
外商投资企业	34 173	19 129	157 660	74 263
其他企业	29 680	19 972	77 493	92 628
在总计中:国有控股企业	18 975	4 653	209 290	50 174
二、按轻、重工业分				
轻工业	16 253	5 106	77 946	44 734
重工业	16 233	5 480	186 585	47 428
三、按企业规模分				
大型企业	28 872	9 759	276 845	71 107
中型企业	21 444	6 609	172 763	50 828
小型企业	6 742	2 396	70 442	31 753
四、按工业行业分				
#煤炭开采和洗选业	4 638	1 125	50 667	18 225
黑色金属矿采选业	23 975	11 663	121 860	39 239
有色金属矿采选业	6 776	2 611	63 007	20 692
非金属矿采选业	6 628	1 622	55 394	23 950
农副食品加工业	5 615	1 799	80 231	61 656
食品制造业	7 444	3 820	57 592	38 340
饮料制造业	27 890	5 810	130 687	59 130
烟草制品业	366 290	66 561	184 661	414 823
纺织业	3 909	1 879	42 914	22 316
纺织服装、鞋、帽制造业	2 018	186	16 979	20 312
皮革、毛皮、羽毛(绒)及其制品业	3 145	1 245	24 258	27 070
木材加工及木、竹、藤、棕、草制品业	9 658	4 688	57 656	34 468
家具制造业	3 709	1 605	27 127	14 867

单位:元

分类	平均每一职工			
	实现利润税金	实现利润	占有固定资产原值	实现工业增加值
造纸及纸制品业	1	-3 680	124 438	32 927
印刷业和记录媒介的复制	29 145	20 255	127 583	81 944
文教体育用品制造业	5 268	3 528	37 274	22 802
石油加工、炼焦及核燃料加工业	85 374	-21 084	755 639	259 104
化学原料及化学制品制造业	6 455	477	141 670	39 260
医药制造业	20 747	9 986	72 232	57 431
化学纤维制造业	10 850	2 735	344 154	33 880
橡胶制品业	8 266	3 478	90 816	57 826
塑料制品业	7 379	3 030	82 982	31 221
非金属矿物制品业	9 684	4 362	100 826	30 397
黑色金属冶炼及压延加工业	37 587	15 229	184 291	83 306
有色金属冶炼及压延加工业	28 208	12 885	405 839	78 641
金属制品业	12 528	6 215	76 513	36 788
通用设备制造业	5 155	1 188	79 988	30 067
专用设备制造业	8 823	5 649	74 128	30 815
交通运输设备制造业	21 805	9 563	146 734	54 268
电气机械及器材制造业	9 589	6 895	131 684	56 293
通信设备、计算机及其他电子设备制造业	9 153	5 463	77 989	37 654
仪器仪表及文化、办公用机械制造业	8 959	770	70 815	19 235
工艺品及其他制造业	4 556	2 705	57 512	16 607
废弃资源和废旧材料回收加工业	14 321	-214	12 357	82 250
电力、热力的生产和供应业	18 536	4 179	463 819	52 745
燃气生产和供应业	-10 046	-12 632	194 189	16 076
水的生产和供应业	6 240	3 223	164 018	27 369
五、按地区分				
南昌市	29 397	11 831	134 121	68 497
景德镇市	8 945	2 312	126 227	40 758
萍乡市	20 391	11 108	86 631	46 517
九江市	12 129	-903	232 179	51 187
新余市	16 507	3 459	164 326	48 681
鹰潭市	24 376	11 692	441 836	66 047
赣州市	11 893	3 777	74 946	26 778
吉安市	11 139	2 675	151 400	40 064
宜春市	12 277	4 311	126 068	34 687
抚州市	7 641	2 794	68 270	35 930
上饶市	10 996	2 627	92 872	36 853

10－19　规模以上国有控股工业企业经济指标

（2000－2003 年）

指　　标	单　位	2000 年	2001 年	2002 年	2003 年
企业单位数	个	2 506	1 981	1 519	1 071
#亏损企业	个	1 053	826	639	407
资产总计	万　元	16 329 797	16 880 605	17 046 385	17 829 549
流动资产合计	万　元	6 429 562	6 386 346	6 711 016	7 383 855
流动资产年平均余额	万　元	6 254 565	6 401 691	6 524 880	6 914 411
固定资产合计	万　元	8 051 655	8 339 684	8 473 690	8 722 765
固定资产原值	万　元	10 499 338	11 050 373	11 289 157	11 826 568
固定资产净值年平均余额	万　元	6 848 173	7 049 304	7 168 488	7 369 675
负债总计	万　元	11 278 672	11 320 340	11 421 660	12 371 281
流动负债合计	万　元	7 103 967	7 167 866	7 342 960	8 184 216
长期负债合计	万　元	4 008 410	4 078 151	3 757 087	4 099 168
所有者权益	万　元	4 981 017	5 479 285	5 431 649	5 222 322
产品销售收入	万　元	7 221 113	7 463 900	8 484 138	9 980 005
#产品销售税金及附加	万　元	200 331	225 670	262 013	288 983
产品销售费用	万　元	221 515	243 865	282 917	297 947
利　润　总　额	万　元	84 322	78 683	133 192	262 938
利润和税金总额	万　元	672 393	726 457	854 150	1 072 265
职工年平均人数	人	889 644	759 204	661 102	565 081
工业总产值(按当年价格计算)	万　元	7 373 147	7 685 343	8 678 614	9 466 047
工业总产值(按 1990 年不变价格计算)	万　元	5 876 809	6 380 049	7 140 463	7 574 619
工业增加值(按当年价格计算)	万　元	2 148 119	2 377 795	2 703 277	2 835 212
总资产贡献率	%	5.94	5.87	6.63	7.53
资本保值增值率	%	106.21	110	99.13	96.15
资产负债率	%	69.07	67.06	67	69.39
流动资产周转率	次	1.15	1.17	1.30	1.44
成本费用利润率	%	1.20	1.08	1.62	2.76
全员劳动生产率	元/人	24 146	31 320	40 890	50 174
产品销售率	%	97.67	98.27	98.34	98.79
工业经济效益综合指数	%	78.28	83.43	92.55	104.49

10－20　规模以上国有控股工业企业主要经济指标(一)

(2003 年)

分　　类	企业单位数(个)	#亏损企业	工业总产值(当年价格)(万元)	工　业增加值(万元)
总　　计	**1 071**	**407**	**9 466 047**	**2 835 213**
一、按登记注册类型及隶属关系分				
国有企业	878	352	5 480 341	1 749 878
中央企业	49	25	1 919 128	727 925
地方企业	829	327	3 561 213	1 021 954
集体企业	6	1	12 145	3 344
股份合作企业	14	7	24 353	9 180
联营企业	5	2	11 005	5 232
有限责任公司	121	36	2 448 671	678 952
股份有限公司	24	6	585 464	173 762
港、澳、台商投资企业	10		104 443	30 877
外商投资企业	11	3	781 698	179 019
二、按轻、重工业分				
轻工业	483	176	2 071 968	785 400
重工业	588	231	7 394 080	2 049 812
三、按企业规模分				
大型企业	23	3	5 216 867	1 374 613
中型企业	202	54	3 168 306	1 098 375
小型企业	846	350	1 080 874	362 225
四、按工业行业分				
#煤炭开采和洗选业	27	12	277 980	102 569
黑色金属矿采选业	1	1	1 515	770
有色金属矿采选业	33	7	100 055	40 058
非金属矿采选业	16	8	31 412	15 922
农副食品加工业	101	38	136 448	37 398
食品制造业	41	15	75 488	14 378
饮料制造业	32	9	86 671	36 193
烟草制品业	7	1	474 325	305 678
纺织业	39	18	198 976	59 794
纺织服装、鞋、帽制造业	9	2	10 540	3 159
皮革、毛皮、羽毛(绒)及其制品业	8	5	61 685	14 911
木材加工及木、竹、藤、棕、草制品业	22	7	42 550	16 336
家具制造业	2		887	289
造纸及纸制品业	22	8	39 556	12 764

10－20 续表

分　　类	企业单位数（个）	# 亏损企业	工业总产值（当年价格）（万元）	工　业增加值（万元）
印刷业和记录媒介的复制	43	6	185 427	78 548
文教体育用品制造业	5	2	383	105
石油加工、炼焦及核燃料加工业	7	1	856 346	187 781
化学原料及化学制品制造业	55	20	366 167	92 108
医药制造业	34	8	402 259	101 617
化学纤维制造业	5		133 950	21 657
塑料制品业	8	1	11 594	3 435
非金属矿物制品业	77	32	180 665	61 018
黑色金属冶炼及压延加工业	5		1 228 310	321 043
有色金属冶炼及压延加工业	20	9	917 850	210 324
金属制品业	16	4	87 012	19 823
通用设备制造业	45	25	131 453	43 277
专用设备制造业	34	14	84 532	25 634
交通运输设备制造业	55	25	1 535 661	362 093
电气机械及器材制造业	17	3	251 144	70 316
通信设备、计算机及其他电子设备制造业	21	7	207 894	66 144
仪器仪表及文化、办公用机械制造业	10	9	62 684	13 358
工艺品及其他制造业	7	2	2 823	675
电力、热力的生产和供应业	160	66	1 199 782	455 084
燃气生产和供应业	6	5	4 434	1 798
水的生产和供应业	81	37	77 592	39 157
五、按地区分				
南 昌 市	189	76	2 918 607	916 355
景德镇市	81	32	936 625	255 620
萍 乡 市	14	6	180 663	67 806
九 江 市	192	76	1 477 107	365 151
新 余 市	35	17	933 921	269 365
鹰 潭 市	26	11	934 157	221 424
赣 州 市	146	52	416 086	144 896
吉 安 市	73	43	244 578	105 253
宜 春 市	87	34	523 507	177 484
抚 州 市	100	17	201 388	56 412
上 饶 市	127	43	499 594	158 866

10－21　规模以上国有控股工业企业主要经济指标(二)

（2003 年）　　单位:万元

分　　类	产品销售收入	产品销售税金及附加	产品销售成本	产品销售费用
总　　计	**9 980 005**	**288 983**	**8 211 526**	**297 947**
一、按登记注册类型及隶属关系分				
国有企业	5 938 818	249 313	4 931 275	136 009
中央企业	2 255 982	200 219	1 844 591	25 614
地方企业	3 682 836	49 094	3 086 684	110 395
集体企业	7 010	31	5 942	243
股份合作企业	20 518	60	17 634	819
联营企业	15 612	91	14 983	102
有限责任公司	2 498 847	25 675	2 110 936	56 691
股份有限公司	602 646	3 449	447 525	54 617
港、澳、台商投资企业	101 286	8	83 014	4 526
外商投资企业	779 650	10 342	586 128	44 281
二、按轻、重工业分				
轻工业	1 854 981	191 057	1 270 392	122 872
重工业	8 125 024	97 926	6 941 134	175 075
三、按企业规模分				
大型企业	5 985 002	96 331	5 141 433	123 662
中型企业	3 043 194	183 325	2 287 631	139 020
小型企业	951 809	9 327	782 462	35 265
四、按工业行业分				
#煤炭开采和洗选业	252 810	2 290	193 883	6 542
黑色金属矿采选业	1 077	57	609	181
有色金属矿采选业	99 856	1 311	73 108	2 204
非金属矿采选业	24 222	1 201	15 989	3 036
农副食品加工业	112 968	354	95 358	4 006
食品制造业	68 937	578	57 866	4 352
饮料制造业	81 269	11 919	50 816	5 542
烟草制品业	460 383	171 804	181 072	24 231
纺织业	165 650	1 095	148 482	2 087
纺织服装、鞋、帽制造业	4 737	6	4 496	154
皮革、毛皮、羽毛(绒)及其制品业	21 256	80	13 886	3 777
木材加工及木、竹、藤、棕、草制品业	38 138	235	32 027	1 193
家具制造业	404	2	367	18
造纸及纸制品业	34 249	48	31 373	1 209

分　　类	产品销售收　　入	产品销售税金及附加	产品销售成　　本	产品销售费　　用
印刷业和记录媒介的复制	171 166	806	133 879	3 748
文教体育用品制造业	485	6	331	20
石油加工、炼焦及核燃料加工业	859 913	42 103	777 690	4 044
化学原料及化学制品制造业	368 163	1 040	321 028	10 487
医药制造业	360 163	2 199	241 958	61 902
化学纤维制造业	131 411	384	117 927	969
塑料制品业	10 633	58	9 042	310
非金属矿物制品业	179 458	1 276	133 122	13 060
黑色金属冶炼及压延加工业	1 317 958	8 306	1 172 844	12 386
有色金属冶炼及压延加工业	1 224 498	5 422	1 090 053	14 374
金属制品业	86 474	183	73 034	4 282
通用设备制造业	122 904	389	97 433	6 187
专用设备制造业	78 138	179	61 713	2 936
交通运输设备制造业	1 505 989	21 437	1 179 035	76 263
电气机械及器材制造业	258 272	1 158	212 617	13 072
通信设备、计算机及其他电子设备制造业	179 857	468	139 857	6 811
仪器仪表及文化、办公用机械制造业	82 179	127	66 522	3 306
工艺品及其他制造业	2 483	6	2 121	21
电力、热力的生产和供应业	1 596 264	11 548	1 428 843	1 535
燃气生产和供应业	5 270	60	3 785	511
水的生产和供应业	72 372	851	49 362	3 195
五、按地区分				
南昌市	2 877 380	148 483	2 149 927	141 866
景德镇市	861 464	12 580	705 720	38 114
萍乡市	178 194	1 574	136 924	7 216
九江市	1 390 011	46 538	1 231 825	17 968
新余市	1 013 167	6 348	884 582	13 067
鹰潭市	1 242 619	5 843	1 102 966	17 259
赣州市	402 629	31 425	312 018	14 271
吉安市	232 634	6 931	184 519	7 050
宜春市	496 052	11 318	383 375	13 741
抚州市	190 462	1 099	156 986	6 477
上饶市	524 934	14 149	423 115	20 919

10－22　规模以上国有控股工业企业主要经济指标(三)

(2003 年)　　单位:万元

分　　类	资产合计	流动资产	# 产成品存货	流动资产全年平均余额	长期投资
总　　计	**17 829 550**	**7 383 855**	**548 799**	**6 914 411**	**548 471**
一、按登记注册类型及隶属关系分					
国有企业	10 723 354	4 453 593	340 574	4 129 269	254 965
中央企业	3 869 848	1 586 699	35 966	1 493 587	91 601
地方企业	6 853 505	2 866 894	304 608	2 635 683	163 364
集体企业	5 886	2 533	447	2 558	40
股份合作企业	69 650	27 805	1 965	27 611	440
联营企业	17 418	4 243	622	3 999	382
有限责任公司	4 700 150	1 739 387	120 744	1 645 475	90 566
股份有限公司	1 326 365	626 104	37 653	594 227	155 118
港、澳、台商投资企业	148 586	67 365	7 235	66 219	4 664
外商投资企业	826 289	455 630	38 982	437 731	42 221
二、按轻、重工业分					
轻工业	3 338 240	1 592 658	181 207	1 510 695	113 128
重工业	14 491 310	5 791 198	367 591	5 403 717	435 342
三、按企业规模分					
大型企业	9 029 293	4 143 376	203 609	3 757 118	285 230
中型企业	6 224 433	2 277 324	207 936	2 212 309	216 267
小型企业	2 575 823	963 155	137 254	944 984	46 973
四、按工业行业分					
#煤炭开采和洗选业	644 669	308 884	8 626	288 139	6 418
黑色金属矿采选业	8 846	4 898	59	4 458	86
有色金属矿采选业	210 004	61 214	7 367	57 277	5 920
非金属矿采选业	93 659	42 393	2 945	39 486	1 260
农副食品加工业	158 508	74 086	3 305	80 421	3 788
食品制造业	80 085	30 683	4 369	32 371	1 936
饮料制造业	138 245	65 691	15 077	69 338	1 909
烟草制品业	398 659	272 488	11 537	262 932	7 826
纺织业	358 931	148 257	29 617	145 213	4 613
纺织服装、鞋、帽制造业	12 951	4 301	507	4 524	364
皮革、毛皮、羽毛(绒)及其制品业	80 310	59 854	33 281	59 074	842
木材加工及木、竹、藤、棕、草制品业	82 857	30 883	7 095	31 260	1 526
家具制造业	1 202	656	33	642	
造纸及纸制品业	280 425	166 411	10 065	164 969	5 487

单位:万元

分　　类	资产合计	流动资产	#产成品存货	流动资产全年平均余额	长期投资
印刷业和记录媒介的复制	166 125	73 672	3 456	70 079	4 525
文教体育用品制造业	1 099	669	91	673	
石油加工、炼焦及核燃料加工业	586 042	202 955	15 879	167 440	7 814
化学原料及化学制品制造业	893 217	281 574	22 456	275 527	9 501
医药制造业	539 722	246 331	24 221	230 854	41 114
化学纤维制造业	309 275	94 169	5 055	99 978	8 474
塑料制品业	20 887	8 475	1 260	8 251	277
非金属矿物制品业	570 765	208 695	34 058	200 684	39 590
黑色金属冶炼及压延加工业	1 390 225	636 591	46 056	530 466	29 593
有色金属冶炼及压延加工业	1 590 476	639 520	42 282	589 978	26 844
金属制品业	119 224	59 671	12 188	58 783	5 981
通用设备制造业	343 127	175 838	29 477	164 992	4 570
专用设备制造业	259 530	145 814	11 803	128 608	30 337
交通运输设备制造业	2 324 265	1 314 984	96 828	1 279 850	93 584
电气机械及器材制造业	583 011	333 294	26 118	266 280	18 337
通信设备、计算机及其他电子设备制造业	331 947	183 180	25 124	179 377	13 902
仪器仪表及文化、办公用机械制造业	163 391	83 544	18 056	79 143	16 794
工艺品及其他制造业	2 266	799	78	845	40
电力、热力的生产和供应业	4 777 685	1 346 125	165	1 267 357	150 136
燃气生产和供应业	33 836	6 248	2	6 168	
水的生产和供应业	274 087	71 010	262	68 977	5 084
五、按地区分					
南 昌 市	4 339 701	2 182 626	182 277	2 045 483	216 675
景德镇市	1 793 674	926 909	105 352	839 134	58 330
萍 乡 市	416 568	221 003	8 939	201 499	2 198
九 江 市	2 365 930	715 241	78 532	698 775	16 415
新 余 市	1 339 772	487 824	26 345	438 615	27 063
鹰 潭 市	1 673 756	645 227	37 128	589 305	19 280
赣 州 市	711 486	276 280	23 710	280 814	21 307
吉 安 市	717 458	165 602	13 224	161 343	6 132
宜 春 市	1 324 080	405 411	29 079	377 366	41 207
抚 州 市	386 827	131 437	11 456	124 309	11 294
上 饶 市	860 751	360 610	32 757	342 778	49 711

10－23 规模以上国有控股工业企业主要经济指标(四)

(2003 年)　　　　单位:万元

分类	固定资产合计	固定资产原值年末数	#生产经营用	累计折旧	固定资产净值全年平均余额
总计	**8 722 765**	**11 826 569**	**10 835 667**	**4 280 099**	**7 369 676**
一、按登记注册类型及隶属关系分					
国有企业	5 287 260	7 250 193	6 581 839	2 738 401	4 394 080
中央企业	2 036 434	2 896 939	2 829 975	1 142 764	1 721 361
地方企业	3 250 826	4 353 255	3 751 864	1 595 637	2 672 719
集体企业	2 922	3 731	2 586	1 039	2 745
股份合作企业	33 793	36 745	36 200	11 365	27 788
联营企业	12 740	11 816	11 007	3 180	9 186
有限责任公司	2 539 323	3 368 053	3 168 138	1 105 168	2 210 173
股份有限公司	510 619	661 232	604 433	218 327	430 256
港、澳、台商投资企业	67 965	91 158	85 088	32 352	59 908
外商投资企业	263 928	397 225	340 070	167 895	231 441
二、按轻、重工业分					
轻工业	1 332 310	1 766 766	1 554 085	634 378	1 139 864
重工业	7 390 455	10 059 802	9 281 582	3 645 721	6 229 812
三、按企业规模分					
大型企业	4 084 133	5 791 117	5 379 914	2 323 188	3 312 131
中型企业	3 314 406	4 340 557	3 993 681	1 447 629	2 872 306
小型企业	1 324 227	1 694 894	1 462 072	509 283	1 185 240
四、按工业行业分					
#煤炭开采和洗选业	288 600	310 158	282 137	118 666	188 954
黑色金属矿采选业	3 714	5 738	4 327	2 721	3 017
有色金属矿采选业	103 702	144 815	107 246	63 465	80 679
非金属矿采选业	37 838	54 706	20 501	26 048	26 921
农副食品加工业	61 637	95 293	76 420	35 936	60 920
食品制造业	39 033	45 999	42 023	15 631	31 824
饮料制造业	53 446	72 292	65 828	25 539	48 538
烟草制品业	113 273	136 165	116 380	52 665	87 536
纺织业	135 409	206 911	170 319	86 786	123 075
纺织服装、鞋、帽制造业	5 839	7 566	4 825	1 822	5 821
皮革、毛皮、羽毛(绒)及其制品业	16 666	24 820	10 608	9 025	15 190
木材加工及木、竹、藤、棕、草制品业	42 867	56 155	47 829	17 587	38 461
家具制造业	116	266	233	172	114
造纸及纸制品业	97 441	118 180	114 268	31 779	88 218

单位:万元

分类	固定资产合计	固定资产原值年末数	#生产经营用	累计折旧	固定资产净值全年平均余额
印刷业和记录媒介的复制	82 875	120 827	109 156	44 203	70 882
文教体育用品制造业	424	497	303	108	398
石油加工、炼焦及核燃料加工业	366 220	565 036	564 402	245 122	342 348
化学原料及化学制品制造业	508 013	636 632	564 815	181 226	457 025
医药制造业	197 204	197 807	180 297	54 769	146 266
化学纤维制造业	187 377	247 745	247 065	82 774	158 616
塑料制品业	11 650	15 287	10 538	4 121	11 370
非金属矿物制品业	295 894	386 293	320 367	106 046	222 918
黑色金属冶炼及压延加工业	548 046	828 497	798 444	385 780	443 085
有色金属冶炼及压延加工业	876 231	1 458 451	1 327 306	644 231	781 077
金属制品业	40 386	60 840	49 250	23 041	38 150
通用设备制造业	111 357	162 127	135 667	64 962	100 667
专用设备制造业	66 529	88 002	69 095	32 384	53 923
交通运输设备制造业	809 784	1 036 051	909 699	374 370	630 693
电气机械及器材制造业	150 759	234 111	183 592	103 654	129 681
通信设备、计算机及其他电子设备制造业	127 169	171 841	155 896	66 406	88 046
仪器仪表及文化、办公用机械制造业	53 551	77 629	63 875	27 326	49 952
工艺品及其他制造业	1 427	1 956	1 201	543	1 427
电力、热力的生产和供应业	3 076 926	4 002 326	3 858 108	1 275 348	2 667 882
燃气生产和供应业	22 834	22 835	20 733	4 106	16 578
水的生产和供应业	188 531	232 716	202 916	71 738	159 426
五、按地区分					
南昌市	1 687 180	2 227 573	1 902 198	835 996	1 376 246
景德镇市	682 809	916 746	829 383	367 129	540 450
萍乡市	166 182	203 705	200 495	59 140	139 425
九江市	1 443 234	2 006 089	1 933 826	685 407	1 338 891
新余市	635 055	996 109	952 936	433 853	551 870
鹰潭市	985 815	1 618 010	1 449 238	702 188	881 380
赣州市	366 602	450 021	391 500	149 767	289 930
吉安市	506 149	715 490	687 556	242 781	479 288
宜春市	803 127	981 505	902 107	313 988	664 691
抚州市	205 643	249 348	197 959	70 380	177 621
上饶市	394 304	489 556	416 055	134 940	295 811

10－24　规模以上国有控股工业企业主要经济指标(五)

（2003 年）　　　　单位:万元

分　　类	负债合计	流动负债	长期负债	所有者权益
总　　计	**12 371 281**	**8 184 217**	**4 099 169**	**5 222 323**
一、按登记注册类型及隶属关系分				
国有企业	7 770 827	4 790 535	2 913 661	2 932 892
中央企业	2 890 778	1 141 936	1 741 541	979 070
地方企业	4 880 049	3 648 599	1 172 120	1 953 822
集体企业	4 775	4 314	461	1 111
股份合作企业	39 315	35 392	2 297	30 335
联营企业	12 925	10 527	2 350	4 493
有限责任公司	3 217 371	2 264 274	940 286	1 427 848
股份有限公司	779 591	629 521	143 601	546 774
港、澳、台商投资企业	67 770	40 392	27 357	80 816
外商投资企业	471 883	402 440	69 155	193 027
二、按轻、重工业分				
轻工业	2 390 837	1 834 738	515 146	947 403
重工业	9 980 444	6 349 479	3 584 023	4 274 920
三、按企业规模分				
大型企业	5 706 538	3 577 971	2 127 613	3 088 279
中型企业	4 659 726	3 217 183	1 401 607	1 563 239
小型企业	2 005 018	1 389 062	569 948	570 805
四、按工业行业分				
#煤炭开采和洗选业	367 843	292 272	74 948	276 826
黑色金属矿采选业	7 742	7 461	101	1 104
有色金属矿采选业	153 201	102 533	49 629	56 803
非金属矿采选业	57 532	40 990	16 542	36 127
农副食品加工业	142 358	127 269	12 469	16 150
食品制造业	60 834	46 031	14 691	19 251
饮料制造业	112 666	94 202	18 221	25 579
烟草制品业	276 300	238 356	37 944	122 359
纺织业	272 272	209 414	46 071	86 659
纺织服装、鞋、帽制造业	7 930	5 609	2 322	5 021
皮革、毛皮、羽毛(绒)及其制品业	86 623	74 438	7 247	－6 313
木材加工及木、竹、藤、棕、草制品业	34 389	18 334	15 752	48 468
家具制造业	591	485	107	610
造纸及纸制品业	300 947	252 249	45 093	－20 521

分　　类	负债合计	流动负债	长期负债	所有者权益
印刷业和记录媒介的复制	80 481	61 423	19 057	85 644
文教体育用品制造业	751	750	1	348
石油加工、炼焦及核燃料加工业	454 659	225 416	229 243	131 383
化学原料及化学制品制造业	672 074	487 872	174 971	221 143
医药制造业	333 497	261 145	68 312	206 225
化学纤维制造业	190 578	107 144	83 160	118 697
塑料制品业	11 941	8 248	2 811	8 946
非金属矿物制品业	423 669	283 493	137 577	147 096
黑色金属冶炼及压延加工业	844 921	797 633	47 288	527 138
有色金属冶炼及压延加工业	975 193	643 226	329 216	615 283
金属制品业	62 632	52 816	8 269	55 123
通用设备制造业	289 135	234 301	53 027	53 992
专用设备制造业	161 693	140 396	21 083	97 837
交通运输设备制造业	1 534 928	1 339 934	193 716	573 027
电气机械及器材制造业	387 843	318 179	62 623	195 168
通信设备、计算机及其他电子设备制造业	151 503	116 418	32 687	180 443
仪器仪表及文化、办公用机械制造业	111 182	96 418	14 763	52 209
工艺品及其他制造业	2 382	2 052	330	－116
电力、热力的生产和供应业	3 658 976	1 426 525	2 212 713	1 118 709
燃气生产和供应业	20 660	10 975	9 685	13 175
水的生产和供应业	121 355	60 209	57 503	152 732
五、按地区分				
南昌市	2 706 677	2 273 379	413 580	1 397 079
景德镇市	1 240 280	983 823	246 912	553 394
萍乡市	233 192	206 871	26 277	183 376
九江市	2 038 497	1 244 208	768 105	327 433
新余市	833 986	679 438	154 548	505 786
鹰潭市	940 024	633 594	303 856	733 732
赣州市	557 814	450 946	99 620	153 672
吉安市	599 606	322 555	274 815	117 852
宜春市	955 536	475 086	478 707	368 543
抚州市	284 522	199 862	75 604	102 305
上饶市	640 248	455 682	175 020	220 504

10－25　规模以上国有控股工业企业主要经济指标(六)

(2003 年)　　单位:万元

分　　类	利润总额	# 盈利企业的利润额	# 亏损企业的亏损额	利润税金总额	应交所得税
总　　计	**262 938**	**379 935**	**116 997**	**1 072 265**	**81 140**
一、按登记注册类型及隶属关系分					
国有企业	91 736	181 227	89 491	637 357	42 807
中央企业	37 957	80 858	42 901	376 697	20 411
地方企业	53 779	100 369	46 590	260 659	22 395
集体企业	323	329	6	512	75
股份合作企业	－ 128	603	731	799	150
联营企业	679	877	198	1 767	757
有限责任公司	68 352	83 236	14 884	240 432	18 108
股份有限公司	37 107	48 441	11 334	70 388	8 302
港、澳、台商投资企业	7 662	7 662		12 444	1 000
外商投资企业	57 187	57 542	355	108 049	9 928
二、按轻、重工业分					
轻工业	86 449	111 641	25 192	377 608	32 567
重工业	176 489	268 293	91 804	694 657	48 573
三、按企业规模分					
大型企业	153 117	179 987	26 870	527 416	40 698
中型企业	119 632	164 266	44 634	498 833	35 953
小型企业	－9 811	35 682	45 492	46 017	4 489
四、按工业行业分					
#煤炭开采和洗选业	4 577	8 761	4 184	24 358	2 333
黑色金属矿采选业	－ 154		154	－6	
有色金属矿采选业	3 022	6 272	3 250	10 570	1 542
非金属矿采选业	298	638	340	3 755	1
农副食品加工业	－1 615	1 297	2 912	51	203
食品制造业	－ 961	818	1 779	2 307	162
饮料制造业	2 054	2 538	484	20 258	902
烟草制品业	49 114	49 230	116	270 282	15 156
纺织业	397	3 191	2 794	6 220	922
纺织服装、鞋、帽制造业	－ 664	122	786	－ 492	
皮革、毛皮、羽毛(绒)及其制品业	－ 144	147	292	601	1
木材加工及木、竹、藤、棕、草制品业	645	890	245	2 892	9
家具制造业	6	6		30	2
造纸及纸制品业	－7 519	261	7 780	－6 632	96

10－25　续表 单位:万元

分　　类	利润总额	# 盈利企业的利润额	# 亏损企业的亏损额	利润税金总　额	应　交所得税
印刷业和记录媒介的复制	20 305	20 473	168	28 836	6 311
文教体育用品制造业	37	42	5	91	1
石油加工、炼焦及核燃料加工业	－16 693	3 895	20 588	62 695	1 531
化学原料及化学制品制造业	－10 779	7 475	18 254	4 740	1 312
医药制造业	21 502	22 405	903	43 703	5 536
化学纤维制造业	1 878	1 878		7 534	
塑料制品业	87	212	125	675	15
非金属矿物制品业	700	5 577	4 877	12 830	1 573
黑色金属冶炼及压延加工业	33 307	33 307		128 651	12 983
有色金属冶炼及压延加工业	33 848	38 102	4 255	75 003	5 403
金属制品业	3 751	4 573	822	7 875	926
通用设备制造业	－1 048	4 105	5 153	4 482	500
专用设备制造业	3 824	6 035	2 212	5 659	97
交通运输设备制造业	67 478	74 634	7 156	152 922	13 462
电气机械及器材制造业	7 453	8 393	941	7 909	1 243
通信设备、计算机及其他电子设备制造业	8 400	11 671	3 271	15 080	1 537
仪器仪表及文化、办公用机械制造业	－ 139	2 478	2 617	8 905	484
工艺品及其他制造业	－89	5	93	－47	
电力、热力的生产和供应业	36 780	53 360	16 580	162 675	4 495
燃气生产和供应业	－1 493	88	1 581	－1 209	
水的生产和供应业	4 773	7 055	2 282	9 065	2 401
五、按地区分					
南 昌 市	165 363	188 432	23 069	467 490	46 633
景德镇市	8 392	17 738	9 346	52 252	4 578
萍 乡 市	8 161	8 366	204	19 648	2 389
九 江 市	－31 294	13 799	45 092	83 819	2 749
新 余 市	20 765	26 821	6 056	99 807	8 879
鹰 潭 市	39 108	41 131	2 023	83 862	5 832
赣 州 市	10 769	13 779	3 010	68 329	2 245
吉 安 市	1 723	12 700	10 977	29 071	610
宜 春 市	20 379	29 501	9 123	71 508	1 484
抚 州 市	2 957	6 096	3 139	11 458	1 056
上 饶 市	11 474	16 432	4 958	56 861	3 886

10－26　规模以上国有控股工业企业主要财务指标分析资料(一)

（2003 年）　　　　单位:%

分　　类	企　业 亏损面	增加值率	经济效益 综合指数	总资产 贡献率	资本保值 增值率
总　　计	**38.00**	**24.80**	**104.49**	**7.53**	**96.15**
一、按登记注册类型及隶属关系分					
国有企业	40.09	26.48	96.89	7.51	95.73
中央企业	51.02	31.48	141.72	11.88	89.85
地方企业	39.45	23.79	84.00	5.05	98.97
集体企业	16.67	26.12	112.78	9.74	69.47
股份合作企业	50.00	33.50	70.25	1.55	148.00
联营企业	40.00	42.61	128.47	10.67	64.94
有限责任公司	29.75	23.17	105.44	6.70	95.14
股份有限公司	25.00	25.85	119.97	6.48	92.48
港、澳、台商投资企业		25.22	167.34	10.21	139.48
外商投资企业	27.27	17.42	168.62	14.12	107.26
二、按轻、重工业分					
轻工业	36.44	33.53	123.94	12.69	90.63
重工业	39.29	22.55	100.15	6.34	97.46
三、按企业规模分					
大型企业	13.04	20.81	117.15	7.25	94.93
中型企业	26.73	30.21	115.25	9.81	101.28
小型企业	41.37	30.38	57.51	3.01	89.91
四、按工业行业分					
#煤炭开采和洗选业	44.44	32.57	75.05	4.58	112.87
黑色金属矿采选业	100.00	46.19	5.82	1.26	67.15
有色金属矿采选业	21.21	36.41	89.48	6.49	120.15
非金属矿采选业	50.00	45.62	66.36	4.59	90.49
农副食品加工业	37.62	26.94	54.74	0.67	58.80
食品制造业	36.59	16.95	70.94	4.77	101.59
饮料制造业	28.13	36.56	117.35	16.00	60.18
烟草制品业	14.29	54.92	516.42	70.13	98.93
纺织业	46.15	27.32	62.10	2.58	87.63
纺织服装、鞋、帽制造业	22.22	28.77	10.16	－3.49	152.85
皮革、毛皮、羽毛(绒)及其制品业	62.50	23.33	33.82	1.38	
木材加工及木、竹、藤、棕、草制品业	31.82	34.17	90.72	4.64	112.75
家具制造业		31.98	65.49	2.48	92.27
造纸及纸制品业	36.36	30.11	－39.51	－0.32	

10－26 续表 单位:%

分类	企业亏损面	增加值率	经济效益综合指数	总资产贡献率	资本保值增值率
印刷业和记录媒介的复制	13.95	38.90	201.38	18.26	108.15
文教体育用品制造业	40.00	23.02	102.29	8.90	102.08
石油加工、炼焦及核燃料加工业	14.29	18.76	270.92	11.22	77.53
化学原料及化学制品制造业	36.36	22.07	60.44	1.90	102.16
医药制造业	23.53	22.20	126.23	9.27	107.23
化学纤维制造业		12.56	84.28	4.03	108.06
塑料制品业	12.50	26.48	79.00	3.50	132.79
非金属矿物制品业	41.56	30.22	66.31	3.48	111.89
黑色金属冶炼及压延加工业		21.38	136.49	10.18	95.04
有色金属冶炼及压延加工业	45.00	17.24	125.55	6.49	93.53
金属制品业	25.00	19.40	115.10	7.85	119.41
通用设备制造业	55.56	28.81	50.34	2.33	58.42
专用设备制造业	41.18	27.25	80.55	3.66	88.07
交通运输设备制造业	45.45	18.68	117.50	7.59	108.86
电气机械及器材制造业	17.65	24.59	104.17	3.16	88.99
通信设备、计算机及其他电子设备制造业	33.33	28.47	106.32	5.39	132.35
仪器仪表及文化、办公用机械制造业	90.00	8.81	68.10	7.44	99.38
工艺品及其他制造业	28.57	22.72	35.22	－1.62	
电力、热力的生产和供应业	41.25	30.84	96.98	5.69	91.36
燃气生产和供应业	83.33	36.64	－38.89	－1.71	105.55
水的生产和供应业	45.68	47.82	99.61	4.16	104.55
五、按地区分					
南昌市	40.21	26.38	134.35	11.79	66.94
景德镇市	39.51	22.48	84.62	4.17	102.25
萍乡市	42.86	33.20	89.31	5.76	81.99
九江市	39.58	21.59	87.73	5.03	97.91
新余市	48.57	23.44	117.89	8.60	101.66
鹰潭市	42.31	17.88	131.59	6.57	96.61
赣州市	35.62	30.46	98.71	11.10	88.62
吉安市	58.90	37.77	82.28	6.30	74.33
宜春市	39.08	29.51	102.00	7.73	114.03
抚州市	17.00	25.14	75.77	3.73	85.42
上饶市	33.86	24.61	98.14	8.65	103.39

10－27 规模以上国有控股工业企业主要财务指标分析资料(二)

（2003 年）　　单位:%

分类	资产负债率	流动资产周转率(次)	成本费用利润率	全员劳动生产率(元/人)	产品销售率
总计	**69.39**	**1.44**	**2.76**	**50 174**	**98.79**
一、按登记注册类型及隶属关系分					
国有企业	72.47	1.44	1.62	46 610	97.90
中央企业	74.70	1.51	1.84	106 447	100.33
地方企业	71.21	1.40	1.50	33 283	96.59
集体企业	81.12	2.74	4.85	34 227	100.16
股份合作企业	56.45	0.74	－0.61	29 312	94.94
联营企业	74.21	3.90	4.15	40 367	99.78
有限责任公司	68.45	1.52	2.83	51 912	100.59
股份有限公司	58.78	1.01	6.52	58 457	99.91
港、澳、台商投资企业	45.61	1.53	8.00	96 732	101.50
外商投资企业	57.11	1.78	7.97	90 670	98.47
二、按轻、重工业分					
轻工业	71.62	1.23	5.50	55 145	98.32
重工业	68.87	1.50	2.22	48 498	98.92
三、按企业规模分					
大型企业	63.20	1.59	2.65	67 312	99.07
中型企业	74.86	1.38	4.30	53 854	98.85
小型企业	77.84	1.01	－1.03	23 085	97.27
四、按工业行业分					
#煤炭开采和洗选业	57.06	0.88	1.79	17 919	97.03
黑色金属矿采选业	87.52	0.24	－11.25	29 977	93.66
有色金属矿采选业	72.95	1.74	2.95	18 533	100.96
非金属矿采选业	61.43	0.61	1.28	17 032	95.77
农副食品加工业	89.81	1.40	－1.53	34 558	100.46
食品制造业	75.96	2.13	－1.40	20 862	95.17
饮料制造业	81.50	1.17	3.10	63 032	91.77
烟草制品业	69.31	1.75	20.82	418 049	101.46
纺织业	75.86	1.14	0.24	21 115	98.94
纺织服装、鞋、帽制造业	61.23	1.05	－11.98	10 011	99.35
皮革、毛皮、羽毛(绒)及其制品业	107.86	0.36	－0.67	35 800	80.31
木材加工及木、竹、藤、棕、草制品业	41.50	1.22	1.70	39 498	93.17
家具制造业	49.22	0.63	1.37	19 541	98.41
造纸及纸制品业	107.32	0.21	－18.01	25 111	103.11

单位:%

分类	资产负债率	流动资产周转率(次)	成本费用利润率	全员劳动生产率(元/人)	产品销售率
印刷业和记录媒介的复制	48.45	2.44	13.48	87 646	94.26
文教体育用品制造业	68.32	0.72	8.84	8 708	124.09
石油加工、炼焦及核燃料加工业	77.58	5.14	-2.00	290 638	100.14
化学原料及化学制品制造业	75.24	1.34	-2.86	32 435	101.56
医药制造业	61.79	1.56	6.32	50 119	99.91
化学纤维制造业	61.62	1.31	1.45	31 327	99.30
塑料制品业	57.17	1.29	0.83	22 614	97.37
非金属矿物制品业	74.23	0.89	0.40	22 264	98.76
黑色金属冶炼及压延加工业	60.78	2.48	2.63	74 084	101.36
有色金属冶炼及压延加工业	61.31	2.08	2.85	75 043	92.88
金属制品业	52.53	1.47	4.54	44 536	102.49
通用设备制造业	84.26	0.74	-0.84	26 510	98.01
专用设备制造业	62.30	0.61	4.78	23 048	93.28
交通运输设备制造业	66.04	1.18	4.69	58 961	99.93
电气机械及器材制造业	66.52	0.97	2.94	70 211	97.05
通信设备、计算机及其他电子设备制造业	45.64	1.00	4.90	41 155	98.18
仪器仪表及文化、办公用机械制造业	68.05	1.04	-0.16	14 104	97.11
工艺品及其他制造业	105.13	2.94	-3.52	17 222	100.58
电力、热力的生产和供应业	76.58	1.26	2.31	53 682	99.31
燃气生产和供应业	61.06	0.85	-24.36	15 658	93.06
水的生产和供应业	44.28	1.05	6.78	27 484	98.15
五、按地区分					
南昌市	62.37	1.41	6.41	66 958	99.08
景德镇市	69.15	1.03	0.99	43 109	102.71
萍乡市	55.98	0.88	4.59	27 298	96.49
九江市	86.16	1.99	-2.27	60 554	98.59
新余市	62.25	2.31	2.13	53 630	100.35
鹰潭市	56.16	2.11	3.26	80 203	93.77
赣州市	78.40	1.43	2.87	35 092	99.35
吉安市	83.57	1.44	0.76	41 486	99.27
宜春市	72.17	1.31	4.32	35 787	96.59
抚州市	73.55	1.53	1.60	24 504	99.59
上饶市	74.38	1.53	2.29	38 645	98.44

10－28　规模以上国有控股工业企业主要财务指标分析资料(三)

(2003年)　　　　单位:%

分类	利税率			
	按工业总产值计算		按销售收入计算	按全部资金计算
	当年价格	1990年不变价格		
总计	**11.33**	**14.16**	**10.74**	**7.51**
一、按登记注册类型及隶属关系分				
国有企业	11.63	16.67	10.73	7.48
中央企业	19.63	38.62	16.70	11.72
地方企业	7.32	9.15	7.08	4.91
集体企业	4.22	4.42	7.31	9.66
股份合作企业	3.28	3.82	3.89	1.44
联营企业	16.06	21.51	11.32	13.40
有限责任公司	9.82	11.33	9.62	6.24
股份有限公司	12.02	12.24	11.68	6.87
港、澳、台商投资企业	11.91	11.32	12.29	9.87
外商投资企业	13.82	12.27	13.86	16.15
二、按轻、重工业分				
轻工业	18.22	20.82	20.36	14.25
重工业	9.39	12.06	8.55	5.97
三、按企业规模分				
大型企业	10.11	13.49	8.81	7.46
中型企业	15.74	18.05	16.39	9.81
小型企业	4.26	5.11	4.83	2.16
四、按工业行业分				
#煤炭开采和洗选业	8.76	17.03	9.63	5.11
黑色金属矿采选业	-0.40	-0.62	-0.56	-0.08
有色金属矿采选业	10.56	11.40	10.59	7.66
非金属矿采选业	11.96	17.63	15.50	5.66
农副食品加工业	0.04	0.05	0.04	0.04
食品制造业	3.06	2.89	3.35	3.59
饮料制造业	23.37	47.80	24.93	17.19
烟草制品业	56.98	130.06	58.71	77.12
纺织业	3.13	3.35	3.75	2.32
纺织服装、鞋、帽制造业	-4.67	-4.83	-10.38	-4.76
皮革、毛皮、羽毛(绒)及其制品业	0.97	1.14	2.83	0.81
木材加工及木、竹、藤、棕、草制品业	6.80	7.79	7.58	4.15
家具制造业	3.33	3.81	7.31	3.90
造纸及纸制品业	-16.77	-18.94	-19.36	-2.62

分类	利税率			
	按工业总产值计算		按销售收入计算	按全部资金计算
	当年价格	1990年不变价格		
印刷业和记录媒介的复制	15.55	16.72	16.85	20.46
文教体育用品制造业	23.72	21.26	18.72	8.48
石油加工、炼焦及核燃料加工业	7.32	22.22	7.29	12.30
化学原料及化学制品制造业	1.29	1.17	1.29	0.65
医药制造业	10.86	9.34	12.13	11.59
化学纤维制造业	5.62	3.25	5.73	2.91
塑料制品业	5.82	5.71	6.35	3.44
非金属矿物制品业	7.10	8.75	7.15	3.03
黑色金属冶炼及压延加工业	10.47	18.21	9.76	13.21
有色金属冶炼及压延加工业	8.17	8.92	6.13	5.47
金属制品业	9.05	8.72	9.11	8.12
通用设备制造业	3.41	3.14	3.65	1.69
专用设备制造业	6.69	6.34	7.24	3.10
交通运输设备制造业	9.96	8.66	10.15	8.00
电气机械及器材制造业	3.15	2.80	3.06	2.00
通信设备、计算机及其他电子设备制造业	7.25	4.49	8.38	5.64
仪器仪表及文化、办公用机械制造业	14.21	12.99	10.84	6.90
工艺品及其他制造业	-1.65	-2.37	-1.88	-2.06
电力、热力的生产和供应业	13.56	33.17	10.19	4.13
燃气生产和供应业	-27.27	-35.19	-22.94	-5.32
水的生产和供应业	11.68	29.60	12.53	3.97
五、按地区分				
南昌市	16.02	17.64	16.25	13.66
景德镇市	5.58	4.97	6.07	3.79
萍乡市	10.88	17.30	11.03	5.76
九江市	5.67	9.75	6.03	4.11
新余市	10.69	18.01	9.85	10.08
鹰潭市	8.98	11.99	6.75	5.70
赣州市	16.42	16.83	16.97	11.97
吉安市	11.89	24.04	12.50	4.54
宜春市	13.66	27.12	14.42	6.86
抚州市	5.69	4.71	6.02	3.79
上饶市	11.38	13.57	10.83	8.90

10-29 规模以上国有控股工业企业主要财务指标分析资料(四)

(2003年)

单位:元

分类	平均每一职工			
	实现利润税金	实现利润	占有固定资产原值	实现工业增加值
总计	**18 975**	**4 653**	**209 290**	**50 174**
一、按登记注册类型及隶属关系分				
国有企业	16 977	2 443	193 116	46 610
中央企业	55 086	5 551	423 628	106 447
地方企业	8 489	1 751	141 778	33 283
集体企业	5 243	3 302	38 189	34 227
股份合作企业	2 549	-407	117 320	29 312
联营企业	13 637	5 241	91 170	40 367
有限责任公司	18 383	5 226	257 520	51 912
股份有限公司	23 680	12 483	222 450	58 457
港、澳、台商投资企业	38 985	24 003	285 584	96 732
外商投资企业	54 725	28 964	201 188	90 670
二、按轻、重工业分				
轻工业	26 513	6 070	124 049	55 145
重工业	16 436	4 176	238 014	48 498
三、按企业规模分				
大型企业	25 826	7 498	283 579	67 312
中型企业	24 458	5 866	212 820	53 854
小型企业	2 933	-625	108 016	23 085
四、按工业行业分				
#煤炭开采和洗选业	4 255	800	54 184	17 919
黑色金属矿采选业	-233	-5 988	223 268	29 977
有色金属矿采选业	4 890	1 398	66 998	18 533
非金属矿采选业	4 017	318	58 522	17 032
农副食品加工业	47	-1 492	88 055	34 558
食品制造业	3 347	-1 394	66 743	20 862
饮料制造业	35 281	3 577	125 901	63 032
烟草制品业	369 641	67 169	186 221	418 049
纺织业	2 196	140	73 067	21 115
纺织服装、鞋、帽制造业	-1 559	-2 105	23 981	10 011
皮革、毛皮、羽毛(绒)及其制品业	1 442	-346	59 593	35 800
木材加工及木、竹、藤、棕、草制品业	6 992	1 560	135 772	39 498
家具制造业	1 993	405	17 939	19 541
造纸及纸制品业	-13 047	-14 792	232 500	25 111

分类	平均每一职工			
	实现利润税金	实现利润	占有固定资产原值	实现工业增加值
印刷业和记录媒介的复制	32 176	22 657	134 822	87 646
文教体育用品制造业	7 567	3 083	41 392	8 708
石油加工、炼焦及核燃料加工业	97 036	－25 836	874 533	290 638
化学原料及化学制品制造业	1 669	－3 796	224 182	32 435
医药制造业	21 555	10 605	97 562	50 119
化学纤维制造业	10 898	2 716	358 375	31 327
塑料制品业	4 444	571	100 641	22 614
非金属矿物制品业	4 681	255	140 947	22 264
黑色金属冶炼及压延加工业	29 688	7 686	191 184	74 084
有色金属冶炼及压延加工业	26 761	12 077	520 374	75 043
金属制品业	17 692	8 426	136 689	44 536
通用设备制造业	2 745	－ 642	99 312	26 510
专用设备制造业	5 088	3 438	79 124	23 048
交通运输设备制造业	24 901	10 988	168 705	58 961
电气机械及器材制造业	7 897	7 441	233 760	70 211
通信设备、计算机及其他电子设备制造业	9 383	5 227	106 920	41 155
仪器仪表及文化、办公用机械制造业	9 403	－ 146	81 965	14 104
工艺品及其他制造业	－1 191	－2 258	49 888	17 222
电力、热力的生产和供应业	19 189	4 339	472 117	53 682
燃气生产和供应业	－10 533	－13 008	198 907	15 658
水的生产和供应业	6 362	3 350	163 344	27 484
五、按地区分				
南昌市	34 159	12 083	162 768	66 958
景德镇市	8 812	1 415	154 605	43 109
萍乡市	7 910	3 286	82 010	27 298
九江市	13 900	－5 189	332 674	60 554
新余市	19 871	4 134	198 321	53 630
鹰潭市	30 376	14 165	586 066	80 203
赣州市	16 549	2 608	108 990	35 092
吉安市	11 458	679	282 011	41 486
宜春市	14 419	4 109	197 908	35 787
抚州市	4 977	1 284	108 313	24 504
上饶市	13 832	2 791	119 087	38 645

10－30 规模以上集体工业企业经济指标

（2000－2003 年）

指　　　标	单 位	2000 年	2001 年	2002 年	2003 年
企业单位数	个	476	283	281	201
#亏损企业	个	80	59	56	32
资产总计	万　元	788 828	503 472	479 231	386 274
流动资产合计	万　元	339 498	253 803	241 828	188 002
流动资产年平均余额	万　元	313 842	241 814	234 147	189 499
固定资产合计	万　元	295 016	197 055	175 936	145 128
固定资产原价	万　元	353 776	238 943	235 112	178 796
固定资产净值年平均余额	万　元	260 054	177 432	157 381	130 698
负债总计	万　元	524 042	413 675	365 505	276 697
流动负债合计	万　元	382 372	329 987	266 089	187 773
长期负债合计	万　元	118 493	72 528	67 354	62 684
所有者权益	万　元	264 786	89 797	113 726	109 577
产品销售收入	万　元	639 739	411 404	395 896	357 361
#产品销售税金及附加	万　元	9 083	4 558	4 305	4 929
产品销售费用	万　元	28 613	15 536	13 933	10 825
利 润 总 额	万　元	16 296	6 796	7 231	11 252
利润和税金总额	万　元	45 840	23 553	24 350	29 356
职工年平均人数	人	89 896	61 370	53 619	46 099
工业总产值（当年价格）	万　元	721 640	455 026	443 066	400 373
工业总产值（1990 年不变价格）	万　元	658 620	406 732	391 799	354 778
工业增加值（当年价格）	万　元	202 119	128 012	139 044	128 766
总资产贡献率	%	7.45	6.22	6.54	8.55
资本保值增值率	%	105.66	33.91	126.65	96.35
资产负债率	%	66.43	82.16	76.27	71.63
流动资产周转率	次	2.04	1.70	1.69	1.89
成本费用利润率	%	2.65	1.67	1.86	3.37
全员劳动生产率	元/人	22 484	20 859	25 932	27 933
产品销售率	%	96.13	97.20	97.41	98.42
工业经济效益综合指数	%	94.86	70.38	88.83	98.96

10－31 规模以上股份制工业企业经济指标

（2000－2003 年）

指　　标	单位	2000 年	2001 年	2002 年	2003 年
企业单位数	个	199	287	345	424
#亏损企业	个	46	72	103	112
资产总计	万　元	4 344 536	5 702 512	6 776 549	7 064 405
流动资产合计	万　元	1 711 422	2 316 617	2 748 275	2 820 804
流动资产年平均余额	万　元	1 641 880	2 257 550	2 670 401	2 669 596
固定资产合计	万　元	2 280 284	2 664 669	3 286 257	3 468 818
固定资产原值	万　元	2 897 780	3 534 758	4 287 462	4 503 593
固定资产净值年平均余额	万　元	1 949 481	2 291 395	2 840 904	2 996 917
负债总计	万　元	2 869 565	3 376 829	4 294 192	4 570 116
流动负债合计	万　元	1 795 625	2 395 773	3 015 473	3 345 897
长期负债合计	万　元	1 074 924	955 824	1 055 226	1 191 044
所有者权益	万　元	1 416 631	2 261 680	2 421 983	2 439 357
产品销售收入	万　元	2 058 324	2 870 998	3 734 404	4 031 173
#产品销售税金及附加	万　元	16 177	32 859	37 347	38 991
产品销售费用	万　元	94 606	130 854	166 378	178 508
利　润　总　额	万　元	70 249	81 032	93 375	145 734
利润和税金总额	万　元	216 345	276 837	327 760	397 833
职工年平均人数	人	215 719	220 225	243 604	227 031
工业总产值(按当年价格计算)	万　元	2 126 128	3 039 862	3 874 944	3 940 936
工业总产值(按 1990 年不变价格计算)	万　元	1 703 278	2 826 339	3 672 161	3 551 649
工业增加值(按当年价格计算)	万　元	648 393	888 527	1 152 004	1 121 808
总资产贡献率	%	7.13	6.51	6.51	7.05
资本保值增值率	%	141.23	159.65	107.09	100.72
资产负债率	%	66.05	59.22	63.37	64.69
流动资产周转率	次	1.25	1.27	1.40	1.51
成本费用利润率	%	3.52	2.91	2.57	3.80
全员劳动生产率	元/人	30 057	40 346	47 290	49 412
产品销售率	%	97.75	97.85	96.96	99.49
工业经济效益综合指数	%	99.44	106.67	102.75	109.86

10－32 规模以上外商及港、澳、台投资工业企业经济指标

（2000－2003 年）

指　　标	单位	2000 年	2001 年	2002 年	2003 年
企业单位数	个	161	177	208	236
#亏损企业	个	48	67	57	50
资产总计	万元	1 535 865	1 393 967	1 507 007	1 826 907
流动资产合计	万元	699 168	635 769	706 268	850 205
流动资产年平均余额	万元	659 581	648 636	684 378	824 344
固定资产合计	万元	651 389	613 571	638 304	758 368
固定资产原值	万元	792 979	798 490	836 243	990 437
固定资产净值年平均余额	万元	595 971	569 235	606 362	688 239
负债总计	万元	964 810	810 524	821 658	948 275
流动负债合计	万元	652 390	590 888	654 169	699 689
长期负债合计	万元	310 447	218 087	164 279	221 208
所有者权益	万元	564 655	570 768	552 995	717 252
产品销售收入	万元	902 503	1 038 333	1 244 044	1 692 879
#产品销售税金及附加	万元	10 834	12 915	13 657	16 102
产品销售费用	万元	48 151	65 880	81 206	100 327
利润总额	万元	35 482	40 669	65 087	111 455
利润和税金总额	万元	81 449	101 708	131 484	198 865
职工年平均人数	人	58 244	56 345	68 987	89 083
工业总产值（按当年价格计算）	万元	970 094	1 068 693	1 302 589	1 784 246
工业总产值（按 1990 年不变价格计算）	万元	911 958	1 037 473	1 314 827	1 729 340
工业增加值（按当年价格计算）	万元	228 297	294 156	336 888	500 902
总资产贡献率	%	7.29	9.25	10.17	11.92
资本保值增值率	%	128.36	101.08	96.89	129.70
资产负债率	%	62.82	58.15	54.52	51.91
流动资产周转率	次	1.37	1.60	1.82	2.05
成本费用利润率	%	4.11	4.09	5.52	7.13
全员劳动生产率	元/人	39 197	52 206	48 834	56 229
产品销售率	%	96.60	98.02	98.06	96.63
工业经济效益综合指数	%	107.76	119.46	125.60	145.87

10－33　规模以上私营工业企业经济指标

（2000－2003 年）

指　　　　　标	单 位	2000 年	2001 年	2002 年	2003 年
企业单位数	个	252	577	783	1 155
#亏损企业	个	38	108	131	189
资产总计	万　元	280 103	710 038	1 134 661	2 303 098
流动资产合计	万　元	135 471	321 784	473 166	933 454
流动资产年平均余额	万　元	135 133	305 463	453 256	896 067
固定资产合计	万　元	116 574	324 100	528 824	1 097 575
固定资产原值	万　元	141 489	381 955	604 689	1 159 326
固定资产净值年平均余额	万　元	103 881	277 278	481 709	887 691
负债总计	万　元	176 173	387 002	586 997	1 239 984
流动负债合计	万　元	128 931	309 724	447 617	1 080 515
长期负债合计	万　元	37 505	69 018	131 067	138 444
所有者权益	万　元	103 930	323 036	547 665	1 063 114
产品销售收入	万　元	333 975	813 089	1 186 439	2 532 303
#产品销售税金及附加	万　元	4 011	11 544	15 434	25 844
产品销售费用	万　元	19 971	53 564	63 974	111 227
利　润　总　额	万　元	5 450	25 207	41 750	141 164
利润和税金总额	万　元	21 757	66 754	100 132	269 210
职工年平均人数	人	33 823	83 983	117 399	191 658
工业总产值(按当年价格计算)	万　元	355 569	889 661	1 296 052	2 685 800
工业总产值(按 1990 年不变价格计算)	万　元	336 465	824 133	1 183 290	2 187 138
工业增加值(按当年价格计算)	万　元	101 405	245 546	351 060	814 767
总资产贡献率	%	9.90	11.44	10.31	12.95
资本保值增值率	%	197.87	310.82	169.54	194.12
资产负债率	%	62.90	54.50	51.73	53.84
流动资产周转率	次	2.47	2.66	2.62	2.83
成本费用利润率	%	1.70	3.23	3.69	6.04
全员劳动生产率	元/人	29 981	29 238	29 903	42 512
产品销售率	%	96.70	96.30	97.03	97.08
工业经济效益综合指数	%	118.07	144.03	124.92	151.72

10－34 工 业 园 区 主

（2003

指 标 名 称	单位数（个）	实际开发面积（平方公里）	招商实际到位资金	增 加
				2003 年
全省总计	**3 579**	**300.53**	**4 752 450**	**1 928 932**
市级以上园区合计	**1 017**	**97.91**	**1 749 430**	**867 218**
南昌经济技术开发区	133	27	306 557	210 458
高新技术产业开发区	295	11.7	124 747	348 450
桑海经济技术开发区	23	2.15	1 300	16 503
英雄经济开发区	37	2.31	400	9 564
景德镇高新技术产业开发区	19	4.03	84 453	17 788
萍乡市高新园	53	4.6	343 000	46 213
永修县星火工业园	8	2.3	35 190	15 130
共青经济技术开发区	89	2	72 000	32 367
九江市经济技术开发区(本区)	102	6.76	329 034	41 585
新余市高新技术开发区	69	8	45 860	32 441
鹰潭市工业园区	12	1.5	14 760	5 356
黄金区赣南工业园	61	4.04	117 017	21 539
吉安市高新技术开发区	22	3.5	92 335	13 062
宜春市经济技术开发区	7	6.5	15 000	8 043
金巢经济开发区钟岭工业园	7	4.91	27 643	2 544
上饶工业园	80	6.61	140 134	74 829
县级园区合计	**2 562**	**202.62**	**3 003 020**	**1 061 715**
#南 昌 市	299	36.53	446 698	205 625
景德镇市	77	20.38	84 959	23 920
萍 乡 市	37	5.19	43 763	6 687
九 江 市	159	16.1	427 014	65 589
新 余 市	14	2.5	6 636	1 718
鹰 潭 市	60	6.75	67 591	22 636
赣 州 市	539	36.52	593 639	211 923
吉 安 市	693	22.32	444 060	188 541
宜 春 市	261	26.91	581 520	157 819
抚 州 市	202	10.81	120 077	57 347
上 饶 市	221	18.61	187 063	135 624

要 经 济 指 标

年）

单位：万元

值	销售收入		利润总额	税金总额	从业人员
2003年比2002年增长%	2003年	2002年			（人）
82.9	**5 877 108**	**30 930 407**	**339 908**	**289 006**	**528 521**
52.3	**2 682 977**	**16 596 254**	**128 925**	**129 265**	**187 530**
97.6	612 603	3 150 580	4 640	17 892	20 758
34.5	1 068 857	7 579 930	82 956	51 835	59 981
33.7	33 541	235 615	− 389	2 942	3 696
−7.4	30 557	330 982	1 772	114	2 020
28.9	56 979	401 493	1 285	5 078	4 928
95.8	138 524	341 745	12 986	9 392	13 110
36.6	59 052	456 297	1 968	3 369	2 201
14.4	55 141	447 361	726	1 943	14 459
102.3	134 664	523 719	1 385	4 473	17 930
44.5	108 985	747 108	3 387	3 900	5 357
20.8	22 761	159 610	963	744	1 410
39.4	81 586	531 300	2 617	1 982	11 529
40.1	33 347	233 228	1 670	8 443	5 766
11.3	21 072	190 365	1 096	1 290	1 680
92.2	7 310	53 270	459	370	735
101.1	218 000	1 213 651	11 404	15 500	21 970
118.9	**3 194 131**	**14 334 153**	**210 983**	**159 741**	**340 991**
95.1	637 017	3 277 111	41 030	30 805	33 807
117.8	82 585	343 948	5 892	3 232	11 759
306.9	17 265	46 035	1 095	1 467	3 707
159.6	186 840	874 149	20 145	11 036	24 312
87.7	4 188	19 600	530	437	732
31.0	85 235	494 383	4 842	4 889	7 925
152.3	743 714	2 688 885	54 337	31 643	95 824
144.5	509 085	2 118 320	24 917	23 310	71 784
157.4	403 228	1 648 794	27 088	21 316	46 790
57.8	150 032	961 958	11 162	6 187	13 799
94.9	374 942	1 860 970	19 947	25 419	30 552

主要统计指标解释

工业　指从事自然资源的开采，对采掘品和农产品进行加工和再加工的物质生产部门，具体包括：(1)对自然资源的开采，如采矿、晒盐、森林采伐等。(但不包括禽兽捕猎和水产捕捞)；(2)对农副产品的加工、再加工，如碾米、磨粉、酿酒、榨油、轧花、缫丝、屠宰、药材加工等；(3)对工业品的加工、再加工，如炼铁、炼钢、轧钢、炼焦、化工生产、机器制造、木材加工、印染、服装加工、造纸、自来水、煤气的生产和电力的生产及供应；(4)对工业品的修理、翻新，如修理机械设备、交通运输工具等。

1984年以前农村的村及村以下办工业归属农业，1984年及以后划归工业。

工业统计的范围包括城市和农村中各种经济类型的独立核算法人工业企业和附营工业生产活动单位。

独立核算法人工业企业　是指从事工业生产经营活动的单位。独立核算法人工业企业应同时具备以下条件：1.依法成立，有自己的名称、组织机构和场所，能够承担民事责任；2.独立拥有和使用资产，承担负债，有权与其他单位签订合同；3.独立核算盈亏，并能够编制资产负债表。

规模以上工业企业　是指独立核算全部国有及年销售收入500万元及以上非国有工业企业。

工业企业登记注册类型　为了贯彻落实党的十五大精神，准确反映和研究我国所有制结构以及国有经济的控股情况，为各级党政领导和有关部门进行宏观决策服务，国家统计局在深入调查研究和广泛征求意见的基础上，对原规定进行了修订，与国家工商行政管理局联合制发了《关于划分企业登记注册类型的规定》，作为今后的统计标准。该规定以工商行政管理机关对企业登记注册的类型为依据，将企业登记注册类型分为以下几种类型。

国有企业　是指企业全部资产归国家所有，并按《中华人民共和国企业法人登记管理条例》规定登记注册的非公司制的经济组织。不包括有限责任公司中的国有独资公司。

集体企业　是指企业资产归集体所有，并按《中华人民共和国企业法人登记管理条例》规定登记注册的经济组织。

股份合作企业　是指以合作制为基础，由企业职工共同出资入股，吸收一定比例的社会资产投资组建，实行自主经营，自负盈亏，共同劳动，民主管理，按劳分配与按股分红相结合的一种集体经济组织。

联营企业　是指两个及两个以上相同或不同所有制性质的企业法人或事业单位法人，按自愿、平等、互利的原则，共同投资组成的经济组织。包括国有联营企业、集体联营企业、国有与集体联营企业、其他联营企业。

有限责任公司　是指根据《中华人民共和国公司登记管理条例》规定登记注册，由两个以上，五十个以下的股东共同出资，每个股东以其所认缴的出资额对公司承担有限责任，公司以其全部资产对其债务承担责任的经济组织。包括国有独资公司以及其他有限责任公司。

股份有限公司　是指根据《中华人民共和国公司登记管理条例》规定登记注册，其全部注册资本由等额股份构成并通过发行股票筹集资本，股东以其认购的股份对公司承担有限责任，公司以其全部资产对其债务承担责任的经济组织。

私营企业　是指由自然人投资设立或由自然人控股，以雇佣劳动为基础的营利性经济组织。包括按照《公司法》、《合伙企业法》、《私营企业暂行条例》规定登记注册的私营有限责任公司、私营股份有限公司、私营合伙企业和私营独资企业。

其他企业　是指上述七种注册类型之外的其他内资经济组织。

外商投资企业　是指国外投资者根据我国有关涉外经济的法律、法规，以合资、合作或独资的形式在大陆境内开办企业。包括中外合资经营企业、中外合作经营企业和外资企业、外商投资股份有限公司四种形式。

港、澳、台投资企业　是指港、澳、台地区投资者依照中华人民共和国有关涉外经济的法律、法规，以合资、合作或独资的形式在大陆举办企业。港、澳、台投资企业参照外商投资企业，可分为合资经营企业、合作经营企业、港、澳、台商独资经营企业、港、澳、台商投资股份有限公司四种形式。

轻工业　指提供消费品和制作手工工具的工业。

重工业　是指为国民经济各部门实现技术改造与技术进步提供物质条件的基础工业。

大、中、小型企业　根据国家经贸委、国家计委、财政部、国家统计局《关于印发中小企业标准暂行规定的通知》，大中小型工业企业划分以法人企业或单位作为对企业规模的划分对象，以从业人员数、销售额和资产总额三项指标为划分依据。工业企业规模的具体划分标准见下表。

指标名称	单位	大型	中型	小型
从业人员数	人	≥2000	300－2000	<300
销售额	万元	≥30000	3000－30000	<3000
资产总额	万元	≥40000	4000－40000	<4000

工业总产值　工业总产值是以货币形式表现的，工业企业在一定时期内生产的工业最终产品或提供工业性劳务活动的总价值量。工业总产值目前采用"工厂法"计算，一个企业内部自产自用的产品、半成品不允许重复计算产值，但各企业之间存在着重复计算。第三次全国工业普查，针对工业总产值计算原规定的缺陷，对其作了下列四个方面的修订：

1. 凡用自备原材料生产的产品，不论其加工的繁简程度如何，一律按全价计算。

2. 凡承接来料加工生产的产品，加工企业一律按加工费计算。

3. 自制半成品、在制品期末期初差额价值，如果会计的产品成本核算了这部分价值，工业总产值中也应包括，否则可不包括。

4. 现价工业总产值一律采用不含销项税额的价格计算。

工业增加值　是指工业企业在报告期内以货币表现的工业生产活动的最终成果。工业增加值有两种计算方法：一是生产法，即工业总产出（用现行价格新规定工业总产值代替）减去工业中间投入加本期应交增值税；二是收入法，即根据生产要素在生产过程中应得到的收入份额计算，具体构成项目有固定资产折旧、劳动者报酬、生产税净额、营业盈余，这种方法也称要素分配法。

所有者权益　是指企业投资人对企业净资产的所有权，包括企业投资者对企业的投入资本以及形成的资本公积金、盈余公积金和未分配利润等的所有权。

固定资产原值　是指工业企业购买和建设各种固定资产时所实际支付的金额，以及以后改建或扩建所追加投资金额的合计。固定资产的来源包括解放后接收的原有固定资产、通过基本建设完成交付使用的固定资产、通过更新改造措施而增加的固定资产等等。

固定资产净值　是指固定资产原值扣除历年提取折旧后的价值。

流动资产　是指可以在一年或者超过一年的一个营业周期内变现或者耗用的资产，包括现金及各种存款、短期投资、应收及预付货款、存货等。

流动负债　是指将在一年或者超过一年的一个营业周期内偿还的债务。包括短期借款、应付票据、应付帐款、预收货款、应付工资、应交税金、应付利润、其他应付款、预提费用等。

产品销售收入　指企业销售产品的销售收入和提供劳务等主要经营业务取得的业务总额。1994 年实施新的税制后，取消了产品税，开征消费税，增值税由价内税改为价外税，因此，产品销售收入中不再含增值税。

利润总额　是指企业实现的利润总额，等于盈利企业的利润额减亏损企业的亏损额。

实现利税总额　是指企业实现的利润和税金总额。1993 年及以前实现利税总额为企业产品销售税金及附加和利润总额之和。1994 年税制改革后，税金总额是指企业销售产品、提供工业性作业劳务等，应负担的销售税金及附加、增值税。

工业资金利税率　指报告期已实现的利润、税金总额与同期的资产（流动资产和固定资产净值）之比，反映企业资金运用的经济效益指标。

计算公式为：

工业资金利税率（%）=

$$\frac{\text{报告期止累计实现利税总额}}{\text{报告期平均流动资产}+\text{固定资产净值平均余额}}\times\frac{12}{\text{累计月数}}\times100\%$$

工业增加值率　指报告期工业增加值与同期工业总产值之比，反映降低中间消耗的经济效益指标。

计算公式为：

工业增加值率（%）=

$$\frac{\text{报告期工业增加值}}{\text{报告期现价工业总产值(新规定)}+\text{报告期销项税额}}\times100\%$$

总资产贡献率　该指标反映企业全部资产的获利能力，是企业经营业绩和管理水平的集中体现，是评价和考核企业盈利能力的核心指标。

计算公式为：

总资产贡献率（%）=

$$\frac{\text{利润总额}+\text{税金总额}+\text{利息支出}}{\text{平均资产总额}}\times\frac{12}{\text{累计月数}}$$

其中：税金总额为产品销售税金及附加与应交增值税之和；平均资产总额为期初期末资产总计的算术平均值。

资本保值增值率　该指标反映企业净资产的变动状况，是企业发展能力的集中体现。

计算公式为：

资本保值增值率（%）=

$$\frac{\text{报告期期末所有者权益}}{\text{上年同期期末所有者权益}}\times100\%$$

资产负债率　该指标既反映企业经营风险的大小，也反映企业利用债权人提供的资金从事经营活动的能力。

计算公式为：

资产负债率（%）=

$$\frac{\text{负债总计}}{\text{资产总计}}\times100\%$$

流动资产周转率　指一定时期内流动资产完成的周转次数，反映投入工业企业流动资金的周转速度。

计算公式为：

流动资产周转率(次)=

$$\frac{产品销售收入}{流动资产平均余额}\times\frac{12}{累计月数}$$

成本费用利润率 反映工业投入的生产成本及费用的经济效益,同时也反映企业降低成本所得的经济效益。

计算公式为:

工业成本费用利润率(%)=

$$\frac{利润总额}{成本费用总额}\times 100\%$$

其中:成本费用总额为产品销售成本、产品销售费用、管理费用和财务费用之和。

全员劳动生产率 该指标反映企业的生产效率和劳动投入的经济效益。

计算公式为:

全员劳动生产率(元/人)=

$$\frac{工业增加值}{全部职工平均人数}\times\frac{12}{累计月数}$$

产品销售率 该指标反映工业产品已实现销售的程度,是分析工业产销衔接情况、研究工业产品满足社会需求的指标。

计算公式为:

产品销售率=

$$\frac{工业销售产值}{工业总产值(现价)}\times 100\%$$

工业经济效益综合指数 是衡量工业经济效益各方面在数量上总体水平的一种特殊相对数,是反映工业经济运行质量的综合指标。

计算公式为:

工业经济效益综合指数=

$$\frac{\sum\left(\frac{某项指标报告期数值}{该项指标全国标准值}\times 该项指标权数\right)}{总权数}$$

建　筑　业 11

CONSTRUCTION

- 2003年,建筑业企业完成建筑业总产值359.81亿元,比上年增长46.2%。
- 2003年,建筑业企业完成增加值74.13亿元,比上年增长33.0%。
- 2003年,建筑业企业全员劳动生产率70608元。

本篇章

资料整理	微机处理
洪英灏	洪英灏

11－1 建筑业企业主要指标

指　　　　标	单　位	2002年	2003年
一、企业个数	个	**1 047**	**1 106**
二、建筑业合同情况			
签订的合同额	万元	3 595 396	5 347 288
上年结转合同额	万元	1 141 780	1 648 544
本年新签合同额	万元	2 453 616	3 698 744
三、承包工程完成情况			
直接从建设单位承揽工程完成的产值	万元	2 383 116	3 541 920
自行完成施工产值	万元	2 347 837	3 447 495
分包出去工程的产值	万元	35 279	94 425
从建设单位以外承揽工程完成的产值	万元	112 526	150 559
四、建筑业总产值	**万元**	**2 460 363**	**3 598 054**
#装饰装修产值	万元	149 544	185 648
在外省完成的产值	万元	367 419	629 790
建筑工程产值	万元	2 055 961	3 101 774
安装工程产值	万元	273 315	315 244
其他产值	万元	131 087	181 036
五、竣工产值	**万元**	**1 841 090**	**2 711 597**
六、房屋建筑施工及竣工面积			
房屋建筑施工面积	万平方米	3 530.77	5 145.13
#本年新开工面积	万平方米	2 311.48	3 338.28
#实行投标承包面积	万平方米	2 649.83	3 965.38
#本年新开工	万平方米	1 823.79	2 786.05
房屋建筑竣工面积	万平方米	1 915.68	2 750.86
厂房、仓库	万平方米	170.14	228.06
住　宅	万平方米	1 103.07	1 634.84
办公用房	万平方米	156.40	224.08
商业、居民服务业用房	万平方米	221.96	227.42
文化教育用房	万平方米	139.84	255.44
医疗用房	万平方米	22.04	23.52
科研用房	万平方米	8.10	3.23

11－1 续表1

指　　　　　　标	单　位	2002年	2003年
其他用房	万平方米	94.13	154.27
七、年末自有机械设备			
净值	万元	346 319	379 249
总台数	台	130 306	123 928
总功率	万千瓦	178.13	200.01
#施工机械总功率	万千瓦	140.13	148.32
八、劳动人员情况			
计算劳动生产率的平均人数	万人	42.73	50.96
期末从业人员	万人	43.34	57.70
#工程技术人员	万人	6.65	6.90
九、年末资产负债			
流动资产小计	万元	1 872 040	2 289 759
#存货	万元	605 356	640 022
#在建工程	万元	399 497	104 912
长期投资	万元	78 810	164 059
固定资产合计	万元	822 793	964 982
固定资产原值	万元	1 054 278	1 136 169
#生产经营用	万元	744 067	858 314
累计折旧	万元	280 581	315 390
#本年折旧	万元	47 102	46 326
无形及递延资产小计	万元	107 405	135 102
#无形资产	万元	88 298	112 346
资产总计	万元	2 905 787	3 578 780
流动负债合计	万元	1 596 971	2 020 865
长期负债合计	万元	116 677	142 845
负债合计	万元	1 713 648	2 163 710
所有者权益合计	万元	1 192 139	1 415 070
#实收资本	万元	978 935	1 191 017
十、损益及分配			
工程结算收入	万元	2 179 582	3 378 677

11－1　续表2

指　　　　标	单　位	2002年	2003年
工程结算成本	万元	1 903 855	3 013 012
工程结算税金及附加	万元	79 268	119 026
工程结算利润	万元	196 459	246 639
其他业务收入	万元	41 784	52 078
其他业务利润	万元	7 535	9 377
管理费用	万元	149 758	180 201
#税金	万元	15 089	15 673
财产保险费	万元	1 065	981
劳动、待业保险费	万元	19 459	19 337
财务费用	万元	16 250	16 510
#利息支出	万元	9 221	11 369
营业利润	万元	38 362	59 305
利润总额	万元	42 021	58 599
#应交所得税	万元	13 726	16 820
应付利润	万元	17 380	17 405
十一、工资、福利费			
本年应付工资总额	万元	316 216	435 061
#主营业务应付工资总额	万元	287 743	408 145
本年应付福利费总额	万元	41 677	46 418
#主营业务应付福利费总额	万元	36 937	36 361
十二、增加值	**万元**	**557 515**	**741 327**
十三、其他			
劳动生产率（按总产值计算）	元/人	57 579	70 608
（按增加值计算）	元/人	13 047	14 548
产值利润率	%	1.7	1.6
产值利税率	%	6.1	5.4
资产负债率	%	59.0	60.5
技术装备率	元/人	8 078	6 599
动力装备率	千瓦/人	4.2	3.5
房屋建筑面积竣工率	%	54.3	53.5

注：建筑业统计范围为具有建筑业资质等级的独立核算建筑业企业。

11－2 按登记注册类型分的

（2003

指　　　　标	单位	合　　计	内资企业	国有企业	集体企业
一、企业个数	个	**1 106**	**1 090**	**213**	**317**
二、建筑业合同情况					
签订的合同额	万元	5 347 288	5 329 462	2 220 707	1 345 199
上年结转合同额	万元	1 648 544	1 643 087	732 308	370 945
本年新签合同额	万元	3 698 744	3 686 375	1 488 399	974 254
三、承包工程完成情况					
直接从建设单位承揽工程完成的产值	万元	3 541 920	3 528 443	1 455 310	908 633
自行完成施工产值	万元	3 447 495	3 434 018	1 382 358	905 538
分包出去工程的产值	万元	94 425	94 425	72 952	3 095
从建设单位以外承揽工程完成的产值	万元	150 559	147 829	88 220	3 568
四、建筑业总产值	**万元**	**3 598 054**	**3 581 847**	**1 470 578**	**909 106**
#装饰装修产值	万元	185 648	181 686	60 437	25 316
在外省完成的产值	万元	629 790	628 090	439 158	47 430
建筑工程产值	万元	3 101 774	3 092 584	1 262 197	830 165
安装工程产值	万元	315 244	312 102	166 927	47 923
其他产值	万元	181 036	177 161	41 454	31 018
五、竣工产值	**万元**	**2 711 597**	**2 696 555**	**1 100 709**	**662 661**
六、房屋建筑施工及竣工面积					
房屋建筑施工面积	万平方米	5 145.13	5 144.16	1 405.58	2 065.60
#本年新开工面积	万平方米	3 338.28	3 337.63	866.52	1 316.27
#实行投标承包面积	万平方米	3 965.38	3 965.38	1 124.29	1 612.42
房屋建筑竣工面积	万平方米	2 750.86	2 750.53	660.93	1 054.26
七、年末自有机械设备					
净值	万元	379 249	374 596	157 041	75 182
总台数	台	123 928	122 973	33 693	37 787
总功率	万千瓦	200.01	198.32	94.33	35.34
#施工机械总功率	万千瓦	148.32	146.69	60.31	28.69
八、劳动人员情况					
计算劳动生产率的平均人数	万人	50.96	50.77	16.38	16.49
期末从业人员	万人	57.70	57.56	15.80	16.65
#工程技术人员	万人	6.90	6.86	2.13	2.08

建筑业企业主要指标

年）

					港澳台商投资企业	外商投资企业
股份合作企业	联营企业	有限责任公司	股份有限公司	私营企业		
39	**2**	**208**	**122**	**189**	**11**	**5**
100 314	6 603	1 007 398	317 793	331 448	14 955	2 871
24 974	3 192	342 597	71 486	97 585	3 387	2 070
75 340	3 411	664 801	246 307	233 863	11 568	801
77 436	5 019	640 228	230 534	211 283	11 961	1 516
77 266	5 019	628 311	227 363	208 163	11 961	1 516
170		11 917	3 171	3 120		
4 490		32 695	10 280	8 576	1 527	1 203
81 756	**5 019**	**661 006**	**237 643**	**216 739**	**13 488**	**2 719**
5 696		35 362	28 143	26 912	3 652	310
323		133 296	892	3 991	1 700	
71 637	4 919	554 414	191 970	177 282	6 700	2 490
6 544	100	64 165	14 247	12 196	3 142	
3 575		42 427	31 426	27 261	3 646	229
76 732	**4 876**	**487 717**	**197 707**	**166 153**	**12 408**	**2 634**
172.97	15.18	758.22	321.85	404.76		0.97
90.95	8.27	531.10	262.05	262.47		0.65
149.11	8.77	549.76	224.36	296.67		
106.97	12.33	476.30	224.57	215.17		0.33
6 240	195	80 956	25 530	29 452	3 406	1 247
3 123	82	22 822	13 540	11 926	738	217
2.53	0.19	32.94	17.41	15.58	1.05	0.64
2.42	0.19	28.66	12.88	13.54	1.00	0.63
1.25	0.10	8.70	4.14	3.71	0.15	0.04
1.28	0.10	15.66	4.18	3.89	0.11	0.03
0.21	0.01	1.24	0.56	0.63	0.03	

11－2　续表

指　　　　　　　　　标	单　位	合　　计	内资企业		
				国有企业	集体企业
九、年末资产负债					
资产总计	万元	3 578 780	3 548 342	1 599 422	786 135
负债合计	万元	2 163 710	2 148 869	1 065 562	470 497
所有者权益合计	万元	1 415 070	1 399 473	533 860	315 638
十、损益及分配					
工程结算收入	万元	3 378 677	3 365 047	1 331 029	839 635
工程结算成本	万元	3 013 012	3 001 466	1 178 901	762 798
工程结算税金及附加	万元	119 026	118 573	43 518	30 010
工程结算利润	万元	246 639	245 008	108 610	46 827
其他业务收入	万元	52 078	52 057	19 662	7 614
其他业务利润	万元	9 377	9 365	2 852	2 086
管理费用	万元	180 201	178 897	84 674	33 060
财务费用	万元	16 510	16 429	7 277	3 368
营业利润	万元	59 305	59 047	19 511	12 485
利润总额	万元	58 599	58 341	18 623	13 664
十一、工资、福利费					
本年应付工资总额	万元	435 061	433 132	150 048	137 079
本年应付福利费总额	万元	46 418	46 181	19 844	13 591
十二、增加值	**万元**	**741 327**	**737 417**	**274 735**	**205 033**
十三、其他					
劳动生产率(按总产值计算)	元/人	70 608	70 554	89 798	55 122
(按增加值计算)	元/人	14 548	14 525	16 776	12 432
产值利润率	%	1.6	1.6	1.3	1.5
产值利税率	%	5.4	5.4	5.0	5.1
资产负债率	%	60.5	60.6	66.6	59.8
技术装备率	元/人	6 599	6 534	9 964	4 524
动力装备率	千瓦/人	3.5	3.5	6.0	2.1
房屋建筑面积竣工率	%	53.5	53.5	47.0	51.0

股份合作企业	联营企业	有限责任公司	股份有限公司	私营企业	港澳台商投资企业	外商投资企业
103 347	3 234	654 039	191 578	210 587	26 003	4 435
72 839	1 105	367 484	86 550	84 832	13 298	1 543
30 508	2 129	286 555	105 028	125 755	12 705	2 892
62 855	4 749	722 540	216 080	188 159	10 739	2 891
55 959	4 044	653 664	181 761	164 339	8 878	2 668
2 852	197	26 071	8 417	7 508	371	82
4 044	508	42 805	25 902	16 312	1 490	141
624		22 533	469	1 155	4	17
264		3 459	392	312	2	10
3 005	169	32 590	16 418	8 981	1 086	218
271	42	2 624	1 561	1 286	68	13
1 032	297	11 050	8 315	6 357	338	-80
1 002	297	10 488	8 083	6 184	336	-78
12 536	608	77 368	27 565	27 928	1 455	474
899		7 806	2 327	1 714	178	59
18 873	**1 135**	**138 394**	**52 483**	**46 764**	**3 127**	**783**
65 389	50 903	76 011	57 348	58 433	91 382	63 233
15 095	11 511	15 914	12 665	12 608	21 186	18 209
1.2	5.9	1.6	3.4	3.0	2.5	-2.9
5.0	9.9	5.6	7.2	6.5	5.3	0.3
70.5	34.2	56.2	45.2	40.3	51.1	34.8
4 906	1 929	5 205	6 120	7 652	31 219	36 677
2.0	1.9	2.1	4.2	4.0	9.6	18.7
61.8	81.2	62.8	69.8	53.2		33.5

11-3 各地区建筑业

(2003

指标	单位	全省	南昌市	景德镇市	萍乡市
一、企业个数	个	**1 106**	**272**	**42**	**60**
二、建筑业合同情况					
签订的合同额	万元	5 347 288	2 434 594	143 500	134 092
上年结转合同额	万元	1 648 544	731 433	52 407	35 338
本年新签合同额	万元	3 698 744	1 703 161	91 093	98 754
三、承包工程完成情况					
直接从建设单位承揽工程完成的产值	万元	3 541 920	1 461 220	106 360	112 658
自行完成施工产值	万元	3 447 495	1 409 387	100 354	112 658
分包出去工程的产值	万元	94 425	51 833	6 006	
从建设单位以外承揽工程完成的产值	万元	150 559	81 581	10 786	1 351
四、建筑业总产值	**万元**	**3 598 054**	**1 490 968**	**111 140**	**114 009**
#装饰装修产值	万元	185 648	97 570	4 264	2 927
在外省完成的产值	万元	629 790	214 459	3 759	1 972
建筑工程产值	万元	3 101 774	1 210 387	91 946	94 087
安装工程产值	万元	315 244	183 446	10 573	13 637
其他产值	万元	181 036	97 135	8 621	6 285
五、竣工产值	**万元**	**2 711 597**	**1 092 518**	**95 449**	**82 200**
六、房屋建筑施工及竣工面积					
房屋建筑施工面积	万平方米	5 145.13	1 753.31	187.36	179.25
#本年新开工面积	万平方米	3 338.28	1 109.73	143.48	126.58
#实行投标承包面积	万平方米	3 965.38	1 712.52	99.31	150.68
房屋建筑竣工面积	万平方米	2 750.86	818.00	127.78	118.10
七、年末自有机械设备					
净值	万元	379 249	144 506	8 560	14 400
总台数	台	123 928	26 297	4 585	4 648
总功率	万千瓦	200.01	56.54	5.27	7.46
#施工机械总功率	万千瓦	148.32	48.75	3.80	5.20
八、劳动人员情况					
计算劳动生产率的平均人数	万人	50.96	17.25	2.42	1.84
期末从业人员	万人	57.70	16.40	2.44	1.92
#工程技术人员	万人	6.90	2.05	0.31	0.31

企 业 主 要 指 标

年）

九江市	新余市	鹰潭市	赣州市	吉安市	宜春市	抚州市	上饶市
100	**62**	**31**	**142**	**106**	**107**	**81**	**103**
703 177	294 094	241 653	362 552	233 738	215 781	244 002	340 105
227 342	102 996	75 886	139 912	62 820	57 099	72 355	90 956
475 835	191 098	165 767	222 640	170 918	158 682	171 647	249 149
485 048	233 243	115 553	245 507	178 843	164 521	190 127	248 840
483 080	203 228	115 020	245 501	177 893	164 221	190 127	246 026
1 968	30 015	533	6	950	300		2 814
26 865	10 165	661	5 511	3 936	3 505	1 683	4 515
509 945	**213 393**	**115 681**	**251 012**	**181 829**	**167 726**	**191 810**	**250 541**
5 242	3 275	15 557	28 518	10 545	5 345	8 579	3 826
250 026	89 760	39 142	1 053	1 730	323	13 538	14 028
476 912	179 608	92 542	220 754	180 212	150 353	180 212	224 761
23 168	24 994	14 503	7 450	1 392	12 885	6 794	16 402
9 865	8 791	8 636	22 808	225	4 488	4 804	9 378
392 145	**126 318**	**84 460**	**200 928**	**126 059**	**143 603**	**155 721**	**212 196**
478.33	216.87	170.27	509.38	357.12	402.56	430.89	459.79
319.00	131.66	90.84	334.95	225.10	289.46	280.10	287.38
314.28	151.44	84.23	321.44	278.44	233.71	316.11	303.22
295.74	76.75	55.67	255.92	175.76	287.31	253.94	285.89
48 627	30 193	15 553	31 732	15 483	22 867	20 320	27 008
20 425	6 926	2 750	13 941	12 597	11 179	10 797	9 783
23.72	32.81	7.39	18.43	11.41	11.41	12.70	12.87
20.80	12.98	5.82	12.49	7.82	10.61	10.57	9.48
6.42	3.21	1.65	3.15	3.18	3.40	4.16	4.28
6.48	2.80	1.68	3.09	3.33	3.69	4.28	11.59
0.74	0.42	0.21	0.60	0.58	0.54	0.49	0.65

11－3 续表

指　　标	单　位	全　省	南昌市	景德镇市	萍乡市
九、年末资产负债					
资产总计	万元	3 578 780	1 555 872	138 459	116 303
负债合计	万元	2 163 710	1 006 876	68 588	62 917
所有者权益合计	万元	1 415 070	548 996	69 871	53 386
十、损益及分配					
工程结算收入	万元	3 378 677	1 516 818	107 837	95 034
工程结算成本	万元	3 013 012	1 375 707	97 288	79 094
工程结算税金及附加	万元	119 026	47 489	4 099	4 560
工程结算利润	万元	246 639	93 622	6 450	11 380
其他业务收入	万元	52 078	25 935	524	2 114
其他业务利润	万元	9 377	4 201	473	435
管理费用	万元	180 201	74 395	6 242	6 851
财务费用	万元	16 510	4 860	474	786
营业利润	万元	59 305	18 568	207	4 178
利润总额	万元	58 599	18 949	149	4 118
十一、工资、福利费					
本年应付工资总额	万元	435 061	192 324	16 928	14 381
本年应付福利费总额	万元	46 418	19 433	1 305	4 545
十二、增加值	**万元**	**741 327**	**306 854**	**25 237**	**30 477**
十三、其他					
劳动生产率(按总产值计算)	元/人	70 608	86 432	45 952	61 834
(按增加值计算)	元/人	14 548	17 789	10 435	16 529
产值利润率	%	1.6	1.3	0.1	3.6
产值利税率	%	5.4	4.5	4.0	7.8
资产负债率	%	60.5	64.7	49.5	54.1
技术装备率	元/人	6 599	8 849	3 512	7 499
动力装备率	千瓦/人	3.5	3.5	2.2	3.9
房屋建筑面积竣工率	%	53.5	46.7	68.2	65.9

九江市	新余市	鹰潭市	赣州市	吉安市	宜春市	抚州市	上饶市
383 756	210 451	96 935	276 275	152 863	213 693	190 288	243 885
246 672	131 942	71 404	160 780	63 043	124 918	105 663	120 907
137 084	78 509	25 531	115 495	89 820	88 775	84 625	122 978
391 033	204 724	95 638	208 505	163 187	168 972	179 959	246 970
344 388	173 013	87 042	186 413	143 130	148 640	160 903	217 394
15 440	6 559	3 075	8 309	6 571	6 847	6 817	9 260
31 205	25 152	5 521	13 783	13 486	13 485	12 239	20 316
8 332	6 467	2 707	1 062	690	375	1 047	2 825
1 560	929	560	269	276	83	144	447
23 637	21 096	4 536	8 033	8 107	8 038	7 791	11 475
2 704	946	800	1 348	1 370	790	885	1 547
6 424	4 039	745	4 671	4 285	4 740	3 707	7 741
6 367	3 082	475	5 399	4 338	4 301	3 652	7 769
46 544	29 228	11 767	26 745	16 004	21 862	32 639	26 639
4 505	2 587	1 253	924	1 430	2 325	2 935	5 176
82 363	**57 895**	**18 572**	**43 965**	**32 688**	**41 877**	**48 481**	**52 918**
79 404	66 571	70 255	79 611	57 109	49 276	46 129	58 642
12 825	18 061	11 279	13 944	10 267	12 303	11 659	12 386
1.3	1.4	0.4	2.1	2.4	2.6	1.9	3.1
4.5	9.2	3.2	5.6	6.4	6.9	5.7	7.2
64.3	62.7	73.7	58.2	41.2	58.5	55.5	49.6
7 499	10 871	9 236	10 342	4 655	6 204	4 866	2 332
3.7	11.8	4.4	6.0	2.3	3.1	3.0	1.1
61.8	35.4	32.7	50.2	49.2	71.4	58.9	62.2

11-4 建筑业企业个数、职工人数及劳动生产率

（2003年）

地区	施工企业个数（个）	#一级企业个数	亏损企业个数（个）	期末从业人数（万人）	按总产值计算的劳动生产率（元/人）	全员人均竣工面积（平方米/人）
全省	**1 106**	**54**	**162**	**57.70**	**70 608**	**54.2**
南昌市	272	32	54	16.40	86 432	47.6
景德镇市	42	1	12	2.44	45 952	52.9
萍乡市	60	1	15	1.92	61 834	64.2
九江市	100	6	18	6.48	79 404	46.1
新余市	62	3	9	2.80	66 571	24.1
鹰潭市	31	1	5	1.68	70 255	33.8
赣州市	142	5	19	3.09	79 611	81.8
吉安市	106	1	9	3.33	57 109	55.2
宜春市	107	1	8	3.69	49 276	84.5
抚州市	81	2	4	4.28	46 129	62.4
上饶市	103	1	9	11.59	58 642	67.0

11-5 建筑业企业总产值和竣工产值

（2003年）　　单位：万元

地区	建筑业总产值	建筑工程	安装工程	其他产值	增加值	竣工产值
全省	**3 598 054**	**3 101 774**	**315 244**	**181 036**	**741 327**	**2 711 597**
南昌市	1 490 968	1 210 387	183 446	97 135	306 854	1 092 518
景德镇市	111 140	91 946	10 573	8 621	25 237	95 449
萍乡市	114 009	94 087	13 637	6 285	30 477	82 200
九江市	509 945	476 912	23 168	9 865	82 363	392 145
新余市	213 393	179 608	24 994	8 791	57 895	126 318
鹰潭市	115 681	92 542	14 503	8 636	18 572	84 460
赣州市	251 012	220 754	7 450	22 808	43 965	200 928
吉安市	181 829	180 212	1 392	225	32 688	126 059
宜春市	167 726	150 353	12 885	4 488	41 877	143 603
抚州市	191 810	180 212	6 794	4 804	48 481	155 721
上饶市	250 541	224 761	16 402	9 378	52 918	212 196

11－6　建筑业企业房屋建筑工程生产情况

（2003年）　　　　单位：万平方米

地　　区	施工面积（万平方米）	#本　年新开工	本年竣工房屋建筑面　积	厂房、仓库	住　宅	办公用房
全　省	**5 145.13**	**3 338.28**	**2 750.86**	**228.06**	**1 634.84**	**224.08**
南昌市	1 753.31	1 109.73	818.00	59.93	507.73	64.41
景德镇市	187.36	143.48	127.78	8.12	42.91	10.62
萍乡市	179.25	126.58	118.10	12.92	73.24	11.39
九江市	478.33	319.00	295.74	15.71	171.22	22.53
新余市	216.87	131.66	76.75	2.76	50.21	4.66
鹰潭市	170.27	90.84	55.67	6.71	38.78	3.39
赣州市	509.38	334.95	255.92	19.29	160.96	22.23
吉安市	357.12	225.10	175.76	15.93	78.85	26.60
宜春市	402.56	289.46	287.31	37.54	180.46	19.46
抚州市	430.89	280.10	253.94	14.54	174.19	9.86
上饶市	459.79	287.38	285.89	34.61	156.29	28.93

地　　区	商业、居民服务业用房	文化教育用　房	医疗用房	科研用房	其他用房	投标承包房屋建筑施工面积
全　省	**227.42**	**255.44**	**23.52**	**3.23**	**154.27**	**3 965.38**
南昌市	50.11	88.57	7.59	0.75	38.91	1 712.52
景德镇市	15.76	10.23	0.42	1.30	38.42	99.31
萍乡市	6.42	10.81	1.59	0.08	1.65	150.68
九江市	35.23	28.48	1.73		20.84	314.28
新余市	2.29	6.51	0.55		9.77	151.44
鹰潭市	3.92	1.52	0.40		0.95	84.23
赣州市	25.74	20.87	0.94	0.12	5.77	321.44
吉安市	15.30	29.87	2.63	0.06	6.52	278.44
宜春市	14.06	16.82	0.83	0.35	17.79	233.71
抚州市	23.12	20.53	4.26	0.57	6.87	316.11
上饶市	35.47	21.23	2.58		6.78	303.22

11－7 建筑业企业财务状况

（2003 年）

单位:万元

地区	流动资产合计	#存货	长期投资	固定资产	#固定资产原值	#生产经营用
全省	**2 289 759**	**640 022**	**164 059**	**964 982**	**1 136 169**	**858 314**
南昌市	1 080 479	283 959	110 297	322 486	432 846	349 786
景德镇市	77 023	15 277	1 096	37 100	42 738	21 342
萍乡市	77 816	21 122	2 423	33 903	39 727	32 026
九江市	238 779	60 845	11 342	115 472	129 478	101 007
新余市	141 270	19 121	9 648	55 159	84 578	74 126
鹰潭市	47 784	5 847	3 890	32 292	41 927	19 550
赣州市	175 108	80 399	5 263	85 167	86 323	65 183
吉安市	83 583	20 203	1 033	56 235	68 643	48 792
宜春市	120 474	34 994	4 518	80 322	71 451	47 094
抚州市	112 512	40 869	3 181	66 062	53 624	43 174
上饶市	134 931	57 386	11 368	80 784	84 834	56 234

地区	#累计折旧	#本年折旧	#在建工程	无形及递延资产	#无形资产	其他资产
全省	**315 390**	**46 326**	**104 912**	**135 102**	**112 346**	**24 878**
南昌市	118 298	17 050	2 104	35 537	28 699	7 073
景德镇市	8 287	2 366	1 375	20 164	17 555	3 076
萍乡市	15 015	1 762	1 170	2 161	1 657	
九江市	36 670	5 334	21 867	16 951	12 567	1 212
新余市	37 880	4 499	4 841	4 268	4 155	106
鹰潭市	11 826	994	166	3 043	2 948	9 926
赣州市	19 385	2 323	14 818	9 811	6 605	926
吉安市	14 702	3 136	1 902	11 731	11 342	281
宜春市	22 716	5 116	21 116	7 430	6 411	949
抚州市	14 165	1 394	26 099	8 491	8 322	42
上饶市	16 446	2 352	9 454	15 515	12 085	1 287

地　　区	工程结算收入	工程结算成本	工程结算税金及附加	工程结算利润	管理费用	#税金
全　省	**3 378 677**	**3 013 012**	**119 026**	**246 639**	**180 201**	**15 673**
南昌市	1 516 818	1 375 707	47 489	93 622	74 395	1 173
景德镇市	107 837	97 288	4 099	6 450	6 242	207
萍乡市	95 034	79 094	4 560	11 380	6 851	212
九江市	391 033	344 388	15 440	31 205	23 637	894
新余市	204 724	173 013	6 559	25 152	21 096	10 090
鹰潭市	95 638	87 042	3 075	5 521	4 536	168
赣州市	208 505	186 413	8 309	13 783	8 033	427
吉安市	163 187	143 130	6 571	13 486	8 107	633
宜春市	168 972	148 640	6 847	13 485	8 038	426
抚州市	179 959	160 903	6 817	12 239	7 791	371
上饶市	246 970	217 394	9 260	20 316	11 475	1 072

地　　区	#劳动、待业保险费	营业利润	利润总额	#应交所得税	本年应付工资	#主营业务应付工资
全　省	**19 337**	**59 305**	**58 599**	**16 820**	**435 061**	**408 145**
南昌市	10 807	18 568	18 949	5 836	192 324	179 029
景德镇市	126	207	149	171	16 928	15 693
萍乡市	835	4 178	4 118	1 418	14 381	13 707
九江市	3 222	6 424	6 367	1 561	46 544	41 880
新余市	891	4 039	3 082	731	29 228	27 338
鹰潭市	570	745	475	182	11 767	11 423
赣州市	536	4 671	5 399	1 417	26 745	25 530
吉安市	629	4 285	4 338	1 286	16 004	15 174
宜春市	515	4 740	4 301	1 239	21 862	20 821
抚州市	607	3 707	3 652	1 195	32 639	31 686
上饶市	599	7 741	7 769	1 784	26 639	25 864

11－7　续表2　　　　　　　　　　　　　　　　　　　　　　　　　　　　　　　单位:万元

地　　区	本年应付福利费	#主营业务应付福利费	年末拖欠工程款	企业总收入	税金总额	利税总额
全　省	**46 418**	**36 361**	**378 990**	**3 435 453**	**151 519**	**193 298**
南昌市	19 433	17 101	189 416	1 543 951	54 498	67 611
景德镇市	1 305	1 218	8 205	108 391	4 477	4 455
萍乡市	4 545	1 657	13 054	97 211	6 190	8 890
九江市	4 505	4 045	29 369	399 365	17 895	22 701
新余市	2 587	2 312	34 892	211 403	17 380	19 731
鹰潭市	1 253	1 179	21 577	98 345	3 425	3 718
赣州市	924	847	27 396	210 209	10 153	14 135
吉安市	1 430	1 353	19 734	163 877	8 490	11 542
宜春市	2 325	2 155	9 664	169 535	8 512	11 574
抚州市	2 935	2 756	8 761	182 689	8 383	10 840
上饶市	5 176	1 738	16 922	250 477	12 116	18 101

地　　区	资产总计	负债合计	#流动负债	#长期负债	所有者权益合计	#实收资本
全　省	**3 578 780**	**2 163 710**	**2 020 865**	**142 845**	**1 415 070**	**1 191 017**
南昌市	1 555 872	1 006 876	946 933	59 943	548 996	515 650
景德镇市	138 459	68 588	56 735	11 853	69 871	51 279
萍乡市	116 303	62 917	59 423	3 494	53 386	43 387
九江市	383 756	246 672	229 047	17 625	137 084	109 485
新余市	210 451	131 942	124 383	7 559	78 509	56 574
鹰潭市	96 935	71 404	69 282	2 122	25 531	20 900
赣州市	276 275	160 780	152 891	7 889	115 495	77 757
吉安市	152 863	63 043	60 000	3 043	89 820	80 192
宜春市	213 693	124 918	114 215	10 703	88 775	74 919
抚州市	190 288	105 663	98 872	6 791	84 625	61 387
上饶市	243 885	120 907	109 084	11 823	122 978	99 487

11－8 建筑业企业技术装备

（2003年）

地区	年末自有机械设备总台数（台）	年末自有机械设备总功率（万千瓦）	施工机械功率
全省	**123 928**	**200.01**	**148.32**
南昌市	26 297	56.54	48.75
景德镇市	4 585	5.27	3.80
萍乡市	4 648	7.46	5.20
九江市	20 425	23.72	20.80
新余市	6 926	32.81	12.98
鹰潭市	2 750	7.39	5.82
赣州市	13 941	18.43	12.49
吉安市	12 597	11.41	7.82
宜春市	11 179	11.41	10.61
抚州市	10 797	12.70	10.57
上饶市	9 783	12.87	9.48

地区	技术装备率（元/人）	动力装备率（千瓦/人）	自有机械设备净值（万元）
全省	**6 599**	**3.5**	**379 249**
南昌市	8 849	3.5	144 506
景德镇市	3 512	2.2	8 560
萍乡市	7 499	3.9	14 400
九江市	7 499	3.7	48 627
新余市	10 871	11.8	30 193
鹰潭市	9 236	4.4	15 553
赣州市	10 342	6.0	31 732
吉安市	4 655	2.3	15 483
宜春市	6 204	3.1	22 867
抚州市	4 866	3.0	20 320
上饶市	2 332	1.1	27 008

主要统计指标解释

企业资质等级 是根据企业的人员素质、管理水平、资金数量、承包能力和建设业绩进行综合评价划分出的等级。企业原有资质等级是以建设部颁发的《施工企业资质等级标准》(建施字[1989]224号)中的具体内容为依据划分的,规定了四个资质等级,即:一级、二级、三级、四级。新的企业资质等级是以建设部颁发的《建筑业企业资质等级标准》(建建[2001]82号)中的具体内容为依据划分的,新的企业资质等级规定了不同的序列、级别和专业,按序列可分为施工总承包、专业承包和劳务分包企业。

签订的合同额 指建筑业企业在报告期直接同建设单位签订合同的总价款。含本年新签订的合同总价款和以前年度未完工程跨入本年度继续施工工程合同的总价款余额。

(1)上年结转合同额 指以前年度未完工程跨入本年度继续施工工程合同的总价款余额。

(2)本年新签合同额 指建筑业企业在报告期内同建设单位直接新签订的各种国内工程合同的总价款,不包括与其他建筑业企业新签的分包合同额。

直接从建设单位承揽工程完成的产值 指总承包企业或专业承包企业直接与建设单位(业主)签订的承包合同(包括报告期及以往年度签订的合同,不包括无效合同和中途解除的合同),在报告期内完成的工程总值。包括企业向其他专业承包企业或劳务分包企业分包出去的工程所完成产值。

(1)自行完成施工产值 指总承包企业或专业承包企业直接与建设单位(业主)签订的总承包合同或专业承包合同中,自行完成的工程总值。包括总承包企业和专业承包企业自行完成的工作量和分包企业缴纳的管理费。

(2)分包出去工程的产值 指专业承包企业或劳务分包企业与总承包企业或专业承包企业签订的专业承包或劳务分包合同中在报告期所完成的产值。分包企业如果是一个独立核算的经济实体,其完成的产量产值,不包括在总承包企业或专业承包企业自行完成产值中,专业承包企业或劳务分包企业应作为建筑业统计基层填报单位填报国家制定的各种统计报表。

从建设单位以外承揽工程完成的产值 指总承包企业或专业承包企业于其他总承包企业或专业承包企业处承揽工程而完成的产值。不包括总承包企业或专业承包企业从建设单位承揽工程中自行完成的产值和分包企业缴纳的管理费。

建筑业总产值 建筑业总产值是以货币表现的建筑安装企业和附营施工单业生产规模、发展速度、经营成果的重要标志,也是用以计算建筑业经济效益、劳动生产率和建筑业在国民经济中所占比重的依据。

建筑业增加值 建筑业增加值是建筑业企业在报告期内以货币表现的生产经营活动的最终成果。根据现行的建筑业统计报表制度,按照收入法测算建筑业增加值。其计算公式如下:

建筑业增加值 = 本年提取的固定资产折旧 + 本年应付工资总额 + 本年应付福利费总额 + 管理费用中的劳动待业保险费 + 管理费用中的税金 + 工程结算税金及附加 + 营业利润

竣工产值(竣工工程产值) 是指以货币表现的建筑业生产所形成的成品的价值,反映建筑业的成就,是考核建筑业施工速度和经济效益的依据之一。

房屋建筑面积 是指房屋全部平面面积的总和。它从房屋的外墙线算起。包括可供使用的有效面积和墙柱等结构占用面积。多层房屋按各层(包括地下室)面积总合计算。旧房加层或改造,只计算增加的建筑面积;旧房拆除重建,计算其全部面积;临时房屋不计算建筑面积。

房屋竣工面积 是指在报告期内房屋建筑按照设计要求已全部完工,达到了使用条件,经检查验收鉴定合格的房屋建筑面积。

自有机械设备年末总台数 是指归本企业(或单位)所有,属于本企业(或单位)固定资产的生产性机械设备年末总台数。包括施工机械、生产设备、运输设备以及其他设备。

自有机械设备年末总功率 是指本企业(或单位)自有施工机械、生产设备、运输设备以及其他设备等列为在册固定资产的生产性机械设备年末总功率。按设定能力或查定能力计算。包括机械本身的动力和为该机械服务的单独动力设备,如电动机等。计量单位用千瓦,动力换算可按1马力=0.735千瓦折合成千瓦数。电焊机、变压器、锅炉不计算动力。

资产 是企业拥有或控制的能以货币计量的经济资源,包括各种财产、债权和其他权利。建筑业企业的资产按其流动性分为 流动资产、长期投资、固定资产、专项工程、无形及递延资产和其他资产。

工程结算收入 是本企业承包工程实现的工程价额结算收入以及向发包单位收取的除工程价款以外按规定列作营业收入的各种款项,如临时设施费、劳动保险费、施工机构调迁费等以及向发包单位收取的各种索赔款。

企业总收入 指与企业生产经营直接有关的各项收入,包括工程结算收入与其他业务收入。

即:企业总收入 = 工程结算收入 + 其他业务收入

利税总额 指企业的实现利润与上缴税金(利前税)之和,包括利润总额,工程结算税金及附加,管理费用中的税金。

即:利税总额 = 利润总额 + 工程结算税金及附加 + 管理费用中的税金。

交通运输、邮电通讯业 12

TRANSPORTATION, POSTAL AND TELECOMMUNICATIONS SERVICES

- 2003年，铁路营业里程2208公里，公路通车里程61233公里，内河通航里程5560公里。
- 2003年，全社会货物运输周转量875.58亿吨公里，旅客运输周转量544.46亿人公里。
- 2003年，邮电业务总量141.75亿元。
- 2003年，固定电话用户630.96万户，移动电话用户520.41万户。
- 2003年，全省邮路长度9.09万公里，长途光缆线路长度13857公里。

本篇章

资料整理	微机处理
刘国荣	章　鹏

12－1 运输线路长度

单位：公里

指标	1978年	1980年	1990年	1995年	2000年	2002年	2003年
铁路营业里程	1 184	1 335	1 581	1 579	2 197	2 208	2 208
公路通车里程	30 245	29 651	33 203	34 915	60 292	60 696	61 233
等级公路		12 096	18 561	20 942	34 999	36 070	37 791
高速公路					421	666	1 040
一级公路			15	15	314	314	330
二级公路		169	1 105	1 999	6 471	6 731	7 372
三级公路		521	2 156	2 571	5 581	5 628	5 606
等外公路		17 559	14 642	13 973	25 293	24 626	23 442
内河通航里程	6 630	4 937	4 937	4 937	5 537	5 537	5 560
等级航道					2 343	2 234	2 271
等外航道					3 194	3 303	3 289

注：2000年的公路通车里程根据公路普查作了调整。

12－2 交通运输工具年末实有数

指标	单位	1990年	1995年	2000年	2002年	2003年
一、民用汽车合计	辆	110 432	168 979	247 000	303 070	355 620
#载货汽车	辆	74 424	92 904	131 147	157 102	166 082
	吨位	295 924	399 487	519 926	591 430	
载客汽车	辆	29 473	61 934	100 794	138 306	180 815
	客位	440 981	907 952	1 537 109	1 644 762	
其他汽车	辆	6 535	14 141	15 059	7 662	8 723
二、摩托车	辆	51 630	173 426	891 179	1 378 315	1 571 181
三、汽车挂车	辆	5 209	1 460	1 190	1 505	1 977
四、其他机动车	辆	72 802	37 719	136 886	124 875	190 018
五、运输船舶	艘	8 687	6 719	4 856	4 548	4 581
机动船	艘	8 051	6 215	4 511	4 348	4 408
	净载重量吨	333 989	322 261	356 441	429 454	524 362
	客位	13 362	14 059	16 172	14 511	15 851
驳船	艘	636	504	345	200	173
	净载重量吨	76 267	87 794	74 504	56 403	48 276
补充资料：						
汽车驾驶员	人	168 842	364 366	791 545	1 026 466	1 067 843

注：其他机动车从2000年起，包括拖拉机、农用运输车、电车、其他类型车、专用机械等。

12-3 公路里程年底到达数

（2003 年） 单位：公里

地区	合计	等级公路	高速公路	一级
全省	**61 233**	**37 791**	**1 040**	**330**
南昌市	2 742	2 030		34
景德镇市	2 302	1 333		16
萍乡市	2 313	1 086		
九江市	6 964	4 202		29
新余市	1 646	1 421		
鹰潭市	1 572	946		
赣州市	11 655	5 703	99	130
吉安市	7 970	5 094		8
宜春市	8 249	6 346		
抚州市	7 170	4 775		113
上饶市	7 709	3 914		
省高管局	661	661	661	
公路开发公司	280	280	280	

地区	二级	三级	四级	等外公路
全省	**7 372**	**5 606**	**23 443**	**23 442**
南昌市	528	410	1 058	712
景德镇市	209	382	726	969
萍乡市	251	90	745	1 227
九江市	606	772	2 795	2 762
新余市	268	190	963	225
鹰潭市	165	257	524	626
赣州市	1 664	590	3 220	5 952
吉安市	913	698	3 475	2 876
宜春市	1 188	500	4 658	1 903
抚州市	473	916	3 273	2 395
上饶市	1 107	801	2 006	3 795
省高管局				
公路开发公司				

12－4 全社会运输量

指　　标	单 位	1990年	1995年	2000年	2002年	2003年
一、货物运输量	**万 吨**	**17 593**	**22 179**	**23 601**	**25 641**	**27 242**
民　航	万 吨	0.10	0.46	2.00	1.63	1.53
铁　路	万 吨	2 546	2 736	3 142	3 833	4 315
公　路	万 吨	13 814	18 078	19 276	20 301	21 047
水　运	万 吨	1 233	1 365	1 181	1 505	1 878
内　河	万 吨	1 226	1 350	1 132	1 395	1 694
沿　海	万 吨			7	63	141
远　洋	万 吨	7	15	42	47	43
二、旅客运输量	**万 人**	**24 893**	**30 113**	**35 821**	**38 397**	**37 278**
民　航	万 人	12.20	45	95	105	89
铁　路	万 人	1 827	2 251	3 332	3 700	3 605
公　路	万 人	22 681	27 239	31 966	34 183	33 196
水　运	万 人	373	578	428	409	388
内　河	万 人	373	578	428	409	388

12－5 全社会运输周转量

指　　标	单 位	1990年	1995年	2000年	2002年	2003年
一、货物周转量	**万吨公里**	**2 990 626**	**3 929 003**	**7 469 297**	**8 016 494**	**8 795 755**
民　航	万吨公里	55.57	3 189	1 094	1 541	1 438
铁　路	万吨公里	2 042 652	2 520 000	5 638 150	6 048 600	6 668 565
公　路	万吨公里	628 269	1 068 841	1 471 925	1 556 327	1 620 783
水　运	万吨公里	319 649	336 973	358 126	410 026	504 969
内　河	万吨公里	305 641	305 291	224 220	210 924	203 934
沿　海	万吨公里			13 764	77 453	197 315
远　洋	万吨公里	14 008	31 682	120 142	121 649	103 720
二、旅客周转量	**万人公里**	**1 703 696**	**2 390 630**	**4 530 738**	**5 325 038**	**5 444 585**
民　航	万人公里	7 305.93	39 311	86 356	92 800	82 042
铁　路	万人公里	746 506	1 159 000	2 719 080	3 425 500	3 540 953
公　路	万人公里	938 802	1 178 450	1 713 280	1 797 136	1 813 354
水　运	万人公里	11 082	13 869	12 022	9 602	8 236
内　河	万人公里	11 082	13 869	12 022	9 602	8 236

12－6 交通运输主要经济技术指标

指　　标	单 位	1995 年	2000 年	2002 年	2003 年
一、铁　路					
货车周转时间	天	1.78	1.85	1.90	2.00
平均每日装车数	辆	1 272	1 456	1 778	1 994
货车平均静载重	吨	58.9	58.9	59.1	59.3
货物列车旅行速度	公里/小时	26.4	38.9	37.3	36.3
货运机车平均日产量	万吨公里	77.7	107.0	107.9	112.7
内燃机车每万吨公里耗油	公 斤	21.5	22.8	23.5	23.2
二、公　路					
载货汽车完好率	%	82.2	90.0	85.0	83.0
载货汽车工作率	%	52.6	72.1	82.0	80.0
载货汽车实载率	%	64.4	95.3	97.0	90.0
载客汽车完好率	%	87.7	89.1	95.0	98.0
载客汽车工作率	%	66.8	85.0	92.0	95.0
载客汽车实载率	%	55.4	78.4	86.0	80.0
载货汽车车吨年产量	吨 公 里	18 568	59 541	56 990	54 232
载货汽车每百车公里耗汽油	升	30.6	20.0	24.0	12.1
载货汽车每百吨公里耗汽油	升	7.8	6.0	7.7	7.0
载货汽车每百车公里耗柴油	升	34.4	17.0	21.0	20.2
载货汽车每百吨公里耗柴油	升	3.7	5.0	6.6	6.3
载客汽车每百车公里耗汽油	升	27.3	14.0	13.0	13.2
载客汽车每百吨公里耗汽油	升	12.7	8.7	9.1	11.2
三、水　运					
货轮营运率	%	94.9	94.1	94.3	95.1
拖轮营运率	%	86.6	76.9	86.7	74.6
驳船营运率	%	93.5	94.9	95.6	96.2
货轮每吨位年产量	吨 公 里	17 066	42 745	38 664	43 731
拖轮每千瓦年产量	吨 公 里	37 146	28 408	30 263	45 458
驳船每吨位年产量	吨 公 里	8 087	6 995	5 858	7 218
机动船每千千瓦小时耗柴油	公 斤	246	253	200	186
机动船每千吨公里耗柴油	公 斤	10.0	11.4	11.0	8.1

12－7 铁路重要车站、九江港主要指标

指标	单位	1978年	1980年	1990年	1995年	2000年	2002年	2003年
南昌站								
货物发送量	万吨	47.55	3.26	3.62	4.22	1.30	0.49	0.56
旅客发送量	万人	262.38	327.83	397.63	460.81	867.72	1 012.64	967.62
平均每日装车数	车	63.1	2.0	4.5	4.0	0.7	0.2	0.3
平均每日卸车数	车	290.7	13.3	11.9	11.0	8.5	8.7	8.8
南昌南站								
货物发送量	万吨		71.92	76.20	56.48	189.59	277.76	296.62
旅客发送量	万人		2.43	2.00	5.21	0.73		
平均每日装车数	车		79.1	41.5	29.0	94.0	134.0	142.3
平均每日卸车数	车		244.5	165.9	162.0	304.0	378.0	420.2
平均每日办理车数	车			1 038	486	786		
向塘站								
货物发送量	万吨	7.18	9.48	14.17	16.69	7.45	15.66	15.82
旅客发送量	万人	46.52	62.81	61.51	91.11	82.41	78.38	74.41
平均每日装车数	车	4.2	5.4	7.3	8.0	3.6	7.4	7.4
平均每日卸车数	车	19.7	20.2	20.9	29.0	18.0	18.3	15.7
平均每日办理车数	车	3 490	3 692	4 726	5 965	11 769	12 393	13 737
鹰潭站								
货物发送量	万吨	53.69	51.08	67.01	70.35	222.45	238.65	298.93
旅客发送量	万人	81.64	122.87	150.57	241.95	363.97	348.56	333.19
平均每日装车数	车	43.2	41.7	31.3	29.0	109.6	119.3	145.2
平均每日卸车数	车	53.3	57.0	39.9	89.0	174.0	234.8	202.3
平均每日办理车数	车	3 206	3 552	5 208	6 928	10 473	10 881	12 056
长航九江港务局								
旅客吞吐量	万人		272.62	188.00	133.90	92.00	32.72	7.00
货物吞吐量	万吨		622.45	445.38	667.94	623.29	573.00	614

12－8 邮政电信业务主要指标

指　　标	单位	1978年	1995年	2000年	2002年	2003年
邮电业务总量	亿元	0.92	14.18	81.31	120.12	141.75
#邮政业务总量	亿元			5.45	12.19	13.70
电信业务总量	亿元			75.86	107.93	128.05
邮路总长度	公里	14 033	46 182	119 905	102 089	90 867
#航空邮路	公里	321	3 788	73 487	53 779	41 612
#铁路邮路	公里	3 996	5 262	6 507	6 649	7 063
农村投递路线总长度	公里	151 615	120 365	118 555	117 613	119 295
自备火车车厢	辆	6	18	19	21	18
邮政汽车	辆	158	498	1 098	1 007	1 018
函　　件	万件	7 372	23 254	14 010	15 913	13 151
包　　裹	万件			247	266	263
报刊期发数	万份	301.70	516	375	344	325
报刊累计数	万份	37 075	56 016	48 881	48 558	48 726
特快专递	万件		156.7	283.1	314	352
邮政储蓄年末收储余额	亿元		41.23	132.63	268.25	316.93
集　　邮	万枚		9 278	11 127	5 048	2 605
固定电话用户	万户	5.59	74.09	354.09	512.74	630.96
#城市电话用户	万户	3.01	63.06	234.34	310.71	387.77
#住宅电话	万户		45.70	191.39	253.56	292.20
农村电话用户	万户	2.58	11.03	119.75	202.03	243.19
#住宅电话	万户			108.89	190.50	226.43
#公用电话	万户		1.86	4.33	25.17	37.86
无线寻呼用户	万户		31.10	126.11	59.21	34.04
移动电话用户	万户			140.29	436.48	520.41
分组交换用户	户			4 215	3 939	3 081
数字数据(DDN)用户	户			8 151	13 308	11 913
计算机互连网用户	万户			26.95	117.49	115.66
长途光缆线路长度	公里				13 901	13 857
微波数字线路长度	公里				4 687	3 890
本地中继线光缆线路长度	公里				60 281	57 996
接入网光缆线路长度	公里				13 694	17 364
长途电话交换机容量	路端		118 311	190 330	271 617	270 103
分组交换节点机端口	个			8 664	9 100	8 569
局用交换机容量	万门	10.21	174.21	438.63	537.50	549.74
用户交换机容量	万门			22.60	19.60	15.29
移动电话交换机容量	万门				584.5	681.25
已通电话行政村	个			18 876	20 008	20 102

注：1. 2000年以前年份邮电业务总量按1990年不变价计算。

2. 2001年以后年份邮电业务总量按2000年不变价计算。

3. 2003年“固定电话用户”包括小灵通用户。

主要统计指标解释

铁路营业里程 指办理客货运输业务的铁路正线总长度。凡是全线或部分建成双线及以上的线路，以第一线的实际长度计算；复线、站线、段管线、岔线和特别用途线以及不计算运费的联络线都不计算营业里程。铁路营业里程是反映铁路运输业基础设施发展水平的重要指标，也是计算客货周转量、运输密度和机车车辆运用效率指标的基础资料。

公路里程 也称"公路通车里程"，是指实际达到交通部制定的公路工程技术标准规定的等级公路长度。它包括大中城市的郊区公路以及通过小城镇街道的公路里程，也包括桥梁、渡口的长度，但不包括城市的街道以及厂矿、林区和农业生产用道的里程。两条或多条公路共同经由同一路段，只计算一次，不重复计算里程长度。公路里程是反映公路建设发展规模的重要指标，也是计算运输网密度等指标的基础资料。

内河航道里程 也称"内河通航里程"，是指在枯水季节水深在0.3米及以上，能通航运输船舶及排筏的天然河流、湖泊水库、运河及通航渠道的长度。包括全年季节性通航累计三个月以上的航道，但不包括仅供零散流放竹木排的河道。内河航道里程是反映内河水运网规模、水平和发展情况的主要指标。

货(客)运量 指运输业实际运送的货物(旅客)数量。货运按吨计算，客运按人计算。货物不论运输距离长短，货物类别，均按实际重量统计；旅客不论行程远近或票价多少，均按一人一次作为客运量统计。半票价、小孩票，也按一人统计。货(客)运量是反映运输业为国民经济和人民生活服务的数量指标，也是制定和检查运输生产计划、研究运输发展规模和速度的重要指标。

货物(旅客)周转量 指运输业运送的货物(旅客)数量与其相应运输距离的乘积之总和，通常以吨公里和人公里为计算单位。计算货物周转量通常按发出站与到达站之间的最短距离，也就是计费距离计算。它是反映运输业生产总成果的重要指标，也是编制和检查运输生产计划、计算运输效率、劳动生产率以及核算运输单位成本的主要基础资料。

铁路货车平均静载重 指铁路货车在始发站静止状态下平均每车装载的货物重量。平均静载重的多少取决于运送货物的性质、种类、车辆的类型和装载技术的高低。根据货车的平均载重能力和静载重进行对比，可以反映货车载重能力的利用程度。计算公式为：

$$货车静载重=\frac{货物发送吨数}{装车数}$$

铁路货运机车平均日产量 指平均每台货运机车在一昼夜内所完成的总重吨公里数。它既包括载运货物的重量，也包括车辆本身的自重，它是从时间和牵引能力两方面反映了机车运用效率的综合性指标。计算公式为：

$$货运机车平均日产量=\frac{货运总重吨公里数}{货运机车台日数}$$

邮电业务总量 指以货币表现的邮电部门为用户传递信息和提供其他邮电服务的总量。它用各种邮电分类业务量，如函件件数、电报份数、长话张数、市内电话和农村电话的年均户数、订销报刊累计份数等，分别乘以相应的不变单价加总后再加上出租电路和设备的收入、代用户维护电话交换机和线路等设备的收入、其他业务收入求得。邮电业务总量综合反映了一定时期邮电工作的总成果，是研究邮电业务量构成和发展趋势的重要指标。

国内贸易 13

DOMESTIC TRADE

● 2003年,限额以上批发零售贸易业商品购进总额517.83亿元。

● 2003年,社会消费品零售总额923.21亿元,比2002年增长11.7%。

本篇章

资料整理	微机处理
徐宇林	徐宇林
王惠媗	王惠媗

13－1　社会消费品零售总额

（1978－2003年）　　　　单位:万元

年　份	社会消费品零售总额	批发零售业贸易零售额	餐饮业零售额	制造业零售额	其他行业零售额	#农业生产者
1978	339 281	301 242	12 106	5 228	20 705	10 552
1979	386 025	339 534	13 018	5 542	27 931	14 654
1980	454 837	394 464	14 716	11 925	33 732	25 517
1981	537 447	444 442	14 937	25 399	52 669	41 064
1982	576 394	465 837	15 716	25 243	69 598	45 564
1983	619 871	481 525	17 573	37 663	83 110	57 325
1984	703 276	537 889	22 029	45 474	97 884	67 295
1985	857 101	624 672	29 833	67 896	134 700	99 601
1986	964 954	689 294	35 031	70 309	170 320	129 393
1987	1 087 661	774 577	40 786	62 469	209 829	167 083
1988	1 400 335	949 004	60 001	112 202	279 128	223 725
1989	1 527 447	1 032 102	64 918	106 617	323 810	265 354
1990	1 519 351	992 798	67 288	123 838	335 427	272 016
1991	1 691 914	1 104 809	76 691	124 733	385 681	308 491
1992	1 976 150	1 252 247	95 006	140 292	488 605	360 329
1993	2 436 197	1 558 161	133 924	182 450	561 662	438 750
1994	3 309 488	2 170 230	190 318	225 022	723 918	615 975
1995	4 108 625	2 621 800	240 923	339 499	906 403	796 574
1996	4 904 426	3 097 082	324 083	415 364	1 067 896	945 260
1997	5 585 484	3 393 320	434 171	422 694	1 335 299	1 212 030
1998	6 050 877	3 663 941	487 089	455 056	1 444 791	1 317 189
1999	6 504 678	3 976 504	529 461	472 388	1 526 325	1 305 054
2000	7 048 677	4 332 119	601 080	482 100	1 633 378	1 395 763
2001	7 633 414	4 719 534	668 622	505 988	1 739 270	1 477 222
2002	8 327 099	5 208 415	750 374	533 849	1 834 461	1 580 622
2003	9 232 088	8 120 182	852 549		259 357	

注:2003年社会消费品零售总额计算口径进行改变,取消制造业、农业生产者分组指标。下同。

13－2 城乡社会消费品零售总额

（1978－2003年）　　　　单位:万元

年　份	社会消费品零售总额	市	县	县以下
1978	339 281	81 464	111 112	146 705
1979	386 025	106 317	130 811	148 897
1980	454 837	136 117	124 878	193 842
1981	537 447	160 661	144 047	232 739
1982	576 394	171 527	164 334	240 533
1983	619 871	187 029	179 720	253 122
1984	703 276	230 731	200 969	271 576
1985	857 101	284 121	241 686	331 294
1986	964 954	318 128	275 034	371 792
1987	1 087 661	363 857	323 673	400 131
1988	1 400 335	505 161	390 082	505 092
1989	1 527 447	552 336	423 994	551 117
1990	1 519 351	565 455	416 650	537 246
1991	1 691 914	652 942	452 991	585 981
1992	1 976 150	773 815	552 926	649 409
1993	2 436 197	993 276	647 603	795 318
1994	3 309 488	1 417 590	842 239	1 049 659
1995	4 108 625	1 754 824	1 032 896	1 320 905
1996	4 904 426	2 136 075	1 160 310	1 608 041
1997	5 585 484	2 509 674	1 328 683	1 747 127
1998	6 050 877	2 783 772	1 416 479	1 850 626
1999	6 504 678	3 024 481	1 504 438	1 975 759
2000	7 048 677	3 336 519	1 597 858	2 114 300
2001	7 633 414	3 689 149	1 712 064	2 232 201
2002	8 327 099	4 062 171	1 867 732	2 397 196
2003	9 232 088	4 553 077	2 066 072	2 612 939

13－3　各地区社会消费品零售总额

（2003 年）　　　　单位:万元

分　　类	全　省	南昌市	景德镇市	萍乡市	九江市	新余市
社会消费品零售总额	**9 232 088**	**2 011 763**	**380 670**	**469 899**	**851 773**	**344 727**
一、按销售单位所在地分组						
市	4 553 077	1 703 775	304 147	365 272	383 878	219 946
县	2 066 072	139 771	9 404	23 133	219 355	47 314
县以下	2 612 939	168 217	67 119	81 494	248 540	77 467
二、按行业分组						
批发零售贸易业	8 120 182	1 853 019	354 112	413 645	748 954	279 824
餐饮业	852 549	152 517	18 478	53 931	85 325	46 841
其他	259 357	6 227	8 080	2 323	17 494	18 062

分　　类	鹰潭市	赣州市	吉安市	宜春市	抚州市	上饶市
社会消费品零售总额	**248 605**	**1 201 354**	**731 304**	**1 143 493**	**822 280**	**1 066 423**
一、按销售单位所在地分组						
市	180 186	371 471	172 251	371 028	237 110	277 622
县	25 854	392 528	279 856	182 591	324 884	395 426
县以下	42 565	437 355	279 197	589 874	260 286	393 375
二、按行业分组						
批发零售贸易业	220 987	1 081 079	635 313	989 486	649 819	962 147
餐饮业	21 514	99 234	73 186	122 458	64 596	86 469
其他	6 104	21 041	22 805	31 549	107 865	17 807

13－4　全省消费品市场交易情况

（1978－2003年）

年　　份	消费品市场个数（个）			消费品市场成交额（万元）		
	合　计	城　市	县城及农村	合　计	城　市	县城及农村
1978	1 192			34 403		
1979	1 346	96	1 250	50 773	7 070	43 703
1980	1 401	104	1 297	70 319	9 456	60 863
1981	1 425	125	1 300	89 662	13 453	76 209
1982	1 475	125	1 350	111 464	15 249	96 215
1983	1 598	124	1 454	120 575	14 615	103 575
1984	1 858	201	1 624	137 899	19 359	112 525
1985	2 094	209	1 775	199 130	32 599	148 189
1986	2 234	256	1 978	258 353	64 799	193 554
1987	2 350	290	2 060	341 983	94 359	247 624
1988	2 440	321	2 119	477 410	139 990	337 420
1989	2 419	288	2 131	611 730	191 343	419 577
1990	2 406	299	2 107	678 141	222 631	455 510
1991	2 508	350	2 158	788 201	292 339	495 862
1992	2 567	367	2 200	889 886	326 132	563 754
1993	2 686	412	2 274	1 106 298	423 390	682 908
1994	2 720	426	2 294	1 582 588	664 185	918 403
1995	2 777	488	2 289	2 343 230	1 137 689	1 205 541
1996	2 852	559	2 293	3 032 135	1 553 444	1 478 691
1997	2 898	525	2 373	3 621 111	1 929 357	1 691 754
1998	2 936	568	2 368	4 190 650	2 376 853	1 813 797
1999	2 885	586	2 299	4 454 459	2 551 129	1 903 330
2000	2 374	440	1 934	6 778 073	3 075 986	3 702 087
2001	2 623	588	2 035	5 377 491	3 233 460	2 144 031
2002	2 522	515	2 007	4 944 639	2 583 518	2 361 121
2003	2 508	521	1 987	5 545 477	3 017 732	2 527 745

13－5 城乡个体批发和零售贸易、餐饮业基本情况

指标	单位	2002年	2003年	2003年比2002年增长%
一、户数合计	**户**	**355 616**	**368 673**	**3.7**
城镇	户	185 288	217 398	17.3
农村	户	170 328	151 275	－11.2
二、人数合计	**人**	**825 204**	**836 098**	**1.3**
城镇	人	416 146	465 490	11.9
农村	人	409 058	370 608	－9.4
三、销售额(营业收入)	**万元**	**2 641 930**	**2 872 780**	**8.7**
城镇	万元	1 731 837	2 038 074	17.7
农村	万元	910 093	834 706	－8.3

13－6 私营批发和零售贸易、餐饮企业基本情况

(2003年)

分类	户数(户)	投资者(人)	雇工人数(人)	注册资本金(万元)
合计	**15 306**	**31 827**	**198 181**	**1 528 876**
一、按经营地区分				
城镇	11 581	23 476	94 172	1 072 812
农村	3 725	8 351	104 009	456 064
二、按注册登记分				
独资企业	1 875	2 072	21 559	80 189
合伙企业	1 852	2 706	63 899	160 613
有限责任公司	11 579	27 049	112 723	1 288 074

13－7 限额以上批发零售贸易业

（2003

指　　　　　　　　标	购进总额	#进　口
总　　计	**5 178 283.5**	**32 838.9**
一、按批发、零售行业分		
（一）批发业	4 383 830.8	32 838.9
#国有及国有控股	3 607 497.6	24 173.5
1.按登记注册类型分		
内资企业	4 320 561.5	32 838.9
国有企业	3 244 314.9	23 560.0
集体企业	92 004.6	
股份合作企业	30 420.8	
联营企业	1 792.7	
国有联营企业	1 792.7	
有限责任公司	336 363.4	9 269.2
国有独资企业	2 552.0	
其他有限责任公司	333 811.4	9 269.2
股份有限公司	503 603.7	9.7
私营企业	95 500.5	
私营合伙企业	1 884.8	
私营有限责任公司	49 762.0	
私营股份有限公司	43 853.7	
其他企业	16 560.9	
港、澳、台商投资企业	10 514.8	
合资经营企业	10 514.8	
外商投资企业	52 754.5	
中外合资经营企业	52 754.5	
2.按国民经济行业分		
农畜产品批发业	98 399.3	
食品、饮料及烟草制品批发业	1 415 225.1	
米、面制品及食用油批发业	150 934.6	
烟草制品批发业	1 212 176.5	
纺织、服装及日用品批发业	318 648.3	15 894.0
服装批发业	110 531.8	12 711.3
文化、体育用品及器材批发业	125 656.8	107.1
医药及医疗器材批发业	257 501.8	497.5
矿产品、建材及化工产品批发业	1 125 149.5	4 789.0
煤炭及制品批发业	10 013.4	8.7
石油及制品批发业	879 338.9	
金属及金属矿批发业	182 285.0	4 330.7
建材批发业	11 716.3	
化肥批发业	22 295.3	379.8
机械设备、五金交电及电子产品批发业	980 689.7	7 066.3
汽车、摩托车及零配件批发业	711 073.7	4 141.5
家用电器批发业	121 812.2	
计算机、软件及辅助设备批发业	35 753.2	
其他批发业	62 560.3	4 485.0
（二）零售业	794 452.7	
#国有及国有控股	261 606.7	
1.按登记注册类型分		
内资企业	782 529.6	

商品购进、销售、库存总额

年）

单位:万元

销售总额	批　发	#出　口	零　售	年末库存总额
5 792 842.4	**4 493 363.9**	**671 458.9**	**1 299 478.5**	**326 380.3**
4 895 534.2	4 390 074.6	671 458.9	505 459.6	225 506.5
4 010 319.4	3 533 365.5	652 252.7	476 953.9	192 371.2
4 823 458.4	4 317 998.8	671 458.9	505 459.6	225 118.1
3 539 755.4	3 283 989.7	562 769.9	255 765.7	174 807.0
117 279.4	116 159.4		1 120.0	10 268.5
45 015.9	32 929.9	3 312.9	12 086.0	4 433.0
2 092.6	2 092.6			30.8
2 092.6	2 092.6			30.8
438 391.6	336 235.6	79 464.6	102 156.0	21 249.2
2 060.0	1 602.0		458.0	692.0
436 331.6	334 633.6	79 464.6	101 698.0	20 557.2
559 859.0	434 096.6	25 911.5	125 762.4	10 460.1
99 076.5	97 353.5		1 723.0	2 843.6
2 048.6	645.6		1 403.0	129.8
51 037.1	50 717.1		320.0	2 046.1
45 990.8	45 990.8			667.7
21 988.0	15 141.5		6 846.5	1 025.9
10 350.6	10 350.6			388.4
10 350.6	10 350.6			388.4
61 725.2	61 725.2			
61 725.2	61 725.2			
104 009.5	101 976.3	81.0	2 033.2	37 988.7
1 559 215.4	1 534 058.6	132 924.1	25 156.8	61 811.9
170 961.7	168 161.8	132 823.3	2 799.9	24 985.7
1 303 740.0	1 294 976.7		8 763.3	30 787.9
412 490.5	407 209.5	385 656.1	5 281.0	21 089.2
174 133.9	174 133.9	168 270.0		10 771.8
125 100.2	118 253.0	2 901.4	6 847.2	17 683.7
355 902.2	227 217.8	30 908.2	128 684.4	26 630.4
1 238 077.2	943 322.6	54 597.9	294 754.6	37 391.4
9 947.0	9 947.0	2 340.9		260.1
987 009.7	696 405.1		290 604.6	32 112.5
184 635.8	180 485.8	48 006.3	4 150.0	1 137.9
12 823.6	12 823.6			431.5
17 392.3	17 392.3	400.2		1 045.9
1 035 061.9	992 359.5	56 373.6	42 702.4	18 912.7
758 094.3	723 767.0	14 817.8	34 327.3	7 513.0
129 356.0	128 341.7		1 014.3	3 494.3
35 405.2	33 040.7		2 364.5	4 113.2
65 677.3	65 677.3	8 016.6		3 998.5
897 308.2	103 289.3		794 018.9	100 873.8
292 545.8	22 039.3		270 506.5	40 010.2
881 985.0	102 292.1		779 692.9	97 687.7

13－7 续表

指标	购进总额	#进口
国有企业	190 941.6	
集体企业	2 880.2	
股份合作企业	61 537.8	
联营企业	29 835.2	
国有联营企业	29 835.2	
有限责任公司	148 861.7	
其他有限责任公司	148 861.7	
股份有限公司	240 054.0	
私营企业	108 419.1	
私营独资企业	5 564.7	
私营合伙企业	3 835.3	
私营有限责任公司	87 967.1	
私营股份有限公司	11 052.0	
港、澳、台商投资企业	11 923.1	
合资经营企业	10 007.6	
独资经营企业	1 915.5	
2. 按国民经济行业分		
综合零售业	339 232.4	
百货零售业	277 554.4	
超级市场零售业	61 678.0	
食品、饮料及烟草制品专门零售业	11 309.7	
纺织、服装及日用品专门零售业	17 911.5	
服装零售业	4 263.7	
文化、体育用品及器材专门零售业	84 808.6	
图书零售业	76 468.1	
医药及医疗器材专门零售业	83 620.2	
药品零售业	82 144.3	
汽车、摩托车、燃料及零配件专门零售业	188 172.9	
汽车零售业	144 963.3	
机动车燃料零售业	43 209.6	
家用电器及电子产品专门零售业	66 808.3	
家用电器零售业	50 185.7	
计算机、软件及辅助设备零售业	4 913.0	
通讯设备零售业	11 709.6	
五金、家具及室内装修材料专门零售业	2 159.2	
无店铺及其他零售业	429.9	
二、按地区分		
南昌市	2 988 661.1	32 838.9
景德镇市	94 494.6	
萍乡市	150 990.8	
九江市	415 605.0	
新余市	158 046.0	
鹰潭市	87 200.5	
赣州市	355 533.1	
吉安市	232 640.5	
宜春市	338 756.9	
抚州市	205 775.2	
上饶市	150 579.8	

单位:万元

销售总额	批　　发	#出　　口	零　　售	年末库存 总　　额
206 600.5	16 041.3		190 559.2	33 297.3
3 857.1			3 857.1	722.8
61 191.4	7 014.5		54 176.9	6 169.8
28 133.3			28 133.3	1 791.9
28 133.3			28 133.3	1 791.9
163 143.3	6 450.8		156 692.5	20 870.9
163 143.3	6 450.8		156 692.5	20 870.9
285 268.6	46 548.8		238 719.8	16 661.4
133 790.8	26 236.7		107 554.1	18 173.6
5 406.9	404.3		5 002.6	920.8
3 552.9			3 552.9	522.8
113 964.2	20 837.3		93 126.9	16 257.1
10 866.8	4 995.1		5 871.7	472.9
15 323.2	997.2		14 326.0	3 186.1
13 361.6	997.2		12 364.4	2 971.0
1 961.6			1 961.6	215.1
398 144.8	49 676.4		348 468.4	42 099.9
337 368.9	48 646.4		288 722.5	31 112.1
60 775.9	1 030.0		59 745.9	10 987.8
14 001.1	1 708.2		12 292.9	511.0
20 090.0	1 078.6		19 011.4	4 780.5
3 544.7	997.2		2 547.5	1 304.6
83 917.0	2 363.3		81 553.7	18 386.0
76 569.1	1 116.0		75 453.1	16 105.9
103 704.3	8 713.2		94 991.1	17 277.1
102 092.1	8 587.6		93 504.5	16 975.2
195 669.1	12 842.7		182 826.4	8 333.2
148 397.4	12 842.7		135 554.7	6 574.1
47 271.7			47 271.7	1 759.1
78 904.0	26 500.8		52 403.2	8 214.5
61 133.2	23 160.1		37 973.1	6 862.8
4 763.2			4 763.2	490.0
13 007.6	3 340.7		9 666.9	861.7
2 457.7	406.1		2 051.6	1 255.2
420.2			420.2	16.4
3 323 473.3	2 643 437.1	653 580.5	680 036.2	149 627.0
113 826.7	89 074.2	16 077.1	24 752.5	16 131.7
160 969.0	117 538.5		43 430.5	5 629.8
495 161.1	406 575.3		88 585.8	35 867.0
120 487.3	84 978.3		35 509.0	20 220.6
94 874.6	69 359.0		25 515.6	4 202.8
405 215.1	296 726.6		108 488.5	29 908.9
266 893.2	219 132.6	69.0	47 760.6	12 190.3
352 216.8	234 697.4	1 651.3	117 519.4	20 210.3
241 360.7	189 657.8	81.0	51 702.9	14 676.6
218 364.6	142 187.1		76 177.5	17 715.3

13－8　限额以上批发零售

（2003

指　　　　　　标	资产总计	流动资产 合　计	固定资产 合　计
总　计	**1 890 410.1**	**1 231 873.1**	**496 776.5**
一、批发企业	**1 442 204.1**	**970 221.8**	**352 459.8**
#国有及国有控股	1 221 153.0	784 677.0	329 822.4
（一）按登记注册类型分			
内资企业	1 439 008.7	969 673.6	350 221.9
国有企业	986 985.7	667 092.1	232 159.2
集体企业	87 537.4	74 687.4	10 791.0
股份合作企业	13 913.1	11 128.6	1 904.1
联营企业	233.0	223.0	1.0
国有联营企业	233.0	223.0	1.0
有限责任公司	154 629.4	126 328.9	15 838.4
国有独资企业	2 507.0	1 831.0	590.0
其他有限责任公司	152 122.4	124 497.9	15 248.4
股份有限公司	150 542.0	48 977.4	87 532.8
私营企业	42 513.5	38 944.1	1 694.4
私营合伙企业	2 375.1	2 365.9	4.0
私营有限责任公司	15 408.4	11 931.0	1 607.6
私营股份有限公司	24 730.0	24 647.2	82.8
其他企业	2 654.6	2 292.1	301.0
港、澳、台商投资企业	3 195.4	548.2	2 237.9
合资经营企业	3 195.4	548.2	2 237.9
（二）按国民经济行业分			
农畜产品批发业	200 603.3	168 349.0	29 572.4
食品、饮料及烟草制品批发业	440 163.4	287 942.8	104 076.2
米、面制品及食用油批发业	203 573.0	165 959.5	13 887.2
烟草制品批发业	187 475.2	90 938.7	76 586.1
纺织、服装及日用品批发业	150 613.7	124 332.1	9 795.1
服装批发业	62 057.2	51 417.3	6 077.9
文化、体育用品及器材批发业	37 161.3	18 120.4	14 688.1
医药及医疗器材批发业	132 752.4	109 975.5	18 928.3
矿产品、建材及化工产品批发业	315 489.2	118 755.0	164 497.5
煤炭及制品批发业	6 082.0	4 759.8	1 139.8
石油及制品批发业	241 055.8	59 285.8	155 008.4
金属及金属矿批发业	36 057.4	29 810.8	2 724.8
建材批发业	6 843.2	6 347.3	468.1
化肥批发业	9 884.9	6 452.5	2 824.8
机械设备、五金交电及电子产品批发业	154 920.9	134 286.0	9 145.7
汽车、摩托车及零配件批发业	78 092.1	69 202.7	5 516.8
家用电器批发业	28 889.6	28 527.8	272.9
计算机、软件及辅助设备批发业	10 049.3	6 522.2	138.6
其他批发业	10 499.9	8 461.0	1 756.5

贸易业主要财务指标(一)

年)　　　　　　　　　　　　　　　　　　　　　　　　　　　　单位:万元

本年提取的固定资产折旧	负债合计	所有者权益合计	实收资本	商品销售收入净额
24 534.8	**1 434 488.9**	**455 921.2**	**315 794.8**	**4 352 874.6**
18 042.0	**1 118 133.9**	**324 070.2**	**243 223.1**	**3 631 913.3**
17 254.2	922 897.6	298 255.4	208 268.7	3 232 143.6
17 909.7	1 116 966.4	322 042.3	240 223.1	3 622 753.4
12 912.1	768 102.8	218 882.9	124 637.1	2 611 337.7
390.1	98 040.2	-10 502.8	7 687.3	98 825.0
106.6	8 982.8	4 930.3	3 898.3	39 042.1
	192.0	41.0	80.0	1 532.3
	192.0	41.0	80.0	1 532.3
994.9	107 763.8	46 865.6	42 070.7	384 325.2
15.9	2 162.0	345.0	302.0	2 060.0
979.0	105 601.8	46 520.6	41 768.7	382 265.2
3 431.2	93 683.9	56 858.1	56 883.7	400 139.9
59.8	37 682.3	4 831.2	4 766.0	83 884.1
1.4	1 775.7	599.4	680.0	1 750.9
47.5	12 068.0	3 340.4	3 186.0	47 563.5
10.9	23 838.6	891.4	900.0	34 569.7
15.0	2 518.6	136.0	200.0	3 667.1
132.3	1 167.5	2 027.9	3 000.0	9 159.9
132.3	1 167.5	2 027.9	3 000.0	9 159.9
1 478.1	228 221.7	-27 618.4	15 728.9	93 927.7
7 322.5	279 602.0	160 561.4	42 205.9	1 027 103.1
771.6	203 991.0	- 418.0	24 353.1	144 369.9
6 012.2	38 434.1	149 041.1	9 824.7	826 067.7
432.5	160 574.8	-9 961.1	9 001.6	369 541.7
177.8	56 743.3	5 313.9	2 705.9	157 153.3
606.0	15 039.9	22 121.4	6 276.3	84 639.4
1 032.9	103 982.2	28 770.2	32 078.2	284 912.5
6 553.5	195 594.4	119 894.8	107 862.7	935 008.3
55.4	4 508.8	1 573.2	1 040.8	9 523.1
6 035.9	138 145.6	102 910.2	94 983.1	733 384.6
321.9	24 728.4	11 329.0	7 601.9	142 026.2
27.9	5 204.7	1 638.5	1 668.0	11 866.7
42.9	8 623.0	1 261.9	1 163.9	14 838.2
567.9	127 493.6	27 427.3	27 440.7	811 202.0
315.3	65 958.7	12 133.4	9 246.0	592 306.2
38.7	28 411.2	478.4	578.6	94 427.6
36.5	5 748.5	4 300.8	4 400.0	30 262.0
48.6	7 625.3	2 874.6	2 628.8	25 578.6

13－8　续表

指　　　　标	资产总计	流动资产 合　计	固定资产 合　计
二、零售企业	**448 206.0**	**261 651.3**	**144 316.7**
#国有及国有控股	152 822.0	89 676.9	48 869.8
(一)按登记注册类型分			
内资企业	447 355.5	261 416.1	144 079.6
国有企业	138 467.3	82 673.3	44 234.5
集体企业	3 349.9	1 731.5	1 242.3
股份合作企业	37 064.0	29 184.1	3 312.8
联营企业	5 614.6	4 708.4	837.0
国有联营企业	5 614.6	4 708.4	837.0
有限责任公司	62 190.5	37 317.9	20 126.9
其他有限责任公司	62 190.5	37 317.9	20 126.9
股份有限公司	135 273.8	66 330.7	59 513.4
私营企业	65 395.4	39 470.2	14 812.7
私营独资企业	2 336.1	2 038.7	297.4
私营合伙企业	1 863.1	604.2	1 258.2
私营有限责任公司	52 972.0	31 343.0	10 981.9
私营股份有限公司	8 224.2	5 484.3	2 275.2
港、澳、台商投资企业	850.5	235.2	237.1
独资经营企业	850.5	235.2	237.1
(二)按国民经济行业分			
综合零售业	231 925.8	114 968.4	89 922.7
百货零售业	205 196.8	99 934.0	83 608.5
超级市场零售业	26 729.0	15 034.4	6 314.2
食品、饮料及烟草制品专门零售业	10 540.6	6 712.3	3 640.6
纺织、服装及日用品专门零售业	13 149.6	6 822.8	5 017.6
服装零售业	265.0	145.0	2.1
文化、体育用品及器材专门零售业	56 993.0	31 870.2	20 211.7
图书零售业	55 377.5	31 035.2	19 520.6
医药及医疗器材专门零售业	52 374.3	33 452.0	16 125.8
药品零售业	51 496.8	32 784.4	15 915.9
汽车、摩托车、燃料及零配件专门零售业	42 383.6	33 237.5	4 937.4
汽车零售业	36 849.6	31 169.8	3 754.0
机动车燃料零售业	5 534.0	2 067.7	1 183.4
家用电器及电子产品专门零售业	31 168.4	27 168.7	2 736.6
家用电器零售业	28 454.0	24 750.1	2 664.0
计算机、软件及辅助设备零售业	1 239.8	1 117.9	52.6
通讯设备零售业	1 474.6	1 300.7	20.0
五金、家具及室内装修材料专门零售业	8 497.9	7 201.2	1 124.2
无店铺及其他零售业	1 172.8	218.2	600.1
(三)按业态分			
百货商店	210 093.0	102 721.8	84 586.2
超级市场	39 479.1	24 303.6	9 587.7
专业(专卖)商店	183 847.7	127 246.2	45 971.4
其他	14 786.2	7 379.7	4 171.4

单位:万元

本年提取的固定资产折旧	负债合计	所有者权益合计	实收资本	商品销售收入净额
6 492.8	**316 355.0**	**131 851.0**	**72 571.7**	**720 961.3**
2 446.0	105 356.1	47 465.9	17 006.6	241 680.8
6 414.7	315 993.6	131 361.9	72 071.7	718 999.7
1 944.4	91 576.1	46 891.2	11 692.2	160 389.2
7.3	3 247.7	102.2	491.2	3 702.7
210.2	23 672.2	13 391.8	13 060.1	54 236.4
94.5	4 930.6	684.0	1 000.0	24 045.6
94.5	4 930.6	684.0	1 000.0	24 045.6
1 105.8	49 501.5	12 689.0	13 365.9	136 108.9
1 105.8	49 501.5	12 689.0	13 365.9	136 108.9
2 470.2	91 729.5	43 544.3	18 022.6	235 370.9
582.3	51 336.0	14 059.4	14 439.7	105 146.0
36.1	1 384.0	952.1	385.6	5 331.9
11.7	1 315.8	547.3	456.6	1 336.7
454.7	43 139.5	9 832.5	10 101.2	88 803.2
79.8	5 496.7	2 727.5	3 496.3	9 674.2
78.1	361.4	489.1	500.0	1 961.6
78.1	361.4	489.1	500.0	1 961.6
3 641.0	169 228.8	62 697.0	43 906.7	307 915.6
2 995.9	152 546.2	52 650.6	32 420.7	264 839.9
645.1	16 682.6	10 046.4	11 486.0	43 075.7
134.0	7 122.7	3 417.9	1 829.0	12 165.6
274.0	8 348.5	4 801.1	2 594.1	16 389.3
	826.7	- 561.7	35.8	1 660.0
1 147.4	21 925.0	35 068.0	5 804.4	68 259.8
1 138.8	21 093.9	34 283.6	4 937.4	67 837.5
687.0	43 956.7	8 417.6	4 599.2	85 789.7
682.3	43 320.2	8 176.6	4 516.0	84 436.3
434.3	31 169.5	11 214.1	7 709.0	160 327.2
380.8	28 000.3	8 849.3	6 475.3	127 232.3
53.5	3 169.2	2 364.8	1 233.7	33 094.9
140.0	24 586.5	6 581.9	4 916.0	68 805.9
130.7	23 196.0	5 258.0	3 806.0	53 322.9
6.0	561.7	678.1	450.0	4 304.0
3.3	828.8	645.8	660.0	11 179.0
15.1	9 484.8	- 986.9	523.0	691.2
20.0	532.5	640.3	690.3	617.0
3 013.4	155 327.9	54 765.1	30 450.6	273 542.7
799.1	24 249.9	15 229.2	17 543.1	59 578.0
2 507.1	127 942.6	55 905.1	23 063.6	343 030.7
173.2	8 834.6	5 951.6	1 514.4	44 809.9

13-9 限额以上批发零售

（2003

指标	商品销售成本	商品销售税金及附加
总计	**3 940 263.1**	**9 880.4**
一、批发企业	**3 295 637.7**	**6 521.1**
#国有及国有控股	2 957 701.6	5 661.1
(一)按登记注册类型分		
内资企业	3 286 744.2	6 521.1
国有企业	2 392 839.1	4 607.1
集体企业	92 676.6	404.7
股份合作企业	26 069.6	279.4
联营企业	1 489.4	
国有联营企业	1 489.4	
有限责任公司	332 663.9	602.4
国有独资企业	1 724.6	2.2
其他有限责任公司	330 939.3	600.2
股份有限公司	356 093.6	586.8
私营企业	81 571.8	34.8
私营合伙企业	1 701.8	0.3
私营有限责任公司	45 948.6	31.2
私营股份有限公司	33 921.4	3.3
其他企业	3 340.2	5.9
港、澳、台商投资企业	8 893.5	
合资经营企业	8 893.5	
(二)按国民经济行业分		
农畜产品批发业	89 008.8	15.6
食品、饮料及烟草制品批发业	904 067.1	2 901.5
米、面制品及食用油批发业	139 808.6	107.8
烟草制品批发业	716 098.4	2 654.2
纺织、服装及日用品批发业	353 709.5	20.1
服装批发业	149 434.3	8.3
文化、体育用品及器材批发业	74 988.4	141.8
医药及医疗器材批发业	223 706.3	877.5
矿产品、建材及化工产品批发业	858 090.1	1 922.5
煤炭及制品批发业	8 888.3	17.4
石油及制品批发业	662 176.7	1 865.0
金属及金属矿批发业	139 153.5	22.0
建材批发业	11 442.3	4.5
化肥批发业	14 307.0	3.3
机械设备、五金交电及电子产品批发业	768 823.8	615.4
汽车、摩托车及零配件批发业	560 094.2	459.2
家用电器批发业	89 572.3	62.4
计算机、软件及辅助设备批发业	29 601.5	7.5
其他批发业	23 243.7	26.7

贸易业主要财务指标(二)

年)　　　　单位:万元

商品销售利润	营业利润	利润总额	应交增值税	利税总额
219 010.5	**74 282.7**	**61 828.7**	**58 768.5**	**130 477.6**
180 304.3	**64 903.1**	**56 414.5**	**47 837.8**	**110 773.4**
168 083.4	59 570.2	51 152.9	37 639.2	94 453.2
180 272.0	65 014.2	56 525.6	47 806.3	110 853.0
134 598.3	39 042.7	35 067.1	29 201.1	68 875.3
2 468.9	180.2	40.2	1 392.6	1 837.5
1 501.8	124.6	373.1	2 798.1	3 450.6
42.9	-14.5	-14.5	0.3	-14.2
42.9	-14.5	-14.5	0.3	-14.2
13 402.5	6 091.4	5 981.2	6 813.5	13 397.1
3.2	-26.1	-28.1	9.0	-16.9
13 399.3	6 117.5	6 009.3	6 804.5	13 414.0
27 327.5	19 617.2	15 120.4	7 260.9	22 968.1
761.6	45.1	20.7	250.0	305.5
16.2	6.0	6.0		6.3
645.6	61.8	23.9	220.6	275.7
99.8	-22.7	-9.2	29.4	23.5
168.5	-72.5	-62.6	89.8	33.1
32.3	-111.1	-111.1	31.5	-79.6
32.3	-111.1	-111.1	31.5	-79.6
967.6	-7 321.0	-10 773.1	771.8	-9 985.7
92 854.7	35 019.2	36 844.0	19 490.0	59 235.5
126.8	-13 606.7	-18 455.8	13.8	-18 334.2
89 137.3	48 920.4	55 816.0	18 180.9	76 651.1
7 345.7	-1 563.9	-424.1	321.9	-82.1
3 547.0	95.4	1.1	76.3	85.7
6 659.0	3 023.5	3 056.2	404.4	3 602.4
12 767.8	2 032.6	2 470.6	9 700.5	13 048.6
47 263.1	29 609.4	22 621.4	11 936.5	36 480.4
381.7	-55.3	110.8	0.8	129.0
44 186.1	29 015.6	21 826.4	11 065.0	34 756.4
1 796.2	558.4	544.2	434.3	1 000.5
172.8	50.9	41.1	40.5	86.1
175.1	-51.9	-63.2		-59.9
10 789.1	2 798.6	1 669.7	4 949.0	7 234.1
6 954.1	2 870.9	2 912.2	3 873.6	7 245.0
820.1	-153.1	-149.7	556.6	469.3
305.4	-59.0	-37.0	68.3	38.8
1 657.3	1 304.7	949.8	263.7	1 240.2

13－9 续表

指　　标	商品销售成本	商品销售税金及附加
二、零售企业	**644 625.4**	**3 359.3**
#国有及国有控股	206 137.1	1 015.1
(一)按登记注册类型分		
内资企业	642 977.7	3 359.3
国有企业	134 209.8	848.9
集体企业	3 004.6	19.3
股份合作企业	50 725.8	320.2
联营企业	23 938.4	13.3
国有联营企业	23 938.4	13.3
有限责任公司	119 382.4	472.8
其他有限责任公司	119 382.4	472.8
股份有限公司	217 514.2	1 058.5
私营企业	94 202.5	626.3
私营独资企业	4 612.3	147.7
私营合伙企业	909.6	64.4
私营有限责任公司	79 581.3	374.4
私营股份有限公司	9 099.3	39.8
港、澳、台商投资企业	1 647.7	
独资经营企业	1 647.7	
(二)按国民经济行业分		
综合零售业	279 679.6	1 791.9
百货零售业	241 000.4	1 301.4
超级市场零售业	38 679.2	490.5
食品、饮料及烟草制品专门零售业	10 501.5	36.0
纺织、服装及日用品专门零售业	13 567.4	248.0
服装零售业	1 569.0	7.4
文化、体育用品及器材专门零售业	51 405.0	282.5
图书零售业	51 113.4	280.2
医药及医疗器材专门零售业	69 093.2	582.6
药品零售业	67 920.9	580.4
汽车、摩托车、燃料及零配件专门零售业	153 108.0	344.6
汽车零售业	123 032.0	71.0
机动车燃料零售业	30 076.0	273.6
家用电器及电子产品专门零售业	66 186.3	68.3
家用电器零售业	51 241.5	51.4
计算机、软件及辅助设备零售业	4 071.1	4.6
通讯设备零售业	10 873.7	12.3
五金、家具及室内装修材料专门零售业	664.2	2.0
无店铺及其他零售业	420.2	3.4
(三)按业态分		
百货商店	248 573.9	1 458.7
超级市场	53 538.8	500.1
专业(专卖)商店	301 948.5	1 117.4
其他	40 564.2	283.1

单位:万元

商品销售利润	营业利润	利润总额	应交增值税	利税总额
38 706.2	**9 379.6**	**5 414.2**	**10 930.7**	**19 704.2**
17 333.9	7 055.1	1 842.7	5 292.6	8 150.4
38 543.5	9 390.5	5 425.1	10 926.2	19 710.6
14 714.9	2 853.0	3 135.4	3 700.4	7 684.7
343.4	11.2	11.2	23.2	53.7
2 279.2	- 263.4	784.5	897.3	2 002.0
69.1	255.3	255.3	128.5	397.1
69.1	255.3	255.3	128.5	397.1
4 864.2	4 068.0	-1 261.6	2 494.6	1 705.8
4 864.2	4 068.0	-1 261.6	2 494.6	1 705.8
9 899.6	2 161.3	2 441.6	2 929.3	6 429.4
6 373.1	305.1	58.7	752.9	1 437.9
181.8	102.0	104.3	6.0	258.0
183.9	-3.4	10.8	0.2	75.4
5 934.3	169.6	13.3	739.5	1 127.2
73.1	36.9	-69.7	7.2	-22.7
162.7	-10.9	-10.9	4.5	-6.4
162.7	-10.9	-10.9	4.5	-6.4
13 413.1	-1 529.6	- 173.9	3 862.6	5 480.6
15 189.4	- 279.7	1 039.3	3 007.6	5 348.3
-1 776.3	-1 249.9	-1 213.2	855.0	132.3
1 043.9	754.4	752.8	401.3	1 190.1
1 544.3	999.0	995.7	447.8	1 691.5
	-0.6	-0.6		6.8
10 288.1	2 930.6	2 709.5	2 061.4	5 053.4
10 347.2	2 989.7	2 768.6	2 059.4	5 108.2
7 485.3	3 699.1	-1 606.5	2 577.0	1 553.1
7 389.6	3 697.6	-1 609.9	2 551.6	1 522.1
3 534.8	2 344.0	2 224.7	1 429.6	3 998.9
2 001.3	1 440.7	1 426.3	543.8	2 041.1
1 533.5	903.3	798.4	885.8	1 957.8
1 282.1	254.0	231.5	121.5	421.3
970.2	268.2	256.4	77.4	385.2
122.0	0.1	-6.1	21.8	20.3
189.9	-14.3	-18.8	22.3	15.8
2.4	-59.6	-59.5	3.2	-54.3
112.2	-12.3	339.9	26.3	369.6
16 022.1	12.7	1 407.4	3 059.5	5 925.6
-1 274.2	-1 078.2	-1 143.8	933.1	289.4
21 599.3	9 647.5	4 511.6	6 028.6	11 657.6
2 359.0	797.6	639.0	909.5	1 831.6

13－10 限额以上餐饮

（2003

指 标	资产总计	流动资产合 计	固定资产合 计	本年提取的固定资产折旧	负债合计	所有者权益合计
总 计	**38 943.0**	**12 192.0**	**19 970.6**	**1 344.2**	**19 909.3**	**19 033.7**
一、按登记注册类型分						
内资企业	26 941.3	9 368.6	13 741.6	860.1	15 327.7	11 613.6
集体企业	280.0	221.0	80.2	3.0	90.4	189.6
股份合作企业	1 418.4	409.7	400.4	72.1	1 126.0	292.4
有限责任公司	434.4	141.7	232.7	9.6	128.0	306.4
其他有限责任公司	434.4	141.7	232.7	9.6	128.0	306.4
股份有限公司	295.9	194.1	97.6	16.4	88.6	207.3
私营企业	24 512.6	8 402.1	12 930.7	759.0	13 894.7	10 617.9
私营独资企业	11 360.8	4 047.3	5 565.3	358.6	7 381.2	3 979.6
私营合伙企业	2 065.4	1 135.0	604.4	44.0	1 525.9	539.5
私营有限责任公司	10 675.5	3 078.2	6 491.8	336.4	4 731.8	5 943.7
私营股份有限公司	410.9	141.6	269.2	20.0	255.8	155.1
港、澳、台商投资企业	2 117.8	1 001.1	769.6	48.7	1 052.8	1 065.0
合资经营企业	2 117.8	1 001.1	769.6	48.7	1 052.8	1 065.0
外商投资企业	9 883.9	1 822.3	5 459.4	435.4	3 528.8	6 355.1
中外合资经营企业	2 471.7	1 198.4	829.1	30.0	1 988.8	482.9
外资企业	7 412.2	623.9	4 630.3	405.4	1 540.0	5 872.2
二、按国民经济行业分						
正 餐	31 360.8	11 494.1	14 974.3	911.0	18 346.3	13 014.5
快 餐	7 582.2	697.9	4 996.3	433.2	1 563.0	6 019.2

业主要经济指标

年）　　　　　　　　　　　　　　　　　　　　　　　　　　　　　　单位:万元

实收资本	营业收入	营业成本	营业税金及附加	经营利润	营业利润	利润总额	利税总额
16 835.4	**62 186.6**	**35 531.6**	**3 032.3**	**8 969.1**	**3 941.9**	**3 808.7**	**6 841.0**
12 157.8	45 627.9	28 148.2	2 242.5	5 479.6	1 950.7	1 841.1	4 083.6
123.0	1 259.0	749.5	47.7	220.5	131.3	100.3	148.0
250.3	3 023.9	1 725.8	188.7	122.7	57.2	58.4	247.1
195.0	1 494.5	851.8	76.8	236.3	68.9	65.8	142.6
195.0	1 494.5	851.8	76.8	236.3	68.9	65.8	142.6
182.0	1 156.4	631.3	98.9	54.8	7.2	8.2	107.1
11 407.5	38 694.1	24 189.8	1 830.4	4 845.3	1 686.1	1 608.4	3 438.8
4 643.6	22 397.0	15 196.8	929.5	2 621.2	1 026.8	811.2	1 740.7
634.8	3 480.2	2 338.7	213.0	399.3	-3.8	6.8	219.8
6 029.1	11 703.4	6 010.5	631.2	1 738.1	648.8	776.1	1 407.3
100.0	1 113.5	643.8	56.7	86.7	14.3	14.3	71.0
1 288.8	3 299.1	2 269.7	164.2	258.1	-17.1	3.7	167.9
1 288.8	3 299.1	2 269.7	164.2	258.1	-17.1	3.7	167.9
3 388.8	13 259.6	5 113.7	625.6	3 231.4	2 008.3	1 963.9	2 589.5
1 280.0	1 381.7	791.5	69.0	-113.4	-545.2	-535.3	-466.3
2 108.8	11 877.9	4 322.2	556.6	3 344.8	2 553.5	2 499.2	3 055.8
14 423.6	49 654.1	30 717.7	2 456.9	5 559.7	1 351.9	1 272.6	3 729.5
2 411.8	12 532.5	4 813.9	575.4	3 409.4	2 590.0	2 536.1	3 111.5

13－11　各地区限额以上批发零售贸易业基本情况

（2003 年）

地　　区	法人企业（个）	批发企业	零售企业	产业活动单位（个）	年末从业人数（人）
合　　计	**429**	**241**	**188**	**458**	**66 178**
南 昌 市	135	79	56	147	26 722
景德镇市	15	6	9	15	2 593
萍 乡 市	11	4	7	11	2 287
九 江 市	70	37	33	71	6 804
新 余 市	30	11	19	31	5 472
鹰 潭 市	11	6	5	11	1 569
赣 州 市	56	29	27	59	6 536
吉 安 市	25	14	11	37	3 673
宜 春 市	35	28	7	35	4 890
抚 州 市	9	5	4	9	1 696
上 饶 市	32	22	10	32	3 936

13－12　各地区限额以上批发零售贸易业销售总额

（2003 年）　　单位:万元

地　　区	销售额	#出　口	批发额	零售额
合　　计	**5 792 842.4**	**671 458.9**	**4 493 363.9**	**1 299 478.5**
南 昌 市	3 323 473.3	653 580.5	2 643 437.1	680 036.2
景德镇市	113 826.7	16 077.1	89 074.2	24 752.5
萍 乡 市	160 969.0		117 538.5	43 430.5
九 江 市	495 161.1		406 575.3	88 585.8
新 余 市	120 487.3		84 978.3	35 509.0
鹰 潭 市	94 874.6		69 359.0	25 515.6
赣 州 市	405 215.1		296 726.6	108 488.5
吉 安 市	266 893.2	69.0	219 132.6	47 760.6
宜 春 市	352 216.8	1 651.3	234 697.4	117 519.4
抚 州 市	241 360.7	81.0	189 657.8	51 702.9
上 饶 市	218 364.6		142 187.1	76 177.5

13－13　重点批发贸易企业主要经济指标

（2003 年）

企　业　名　称	商品销售额（万元）	出口额（万元）	固定资产合计（万元）	利税总额（万元）	从业人数（人）
江西江铃汽车销售总公司	570 880		502	6 341	296
江西省烟草公司南昌分公司	161 670		5 793	8 270	879
江西省烟草公司抚州市分公司	128 986		5 547	6 327	102
江西省粮油食品进出口公司	127 325	123 089	1 876	546	307
江西省针棉织品进出口公司	124 486	124 486	1 488	1 095	162
江西省服装进出口公司	110 576	104 896	3 372	430	169
九江石化三鑫总公司	108 145		4 802	1 222	180
中国石油化工股份公司江西南昌石油分公司	100 172		14 756	3 956	920
中国石油化工股份有限公司江西赣州石油分公司	94 499		28 171	7 397	418
江西省新华书店	92 848		11 163	2 735	172
江西南华医药有限公司	90 255		7 891	654	843
中国石油化工股份有限公司抚州分公司	89 320		13 543	4 326	245
江西江中医药贸易有限责任公司	82 851		55	9 132	405
中国石化集团江西宜春石油分公司	77 274		14 617	3 234	52
江西省石油总公司吉安分公司	77 235		10 286	4 689	231
江西省烟草公司九江分公司	74 234		46	10	130
江西省萍乡市金属材料总公司	73 913		947	59	79
江西省烟草公司赣州分公司	72 512		10 605	4 424	121
中国石油化工股份有限公司江西九江公司	57 473		11 519	1 014	449
江西省畜产进出口有限公司	56 105	56 105	967	212	101
南昌海尔工贸有限公司	53 404			394	351
江西省烟草公司宜春分公司	52 385		11 014	9 980	321
中国有色金属南昌供销公司	51 074		163	591	66
江西省景德镇市烟草公司	41 848		8 591	3 268	154
中国有色金属进出口江西公司	40 722	40 581	74	656	33
萍乡市烟草公司	39 084		3 585	3 212	394
江西省烟草公司吉安分公司	38 147		5 081	8 181	882
江西思创科技产业有限公司	35 405		139	39	155
江西格力空调销售有限公司	35 391		76	10	32
中国石油化工股份有限公司景德镇石油分公司	32 424		5 620	996	189
江西省机械设备进出口公司	31 470	31 470	403	180	63
江西省石油公司上饶分公司	31 263		6 598	－ 186	219
江西省医药保健品进出口公司	30 908	30 908	179	－ 482	123
江西省石油总公司萍乡分公司	30 626		6 000	1 659	234
江西江铃汽车销售有限公司	30 475		416	721	127
江西省纺织品进出口公司	28 947	28 947	377	－1 847	140
药都樟树医药公司	28 796		198	325	214
江西省烟草公司鹰潭分公司	28 010		2 334	3 264	225
中国石油化工股份有限公司江西鹰潭分公司	25 082		4 552	1 844	434
江西瑞昌石油化工分公司	24 552		4 954	－ 875	228
中国石油化工股份有限公司江西新余分公司	24 543		6 018	2 144	183
江西济民堂医药有限公司	24 378		183	3 424	1 055
江西省烟草公司丰城市公司	23 030		1 133	2 126	56
江西省烟草公司新余分公司	22 674		4 771	2 636	91
鹰潭市医药公司	21 988		301	33	132
南昌 TCL 电器销售有限公司	21 058		42	74	82
江西中基进出口有限公司	17 895	17 895	211	134	33
江西省彭泽县棉麻公司	17 513		3 326	412	235
江西省投资进出口有限责任公司	17 047	15 769	228	152	35
江西省瑞康医药有限责任公司	16 932		103	57	69
江西省智通汽车销售服务公司	16 467		3 535		145

13－14 重点零售贸易企业主要经济指标

（2003年）

企业名称	商品销售额（万元）	固定资产合计（万元）	利税总额（万元）	从业人数（人）	营业面积（平方米）
南昌百货大楼股份有限公司	112 197	30 066	1 445	2 300	66 000
南昌洪城大厦股份有限公司	95 746	19 153	3 121	822	64 140
南昌市黄庆仁栈华氏大药房有限公司	37 385	7 732	－15	5 731	78 970
江西新洪客隆工贸发展总公司	33 516	1 476	1 323	497	38 000
江西运通汽车贸易有限公司	33 425	96	1 413	53	650
江西太平洋购物广场有限公司	30 053	292	360	350	32 000
江西大众汽车销售维修服务有限公司	28 133	837	397	158	3 000
江西国力汽车服务有限公司	19 602	139	606	72	6 120
江西东维汽车销售有限公司	17 271	553	65	24	300
江西省汽车销售技术服务总公司	16 934	1 495	－65	185	3 300
江西省青龙集团商厦有限公司	13 793	3 596	14	410	12 000
北京华联（江西）综合超市有限公司	13 434	1 462	591	450	16 000
江西泰豪电器城有限公司	13 217	15	84	38	240
南昌亨得利钟表眼镜公司	11 607	1 456	1 684	185	2 390
南昌市新华书店	10 213	1 778	551	412	5 200
江西省水晶宫数码科技广场有限公司	8 419	14	17	95	1 800
南昌欧亚汽车销售有限公司	7 632	82	－ 181	12	120
江西东方汽车贸易有限公司	7 613	42	15	38	300
南昌开心大药房有限公司	7 412	141	60	51	1 500
九江市新汇通实业有限公司	7 383	1 615	92	69	3 000
上海大众汽车江西销售服务有限公司	7 050	382	－12	62	700
信丰县石油公司	5 797	1 050	436	84	602
九江农工商超市有限公司	5 605	625	－ 382	140	10 000
江西省医药集团新余公司	5 507	866	110	132	1 181
江西新洪客隆莲塘实业有限公司	5 323	1 861	－ 217	308	14 500
九江先达公司	5 201	33	15	50	1 000
中国石化股份有限公司于都支公司	5 146	269	276	67	5 000
赣州四平家电超市	5 105	22	88	180	2 000
南昌市天虹商场有限公司	4 532	1 247	－ 546	615	13 000
江西吉安永新石油支公司	4 482	379	－ 100	38	450
江西长运石油有限公司	4 421	79	53	79	2 400
江西省萍乡市新华书店	4 395	1 345	184	140	3 690
江西天马空调销售网络有限公司	4 389	25		20	120
江西农工商超市有限公司	4 333	376	－ 578	114	6 000
江西施迈尔电讯发展有限公司	4 166	6	5	87	890
景德镇市百货纺织品总公司	4 141	6 284	3	816	6 000
江西省赣州百货股份有限公司	3 889	2 987	6	347	17 115
新余市腾达电器有限公司	3 838	33	52	108	2 500
江西省医药公司遂川县公司	3 467	350	139	227	1 000
江西省抚州市医药集团总公司	3 258	1 066	9	250	1 866
南康市石油公司	3 251	245	128	80	3 000
江西金阳光百货有限公司	3 177	2 383	－ 176	150	12 000
南昌市洪城加油站	3 167	93	680	60	500
新余市新华书店	3 160	657	273	95	4 659
赣州启德广播电视交电有限公司	3 018	11	7	130	2 500
新余市新大地电器有限公司	2 980	108	22	220	4 730
江西省康华空调家电有限公司	2 947	30	6	6	400
赣州市国光平价购物广场	2 912	178	230	150	3 800
赣州医药集团于都县医药总公司	2 908	232	520	110	800
江西煌上煌烤卤有限公司	2 893	1 792	347	186	345
上海华联超市（南昌）有限公司	2 836	803	4	125	8 828

13－15 限额以上连锁店(公司)商品销售情况

(2003 年) 单位:万元

指标	连锁总店数(个)	连锁门店数(个)		
			直销店	加盟店
总计	**22**	**1 053**	**979**	**74**
一、零售业	**17**	**1 038**	**966**	**72**
#国有及国有控股	4	891	891	
按零售业态分				
百货商店	3	10	9	1
超级市场	6	33	28	5
专业(专卖)商店	7	914	914	
其他	1	81	15	66
二、餐饮业	**5**	**15**	**13**	**2**
按行业分				
正餐	4	8	7	1
快餐	1	7	6	1

指标	营业面积(平方米)	从业人数(人)	销售总额(营业总收入)	
				#零售额
总计	**320 528**	**13 710**	**337 325.2**	**286 830.4**
一、零售业	**281 228**	**11 562**	**323 074.8**	**272 580**
#国有及国有控股	88 170	6 554	49 285.4	49 285.4
按零售业态分				
百货商店	169 000	3 443	246 781.9	200 750.2
超级市场	18 720	753	4 852.3	4 852.3
专业(专卖)商店	92 178	6 907	68 547.9	65 605
其他	1 330	459	2 892.7	1 372.5
二、餐饮业	**39 300**	**2 148**	**14 250.4**	**14 250.4**
按行业分				
正餐	36 500	1 816	13 697.6	13 697.6
快餐	2 800	332	552.8	552.8

13－16　全省亿元以上商品市场成交额情况

（2003年）

指　　　标	摊位数量（个）	总成交额（万元）	#零售额
总　　　计	**38 099**	**4 030 605**	**1 026 827**
食品、饮料、烟酒类	12 431	1 277 906	292 387
#粮油果菜类	7 231	612 776	170 250
服装鞋帽、针、纺织品类	12 188	1 159 498	217 025
化妆品类	788	70 299	14 550
日用品类	2 886	209 568	48 322
五金、电料类	872	59 177	10 020
体育、娱乐用品类	82	7 096	1 914
书报杂志类	31	2 598	1 505
电子出版物及音像制品类	75	6 924	2 372
家用电器和音像器材类	1 456	142 282	29 404
中西药品类	366	44 771	12 123
#中草药及中成药类	333	35 030	9 830
文化办公用品类	930	91 061	9 021
家具类	567	115 008	79 424
木材及制品类	203	9 121	4 488
化工材料及制品类	50	5 313	2 177
金属材料类	185	140 297	17 566
建筑及装潢材料类	2 258	332 608	146 360
机电产品及设备类	788	149 225	40 575
#农机类	160	41 686	974
汽车类	336	102 895	39 523
其他类	1 943	207 853	97 594
#旧货类	325	12 000	12 000

主要统计指标解释

社会消费品零售总额 指各种经济类型的批发零售贸易业、餐饮业、制造业和其他行业直接售给城乡居民和社会集团的消费品零售额,这个指标反映通过各种商品流通渠道向居民和社会集团供应的生活消费品总量,是研究人民生活,社会消费品购买力、货币流通等问题的重要指标。具体包括:(1)售给城乡居民作为生活消费用的商品和修建房屋用的建筑材料;(2)售给社会集团的各种办公用品及公用消费品。(3)售给机关、团体、学校、部队、企业、事业单位的职工食堂和旅店(招待所)附设专门供本店旅客食用,不对外营业的食堂的各种食品、燃料;企业、单位和国营农场直接售给本单位职工和职工食堂的自己生产的产品;(4)售给部队干部、战士生活用的粮食、副食品、衣着品、日用品、燃料;(5)售给来华的外国人、华侨、港澳台同胞的消费品;(6)居民自费购买的中、西药品、中药材及医疗用品;(7)报社、出版社直接售给居民和社会集团的报纸、图书、杂志,集邮公司出售的新、旧纪念邮票、特种邮票、首日封、集邮册、集邮工具等;(8)旧货寄售商店自购、自销部分的商品;(9)煤气公司、液化石油气站售给居民和社会集团的煤气灶具和罐装液化石油气;(10)农民售给非农业居民和社会集团的商品。

批发零售贸易业商品购、销、存总额 指以各种经济类型的批发、零售贸易业(不包括个体)为总体的商品购、销、存。

商品购进总额 指从本企业(单位)以外的单位和个人购进(包括从国外直接进口)作为转卖或加工后转卖的商品。这个指标反映批发零售贸易业从国内、国外市场上购进商品的总量。商品购进总额包括:(1)从工农业生产者购进的商品;(2)从出版社、报社的出版发行部门购进的图书、杂志和报纸;(3)从各种经济类型的批发零售贸易企业(单位)购进的商品;(4)从其他单位购进的商品,如从机关、团体、企业、单位购进的剩余物资,从餐饮业、服务业购进的商品,从海关、市场管理部门购进的缉私和没收的商品,从居民收购的废旧商品等;(5)从国(境)外直接进口的商品。不包括企业(单位)为自身经营用,和未通过买卖行为而收入的商品以及销售退回、商品升溢等。

商品销售总额 指对本企业(单位)以外的单位和个人出售(包括对国(境)外直接出口)的商品。这个指标反映批发零售贸易业在国内市场上销售商品以及出口商品的总量。商品销售总额包括:(1)售给城乡居民和社会集团消费用的商品;(2)售给工业、农业、建筑业、运输邮电业、批发零售贸易业、餐饮业、服务业等作为生产、经营使用的商品;(3)售给批发零售贸易业作为转卖或加工后转卖的商品;(4)对国(境)外直接出口的商品。不包括:出售本企业(单位)自用的废旧包装用品,未通过买卖行为付出的商品,经本单位介绍,由买卖双方直接结算,本单位只收取手续费的业务,购货退出的商品以及商品损耗和损失等。

商品销售收入净额 指批发零售贸易企业商品销售收入减去商品销售折扣与折让后的净额。

营业收入 指餐饮企业的营业收入,包括餐费收入、冷热饮收入、服务收入和其他收入。

批发零售贸易业年末库存 指年末各种经济类型的批发零售贸易企业(单位)已取得所有权的商品。它反映各地区、各批发零售贸易企业(单位)的商品库存情况,和对市场商品供应的保证程度。期末库存包括:(1)存放在批发零售贸易业经营单位(如门市部、批发站、经营处)仓库、货场、货柜和货架中的商品。(2)挑选、整理、包装中的商品;(3)已记入购进而未运到本单位的商品,即发货单或银行承兑凭证已到而货未到部分;(4)寄放他处的商品,如因购货方拒绝承付而暂时在购货方的商品和已办完加工成品收回手续而未提回的商品;(5)委托其他单位代销(未作销售或调出)尚未售出的商品;(6)代其他单位购进尚未交付的商品。不包括所有权不属于本单位的商品;拨付除批发零售贸易业以外的其他行业所属独立核算加工厂等加工生产尚未收回成品的商品;代国家物资储备部门保管的商品等。期末库存总额计算方法是:农副产品采购单位按购进价计算,批发单位按进货价计算,零售单位按什么价格核算就按什么价格计算。

城乡集市贸易成交总额 指在农村集市和城镇集市上买卖双方(包括农民、非农业居民、机关、团体、工商企业、个体商贩)成交的全部商品金额。

批发零售贸易业 指专门从事批发和零售贸易活动的经济部门,包括国内商业、对外贸易业和物资供销业。现行综合统计制度中的商品流转统计暂只限独立核算法人批发零售贸易企业及其他行业附营的批发零售贸易单位。不包括个体的批发零售贸易者。

批发业 指专门从事批发贸易活动的企业和单位(包括个体经营者,下同)。如从事农副产品采购和供应的供销合作社、百货、纺织品、食品、五交化等批发公司(站)、外贸公司、物资供销公司等等。

零售业 指专门从事从工农业生产者,批发贸易业或居民购进商品,转卖给城乡居民作为生活消费和售给社会集团作为公共消费的商品流通企业和单位。

限额以上贸易餐饮企业 1. 批发企业年销售额 2000 万元及以上,年末从业人员 20 人及以上;2. 零售企业年销售额 500 万元及以上,年末从业人员 60 人及以上;3. 餐饮企业年营业收入 200 万元及以上,年末从业人员 40 人及以上。

对外经济贸易业和旅游 14

FOREIGN ECONOMY TRADE AND TOURISM

- 2003 年，海关进出口总额 252799 万美元，比 2002 年增长 49.2%，其中：进口总额 102230 万美元，出口总额 150569 万美元，分别比 2002 年增长 59.1% 和 43.1%。

- 2003 年，利用外资签订合同金额 233094 万美元，实际利用外资金额 166353 万美元，分别比 2002 年增长 52.0% 和 33.4%。

- 2003 年，接待海外游客 16.56 万人次，旅游外汇收入 4746 万美元，分别比 2002 年下降 31.3% 和 33.7%。

- 2003 年，对外交流出国 4085 人次，比 2002 年下降 23.8%。

本篇章

资料整理	微机处理
林　红	林　红

14－1 海关进出口货物总额

（1989－2003年）

年份	按人民币计算（万元）				按美元计算（万美元）			
	进出口总额	出口总额	进口总额	差额 出超（＋）入超（－）	进出口总额	出口总额	进口总额	差额 出超（＋）入超（－）
1989	232 715	174 932	57 783	117 149	62 487	46 948	15 539	31 409
1990	322 283	257 970	64 313	193 657	71 934	58 023	13 911	44 112
1991	408 347	270 925	137 422	133 503	76 568	50 814	25 754	25 060
1992	531 711	355 773	175 938	179 835	96 533	64 707	31 826	32 881
1993	665 418	350 031	315 387	34 644	116 740	61 409	55 331	6 078
1994	1 126 963	690 113	436 850	253 263	130 457	80 014	50 443	29 571
1995	1 080 209	845 224	234 985	610 239	129 044	101 035	28 009	73 026
1996	928 914	709 206	219 708	489 498	111 672	85 243	26 429	58 814
1997	1 105 121	924 093	181 028	743 065	133 284	111 438	21 846	89 592
1998	1 033 368	844 234	189 134	655 100	124 720	101 870	22 850	79 020
1999	1 087 884	750 259	337 625	412 634	131 387	90 611	40 776	49 835
2000	1 344 664	991 414	353 250	638 164	162 399	119 736	42 663	77 073
2001	1 267 519	860 333	407 186	453 147	153 119	103 930	49 189	54 741
2002	1 402 687	871 005	531 682	339 323	169 468	105 232	64 236	40 996
2003	2 092 670	1 246 410	846 260	400 150	252 799	150 569	102 230	48 339

14－2 海关进出口货物分贸易方式总额

单位:万美元

项目	2002年			2003年		
	合计	进口	出口	合计	进口	出口
总计	**169 468**	**64 236**	**105 232**	**252 799**	**102 230**	**150 569**
一般贸易	140 796	46 145	94 651	214 710	78 105	136 605
国家间、国际组织无偿援助和赠送的物资	228	11	217	159	101	58
华侨、港澳台同胞、外籍华人捐赠物资	11	11		2	2	
来料加工装配贸易（对口合同除外）	7 679	3 399	4 280	7 601	3 375	4 226
进料加工贸易	8 225	2 177	6 048	14 999	5 454	9 545
来料加工装配进口的设备	25	25		95	95	
对外承包工程出口货物	24		24	130		130
边境小额贸易（边民互市贸易除外）				4		4
外商投资企业作为投资进口的设备、物品	12 108	12 108		14 965	14 965	
免税外汇商品						
保税仓库进出境货物	331	320	11	67	67	
其他	41	40	1	67	66	1

14－3　海关按类别分进出口总额

单位：万美元

指　　标	进出口总额		出口总额		进口总额	
	2002 年	2003 年	2002 年	2003 年	2002 年	2003 年
总　　计	**169 468**	**252 799**	**105 232**	**150 569**	**64 236**	**102 230**
一、活动物;动物产品	2 463	2 483	2 149	2 251	314	232
1. 活动物	1 725	1 859	1 715	1 859	10	
2. 肉及食用杂碎	54	228	54	102		126
3. 鱼、甲壳动物、软体动物及其他水生无脊动物	33	55	33	52		3
4. 乳品;蛋品;天然蜂蜜;其他食用动物产品	52	33	44	31	8	2
5. 其他动物产品	599	308	303	207	296	101
二、植物产品	4 011	3 753	3 821	3 723	190	30
1. 活树及其他活植物;鳞茎、根及类似品;插花及装饰用簇叶	1	2	1	2		
2. 食用蔬菜、根及块茎	108	144	108	144		
3. 食用水果及坚果;甜瓜或柑桔属水果的果皮	13	33	13	33		
5. 咖啡、茶、马黛茶及调味香料	758	340	626	330	132	10
6. 谷物	2 802	2 921	2 746	2 907	56	14
7. 制粉工业产品;麦芽;淀粉;菊粉;面筋	1	4	1	3		1
8. 含油子仁及果实;杂项子仁及果实;工业用或药用植物;稻草、秸秆及饲料	293	235	291	235	2	
9. 虫胶;树胶、树脂及其他植物液、汁	2	3	2	3		
10. 编结用植物材料;其他植物产品	33	71	33	66		5
三、动植物油、脂及其分解产品;精制的食用油脂;动、植物蜡	124	441	5	11	119	430
四、食品;饮料、酒及醋;烟草、烟草及烟草代用品的制品	4 982	3 754	4 519	3 651	463	103
1. 肉、鱼、甲壳动物、软体动物及其他水生无脊椎动物的制品	2 842	2 014	2 842	2 014		
2. 糖及糖食	30	34	30	31		3
3. 可可及可可制品	27	27	27	27		
4. 谷物、粮食粉、淀粉或乳的制品;糕饼点心	637	648	637	647		1
5. 蔬菜、水果、坚果或植物其他部分的制品	557	550	557	550		
6. 杂项食品	275	259	230	226	45	33
7. 饮料、酒及醋	16	10	13	10	3	
8. 食品工业的残渣及废料;配制的动物饲料	598	212	183	146	415	66
五、矿产品	10 049	27 546	1 096	1 589	8 953	25 957
1. 盐;硫酸;泥土及石料;石膏料、石灰及水泥	1 078	1 721	1 076	1 566	2	155
2. 矿砂、矿渣及矿灰	8 590	24 713	16	21	8 574	24 692
3. 矿物燃料、矿物油及其蒸馏产品;沥青物质;矿物蜡	381	1 112	4	2	377	1 110

14－3　续表1　　单位:万美元

指标	进出口总额		出口总额		进口总额	
	2002年	2003年	2002年	2003年	2002年	2003年
六、化学工业及其相关工业的产品	17 073	25 716	15 921	23 977	1 152	1 739
1. 无机化学品;贵金属、稀土金属、放射性元素及其同位素的有机及无机化合物	6 471	10 098	6 035	9 473	436	625
2. 有机化学品	5 432	7 681	5 395	7 517	37	164
3. 药品	380	545	379	519	1	26
4. 肥料	20	894	20	894		
5. 鞣料浸膏及染料浸膏;鞣酸及其他衍生物;染料、颜料及其他着色料;油漆及清漆;油灰及其他类似胶粘剂;墨水、油墨	259	286	154	170	105	116
6. 精油及香膏;芳香料制品及化妆盥洗品	269	231	269	230		1
7. 肥皂、有机表面活性剂、洗涤剂、润滑剂、人造蜡、调制蜡、光洁剂、蜡烛及类似品、塑型用膏、"牙科用蜡"及牙科用熟石膏制剂	129	195	51	37	78	158
8. 蛋白类物质;改性淀粉;胶;酶	53	112	23	61	30	51
9. 炸药;烟火制品;火柴;引火合金;易燃材料制品	2 042	2 982	2 034	2 948	8	34
10. 照相及电影用品	1	1			1	1
11. 杂项化学产品	2 017	2 691	1 561	2 128	456	563
七、塑料及其制品;橡胶及其制品	10 584	18 022	2 961	4 320	7 623	13 702
1. 塑料及其制品	9 077	15 112	2 183	2 544	6 894	12 568
2. 橡胶及其制品	1 507	2 910	778	1 776	729	1 134
八、生皮、皮革、毛皮及其制品	2 122	3 704	2 105	3 520	17	184
1. 生皮及皮革	147	741	142	585	5	156
2. 皮革制品;鞍具及挽具;旅行用品、手提包及类似容器;动物肠线制品	1 892	2 908	1 892	2 906		2
3. 毛皮、人造毛皮及其制品	83	55	71	29	12	26
九、木及木制品;木炭;软木及软木制品;稻草、秸秆、针茅或其他编结材料制品;蓝筐及柳条编结品	2 288	2 566	2 260	2 524	28	42
1. 木及木制品;木炭	1 863	2 341	1 835	2 300	28	41
2. 软木及软木制品		1		1		
3. 稻草、秸秆、针茅或其他编结材料制品;篮筐及柳条编结品	425	224	425	223		1
十、木浆及其他纤维状纤维素浆;纸及纸板的废碎品;纸、纸板及其制品	2 356	2 556	1 015	1 250	1 341	1 306
1. 木浆及其他纤维状纤维;纸及纸板的废碎品	971	1 057			971	1 057

14－3　续表2　　　　单位:万美元

指　　标	进出口总额		出口总额		进口总额	
	2002年	2003年	2002年	2003年	2002年	2003年
2. 纸及纸板;纸浆、纸或纸板制品	1 375	1 475	1 008	1 230	367	245
3. 书籍、报纸、印刷图画及其他印刷品;手稿、打字稿及设计图纸	10	24	7	20	3	4
十一、纺织原料及纺织制品	42 405	61 464	38 831	57 888	3 574	3 576
1. 蚕丝	151	230	151	230		
2. 羊毛、动物细毛或粗毛;马毛纱线及其机织物	88	127	22	12	66	115
3. 棉花	5 885	5 750	5 247	5 069	638	681
4. 其他植物纺织纤维;纸纱线及其机织物	1 452	1 796	1 350	1 731	102	65
5. 化学纤维长丝	1 981	1 551	769	504	1 212	1 047
6. 化学纤维短纤	2 597	2 702	1 906	2 169	691	533
7. 絮胎、毡呢及无纺织物;特种纱线;线、绳、索、缆及其制品	216	313	167	267	49	46
8. 地毯及纺织材料的其他铺地制品	57	89	57	89		
9. 特种机织物;簇绒织物;花边;装饰毯;装饰带;刺绣品	2 839	3 379	2 708	3 134	131	245
10. 浸渍、涂布、包覆或层压的纺织物;工业用纺织制品	386	443	127	113	259	330
11. 针织物及钩编织物	650	1 465	357	1 011	293	454
12. 针织或钩编的服装及衣着附件	14 805	27 792	14 691	27 748	114	44
13. 非针织或非钩编的服装及衣着附件	9 310	12 861	9 298	12 851	12	10
14. 其他纺织制成品;旧衣着及旧纺织品;碎织物	1 988	2 966	1 981	2 960	7	6
十二、鞋、帽、伞、杖、鞭及其零件;已加工的羽毛及其制品;人造花;人发制品	2 991	4 342	2 985	4 325	6	17
1. 鞋靴、护腿和类似品及其零件	2 272	3 027	2 272	3 027		
2. 帽类及其零件	86	102	86	102		
3. 雨伞、阳伞、手仗、鞭子、马鞭及其零件	66	70	66	70		
4. 已加工羽毛、羽绒及其制品;人发制品	567	1 143	561	1 126	6	17
十三、石料、石膏、水泥、石棉、云母及类似材料的制品;陶瓷产品;玻璃及其制品	3 639	5 232	3 445	4 951	194	281
1. 石料、石膏、水泥、石棉、云母及类似材料的制品	1 034	1 418	1 025	1 362	9	56
2. 陶瓷产品	1 968	2 694	1 813	2 544	155	150
3. 玻璃及其制品	637	1 120	607	1 045	30	75
十四、天然或养殖珍珠、宝石或半宝石、贵金属、包贵金属及其制品;仿首饰;硬币	2 191	2 033	1 968	1 974	223	59

14－3　续表3　　　　　　　　　　　　　　　　　　　　　　　　单位:万美元

指　　　标	进出口总额		出口总额		进口总额	
	2002年	2003年	2002年	2003年	2002年	2003年
十五、贱金属及其制品	18 604	28 393	7 050	12 597	11 554	15 796
1. 钢铁	4 321	8 952	1 953	2 179	2 368	6 773
2. 钢铁制品	955	1 251	832	1 045	123	206
3. 铜及其制品	9 460	11 473	1 138	4 564	8 322	6 909
4. 镍及其制品		2				2
5. 铝及其制品	654	2 766	122	1 301	532	1 465
6. 铅及其制品	15	3	13		2	3
7. 锌及其制品	175	64	168	47	7	17
8. 锡及其制品	42	26	39	26	3	
9. 其他贱金属、金属陶瓷及其制品	1 897	2 719	1 864	2 636	33	83
10. 贱金属工具、器具、利口器、餐匙、餐叉及其零件	639	677	606	507	33	170
11. 贱金属杂项制品	446	460	315	292	131	168
十六、机器、机械器具、电气设备及其零件；录音机及放声机、电视图像、声音的录制和重放设备及其零件、附件	31 318	41 669	7 181	8 846	24 137	32 823
1. 锅炉、机器机械器具及其零件等	24 879	32 196	3 986	4 597	20 893	27 599
2. 电机、电气设备及其零件；录音机及放声机、电视图像、声音的录制和重放设备及其零件、附件	6 439	9 473	3 195	4 249	3 244	5 224
十七、车辆、航空器、船舶及有关运输设备	3 742	5 992	1 809	3 203	1 933	2 789
十八、光学、照相、电影、计量、检验、医疗或外科用仪器及设备、精密仪器及设备；上述物品的零件、附件	4 235	6 839	2 107	3 850	2 128	2 989
1. 光学、照相、电影、计量、检验、医疗或外科用仪器及设备、精密仪器及设备；零件、附件	4 128	6 677	2 003	3 688	2 125	2 989
2. 钟表及其零件	105	159	102	159	3	
3. 乐器及其零件、附件	2	3	2	3		
十九、杂项制品	4 289	5 795	4 002	5 620	287	175
1. 家具、寝具、褥垫、弹簧床垫、软座垫及类似的填充制品；未列名灯具及照明装置；发光标志、发光名牌及类似品；活动房屋	2 303	2 437	2 129	2 432	174	5
2. 玩具、游戏品、运动用品及其零件、附件	1 044	1 091	1 043	1 091	1	
3. 杂项制品	942	2 267	830	2 097	112	170
二十、艺术品、收藏品及古物	2	2	2	2		
二十一、其它		497		497		

14－4 海关按国别和地区分的进出口总额

单位:万美元

项目	进出口总额		出口总额		进口总额	
	2002年	2003年	2002年	2003年	2002年	2003年
合计	**169 468**	**252 799**	**105 232**	**150 569**	**64 236**	**102 230**
#香港	25 236	41 622	18 549	31 064	6 687	10 558
澳门	136	187	112	155	24	32
台湾省	7 490	11 411	2 532	5 620	4 958	5 791
朝鲜民主主义人民共和国	16	30	16			30
日本	21 078	23 074	13 173	13 166	7 905	9 908
泰国	966	1 890	627	1 021	339	869
马来西亚	1 441	2 413	939	1 619	502	794
新加坡	2 961	7 831	2 662	4 864	299	2 967
印度尼西亚	3 438	5 345	2 291	3 061	1 147	2 284
巴基斯坦	735	1 026	732	957	3	69
伊朗	883	1 069	442	971	441	98
伊拉克		11		11		
韩国	5 314	9 558	3 717	5 842	1 597	3 716
以色列	780	1 196	742	1 177	38	19
埃及	582	599	582	599		
波兰	838	1 462	838	1 462		
罗马尼亚	349	100	165	100	184	
德意志联邦共和国	7 290	16 358	2 552	3 281	4 738	13 077
法国	1 580	2 288	1 272	1 502	308	786
意大利	3 000	4 369	1 149	1 882	1 851	2 487
荷兰	2 378	4 169	2 051	3 862	327	307
比利时	842	1 604	626	841	216	763
英国	2 855	3 893	1 778	2 015	1 077	1 878
瑞士	5 930	5 816	323	470	5 607	5 346
俄罗斯联邦	981	830	497	721	484	109
乌克兰	1 157	818	309	663	848	155
乌兹别克	65	4	65	4		
哈萨克共和国	106	99	106	99		
立陶宛共和国	111	137	111	137		
爱沙尼亚共和国	139	325	136	325	3	
拉脱维亚共和国	16	48	16	29		19
古巴	819	584	243	243	576	341
巴西	776	743	479	637	297	106
智利	3 549	15 282	756	1 045	2 793	14 237
加拿大	2 201	2 670	937	1 114	1 264	1 556
美国	21 173	25 317	12 815	17 879	8 358	7 438
澳大利亚	3 822	4 278	2 043	2 368	1 779	1 910
新西兰	284	403	271	403	13	

14－5　海关主要商品出口总额

单位:万美元

品　　　名	2002 年	2003 年
活猪	1 641	1 801
谷物及谷物粉	2 746	2 907
茶叶	621	319
氟石	875	1 237
稀土金属及化合物	1 870	2 472
钨及其化合物	2 047	2 930
医药品	2 768	3 701
烟花、爆竹	2 027	2 935
活性碳	618	765
松香及树脂酸	630	654
服装及衣着附件	25 323	42 847
纺织纱线、织物及制品	14 790	17 455
鞋类	2 272	3 027
家用陶瓷器皿	1 021	1 690
铁合金	949	1 801
床垫、寝具及类似品	1 138	579
高新技术产品	2 653	5 144
机电产品	14 938	21 593

14－6　海关主要商品进口总额

单位:万美元

品　　　名	2002 年	2003 年
动物饲料及原料	415	66
铁矿砂	1 976	3 269
锰矿砂	335	13
铜矿砂	4 678	18 822
成品油	375	56
未锻造铜及铜材	3 192	4 221
废铜	5 102	2 654
初级形状的塑料	584	1 377
纸浆	694	837
纸及纸板	317	214
棉纱线	193	124
合成纤维纱线	47	218
棉机织物	446	448
合成纤维长丝机织物	1 185	845
钢材	139	269
高新技术产品	3 871	11 374
机电产品	28 684	39 254

14－7　各地区海关进出口总额

单位:万美元

地　　区	进出口总额		出口总额		进口总额	
	2002年	2003年	2002年	2003年	2002年	2003年
合　计	**169 468**	**252 799**	**105 232**	**150 569**	**64 236**	**102 230**
南昌市	90 932	134 152	72 758	100 440	18 174	33 712
景德镇市	7 830	8 051	4 331	5 631	3 499	2 420
萍乡市	643	658	401	578	242	80
九江市	16 936	24 185	3 925	5 000	13 011	19 185
新余市	4 708	4 110	1 879	1 228	2 829	2 882
鹰潭市	20 161	35 621	3 373	8 484	16 788	27 137
赣州市	13 350	23 137	8 549	13 085	4 801	10 052
吉安市	2 471	3 523	2 281	3 290	190	233
宜春市	5 809	8 604	2 185	3 334	3 624	5 270
抚州市	646	1 588	634	1 406	12	182
上饶市	5 982	9 170	4 916	8 093	1 066	1 077

14－8　对外承包工程、劳务合作、设计咨询

（2000－2003年）

项　　目	单　位	2000年	2001年	2002年	2003年
一、合同项目	份	168	144	97	110
承包工程	份	26	26	21	37
劳务合作	份	141	116	76	73
设计咨询	份	1	2		
二、合　同　额	万美元	9 503	8 398	8 449	12 595
承包工程	万美元	5 146	3 692	5 171	9 068
劳务合作	万美元	4 354	4 574	3 278	3 527
设计咨询	万美元	3	132		
三、营　业　额	万美元	10 949	13 335	13 477	14 825
承包工程	万美元	6 379	9 032	7 399	9 785
劳务合作	万美元	4 567	4 212	6 078	5 040
设计咨询	万美元	3	91		

14－9 利用外资情况

（1984－2003年）

年份	签约项目（个）	#直接投资	签约金额（万美元）	#直接投资	实际进资（万美元）	#直接投资
1984	32	18	952	708	204	80
1985	55	29	3 196	2 781	1 021	517
1986	58	8	7 962	2 093	1 611	458
1987	108	15	3 697	1 990	3 093	394
1988	115	35	12 807	1 760	3 692	563
1989	46	24	8 891	513	3 864	587
1990	101	54	12 292	2 855	5 141	621
1991	238	162	15 796	5 562	9 676	902
1992	963	906	75 221	58 990	19 957	9 653
1993	1 337	1 293	101 523	90 983	34 346	20 817
1994	583	536	85 018	39 158	45 213	26 168
1995	626	522	68 389	53 966	45 356	28 818
1996	466	369	48 035	39 485	47 136	30 068
1997	484	395	92 677	64 444	65 348	47 768
1998	342	334	62 444	41 919	70 865	46 493
1999	250	245	38 147	35 136	56 829	32 080
2000	274	272	26 568	26 478	32 781	22 724
2001	309	308	52 671	52 660	54 046	39 575
2002	591	591	153 387	153 387	124 725	108 725
2003	759	759	233 094	233 094	166 353	161 234

14－10 各地区利用外资情况

地区	签约项目（个）		签约金额（万美元）		实际进资（万美元）	
	2002年	2003年	2002年	2003年	2002年	2003年
合计	**591**	**759**	**153 387**	**233 094**	**124 725**	**166 353**
#南昌市	149	176	53 239	75 177	34 233	53 656
景德镇市	19	28	4 151	13 209	3 082	8 291
萍乡市	13	24	4 029	7 014	1 896	3 923
九江市	51	89	23 120	28 498	20 338	25 189
新余市	18	24	3 067	4 005	3 029	3 504
鹰潭市	8	15	1 601	4 126	1 358	2 678
赣州市	129	176	25 773	50 425	21 206	33 425
吉安市	70	84	11 824	15 606	5 887	8 547
宜春市	42	53	6 241	12 810	4 505	8 391
抚州市	59	41	10 771	7 623	7 433	5 478
上饶市	23	45	6 486	11 213	5 758	7 999

14－11 利用外资分类情况

分类	签约项目（个）		签约金额（万美元）		实际进资（万美元）	
	2002 年	2003 年	2002 年	2003 年	2002 年	2003 年
合计	**591**	**759**	**153 387**	**233 094**	**124 725**	**166 353**
一、对外借款					**16 000**	**5 119**
外国政府贷款					7 000	420
国际金融组织贷款					9 000	4 699
外国银行商业贷款						
二、外商直接投资	**591**	**759**	**153 387**	**233 094**	**108 725**	**161 234**
合资经营	183	185	40 880	45 071	36 798	43 431
合作经营	22	27	6 784	18 907	3 765	9 447
独资经营	386	546	105 723	168 711	68 162	108 327
股份制		1		405		29
三、外商其他投资						
补偿贸易						
加工装配						
国际租赁						
对外发行股票						

注:本表不包括增款援款。

14－12 利用外资分类构成

单位:%

分类	签约项目		签约金额		实际进资	
	2002 年	2003 年	2002 年	2003 年	2002 年	2003 年
合计	**100**	**100**	**100**	**100**	**100**	**100**
一、对外借款					**12.8**	**3.1**
外国政府贷款					5.6	0.3
国际金融组织贷款					7.2	2.8
外国银行商业贷款						
二、外商直接投资	**100**	**100**	**100**	**100**	**87.2**	**96.9**
合资经营	31.0	24.4	26.7	19.3	29.5	26.1
合作经营	3.7	3.6	4.4	8.1	3.0	5.7
独资经营	65.3	71.9	68.9	72.4	54.7	65.1
股份制		0.1		0.2		...
三、外商其他投资						
补偿贸易						
加工装配						
对外发行股票						

14－13　外商在赣直接投资情况

行　业	签约项目（个）		签约金额（万美元）		实际利用外资（万美元）	
	2002 年	2003 年	2002 年	2003 年	2002 年	2003 年
合　计	**591**	**759**	**153 387**	**233 094**	**108 725**	**161 234**
一、按投资方式分						
中外合资企业	183	185	40 880	45 071	36 798	43 431
中外合作企业	22	27	6 784	18 907	3 765	9 447
外资企业	386	546	105 723	168 711	68 162	108 327
股份制		1		405		29
二、按国民经济行业分						
农、林、牧、渔业	29	47	7 179	12 647	5 043	6 765
采掘业	8	10	667	2 190	729	1 716
制造业	309	454	76 755	119 902	58 642	85 628
#食品制造业	12	9	1 200	960	4 185	968
饮料制造业	13	12	2 153	1 532	1 219	962
纺织业	17	33	4 185	7 012	3 356	4 815
服装及其他纤维制品制造业	45	116	14 699	23 773	6 197	17 757
家具制造业	8	8	1 051	652	899	1 349
石油加工及炼焦业	1		18		20	38
化学原料及化学制品制造业	30	21	5 566	4 920	3 534	3 094
医药制造业	13	5	4 870	289	1 173	423
塑料制品业	12	9	1 915	2 456	913	3 051
非金属矿物制品业	15	43	2 338	14 784	8 945	9 361
黑色金属冶炼及压延加工业		5		4 396		3 285
普通机械制造业	7	7	2 777	967	247	996
交通运输设备制造业	12	16	1 637	8 540	461	2 349
电气机械及器材制造业	16	22	9 922	5 800	3 845	8 982
电子及通信设备制造业	14	32	2 549	15 592	1 701	4 862
电力、煤气及水的生产和供应业	7	20	1 919	5 531	1 418	3 493
建筑业	20	18	9 048	4 332	3 583	4 043
地质勘查和水利管理业		1		200		201
交通运输、仓储及邮电通信业	2	7	1 022	7 141	1 377	173
#公路运输业	1		64	175	169	89
邮电通信业						
批发和零售贸易餐饮业	26	15	2 703	2 668	1 310	1 894
#食品、饮料、烟草等批发业	1	1	100	103	62	143
零售业	7	5	786	620	323	669
餐饮业	17	7	1 807	888	925	1 071
金融、保险业		1		1 200		
#金融业		1		1 200		
房地产业	111	90	34 392	44 723	26 010	36 998
#房地产开发与经营业	107	88	33 890	44 586	25 421	36 844

14－13　续表

行　　　　　业	签约项目（个）		签约金额（万美元）		实际利用外资（万美元）	
	2002年	2003年	2002年	2003年	2002年	2003年
社会服务业	68	78	17 720	28 865	9 095	17 380
#旅馆业	18	16	6 035	6 063	2 192	2 076
旅游业	8	15	1 032	5 856	376	3 441
信息、咨询服务业	2	4	170	151	90	218
卫生体育和社会福利业	1	5	1 000	655		1 505
教育、文化艺术及广播电影电视业	4	8	427	1 506	770	1 262
#文化艺术业						
广播电影电视业						
科学研究和综合技术服务业	3	3	113	688	73	100
其他	3	2	442	846	675	76
三、按投资国别、地区分						
1.亚　洲	459	599	102 465	177 728	87 477	119 692
#印度尼西亚	3	3	233	830	544	670
日本	7	12	2 872	8 558	2 484	1 253
马来西亚	7	6	491	4 187	459	624
菲律宾	7	9	867	3 732	700	880
新加坡	16	9	16 673	1 502	18 771	10 986
韩国	11	10	2 114	1 926	1 500	2 296
泰国	7	12	1 032	2 591	360	1 451
2.非　洲	3	4	746	1 629	493	462
3.欧　洲	29	53	8 758	17 471	5 668	9 768
#英国	11	9	4 229	2 745	2 887	2 322
德国	5	5	1 909	2 019	1 797	1 131
法国		4	181	1 338	241	792
意大利	2	4	276	721	159	836
荷兰	2	8	1 009	1 351	9	1 231
西班牙	2	5	337	3 164	100	604
4.拉丁美洲	16	13	12 429	6 067	4 091	8 272
5.北美洲	68	80	21 679	21 016	8 446	14 252
#加拿大	11	18	1 683	3 460	1 656	2 679
美国	55	62	19 791	17 556	6 471	11 573
6.大洋洲	24	18	7 310	9 174	2 550	8 788
#澳大利亚	19	8	6 299	4 799	1 886	6 390
新西兰	4	6	879	1 778	601	1 411
7.其　它				9		

注:利用外资签约项目中,存在多个国家投资同一项目,故按投资国别、地区分的签约项目个数之和不等于合计数。

14－14　外商投资企业注册登记情况

行　　业	年末实有企业数（户）		投资总额（万美元）		注册资本（万美元）		#外　方	
	2002年	2003年	2002年	2003年	2002年	2003年	2002年	2003年
合　　计	**2 478**	**2 939**	**986 867**	**1 366 740**	**483 533**	**706 453**	**356 851**	**507 906**
一、按投资方式分								
中外合资企业	1 221	1 288	454 058	525 047	224 152	269 108	120 841	145 501
中外合作企业	141	150	78 555	117 099	43 596	64 210	28 383	42 970
外资企业	1 115	1 498	368 989	587 239	205 167	310 427	205 167	310 427
中外股份公司	1	3	85 265	137 355	10 618	62 708	2 460	9 008
二、按国民经济行业分								
农、林、牧、渔业	82	108	16 551	21 262	9 848	14 231	8 955	12 622
采掘业	24	29	2 105	4 503	1 669	3 932	1 349	3 577
制造业	1 428	1 685	553 284	734 253	239 904	381 539	159 807	239 096
#食品制造业	47	44	8 275	6 685	4 903	4 044	3 977	3 301
饮料制造业	48	52	11 299	13 327	7 466	8 337	4 573	5 306
纺织业	62	71	13 043	16 790	9 714	12 601	5 565	8 372
服装及其他纤维制品制造业	146	262	18 479	50 504	14 457	36 888	10 872	31 845
家具制造业	28	29	5 455	5 678	3 235	3 312	2 608	2 598
石油加工及炼焦业	8	8	1 283	1 283	968	968	314	409
化学原料及化学制品制造业	105	111	16 073	27 616	11 246	18 320	7 470	11 136
医药制造业	52	53	14 928	17 872	10 812	11 843	7 287	8 397
塑料制品业	55	58	9 797	10 332	5 891	6 217	3 368	3 672
非金属矿物制品业	98	116	35 751	44 137	22 426	27 608	18 010	23 325
黑色金属冶练及压延加工业	5	5	382	36 378	284	35 362	165	8 718
普通机械制造业	30	37	15 516	21 317	14 623	17 725	10 040	11 240
交通运输设备制造业	62	66	121 098	129 728	36 823	43 914	14 262	19 300
电气机械及器材制造业	54	49	7 326	7 910	5 095	5 080	3 038	3 459
电子及通信设备制造业	92	93	20 111	35 240	15 547	24 610	11 944	20 105
电力、煤气及水的生产和供应业	16	30	8 646	16 021	4 615	9 462	3 444	7 560
建筑业	91	93	53 597	65 273	24 738	29 429	18 872	23 283
地质勘查和水利管理业	2	3	870	1 269	460	859	118	517
交通运输、仓储及邮电通信业	26	29	78 641	100 657	40 316	48 683	39 010	44 227
#公路运输业	16	15	1 141	1 089	1 062	1 007	701	680
邮电通信业	1	1	70 547	70 547	36 074	36 074	36 074	36 074
批发和零售贸易餐饮业	116	143	18 103	29 410	12 770	18 650	8 658	14 172
#食品、饮料、烟草等批发业	34	60	9 156	20 198	6 439	12 314	4 646	9 503
零售业	14	15	2 922	2 564	1 785	1 606	1 056	1 089
餐饮业	68	62	6 025	6 325	4 546	4 462	2 956	3 340
金融、保险业								
#金融业								
房地产业	396	473	161 368	281 391	97 294	132 339	74 963	107 756
#房地产开发与经营业	386	459	159 588	276 489	96 141	129 162	73 879	104 868

14－14 续表

行业	年末实有企业数（户）		投资总额（万美元）		注册资本（万美元）		#外方	
	2002年	2003年	2002年	2003年	2002年	2003年	2002年	2003年
社会服务业	245	255	74 899	74 192	41 436	45 797	34 105	39 140
#旅馆业	46	54	13 736	15 227	9 624	10 647	7 117	7 874
旅游业	11	20	2 681	8 947	1 655	4 783	1 309	3 973
信息、咨询服务业	10	14	299	2 383	266	2 221	190	1 927
卫生体育和社会福利业	3	6	182	1 618	130	762	79	711
教育、文化艺术及广播电影电视业	1	4	123	3 238	123	1 580	62	1 306
#文化艺术业								
广播电影电视业								
科学研究和综合技术服务业	12	18	2 056	4 203	1 301	2 595	921	1 440
其他	36	63	16 442	29 450	8 929	16 595	6 508	12 499
三、按投资国别、地区分								
1. 亚洲	2 093	2 457	842 997	1 200 253	399 381	598 169	289 220	422 164
#印度尼西亚	18	21	2 526	2 769	2 240	2 450	1 496	1 706
日本	85	91	28 868	32 809	19 005	23 398	11 570	15 966
马来西亚	21	25	10 173	14 043	8 204	10 781	3 976	6 882
菲律宾	20	25	5 825	8 572	4 411	5 485	2 486	3 577
新加坡	56	65	42 701	76 551	25 463	39 708	22 033	36 106
韩国	31	35	3 292	4 316	2 646	3 622	2 004	2 190
泰国	27	35	7 820	10 186	4 424	5 838	2 865	3 611
2. 非洲	16	16	4 944	5 417	2 712	3 019	2 204	2 347
3. 欧洲	81	116	23 413	33 670	14 694	23 599	10 803	18 838
#比利时	1	1	16	16	12	12	12	12
英国	22	30	6 263	7 654	5 283	6 274	3 267	4 152
德国	9	12	8 293	7 231	3 743	4 481	2 613	3 390
法国	9	11	938	3 917	653	2 009	506	1 595
意大利	4	6	652	1 142	479	947	361	829
荷兰	3	10	2 628	4 517	1 128	2 786	1 115	2 239
西班牙	2	7	143	3 820	101	3 036	101	2 981
瑞士								
4. 拉丁美洲	16	17	4 286	4 307	2 835	2 772	2 395	2 136
5. 北美洲	222	276	57 258	99 834	40 993	65 161	32 989	50 475
#加拿大	34	45	3 425	7 365	2 579	4 850	2 322	3 972
美国	158	199	38 553	71 736	25 837	44 441	20 159	32 763
6. 大洋洲	50	57	53 969	23 259	22 918	13 733	19 240	11 946
#澳大利亚	41	44	49 441	17 910	20 275	10 582	17 048	9 314
新西兰	5	7	3 068	3 342	1 763	1 949	1 485	1 607

14－15 外出交流情况

项目	2000年	2001年	2002年	2003年
外出交流批数(批)	2 056	2 029	1 426	1 149
外出交流人数(人次)	6 625	6 863	5 360	4 085
友好访问	318	359	412	284
科学技术	47	147	44	90
经济贸易	2 510	1 873	3 093	2 319
劳务	2 787	3 155	755	3
留学进修培训	334	360	354	388
留学生、学者	206	211	198	157
参加会议	89	159	141	625
文化体育	211	140	273	198
其他	123	459	90	21

14－16 江西与国外结成友好城市一览

国别	城市（州、县）	缔结日期
马其顿	斯科普里市	1984年3月20日
德国	黑森州	1985年4月3日
美国	肯塔基州	1985年10月10日
美国	犹他州	1986年7月10日
日本	歧阜县	1988年6月21日
墨西哥	托卢卡市	1988年8月16日
日本	高松市	1990年9月28日
日本	冈山县	1992年6月1日
美国	罗马市	1993年11月7日
摩洛哥	萨非市	1993年10月15日
澳大利亚	沃拉格尔市	1993年12月9日
美国	麦卡伦市	1994年10月27日
斯洛文尼亚	科佩尔市	1995年4月5日
日本	佐贺县有田町	1996年8月28日
日本	玉野市	1996年10月5日
芬兰	瓦尔济考斯基市	1997年11月20日
芬兰	托亚拉市	1997年11月20日
日本	歧阜县汤原町	2001年1月16日
美国	路易维尔市	2003年9月18日

14－17 旅游业情况

（1991－2003 年）

年份	旅游总收入（亿元）	占全国旅游总收入比重（%）	为 GDP（%）	为第三产业 GDP（%）
1991	4.30	1.23	0.90	3.04
1992	4.81	1.03	0.84	2.79
1993	5.31	0.47	0.73	2.47
1994	6.33	0.38	0.67	2.14
1995	8.39	0.40	0.67	2.14
1996	50.15	2.02	3.31	10.27
1997	79.35	2.55	4.63	13.64
1998	81.64	2.37	4.41	12.35
1999	111.29	2.78	5.67	15.03
2000	134.60	2.98	6.72	16.47
2001	161.40	3.23	7.42	18.31
2002	191.10	3.43	7.80	19.85
2003	197.47	4.04	6.98	18.93

14－18 旅游收入情况

项目	国际旅游外汇收入（万美元）		国内旅游收入（亿元）	
	2002 年	2003 年	2002 年	2003 年
合计	**7 162**	**4 746**	**185.14**	**193.54**
一、长途交通	1 609	1 495	27.77	28.64
1. 民航	992	740	8.70	9.29
2. 铁路	215	404	13.89	14.13
3. 汽车	352	228	5.00	5.22
4. 轮船	50	123	0.18	
二、游览	378	228	16.85	16.07
三、住宿	1 016	603	43.88	44.90
四、餐饮	669	356	32.03	33.48
五、娱乐	470	266	12.22	11.81
六、购物	1 279	792	34.44	39.48
七、邮电通讯	249	157	2.59	2.13
八、市内交通	387	185	5.18	4.84
九、其他	1 105	664	10.18	12.19

14－19　涉外旅游情况

指　　标	2000年	2001年	2002年	2003年
一、旅游人数(人次)	**163 057**	**196 337**	**240 895**	**165 560**
1.外　国　人	55 411	55 494	65 682	44 791
#日　　本	12 282	10 502	10 484	8 482
新　加　坡	2 018	2 166	5 056	2 543
菲　律　宾	270	418	677	392
泰　　国	2 559	923	781	832
印度尼西亚	239	365	423	304
马来西亚	1 256	1 223	2 250	1 251
韩　　国	1 183	2 731	3 318	3 139
德　　国	3 080	1 938	4 070	1 229
瑞　　典	195	179	688	348
英　　国	2 966	2 873	2 203	2 466
荷　　兰	417	370	557	510
西　班　牙	195	296	385	815
法　　国	1 212	831	1 150	911
瑞　　士	236	207	236	304
意　大　利	464	486	1 394	1 135
俄　罗　斯	419	1 108	830	497
加　拿　大	1 069	1 105	1 251	1 358
美　　国	11 997	10 977	11 814	4 053
澳大利亚	640	895	2 833	1 393
新　西　兰	164	111	277	468
2.港澳同胞	69 375	98 257	105 748	77 398
3.台湾同胞	38 271	42 586	69 465	43 371
二、旅游外汇收入(万美元)	**6 234**	**7 031**	**7 162**	**4 746**
旅游外汇收入(万　元)	**51 742**	**58 203**	**59 228**	**39 289**

注:从2000年始外国人包括了华侨人数。

14－20 各地区涉外旅游情况

（2003 年）

地　　区	旅游人数（人次）	外 国 人	香港同胞	澳门同胞	台湾同胞	旅游收汇 万 美 元	旅游收汇 万　元
全　省	**165 560**	**44 791**	**56 843**	**20 555**	**43 371**	**4 746**	**39 289**
南 昌 市	34 338	22 757	4 724	1 301	5 556	1 104	9 139
景德镇市	20 028	5 018	6 095	3 702	5 213	535	4 429
萍 乡 市	3 152	1 322	891	423	516	78	646
九 江 市	39 091	9 364	10 443	4 652	14 632	987	8 170
新 余 市	1 044	714	146	131	53	18	149
鹰 潭 市	15 847	861	6 387	3 928	4 671	321	2 657
赣 州 市	20 900	973	10 967	2 278	6 682	660	5 464
吉 安 市	13 460	1 003	9 028	2 018	1 411	315	2 608
宜 春 市	2 857	734	883	264	976	138	1 142
抚 州 市	5 943	722	2 572	738	1 911	200	1 656
上 饶 市	8 900	1 323	4 707	1 120	1 750	390	3 229

14－21 国 内 旅 游 情 况

（2000－2003 年）

项　　目	单　位	2000 年	2001 年	2002 年	2003 年
接待总人数	万人次	2 537	2 900	3 270	3 391
住宿设施接待人数	万人次	2 104	2 406	2 707	2 888
住亲友家人数	万人次	279	189	200	182
一日游人数	万人次	154	305	363	321
#旅游景点接待人数	万人次	1 073	1 324	1 568	1 587
平均逗留天数	天	2.22	2.55	2.59	2.50
床位利用率	%	44.65	59.27	63.06	61.57
总 花 费	万元	1 295 500	1 555 800	1 851 400	1 935 400
人均花费	元	510.57	536.41	566.26	570.81

14－22　各地区接待国内旅游人数

（2000－2003 年）　　单位:万人次

地　　区	2000 年	2001 年	2002 年	2003 年
全　　省	**2 537**	**2 900**	**3 270**	**3 391**
南 昌 市	392	447	508	490
景德镇市	99	113	176	208
萍 乡 市	55	55	120	190
九 江 市	428	557	602	605
新 余 市	94	103	106	122
鹰 潭 市	223	229	250	209
赣 州 市	460	494	517	517
吉 安 市	213	292	311	361
宜 春 市	133	164	202	204
抚 州 市	153	156	160	161
上 饶 市	287	290	318	324

14－23　各地区国内旅游者花费

（2000－2003 年）　　单位:万元

地　　区	2000 年	2001 年	2002 年	2003 年
全　　省	**1 295 500**	**1 555 800**	**1 851 400**	**1 935 400**
南 昌 市	219 000	271 600	327 600	321 000
景德镇市	56 200	60 000	87 000	109 800
萍 乡 市	35 300	24 900	63 900	88 600
九 江 市	263 300	340 900	378 700	381 000
新 余 市	35 800	41 500	53 900	62 400
鹰 潭 市	122 600	130 900	150 300	137 400
赣 州 市	201 700	252 100	278 600	290 500
吉 安 市	108 500	145 000	161 800	180 400
宜 春 市	55 700	74 000	99 800	100 100
抚 州 市	58 700	65 200	70 400	74 500
上 饶 市	138 800	149 700	179 400	189 700

14－24　各地区国内旅游者人均花费

（2000－2003 年）

单位:元/人

地　　区	2000 年	2001 年	2002 年	2003 年
全　　省	**510.57**	**536.41**	**566.26**	**570.81**
南 昌 市	558.99	607.80	645.29	655.30
景德镇市	567.28	531.82	493.06	527.38
萍 乡 市	642.40	456.04	531.97	467.30
九 江 市	614.80	612.58	629.38	629.59
新 余 市	382.40	402.48	509.55	512.23
鹰 潭 市	551.14	570.52	601.13	657.38
赣 州 市	438.01	509.97	539.33	561.26
吉 安 市	508.70	496.51	520.86	500.24
宜 春 市	418.70	450.04	494.82	490.01
抚 州 市	382.61	418.00	438.90	463.68
上 饶 市	483.61	515.76	563.32	585.78

14－25　各地区“春节、五一、十一黄金周”旅游情况

（2003 年）

地　　区	旅游人数（万人次）			旅游收入（万元）		
	春　节	五　一	十　一	春　节	五　一	十　一
全　　省	**178.2**		**378.6**	**57 014**		**106 853**
南 昌 市	70.9		199.0	40 400		61 800
景德镇市	23.3		25.6	1 690		4 616
萍 乡 市	1.7		9.6	124		848
九 江 市	13.5		32.1	2 300		14 300
新 余 市	10.3		13.2	1 452		2 733
鹰 潭 市	8.9		12.8	309		1 184
赣 州 市	23.0		26.3	5 706		7 445
吉 安 市	6.0		6.0	1 448		2 794
宜 春 市	5.0		15.5	374		2 760
抚 州 市	6.9		9.4	1 860		2 736
上 饶 市	8.7		29.1	1 351		5 637

14－26　各省、市、区国际旅游情况

（2003 年）

地　　区	海外旅游者（万人次）	位　次	外汇收入（万美元）	位　次
广　东	1 196.96	1	426 693	1
上　海	244.71	2	205 266	2
江　苏	223.16	3	113 187	4
北　京	185.12	4	190 355	3
浙　江	180.83	5	87 250	6
福　建	149.72	6	91 487	5
云　南	100.01	7	34 014	9
辽　宁	77.89	8	45 410	7
山　东	77.67	9	37 013	8
广　西	65.02	10	16 434	13
黑龙江	58.71	11	24 364	11
天　津	48.90	12	32 947	10
陕　西	46.58	13	19 843	12
四　川	45.17	14	14 959	14
内蒙古	41.36	15	13 845	15
湖　北	40.52	16	13 627	16
海　南	29.34	17	7 957	20
安　徽	28.08	18	8 341	19
河　北	28.03	19	8 460	18
重　庆	23.45	20	11 323	17
吉　林	21.17	21	6 639	21
河　南	18.86	22	6 344	22
新　疆	17.05	23	4 858	23
江　西	16.56	24	4 746	24
湖　南	15.39	25	4 577	25
山　西	11.60	26	3 627	26
甘　肃	10.18	27	2 117	28
贵　州	7.70	28	2 894	27
西　藏	5.11	29	1 891	29
青　海	1.77	30	473	30
宁　夏	0.30	31	84	31

14－27　主要星级饭店基本情况

（2003 年）

名　　　　称	评星时间	客房总数（间）	床位总数（张）	地　　址	邮政编码
江西宾馆	1997 年	228	407	南 昌 市	330006
青山湖宾馆	1992 年	260	349	南 昌 市	330006
江西饭店	1998 年	372	505	南 昌 市	330006
赣江宾馆	1998 年	236	402	南 昌 市	330003
南昌宾馆	1989 年	212	388	南 昌 市	330003
惠苑宾馆	1996 年	70	110	南 昌 市	330006
象山宾馆	1992 年	78	145	南 昌 市	330008
八一宾馆	1997 年	137	280	南 昌 市	330002
江西省外办招待所	1987 年	121	256	南 昌 市	330001
良茂大厦	1997 年	107	250	南 昌 市	330002
吉伟宾馆	2002 年	87		南 昌 市	330046
江龙大酒店	1994 年	251	498	南 昌 市	330046
九九隆大酒店	2002 年	198	357	南 昌 市	330003
京九大酒店	1999 年	57	103	南 昌 市	330002
鄱阳湖大酒店	1998 年	279	481	南 昌 市	330002
华宇大酒店	2 000 年	108	205	南 昌 市	330002
华鑫大酒店	1995 年	138	260	南 昌 市	330008
五湖大酒店	2002 年	298	635	南 昌 市	330077
裕丰大酒店	1996 年	167	332	南 昌 市	330006
环湖宾馆	1996 年	172	292	南 昌 市	330006
富洲大饭店	1998 年	110	230	南 昌 市	330003
江铃宾馆	1999 年	74	146	南 昌 市	330001
洪都宾馆	1998 年	277	505	南 昌 市	330006
凯莱大酒店	1998 年	298	442	南 昌 市	330008
锦峰大酒店	1999 年	167	307	南 昌 市	330002
艾溪湖度假村	2000 年	44	84	南 昌 市	330009
灌城度假村	2000 年	160	314	南 昌 市	330029
洪城宾馆	2000 年	114	219	南 昌 市	330002
交通宾馆	1999 年	96	137	南 昌 市	330006
华财宾馆	2000 年	75	102	南 昌 市	330009
锦昌大酒店	2003 年	144	237	南 昌 市	330002
天圆饭店	2003 年	100	183	南 昌 市	330006
铁路大酒店	2003 年	129	218	南 昌 市	330002
景德镇宾馆	1990 年	69	142	景德镇市	333000
景德镇合资宾馆	1991 年	143	275	景德镇市	333000
景德镇饭店	1961 年	160	369	景德镇市	333000
瓷都宾馆	1997 年	91	187	景德镇市	333000
良友宾馆	2000 年	75	141	景德镇市	333000
鸿发宾馆	2000 年	43	84	景德镇市	333000
滨江宾馆	2000 年	97	184	景德镇市	333000
金盛大酒店	2000 年	65	126	景德镇市	333000
长城宾馆	2001 年	117	234	景德镇市	333000
萍乡宾馆	1995 年	92	168	萍 乡 市	337000
东方宾馆	1995 年	73	139	萍 乡 市	337000
黑天鹅宾馆	2000 年	88	160	萍 乡 市	337000
安源宾馆	1997 年	132	244	萍 乡 市	337000
昭萍宾馆	2002 年	84	165	萍 乡 市	337000
实华宾馆	2000 年	154	344	九 江 市	332000
白鹿宾馆	1997 年	209	394	九 江 市	332000

14－27 续表 1

名　　称	评星时间	客房总数（间）	床位总数（张）	地　址	邮政编码
五丰宾馆	1995 年	78	160	九 江 市	332000
九江宾馆	1996 年	132	450	九 江 市	332000
其士(九江)大酒店		232	450	九 江 市	332000
江银宾馆	2000 年	50	100	九 江 市	332000
夏都宾馆	2000 年	35	100	九 江 市	332000
九龙宾馆	1996 年	60	125	九 江 市	332005
石钟山宾馆	1996 年	80	180	九 江 市	332500
共青茶山宾馆	2000 年	60	125	德 安 县	330401
新世纪宾馆	2001 年	40	77	庐　山	332900
芦林饭店	2000 年	118	280	庐　山	332900
中景宾馆	2000 年	270	580	九 江 市	332000
庐山大厦	1992 年	210	430	庐　山	332900
云中宾馆	1998 年	145	290	庐　山	332900
牯岭饭店	1995 年	131	262	庐　山	332900
西湖宾馆	1998 年	57	152	庐　山	332900
良璐宾馆	2000 年	48	96	庐　山	332900
经纬宾馆	1998 年	63	126	庐　山	332900
电力宾馆		91	180	庐　山	332900
袁河宾馆	2000 年	137	170	新 余 市	338025
北湖宾馆	1996 年	167	303	新 余 市	338000
华新大酒店	1994 年	60	110	新 余 市	338025
玉紫山宾馆	1993 年	80	176	新 余 市	338025
新亚新宾馆	2001 年	131	260	新 余 市	338000
白鹭山庄	2000 年	50	70	新 余 市	338027
华侨饭店	1994 年	260	600	鹰 潭 市	335000
金鹰大酒店	1997 年	83	164	鹰 潭 市	335000
东方宾馆	2000 年	67	127	鹰 潭 市	335000
凤鸣园酒店	2000 年	64	156	鹰 潭 市	335000
龙虎山宾馆	2000 年	73	164	鹰 潭 市	335004
铁鑫大厦	2000 年	117	315	鹰 潭 市	335000
鹰潭宾馆	2001 年	76	144	鹰 潭 市	335000
铜苑宾馆	1990 年	96	188	贵 溪 市	335400
赣南宾馆	1997 年	95	184	赣 州 市	341000
赣州饭店	2000 年	190	308	赣 州 市	341000
虔城大宾馆	1997 年	63	147	赣 州 市	341000
赣龙大酒店	1996 年	134	243	赣 州 市	341000
明珠大酒店	1995 年	78	165	赣 州 市	341000
云山饭店	1999 年	90	130	赣 州 市	341000
东阳山大酒店	2000 年	65	130	赣 州 市	341000
赣电大厦	2001 年	98	193	赣 州 市	341000
铁龙大酒店	2001 年	95	173	赣 州 市	341000
海天大酒店	2002 年	54	92	赣 州 市	341000
西华山宾馆	2000 年	42	85	大 余 县	341500
牡丹亭宾馆	2000 年	37	70	大 余 县	341500
林丰大楼	1993 年	40	80	大 余 县	341500
会昌宾馆	2000 年	52	104	会 昌 县	341000
崇义宾馆	2000 年	89	170	崇 义 县	341000
瑞金宾馆	2000 年	109	206	瑞 金 市	342500

14－27　续表2

名　　称	评星时间	客房总数（间）	床位总数（张）	地　址	邮政编码
白鹭宾馆	1999年	136	248	吉安市	343000
米西大厦	1997年	98	190	吉安市	343000
华昌大酒店	2000年	60	148	吉安市	343000
吉安宾馆	2001年	50	97	吉安市	343000
米东大厦	2001年	76	150	吉安市	343000
井冈山宾馆	1994年	143	272	井冈山市	343600
井冈山大厦	1994年	158	304	井冈山市	343600
杜鹃宾馆	1998年	123	185	井冈山市	343600
井秀山庄	1998年	98	188	井冈山市	343600
金叶大厦	2000年	89	170	井冈山市	343600
翠湖宾馆	2000年	89	172	井冈山市	343600
税务宾馆	2001年	72	136	井冈山市	343600
良景山庄	2000年	65	136	井冈山市	343600
遂川宾馆	2000年	112	214	遂川县	343000
峡江宾馆	2002年	100	178	峡江县	343000
锦绣山庄	1998年	125	200	宜春市	336000
阳光大酒店	2002年	110	227	宜春市	336000
青龙酒店	2002年	208	346	宜春市	336000
宜春宾馆	2001年	122	230	宜春市	336000
丰城金惠大厦	2002年	41	100	丰城市	331100
上高宾馆	1999年	54	106	上高县	336400
上高天汇大酒店	2001年	29	54	上高县	336400
靖安宾馆	2000年	81	149	靖安县	331200
铜鼓宾馆	2001年	35	76	铜鼓县	336200
药都大厦	2000年	72	137	樟树市	331200
狮山宾馆	2001年	48	116	奉新县	330700
抚州宾馆	2000年	160	290	临川市	344000
富奇大酒店	2001年	56	104	临川市	344000
温泉宾馆	2000年	56	96	临川市	344000
交通宾馆	2002年	105	193	临川市	344000
华洋酒店	2002年	123	228	临川市	344000
千禧龙大酒店	2001年	42	80	东乡县	331800
广昌宾馆	2001年	58	120	广昌县	344000
上饶宾馆	2000年	145	300	上饶市	334000
华都度假村	2000年	90	176	上饶市	334000
金牛宾馆	2000年	43	77	婺源县	333200
友好宾馆	1997年	40	88	婺源县	333200
铅山宾馆	2000年	82	170	铅山县	334500
三清山天门山庄	2000年	60	131	玉山县	334000
玉山宾馆	2000年	72	167	玉山县	334700
万年宾馆	1997年	55	76	万年县	335500
龟峰宾馆	2002年	52	104	弋阳县	334400
余干宾馆	2000年	53	108	余干县	335100

14-28 主要风景名胜一览

名称	地址	简况
滕王阁（653年，唐永徽四年）	南昌市	唐永徽四年，太宗李世民之弟、滕王李元婴都督洪洲时营建，阁以其封号命名。现阁为1983年第29次重建，主阁于1989年重阳节竣工，高57.5米，为仿宋建筑。滕王阁为江南三大名楼之一。
青云谱（321年，东晋大兴四年）	南昌市	始建于东晋大兴四年。明末清初朱良月（号八大山人）偕其弟朱秋月（即牛石慧）隐居于此。后人慕其贤，集资改建为“青云圃”。康熙年间改“圃”为“谱”。解放后，建有《八大山人书画馆》，陈列“八大山人”和牛石慧书画百余幅。
万寿宫（晋）	南昌市	又名铁柱宫。始建于晋，祀东晋蜀郡许逊（号旌阳，又称许真君）。
绳金塔（904-907年）	南昌市	塔身为砖木结构，七层八面，高59米，周长33.6米，是市内最高的古代建筑物，登上塔顶，可鸟瞰全市。
梅　岭	南昌市	一名飞鸿山。为旅游避暑胜地。
西　山	新建县	古称散原山，山上名胜古迹甚多，西山积翠，景色如画。
莲花塘	景德镇市	因满塘盛开莲花而得名。四周群山环抱，是旅游避暑胜地。
龙珠阁	景德镇市	位于珠山之巅，是座反映景德镇千年历史的代表性建筑，现阁于1987年10月奠基重建，1990年10月落成。
古陶瓷博览区	景德镇市	建于1979年，位于西郊枫树山的盘龙岗，古陶瓷博览区既有景德镇古陶瓷史陈列，又再现古代陶瓷生产方式，是一座反映景德镇陶瓷历史的活的博物馆。
文　庙（唐）	萍乡市	始建于唐武德年间，分前后两殿、左右长廊。各殿的石雕工艺十分精致，现仍保持原貌。
杨岐寺（唐）	萍乡市	又叫普通禅寺。唐代建造，清道光年间重修。北宋时，禅宗高僧方会在此创立杨岐宗，为禅宗下临济宗的一派。
孽龙洞	萍乡市	洞长八公里，洞中有洞，幽深莫测，洞内景点甚多，各种石钟乳和石笋、石柱荟萃交织，构成千姿百态奇丽的景观。长年流水不断的地下河贯穿全洞。
庐　山	九江市	又名匡山、匡庐。相传周朝有匡氏七兄弟上山修道，草庐为舍，故名。其飞峙长江边，紧傍鄱阳湖，有“匡庐奇秀甲天下山”之称。庐山为地垒式断块山，多险绝胜景，匡庐瀑布更是名传天下。庐山四季风景如画，夏季凉爽宜人，七月平均气温为22.6摄氏度，为著名旅游避暑胜地。
秀　峰	星子县	其山奇水秀，碑刻如林。其名有奇峰竞秀之意，为著名旅游胜地。
白鹿洞书院（宋）	星子县	为宋代著名书院，与睢阳、石鼓、岳麓共为当时四大书院，后遭兵火，现存为清道光年间所修。
东林寺（386年东晋太元十一年）	九江县	是我国佛教净土宗（莲宗）发源地，东晋太元十一年，名僧慧远在此建寺讲学，并创设莲社，倡导弥陀净土法门。寺内有多处古迹和碑刻，历代文人慕名而来者甚多。
狮子洞	九江县	系岩溶洞穴。约有四万平方米，分七个景厅四十多个景点，洞内钟乳石晶莹玉润，步移景换。
涌泉洞	九江县	为大型石灰岩溶洞。因一股清澈的泉水流经整个洞窟而得名，全洞游程1.5公里，面积约一万三千多平方米，洞中有三十二个景点。
龙宫洞	彭泽县	是近年发现的天然溶洞，其景有如传说中的东海龙宫，全长2700米，洞中大量钟乳石、石幔、石笋、形状奇特，别有谐趣。

14－28 续表

名　　称	地　址	简　　况
鄱阳湖候鸟保护区	永修县、星子县	面积约224平方公里，分九个季节性淡水湖泊。从当年十月至次年三月为枯水季节，此时湖滩广阔，水草肥美、鱼、虾、螺、蚌丰富，环境清幽，为越冬候鸟提供了理想的栖息地。每到冬季，保护区吸引了大批国内外鸟类爱好者和旅游者前来考察和观赏。保护区1983年建立，1988年定为国家级自然保护区。
石钟山	湖　口　县	在鄱阳湖入江之口，长江之南岸。南为上石钟山，北即下石钟山，两山对峙，耸立在鄱阳湖和长江汇合处，合称双钟山。石钟山地形高耸，陡削峥嵘，进可攻，退可守，号称"江湖锁钥"，至今仍有太平天国遗垒。凭栏远眺，匡庐五老峰，如拱如揖。鄱湖、长江，烟波浩渺。湖光山色，风景宜人。
鞋　山	湖　口　县	又称大孤山、大姑山，在鄱阳湖中，为第四纪冰川期形成的大石岛。因状如鞋，故名。
烟水亭 （816－818年唐元和11至13年）	九　江　市	原名浸月亭，在九江市甘棠湖中。相传为三国时东吴都督周瑜点将旧址。1972年全面修复，并建曲桥一座，自湖畔蜿蜒接于亭上，以便游人参观。
能仁寺 （南朝）	九　江　市	建于南朝梁武帝年间，后废。现存建筑多为清同治九年（1870年）复建，是九江市现有最大的古建筑群。
天师府	贵　溪　市	其临清溪，为历代张天师住地。现重修，院内古木参天，风景优美，古称"江南无双地，西江第一家"。
龙虎山	贵　溪　市	本名云锦山，因第一代天师张道陵于东汉永元二年在山下炼丹，有青龙白虎绕山，故名龙虎山，它是我国道教正一派（亦称天师道）的发祥地。其山间峰奇峦秀，悬崖壁立，奇石盘错，流瀑飞溅，古木参天，景色秀奇，有九十九峰、二十四岩、一百六十多个自然风景点、近百处人文景观。此外，仙岩悬崖峭壁间散布的上百座崖棺，是春秋战国时的古迹，国内罕见。
三清山	玉山县、德兴市	因玉京、玉华、玉虚三峰耸峙，如道教所谓三清境之三尊神踞坐而名。其群峦叠嶂，绝壁悬崖，以奇岩秀石、古木异卉、飞瀑流泉、松涛响云、神光岚影为胜，景物二百八十多处，风景面积约五十三点四平方公里。此山历史上是江南道教圣地之一，素有"高凌云汉江南第一仙峰，清绝尘嚣天下无双福地"之誉。
圭　峰	弋　阳　县	其奇峰罗列，各极其态。因一奇石形似圭板朝笏而得名，又因其主峰状如乌龟，亦称龟峰。为旅游疗养胜地。
井冈山	井冈山市	地处罗霄山脉万洋山北段，平均海拔1000米，山势雄伟险峻，风景秀丽，辟有小井龙潭、茨坪南山、黎坪石燕洞、石架山等风景区，是进行革命传统教育和旅游、疗养的胜地。
青原山	吉　安　市	海拔316米，峰峦多姿，草木繁茂，岩间泉涌，石上飞瀑，名胜古迹甚多。
八境台 （1056－1063年）	赣　州　市	在章水、贡水合流处，建于北宋年间，是赣州市也是江西省著名古迹之一。台高三层，登台可眺赣州八景，台下辟为八景公园。
郁孤台 （763－779年唐广德至大历年间）	赣　州　市	台高14.1米，面积275平方米。"冠冕一郡之形势，而襟带千里之江山"，隆阜郁然孤峙，故名。1959年又重修，油彩一新，甚为壮观。
通天岩	赣　州　市	是一座红砂石山。由忘归岩、同心岩、通天岩和翠微岩组成，岩上布满造像、题刻，是一座拥有古刻九十七品，石龛二百七十九座，石刻造像三百四十八尊的艺术宝库。这里岩深谷邃，树木参天，风景秀丽，是赣南避暑胜地之一。
翠微峰	宁　都　县	又名石鼓峰，为金精十二峰之一。山势险要，树木郁深。
梅关	大　余　县	在梅岭最高处，北宋时置关。登高远望。千山万岭尽收眼底，每逢入冬霜降，梅花盛开，清香扑鼻。

主要统计指标解释

进出口总额　指实际进出我国国境的货物总金额。包括对外贸易实际进出口货物,来料加工装配进出口货物,国家间、联合国及国际组织无偿援助物资和赠送品,华侨、港澳台同胞和外籍华人捐赠品,租赁期满归承租人所有的租赁货物,进料加工进出口货物,边境地方贸易及边境地区小额贸易进出口货物(边境互市贸易除外),中外合资经营企业、中外合作经营企业、外商独资经营企业进出口货物和公用物品,到、离岸价格在规定限额以上的进出口货物和广告品(无商业价值、无使用价值和免费提供出口的除外),从保税仓库提取在中国境内销售的进出口货物,以及其他进出口货物。进出口总额用以观察一个国家在对外贸易方面的总规模。我国规定出口货物按离岸价格统计,进口货物按到岸价格统计。

利用外资　指我国各级政府、部门、企业和其他经济组织通过对外借款、吸收外商直接投资以及用其他方式筹措的境外现汇、设备、技术等。

利用外资签约金额　指经业务主管部门批准正式签订协议、合同所签约的金额。不包括意向书、口头承诺、草签协议书所签订的金额。

对外借款　是我国利用外资的主要部分。指通过对外正式签订借款协议,从境外筹措的资金。包括外国政府贷款、国际金融组织贷款、外国银行商业贷款、出口信贷以及对外发行债券等。1996 年及以前还包括对外发行股票。

外商直接投资　指外国企业和经济组织或个人(包括华侨、港澳台以及我国在境外注册的企业)按我国有关政策、法规,用现汇、实物、技术等在我国境内开办外商独资企业、与我国境内的企业或经济组织共同举办中外合资经营企业、合作经营企业或合作开发资源的投资(包括外商投资收益的再投资)以及经政府有关部门批准的项目投资总额内,企业从境外借入的资金。

外商其他投资　指除对外借款和外商直接投资以外的各种利用外资的形式。包括企业在境内外股票市场公开发行的以外币计价的股票(目前主要是在香港证券市场发行的 H 股和在境内证券市场发行的 B 股)发行价总额,国际租赁进口设备的应付款,补充贸易中外商提供的进口设备、技术、物料的价款,加工装配贸易中外商提供的进口设备、物料的价款。

投资总额　指合同规定的投资总额,即合营各方出资额及企业筹措的建设资金的总和,又叫运营资本。除包括注册资本外,还可以包括:⑴以企业名义向银行或其它人所借的贷款;⑵企业用盈利购置的资产或流动资金;⑶企业用可分配的利润追加的,但未注册的投资;⑷股东的追加投入,但未注册的资本;⑸银行存款。

注册资本　指批准设立外商投资企业的合同中规定的注册资本,又叫法定资本。它是企业在国家工商行政管理部门登记注册的资本额。注册资本的构成表明谁是企业的股东。各股东按自己的股权比例承担企业风险和分享企业利润,受法律保护,不得随意减少。合营企业增加注册资本时须经董事会全体股东讨论通过,并向有关部门申请,改变原来的注册。股份越大,为企业承担风险及分享的利润就越大。

对外承包工程　指各对外承包公司以招标议标承包方式承揽的下列业务:⑴承包国外工程建设项目,⑵承包我国对外经援项目,⑶承包我国驻外机构的工程建设项目,⑷承包我国境内利用外资进行建设的工程项目,⑸与外国承包公司合营或联合承包工程项目时我国公司分包部分,⑹对外承包兼营的房屋开发业务。对外承包工程的营业额是以货币表现的本期内完成的对外承包工程的工作量,包括以前年度签订的合同和本年度新签订的合同在报告期内完成的工作量。

对外劳务合作　指以收取工资的形式向业主或承包商提供技术和劳动服务的活动。我国对外承包公司在境外开办的合营企业,中国公司同时又提供劳务的,其劳务部分也纳入劳务合作统计。劳务合作营业额按报告期内向雇主提交的结算款(包括工资、加班费和奖金等)统计。

对外设计咨询　指以服务成果向业主收费的技术服务项目。包括承担地形地貌测绘,地质资源勘探与普查,建设区域规划,提供设计文件、图纸、生产工艺技术资料和工程技术经济咨询,工程项目的可行性考察、研究和评估,进行技术指导和培训人员等;也包括承担国(境)内利用外资进行建设的工程项目的上述规定的设计咨询项目的收取外币部分。

旅游人数　包括入境国际旅游者人数、出境居民人数和国内旅游者人数。

⑴入境国际旅游者人数:指来中国参观、访问、旅行、探亲、访友、休养、考察、参加会议和从事经济、科技、文化、教育、宗教等活动的外国人、华侨、港澳和台湾同胞的人数。不包括外国在我国的常驻机构,如使领馆、通讯社、企业办事处的工作人员;来我国常驻的外国专家、留学生以及在岸逗留不过夜人员。

⑵出境居民人数:指大陆居民因公务活动或私人事务短期出境的人数。公务活动出境居民人数包括在国际交通工具上的中国服务员工,因私出境居民人数不包括在国际交通工具上的中国服务员工。

⑶国内旅游者人数:指我国大陆居民和在我国常驻 1 年以上的外国人、华侨、港澳台同胞离开常驻地在境内其他地方的旅游设施内至少停留一夜,最长不超过 6 个月的人数。

国际旅游(外汇)收入　指入境旅游的外国人、华侨、港澳和台湾同胞在中国大陆旅游过程中发生的一切旅游支出,对于国家来说就是国际旅游(外汇)收入。

涉外饭店(宾馆)　指经有关部门批准,允许接待外国人、华侨、港澳和台湾同胞的饭店(宾馆)。

旅游住宿设施　指任何定期(或临时)为旅游者提供住宿条件的设施。旅游住宿设施包括旅游饭店、宾馆、公寓、旅店、招待所、江河及海洋船、疗养院、度假村、假日营地、私人寓所、家庭住宅的出租客房及亲友提供的免费住宅设施。

15 财政、金融、保险

PUBLIC FINANCE, BANKING AND INSURANCE

- 2003年,财政收入285.81亿元,比2002年增长21.9%。
- 2003年,财政支出382.10亿元,其中,基本建设支出占8.9%,支援农村生产支出占6.1%,文教科学卫生事业费占23.7%。

本篇章

资料整理	微机处理
张家玉	黄建村
鲁赣凤	

15－1 财 政 收 入

（1978－2003 年）　　　　单位:万元

年 份	财政收入总 计	# 企业收入	# 工业收入	# 各项税收	工商税收	农业五税	附：上交中央收入
1978	122 246	33 166	20 878	82 806	72 594	10 164	
1979	117 771	19 927	26 145	90 357	80 164	10 151	
1980	124 667	23 784	26 427	97 063	86 948	10 080	
1981	131 822	21 516	20 342	105 962	95 341	10 247	
1982	123 283	8 976	16 920	109 859	99 816	9 694	
1983	135 281	13 897	21 142	115 452	103 923	11 213	
1984	150 126	15 142	25 727	128 901	116 006	12 568	
1985	211 843	12 052	26 616	226 674	211 378	14 417	
1986	240 552	25 736	24 675	208 325	193 869	14 456	
1987	282 110	33 042	30 411	234 634	217 828	16 679	
1988	322 931	15 235	31 781	279 642	260 550	16 191	
1989	374 886	1 319	28 626	335 850	308 808	22 264	
1990	406 155	－313	23 486	355 542	326 964	22 869	
1991	448 050	3 191	21 029	394 104	363 030	31 074	
1992	493 882	2 376	26 188	445 340	409 767	35 573	
1993	656 721	11 002	28 925	595 036	559 318	35 718	
1994	886 707	33 813	16 223	779 334	708 124	71 210	393 800
1995	1 052 172	56 650	22 163	882 074	801 750	80 324	410 844
1996	1 235 782	62 367	16 521	1 038 772	929 555	109 217	464 846
1997	1 349 160	83 957	21 580	1 077 538	956 370	121 168	443 236
1998	1 456 584	73 476	11 082	1 185 267	1 068 503	116 764	485 023
1999	1 549 809	96 377	13 332	1 223 876	1 100 951	122 925	498 438
2000	1 716 943	107 070	10 986	1 362 840	1 230 438	132 402	601 407
2001	2 001 638	245 117	46 497	1 476 785	1 346 481	130 304	681 848
2002	2 344 259	128 215	26 843	1 870 359	1 676 738	196 621	938 802
2003	2 858 122	125 640	15 794	2 309 534	2 077 065	232 469	1 176 452

注:从 2002 年开始,上交中央收入中增加上划中央所得税一项。

15－2 财 政 支 出

（1978－2003 年）　　单位:万元

年份	财政支出总计	#基本建设支出	#企业挖潜改造资金	#行政管理费	#科技三项费用	#支援农村生产支出	#文教科学卫生事业费
1978	162 701	56 090	9 640	12 798	1 642	3 815	29 257
1979	176 302	51 631	9 002	13 358	1 671	2 395	34 078
1980	159 884	40 483	11 405	17 066	1 222	9 202	40 683
1981	140 292	21 996	9 434	19 563	1 017	6 235	43 474
1982	155 407	18 691	9 615	20 818	1 145	6 853	50 759
1983	174 677	26 181	10 714	23 397	2 089	7 464	56 176
1984	219 439	33 523	22 623	29 344	2 993	7 689	64 582
1985	297 263	42 052	11 942	31 807	3 121	9 922	78 235
1986	366 258	39 294	15 895	37 302	2 904	16 054	91 993
1987	377 878	33 512	17 314	37 767	3 044	18 201	94 328
1988	423 518	34 314	18 271	38 794	2 363	20 216	114 471
1989	487 126	35 338	16 517	45 486	3 547	30 088	127 398
1990	507 559	33 259	21 024	52 904	3 020	32 937	139 217
1991	603 651	29 816	35 838	57 491	3 231	35 654	148 350
1992	683 826	34 799	45 725	73 751	4 069	37 060	182 641
1993	818 983	34 900	83 789	87 465	4 642	42 957	208 319
1994	920 290	32 361	57 495	118 455	4 380	46 724	279 188
1995	1 103 381	39 949	48 790	133 774	4 729	52 956	306 730
1996	1 318 475	46 892	53 029	154 009	6 133	71 406	361 968
1997	1 526 026	70 314	85 342	160 226	7 090	76 760	392 902
1998	1 752 605	125 004	68 733	164 336	9 580	82 886	429 006
1999	2 078 293	370 979	51 472	182 928	9 001	81 438	478 588
2000	2 234 722	277 294	71 371	210 217	10 025	77 588	551 257
2001	2 837 144	279 192	116 647	259 773	12 096	91 160	695 632
2002	3 413 843	403 617	59 440	315 128	14 399	89 967	818 799
2003	3 820 981	338 935	68 589	359 542	17 248	234 957	906 621

注:本表 2003 年支援农村生产支出包括农业支出、林业支出和水利气象支出。

15－3 地方财政收入

单位:万元

项　　目	2002 年	2003 年
总　　计	**1 405 457**	**1 681 670**
#增值税	187 248	230 683
营业税	334 960	431 628
企业所得税	105 994	97 435
企业所得税退税		－7
国有资产经营收益	22 857	30 404
国有企业计划亏损补贴	－ 636	－2 192
个人所得税	76 773	72 763
资源税	10 224	12 664
固定资产投资方向调节税	1 043	49
城市维护建设税	69 931	82 215
房产税	31 788	35 392
印花税	6 825	9 698
城镇土地使用税	12 875	16 267
土地增值税	3 013	5 494
车船使用税	2 886	3 760
屠宰税	370	370
农业税	125 895	156 977
农业特产税	28 865	3 181
耕地占用税	4 696	3 808
契税	37 165	68 503
行政性收费收入	150 443	182 076
罚没收入	106 136	133 723

15－4 财　政　支　出

单位:万元

项　　目	2002 年	2003 年
总　　计	**3 413 843**	**3 820 981**
#基本建设支出	403 617	338 935
企业挖潜改造资金	59 440	68 589
地质勘探费	53 068	56 914
科技三项费用	14 399	17 248
支援农村生产支出	50 063	234 957
工业交通等部门事业费	40 782	50 577
流通部门事业费	8 498	9 799
文体广播事业费	82 296	92 796
教育事业费	592 153	644 665
科学事业费	16 237	18 547
卫生经费	128 113	150 613
抚恤和社会福利救济费	99 279	134 785
行政事业单位离退休经费	130 399	141 237
行政管理费	315 128	359 542
公检法司支出	223 724	277 990
城市维护费	102 767	129 612
政策性补贴支出	115 259	111 274
社会保障补助支出	321 787	414 471
支援不发达地区支出	44 616	50 103

注:本表 2003 年支援农村生产支出包括农业支出、林业支出和水利气象支出。

15－5 财政收支总额及增长速度

（1978－2003年）

年份	财政收入（万元）	财政支出（万元）	收支差额（万元）	增长速度（%）	
				财政收入	财政支出
1978	122 246	162 701	－40 455	60.4	35.5
1979	117 771	176 302	－58 531	－3.7	8.4
1980	124 667	159 884	－35 217	5.9	－9.3
1981	131 822	140 292	－8 470	5.7	－12.3
1982	123 283	155 407	－32 124	－6.5	10.8
1983	135 281	174 677	－39 396	9.7	12.4
1984	150 126	219 439	－69 313	11.0	25.6
1985	211 843	297 263	－85 420	41.1	35.5
1986	240 552	366 258	－125 706	13.6	23.2
1987	282 110	377 878	－95 768	17.3	3.2
1988	322 931	423 518	－100 587	14.5	12.1
1989	374 886	487 126	－112 240	16.1	15.0
1990	406 155	507 559	－101 404	8.3	4.2
1991	448 050	603 651	－155 601	10.3	18.9
1992	493 882	683 826	－189 944	10.2	13.3
1993	656 721	818 983	－162 262	33.0	19.8
1994	886 707	920 290	－33 583	35.0	12.4
1995	1 052 172	1 103 381	－51 209	18.7	19.9
1996	1 235 782	1 318 475	－82 693	17.5	19.5
1997	1 349 160	1 526 026	－176 866	9.2	15.7
1998	1 456 584	1 752 605	－296 021	8.0	14.8
1999	1 549 809	2 078 293	－528 484	6.4	18.6
2000	1 716 943	2 234 722	－517 779	10.8	7.5
2001	2 001 638	2 837 144	－835 506	16.6	27.0
2002	2 344 259	3 413 843	－1 069 584	17.1	20.3
2003	2 858 122	3 820 981	－962 859	21.9	11.9

15 -6 财政收入占生产总值的比重

（1978 -2003 年）

年 份	财政总收入（亿元）	生产总值（亿元）	财政总收入占生产总值的比重(%)
1978	12.22	87.00	14.0
1979	11.78	104.15	11.3
1980	12.47	111.15	11.2
1981	13.18	121.26	10.9
1982	12.33	133.96	9.2
1983	13.53	144.13	9.4
1984	15.01	169.11	8.9
1985	21.18	207.89	10.2
1986	24.06	230.82	10.4
1987	28.21	262.90	10.7
1988	32.29	325.83	9.9
1989	37.49	376.46	10.0
1990	40.62	428.62	9.5
1991	44.81	479.37	9.3
1992	49.39	572.55	8.6
1993	65.67	723.04	9.1
1994	88.67	948.16	9.4
1995	105.22	1 169.73	9.0
1996	123.58	1 409.74	8.8
1997	134.92	1 605.77	8.4
1998	145.66	1 719.87	8.5
1999	154.98	1 853.85	8.4
2000	171.69	2 003.07	8.6
2001	200.16	2 175.68	9.2
2002	234.43	2 450.48	9.6
2003	285.80	2 830.46	10.1

15－7　财政用于农业的支出

（1980－2003 年）　　单位:万元

年　份	合　计	支援农村生产支出	农林水气等部门事业费	基本建设支　出	流动资金	科技三项费　用	其　他	合计占财政总支出比重(%)
1980	35 500	9 202	15 341	6 465	944	132	3 416	22.2
1981	30 680	6 235	13 800	5 756	126	140	4 623	21.9
1982	37 777	6 853	18 442	5 821	93	154	6 414	24.3
1983	37 467	7 464	18 819	3 749	16	125	7 294	21.4
1984	40 513	7 689	17 395	4 574		124	10 731	18.5
1985	40 368	9 922	17 114	4 798		136	8 398	13.6
1986	50 523	16 054	20 693	4 636		235	8 905	13.8
1987	54 912	18 201	19 063	6 497		243	10 908	14.5
1988	59 924	20 216	22 060	6 780		161	10 707	14.1
1989	73 856	30 088	23 728	6 086		222	13 732	15.2
1990	77 181	32 937	24 365	6 436		436	13 007	15.2
1991	82 770	35 654	25 751	6 470		415	14 480	13.7
1992	94 197	37 060	31 066	7 203		377	18 491	13.8
1993	99 250	42 957	34 853	7 072		280	14 088	12.1
1994	109 577	46 724	39 506	5 762		245	17 340	11.9
1995	136 714	52 956	48 744	7 096		271	27 647	12.4
1996	179 157	71 406	53 123	14 206		389	40 033	13.6
1997	199 522	76 760	57 747	12 886		876	51 253	13.1
1998	305 974	82 886	83 979	63 644		982	74 483	17.5
1999	389 530	81 438	74 083	166 663		1 383	65 963	18.7
2000	388 896	77 588	70 232	173 774		860	66 442	17.4
2001	354 776	91 160	82 951	102 020		1 061	77 584	12.5
2002	544 668	89 967	133 212	229 333		1 056	91 100	15.6
2003	479 810	234 957		129 553		1 677	113 623	12.6

注:本表 2003 年支援农村生产支出含农林水气等部门事业费。

15－8　财政用于教育事业的支出

（1980－2003 年）　　单位:万元

年　份	合　计	教育事业费	教育基建投　资	各部门事业费中用于教育的支出	其　他	合计占财政总支出比重(%)
1980	28 886	24 919	1 579	2 339	49	18.1
1981	31 186	26 268	1 748	3 146	24	22.2
1982	34 795	30 003	1 449	3 316	27	22.4
1983	38 089	32 101	2 321	3 657	10	21.8
1984	44 236	36 759	2 734	4 716	27	20.2
1985	54 971	45 680	3 464	5 777	50	18.5
1986	64 643	53 606	4 145	6 856	36	17.6
1987	66 653	56 402	3 480	6 717	54	17.6
1988	81 817	69 894	3 610	8 268	45	19.3
1989	88 720	76 160	3 278	9 073	209	18.2
1990	96 409	83 165	3 406	9 733	105	19.0
1991	102 158	87 810	3 615	10 605	128	16.9
1992	134 198	112 057	3 641	12 138	6 362	19.6
1993	156 100	129 875	3 673	13 345	9 207	19.1
1994	213 042	179 009	3 853	17 405	12 775	23.1
1995	232 114	194 142	4 693	18 808	14 471	21.0
1996	275 441	228 651	4 502	23 689	18 599	20.9
1997	301 768	247 256	5 386	23 226	25 900	19.8
1998	312 697	278 510	8 088	7 167	18 932	17.8
1999	355 064	320 977	7 729	6 972	19 386	17.1
2000	418 990	381 436	12 392	6 748	18 414	18.7
2001	525 296	484 329	8 990	9 933	22 034	18.5
2002	648 111	592 153	18 441	12 110	25 407	19.0
2003	693 745	644 665	11 082	10 102	27 896	18.2

注:1998 年以后年份教育事业费中含各部门事业费中的中等专业学校经费。

15－9　财政用于抚恤和社会福利支出

（1980－2003 年）　　　　单位:万元

年份	合计	抚恤支出	社会福利救济费	救灾支出	其他支出
1980	6 260	1 929	2 042	758	1 531
1981	5 370	1 714	1 616	1 008	1 032
1982	6 679	1 805	1 793	2 098	983
1983	7 498	1 895	2 114	2 471	1 018
1984	8 469	2 143	2 555	2 695	1 076
1985	8 841	2 323	2 573	2 209	1 736
1986	10 088	2 835	3 139	2 105	2 009
1987	12 075	3 247	3 187	3 430	2 211
1988	13 725	3 873	3 728	3 672	2 452
1989	15 592	4 994	4 100	3 783	2 715
1990	16 356	5 282	4 281	3 655	3 138
1991	17 649	5 217	4 616	4 389	3 427
1992	22 767	5 637	4 849	8 263	4 018
1993	22 532	5 806	4 966	6 781	4 979
1994	25 461	6 769	5 629	6 858	6 205
1995	32 381	8 207	6 804	10 474	6 896
1996	33 601	9 367	7 732	11 926	4 576
1997	35 405	10 094	8 303	11 413	5 595
1998	49 983	10 449	8 238	23 951	7 345
1999	44 336	13 235	10 114	13 530	7 457
2000	45 784	16 419	13 002	8 241	8 122
2001	56 558	18 782	16 287	12 448	9 041
2002	99 279	25 777	47 788	14 270	11 444
2003	134 785	31 794	74 194	14 340	14 457

15－10　财政政策性补贴支出

（1980－2003 年）　　　　单位:万元

年份	合计	粮油价格补贴	棉花价格补贴	肉食价格补贴	其他价格补贴
1980	12 568	9 500	2 491		577
1981	14 464	10 640	3 158		666
1982	17 739	12 956	4 049		734
1983	15 871	13 726	1 301		844
1984	13 430	12 215	334		881
1985	36 511	28 998		7 500	13
1986	80 795	63 212	529	11 081	5 973
1987	84 960	66 193	397	11 223	7 147
1988	78 684	58 031	572	12 064	8 017
1989	78 304	61 409	533	8 360	8 002
1990	69 285	56 880	373	7 356	4 676
1991	118 066	106 452	123	7 814	3 677
1992	120 070	107 133	935	7 978	4 024
1993	107 018	97 488	15	8 474	1 041
1994	118 665	116 532		1 516	617
1995	119 978	117 010		1 478	1 490
1996	142 800	135 652	300	1 106	5 742
1997	166 240	160 825	34	694	4 687
1998	157 794	155 449	300	592	1 448
1999	134 627	121 377		379	13 629
2000	119 808	117 773		411	1 624
2001	186 548	183 526		248	3 022
2002	115 259	114 137		247	875
2003	111 274	110 474		296	504

注:财政价格补贴,1985 年以前冲减财政收入,1986 年以后作为支出项目列在财政支出中.

15－11　各地区财政一般预算收入

（2003 年）　　单位：万元

地　　区	财政收入合　　计	增 值 税	营 业 税	企业收入	个　人所得税	农业五税	其他各项收　　入
全　省	**1 681 670**	**230 683**	**431 628**	**125 640**	**72 763**	**232 469**	**588 487**
#南 昌 市	314 094	46 315	118 917	24 907	13 775	40 551	69 629
景德镇市	66 093	11 409	19 024	6 648	1 974	8 086	18 952
萍 乡 市	73 731	9 310	25 670	4 213	2 018	6 246	26 274
九 江 市	152 926	25 711	43 195	5 913	5 381	18 550	54 176
新 余 市	62 628	8 557	15 538	1 497	2 042	5 305	29 689
鹰 潭 市	44 810	11 400	13 529	3 081	1 595	4 358	10 847
赣 州 市	196 765	22 476	52 437	15 144	7 600	35 287	63 821
吉 安 市	122 187	13 546	29 125	9 033	3 744	26 746	39 993
宜 春 市	131 607	17 661	32 262	4 681	4 937	36 043	36 023
抚 州 市	87 202	7 784	30 794	3 022	2 740	21 976	20 886
上 饶 市	137 110	14 830	36 026	11 261	5 817	29 085	40 091

注：本表财政收入不含中央两税收入。

15－12　各地区财政一般预算支出

（2003 年）　　单位：万元

地　　区	财政支出合　　计	基本建设支　　出	农业支出	教　　育事 业 费	社会保障补助支出	行政管理费　　用	公检法司支　　出	医疗卫生支　　出	其他各项支　　出
全　省	**3 820 981**	**338 935**	**154 592**	**644 665**	**414 471**	**359 542**	**277 990**	**150 613**	**1 480 173**
#南 昌 市	395 944	45 778	15 120	57 097	45 723	41 808	31 486	20 641	138 291
景德镇市	122 401	7 158	4 991	23 103	14 301	14 171	8 049	5 430	45 198
萍 乡 市	144 492	8 481	6 273	23 736	9 692	14 625	9 151	5 106	67 428
九 江 市	310 578	25 464	12 784	58 757	23 640	44 395	22 666	15 329	107 543
新 余 市	108 626	7 840	4 574	14 252	7 311	12 843	5 948	4 504	51 354
鹰 潭 市	86 155	6 487	2 942	13 900	6 176	11 722	4 768	4 242	35 918
赣 州 市	475 415	46 328	26 871	84 487	30 964	51 914	31 199	15 180	188 472
吉 安 市	308 614	27 977	16 893	70 322	21 230	34 924	21 254	12 543	103 471
宜 春 市	299 772	18 284	16 740	64 299	19 990	35 406	16 946	14 686	113 421
抚 州 市	252 313	36 038	14 078	52 243	17 059	29 312	14 837	9 619	79 127
上 饶 市	348 269	23 560	16 365	89 928	16 441	44 705	21 405	18 507	117 358

15－13　金融机构信贷收支平衡表

（年末余额）　　　　单位:万元

项　　　目	2003年	比年初增减额	
		2003年	2002年
一、资金来源总计	**27 914 516**	**4 092 444**	**2 376 078**
各项存款	32 395 785	5 316 200	4 202 556
企业存款	8 629 109	1 604 454	1 040 658
财政存款	1 216 501	127 161	80 142
机关团体存款	740 459	222 925	58 599
储蓄存款	20 154 504	3 082 839	2 771 126
农业存款	490 186	110 612	63 025
信托存款	13 167	－12 419	－ 205
委托存款	42 488	－14 307	20 862
其他存款	1 109 371	194 935	168 349
金融债券	－ 123 305	－4 166	56 595
应付及暂收款	501 111	62 809	－33 987
各项准备	64 010	－57 720	7 548
所有者权益	－ 390 352	37 931	91 654
其他	－5 085 846	－1 289 087	－1 927 458
二、资金运用总计	**27 914 516**	**4 092 444**	**2 376 078**
各项贷款	25 452 760	4 077 605	2 440 361
#短期贷款	15 047 200	1 430 359	926 782
#工　业	4 461 629	510 715	127 912
商　业	3 910 202	－ 244 561	－ 240 817
农　业	2 211 681	463 420	345 395
中期流动资金贷款	718 552	－ 231 163	252 092
中长期贷款	9 024 600	2 685 842	1 150 250
信托贷款	79 051	－38 544	－17 233
委托贷款	29 099	－1 601	－2 571
票据融资	510 765	239 696	133 310
有价证券及投资	641 510	23 812	－26 466
应收及预付款	481 965	－41 098	－50 789
委托投资	12 037	－2 295	－2 832
金银占款	537	178	－30 540
外汇占款	197	41	－1 826
库存现金	297 632	46 273	154

注:金融机构包括银行、城市信用社、农村信用社、信托投资公司、财务公司。

15－14 银行综合信贷收支平衡表

（年末余额） 单位:万元

项目	2003年	比年初增减额	
		2003年	2002年
一、资金来源总计	**23 069 825**	**3 404 061**	**1 904 004**
#各项存款	27 649 822	4 617 008	3 678 498
企业存款	8 459 959	1 573 892	1 021 103
财政存款	1 214 415	127 842	80 883
机关团体存款	714 170	216 872	55 051
储蓄存款	16 143 132	2 419 426	2 349 392
农业存款	49 024	－9 005	10 438
其他存款	1 069 122	287 981	161 631
金融债券	－60 242	19 457	56 651
同业往来	755 297	－108 292	136 967
所有者权益	－805 889	－262 158	－103 448
二、资金运用总计	**23 069 825**	**3 404 061**	**1 904 004**
各项贷款	22 004 811	3 405 917	1 983 352
短期贷款	11 886 113	782 449	484 237
#工　业	4 403 460	498 639	111 856
商　业	3 867 150	－255 164	－253 011
农　业	392 217	－22 180	－11 857
中期流动资金贷款	718 552	－231 163	252 092
中长期贷款	8 866 659	2 638 985	1 116 163
票据融资	490 402	222 629	133 131
各项垫款	43 085	－6 983	－2 271
有价证券及投资	368 782	－20 072	－28 133
应收及预付款	387 873	－34 062	－47 719
同业往来	105 944	－3 641	170
金银占款	537	178	－30 540
外汇占款	747	247	－1 149
库存现金	172 691	31 904	－5 175

15－15 金融机构现金收支

单位:万元

项目	2003年	项目	2003年
现金收入合计	**89 270 484**	**现金支出合计**	**87 442 464**
商品销售收入	7 189 255	工资性支出	4 756 995
服务业收入	4 176 739	农副产品采购支出	1 300 419
税款收入	647 674	工矿及其他产品采购支出	1 013 841
城乡个体经营收入	2 232 916	行政企事业管理费支出	3 546 650
储蓄存款收入	66 801 043	城乡个体经营支出	2 370 118
其他金融机构收入	517 112	储蓄存款支出	66 278 894
居民归还贷款收入	1 856 249	其他金融机构支出	517 206
汇兑收入	618 254	居民提取贷款支出	2 016 130
有价证券收入	153 665	汇兑支出	902 723
其他收入	5 077 577	有价证券支出	120 322
		其他支出	4 619 166

15－16　银行现金投放与回笼

（1978－2003年）　　单位：万元

年　　份	现金收入	现金支出	净投放（＋） 净回笼（－）
1978	346 274	358 044	11 770
1979	417 737	443 632	25 895
1980	534 519	560 096	25 577
1981	633 622	652 477	18 855
1982	742 511	774 846	32 335
1983	862 719	896 419	33 700
1984	982 383	1 049 742	67 359
1985	1 246 022	1 314 685	68 663
1986	1 511 826	1 561 206	49 380
1987	1 944 169	2 006 572	62 403
1988	2 755 375	2 906 477	151 102
1989	3 196 399	3 270 203	73 804
1990	3 480 265	3 581 039	100 774
1991	4 302 365	4 472 976	170 611
1992	5 979 370	6 190 116	210 746
1993	9 162 206	9 154 656	－7 550
1994	14 487 108	14 334 781	－ 152 327
1995	19 679 816	19 256 126	－ 423 690
1996	23 966 873	23 580 878	－ 385 995
1997	24 434 258	23 789 567	－ 644 691
1998	29 320 837	28 213 089	－1 107 748
1999	34 168 248	32 922 551	－1 245 697
2000	47 920 257	46 613 690	－1 306 567
2001	57 869 941	55 982 889	－1 887 052
2002	70 248 886	68 346 825	－1 902 061
2003	89 270 484	87 442 464	－1 828 020

15－17　银行现金收支

（2003年）　　单位：万元

项　　目	2003年	项　　目	2003年
现金收入合计	**76 345 229**	**现金支出合计**	**74 126 557**
商品销售收入	6 711 367	工资性支出	4 415 156
服务业收入	3 786 398	农副产品采购支出	990 089
税款收入	496 586	工矿及其他产品采购支出	859 264
城乡个体经营收入	1 471 197	行政企事业管理费支出	3 266 081
储蓄存款收入	57 956 844	城乡个体经营支出	1 402 025
其他金融机构收入	450 177	储蓄存款支出	57 552 113
居民归还贷款收入	444 664	其他金融机构支出	450 986
汇兑收入	588 243	居民提取贷款支出	363 006
有价证券收入	143 338	汇兑支出	858 811
其他收入	4 296 415	有价证券支出	110 978
		其他支出	3 858 047

15－18　财产保险机构主要险种保费收入和支出情况

（2003 年）　　单位:万元

指　　标	金　额	指　　标	金　额
保费收入合计	**139 511**	**赔款支出合计**	**84 950**
企业财产保险	17 604	企业财产保险	10 292
机动车辆保险	93 529	机动车辆保险	64 209
货物运输保险	4 482	货物运输保险	1 979
责任保险	6 375	责任保险	5 062
信用保证保险	2 265	信用保证保险	60
农业保险	212	农业保险	116
其它财产保险	15 044	其它财产保险	3 232
储金	**5 352**	**未决赔款金额**	**18 446**

15－19　人寿保险机构主要险种保费收入和支出情况

（2003 年）　　单位:万元

指　　标	金　额	指　　标	金　额
保费收入合计	**560 987**	**赔款支出合计**	**73 523**
团体保险	35 494	团体业务	17 252
人寿保险	22 566	年金给付	4 898
意外伤害保险	5 100	满期给付	5 729
健康保险	7 828	死伤医疗给付	6 625
个人保险	525 493	个人业务	56 271
人寿保险	487 824	年金给付	22 757
意外伤害保险	25 790	满期给付	9 189
健康保险	11 879	死伤医疗给付	24 325

15－20　各地区保险业务情况

（2003 年）　　单位:万元

地区	全部业务		财产保险业务		人身保险业务	
	保费收入	增长(%)	保费收入	增长(%)	保费收入	增长(%)
南昌市	157 323	36.8	33 907	3.2	123 416	50.2
景德镇市	30 788	45.8	7 388	7.7	23 400	64.1
萍乡市	29 870	41.3	7 388	20.4	22 482	49.9
九江市	70 816	48.8	13 765	0.2	57 051	68.5
新余市	27 572	53.4	5 955	13.6	21 617	69.7
鹰潭市	24 518	45.6	5 115	－12.0	19 403	76.0
赣州市	104 953	56.2	16 388	5.1	88 565	71.7
吉安市	62 218	57.2	12 839	3.6	49 379	81.6
宜春市	77 320	55.2	14 457	7.5	62 863	72.9
抚州市	45 129	45.2	7 812	2.3	37 317	59.2
上饶市	69 991	52.7	14 497	4.0	55 494	74.1

地区	保险密度　(元)			保险深度　(%)		
	全部业务	财产险	人身险	全部业务	财产险	人身险
南昌市	354.53	76.41	278.12	2.45	0.53	1.92
景德镇市	203.61	48.86	154.75	2.19	0.53	1.66
萍乡市	166.46	41.17	125.29	2.09	0.52	1.57
九江市	154.48	30.03	124.45	2.31	0.45	1.86
新余市	250.76	54.16	196.60	2.53	0.55	1.98
鹰潭市	230.37	48.06	182.31	3.08	0.64	2.44
赣州市	130.57	20.39	110.18	3.04	0.47	2.57
吉安市	134.82	27.82	107.00	3.01	0.62	2.39
宜春市	147.32	27.54	119.78	3.10	0.58	2.52
抚州市	120.46	20.85	99.61	2.68	0.46	2.22
上饶市	112.08	23.22	88.86	2.77	0.57	2.20

注:保险密度＝年保费收入/国民年平均人口;保险深度＝年保费收入/年生产总值。

主要统计指标解释

财政收入 国家财政参与社会产品分配所取得的收入，是实现国家职能的财力保证。财政收入所包括的内容几经变化，目前主要包括：

（1）各项税收 包括增值税、营业税、消费税、土地增值税、城市维护建设税、资源税、城市土地使用税、印花税、固定资产投资方向调节税、个人所得税、企业所得税、关税、农牧业税和耕地占用税等。

（2）专项收入 包括征收排污费、征收城市水资源费收入、教育费附加收入等。

（3）其他收入 包括基本建设贷款归还收入、国家能源交通重点建设基金收入、国家预算调节基金等。

（4）国有企业计划亏损补贴 这项为负收入，冲减财政收入。

财政支出 国家财政将筹集起来的资金进行分配使用，以满足经济建设和各项事业的需要，主要包括：

（1）基本建设支出 指按国家有关规定，属于基本建设范围内的基本建设有偿使用、拨款、资本金支出以及经国家批准对专项和政策性基建投资贷款，在部门的基建投资额中统筹支付的贴息支出。

（2）企业挖潜改造资金 指国家预算内拨给的用于企业挖潜改造、革新和必造方面的资金。包括各部门企业挖潜改造资金和企业挖潜改造贷款资金，为农业服务的县办“五小”企业技术改造补助，挖潜改造贷款利息支出。

（3）科技三项费用 国家预算用于科技支出的费用，包括新产品试制费、中间试验费、重要科学研究补助费。

（4）支援农村生产支出 国家财政支援农村集体（户）各项生产的支出。包括对农村举办的小型农田水利和打井、喷灌等的补助费；对农村水土保持措施的补助费；对农村举办的小水电站的补助费；特大抗旱的补助费；农村开荒补助费；扶持乡镇企业资金；农村农技推广和植保补助费；农村草场和畜禽保护补助费；农村造林和林木保护补助费；农村水产补助费；发展粮食生产专项资金。

（5）农林水利气象等部门的事业费 国家用于农垦、农场、农业、畜牧、农机、林业、森工、水利、水产、气象、乡镇企业的技术推广、良种推广（示范）、植物（畜禽、森林）保护、水质监测、勘探设计、资源调查、干部训练等费用，园艺特产场补助费，中等专业学校经费，飞播牧草试验补助费，营林机构、气象机构经费，渔政费以及农业管理事业费等。

（6）抚恤和社会福利救济费 国家预算用于抚恤和社会福利救济事业的经费，包括由民政部门开支的烈士家属和牺牲病残人员家属的一次性、定期抚恤金，革命伤残人员的抚恤金，各种伤残补助费、烈军属、复员退伍军人生活补助费、退伍军人安置费、优抚事业单位经费、烈士纪念建筑管理、维修费，自然灾害救济事业费和特大自然灾害灾后重建补助费等。

（7）行政管理费 包括行政管理支出，党派团体补助支出，外交支出，公安安全支出，司法支出，法院支出，检察院支出和公检法办案费用补助。

（8）价格补贴支出 经国家批准，由国家财政拨给的政策性补贴支出，主要包括粮食加价款，粮、棉、油差价补贴，棉花收购价外奖励款，副食品风险基金，市镇居民的肉食价格补贴，平抑市价肉食、蔬菜价差补贴等以及经国家批准的教材课本、报刊新闻纸等价格补贴。

（9）文教科学卫生事业费 包括科学、文化、教育、卫生、公费医疗、体育、通讯和广播、地震、海洋、文物、计划等方面的事业费。

信贷资金 国家银行用于发放贷款的资金叫信贷资金。中国人民银行信贷资金的来源有各项存款、对国际金融机构负债、流通中货币、银行自有资金及当年结益等。信贷资金的运用有各种贷款、黄金占款、外汇占款、财政借款及在国际金融机构中的资产等。

存款 企业、机关、团体或居民根据可以收回的原则，把货币资金存入银行或其他信用机构保管并取得一定利息的一种信用活动形式。根据存款对象的不同可划分：企业存款、财政存款、机关团体存款、对外贸易存款、城乡居民储蓄存款、农村存款等科目。

贷款 银行或其他信用机构根据必须归还的原则，按一定利率，为企业、个人等提供资金的一种信用活动形式。我国银行贷款，分流动资金贷款，中短期设备贷款以及农户贷款等科目。

承保额 又叫保险金额。它是保险人对被保险人负提损失补偿或约定给付的金额。它是保险合同上的最高责任额，也是计算保费的依据。

保费 被保险人按其得到保险利益的保障程度（保险金额）的一定比率向保险人缴付的费用。

赔款 保险人对财产保险的保险事故给予的经济补偿或对人身保险的保险事故给付的保险金。

科技、教育、文化 16

SCI－TECH, EDUCATION AND CULTURE

- 2003年末，地方企事业单位专业技术人员66.76万人，其中：企业单位专业技术人员11.33万人，事业单位专业技术人员55.43万人。
- 2003年，小学学龄儿童入学率99.01%。
- 2003年，普通高等学校54所，在校学生35.86万人，毕业生4.72万人。
- 2003年，出版报纸53063万份，期刊5820.20万册，图书1.94亿册。

本篇章

资料整理	微机处理
赵志辉	赵志辉
万　玲	万　玲
张家琦	张家琦

16－1 科技活动人员情况

（2003 年）

项目	单位数（个）	#有科技活动的单位数	科技活动人员（人）	#科学家、工程师
合计	**1 401**	**807**	**64 382**	**37 008**
科研机构	121	99	7 178	4 424
高等院校	53	41	7 968	7 841
企业	963	531	45 222	21 956
#工业企业	723	407	42 234	19 712
其他	264	136	4 014	2 787

注："其他"包括科委系统县属和转制科研机构、建筑企业、交通运输仓储及邮电通信企业、农业及地质水利企事业单位、医疗卫生机构、软件开发单位和综合技术服务业，后同。

16－2 科技活动机构基本情况

（2003 年）

项目	科技活动机构数（个）	机构从事科技活动人员（人）	#科学家、工程师	机构科技经费内部支出（万元）	#R&D 经费
合计	**485**	**20 245**	**12 397**	**166 605**	**107 787**
科研机构	121	7 178	4 424	50 207	25 748
高等院校	72	883	451	2 788	2 232
企业	264	11 552	7 094	113 086	79 577
#工业企业	241	11 347	6 963	111 988	79 445
其他	28	632	428	524	230

16－3　科技活动经费筹集情况

（2003 年）　　单位:万元

项　　目	合　计	科研机构	高等院校	企　业	#工业企业	其　他
合　　计	**307 146**	**48 284**	**22 252**	**229 471**	**212 730**	**7 139**
政府资金	75 760	36 338	13 404	23 992	22 784	2 026
企业资金	199 273	1 463	6 950	190 137	176 479	723
事业单位资金	10 753	6 426	77	436	135	3 814
金融机构贷款	10 927	979	510	9 273	8 093	165
国外资金	593	2	157	356	339	78
其他资金	9 840	3 076	1 154	5 277	4 900	333

16－4　科技活动经费使用情况

（2003 年）　　单位:万元

项　　目	合　计	科研机构	高等院校	企　业	#工业企业	其　他
合　　计	**347 269**	**50 366**	**20 664**	**268 290**	**253 911**	**7 949**
内部支出	324 336	50 207	20 257	245 944	232 316	7 928
经常费支出	263 112	40 192	17 154	198 122	185 289	7 644
#人员劳务费	80 252	19 734	5 043	51 626	47 190	3 849
科研基建费	61 224	10 015	3 103	47 822	47 027	284
内部支出中固定资产购建	116 035	11 697	7 051	95 506	92 561	1 781
#设备购建	93 448	10 133	6 900	74 794	72 315	1 621
外部支出	22 933	159	407	22 346	21 595	21

16－5 研究与试验发展(R&D)情况

(2003 年)

项　　目	有 R&D 活动单位数	R&D 人员折合全时人员(人年)	# 科学家、工程师	R&D 经费内部支出(万元)	R&D 经费外部支出(万元)
合　计	**517**	**16 999**	**12 121**	**169 772**	**17 997**
科研机构	59	2 995	2 334	25 748	39
高等院校	52	3 162	3 108	10 871	162
企　业	330	10 303	6 221	130 707	17 786
#工业企业	236	9 599	5 596	122 740	17 209
其　他	76	539	458	2 446	10

16－6 科技成果情况

(2003 年)

项　　目	专利申请数(件)	# 发明专利申请数	拥有发明专利数(件)	发表科技论文(篇)	出版科技著作(种)
合　计	**378**	**152**	**211**	**12 524**	**502**
科研机构	10	3	15	722	13
高等院校	26	11		10 811	449
企　业	331	130	187	170	2
#工业企业	299	121	168	83	
其　他	11	8	9	821	38

16－7 地方企事业单位专业技术人员

单位:人

分　　类	1990 年	1995 年	2000 年	2002 年	2003 年
总　计	**642 326**	**569 117**	**693 530**	**687 846**	**667 576**
工程技术人员	111 923	80 205	91 360	85 499	79 872
农业技术人员	14 091	13 121	19 470	19 619	18 307
卫生技术人员	83 741	78 383	99 631	102 522	98 911
科学研究人员	3 740	2 361	2 333	2 347	2 692
教学人员	260 444	280 424	360 818	368 987	376 268
其他人员	168 387	114 623	119 918	108 872	91 526

注:1990 年包括中央驻赣单位。

16－8 地方企事业单位专业技术人员

分　　类	人　数（人）		比　重（%）		平均每万人口专业技术人员(人)		平均每万在岗职工专业技术人员(人)	
	2002 年	2003 年	2002 年	2003 年	2002 年	2003 年	2002 年	2003 年
总　计	**687 846**	**667 576**	**100**	**100**	**163**	**157**	**2 626**	**2 601**
工程技术人员	85 499	79 872	12.4	12.0	20	19	326	311
农业技术人员	19 619	18 307	2.9	2.7	5	4	75	71
卫生技术人员	102 522	98 911	14.9	14.8	24	23	391	385
科学研究人员	2 347	2 692	0.3	0.4	1	1	9	10
教学人员	368 987	376 268	53.6	56.4	87	88	1 409	1 466
其他人员	108 872	91 526	15.9	13.7	26	22	416	357

16－9　地方企事业单位分行业专业技术人员

（2003年）　　　　单位：人

行　　业	合　计	事业单位	企业单位
总　　计	**667 576**	**554 244**	**113 332**
农、林、牧、渔业	38 664	27 388	11 276
采掘业	20 412		20 412
制造业	40 643		40 643
电力、燃气及水的生产和供应业	2 171		2 171
建筑业	7 544		7 544
交通运输、仓储和邮政业	15 791	9 475	6 316
信息传输、计算机服务和软件业	456	245	211
批发和零售业	14 603		14 603
住宿餐饮业	566		566
金融业	1 063	394	669
房地产业	524		524
租赁和商务服务业	2 652	1 053	1 599
科学研究、技术服务和地质勘查业	20 024	19 857	167
水利、环境和公共设施管理业	10 467	9 520	947
居民服务和其他服务业	14 029	12 452	1 577
教育	374 004	371 751	2 253
卫生、社会保障和社会福利业	90 665	89 350	1 315
文化、体育和娱乐业	13 298	12 759	539

16－10　地方企事业单位分行业专业技术人员

（2003年）　　　　单位：人

行　　业	合　计	工程技术人　员	农业技术人　员	卫生技术人　员	科学研究人　员	教学人员	其他人员
总　　计	**667 576**	**79 872**	**18 307**	**98 911**	**2 692**	**376 268**	**91 526**
农、林、牧、渔业	38 664	9 217	17 258	807	17	2 145	9 220
采掘业	20 412	6 901	3	3 258		3 438	6 812
制造业	40 643	19 591	29	2 508	2	2 826	15 687
电力、燃气及水的生产和供应业	2 171	1 046		50		81	994
建筑业	7 544	4 641	1	180		141	2 581
交通运输、仓储和邮政业	15 791	6 853	14	185	1	112	8 626
信息传输、计算机服务和软件业	456	248		1	35		172
批发和零售业	14 603	2 309	11	3 209		27	9 047
住宿餐饮业	566	43		5		1	517
金融业	1 063	251				6	806
房地产业	524	262				3	259
租赁和商务服务业	2 652	407	9	12	1	9	2 214
科学研究、技术服务和地质勘查业	20 024	11 923	567	625	1 008	937	4 964
水利、环境和公共设施管理业	10 467	7 677	96	74	68	48	2 504
居民服务和其他服务业	14 029	4 664	201	644	4	122	8 394
教育	374 004	1 995	72	1 162	1 489	365 279	4 007
卫生、社会保障和社会福利业	90 665	403	34	86 148	35	546	3 499
文化、体育和娱乐业	13 298	1 441	12	43	32	547	11 223

16－11　各地区企事业单位专业技术人员

（2003 年）　　单位：人

地　区	合　计	工程技术人员	农业技术人员	卫生技术人员	科学研究人员	教学人员	其他人员
总　计	**553 978**	**43 239**	**17 393**	**69 483**	**11 499**	**356 802**	**55 562**
南昌市	67 111	9 280	1 408	8 091	164	34 488	13 680
景德镇市	22 767	2 284	524	3 542		13 712	2 705
萍乡市	26 710	2 834	565	4 518	1	15 593	3 199
九江市	67 802	5 074	2 204	9 735	23	42 861	7 905
新余市	14 963	1 554	243	2 111	12	8 995	2 048
鹰潭市	12 999	865	604	1 706	11	8 532	1 281
赣州市	81 265	4 643	2 768	100	11 147	56 886	5 721
吉安市	63 313	5 814	2 495	10 024	7	42 801	2 172
宜春市	63 557	3 764	1 858	10 416	58	42 814	4 647
抚州市	58 107	3 412	2 782	8 855	11	37 357	5 690
上饶市	75 384	3 715	1 942	10 385	65	52 763	6 514

16－12　地方事业单位按学历分专业技术人员

（2003 年）　　单位:人

学　　历	合　计	工程技术人　员	农业技术人　员	科学研究人　员	卫生技术人　员	教学人员	其他人员
总　计	**554 244**	**39 228**	**17 030**	**2 653**	**87 641**	**365 863**	**41 829**
研究生	4 188	263	34	224	514	2 948	205
大学本科	103 184	11 218	2 227	1 585	12 042	68 313	7 799
大学专科	198 811	13 328	4 471	583	26 460	136 503	17 466
中　专	213 898	11 615	8 159	162	43 220	141 349	9 393
高中及以下	34 163	2 804	2 139	99	5 405	16 750	6 966

16－13　地方事业单位按年龄分专业技术人员

（2003 年）　　单位:人

年　　龄	合　计	工程技术人　员	农业技术人　员	科学研究人　员	卫生技术人　员	教学人员	其他人员
总　　计	**554 244**	**39 228**	**17 030**	**2 653**	**87 641**	**365 863**	**41 829**
30 岁及以下	154 826	11 420	4 774	550	25 351	103 525	9 206
31 岁至 35 岁	110 440	8 674	3 978	506	17 048	71 284	8 950
36 岁至 40 岁	87 872	7 820	2 818	587	16 293	52 783	7 571
41 岁至 45 岁	65 514	4 523	2 010	326	10 747	41 871	6 037
46 岁至 50 岁	63 484	3 578	1 635	320	9 086	43 953	4 912
51 岁至 54 岁	42 364	1 767	1 081	170	5 522	30 691	3 133
55 岁及以上	29 744	1 446	734	194	3 594	21 756	2 020

16－14　地方企业单位按学历分专业技术人员

（2003年）　　单位：人

学　　历	合　　计	工程技术人　　员	农业技术人　　员	科学研究人　　员	卫生技术人　　员	教学人员	其他人员
总　计	**113 332**	**40 644**	**1 277**	**39**	**11 270**	**10 405**	**49 697**
研究生	279	149	3	4	19	2	102
大学本科	15 302	9 001	160	26	823	1 490	3 802
大学专科	38 915	13 833	261	9	2 685	4 431	17 696
中　专	31 695	12 603	444		4 433	3 155	11 060
高中及以下	27 141	5 058	409		3 310	1 327	17 037

16－15　地方企业单位按年龄分专业技术人员

（2003年）　　单位：人

年　　龄	合　　计	工程技术人　　员	农业技术人　　员	科学研究人　　员	卫生技术人　　员	教学人员	其他人员
总　　计	**113 332**	**40 644**	**1 277**	**39**	**11 270**	**10 405**	**49 697**
30岁及以下	18 963	9 143	124	3	2 412	1 865	5 416
31岁至35岁	20 291	8 424	381	9	2 050	2 008	7 419
36岁至40岁	23 577	9 199	226	14	2 464	2 173	9 501
41岁至45岁	18 269	5 315	218	7	1 629	1 714	9 386
46岁至50岁	14 542	3 860	132	2	1 402	1 412	7 734
51岁至54岁	10 765	2 652	118	4	879	849	6 263
55岁及以上	6 925	2 051	78		434	384	3 978

16－16 县以上政府部门属自然科学研究与开发机构情况

（2003 年）

分类	机构数（个）	从业人员总数（人）	#科技活动人员（人）	#科学家工程师	经费收入总额（万元）	#政府资金	经费支出总额（万元）	#科技经费支出
总计	**104**	**10 323**	**4 785**	**2 695**	**30 655.3**	**18 412.7**	**28 671.0**	**25 497.8**
一、按隶属关系分								
中央属	1	637	66	37	2 591.3	1 140.1	2 225.7	2 225.7
省属	51	6 256	3 156	1 938	18 104.4	11 431.0	17 383.1	16 460.9
地市属	52	3 430	1 563	720	9 959.6	5 841.6	9 062.2	6 811.2
二、按国民经济行业分								
农、林、牧、渔业	46	6 507	2 029	888	14 994.8	9 455.8	13 372.0	11 050.5
采矿业	1	77	44	42	227.0	131	194.9	176.6
制造业	20	966	701	486	3 793.2	2 214.4	3 713.6	3 480.6
建筑业	2	132	89	55	1 557.4	170.8	1 500.2	1 474.1
交通运输、仓储和邮政业	1	216	196	98	158.6	121.3	195.7	195.7
信息传输、计算机服务和软件业	1	97	72	49	330.4	210.3	334.2	330.4
科学研究、技术服务和地质勘查业	22	1 675	1 137	753	6 372.9	4 547.5	6 135.4	5 790.6
水利、环境和公共设施管理业	5	279	211	141	1 667.4	754.2	1 652.5	1 557.5
卫生、社会保障和社会福利业	6	374	306	183	1 553.6	807.4	1 572.5	1 441.8
三、按学科领域分								
自然科学	5	301	238	137	1 211.9	893.6	1 026.9	1 017.6
工程科学技术	40	2 605	1 849	1 227	10 469.0	5 493.4	10 324.0	9 735.3
医学科学	10	670	543	368	2 572.7	1 464.5	2 591.6	2 338.2
农业科学	47	6 725	2 139	953	16 318	10 483.8	14 646.3	12 324.8
社会与人文科学	2	22	16	10	83.7	77.4	82.2	81.9
四、按地区分								
南昌市	52	5 734	3 052	1 933	17 234.9	10 829.4	16 627.2	15 847.7
景德镇市	5	266	191	99	766.6	507.6	768.1	619.8
萍乡市	6	204	130	53	1 211.5	1 014.1	590.2	587.4
九江市	9	1 334	344	131	2 035.3	1 346.7	2 009.8	1 520.3
新余市	3	685	96	54	3 012.8	1 337.6	2 430.6	2 429.6
鹰潭市	1	14	12	10	30.9	24.4	31.6	31.6
赣州市	10	949	502	173	3 386.7	1 100.5	3 401.2	1 768.3
吉安市	4	375	108	42	732.3	331.8	694.3	690.5
宜春市	6	305	191	112	1 398.1	1 332.7	1 247.3	1 224.0
抚州市	5	220	96	58	425.3	362.8	446.0	422.3
上饶市	3	237	63	30	420.9	225.1	424.7	356.3

16－17 县属自然科学研究与开发机构情况

（2003年）

分类	机构数（个）	从业人员总数（人）	#科技活动人员	#科学家工程师	经费收入总额（万元）	#政府资金	经费支出总额（万元）	#科技经费支出
总计	**94**	**3 883**	**944**	**218**	**3 422.1**	**1 215.2**	**3 576.5**	**2 687.7**
一、按国民经济行业分								
农、林、牧、渔业	71	3 058	662	109	1 966.3	775.5	2 177.5	1 471.6
制造业	4	47	20	7	60.6	37.3	40.2	39.2
建筑业	1	24	24		452.9		356.9	356.9
科学研究、技术服务和地质勘查业	10	554	105	35	320.9	92.4	368.7	261
居民服务和其他服务业	1	13	3		4.0		4.0	3.0
教育	1	23	23	22	186.4	79.4	186.2	186.2
卫生、社会保障和社会福利业	5	148	97	45	405.7	205.3	417.7	344.5
文化、体育和娱乐业	1	16	10		25.3	25.3	25.3	25.3
二、按地区分								
南昌市	5	142	127	56	787.5	220.7	724.8	723.8
景德镇市	5	134	62	31	311.7	185.3	313.8	299.6
九江市	6	808	93	10	294.1	75.0	315.1	229.2
鹰潭市	5	193	66	13	213.5	52.5	217.2	140.2
赣州市	22	528	193	28	480.4	173.9	597.7	390.4
吉安市	3	38	15	2	98.2	22.7	105.9	79.4
宜春市	9	284	86	10	277.4	137.2	208.6	188.7
抚州市	22	955	179	45	548.8	209.1	605.9	338.9
上饶市	17	801	123	23	410.5	138.8	487.5	297.5

16－18 大中型工业企业技术开发机构和人员

（2003年）

分类	企业数（个）	技术开发机构数（个）	技术开发人员数（人）	#科学家工程师	#技术开发机构人员	#科学家工程师
总计	**326**	**123**	**32 699**	**13 815**	**9 018**	**5 447**
一、按企业规模分						
大型	25	27	20 682	7 343	3 707	2 540
中型	301	96	12 017	6 472	5 311	2 907
二、按登记注册类型分						
内资企业	301	113	30 823	12 971	8 356	4 963
港澳台商投资	13	2	474	227	97	94
外商投资	12	8	1 402	717	565	390

16－19　大中型工业企业技术开发经费筹集情况

（2003年）　　单位:万元

分　类	合　计	企业资金	金融机构贷　款	政府部门资　金	其他资金
总　计	**182 735.5**	**151 741.5**	**5 110.2**	**21 099.1**	**4 784.7**
一、按企业规模分					
大　型	113 551.6	90 044.5	3 848.0	16 087.3	3 571.8
中　型	69 183.9	61 697.0	1 262.2	5 011.8	1 212.9
二、按登记注册类型分					
内资企业	157 146.7	127 743.5	3 710.2	21 093.3	4 599.7
港澳台商投资	1 065.4	1 065.4			
外商投资	24 523.4	22 932.6	1 400.0	5.8	185.0

16－20　大中型工业企业技术开发经费内部支出情况

（2003年）　　单位:万元

分　类	合　计	劳务费	原材料费	非基建项目购买和自制设备支出	其　他
总　计	**157 427.3**	**38 255.9**	**36 246.1**	**41 353.9**	**41 571.4**
一、按企业规模分					
大　型	96 862.6	21 828.4	18 961.7	26 930.4	29 142.1
中　型	60 564.7	16 427.5	17 284.4	14 423.5	12 429.3
二、按登记注册类型分					
内资企业	137 089.6	35 768.0	33 770.0	31 309.9	36 241.7
港澳台商投资	934.0	437.9	267.1	142.4	86.6
外商投资	19 403.7	2 050.0	2 209.0	9 901.6	5 243.1

16－21　大中型工业企业技术改造、技术引进经费支出情况

（2003 年）　　　　单位:万元

分　　类	技术改造经费支出	技术引进经费支出	消化吸收经费支出	购买国内技术支出
总　　计	**428 991.3**	**47 418.7**	**25 660.0**	**4 231.2**
一、按企业规模分				
大　型	348 182.1	23 213.8	732.1	1 004.0
中　型	80 809.2	24 204.9	24 927.9	3 227.2
二、按登记注册类型分				
内资企业	393 726.2	44 729.1	4 633.5	4 231.2
港澳台商投资	4 055.0	242.5	0.5	
外商投资	31 210.1	2 447.1	21 026.0	

16－22　大中型工业企业技术开发新产品情况

（2003 年）　　　　单位:万元

分　　类	新产品开发项目	新产品产　值	新产品销售收入	#出　口	新产品销售利润
总　　计	**1 270**	**1 279 474.0**	**1 273 105.3**	**120 191.2**	**154 634.1**
一、按企业规模分					
大　型	494	803 935.4	813 797.0	88 572.0	102 497.1
中　型	776	475 538.6	459 308.3	31 619.2	52 137.0
二、按登记注册类型分					
内资企业	1 095	958 354.5	977 649.5	114 724.6	123 505.3
港澳台商投资	6	241.8	43.1		
外商投资	169	320 877.7	295 412.7	5 466.6	31 128.8

16－23　高等学校研究与试验发展人员和经费

（2003 年）

类　　别	人员数（人）	# 高级职称	# 中级职称	# 初级职称	经费拨入合计（万元）	经费支出合计（万元）
总　　计	**5 086**	**2 389**	**1 613**	**843**	**9 991.5**	**7 845.5**
自然科学	1 364	624	355	268		
工程与技术	1 640	907	489	200		
医药科学	1 697	701	623	303		
农业科学	385	157	146	72		

注：本表数据为高校理工院校。

16－24　高等学校科技项目情况

（2003 年）

类　　别	课题数（项）	当年投入经费（万元）	当年支出经费（万元）	当年投入人员（人年）	# 科学家工程师
总　　计	**2 344**	**10 195.5**	**7 709.7**	**2 402**	**2 146**
基础研究	527	1 091.5	846.3	605	516
应用研究	1 124	3 639.0	2 352.4	1 046	940
试验发展	425	3 092.0	2 596.1	509	480
R&D 成果应用	74	630.7	475.0	77	70
科技服务	194	1 742.3	1 439.9	165	140

注：本表数据为高校理工院校。

16－25　技术市场基本情况

项　　　　目	单　位	2002 年	2003 年	2003年比2002年增减数
一、技术贸易机构	个	634	521	－113
二、从事技术贸易活动人员	人	22 099	22 161	62
三、签订技术合同数	项	2 899	2 721	－178
1. 按合同类别分				
技术开发合同	项	841	762	－79
技术转让合同	项	350	345	－5
技术咨询合同	项	380	365	－15
技术服务合同	项	1 328	1 249	－79
2. 按卖方类型分				
科研机构	项	887	607	－280
大中专院校	项	117	125	8
企　　业	项	628	518	－110
技术贸易机构	项	904	1 162	258
个体经营	项	74	26	－48
其　　他	项	289	283	－6
四、技术合同成交金额	万元	62 891.25	83 323.48	20 432.23
技术开发合同	万元	25 347.83	39 505.74	14 157.91
技术转让合同	万元	10 504.23	11 806.97	1 302.74
技术咨询合同	万元	3 454.33	5 089.27	1 634.94
技术服务合同	万元	23 584.86	26 921.5	3 336.64

16－26　专利申请受理量和批准量

单位:项

项　　目	受理量					批准量				
	1990年	1995年	2000年	2002年	2003年	1990年	1995年	2000年	2002年	2003年
总　　计	**601**	**1 008**	**1 557**	**2 037**	**2 434**	**282**	**509**	**1 072**	**1 044**	**1 238**
一、按种类分										
发　　明	111	184	267	391	832	19	19	67	64	98
实用新型	440	710	806	971	1 069	245	402	690	524	679
外观设计	50	114	484	675	532	18	88	315	456	456
二、按申请者分										
个　　人	435	841	1 303	1 713	1 904	224	422	854	865	975
大专院校	27	15	6	16	25	6	6	6	5	6
科研单位	32	16	18	21	25	16	10	11	8	18
工矿企业	96	127	222	282	468	22	55	193	166	233
机关团体	11	9	8	5	11	14	16	8		3

注:2003年数据由于专利统计方法有所变更,故分组数据不等于总计

16－27　获国家级、省级科技奖项数

单位:项

项　　目	2002年	2003年
国家级科技进步奖	**3**	
省级奖项合计	**68**	**78**
自然科学奖	6	13
一等奖		1
二等奖	2	4
三等奖	4	8
技术发明奖	3	1
一等奖	1	
二等奖		
三等奖	2	1
科技进步奖	59	64
一等奖	2	3
二等奖	16	15
三等奖	41	46

16－28 科协系统科技活动情况

（2003 年）

项目	单位	科协合计	省科协	市科协	县科协	省学会合计
一、机构与人员						
机构数	个	106	1	11	94	107
人员数	人	655	34	130	491	224
二、举办学术交流活动						
次数	次	162	1	23	138	181
参加人数	人次	11 603	320	1 437	9 846	18 552
三、科普活动						
科普讲座次数	次	1 256	16	72	1 168	232
听讲人次	人次	391 153	5 000	36 779	349 374	40 840
科普展览次数	次	580	4	38	538	59
参观人次	人次	891 087	2 000	130 495	758 592	59 689
科普宣传次数	次	643	9	46	588	147
组织工作人员	人次	6 684	355	736	5 593	1 449
四、咨询服务						
完成技术咨询合同	项	505	118	218	169	153
咨询合同实现金额	千元	49 539	27 600	21 264	675	3 297
五、出版						
科技期刊种数	种	4	3	1		35
科技期刊年发行总数	万册	70.06	69.9	0.2		96.5
科技报纸种数	种	1		1		2
科技报纸年发行总数	千份	20		20		110
科技图书种数	种	13	1	6	6	16
科技图书年发行总数	万册	2.48	0.08	0.6	1.8	2.9

16－29　各类全日制学校基本情况

（2003 年）　　单位:人

类　别	学校数（所）	在校学生数	招生数	毕业生数	教职工数	# 专任教师
研究生		5 711	2 562	973		
普通高等学校	55	358 622	141 571	47 167	41 621	21 938
普通中等专业学校	58	155 084	66 391	56 174	7 396	4 374
中等技术学校	46	135 111	58 846	50 046	5 705	3 160
中等师范学校	12	19 973	7 545	6 128	1 691	1 214
普通中学	2 848	3 010 626	1 036 594	839 577	176 175	155 764
高　中	629	724 053	278 808	155 520		39 160
初　中	2 219	2 286 573	757 786	684 057		116 604
职业中学	220	149 402	64 184	37 806	9 658	7 102
高　中	209	144 008	62 325	35 221		6 841
初　中	11	5 394	1 859	2 585		261
技工学校	66	67 342	29 700	13 777	5 538	4 316
小　学	15 862	3 905 386	733 559	757 359	207 306	198 513
特殊教育学校	49	14 854	2 262	1 025	509	413
幼儿园	4 478	633 073	504 672	230 973	26 515	17 612
工读学校	1				5	

注:普通初中含九年一贯制学校。

16－30　各类全日制学校在校学生数

类　别	单位	1978 年	1980 年	1985 年	1990 年	1995 年	2000 年	2002 年	2003 年
研究生	人	17	58	271	479	757	2 118	4 123	5 711
普通高等学校	人	21 830	35 623	44 855	56 608	81 999	144 293	266 251	358 622
中等专业学校	人	28 926	40 800	49 426	61 675	106 297	160 022	152 087	155 084
中等技术学校	人	15 828	25 163	27 292	34 921	75 753	128 726	126 729	135 111
中等师范学校	人	13 098	15 637	22 134	26 754	30 544	31 296	25 358	19 973
普通中学	万人	169.20	154.86	155.53	181.06	193.27	259.22	289.42	301.06
高　中	万人	38.69	28.01	25.88	26.23	25.45	38.53	60.99	72.40
初　中	万人	130.51	126.85	129.65	154.83	167.82	220.69	228.42	228.66
职业中学	万人	3.42	0.51	9.38	11.69	12.85	12.71	12.93	14.94
高　中	万人		0.15	6.60	9.17	10.52	10.72	11.69	14.40
初　中	万人	3.42	0.36	2.78	2.52	2.33	1.99	1.24	0.54
技工学校	人		13 370	14 472	34 237	77 840	34 617	47 997	67 342
小　学	万人	513.77	529.30	572.83	450.44	430.54	422.68	396.69	390.54
特殊教育学校	人	489	485	585	1 195	4 970	13 142	13 353	14 854
幼儿园	万人	10.59	30.61	32.30	36.26	52.53	62.06	57.48	63.31

16－31　各类全日制学校毕业生数

类　　别	单位	1978年	1980年	1985年	1990年	1995年	2000年	2002年	2003年
研究生	人			18	215	163	409	657	973
普通高等学校	人	2 357	3 363	9 759	13 616	22 004	24 449	35 047	47 167
中等专业学校	人	7 887	11 296	14 761	21 040	26 564	45 776	47 757	56 174
中等技术学校	人	3 429	2 898	7 918	11 717	16 892	33 151	40 625	50 046
中等师范学校	人	4 458	8 398	6 843	9 323	9 672	12 625	7 132	6 128
普通中学	万人	57.54	34.82	36.41	49.02	53.60	73.79	79.35	83.96
高　　中	万人	15.77	15.83	6.82	8.39	7.75	9.19	12.58	15.55
初　　中	万人	41.77	18.99	29.59	40.63	46.25	64.60	66.77	68.41
职业中学	万人	1.43	0.12	1.27	3.03	3.89	4.62	3.85	3.78
高　　中	万人		0.08	0.82	2.39	3.15	3.88	3.47	3.52
初　　中	万人	1.43	0.04	0.45	0.64	0.74	0.74	0.38	0.26
技工学校	人		297	5 535	9 457	33 586	14 740	13 246	13 777
小　　学	万人	72.03	60.89	71.75	86.02	70.05	85.61	82.15	75.74
特殊教育	人		65	43	98	347	1 073	1 295	1 025

16－32　各类学校教师负担学生数

（1978－2003年）

年　　份	普通高等学校		中等学校		小　　学	
	教师数（万人）	平均每个教师负担学生数（人）	教师数（万人）	平均每个教师负担学生数（人）	教师数（万人）	平均每个教师负担学生数（人）
1978	0.43	5.07	8.54	20.55	19.85	25.88
1979	0.50	5.84	8.04	20.22	20.03	25.62
1980	0.53	6.72	7.98	20.15	20.39	25.96
1981	0.58	6.53	8.00	18.90	20.89	25.45
1982	0.68	5.26	8.20	18.15	20.93	25.74
1983	0.71	5.13	8.27	18.10	20.55	26.39
1984	0.74	5.26	8.42	18.89	20.72	27.36
1985	0.80	5.61	8.99	19.05	21.17	27.06
1986	0.88	5.61	9.76	19.15	21.63	26.46
1987	0.92	5.66	10.38	18.99	21.68	25.30
1988	0.92	5.73	11.30	17.38	22.08	23.02
1989	0.94	5.69	11.63	16.78	22.16	21.46
1990	0.91	6.24	12.16	16.64	22.41	20.10
1991	0.91	6.21	12.68	16.55	22.42	19.20
1992	0.90	6.56	13.12	16.19	22.44	18.68
1993	0.90	7.91	13.22	15.80	22.48	18.43
1994	0.93	8.42	13.45	15.88	22.72	18.54
1995	0.95	8.71	13.72	16.37	22.80	18.88
1996	0.97	8.86	14.19	17.05	22.92	19.35
1997	0.98	9.10	14.61	17.62	23.08	19.69
1998	0.96	9.96	15.03	17.95	22.88	19.79
1999	1.01	11.08	15.43	18.27	22.48	19.57
2000	1.04	14.11	15.78	18.47	22.30	18.95
2001	1.22	16.38	16.34	18.59	21.44	18.91
2002	1.59	16.97	16.70	19.30	20.59	19.27
2003	2.19	16.61	17.16	19.72	19.85	19.67

16－33 高等学校基本情况

（2003 年）　　单位：人

院　　校	校　址	在校学生数	招生数	毕业生数	教职工数	# 专任教师
总　　计						
一、普通高等学校(54 所)		**358 622**	**141 571**	**47 167**	**41 621**	**21 938**
#女		133 696	55 299	17 150	16 283	8 291
综 合 大 学(8 所)		109 283	40 891	15 448	10 191	5 998
南 昌 大 学	南昌市	26 983	7 077	5 656	2 765	1 253
宜春学院	宜春市	11 763	4 075	1 347	1 002	666
井冈山学院	吉安市	10 065	4 240	1 266	1 348	629
景德镇高等专科学校	景德镇市	3 247	1 455	557	258	181
萍乡高等专科学校	萍乡市	3 319	1 369	604	442	239
南昌科技学院	南昌市	7 402	2 480	1 672	755	425
南昌高等专科学校	南昌市	4 747	2 516	530	417	242
新余高等专科学校	新余市	4 120	1 837	584	363	264
九江学院	九江市	30 290	12 790	3 232	2 348	1 703
南昌大学科学技术学院	南昌市	4 186	1 264		287	250
南昌大学共青学院	九江市	3 161	1 788		206	146
理 工 院 校(6 所)		81 066	29 219	11 105	8 147	4 488
华东交通大学	南昌市	12 546	3 786	1 660	1 137	592
华东理工学院	抚州市	16 340	5 302	2 834	1 498	963
南昌航空工业学院	南昌市	12 132	3 820	2 104	1 669	712
南方冶金学院	赣州市	14 206	4 472	2 653	1 386	722
景德镇陶瓷学院	景德镇市	6 599	2 109	1 195	922	469
南昌水利水电高等专科学校	南昌市	8 111	4 549	659	537	352
华东交通大学理工学院	南昌市	2 395	869		207	121
华东理工学院网大国际学院	南昌市	1 784	806		257	165
南昌航空工业学院科技学院	南昌市	1 911	986		166	121
南方冶金学院应用科学学院	赣州市	3 352	1 660		175	119
景德镇陶瓷学院科技艺术学院	景德镇市	850	546		51	36
江西科技师范学院理工学院	南昌市	840	314		142	116
农 业 院 校(1 所)		13 260	4 107	2 416	3 018	772
江西农业大学	南昌市	12 348	3 197	2 416	2 821	608
江西农业大学商学院	南昌市	912	910		197	164
医 药 院 校(2 所)		20 955	6 753	2 034	2 666	1 261
江西医学院	南昌市	8 686	2 644	1 086	1 057	457
江西中医学院	南昌市	5 571	1 973	460	787	378
赣南医学院	赣州市	4 212	974	320	476	219
江西医学院上饶分院	上饶市	1 439	655	168	238	142
江西中医学院科技学院	南昌市	1 047	507		108	65
师 范 院 校(3 所)		41 973	13 674	7 560	3 974	2 172
江西师范大学	南昌市	19 695	5 621	3 881	1 799	928
江西师范大学科学技术学院	南昌市	2 368	982		18	7
上饶师范学院	上饶市	7 462	2 518	1 409	885	461
赣南师范学院	赣州市	12 098	4 203	2 270	1 140	673
赣南师范学院科技学院	赣州市	350	350		132	103
财 经 院 校(1 所)		18 174	5 813	2 514	1 919	1 005
江西财经大学	南昌市	15 952	5 075	2 514	1 781	875

院　　　　校	校　址	在校学生数	招生数	毕业生数	教职工数	# 专任教师
江西财经大学现代经济管理学院	南昌市	2 222	738		138	130
政 法 院 校(1 所)		2 648	906	505	349	187
江西公安专科学校	南昌市	2 648	906	505	349	187
高 职 院 校(32 所)		57 630	35 219	3 119	11 357	6 055
江西工业职业技术学院	南昌市	1 519	717	304	209	86
蓝天职业技术学院	南昌市	8 945	4 594	466	1 135	535
九江职业大学	九江市	1 437	706	280	110	66
九江职业技术学院	九江市	5 875	2 063	778	687	216
江西渝州科技职业学院	新余市	2 595	1 816	27	801	510
江西航天科技职业学院	南昌市	7 772	3 966		850	608
江西司法警官职业学院	南昌市	2 514	1 883		231	135
江西陶艺美术职业技术学院	景德镇市	865	653		194	98
江西旅游商贸职业学院	南昌市	3 209	2 510		298	196
江西电力职业技术学院	南昌市	1 280	1 156		478	153
江西环境工程职业学院	赣州市	481	410		177	93
江西艺术职业学院	南昌市	60	29		250	180
鹰潭职业技术学院	鹰潭市	2 157	1 077	165	214	172
江西新亚职业技术学院	南昌市	1 788	1 525		327	162
江西信息应用职业技术学院	南昌市	1 098	860		195	102
江西交通职业技术学院	南昌市	1 295	1 044		364	160
江西财经职业学院	九江市	4 808	2 049	1 025	194	121
江西应用技术职业学院	赣州市	1 188	805		244	135
江西现代职业技术学院	南昌市	2 926	2 317		461	301
江西工业工程职业技术学院	萍乡市	1 380	1 032		279	139
江西机电职业技术学院	南昌市	1 024	696		349	195
江西服装职业技术学院	南昌市	46	46		375	249
江西科技职业技术学院	南昌市	636	636		150	82
江西大宇职业技术学院	南昌市	71	71		582	128
江西赣江职业技术学院	南昌市	1 400	1 400		140	83
江西外语外贸职业学院	南昌市	183	183		163	94
江西工业贸易职业技术学院	南昌市	177	177		271	169
宜春职业技术学院	宜春市	21	21		528	334
江西应用工程职业学院	萍乡市	306	203	74	227	110
江西生物科技职业学院	南昌市	206	206		223	127
江西建筑职业技术学院	南昌市	252	252		194	110
抚州职业技术学院	抚州市	116	116		457	206
二、成人高等学校(9 所)		**13 633**	**4 989**	**2 466**		
江西行政管理干部学院	南昌市	1 624	614	71		
南昌飞机制造公司职工工学院	南昌市	757	251	172		
新余钢铁有限责任公司职工大学	新余市	203	48	67		
南钢有限责任公司职工大学	南昌市	73	56			
江西省机械职工大学	南昌市	3 764	1 476	537		
江西教育学院	南昌市	900	331	128		
江西省广播电视大学	南昌市	2 929	938	999		
南昌教育学院	南昌市	1 212	416			
江西经济管理干部学院	南昌市	2 171	859	492		

16－34 普通高等学校分学科学生、专任教师情况

（2003 年）　　单位：人

类别	在校学生数	招生数	毕业生数	专任教师	# 正、副高级	# 中级	# 初级
总计	**358 622**	**141 571**	**47 167**	**21 938**	**7 709**	**6 724**	**5 623**
#女	133 696	55 299	17 150	8 291	2 176	2 605	2 580
哲学	152	28	26	816	358	286	115
经济学	21 747	8 839	2 617	1 716	598	584	376
法学	16 144	6 747	2 351	788	222	271	225
教育学	14 012	5 840	2 203	1 847	589	648	416
文学	60 489	24 359	8 025	4 732	1 358	1 392	1 414
#外语	27 050	10 895	3 137	2 145	482	674	717
历史学	973	202	270	232	108	85	31
理学	25 957	8 339	4 190	2 753	1 173	801	612
工学	125 655	50 250	16 972	6 264	2 226	1 725	1 831
农学	3 130	1 159	804	458	201	155	77
医学	28 004	9 544	3 156	1 341	597	435	231
管理学	62 359	26 264	6 553	991	279	342	295
总计中：							
本科	185 742	57 019	24 689				
专科	172 880	84 552	22 478				

16－35 中等职业学校基本情况

（2003 年）　　单位：人

类别	学校数（所）	在校学生数	招生数	毕业生数	教职工数	# 专任教师
总计	**367**	**323 244**	**138 076**	**97 487**	**20 648**	**13 402**
#女		162 100	68 124	50 724	7 485	4 714
全日制	367	318 895	136 121	97 223	20 648	13 402
非全日制		4 349	1 955	264		
按办学类型分：						
普通中等专业学校	58	155 084	66 391	56 174	7 396	4 374
中等技术学校	46	135 111	58 846	50 046	5 705	3 160
中等师范学校	12	19 973	7 545	6 128	1 691	1 214
成人中等专业学校	100	24 152	9 360	6 092	3 280	1 838
职业高中学校	209	144 008	62 325	35 221	9 372	6 841
按举办部门分：						
中央部门	4	9 566	4 453	2 788	529	272
地方部门	278	253 723	103 500	81 895	16 084	10 692
教育部门	213	112 926	44 975	31 076	10 537	7 532
非教育部门	65	140 797	58 525	20 819	5 547	3 160
民办	85	59 955	30 123	12 804	4 035	2 438

16－36 普通中等专业学校分科学生数

（2003 年）　　单位：人

类别	在校学生数	招生数	#招收初中毕业生数	#招收应届毕业生数	毕业生数	专任教师
总计	**155 084**	**66 391**	**62 133**	**56 805**	**56 174**	**4 374**
#女	89 764	36 841	34 033	31 063	32 819	1 771
农林类	2 273	827	826	678	846	119
资源与环境类	1 200	722	722	702	623	23
能源类	683	406	406	406	320	17
土木水利工程类	3 244	1 746	1 746	1 637	2 228	28
加工制造类	22 911	12 271	11 897	10 931	8 372	165
交通运输类	1 370	652	511	511	397	48
信息技术类	33 200	14 938	14 109	13 090	14 012	480
医药卫生类	30 116	11 320	10 050	7 669	11 786	501
商贸与旅游类	18 365	7 472	7 087	6 983	2 780	54
财经类	5 620	2 470	2 191	1 975	2 253	160
文化艺术与体育类	11 066	3 455	3 275	3 007	3 895	324
社会公共事物类	6 437	2 324	2 162	2 089	2 303	72
师范类	13 564	4 808	4 528	4 523	6 074	329
其他	5 035	2 980	2 623	2 604	285	72

16－37 各地区中等专业学校基本情况

（2003 年）　　单位：人

地区	学校数（所）	在校学生数	招生数	毕业生数	教职工数	#专任教师
总计	**58**	**155 084**	**66 391**	**56 174**	**7 396**	**4 374**
南昌市	25	81 084	35 206	31 486	2 917	1 741
景德镇市	3	2 471	793	1 090	274	161
萍乡市	2	7 292	2 298	1 709	177	132
九江市	4	5 683	2 186	2 902	410	224
新余市	2	3 045	1 214	505	809	415
鹰潭市	1	2 092	1 245	587	127	47
赣州市	4	14 868	7 449	4 722	568	340
吉安市	6	8 101	3 804	2 985	656	405
宜春市	2	11 814	4 963	4 039	416	239
抚州市	2	5 794	1 886	1 804	295	216
上饶市	7	12 840	5 347	4 345	747	454

16－38 普通中等专业学校基本情况

（2003 年）

单位：人

院 校	校 址	在校学生数	招 生 数	毕业生数	教职工数	# 专任教师
总 计（58 所）		**155 084**	**66 391**	**56 174**	**7 396**	**4 374**
#女		89 764	36 841	32 819	3 045	1 771
一、中等技术学校（46 所）		**135 111**	**58 846**	**50 046**	**5 705**	**3 160**
江西省水利水电学校	南昌市	2 278	1 608	940	185	100
江西广播电视学校	南昌市	509	205	273	42	32
江西省纺织工业学校	南昌市	658	405	411		
南昌市卫生学校	南昌市	3 402	1 277	1 481	136	73
江西省物资学校	南昌市	1 003	400	280	79	44
江西省计划统计学校	南昌市	1 130	980	533	99	57
江西工商行政管理学校	南昌市	68		149	57	29
江西省体育运动学校	南昌市	905	217	558	141	80
南昌市体育运动学校	南昌市	328	92	143	43	11
江西省电子信息工程学校	南昌市	155	155		253	148
江西省女子中等专业学校	南昌市	177	177		27	18
江西省新闻出版学校	南昌市	954	497	598	74	45
江西省卫生学校	南昌市	3 722	1 318	1 487	235	136
江西省轻工业学校	南昌市	3 701	1 686	1 154	133	77
江西省医药学校	南昌市	2 402	1 053	616	129	106
江西省民政学校	南昌市	894	380	563	41	22
南昌铁路机械学校	南昌市	1 928	715	1 620	308	136
江西省化学工业学校	南昌市	1 470	501	912	176	82
江西省中山艺术中等专业学校	南昌市	162	32	28	46	30
南昌市人民警察学校	南昌市	710	196	224	50	38
南昌铁路卫生学校	南昌市	2 435	1 290	772	137	104
江西省贸易中等专业学校	南昌市	2 282	1 009	496	89	51
江西省景德镇市卫生学校	景德镇市	1 373	452	519	99	56
景德镇市体育运动学校	景德镇市	233	70	125	82	58
萍乡市工业中等专业学校	萍乡市	355	39	199	81	56
江西省萍乡市卫生学校	萍乡市	1 768	640	304	96	76
九江市农业学校	九江市	139	47	92	91	49
九江市卫生学校	九江市	1 035	355	637		
江西省通用技术工程学校	九江市	1 715	924	326	167	67
江西赣西理工中等专业学校	新余市	1 517	897		476	248

院　　　　校	校　址	在校学生数	招 生 数	毕业生数	教职工数	# 专任教师
江西鹰潭应用工程学校	鹰潭市	1 590	1 005	151	127	47
江西省赣州农业学校	赣州市	1 358	638	210	144	70
江西省赣州卫生学校	赣州市	3 934	1 459	1 263	200	106
江西省赣南文艺学校	赣州市	242	74	126	50	38
江西省吉安市卫生学校	吉安市	1 578	486	857	130	45
江西华忆电子工业中等专业学校	吉安市	1 069	1 069		89	70
江西省吉安农业学校	吉安市	720	417	245	90	54
江西省井冈山经贸学校	吉安市	975	541	352	93	60
江西省樟树农业学校	宜春市	2 503	1 364	597	242	111
江西省中医药学校	抚州市	2 680	954	982	162	113
上饶市工业中等专业技术学校	上饶市	4 079	1 695	796	170	98
江西省上饶农业学校	上饶市	871	274	439	85	53
江西省上饶卫生学校	上饶市	2 189	618	1 129		
江西省婺源茶叶学校	上饶市	911	242	280	115	48
南昌市女子中等专业学校	南昌市				103	51
江西中山电子计算机中等专业学校	新余市				333	167
江西赣江职业技术学院	南昌市	438	438			
蓝天职业技术学院	南昌市	1 808	485			
江西财经大学	南昌市	723		1 610		
江西省团校	南昌市	1 005	419	268		
江西省国防科技工业学校	南昌市	141		1 371		
江西省外语外贸职业学院	南昌市	4 074	2 064	583		
江西省交通职业技术学院	南昌市	2 497	1 322	1 522		
江西省建设职业技术学院	南昌市	723	562	238		
江西旅游商贸学院	南昌市	6 090	2 584	1 255		
江西师范大学	南昌市	459		381		
江西现代职业技术学院	南昌市	3 944	1 556	1 944		
南昌高等专科学校	南昌市	446	78	282		
江西机电职业技术学院	南昌市	4 103	2 039	1 897		
江西公安专科学校	南昌市	698	278			
江西生物科技职业学院	南昌市	2 034	928	859		
江西信息应用职业技术学院	南昌市	1 519	726	517		
江西大宇职业技术学院	南昌市	444	416			
江西新亚职业技术学院	南昌市	279	180			
江西航天科技职业学院	南昌市	1 583	1 045			

16－38　续表2　　单位：人

院　　校	校　址	在校学生数	招生数	毕业生数	教职工数	# 专任教师
江西电力职业技术学校	南昌市	942	505	334		
江西司法警官职业学院	南昌市	2 979	475	1 260		
江西艺术职业学院	南昌市	2 341	370	663		
江西科技职业技术学院	南昌市	207	207			
江西服装职业技术学院	南昌市	243	140			
江西工业贸易职业技术学院	南昌市	4 244	2 380	1 125		
江西陶瓷工艺美术职业技术学校	南昌市	1 617	443	1 224		
江西工业工程职业技术学院	萍乡市	3 164	1 014	958		
萍乡高等专科学校	萍乡市	2 005	605	248		
九江职业大学	九江市	148	26			
九江职业技术学校	九江市	256		887		
江西财经职业学院	九江市	982	411	425		
江西渝州科技职业学院	新余市	430	85			
新余高等专科学校	新余市	1 098	232	505		
鹰潭职业技术学院	鹰潭市	502	240	436		
江西环境工程职业学院	赣州市	2 120	1 520	561		
江西应用技术职业学院	赣州市	2 644	1 630	1 594		
赣南师范学院	赣州市	884	655			
井冈山职业技术学校	吉安市	1 705	865	669		
宜春职业技术学院	宜春市	7 599	2 771	2 937		
抚州职业技术学院	抚州市	1 886	699	626		
二、中等师范学校		**19 973**	**7 545**	**6 128**	**1 691**	**1 214**
南昌第二师范学校	南昌市	957	358	328	96	75
南昌师范学校	南昌市	3 273	1 015	587	238	196
景德镇师范学校	景德镇市	865	271	446	93	47
九江师范学校	九江市	1 408	423	535	152	108
宁都师范学校	赣州市	3 686	1 473	968	174	126
吉安师范学校	吉安市	1 306	309	476	150	105
永新师范学校	吉安市	748	117	386	104	71
高安师范学校	宜春市	1 712	828	505	174	128
崇仁师范学校	抚州市	1 228	233	196	133	103
上饶师范学校	上饶市	2 446	1 237	680	160	103
芝阳师范学校	上饶市	868	381	460	90	60
万年师范学校	上饶市	1 476	900	561	127	92

16－39 普通中学基本情况

（2003年）　　单位：人

类别	学校数（所）	在校学生数	初中	高中	招生数	初中
总计	**2 848**	**3 010 626**	**2 286 573**	**724 053**	**1 036 594**	**757 786**
#女		1 316 113	1 038 141	277 972	454 619	345 215
#社会力量办	335	183 233	93 017	90 216	76 367	32 674
一、按城乡分						
城市	370	428 327	230 189	198 138	145 135	70 561
县镇	1 067	1 440 491	970 950	469 541	507 739	325 008
农村	1 411	1 141 808	1 085 434	56 374	383 720	362 217
二、按地区分						
南昌市	286	315 217	238 281	76 936	104 060	74 808
景德镇市	109	105 775	83 720	22 055	36 512	27 982
萍乡市	127	135 148	99 414	35 734	44 853	31 250
九江市	365	349 778	250 526	99 252	115 777	78 098
新余市	76	74 892	53 058	21 834	25 515	17 444
鹰潭市	79	79 544	60 792	18 752	27 618	20 478
赣州市	476	561 221	451 998	109 223	204 463	161 359
吉安市	323	300 231	208 922	91 309	111 753	76 305
宜春市	310	331 772	251 134	80 638	111 683	81 942
抚州市	236	278 694	207 986	70 708	85 895	58 340
上饶市	453	469 455	375 425	94 030	165 863	128 615
南昌铁路局	8	8 899	5 317	3 582	2 602	1 165

类别	高中	毕业生数	初中	高中	教职工数	#专任教师
总计	**278 808**	**839 577**	**684 057**	**155 520**	**176 175**	**155 764**
#女	109 404	367 067	310 635	56 432	52 117	46 167
#社会力量办	43 693	29 031	18 497	10 534	14 226	10 006
一、按城乡分						
城市	74 574	114 163	71 287	42 876	30 809	25 748
县镇	182 731	400 363	299 546	100 817	83 244	73 156
农村	21 503	325 051	313 224	11 827	62 122	56 860
二、按地区分						
南昌市	29 252	88 942	71 737	17 205	18 814	15 572
景德镇市	8 530	29 518	25 215	4 303	6 869	5 919
萍乡市	13 603	38 037	30 463	7 574	8 580	7 832
九江市	37 679	102 655	81 316	21 339	19 633	17 722
新余市	8 071	20 825	16 134	4 691	5 062	4 630
鹰潭市	7 140	24 662	20 447	4 215	4 948	4 334
赣州市	43 104	140 529	118 450	22 079	29 232	25 932
吉安市	35 448	100 469	83 010	17 459	19 232	17 195
宜春市	29 741	100 760	81 723	19 037	20 530	18 608
抚州市	27 555	77 578	61 055	16 523	15 564	14 230
上饶市	37 248	112 952	92 557	20 395	26 875	23 196
南昌铁路局	1 437	2 650	1 950	700	836	594

16－40 职业中学基本情况

（2003年）　　单位：人

地区	学校数（所）	在校学生数	初中	高中	招生数	初中
总计	**220**	**149 402**	**5 394**	**144 008**	**64 184**	**1 859**
#女		65 188	2 328	62 860	28 608	815
南昌市	16	10 335		10 335	3 400	
景德镇市	6	2 663		2 663	1 115	
萍乡市	23	10 034		10 034	4 498	
九江市	28	18 465		18 465	8 307	
新余市	18	26 456		26 456	11 927	
鹰潭市	7	5 027		5 027	2 910	
赣州市	36	32 167	3 325	28 842	12 564	1 232
吉安市	22	6 789	136	6 653	3 042	38
宜春市	23	13 216		13 216	5 110	
抚州市	17	11 766	553	11 213	5 660	108
上饶市	24	12 484	1 380	11 104	5 651	481

地区	高中	毕业生数	初中	高中	教职工数	#专任教师
总计	**62 325**	**37 806**	**2 585**	**35 221**	**9 658**	**7 102**
#女	27 793	16 300	1 059	15 241	3 078	2 264
南昌市	3 400	3 980		3 980	674	537
景德镇市	1 115	640		640	371	309
萍乡市	4 498	2 297		2 297	717	558
九江市	8 307	2 891		2 891	1 120	850
新余市	11 927	5 294		5 294	1 265	884
鹰潭市	2 910	744		744	378	281
赣州市	11 332	9 759	2 025	7 734	1 889	1 291
吉安市	3 004	1 978	48	1 930	592	414
宜春市	5 110	3 915		3 915	896	764
抚州市	5 552	2 062	117	1 945	735	596
上饶市	5 170	4 246	395	3 851	1 021	618

16－41 职业中学高中阶段分科学生情况

（2003 年） 单位：人

类别	在校学生数	招生数	毕业生数
总计	**144 008**	**62 325**	**35 221**
#女	62 860	27 793	15 241
农林类	3 901	1 858	1 643
土木水利工程类	835	288	212
加工制造类	24 874	12 378	4 318
交通运输类	958	182	130
信息技术类	58 262	24 880	15 434
医药卫生类	3 971	899	2 176
商贸与旅游类	7 824	3 451	1 726
财经类	10 811	4 235	2 748
文化艺术与体育类	8 511	3 608	1 766
社会公共事业类	6 538	3 078	1 469
师范类	2 325	767	621
其他	15 198	6 701	2 978

16－42 小学、特殊教育、工读学校基本情况

（2003 年） 单位：人

类别	学校数（所）	在校学生数	招生数	毕业生数	教职工数	#专任教师
一、小学	**15 862**	**3 905 386**	**733 559**	**757 359**	**207 306**	**198 513**
#女		1 805 784	337 632	354 095	84 779	82 403
#社会力量办	100	41 524	8 184	5 975	2 781	2 126
1. 按城乡分						
城市	384	341 621	65 287	55 593	18 600	17 241
县镇	4 183	1 265 677	226 291	249 657	66 498	63 894
农村	11 295	2 298 088	441 981	452 109	122 208	117 378
2. 按地区分						
南昌市	1 170	371 825	75 209	76 011	20 243	19 092
景德镇市	572	128 037	23 322	29 246	8 095	7 665
萍乡市	501	134 441	25 716	31 050	8 312	8 012
九江市	1 518	419 999	73 736	76 652	22 946	22 160
新余市	287	71 119	14 585	17 159	5 553	5 366
鹰潭市	367	89 449	17 864	20 336	5 129	4 876
赣州市	3 211	798 221	160 210	164 791	35 650	33 735
吉安市	2 065	420 365	65 734	79 203	21 914	21 314
宜春市	1 869	437 415	81 420	81 327	24 838	24 350
抚州市	1 818	339 044	69 912	58 329	19 303	19 043
上饶市	2 475	685 303	124 174	122 353	34 706	32 372
南昌铁路局	9	10 168	1 677	902	617	528
二、特殊教育	**49**	**14 854**	**2 262**	**1 025**	**509**	**413**
#女		3 943	688	264	370	319
三、工读学校	**1**				**5**	

16－43　平均每万人口在校学生数

指　　标	单位	1978 年	1980 年	1985 年	1990 年	1995 年	2000 年	2002 年	2003 年
各类学校在校学生占全省人口比重	%	21.72	21.21	21.33	17.28	16.33	17.57	17.67	17.99
平均每万人口在校学生数									
普通高等学校	人	6.85	10.91	12.86	14.98	20.37	35.29	64.04	85.64
中等学校	人	551.43	491.67	488.06	530.97	552.69	702.41	763.43	795.08
中等专业学校	人	9.08	12.48	14.08	16.18	26.16	38.57	36.02	36.45
普通中学	人	531.60	473.55	443.13	475.13	475.74	624.84	685.43	707.68
职业中学	人	10.75	1.55	26.73	30.68	31.63	30.65	30.63	35.12
技工学校	人		4.09	4.12	8.98	19.16	8.35	11.37	15.83
小　　学	人	1 614.20	1 618.56	1 632.09	1 182.05	1 059.77	1 018.85	939.49	918.00

注：普通高等学校包括研究生，后同。

16－44　各类学校学生构成情况

单位：%

类　　别	1978 年	1980 年	1985 年	1990 年	1995 年	2000 年	2002 年	2003 年
各类学校学生占学生总数比重								
普通高等学校	0.3	0.5	0.6	0.9	1.3	2.0	3.6	4.8
中 等 学 校	25.4	23.2	22.9	30.7	33.8	40.0	43.2	44.2
中等专业学校	0.4	0.6	0.7	0.9	1.6	2.2	2.0	2.0
普 通 中 学	24.5	22.3	20.8	27.5	29.1	35.5	38.8	39.3
职 业 中 学	0.5	0.1	1.2	1.8	1.9	1.8	1.7	2.0
技 工 学 校		0.2	0.2	0.5	1.2	0.5	0.7	0.9
小　　学	74.3	76.3	76.5	68.4	64.9	58.0	53.2	51.0

16－45 初中毕业生、小学毕业生升学率

（1978－2003 年）

年份	初中			小学		
	毕业生数（万人）	高级中等学校招生数（万人）	升学率（%）	毕业生数（万人）	初级中等学校招生数（万人）	升学率（%）
1978	41.77	20.69	49.53	72.03	56.36	78.25
1979	39.55	21.36	54.01	61.41	45.49	74.08
1980	19.03	10.78	56.65	60.89	41.23	67.71
1981	33.88	15.22	44.92	64.86	41.13	63.41
1982	31.71	12.40	39.10	67.30	39.89	59.27
1983	29.99	12.64	42.15	69.90	41.20	58.94
1984	28.75	14.26	49.60	67.85	42.58	62.76
1985	30.04	13.42	44.67	71.75	45.50	63.41
1986	34.07	14.68	43.09	76.41	50.10	65.57
1987	37.32	15.14	40.57	83.68	52.55	62.80
1988	40.35	15.46	38.31	88.94	54.07	60.79
1989	41.18	14.88	36.13	86.96	53.83	61.90
1990	41.27	15.88	38.48	86.02	56.65	65.86
1991	43.41	16.38	37.73	85.44	57.66	67.49
1992	45.83	17.10	37.31	79.45	57.18	71.97
1993	47.51	18.36	38.64	71.50	57.87	80.94
1994	48.44	19.26	39.76	67.99	58.23	85.64
1995	46.99	20.57	43.78	70.05	63.08	90.04
1996	51.27	20.96	40.88	73.70	68.44	92.86
1997	55.51	21.38	38.52	77.20	72.88	94.39
1998	59.55	21.99	36.92	80.35	75.70	94.21
1999	62.28	25.53	40.99	83.90	78.57	93.65
2000	65.34	26.57	40.67	85.61	81.23	94.89
2001	65.49	30.53	46.62	85.47	81.00	94.77
2002	67.15	38.81	57.80	82.15	81.25	98.91
2003	68.66	43.30	63.06	75.74	75.96	100.29

16－46　小学学龄儿童数和入学率

（1978－2003年）

年　份	学龄儿童数（万人）	#农　村	已入学学龄儿童数（万人）	#农　村	入学率（%）	#农　村
1978	436.66	391.79	411.10	366.48	94.15	93.54
1979	441.58	398.05	410.82	367.76	93.03	92.39
1980	443.15	397.47	415.07	369.60	93.66	92.99
1981	445.81	398.40	416.46	368.27	93.42	92.44
1982	456.45	406.80	426.33	376.98	93.40	92.67
1983	462.17	413.08	437.56	388.56	94.67	94.06
1984	458.27	409.40	440.82	392.12	96.19	95.78
1985	464.66	412.84	450.19	398.32	96.89	96.48
1986	459.05	409.02	445.54	395.65	97.06	96.73
1987	435.42	385.39	423.66	373.92	97.30	97.02
1988	403.31	355.63	392.06	344.68	97.21	96.92
1989	378.45	328.56	370.01	320.33	97.77	97.50
1990	358.31	318.24	351.99	312.00	98.24	98.04
1991	349.80	264.94	343.78	260.00	98.28	98.14
1992	351.62	261.22	347.18	257.64	98.74	98.63
1993	363.71	258.84	359.45	255.31	98.83	98.64
1994	370.48	255.01	367.15	252.49	99.10	99.01
1995	389.04	257.54	386.78	255.89	99.42	99.36
1996	404.23	252.15	402.80	251.07	99.65	99.57
1997	413.80	244.25	411.99	243.08	99.56	99.52
1998	416.12	238.82	414.31	237.74	99.57	99.55
1999	405.52	223.09	403.96	222.11	99.61	99.56
2000	390.24	206.64	388.58	205.57	99.58	99.49
2001	370.61	208.59	359.15	204.23	96.91	96.41
2002	355.09	186.25	349.84	183.33	98.53	98.44
2003	350.83	205.58	347.34	203.57	99.01	99.00

16－47 幼儿园基本情况

（1978－2003年）　　单位：人

年　　份	园　数（所）	入园幼儿数	在园幼儿数	教职工数	#教　师
1978	2 104		105 914	6 278	4 159
1979	3 854		172 476	8 304	6 509
1980	7 204		306 055	13 565	11 184
1981	6 364		300 231	14 366	11 853
1982	5 488		300 630	15 638	12 693
1983	1 857		296 400	16 000	12 923
1984	4 987		310 300	15 257	13 454
1985	5 208		323 021	14 778	12 998
1986	5 866	190 318	318 347	17 744	14 147
1987	5 406	194 370	329 718	18 229	14 259
1988	4 547	182 034	327 540	18 471	14 579
1989	4 520	187 932	330 680	18 953	14 574
1990	4 827	208 294	362 621	19 798	15 492
1991	4 141	283 249	394 487	20 013	15 780
1992	4 490	294 967	450 005	21 050	16 983
1993	3 856	337 689	491 055	21 365	17 271
1994	4 123		505 530	21 058	17 755
1995	4 600	419 190	525 330	22 284	18 976
1996	5 084	462 715	584 601	23 757	19 822
1997	5 986	496 134	609 026	26 124	21 764
1998	6 626	518 683	619 048	26 879	22 321
1999	7 602	514 200	626 009	29 179	24 124
2000	6 573	500 453	620 624	26 472	21 154
2001	2 894	428 073	488 380	18 519	12 335
2002	3 469	475 561	574 756	21 526	14 275
2003	4 478	504 672	633 073	26 515	17 612

16－48 幼儿园基本情况

(2003年) 单位：人

类别	园数（所）	入园幼儿数	在园幼儿数	教职工数	#教师
总计	**4 478**	**504 672**	**633 073**	**26 515**	**17 612**
#女		214 050	270 216	24 810	17 023
#社会力量办	3 885	180 683	241 920	17 206	11 194
一、按城乡分					
城市	640	61 615	113 087	9 337	5 687
县镇	1 821	197 563	250 686	12 154	8 436
农村	2 017	245 494	269 300	5 024	3 489
二、按地区分					
南昌市	512	57 631	83 909	5 391	3 219
景德镇市	124	15 954	19 242	877	570
萍乡市	169	23 608	27 964	1 104	749
九江市	168	38 496	43 819	1 453	984
新余市	102	14 850	20 821	1 149	738
鹰潭市	46	11 794	16 145	687	429
赣州市	920	130 620	159 459	5 299	3 456
吉安市	407	48 946	57 899	1 938	1 404
宜春市	500	56 206	70 197	2 781	1 844
抚州市	172	19 301	27 224	1 385	957
上饶市	1 357	85 356	102 107	4 072	3 046
南昌铁路局	1	1 910	4 287	379	216

16－49 成人教育基本情况

(2003年) 单位：人

类别	学校数（所）	在校学生数	招生数	毕业生数	教职工数	#专任教师
成人高等学校	14	164 170	61 552	37 499	3 797	1 773
广播电视大学	1	9 542	2 734	4 927	910	469
职工高等学校	8	6 656	1 797	3 444	889	580
普通高等学校办业余大学		34 812	13 105	4 703		
普通高等学校办函授部		77 941	28 644	14 090		
普通高等学校办成人脱产班		21 270	10 197	4 375		
管理干部学院	2	1 634	519	943	1 151	244
教育学院	3	12 315	4 556	5 017	847	480
成人高等学校其他学生		35 839	39 854	52 719		
成人中等专业学校	100	24 152	7 405	6 092	3 280	1 838
成人中学	92	5 367		4 637	123	75
成人初等学校	3 289	106 363		142 480	5 687	2 704
#扫盲班	1 954	44 565		98 036	3 081	1 316
成人技术培训学校	5 823	750 282		860 230	6 557	1 945

16－50 成人教育基本情况

单位：人

类别	1985年	1990年	1995年	2000年	2002年	2003年
成人高等学校						
学校数(所)	26	28	23	18	16	14
在校学生数	34 079	37 525	51 711	85 953	143 136	164 170
招生数	14 920	14 191	19 408	39 761	59 041	61 552
毕业生数	7 019	11 156	10 985	20 461	25 001	37 499
教职工数	3 077	4 732	4 108	4 015	4 132	3 797
#专任教师	1 432	2 165	1 967	1 875	2 029	1 773
成人高等学校其他学生						
在校学生数	1 291	10 551	16 402	17 293	67 892	35 839
招生数	1 015	8 770	12 989	8 709	44 149	39 854
毕业生数	2 586	6 236	14 064	23 844	81 094	52 719
成人中等专业学校						
在校学生数	11 918	28 215	32 214	27 552	15 880	24 152
招生数	7 490	11 318	10 622	7 839	9 239	7 405
毕业生数	2 175	6 822	4 083	12 946	6 169	6 092
成人中学						
在校学生数	44 281	33 492	14 181	4 563	3 759	5 367
招生数	34 959	25 627	10 531	3 891	2 968	
毕业生数	31 213	16 125	4 675	4 713	2 912	4 637
成人初等学校						
在校学生数	373 803	277 810	300 011	176 278	86 149	106 363
招生数	134 690	205 164	225 115	135 331	80 800	
毕业生数	175 325	122 310	300 516	230 159	119 856	142 480
成人技术培训学校						
在校学生数		107 932	1 236 278	1 563 308	1 104 797	750 282
招生数		89 438	1 177 371	1 495 816	1 135 660	
毕业生数		96 023	1 490 663	1 512 540	1 165 208	860 230

16－51　文化事业机构与人员数

指　　　标	1978 年	1980 年	1985 年	1990 年	1995 年	2000 年	2002 年	2003 年
一、机构数（个）								
艺术表演团体	118	118	105	86	81	79	78	78
艺术表演场所	59	59	80	77	69	62	56	57
文化馆（站）	453	739	2 038	2 084	1 987	1 988	1 819	1 589
文 化 馆	106	102	103	101	101	101	101	101
文 化 站	347	637	1 935	1 983	1 886	1 887	1 718	1 488
群众艺术馆		11	12	12	12	12	12	12
图 书 馆		49	105	104	104	104	104	104
博 物 馆		52	73	82	82	81	83	83
文物保护管理所		10	17	33	37	44	55	62
文物科研机构								1
文物商店		3	4	4	4	4	4	4
其他文物机构			1	1		2	2	2
二、人员数（人）								
艺术表演团体	8 178	7 747	5 866	4 384	3 988	3 949	3 737	3 623
艺术表演场所	145	107	653	874	1 119	919	870	766
文 化 馆（站）	1 734	2 296	4 292	5 119	4 492	4 080	3 428	3 512
文 化 馆	1 380	1 434	1 324	1 484	1 553	1 486	1 406	1 393
文 化 站	354	862	2 968	3 635	2 939	2 594	2 022	2 119
群众艺术馆		244	324	369	380	340	325	316
图 书 馆		475	1 006	1 277	1 386	1 462	1 437	1 432
博 物 馆		764	981	1 134	1 226	1 324	1 259	1 251
文物保护管理所		292	564	510	576	242	281	368
文物科研机构								27
文物商店		47	101	136	152	126	106	115
其他文物机构			414	280		292	282	286

16－52　各地区文化事业单位数

（2003 年）　　单位：个

地　　区	艺术表演团体	艺术表演团体	群众艺术馆文化馆	公共图书馆	#总藏量（万册）	博物馆	文物保护管理所
总　计	**78**	**57**	**113**	**104**	**1 196.80**	**83**	**62**
南昌市	6	4	10	10	129.47	6	4
景德镇市	3	3	5	3	43.80	3	
萍乡市	3	2	6	6	47.07	2	
九江市	6	8	14	12	144.04	8	10
新余市	1	1	3	3	33.16	2	1
鹰潭市	2	2	4	4	23.98	2	5
赣州市	19	10	19	18	154.67	13	8
吉安市	12	6	14	13	146.88	13	13
宜春市	7	7	11	10	102.08	10	2
抚州市	3	4	13	12	77.56	8	7
上饶市	10	7	13	12	79.72	11	10
省　级	6	3	1	1	214.37	5	2

注：文物保护管理所包括其它文物机构。

16－53　文化产业机构基本情况

（2003 年）　　单位：个

指　　标	合　计	文化部门				其他部门
			国有经济	集体经济	其他经济	
总　计	**20 317**	**10 017**	**2 291**	**40**	**7 686**	**10 300**
文化产业	11 155	5 986	2 080	19	3 887	5 169
艺术业	146	146	143		3	
图书馆业	104	104	103		1	
群众文化业	1 602	1 565	1 481	1	83	37
艺术教育业	7	7	7			
娱乐业	5 711	2 333	15	6	2 312	3 378
文艺科研	17	17	17			
文物业	151	150	149		1	1
其他	3 417	1 664	165	12	1 487	1 753
其他文化产业	9 156	4 025	208	18	3 799	5 131
非文化产业	6	6	3	3		

注：有关文化产业的指标仅含文化厅本系统的数据，后同。

16－54 文化产业从业人员基本情况

（2003 年）

单位：人

指标	合计	文化产业				
			艺术业	图书馆业	群众文化业	艺术教育业
总计	**69 729**	**40 802**	**4 492**	**1 432**	**3 828**	**293**
#高级职称	590	530	243	47	79	50
中级职称	2 194	2 110	1 051	266	368	87
文化部门	37 950	24 872	4 492	1 432	3 754	293
#高级职称	590	530	243	47	79	50
中级职称	2 189	2 105	1 051	266	365	87
国有经济	15 438	13 527	4 375	1 425	3 620	293
#高级职称	590	530	243	47	79	50
中级职称	2 168	2 084	1 033	266	362	87
集体经济	236	80			7	
#中级职称	1	1			1	
其他经济	22 276	11 265	117	7	127	
#中级职称	20	20	18		2	
其他部门	31 779	15 930			74	
#中级职称	5	5			3	

指标					其他文化产业	非文化产业
	娱乐业	文艺科研	文物业	其他		
总计	**20 862**	**134**	**2 047**	**7 714**	**28 813**	**114**
#高级职称		37	64	10	60	
中级职称		37	281	20	84	
文化部门	8 509	134	2 040	4 218	12 964	114
#高级职称		37	64	10	60	
中级职称		37	279	20	84	
国有经济	87	134	2 037	1 556	1 880	31
#高级职称		37	64	10	60	
中级职称		37	279	20	84	
集体经济	12			61	73	83
#中级职称						
其他经济	8 410		3	2 601	11 011	
#中级职称						
其他部门	12 353		7	3 496	15 849	
#中级职称			2			

16－55　报纸、杂志、图书出版种数

单位:种

指　　标	1978年	1980年	1985年	1990年	1995年	2000年	2002年	2003年
报　　纸	2	6	50	28	41	65	70	70
综合报	2	2	16	18	25	28	34	33
专业报		4	34	10	16	37	36	37
期　　刊	8	84	114	141	157	167	167	167
综　　合		6	10	1	21	1	1	1
哲学社会科学		10	22	33	36	52	48	51
自然科学技术	6	47	54	63	78	78	74	73
文化教育		9	8	27	6	28	35	33
#少年儿童读物		2	2	3	4	7	7	7
文学艺术	2	10	18	13	11	8	9	9
图　　书	327	362	630	1 264	1 247	2 158	2 208	2 210
#课　　本	151	134	198	329	304	583	581	577

注：1.1990年、1995年期刊总计中包括画刊1种。
　　2.1980年至1999年少年儿童读物与期刊中各系项并列，后同。

16－56　报纸、杂志、图书出版数量

单位：万份

指　　标	1978年	1980年	1985年	1990年	1995年	2000年	2002年	2003年
报　　纸	14 453	17 048	30 698	58 930	34 935	39 929	51 648	53 063
综合报	14 453	16 506	19 750	38 936	28 826	33 273	43 826	45 054
专业报		542	10 948	19 994	6 109	6 657	7 822	8 009
期　　刊	377.7	584.1	2 329.4	2 713.9	5 182.9	9 059.6	6 597.7	5 820.2
综　　合		23.4	64.7	54.0	681.6	2.1	2.1	2.1
哲学社会科学		18.1	304.4	932.8	967.4	3 238.9	1 809.6	1 571.0
自然科学技术	349.7	119.0	439.3	240.9	1 069.1	829.8	641.1	569.7
文化教育		210.2	534.8	679.4	932.8	4 250.5	3 297.7	2 780.2
#少年儿童读物		29.9	286.3	417.0	1 076.7	4 782.0	3 214.8	2 572.5
文学艺术	28.0	183.5	699.9	383.8	440.3	738.3	847.2	897.2
图　　书	8 494.8	8 474.1	13 429.2	19 215.7	14 486.1	20 300.1	20 271.9	19 352.4
#课　　本	5 272.0	4 860.9	7 338.0	10 935.0	9 632.3	10 490.4	11 383.1	11 799.6

注:1990年、1995年期刊总计中包括画刊6.0万份。

16－57 广播、电视事业基本情况

指　标	单位	1978 年	1980 年	1985 年	1990 年	1995 年	2000 年	2002 年	2003 年
广播台(站)									
广播电台	个		3	6	7	11	10	10	10
节目套数	套		3	8	8	12	72	73	73
平均每日播音时间	时、分		37:1	74:7	83:25	150:40	617:50	662:54	679:55
中短波广播发射台	个		17	16	17	17	15	15	15
广播人口覆盖率	%		38.5	55.2	62.3	70.1	89.49	91.92	92.50
电视台	座		1	7	13	31	12	12	12
节目套数	套			9	14	33	42	114	113
平均每周播出时间	时、分			381:2	661:22	1843:23	3456:59	11279:11	11397:34
电视发射机台数	座		58	498	1 066	1 087	493	534	436
电视人口覆盖率	%		50.5	72.4	82.0	85.00	92.67	94.11	94.45
广播电视卫星收转站	座					2 695	8 315	11 278	10 776
农村广播电视普及情况									
乡广播电视站	个	1 778	1 681	1 759	1 819	1 815	1 806	1 549	1 513
广播专用线路	万杆公里	18.2	13.0	7.7	7.4	5.7	2.4	2.0	1.9
微波站	座						145	181	173
微波长度	公里						1 675	2 039	2 209
电缆长度	万公里						3.35	6.30	6.93
光缆长度	公里						2 490	9 010	12 771
广播喇叭数	万只	313.8	238.1	100.6	97.8	120.6	70.2	56.8	44.1
村通广播率	%	90.0	77.8	53.7	51.8	57.5	86.0	80.6	81.5
村通电视率	%						89.0	86.9	88.0

注：1. 1995 年以前中短波广播发射台数是指广播发射台及转播台数；乡广播电视站数是指有线乡广播站数。
2. 2000 年以前电视台是指无线电视台，2001 年无线电视台与有线电视台合并。

主要统计指标解释

科技活动　是指在所有科学技术领域内,即在自然科学、工程科学与技术、医药科学、农业科学、社会科学及人文科学中,与科技知识的产生、发展、传播和应用密切相关的全部的、有组织的、系统的科技活动。我们在这里统计的科技活动,是指包括科学研究和技术开发机构、科技情报与文献机构、全日制普通高等学校、工业企业(含国家高新技术产业开发区规模以上企业)、一、二级资质等级建筑企业、交通运输及邮电通信企业、农林牧渔企事业单位、地质勘查及水利管理企事业单位、医疗卫生机构、金融保险机构、计算机应用服务机构、广播电影电视企事业单位和工程设计单位在内的有组织的系统开展的科技活动。

从事科技活动人员　指报告年末调查单位中从事科技活动的人员。包括直接从事科技活动的人员和为科技活动提供直接服务,累计时间占全年工作时间10%以上的人员。

研究与试验发展活动(又称 R&D 活动)　指为了增进知识,以及利用这些知识去开创新的用途而进行的系统的创造性的工作。它应具备四种基本因素:(1)创造性因素;(2)新颖性或创新的因素;(3)科学方法的运用;(4)新知识的产生。它包括三种类型:(1)基础研究;(2)应用研究;(3)实验发展。

研究与试验发展成果应用　为解决 R&D 活动阶段产生的新产品、新装置、新工艺、新技术、新方法、新系统和服务等能投入生产或在实际中运用所存在的技术问题而进行的系统性活动,它不具有创新成分。此类活动包括为达到生产目的而进行的定型设计和试制以及为形成生产规模和应用领域而进行的适应性试验、小批量试生产等。

科技服务　指同研究与试验发展活动、研究与试验发展成果应用活动有关的和有助于科技知识的产生、传播和应用的活动。目前我们所统计的科技服务是指调查范围内,除为研究与试验发展活动直接服务(完全或主要是为某项研究与发展活动而开展的辅助性活动)以外的科技服务。如情报、文献、咨询等。

劳务费　指当年调查单位以货币或实物形式直接或间接支付给从事科技活动人员的劳动报酬及各种费用。包括各种形式的工资(补助工资),津贴、奖金、福利、离退休人员费用、人民助学金等。

自然科学技术人员　指已取得专业技术职称,或大学、中专的理、工、农、医科系毕业,以及国民经济各部门从工作实践中提拔,从事理、工、农、医、自然科学技术的研究、教学、生产(事业)技术方面工作的专业人员和在机关、企业、事业中从事科学技术业务管理工作的专业人员。

工程技术人员　指在国民经济各行业从事工程技术工作的自然科学技术的专业人员,包括:高级工程师、工程师、助理工程师、技术员和未评定职称的技术人员。

卫生技术人员　指在国民经济各行业从事卫生医务工作的自然科学技术的专业人员,包括:正副主任医师、主治医师、医师、医(护)士和未评定职称的技术人员。

科学研究人员　指在国民经济各行业从事科学技术活动的自然科学技术的专业人员,包括:正副研究员、助理研究员、研究实习员、技术员和未评定职称的技术人员。

教学人员　指在国民经济各行业从事自然科学技术方面的教学活动的专业人员,包括:正副教授、讲师、助教、教师和在中学从事自然科学技术方面的教学活动的人员。

社会科学专业人员　系指已取得专业技术职称,或大学、中专的文科、师范、财经、政法、体育、艺术等系毕业,以及国民经济各部门从工作实践中提拔,从事文科、财经、政法、体育、艺术等社会科学技术研究、教学、专业技术方面工作的专业人员和机关、企业、事业中从事专业技术业务管理工作的专业人员。

综合性研究机构　指主要从事揭示客观事物本质,运动规律,提出新发现、新学说和对有重大应用前景的新的产品、工艺、材料、方法等提出新的理论、构思、原理等工作的机构。

企业技术开发机构　指主要从事提供企业第一次出现的新的产品、工艺、材料、方法等和为新的技术成果应用提供完整的技术规范设计图纸、样品和操作规程的机构。

科学家工程师　指大学毕业及以上文化程度和其他具有高、中级职称的从事科技活动人员。

其他技术人员　指中专、大专毕业和具有初级职称的从事科技活动人员。

新产品　是指采用新技术原理、新设计构思研制、生产的全新产品或在结构、材质、工艺等某一方面比老产品有明显改进,从而显著提高了产品性能或扩大了使用功能的产品。它的范围包括经过国家级或地区级有关部门认证并颁发给新产品证书的,且在新产品证书规定的有效期内生产的产品;未经上述有关部门认证,在报告期内从企业角度出发符合新产品定义,从投产之日起一年之内的产品。

发明　专利法所称的发明是指对产品、方法或者其改进所提出的新的技术方案。

实用新型　专利法所称的实用新型是指对产品的形状、构造或者其结合所提出的适于实用的新的技术方案。

外观设计 专利法所称的外观设计是指对产品的形状、图案、色彩或者其结合所作出的富有美感并适于工业上应用的新设计。

普通高等学校 指按照国家规定的审批程序批准举办，通过全国统一招生考试，招收高级中等学校毕业生和具有同等学历者，实施高等教育，培养高等专门人才的学校。包括：大学、专门学院、专科学校和短期职业大学。

成人高等学校 指按照国家规定的审批程序批准举办，招收在职高中毕业或同等学历者，利用多种形式对成人实施高等教育，培养相当普通高等学校专科或本科毕业水平的专门人才的学校。包括广播电视大学、职工高等学校、农民高等学校、干部管理学院、教育学院、独立函授学院以及普通高等学校举办的函授、夜大学等。

小学学龄儿童入学率 指调查范围内已入小学学习的学龄儿童占校内外学龄儿童总数（包括弱智儿童在内，但不包括盲聋哑儿童）的比重。计算公式是：

$$\text{小学学龄儿童入学率} = \frac{\text{已入学的小学学龄儿童数}}{\text{校内外小学学龄儿童总数}} \times 100\%$$

艺术表演团体 指从事戏曲、音乐、舞蹈、杂技等专业艺术表演，有独立账户，实行单独核算的团体。不包括半工半艺、半农半艺的业余剧团。

卫生、体育、社会福利及其他 17

PUBLIC HEALTH, SPORTS, SOCIAL WELFARE AND OTHERS

- 2003年,全省拥有卫生机构11401个,病床8.55万张,卫生技术人员11.78万人。
- 2003年,全省运动员在国际国内比赛中获金牌58枚,银牌31枚,铜牌16枚。
- 2003年,全省律师1880人。

本篇章

资料整理	微机处理
赵志辉	赵志辉
康冬明	康冬明

17－1 卫生机构、床位及人员数

（1978－2003年）

年份	机构数（个）	#医院卫生院	床位数（张）	#医院卫生院	人员数（人）	#卫生技术人员	#医生
1978	5 178	2 107	72 289	65 237	87 018	70 247	30 430
1979	5 268	2 157	74 314	67 398	92 090	73 868	31 054
1980	5 373	2 189	76 924	69 716	97 831	79 014	32 675
1981	5 474	2 195	78 630	70 876	111 364	90 812	37 021
1982	5 615	2 199	81 011	72 471	115 000	93 392	38 578
1983	5 624	2 205	82 098	72 963	119 748	97 661	40 628
1984	5 587	2 217	82 623	73 510	126 059	100 673	40 865
1985	5 538	2 206	84 134	75 203	127 679	102 209	43 322
1986	5 597	2 221	86 431	76 779	131 342	105 401	45 012
1987	5 614	2 234	89 227	79 304	134 846	108 065	46 109
1988	5 583	2 253	90 151	80 342	138 238	111 765	48 801
1989	5 613	2 283	92 194	82 059	141 587	114 402	50 525
1990	5 632	2 305	92 274	82 601	144 583	116 786	51 994
1991	5 632	2 308	92 745	83 190	146 418	117 903	51 893
1992	5 620	2 321	93 291	83 619	147 375	118 708	52 304
1993	5 389	2 276	93 315	82 625	147 217	118 318	52 619
1994	5 432	2 304	94 372	83 911	149 247	120 503	54 212
1995	5 423	2 313	93 669	83 625	151 246	122 649	55 095
1996	7 966	2 302	88 509	81 323	147 057	118 700	50 876
1997	8 056	2 310	90 251	82 489	148 605	120 072	51 864
1998	7 972	2 305	91 641	83 349	149 356	121 119	52 498
1999	7 953	2 298	91 230	82 326	152 264	122 321	53 147
2000	8 048	2 282	90 930	83 300	151 985	123 192	54 437
2001	7 594	2 266	91 091	83 484	151 518	122 858	53 717
2002	11 286	2 146	90 019	83 817	139 076	114 513	46 756
2003	11 401	2 083	85 537	79 790	141 287	117 755	49 289

注：1. 从1996年起卫生年报统计口径变动，机构数中包括个体机构。
2. 2002年卫生年报统计口径调整，数据变化较大，后同。

17－2 卫生机构、床位、人员数

（2003 年）

类　　　别	机构数（个）	#国有	床位数（张）	#国有	人员数（人）	#卫　生技术人员
总　计	**11 401**	**3 090**	**85 537**	**80 354**	**141 287**	**117 755**
一、医　院	529	480	60 266	57 922	76 531	62 033
市	265	235	36 789	35 298	47 242	37 673
县	264	245	23 477	22 624	29 289	24 360
#综合医院	373	350	44 737	43 199	55 858	45 481
县医院	82	80			17 410	14 408
其他医院	291	270			38 448	31 073
中医医院	98	87	8 196	7 679	12 018	10 012
中西医结合医院	5	4	770	750	1 118	956
专科医院	53	39	6 563	6 294	7 537	5 584
二、疗养院	6	6	712	712	462	141
三、社区卫生服务中心（站）	64	7				
四、卫生院	1 554	1 370	19 524	17 537	33 392	28 738
五、门诊部	37	10	141	81	574	485
六、诊所、卫生所、医务室、护理站	8 730	744			13 869	13 869
七、急救中心（站）	1	1			57	20
八、采供血机构	19	18			532	374
九、妇幼保健院（所、站）	110	109	2 730	2 673	5 368	4 421
十、专科疾病防治院（所、站）	120	117	1 431	1 429	2 859	2 189
十一、疾病预防控制中心（防疫站）	113	113			5 641	4 348
十二、卫生监督所	3	3			163	132
十三、卫生监督检验（监测）机构	2	2			77	50
十四、医学科学研究机构	9	9			518	280
十五、医学在职培训机构	10	10			517	203
十六、健康教育所（站、中心）	6	6			139	37
十七、其他卫生机构	88	85	733		588	435

17－3 卫 生 机 构 人 员 数

单位：人

类　　　别	1978 年	1980 年	1985 年	1990 年	1995 年	2000 年	2002 年	2003 年
总　计	**87 018**	**97 831**	**127 679**	**144 583**	**151 246**	**151 985**	**139 076**	**141 287**
卫生技术人员	70 247	79 014	102 209	116 786	122 649	123 192	114 513	117 755
执业医师	30 430	32 675	43 322	51 994	55 095	54 437	38 616	39 525
执业助理医师							8 140	9 764
注册护士	2 863	2 716	2 877	1 774	1 227	1 764	34 892	34 654
药剂人员	2 445	2 175	3 001	1 237	1 057	611	12 010	12 018
检验人员	1 171	1 222	1 738	891	677	444	6 427	6 402
其　他	7 427	8 137	8 918	5 921	5 914	4 351	14 428	15 392
其他技术人员	482	567	855	1 229	2 329	4 340	4 641	5 112
管理人员					4 464	5 004	8 606	7 887
工勤人员	6 911	8 230	10 054	10 498	10 812	12 903	11 316	10 533
平均每千人中有卫生技术人员	2.21	2.42	2.91	3.06	3.02	2.97	2.71	2.77
#医　生	0.96	1.00	1.23	1.36	1.36	1.31	1.11	1.09

17-4 各地区卫生事业基本情况

（2003 年）

地区	机构数（个）	#医院	#卫生院	床位数（张）	#医院	#卫生院	人员数（人）	#医院	#卫生院
总计	**11 401**	**529**	**1 554**	**85 537**	**60 266**	**19 524**	**141 287**	**76 531**	**33 392**
南昌市	874	88	86	15 685	13 623	1 405	27 766	18 733	2 947
景德镇市	234	28	37	3 597	3 241	242	5 294	4 190	562
萍乡市	947	25	49	4 520	3 504	744	7 231	4 753	1 305
九江市	1 149	78	201	9 069	5 724	2 334	12 433	6 547	3 091
新余市	181	18	34	2 890	2 197	552	3 933	2 635	1 042
鹰潭市	342	28	35	2 240	1 896	293	3 044	2 377	434
赣州市	2 258	73	320	12 530	7 832	3 790	18 690	10 258	5 851
吉安市	1 318	53	234	9 194	5 474	3 060	13 000	6 803	4 588
宜春市	819	38	176	11 303	6 662	3 485	15 037	7 369	5 539
抚州市	464	42	164	6 363	4 796	1 309	10 776	6 334	3 229
上饶市	2 815	58	218	8 146	5 317	2 310	12 568	6 532	4 043

注：各地市人员总计数据不包括诊所、卫生所、医务室，故不等总计。

17-5 各地区卫生技术人员数

（2003 年）

单位：人

地区	合计	医生	执业医师	执业助理医师	注册护士	其他
总计	**117 755**	**49 289**	**39 525**	**9 764**	**34 654**	**15 392**
南昌市	21 980	8 965	8 049	916	7 648	2 249
景德镇市	4 299	1 559	1 422	137	1 570	457
萍乡市	5 911	2 524	2 058	466	1 990	411
九江市	10 213	4 410	3 795	615	3 147	1 039
新余市	3 357	1 313	1 178	135	1 258	199
鹰潭市	2 420	1 032	847	185	758	253
赣州市	15 088	5 779	4 590	1 189	4 263	2 327
吉安市	10 932	5 044	4 310	734	3 091	783
宜春市	12 430	5 055	4 117	938	3 872	1 074
抚州市	9 169	4 223	3 469	754	2 887	575
上饶市	10 441	4 497	3 557	940	3 171	1 124

注：各地市数据不包括诊所、卫生所、医务室，故不等总计。

17－6 各类医院机构、床位及人员数

（2003年）

医院类别	机构数（个）	床位数（张）	人员数（人）	#卫生技术人员	#执业医师	#执业助理医师
总计	**529**	**60 266**	**76 531**	**62 033**	**21 483**	**2 502**
综合医院	373	44 737	55 858	45 481	15 651	1 861
中医医院	98	8 196	12 018	10 012	3 810	450
中西医结合医院	5	770	1 118	956	358	21
专科医院	53	6 563	7 537	5 584	1 664	170
口腔医院	2	40	190	153	82	2
眼科医院	2	46	49	36	11	3
肿瘤医院	2	769	913	729	229	6
妇产(科)医院	2	482	849	670	211	5
儿童医院	2	470	889	628	188	5
精神病医院	8	2 286	1 816	1 278	317	46
传染病医院	4	841	932	725	189	29
皮肤病医院	7	272	455	320	99	31
结核病医院	3	513	674	471	153	8
麻风病医院	2	45	12	11	5	2
骨科医院	3	. 60	114	88	42	2
康复医院	4	531	355	242	59	16
整形外科医院	1	26	48	40	20	
其他专科医院	11	182	241	193	59	15

17－7 各类医院病床使用情况

（2003年）

医院类别	实际开放总床日数（日）	病床周转次数（次）	病床工作日（日）	病床使用率（%）	出院者平均住院日（日）	出院者占用总床日数（日）
总计	**59 243 267**	**29.59**	**136.60**	**53.73**	**5.91**	**13 045 080**
医院	52 218 868	21.89	256.05	60.84	9.21	10 404 235
综合医院	47 428 634	23.61	256.05	66.49	8.76	7 522 173
中医医院	2 777 395	22.82	210.90	57.78	8.60	1 493 587
中西医结合医院	273 470	20.65	197.91	54.22	9.54	147 523
专科医院	1 739 369	17.09	274.22	75.13	15.24	1 240 952
口腔医院	12 200	10.41	107.62	29.48	10.23	3 559
眼科医院	3 600	25.65	304.17	83.33	11.86	3 000
肿瘤医院	280 685	19.42	302.49	82.87	14.95	223 285
妇产(科)医院	160 600	35.76	317.55	87.00	8.70	136 836
儿童医院	151 840	62.01	344.74	94.45	5.58	143 924
精神病医院	592 627	5.58	345.75	94.73	56.22	509 758
传染病医院	259 464	6.39	139.63	38.26	21.75	98 768
皮肤病医院	25 470	13.04	146.85	40.23	10.93	9 949
结核病医院	195 198	12.35	171.37	46.95	13.74	90 687
骨科医院	13 360	30.79	209.08	57.28	6.22	7 013
康复医院	3 650	50.60	210.00	57.53	4.15	2 100
其他专科医院	40 675	8.91	108.84	29.82	12.16	12 073
卫生院	6 040 860	57.75	159.97	43.83	2.28	2 175 676
#中心卫生院	3 057 493	54.35	172.18	47.17	2.58	1 172 715
乡卫生院	2 803 637	63.71	146.63	40.17	1.89	924 290
门诊部	7 945	10.57	121.28	33.23		
妇幼保健院(所、站)	744 977	52.65	236.75	64.86	4.02	431 816
#妇幼保健院	449 380	54.12	285.69	78.27	4.76	317 300
专科疾病防治院(所、站)	230 617	20.78	66.64	18.26	2.54	33 353

17－8 各类医疗机构门诊诊疗情况

（2003 年）

医院类别	诊疗人次（人次）	#门、急诊	门急诊诊次占总诊次（%）	急诊病死率（%）	观察室留观病人（人）	健康检查人数（人）
总计	**51 464 040**	**48 196 867**	**93.65**	**0.10**	**1 389 415**	**2 144 253**
医院	28 571 081	27 454 712	96.09	0.08	1 047 462	687 558
综合医院	21 028 771	20 057 520	95.38	0.10	715 241	554 368
中医医院	5 606 341	5 491 288	97.95	0.04	128 556	96 817
中西医结合医院	280 270	275 891	98.44	0.01	2 559	8 766
专科医院	1 655 699	1 630 013	98.45	0.01	201 106	27 607
口腔医院	75 212	75 212	100.00			
眼科医院	5 246	5 246	100.00			
肿瘤医院	71 470	71 083	99.46	0.28	75	610
妇产科医院	419 903	419 380	99.88			
儿童医院	429 148	418 125	97.43		11 276	13 813
精神病医院	150 461	149 212	99.17		531	
传染病医院	118 207	118 007	99.83		184 715	7 891
皮肤病医院	148 974	148 974	100.00			
结核病医院	87 335	77 582	88.83		152	
麻风病医院	12 500	12 384	99.07			
骨科医院	41 306	41 306	100.00	0.15	230	3 890
康复医院	22 120	21 612	97.70			
整形外科医院	5 000	4 500	90.00		500	
其他专科医院	68 817	67 390	97.93		3 627	1 403
卫生院	18 863 940	17 710 866	93.89	0.19	221 503	1 152 453
#中心卫生院	8 801 039	8 078 488	91.79	0.24	101 614	569 308
乡卫生院	9 850 277	9 420 055	95.63	0.14	111 074	582 592
门诊部	268 652	217 000	80.77		6 136	15 326
妇幼保健院（所、站）	2 921 085	2 017 375	69.06	0.01	114 048	252 961
#妇幼保健院	2 083 756	1 241 841	59.60		107 346	120 576
专科疾病防治院（所、站）	839 282	796 914	94.95		266	35 955

17-9 各类医院住院治疗情况

（2003年）

医院类别	入院人数（人）	出院人数（人）	住院病人手术人次（人次）	危重病人抢救成功率（%）	治愈率（%）	好转率（%）	病死率（%）
总计	**2 213 850**	**2 206 053**	**361 077**	**89.25**	**78.19**	**19.19**	**0.45**
医院	1 138 723	1 129 420	282 009	90.21	67.43	28.69	0.79
综合医院	867 913	858 891	220 348	89.37	67.91	28.07	0.86
中医医院	173 205	173 627	36 620	93.20	69.76	27.00	0.44
中西医结合医院	15 579	15 471	3 767	87.56	70.37	25.39	1.13
专科医院	82 026	81 431	21 274	95.14	56.82	39.40	0.73
口腔医院	346	348	276		95.11	4.02	
眼科医院	253	253	152		79.05	20.95	
肿瘤医院	14 990	14 935	2 112	87.42	46.13	50.63	1.37
妇产科医院	15 710	15 736	11 265	95.92	94.60	4.91	0.10
儿童医院	25 803	25 797	5 541	96.85	51.29	45.74	0.59
精神病医院	9 569	9 067		79.17	55.07	41.84	0.13
传染病医院	4 548	4 541	699	89.45	40.28	50.17	2.33
皮肤病医院	925	910			68.02	28.02	
结核病医院	6 613	6 602	427	91.71	6.59	79.32	1.48
麻风病医院	116	116			96.55	3.45	
骨科医院	1 139	1 127	786		99.91		0.09
康复医院	508	506			88.93	8.70	
整形外科医院	500	500			90.00	10.00	
其他专科医院	1 006	993	16	100.00	72.61	22.46	0.20
卫生院	954 282	955 814	59 370	89.63	89.24	9.49	0.08
#中心卫生院	454 896	455 256	33 671	90.96	90.05	8.81	0.11
乡卫生院	488 184	489 374	23 999	87.37	88.80	9.96	0.05
门诊部	240	230			83.04	14.35	0.87
妇幼保健院（所、站）	107 469	107 461	18 471	70.63	92.17	7.03	0.19
#妇幼保健院	66 745	66 636	13 522	57.62	89.37	9.60	0.26
专科疾病防治院（所、站）	13 136	13 128	1 227	97.71	84.88	7.85	0.02

17－10 各地区育龄妇女节育、晚婚情况

（2003 年）　　单位：人

地　　区	已婚育龄妇女人数	采取各种节育措施人　数	节育率（%）	晚婚人数	晚婚率（%）
总　　计	**8 501 273**	**7 919 285**	**93.15**	**97 060**	**40.20**
南昌市	874 007	810 572	92.74	8 323	44.48
景德镇市	308 854	282 532	91.48	3 005	36.78
萍乡市	357 801	331 888	92.76	5 200	57.66
九江市	864 354	802 276	92.82	8 820	41.49
新余市	233 543	210 093	89.96	5 234	68.63
鹰潭市	229 875	211 103	91.83	2 936	34.63
赣州市	1 615 301	1 549 888	95.95	19 124	38.04
吉安市	898 895	832 385	92.60	13 690	47.48
宜春市	1 034 636	939 299	90.79	12 692	36.61
抚州市	790 621	735 872	93.08	6 518	26.63
上饶市	1 293 386	1 213 377	93.81	11 518	38.52

17－11 各地区计划生育情况

（2003 年）

地　　区	现有一孩育龄妇女人数（人）	现有一孩育龄妇女占已婚育龄妇女比重（%）	领取独生子女证人数（人）	领取独生子女证人数占一孩育龄妇女比重（%）	计划生育率（%）
总　　计	**3 336 333**	**39.25**	**1 106 223**	**33.16**	**93.62**
南昌市	430 334	49.24	165 039	38.35	95.80
景德镇市	141 590	45.84	55 865	39.46	96.94
萍乡市	154 065	43.06	44 682	29.00	95.45
九江市	343 301	39.72	85 626	24.94	95.87
新余市	115 044	49.26	81 479	70.82	98.12
鹰潭市	100 617	43.77	25 976	25.82	94.26
赣州市	574 302	35.55	152 393	26.54	91.49
吉安市	358 989	39.94	147 896	41.20	93.89
宜春市	368 355	35.60	221 422	60.11	92.32
抚州市	291 762	36.90	63 024	21.60	90.55
上饶市	457 974	35.41	62 821	13.72	94.17

17－12 体育事业基本情况

指　　标	单位	1978年	1980年	1985年	1990年	1995年	2000年	2002年	2003年
各级举办运动竞赛会	次	645	818	1 251	5 581	4 266	2 841	1 084	1 100
举办综合运动会次数	次							126	126
举办单项比赛次数	次							958	974
举办全民健身活动	次							1 360	1 362
全民健身活动人数	万人							153.38	115.3
室外全民健身公园、广场	个							197	553
室内全民健身中心	个							36	69
青少年俱乐部	个							25	35
等级裁判员发展人数	人		1 687	2 198	2 008	1 523	2 223	365	499
等级运动员发展人数	人		1 725	789	1 517	1 222	1 624	219	276
《国家体育锻炼标准》达标人数	万人	9.23	16.07	88.56	142.36	319.06	407.41	599.46	590.38
在国际国内比赛中获奖牌数	枚			212	90	88	71	82	105
金　　牌	枚			67	28	24	25	37	58
银　　牌	枚			71	33	40	27	23	31
铜　　牌	枚			74	29	24	19	22	16

注:2002年体育年报统计口径调整。

17－13 少年儿童业余体育学校基本情况

指　　标	单位	1978年	1980年	1985年	1990年	1995年	2000年	2002年	2003年
学校数	所	106	97	103	133	99	105	92	92
在校学生数	人	6 039	4 996	5 277	7 122	5 174	7 417	7 673	7 673
专职教练员人数	人	203	259	290	400	398	439	403	400
#专科以上	人						238	288	283

17－14　历届全省人民代表大会的代表人数

单位：人

指　　标	代表总数	# 女代表	占代表总数（%）	# 少数民族代　表	占代表总数（%）
一　届（1954 年）	404				
二　届（1958 年）	500	76	15.2		
三　届（1963 年）	613	129	21.0	7	1.1
五　届（1978 年）	1 200	261	21.8	9	0.8
六　届（1983 年）	958	184	19.2	17	1.8
七　届（1988 年）	583	99	17.0	15	2.6
八　届（1993 年）	615	108	17.6	12	2.0
九　届（1998 年）	603	136	22.6	11	1.8
十　届（2003 年）	604	146	24.2	14	2.3

注:1968 年 1 月成立的江西省革命委员会作为江西省第四届人民代表大会的届次计算。

17－15　历届全省政治协商会议的委员人数

单位：人

指　　标	委员总数	# 中国共产党委员	占委员总数（%）	# 少数民族委　员	占委员总数（%）
一　届（1955 年）	159	50	31.5	6	3.8
二　届（1959 年）	571	227	39.8	11	1.9
三　届（1964 年）	601	266	44.3	10	1.7
四　届（1978 年）	752	340	45.3	12	1.6
五　届（1983 年）	760	259	34.1	17	2.2
六　届（1988 年）	755	258	36.0	22	2.9
七　届（1993 年）	704	281	39.9	17	2.4
八　届（1998 年）	649	274	42.2	19	2.9
九　届（2003 年）	683	273	39.97	16	2.4

17－16 工会组织情况

（1980－2003 年）

年份	工会基层组织数（万个）	全省已建工会组织的基层单位的职工和会员人数（万人）				工会专职工作人员人数（万人）
		职工人数	# 女职工	会员人数	# 女会员	
1980	1.28	193.33	57.67	162.17		0.70
1985	1.78	260.16	90.84	229.87	77.46	1.55
1986	1.87	265.37	90.04	234.39	79.74	1.28
1987	1.95	274.43	96.85	243.38	84.88	1.29
1988	2.01	283.54	101.39	250.24	89.69	1.29
1989	2.10	293.33	102.66	260.64	93.71	1.45
1990	2.14	299.93	107.36	271.76	97.41	1.56
1991	2.16	305.12	111.02	278.47	100.88	1.60
1992	2.19	311.86	115.47	282.70	102.99	1.66
1993	2.14	300.12	111.29	272.28	99.72	1.58
1994	2.14	312.54	116.58	289.86	102.84	1.61
1995	2.01	306.17	112.10	281.77	100.15	0.91
1996	2.14	318.51	120.94	286.57	107.94	1.37
1997	1.76	243.00	91.08	222.57	81.72	1.40
1998	1.70	251.32	94.22	232.77	86.34	1.18
1999	1.56	242.01	88.92	230.59	80.78	1.16
2000	1.82	267.12	82.61	237.31	74.71	1.79
2001	3.84	288.89		273.76		1.79
2002	2.21	513.82	152.96	363.01	116.65	1.44
2003	2.24	288.55	100.68	260.36	92.68	1.04

注：2001 年为工会四季度报表数据，空白指标数据未作统计。

17－17 共青团组织情况

（1978－2003 年）

年份	基层团支部（万个）	共青团员（万人）	# 女团员	专职团干部（人）
1978	11.10	133.22	49.87	4 342
1979	11.51	125.81		
1980	10.56	124.04	41.80	4 732
1981	8.75	123.62	46.22	5 323
1982	6.47	124.05	45.27	5 713
1983	6.26	126.96	46.66	5 839
1984	6.12	131.67	46.23	5 903
1985	6.48	152.69	53.00	6 473
1986	6.64	169.37	56.83	6 729
1987	6.75	183.48	60.62	6 542
1988	6.78	181.34	58.23	6 337
1989	6.88	161.66	50.39	6 074
1990	6.75	162.03	53.60	6 725
1991	6.77	160.19	55.06	7 156
1992	6.39	157.53	52.54	6 821
1993	6.55	156.32	53.66	6 801
1994	10.31	238.38	83.32	10 339
1995	10.40	248.42	85.93	8 752
1996	12.00	219.78	81.46	7 855
1997	11.13	222.37	78.98	9 759
1998	8.52	212.80	72.73	7 909
1999	6.98	187.68	68.39	7 362
2000	6.80	187.98	68.53	7 015
2001	6.83	182.30	68.27	6 627
2002	7.49	191.29	79.50	7 444
2003	3.83	194.10	42.81	7 444

17－18 妇联系统组织情况

（1987－2003年）　　单位：个

年　　份	基层妇代会		机关、事业单位妇委会
	城　　市	农　　村	
1987	1 938	21 697	718
1988	2 274	18 940	980
1989	2 146	21 724	1 714
1990	1 843	21 098	1 555
1991	2 132	20 717	1 733
1992	2 086	20 845	2 366
1993	1 656	20 821	1 766
1994	2 159	20 739	2 481
1995	2 054	20 817	2 408
1996	2 237	20 406	2 494
1997	2 226	20 589	2 610
1998	2 211	20 591	2 982
1999	2 081	20 216	2 836
2000	2 445	20 282	3 484
2001	1 747	19 772	
2002	1 695	17 996	3 069
2003	2 181	17 008	2 252

注：2001年表中空白数据未作统计。

17－19 各地区城镇社区服务设施和人员情况

（2003年）　　单位：个

地　　区	城镇社区服务设施	从业人员数（人）	#安置下岗人员数	城　　镇便民利民服务网点	社区服务志愿者组织数	社区服务志愿者人数（人）
总　　计	**2 254**	**20 500**	**13 663**	**8 982**	**601**	**19 786**
南昌市	337	785	499	1 145	61	2 142
景德镇市	130	262	187	154	13	528
萍乡市	58	1 249	925	82	41	1 469
九江市	275	2 940	1 001	985	61	2 214
新余市	59	703	501	39	15	283
鹰潭市	56	534	404	361	32	2 061
赣州市	191	2 603	1 842	1 867	72	1 562
吉安市	188	2 136	1 546	287	73	2 165
宜春市	324	3 067	2 741	697	81	3 094
抚州市	447	4 095	2 417	948	75	1 467
上饶市	189	2 126	1 600	2 417	77	2 801

17－20　社会福利事业基本情况

指　　　标	单位	1978年	1980年	1985年	1990年	1995年	2000年	2002年	2003年
优抚类收养性单位	个	101	18	250	285	274	271	273	272
#光荣院	个						268	270	269
收养人数	人						9 105	8 588	9 106
#光荣院	人						8 570	8 053	8 573
福利类收养性单位	个						2 318	2 518	2 185
#社会福利院	个	42	51	77	92	89	91	91	91
收养性老年福利机构	个			1 604	1 978	2 025	1 953	2 146	2 086
#农村	个						1 219	1 762	1 702
收养人数	人	4 115	3 025	3 390	3 968	4 837	6 316	58 232	51 229
#社会福利院	人						4 717	5 327	5 942
收养性老年福利机构	人						41 929	43 824	44 740
#农村	人						26 317	34 240	35 612
民政部门办社会福利企业单位	个	89	109	148	212	269	213	248	248
年末职工人数	人	6 266	8 397	10 197	12 536	12 035	9 701	11 435	11 366
#残疾职工人数	人	975	2 635	3 914	4 411	5 450	3 787	5 566	5 580
社会办社会福利企业单位	个					853	518	144	144
年末职工人数	人					23 966	6 812	3 327	3 945
#残疾职工人数	人					11 022	2 639	1 545	1 838
社会救济									
城镇居民最低生活保障	人						98 099	1 022 897	1 013 574
城镇临时救济人数	人						41 620	77 959	173 586
农村定期救济人数	人						89 295	171 307	1 151 638
农村临时救济	人次						275 933	366 509	730 893

17－21 各地区社会捐赠情况

（2003年）

地区	直接接收捐赠（万元）			间接接收捐赠（万元）			受益人次数（人次）	社会捐赠接收工作站、点（个）	
	捐赠款	捐赠衣被	#棉衣被	捐赠款	捐赠衣被	#棉衣被			#社会捐赠接收工作站
总　计	**2 538.5**	**5 233.1**	**128.2**	**508.1**	**91.3**	**16.6**	**721 564**	**796**	**378**
省本级	526.0							1	
南昌市	446.6	0.4		100.0			12 485	98	93
景德镇市	18.3	5 000.0					2 512	1	1
萍乡市	70.9	10.3	0.7	10.0	2.8	1.3	40 588	37	13
九江市	112.6	2.3	0.3	0.7	1.9	0.1	31 226	107	50
新余市	10.7						1 610	25	11
鹰潭市	55.6	5.9	0.2				64 576	35	14
赣州市	920.1	73.6	3.3	48.1	37.8	11.5	289 481	109	81
吉安市	63.0				36.0	1.1	46 420	49	14
宜春市	206.9	2.9	0.8	77.2			19 850	106	29
抚州市	33.7	6.6	0.9	18.8	4.8	0.6	103 712	155	37
上饶市	74.1	131.1	122.0	253.3	8.0	2.0	109 104	73	35

17－22 各地区福利彩票发行情况

（2003年）　　单位：万元

地区	机构数（个）	年末职工人数（人）	收入	支出		本年发行福利彩票	本年公益金支出		本年资助福利项目（个）
					#发行费支出			#上缴公益金	
总　计	**69**	**235**	**5 586.1**	**5 677.8**	**4 033.0**	**31 222.9**	**10 201.4**	**4 460.5**	**121**
省本级	1	30	3 213.0	3 243.0	3 158.0	24 644.0	8 138.0	3 100.0	
南昌市	2	9	538.7	578.0	117.7	816.3	284.8	277.8	1
景德镇市	4	14	37.7	41.9	26.9	442.8	62.7	35.0	13
萍乡市	6	15	35.7	43.9	33.7	326.9	53.4	40.4	9
九江市	11	29	296.7	320.8	149.2	1 181.0	324.8	159.8	
新余市	3	9				194.0			
鹰潭市	3	7	5.0	5.0	1.0	121.0	42.4	42.4	
赣州市	13	29	678.4	688.7	130.0	1 450.9	614.1	382.9	30
吉安市	10	19	159.4	163.8	64.4	570.4	145.1	104.8	31
宜春市	4	10	133.7	126.2	18.2	473.6	175.0	145.4	10
抚州市									
上饶市	12	64	487.8	466.5	333.9	1 002.0	361.1	172.0	27

17－23 职工保险福利费用

（1978－2003年）

单位：万元

年份	合计	#单位支付	企业支付	民政部门支付	保险福利费用总额相当于工资总额的%
1978		18 272.0	17 589.0	683.0	
1979		22 663.0	21 714.0	949.0	
1980	31 046.9	28 666.1	27 247.0	1 419.1	15.5
1981		35 233.0	34 280.0	953.0	
1982		39 929.2	38 941.0	988.2	
1983		45 218.0	44 280.0	938.3	
1984		53 705.0	52 712.0	993.0	
1985	73 695.4	64 431.8	63 405.0	1 026.8	22.3
1986	88 916.7	77 586.8	76 362.1	1 224.7	22.5
1987	112 191.1	98 938.3	97 590.0	1 348.3	26.0
1988	142 757.8	125 400.6	123 854.0	1 546.6	26.8
1989	155 086.0	135 315.6	133 676.5	1 639.1	26.6
1990	192 313.2	171 617.0	169 705.7	1 911.3	29.3
1991	214 625.5	190 263.5	188 313.2	1 950.3	29.8
1992	262 649.0	231 894.6	229 534.7	2 359.9	30.5
1993	298 842.2	265 779.7	263 166.5	2 613.2	29.6
1994	348 754.8	311 743.6	308 846.6	2 897.0	24.8
1995	401 942.4	358 502.1	354 838.3	3 663.8	24.8
1996	453 325.9	409 520.3	405 619.9	3 900.4	24.4
1997	527 220.1	484 949.5	480 956.4	3 993.1	27.1
1998	545 414.5	482 225.1	477 671.4	4 553.7	31.4
1999	565 365.0	560 364.8	408 386.8	5 000.2	27.5
2000	615 949.3	609 808.7	433 587.7	6 140.6	30.1
2001	822 509.4	815 942.2	489 293.9	6 567.2	36.5
2002	845 148.1	837 296.3	524 038.1	7 851.8	34.7
2003	915 348.5	906 421.5	563 944.9	8 927.0	33.8

17－24　企业在岗职工保险福利费用和构成

（2003年）

项　　　　　目	合　　计 （万元）	构　　成 （%）
保险福利费用总额	**78 068.9**	**100.0**
医疗卫生费	31 009.1	39.7
文体宣传费	4 291.8	5.5
集体福利设施及集体福利事业补贴	24 215.4	31.0
其　　他	18 552.6	23.8

17－25　企业非在职职工保险福利费用和构成

（2003年）

项　　　　　目	合　　计 （万元）	构　　成 （%）
保险福利费用总额	**485 876.0**	**100.0**
离　休　金	13 775.5	2.8
退　休　金	424 237.5	87.3
退职生活费	3 294.2	0.7
医疗卫生费	33 417.4	6.9
其　　他	11 151.4	2.3

17－26 离、退休及退职职工人数和保险福利费用总额

（年末数）

项目	1990年	1995年	2000年	2002年	2003年
一、离休、退休及退职职工人数（人）	**616 583**	**737 964**	**848 685**	**975 001**	**1 024 119**
单位支付	475 053	604 522	842 996	969 443	1 018 527
民政部门支付	8 634	7 185	5 689	5 558	5 592
二、离休、退休及退职职工人数与在职职工人数之比（以离休、退休及退职职工人数为1）	**6.26**	**5.57**	**3.44**	**2.69**	**2.51**
三、保险福利费用总额（万元）	**99 433.7**	**256 372.7**	**505 689.9**	**761 690.4**	**837 279.6**
单位支付	85 306.7	221 535.6	499 549.3	753 838.6	828 352.6
民政部门支付	1 911.3	3 663.8	6 140.6	7 851.8	8 927.0

17－27 社会保险情况

（1990－2003年）　　单位：人

年份	养老保险		失业保险	
	职工人数	离退休、退职人数	参加失业保险人数	领取失业保险金人数
1990	1 446 527	292 098	1 539 552	44
1991	1 465 896	300 496	1 582 902	134
1992	2 042 208	424 013	1 671 494	788
1993	2 059 185	452 038	1 665 993	1 556
1994	1 999 630	452 085	1 709 239	4 292
1995	1 933 173	450 946	1 834 365	1 350
1996	2 032 544	474 450	1 830 319	5 626
1997	1 961 379	484 987	1 522 352	3 866
1998	2 356 748	640 594	1 827 641	7 974
1999	2 465 261	667 221	2 096 000	9 586
2000	2 548 530	725 764	2 315 861	8 051
2001	2 506 035	781 648	2 345 280	25 200
2002	2 571 311	826 482	2 266 652	51 609
2003	2 625 071	884 400	2 155 403	59 090

17－28　劳动争议处理基本情况

（2003年）

项　　目	单位	合　计	国有企业	城镇集体企　业	乡村集体企　业	其他经济类型企业	个 体 工商　户	机关社团事业单位
案件受理情况								
案 件 数	件	1 153	408	127	30	535	44	9
#用人单位申诉案件数	件	23	10	1	1	7		4
劳动者申诉案件数	件	1 130	398	126	29	528	44	5
劳动者当事人人数	人	5 652	2 481	1 937	151	1 004	66	13
#集体争议数	人	131	80	6	1	40	4	
集体争议劳动者当事人人数	人	4 505	2 832	1 067	120	436	50	
争议原因								
劳动报酬		326	53	24	7	220	20	2
保险福利		365	139	60	16	140	10	
劳动保护		102	26	10	2	62	2	
案件处理情况								
结案案件数	件	1 208	435	137	28	548	44	16
用人单位胜诉	件	74	30	16	1	19	5	3
劳动者胜诉	件	868	278	82	22	448	26	12
双向部分胜诉	件	266	127	39	5	81	13	1
本期未结案数	件	97	31	12	7	35	9	3
其他方式调解案件数	件	605	157	227	8	157	54	2
用人单位调解								
受理劳动争议案件数	件	162	80	5	2	13	50	12
调解成功案件数	件	134	55	4	2	12	50	11

17－29 律师、公证及调解工作基本情况

指标	单位	1985年	1990年	1995年	2000年	2002年	2003年
律师工作							
律师事务所	个	103	118	208	272	265	269
律　师	人	702	1 820	2 353	2 830	1 910	1 880
#专职律师	人	524	792	1 238	1 618	1 773	1 779
担任法律顾问	家	763	4 124	6 743	8 218	6 285	5 493
民事案件诉讼代理	件	3 191	11 688	10 369	11 197	16 019	16 951
经济案件诉讼代理	件			8 464	12 189	7 701	8 657
行政案件诉讼代理	件			566	513	824	802
刑事诉讼辩护及代理	件	2 350	7 952	7 918	8 202	9 704	7 073
非诉讼法律事务	件	748	32 652	16 664	28 850	20 799	11 874
涉外及港澳台	件	1	22	108	135		229
解答法律咨询	万人次	2.8	9.2	5.2	6.1	19.09	9.68
代写法律事务文书	万件	0.9	2.0	1.1	2.1	3.72	2.07
公证工作							
公证处	个	96	104	112	111	111	111
#涉外公证处	个		12	15	27	42	41
公证人员	人	347	537	569	603	547	558
#公证员	人	193	331	306	382	368	376
公证员助理	人	47	74	69	43	42	37
办理公证文书	件	41 970	221 620	237 234	222 407	221 916	313 559
国内公证文书	件	41 274	218 416	219 507	193 717	189 523	281 608
涉外公证文书	件	696	3 204	17 727	25 053	27 764	27 157
港台澳公证文书	件				3 637	4 629	4 794
基层工作							
调解民间纠纷	万件	21.7	21.6	15.9	20.0	19.18	17.84
法律服务所	个			1 299	1 178	762	657
法律工作者	人			3 668	3 126	2 826	2 171
司法所	个			2 050	1 188	1 132	1 070
#专职司法助理员	人	1 844	1 461	2 256	1 604	1 746	1 125
调解成功率	%					75.5	97.73
人民调解委员会	万个	2.5	2.7	2.6	2.7	2.69	2.42
调解人员	万人	20.7	20.9	30.3	24.5	11.86	13.10
#调解成功率	%	93.4	96.5	96.9	93.0	97.4	97.82

17－30 婚姻登记情况

（1978－2003年）

年份	准予登记结婚（对）	初婚（人）	再婚（人）	离婚（对）
1978	159 661	150 186	9 475	7 387
1979	127 242	239 747	14 737	6 844
1980	148 365	284 253	12 477	10 200
1981	210 132	402 171	18 093	5 717
1982	213 296			6 487
1983	174 610			4 791
1984	223 765			5 666
1985	232 469	453 632	11 306	11 113
1986	231 917	453 021	10 813	11 241
1987	258 275	504 338	12 212	12 473
1988	250 353	488 228	12 478	14 063
1989	283 406	551 914	13 075	16 391
1990	334 773	652 052	17 494	17 637
1991	261 054	508 724	13 384	17 376
1992	255 777	496 201	15 353	17 682
1993	236 384	458 275	14 493	19 291
1994	249 091	483 833	14 349	18 979
1995	260 573	502 791	18 355	19 751
1996	271 049	526 016	16 082	20 037
1997	272 364	525 087	19 641	21 087
1998	278 088	539 122	17 054	21 502
1999	289 370	558 788	17 454	26 935
2000	295 766	570 202	18 296	24 229
2001	293 852	548 757	35 569	26 090
2002	283 391	540 779	21 617	31 762
2003	269 708	507 607	27 805	29 700

注：1. 1978、1979年和1981年至1984年离婚对数中未包括法院离婚数。
2. 1999年以后华侨、港澳台居民登记结婚中未分初婚、再婚人数。下同。

17－31 各地区婚姻登记情况

（2003年）

地区	准予登记结婚（对）	#内地居民	初婚（人）	再婚（人）	#恢复结婚	离婚（对）
总计	**269 708**	**267 706**	**507 607**	**27 805**	**1 713**	**29 700**
南昌市	21 467	20 748	38 672	2 824	261	2 858
景德镇市	9 527	9 416	16 816	2 016	295	805
萍乡市	10 757	10 693	20 122	1 264	74	1 080
九江市	27 709	27 324	51 508	3 140	151	2 479
新余市	8 048	8 048	15 033	1 063	46	742
鹰潭市	6 508	6 486	11 234	1 738	51	776
赣州市	55 138	54 984	105 994	3 974	199	2 284
吉安市	32 785	32 682	63 928	1 436	62	1 241
宜春市	33 775	33 706	65 571	1 841	215	1 919
抚州市	21 120	20 834	39 913	1 755	121	1 181
上饶市	42 874	42 785	78 816	6 754	238	1 930

注：各设区市离婚人数未包括法院调解、判决离婚人数，故小于总计。

17－32　火灾、交通事故情况

指　　标	单位	1985 年	1990 年	1995 年	2000 年	2002 年	2003 年
火灾情况							
起　数	起	842	896	2 422	5 354	5 567	5 982
死　亡	人	59	63	34	93	63	55
伤　人	人	59	87	66	137	65	73
损失折款	万元	1 149	1 139	2 947	4 039	3 132	2 963
交通事故情况							
起　数	起	4 823	5 326	5 040	17 591	17 772	13 998
死　亡	人	1 213	1 387	1 952	3 222	3 163	2 818
伤　人	人	3 138	3 343	2 825	13 988	14 669	11 542
损失折款	万元		573	2 550	7 225	7 456	7 783

注：1995 年火灾数据按新统计口径作了修改。

17－33　各地区火灾、交通事故情况

（2003 年）

地　区	火灾				交通事故			
	起数（起）	死亡（人）	伤人（人）	损失折款（万元）	起数（起）	死亡（人）	伤人（人）	损失折款（万元）
总　计	**5 982**	**55**	**73**	**2 963**	**13 998**	**2 818**	**11 542**	**7 783**
南昌市	1 289	10	11	272	1 378	232	1 036	555
景德镇市	192	3	4	59	269	75	261	41
萍乡市	283		1	165	462	74	397	110
九江市	729	5	5	371	1 016	212	954	264
新余市	210		4	96	164	59	166	42
鹰潭市	235	1		81	371	88	311	143
赣州市	581	14	33	511	3 129	547	2 945	859
吉安市	564	4	2	305	2 071	417	1 766	868
宜春市	812	7	4	282	1 133	353	1 042	367
抚州市	612	7	4	302	1 054	243	892	359
上饶市	475	4	5	519	1 415	342	1 296	487
直属支队					1 536	176	476	3 688

17－34　妇女儿童基本状况

指　　标	单　位	2000 年	2001 年	2002 年	2003 年
一、经济与人口					
人均生产总值	元	4 851	5 221	5 829	6 677
城镇居民人均可支配收入	元	5 104	5 506	6 336	6 901
农村居民人均纯收入	元	2 135	2 232	2 334	2 458
国家财政性教育经费	亿元	48.67	61.39	69.09	73.31
卫生经费	万元	103 154	117 642	128 113	150 613
妇幼保健经费	万元	3 078	4 086	3 702	3 803
防治防疫经费	万元	8 172	10 625	11 644	16 927
计划生育事业费	万元	18 280	23 041	32 752	41 316
人口总数	万人	4 148.54	4 185.77	4 222.43	4 254.23
#女性	万人	1 991.52	2 001.71	2 041.12	2 073.51
0－4 岁人口	万人	274.78	286.57	274.46	262.48
#女性	万人	118.15	120.73	113.58	113.21
0－17 岁人口	万人	1 290.16	1 296.90	1 277.95	1 208.70
#女性	万人	575.87	578.23	566.96	545.11
育龄妇女人口(15－49 岁)	万人	1 122.20	1 195.65	1 210.23	1 224.40
人口自然增长率	‰	9.48	9.38	8.72	8.09
二、卫生保健					
婴儿死亡率	‰	34.80	28.76	26.10	25.80
#城市	‰	12.20	7.10	9.60	9.90
农村	‰	40.70	34.40	30.10	29.70
5 岁以下儿童死亡率	‰	43.40	34.20	32.40	31.00
#城市	‰	14.00	10.50	11.30	11.30
农村	‰	51.10	40.46	37.50	35.80
孕产妇死亡率	1/10 万	50.01	45.49	45.09	45.22
#城市	1/10 万	42.16	44.19	36.40	40.58
农村	1/10 万	53.89	46.13	49.48	47.58
新生儿破伤风发病率高于 1‰的县(市)数	个	3	1		1
5 岁以下儿童中、重度营养不良患病率	%	4.44	4.98	4.35	4.06
卡介苗接种率	%	96.40	96.92	96.32	95.69
脊灰疫苗接种率	%	97.60	97.64	97.07	96.69
白百破三联制剂接种率	%	96.70	97.43	95.39	96.51
麻疹疫苗接种率	%	96.40	96.93	94.11	94.99
乙肝疫苗接种率	%	78.10	86.17	89.33	93.40
住院分娩率	%	74.44	76.81	79.47	82.92
农村孕产妇住院分娩率	%	72.20	75.23	78.64	82.71
农村高危孕产妇住院分娩率	%	98.30	98.76	99.08	98.78
非住院分娩中消毒接生率	%	96.71	98.11	98.99	96.97
孕妇产前医学检查率	%	92.66	93.16	92.86	92.50
孕产妇系统管理率	%	71.18	73.30	73.24	73.88
#城市	%	79.04	80.24	79.53	78.92
农村	%	67.30	69.91	70.07	71.31
7 岁以下儿童保健管理率	%	69.70	71.86	69.58	70.01
当年报告艾滋病病毒感染人数	人	41	68	38	161
#女性	人	3	10	8	32
性病年报告病例数	例	19 713	19 149	17 067	19 834
#女性	例	8 718	8 577	7 049	8 095

17－34　续表1

指　　　　标	单　位	2000年	2001年	2002年	2003年
婚前医学检查率	%	71.54	67.79	70.00	52.52
#城市	%	78.59	70.32	72.82	54.13
农村	%	67.57	66.40	68.63	51.80
已婚育龄妇女综合避孕率	%	90.20	93.05	92.89	93.15
三、教育					
在园幼儿数	万人	62.06	48.84	57.48	63.31
#男童	万人	34.91	27.84	33.25	36.29
女童	万人	27.15	21.00	24.23	27.02
小学适龄儿童净入学率	%	99.58	96.91	98.52	99.01
#男生	%	99.55	96.79	98.48	99.02
女生	%	99.60	97.04	98.57	98.98
小学五年巩固率	%	94.42	94.66	97.35	96.57
#男生	%	96.04	96.71	98.68	97.96
女生	%	92.65	92.44	95.88	95.01
小学学生辍学率	%	0.28	0.50	0.50	1.03
#男生	%	0.22	0.09	0.50	0.88
女生	%	0.32	0.96	0.50	1.21
初中阶段毛入学率	%	102.10	104.61	107.79	110.52
#男生	%	104.66	106.29	109.38	112.04
女生	%	99.19	102.67	107.19	108.76
初中三年巩固率	%	87.15	85.29	84.98	89.64
#男生	%	88.65	87.33	86.15	90.62
女生	%	85.38	82.89	83.58	88.50
普通中小学残疾儿童在校学生数	人	13 142	12 942	13 353	14 854
#女生	人	3 667	3 503	3 845	3 943
高中阶段毛入学率	%	33.93	40.00	41.44	47.96
#男生	%	38.87	42.01	43.34	54.06
女生	%	28.64	37.49	39.06	41.45
成人高等学校在校学生数	万人	8.60	10.64	14.31	16.42
#女生	万人	3.09	3.90	6.46	7.31
成人中等学校在校学生数	万人	2.76	2.41	1.59	2.42
#女生	万人	1.10	0.97	0.71	0.95
成人初等学校在校学生数	万人	17.63	12.47	8.61	10.64
#女生	万人	12.46	8.58	5.93	6.21
成人识字率(15岁及以上)	%	93.02	89.66	89.99	91.89
#男性	%	96.91	95.03	95.03	96.01
女性	%	88.96	84.90	84.90	87.77
青壮年识字率（15－50岁）	%	98.42	97.15	97.27	98.09
#男性	%	99.37	98.81	98.91	99.21
女性	%	97.42	95.43	95.64	96.98
四、就业与社会保障					
全社会就业人员	万人	2 060.90	2 054.80	2 130.60	2 168.20
#女性	万人	743.75	739.78	744.14	756.99
城镇单位就业人员	万人	299.43	287.34	270.80	267.69
#女性	万人	108.06	103.45	94.58	93.46
城镇登记失业人员	万人	16.68	17.28	17.76	21.62
#女性	万人	9.02	6.43	8.79	9.43

17－34　续表2

指　　　　标	单　位	2000年	2001年	2002年	2003年
参加基本养老保险的职工人数	万人	254.85	256.60	257.00	262.51
参加基本医疗保险的职工人数	万人	61.44	71.62	107.00	188.21
参加失业保险的职工人数	万人	231.58	235.86	226.67	215.54
参加工伤保险的企业职工人数	万人	137.06	137.77	129.00	129.66
参加生育保险的企业职工人数	万人	129.38	120.15	109.00	108.73
#女性	万人	47.76	46.14	41.03	39.98
城镇企业职工生育保险覆盖率	%	73.63	74.54	62.00	74.08
农村社会养老保险投保人数	万人	243.00	243.00	243.00	190.02
社会救济总人数	万人	223.90	242.00	267.62	200.49
#城镇	万人	36.44	59.00	118.37	101.20
农村	万人	187.46	183.00	149.25	99.29
居民最低生活保障人数	万人	26.30	75.50	118.37	117.70
#城镇	万人	9.80	59.00	102.29	101.20
农村	万人	16.50	16.50	16.08	16.50
五、妇女参政议政					
省(区、市)人大代表	人	609	608	611	604
#女性	人	136	136	134	146
省(区、市)政协委员	人	672	672	673	683
#女性	人	122	122	122	130
省级党委领导班子中女干部配备率	%		100	100	100
省级政府领导班子中女干部配备率	%				
地级党委领导班子中女干部配备率	%	54.55	54.55	63.64	72.72
地级政府领导班子中女干部配备率	%	45.45	63.64	72.72	81.81
县级党委领导班子中女干部配备率	%	65.66	55.56	69.70	72.72
县级政府领导班子中女干部配备率	%	57.58	59.60	84.85	87.88
干部人数	万人	103.34	103.66	102.24	99.02
#女性	万人	30.73	31.45	31.67	30.92
村民委员会成员中女性比重	%	20.40	21.69	19.60	17.70
居民委员会成员中女性比重	%	66.90	70.20	68.20	80.00
六、保护妇女儿童的人身权利					
破获强奸案件数	起	629	673	544	543
破获拐卖妇女案件数	起	256	74	29	31
破获拐卖儿童案件数	起	94	13	13	14
破获组织、强迫、引诱、容留妇女卖淫案件数	起	80	91	164	98
七、生存环境和社会福利					
农村卫生厕所普及率	%	51.50	50.91	54.25	57.11
农村累计粪便无害化处理率	%	23.23	17.35	19.24	21.52
农村改水受益率	%	94.46	93.20	93.94	95.07
农村自来水普及率	%	38.22	39.63	41.97	43.76
城市污水处理率	%	7.56	12.22	17.67	21.16
城市生活垃圾无害化处理率	%		51.40	52.10	49.45
城镇每万人口拥有社区服务设施数	个	0.50	0.50	0.48	0.60
城镇每万人口拥有便民利民网点数	个	2.24	2.24	2.21	2.50
农村社会保障服务网络覆盖率	%	60.80	60.80	61.00	61.60
符合《纲要》儿童福利院要求的地级市数	个	11	11	11	11

主要统计指标解释

医院、卫生院　指设有固定床位能收容病人住院并能为病人提供医疗、护理服务的医疗机构。包括县及县以上医院、农村乡卫生院、其他医院三部份。按所属性质分为卫生部门、工业及其他部门、集体所有制三类。其中县及县以上医院按业务性质分为综合医院和专科医院。

卫生技术人员　指卫生事业机构支付工资的全部固定职工和合同制职工中现任职务为卫生技术工作人员。包括中医师、西医师、中西医结合高级医师、护师、中药师、西药师、检验师、其他技师、中医士、西医士、护士、助产士、中药剂士、西药剂士、检验士、其他技士、其他中医、护理员、中药剂员、西药剂员、检验员、其他初级卫生技术人员。

医生　指经卫生部门审查合格，从事医疗工作的专业人员。分为中医医生和西医医生，包括卫生技术人员中的中医师、西医师、中西医结合高级医师、中医士、西医士和其他中医。

等级运动员人数　指经考核正式批准授予等级运动员称号的人数。运动员等级分为国际级运动健将、运动健将、一级运动员、二级运动员、三级运动员、少年级运动员。

等级裁判员人数　指经考核正式批准授予等级裁判员称号的人数。裁判员等级分为国际裁判、国家级裁判、一级裁判、二级裁判、三级裁判。

运动场　指有200米跑道（中心含足球场）和固定道牙，跑道6条以上，没有固定看台的室外田径场地。

体育场　指有400米跑道（中心含足球场）和固定道牙，跑道6条以上，并有固定看台的田径场地。以看台容纳观众人数分：甲级25000人以上，乙级15000－25000人，丙级5000－15000人，丁级5000人以下，共四级。

律师　指受聘参加法律顾问处工作，担任法律顾问、刑（民）事代理人、刑事辩护人、办理非诉讼事件、解答法律询问、代写法律事务文书等主要律师业务的专职律师和兼职律师。

公证人员　指在国家公证机关依法办理公证事务的司法人员。包括公证员、助理公证员和在公证处工作的其他人员。

办理公证　指公证处年内办结的公证文书件数。公证文书系按司法部规定或批准的格式制作。包括国内公证和涉外公证两部分。其中国内公证分为经济合同公证和民事法律关系公证两大类。

调解人员　在人民调解委员会担负调解民间一般民事纠纷和轻微违法行为所引起的纠纷的工作人员，包括调解委员会的委员和调解小组的调解员。

调解民间纠纷　指调解委员会依照法律规定，根据自愿原则，用说服教育的方法调解民间发生的有关民事权利和义务的争执，促成当事双方达到协议和谅解，解决纠纷。包括婚姻家庭纠纷，财产权益纠纷等。包括法院管理调解的民事案件数。

社会福利事业单位　指集中收养社会孤、老、残、幼的机构。包括由民政部门管理的社会福利院、儿童福利院、精神病人福利院和城镇集体办的福利院，以及农村集体举办的敬老院。

社会福利事业单位收养人数　包括民政部门管理的和城镇及农村集体举办的社会福利事业单位中收养的老人、少年儿童、缺乏生活自理能力的残疾人员和精神病人。

劳保福利费用总额　指各单位在工资以外实际支付给职工个人和用于集体的劳动保险和福利费用，不包括用于职工的劳动保护费用。从企业来讲劳保福利费不仅包括由职工福利基金支出的部分，而且还包括由企业营业外支出，企业基金或利润留成、工会文教费、企业管理费支出的部分。预算单位包括由职工福利费、公务费、差额补助费等支出部分。具体包括有：（1）退休离休退职费。（2）医疗卫生费。（3）职工死亡丧葬费和职工因病或非因工死亡的丧葬补助费、供养直系亲属的抚恤费、救济费和供养直系亲属的死亡丧葬补助费、救济费等。（4）职工生活困难补助。（5）文娱体育宣传费。（6）集体福利事业的补贴费。（7）集体福利设施费。

铅山县人民政府

铅山县地处闽浙赣三省交界处，武夷山脉北麓。境内主峰黄岗山海拔2157.7米，地势南高北低，高差达2100余米。这里山川秀美、竹木丰茂、气候宜人、雨量充沛，水能蕴藏量极其丰富，理论蕴藏量达28万千瓦，可开发达18万千瓦，位居全省前茅。

近年来，为充分合理利用县内丰富的水力资源，将资源优势转化为经济优势，实现资源利用和投资效益最大化。县委、县政府制定了《铅山河流域治理开发实施方案》、《铅山县水电开发建设若干意见》等一系列水电开发文件，争取了“十五”全国农村水电电气化县。根据规划，积极“跑部进京、跑省进厅”，向上申报争取水电开发项目，其中，总投资达3亿元、装机2万千瓦的伦潭水利枢纽工程项目，国家发改委已审批立项；总投资1.2亿元、装机1，4万千瓦的高店水库开发项目已正式开工。为加快水电这一绿色资源的开发步伐，该县制定出台了一系列水电开发优惠政策，进一步加大水电招商力度，精心编制推介水电开发精品项目，成功引进了金龙、加平等一批水电开发企业。到目前，全县共签订水电开发协议26个，建设大小水电站56座，装机容量达16万千瓦，投资总额高达12亿元。建成后，年发电量可达6亿千瓦时。该县在水电资源开发中，还成功地运用市场机制，在全省首开水电资源开发经营权拍卖先河，得到国家水利部的肯定。

铅山水电开发如火如荼。目前，该县又在着手调查、规划开发新的水电资源。一个电力充沛、可持续发展的新铅山正在崛起。

电站中控室

丰富的水资源

正在建设中的畲族乡太源电站大坝

镶嵌在武夷山脉中的铁炉水库一级大坝

铁炉水库二级大坝

上饶市信州

区委书记蒋英明（右）与区长蔡建平（左）一起深入农村调研三农工作

年出口过千万美元的出口型外资企业宏福服装生产现场

拥有年产五万锭各类中高档棉纱生产能力的上饶市惠达纺织有限公司生产线

光学电子是信州区的传统支柱产业之一，图为数码相机组装生产线

信州区位于江西省东北部信江上游，地扼赣、浙、闽三省之要冲，为地级上饶市主城区，是全市政治、经济、文化中心。辖四乡、两镇、三街道，占地339平方公里，人口36万人。

历史悠久。信州区自东汉建安年间设县以来，已有1700多年的历史。2000年10月1日，经国务院批准撤消县级上饶市，改为信州区。这里，是明朝宰相夏言的出生地，是世界第一部《茶经》的作者、唐代“茶圣”陆羽、南宋爱国词人辛弃疾的久居之地。

交通优越。信州区素有“豫章第一门户”、“信美之郡”的美誉，既是沿海发达地区经济腹地，又是承东启西的咽喉要地。浙赣、横南两条铁路干线在此交汇，320国道、311沪瑞高速公路贯穿全境，交通优势十分明显。

风光秀丽。信州区区内有闻名中外的上饶集中营，方圆2个小时车程内有黄山、武夷山、三清山、龙虎山、圭峰等五大国家级风景名胜区。又是全国十三座空气、水质量最好的城市之一，是一座人文、山水与生态完美合一、旅游资源得天独厚的新兴城市。

资源丰富。信州区水资源丰富，信江河、丰溪河、饶北河一年四季穿流而过。矿产资源主要有磷、煤、石灰石、滑石、花岗岩、滑石、大理石等。磷矿位于朝阳乡境内，矿层分布面积约25平方公里，已探明磷储量居华东六省之首。主要农产品有水稻、油菜、青丝豆、苎麻、茶叶、红芽芋等。有野生动物5大类百余种，植物320余种。

商机无限。信州区水、电资源丰富，劳动力价格、原材料价格较低，基础设施费用低；工业基础扎实，初步形成了纺织服装、光学电子、机械制造、食品医药为主体的支柱产业，可以有效对接海内外相关产业的梯度转移。招商引资优惠政策“含金量”大，投资回报率高。尤其是随着软环境建设措施的到位，一批批客商纷纷来到信州投资创业，规划占地62平方公里的上饶工业园区已经成为八方商贾的投资“乐园”。

改革开放以来，勤劳智慧的信州人民与全国人民

区人民政府

一道，和着开拓进取、奋发图强的的锐气，积极融入经济全球化大潮，取得了令人瞩目的成绩。2003年，全区实现国内生产总值35.65亿元；一、二、三产业比为8.5：43.1：48.4；实现工业增加值13.08亿元；财政总收入1.5726亿元，其中地方财政收入1.036亿元；城市居民可支配收入6773元；农民人均纯收入3198元。全区民营企业、个体工商户达10923户，注册资金共16.33亿元，从业人数达到8.12万人。

如今，信州区正在积极策应省委、省政府“三个基地，一个后花园”以及上饶市委、市政府“把上饶建设成为赣浙闽皖四省交界区域中心城市和快速发展地区”的定位，全力加速工业化、城镇化以及现代化步伐。热情好客的信州人，诚挚地欢迎海内外朋友前来参观、考察与投资置业。

全国“百城万店无假货“示范街——上饶市步行街街景

节日喜庆

原种刺鲃 鱼驯化工作已顺利通过国家级技术鉴定

高雅雄伟的城市建筑群

上饶市

供电局党政领导邀请上饶市工业园区的客商上门提意见

用电咨询

供电大楼

江西上饶供电公司担负着上饶县、广丰县、玉山县、弋阳县、横峰县、铅山县和信州区等六县一区的电力供应和行业管理。供电区域10097.59平方公里，人口330万。至2003年底，全公司共有220千伏变电站1座，主变容量24万千伏安，220千伏线路194.4公里；110千伏变电站13座，主变容量57.9万千伏安，110千伏线路656.7公里；2003年，市直供电售电量已超过10亿千瓦时，达到11.55亿千瓦时，比去年的7.84亿千瓦时增长了47%，各县售电量已达7.7141亿千瓦时，比年初计划的5.9691亿千瓦时增长了30%。同时因上饶市特定的地理环境，我们上饶还有丰富的水资源。上饶供电公司控股的小水电有15座，装机容量1.36万千伏安。主业总产值为4.4亿元，多种经营总产值为2.5亿元，多种经营利润已达1616万元。企业固定资产总值6.9亿元，市公司在职职工814人，县（区）公司在职职工4000多人（包括聘用工）。

目前我市的城网和农网改造的一、二期工程已结束，三期工程已经全面拉开。农网改造以后，不仅优化了35KV农网和县城电网结构，而且大大减轻了农民的负担。农网改造过程中，共新建改造35KV变电站50座，新建改造10KV及以上线路5546.1千米，配电台区新建与改造5311台，主变容量231334千伏安，完成农户“一户一表”改造662398户，完成率达91%，累计完成投资5.5646亿元。上饶农村电价也从“两改一同价”前的平均1.40元/千瓦时，最高为3元/千瓦时降到2002年的0.80元 /千瓦时，每年为农民减轻负担近4000万元，2003年7月1日后，城乡居民照明电价又降价为0.56元/千瓦时，每年将再为农民减轻负担2000万元左右，累计每年可减轻农民负担6000万元。

在城网改造中，为不断加大电网的综合自动化的技术含量，不断适应地方经济的快速发展，上饶供电公司还投资上亿元用于新建和改造综合自动化变电站上。截止2003年底为此，我们共新建了城中变、汪家园变、旭日变和鸡头山变4座110KV综合自动化变电站，综合自动化改造110KV变电站3座，综合自动化改造35KV变电站2座。这些综自改造的完成，使上饶供电公司为更好地实现优质服务提供了有力的技术保证。同时，为优化上饶的电网结构，上饶供电公司在电网规划与建设中，以《2010年上饶供电区110千伏及以上电网规划》为指导，同时根据区域负荷增长及优化电网的需求，及时对其中部分项目进行合理调整，以期达到促进经济发展，提高电网稳定运行的双赢目的。为此，上饶供电公司计划在2010年前新建500千伏变电站1座，新建和扩建220千伏变电站4座，新建和扩建110千伏变电站6座。目前，弋阳、玉山2个220千伏变电站新建工程，广丰湖丰1个110千伏变电站工程已得到省电力公司批复，并已在建设之中，预计2004年年底完工。一个覆盖范围广、

供电公司

结构合理、运行灵活、技术先进、安全可靠、经济低耗的现代化强大电网展现在上饶人民面前。在去年的迎峰度夏过程中，上饶电网既没有拉闸限电，也没有出现大面积停电，经受住了持续高温的考验。

在过去的一年里，为积极配合上饶城市建设改造工程、上饶供电公司加快了城市电网建设和改造步伐。两年来，上饶供电公司对上饶市的赣东北大道、中山路、带湖路、北环路、沿河路等主干道线路电杆、对罗桥凤凰工业园区、三江工业园区、春来集团、现代城等工业园区和住宅小区线路都进行了改造，为上饶市的城市美化亮化工程做出了积极的贡献。

近两年来，上饶供电公司认真贯彻“安全第一、预防为主”的指导方针，以技术监督为手段，加强生产管理和节能管理，确保全年各项生产指标的全面完成。一是加强了技术监督管理力度，在巩固已有成绩的基础上，继续完善各项监督手段，充分发挥技术监督的作用。我们加强了主变、开关、地网、隔离开关的监督力度，加强电压无功管理工作，积极开展谐波综合测试。2003年，全公司设备预试率100%，设备消缺率100%，设备完好率100%，油质合格率100%，220KV、110KV主变年平均力率达95.6%，年度综合电压合格率97.2%。二是加强线损管理，使线损分析制度化、规范化。该公司坚持每月一次的线损分析会，对线损异常情况做到及时发现、及时调整。上饶供电公司还加强了变电站母线电量平衡工作，组织进行负荷实测和线损理论计算工作，做好分台区考核和自用电管理工作。三是认真贯彻二十五项反措要求，合理安排大修技改，加强设备缺陷整治，提高设备健康水平，确保电网的安全稳定运行。四是加强线路的运行和维护管理，提高线路的运行、检修质量，确保电网网络稳定。五是做好可靠性管理工作，加强对停电计划的管理。该公司在城网改造后，电网的硬件水平上了一个新台阶，电网网架得到了加强，线路绝缘化，多分段，多联络，手拉手，供电可靠性上了一个新台阶。

玉山220KV变电站在筹建中

电网改造后的夜景

青年服务队义务为孤寡老人服务

电力工人奋战农网改造

电力工人正在进行城网改造

变电站筹建中

开展反窃电活动

上饶市信州区

局党组成员：右起陈炼（副局长）、应志富（副局长）、李冬冬（局长）、邹义瑞（副局长）、方大林（纪检组长）

省工商局朱张才局长（左二）来我局视察

上饶信洲区工商局现有在职干部职工182人，离退休人员56人。设领导职数5人。

内设：办公室、人事教育科、监察室、公平交易局、企业注册局、个体私营经济规范管理科、市场规范监督管理科和商标广告监督管理科等；事业单位有：机关后勤服务中心、信息中心、个体私营经济协会办公室和消费者协会办公室等。

基层分局有：国分局、宝泽楼分局、东市分局、车站分局、三江分局、水南分局、沙溪分局和凤凰分局等。

全局登记在册的企业现有581家、私营企业249家、个体工商户6986户。

省委组织部领导来我局检查党建工作

工商行政管理局

上饶市工商系统推行商品市场准入工作现场会在我局召开

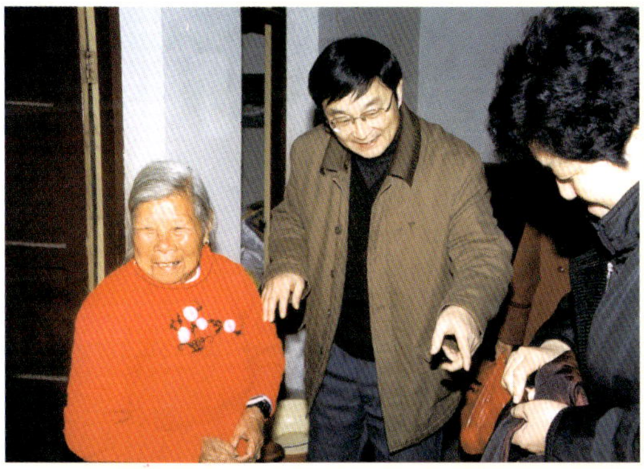

看望被我局赡养的沙溪镇孤寡老人

局机关办公大楼

我局组织的军训活动

上饶县国税局

书记、局长：石益平

被省委、省政府授于第八届“文明单位”

2003年，上饶县国税局在党的十六大精神指引下，紧紧抓住“第一要务”，牢记“两个务必”，努力实践“三个代表”，认真贯彻落实省、市局国税工作精神，在上级局和县委、县政府的正确领导下，按照县局年初提出的“六个提升”的工作部署，在抓收入质量、依法治税、队伍建设等方面取得了显著成绩，全面完成了各项工作任务，推进了国税事业的健康发展。

全体国税干部职工齐心协力，共组织入库工商税收6669.9万元，完成年计划的114.6%，较去年同期增收1459万元，增长28%，税收收入总量增长首次超千万元，取得历史性的突破。其中“两税”5932.9万元，增长27.3%；储蓄存款利息所得税470万元，增长13.3%；企业所得税256万元，增长172.6%。全面完成了市局和县委、县政府下达的税收计划。取得了前所未有的成绩。

我局抓精神文明建设在实践中得到很好的验证，取得了满意的效果，也得到了上级部门的肯定和地方党政的赞誉，省爱卫会授予我局“卫生庭院”称号，县局党总支被县委授予机关“五好”党组织，被市委宣传部、市文明办授予军(警)民共建社会主义精神文明“先进单位”，罗桥分局获得省级“青年文明号”的称号。

坚持“内抓管理、外强素质”，通过内部管理的考核机制，提高了干部学习、工作的积极性，在全省国税系统得到了推广

在全国第十三个“税收宣传月”活动中开展税收知识有奖竞答

广丰县国税局

广丰县国税局现有干部职工90人，其中大专以上学历人员占全局人员比例达100%。党组书记、局长滕信同志带领党组一班人内强素质、外树形象，在过去的几年中，以依法组织收入为中心，以征管改革为动力，以能级考核管理为基础，以信息化建设为重点，大力开展各项工作，取得了税收收入连续十年增长超千万的优异成绩，税收总量和增量雄居全市之首。2003年创造了基层建设四个一，即一个突破：实现税收收入2.017亿元，首次突破两亿元大关，创造全市国税征收史上一项新记录；一项创新：率先创办了人性化管理、亲情式服务的税务超市，并在超市中实行一步到位的“一窗式”服务，使纳税人进一个门、在一个厅、到一个窗口就享受一站到底的纳税服务；一个形象：树立了“依法行政、文明服务、开拓创新、争创一流”的广丰国税新形象，一年中连续两次荣获行风评议第一名，被评为全省职业道德建设先进单位；一面红旗：开展了党群一帮一活动，提高了队伍素质，丰富了基层党建工作内容，被评为全县争创党建红旗先进单位。该局还被省政府评为江西省第七届精神文明单位，全省档案管理特级单位，全省国税系统基层建设达标单位。

在新的征管改革来临之际，广丰县国税局将深入贯彻落实十六届三中全会精神、学习和实践“三个代表”重要思想，认真执行各项税收方针政策、强化税收征管，按照“树立一个理念、完成两大任务、做好十项工作”的工作思路做好各项工作，把税收征管工作推上一个新台阶。

局长滕信（中）在调研

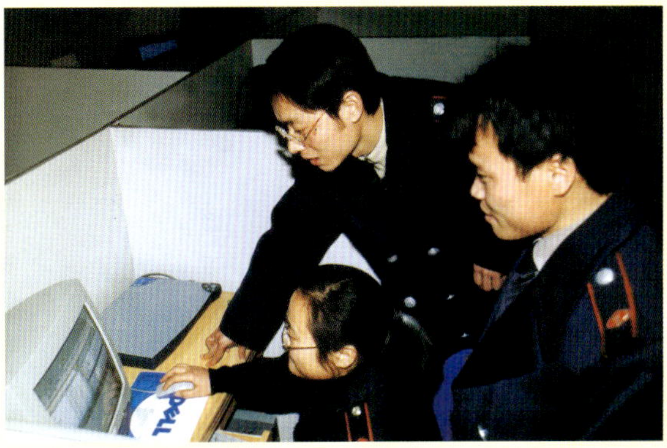
高素质的国税队伍

第十三个税收宣传月活动

“税务超市”一角

江 西 月 兔

团结奋进的领导班子

江西月兔企业集团有限公司是一个以卷烟生产销售为主业，兼及多元化经营，跨地区、跨行业、跨所有制的现代企业集团。集团以广丰卷烟厂为核心企业，辖有丰华彩印有限公司、广厦包装印刷有限公司、月兔房地产开发有限公司、江西致中和酒业有限公司、月兔高级装饰板材厂、汽车运输总公司、月兔卫生用品有限公司、月兔化工有限公司、蒙莱特汪洋漆业有限公司、同欣机械制造有限公司等全资和控股、合资子公司（分厂），以及所属10多个分公司及辅助生产厂。

月兔集团

经过十余年的艰苦创业，月兔集团现已发展成为江西十强工业企业之一。集团目前拥有资产总值逾13亿元，整个厂区占地面积400亩，职工总数近5000人。集团还拥有国内著名的“月兔”系列卷烟、酒、橱柜、卫生用品、“蒙莱特”涂料、专用纸品牌。2003年，集团销售收入超过18.5亿元。

月兔房地产开发有限公司

月兔集团坚持以市场为先导，以科技进步为中心，以质量为保证，以品牌为纽带，走一条可持续发展之路。集团各企业建立了自己庞大严密的营销网络。为确保在激烈的市场竞争中企业始终处于领先地位，集团各主要企业近年来完成了大规模的技术改造和技术引进工作，“九五”期间技改总投资近5亿元。集团拥有自己的烟草科研所和卷烟质检站。彩印公司、包装公司、酒业公司、板材厂等企业通过集团内部的资源优化配置、人才和技术的交流等，设备能力和生产技术

致中和酒业生产线一角

月兔家园

企 业 集 团

水平也迈上了新的台阶，先后通过了ISO9002国际质量体系认证。“月兔”牌香烟和“蒙莱特”牌金银卡纸被评为“江西省名牌产品”，“月兔”商标被评定为“江西省著名商标”，“月兔”系列产品被认定为“江西十大名牌产品”。

经过十多年的艰苦创业，月兔人创造出了月兔奇迹，月兔集团成为“江西工业企业十强”之一，成为上饶市的第一利税大户，广丰县的财政支柱。目前，月兔集团“二次创业”方兴未艾，正向着中国企业500强的目标不懈努力！

广丰卷烟厂

广厦包装有限公司

广丰月兔化工有限公司

月兔丰华彩印有限公司

月兔高级装饰板材厂

蒙莱特汪洋漆业有限公司

江西广厦包装印刷有限公司

生产车间一角

江西广厦包装印刷有限公司创建于1993年，隶属月兔集团，系中美合资企业。主要生产“蒙莱特”牌系列高档烟用铝箔纸、卡头纸、PET镀铝镜面卡纸、金银卡纸、镭射卡纸等产品。公司现有员工180人，其中专业技术人员、大中专毕业生60人，拥有先进的生产设备和工艺技术及工艺检测系统；现有固定资产3000多万元，占地面积5000多平方米，年生产能力超万吨。产品远销广东、上海、福建、浙江、贵州、湖南、陕西等省市。2000年4月一次性通过中质协会认证中心ISO9000认证。2003年公司实现销售收入1.5亿元，利税1200万元。

几年来企业多次被市、县评为“先进单位”、“优秀包装企业”，1999年企业的主导产品“蒙莱特”牌金银卡纸系列产品荣获“江西省品牌产品”称号，2000年被国家包协评为“中国200强优秀包装企业”，2001年被省技术监督局评为“质量管理先进单位”。

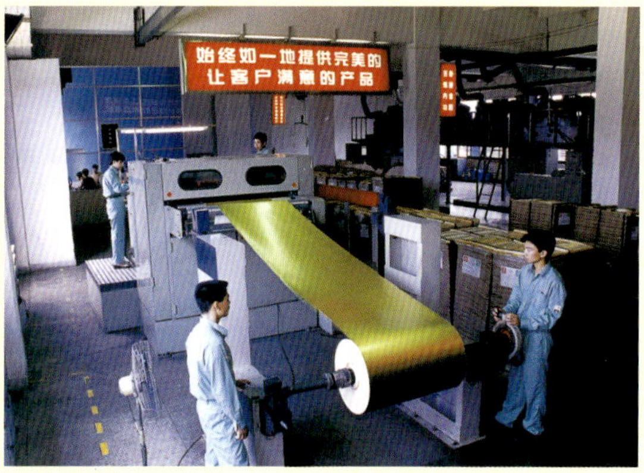

生产车间一角

生产车间一角

地 址：江西省广丰县芦林工业区
电 话：0793-2617075　2652321
传 真：0793-2652321
邮 编：334600

江西月兔丰华彩印有限公司

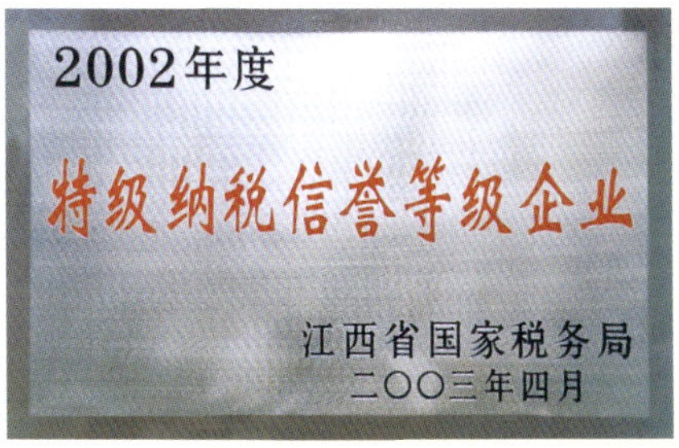
2002年度
特级纳税信誉等级企业
江西省国家税务局
二〇〇三年四月

诚信经营、依法纳税

荣誉证书
江西月兔丰华产业股份有限公司
康希条小盒烟标
荣获2003年《牡丹杯》中国包装印刷产品质量评比
金奖
获奖产品编号：045
中国包装技术协会包装印刷委员会
2003年10月

公司部份荣誉

江西月兔丰华彩印有限公司是由江西月兔集团、香港太和印刷实业有限公司、浙江凯迪恩彩印有限公司和上海银丰纸业有限公司共同合资的企业。公司地处风景优美的江西省广丰县芦林工业园内，交通方便，紧靠浙赣铁路、横南铁路、320国道和沪瑞高速公路穿贯工业区，是经商立业及观光旅游胜地。

本公司是生产烟、酒、化妆品等包装产品的设计印刷专业化企业，设备先进，技术力量雄厚，拥有苹果电脑设计，克里奥、古龙颜等印前制版系统，海德堡CD102—cp2000型六色、四色胶印机，罗兰双色、三菱四色印刷机，亚华、三和烫金模切机等配套设备，现有员工450人，工程技术人员130人，其中高级职称5人、中级职称52人。公司推行ISO9001:2000质量标准体系，严格按照现代企业管理模式，科学合理进行资源配置，注重印刷新技术、新工艺、新材料的开发应用，生产以组合印刷为主，烫金、凹凸等特殊加工工艺紧密结合，辅以先进的检测设备，保障产品满足客户及法律法规的要求。

富有文化气息的花园式厂区

公司先后获得江西省“五·一”劳动奖状、全国优秀包装企业200强、江西省优秀企业等荣誉，中央、省、市领导也多次亲临公司视察指导。

面对新形势、新挑战，公司决策层未雨绸缪，内抓管理，外树形象，致力开发两大市场，充分用好两种资本，坚持走资本运营之路，竭尽全力将企业进一步做大做强做优。为客户的产品走向市场增光添彩，是我们始终不渝追求的目标。

整洁的啤烫车间生产一角

具有国际领先水准的海德堡CD102—6CP2000胶印机

厂址：江西省广丰县芦林工业园
电话：0793—2617080 2617078
传真：2656128
邮编：334600

婺源县建设局

局长：王东平

建设局下设建筑业管理站、质量（安全）监督站、招投标管理办公室、村建站、规划测验站、装饰装修管理办公室、规划股、人秘股、县建筑设计院，县城建管理警察大队、县环卫所、自来水公司、县建筑公司。

工作目标和任务：

认真实施《婺源县城市总体规划》（2003—2020）至2005年，以建成“省级园林城市”为具体目标，作为建设山水文化旅游城市的起步期；至2010年，以建成“国家级园林城市”为具体目标，作为建设山水文化旅游城市的提高期。

以建设山水文化旅游城市为目标，高标准定位、高档次规划、高质量建设、高效能管理，积极完善城市功能，继承和发扬婺源微派文化特色和建筑风格，突出地域特色。

抓好重点工程的景观建设。一是一江两岸规划建设；二是建成区的公园绿地建设；三是建设迎宾大道——改善县城西大门环境，建设和改造大鄣山路——改善县城南大门环境，把县城主入口建成城市新的亮点；四是推进老城区的修复性改造，恢复老城区古朴、整洁、有序的人居环境。

建设会展中心、旅游接待中心等一批符合旅游城市功能，规模适度的建设项目，加紧建设污水处理厂、垃圾处理场等基础设施项目，完善城市功能，提高城市品位。

建设局建设大厦

婺源县供电有限责任公司

主持工作的张友荣副经理代表公司与公司工会主席汪伟东签订集体合同

婺源县供电有限责任公司成立于1999年7月，是江西省电力公司的控股公司。拥有注册资本金1800万元，基层供电所16个，供电营业服务中心2个，现有6.3万KVA110变电站1座，110KV高压输电线路61.5KM，35KV变电站7座，容量为32550KVA，35KV高压输电线路179.36KM，配电变压器1200多台，容量为5.5KVA，10KV输电线路1600KM，低压线路1850KM。有多种生产经营企业3个。用电客户8.2万户，正式员工357名，农电工287名，其中公司党政工领导班子6人(总经理：张友荣，党总支书记：汪伟东)。

2003年公司实现利润20.7万元，同比下降6.3%；完成财税上缴任务674.76万元，同比增长39.81%；供电量10014.35万度，同比增长17.04%；售电量8623.63万度，同比增长17.11%；综合回收率86.11%，增长了0.08个百分点。

公司自农电“两改一同价”工作开展以来，共投资8893.5万元，对全县电村电网进行改造，改造覆盖率达97%，彻底改变了农村用电紧张的问题，农村供电质量有了较大幅度的提高。总计完成新建改建35KV变电所4座；新建改建35KV线路35.5KM；新建改建10KV线路1419KM；台区新建改造1166台；低压整改户数69843户，完成率为96%。“四到户”率达到了97%，实现了县乡一体化管理；全县实现了城乡居民用电同网同价。

2003年，公司紧紧围绕开展“农电管理年”活动这个中心，以落实“三项责任制”为主线，强化包括经济核算管理、民主管理、安全管理、质量管理、设备管理、现场管理在内的各项内部管理工作，积极开展创一流班组建设。形成了爱岗敬业、诚实守信，办事公道、服务群众、奉献社会的良好风尚；大力加强制度建设，在去年公司完善了机关各职能科室管理、安全和设备管理、电能计量管理等工作的基础上，今年又进一步制定和完善了线损管理、电费回收、党员干部作风建设等规章制度，把落实党风廉政建设责任制工作同行风建设、优质服务和工作作风建设相结合开展工作，取得了很大成效。被省电力公司评为2002—2003年度“江西省电力公司双文明单位”称号。

获“文明单位”称号

获“全省先进保卫组织”称号

婺源县房地

婺源县房地产管理局成立于1991年9月，与县房改办两块牌子，一套人马，正科级职能部门。现有干部职工69人，机构设置有3所、3公司、5股室。具体负责全县的房地产权属登记发证、房地产交易抵押评估、公房管理维修养护、房屋安全鉴定，危旧房屋拆迁管理、房屋租赁管理、房地产开发资级管理、白蚁防治、商品房销预售许可证核发等工作。

书记、局长：程盛旺

十年耕耘，业绩辉煌。自建局以来，组织建成住宅2618套，34.1万平方米，人均建筑面积18.66平方米，比1990年人均建筑面积增长52.4%，完成建设投资1.5亿元。发放房屋权属证13812本，办理银行抵押贷款2472件，可抵金额24485万元。出售公有住房2286套、12420.4平方米，收回售房款1265.15万元，房改房产权过户2611户，15.17万平方米，回笼资金961.54万元。归集住房公积金857.68万元。连续八年被省、地(市)主管部门评为先进单位，获得奖项32个，1999年以来又被评为省级园林化先进单位、卫生庭院、爱国卫生先进单位、档案达标单位、房地产市场和产权产籍管理先进达标单位，被授予县级文明单位和上饶市第一届文明单位。

局办公大楼

有一个坚强有力团结的领导班子。能坚决执行党的路线、方针、政策，锐意改革不断创新，努力开拓工作新局面，出色完成各项任务。坚持两手抓，两手都要硬的方针，依法行政，从严治政，勤廉从政。领导干部勤政廉政、以身作则，作风正派民主，威信高。

有一支思想道德和文化业务素质较高的队伍.长期坚持“育人兴业，科技立局”大目标；把在职人员思想素质和业务素质培训作为振兴行业的希望工程和发展行业的首要条件，共培养各类专业人才52名，占全员的75.4%。行业风气和精神状态良好，形成了爱岗敬业、办事公道、服务群众、奉献社会的良好风尚。

有一套具体明确、便于操作、易于考核的规章制度，监督制约措施完善，纪律严明，单位内部治安状况良好，从未发生任何案件和事故，领导和员工未违纪违法及违反计划生育现象。

业务工作实绩显著。适应市场经济的发展，科学决策，改革进取，依法经营，严格管理，工作效率高，服务质量好，各项工作在全县名列前茅。

办公场地干净整洁，物品摆放整齐，无积尘、蛛网，灯光照明系统良好，卫生常年保持最佳状态。

1999年被省绿化委员会、省建设厅评为省级园林绿化单位；

2000年被省爱国卫生委员会评为省级卫生庭院；

1999年被省档案局评为档案达标单位；

1999年被省建设厅评为江西省房地产市场管理先进达标单位；

产 管 理 局

1999 年被省建设厅评为江西省房地产产权产籍管理先进达标单位；

2001 年被上饶市授予第一届文明单位；

2000 年被婺源县授予县级文明单位；

2001 年被婺源县评为行风优良单位；

2000 年被婺源县爱国卫生委员会评为县爱国卫生先进单位；

1999 年被婺源县评为县安全小区；

建局十年来共获得省、市业务主管部门奖项 32 个。

我局荣获的各种奖牌（旗）

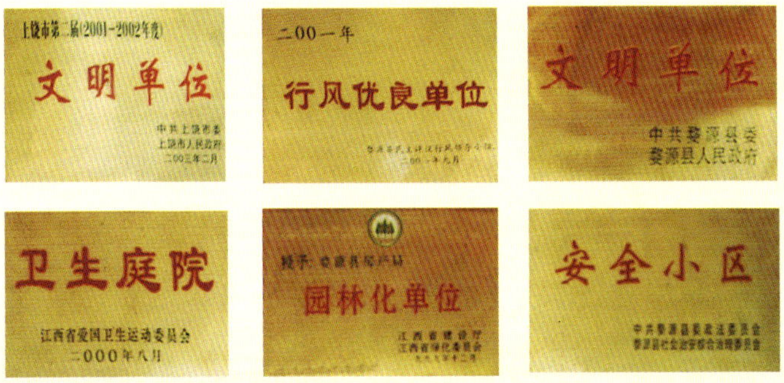

玉宇花园全景

兴国县供电局

书记：林麟

经理：谢兴华

兴国县供电局大门

电力调度室

兴国县供电有限责任公司于1999年6月组建成立，负责全县的供用电工作。公司现有正式职工673人，拥有35kv变电11座，开关站2座，正兴建110kv变电站1座，总配电容量5.3万kvA，有35kv输电线路208KM，10kv配电线路2250KM，覆盖全县26个乡镇，年供电量1.6亿kwh，在赣州地区名列前茅。

近年来，兴国县供电有限责任公司以“三个代表”重要思想为指导，全面深入贯彻党的十六大精神，坚持以改革为动力、安全为基础、效益为中心、服务为宗旨、科技为先导，精心打造兴国电力新形象，以“团结、拼搏、创新、安全、优质、高效”的企业精神，促使三个文明建设取得辉煌业绩，先后荣获全区最佳企业、赣州市文明单位、省电力公司“双文明”单位、江西省第九届（2002—2003年度）文明单位称号、全国婚育新风进万家先进单位。

“两改”过程中，公司共投资9193万元用于农电网改造，解决了十六个无电村通电工程，全县改造面积达85%以上。并顺利通过了上级验收。2003年7月1日全县城乡实现了同网同价，农村生活电价由网改前的0.90元/kwh降到0.56元kwh，大大减轻了农民负担。为加快我县经济发展提供了有力的保障。

目前，公司全体员工正以高昂的斗志、饱满的精神，进一步解放思想、与时俱进、开拓进取、加快发展，使企业管理朝着规范化、标准化迈进，为争创国网公司文明单位、省公司一流供电企业，为兴国的经济腾飞和兴国电力的发展而不懈努力。

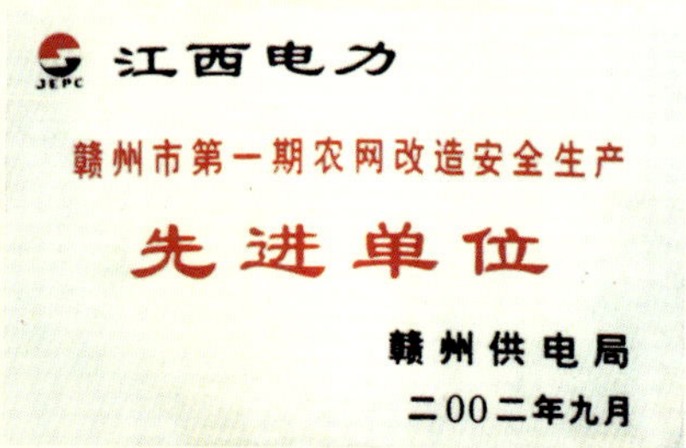

弋阳县供电局

书记、经理：王荣

弋阳县供电有限责任公司是在原弋阳县水电公司的基础上改制的股份制企业，隶属江西省电力公司领导。公司现有员工408人，其中公司书记兼经理1人，副书记兼工会主席1人，副经理3人，农电工170人。具有高级职称的3人，中级职称34人。公司现有固定资产6000余万元，拥有7个35KV变电站，总容量39.4兆伏安，并建有开关站一座，35KV线路115.2公里，10KV线路1585公里，低压配电线路总长1392.88公里。

弋阳县供电有限责任公司伴随着弋阳县的电网走过了十六年的创业发展历程，已经从成立初期的原水电公司不足1千余万千瓦时的供电能力到如今已突破6400千万千瓦时，创收入3100万元。特别是近几年，弋阳供电迎来了空前的辉煌与繁荣，十六年的风风雨雨，两代电业人不懈努力和奋斗，使弋阳县的电力事业不断发展状大。改革开放以来，弋阳县供电公司抓住机遇，苦练内功，企业基础管理不断加强，为此企业获得了无数的荣誉，2003年被省政府授于“江西省双文明单位”，公司全体职工用自己的双手描绘出了企业壮美的春天。

公司领导班子成员参加“安全生产月”宣传活动

向 塘 铁 路 老

别墅般的老年公寓

向塘铁路老年康复颐养院(老年公寓)是南昌铁路中心医院在辖区向塘铁路医院内创办的一所集养老、康复、医疗、护理、休闲为一体的老年福利机构。是南昌铁路局首家具有以上五大功能的养老机构。

该院位于京九浙赣铁路线交汇处的向塘铁路医院内，距向塘火车站3公里。占地面积3000平方米，建筑面积1100平方米。设有床位68张。分单人间、双人间、三人间。室内设有空调、彩电、热水器、电话、床头呼叫器等设施另外设有100多平方米的健身房。各项设施均符合老人的生理、生活特点。无论住房档次高低都是选派训练有素的专职人员分别为能自理、半自理和完全不能自理的老人提供保姆式的优质服务。

崭新的老年康复颐养院大门

年康复颐养院

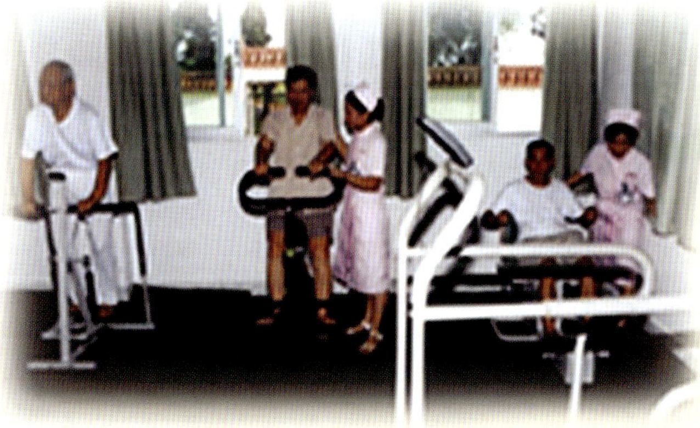
老人们在健身房进行锻炼

活动中心

乒乓对垒

老人们在优美的环境中休闲

上饶县财政局

局长：徐几源

荣获全省财政系统先进单位

2003年，上饶县财政局在县委、县政府的正确领导和县人大的法律监督、政协的民主监督下，在上级业务主管部门的关心指导下，全体财政干部坚持以“三个代表”重要思想和党的十六大精神为指导，紧紧围绕县第十一次党代会确定的经济发展战略和“保三争四翻两番”目标，进一步解放思想、开拓创新、扎实苦干，加快发展，财政支持经济发展的机制不断创新，财政收入增速逐步加快，支出保障能力大大增强，财政监督水平明显提高，队伍建设进一步加强，圆满完成了全年财政收支预算和其他各项工作任务，为促进经济发展、维护社会稳定发挥了重要作用，先后获得“市级文明单位”、“市级文明机关”等10多项荣誉称号。

婺源县旅游局

婺源是江西省一个具有悠久历史的古县，地处皖、浙、赣三省交界处，东邻浙江衢州，南靠江西三清山，西接景德镇、北连安徽黄山、是镶嵌在黄山—景德镇—庐山国际旅游黄金线上的一颗绿色明珠。文公山、鸳鸯湖、灵岩洞国家森林公园、江南奇谷大鄣山有『生态奇观』的美称。江湾、李坑、晓起、汪口、思溪延村、理坑等保存良好的古村落，那粉墙黛瓦、飞檐翘角的一座座徽派古建筑，隐现在青山绿水之间，构成了一幅幅天人合一的画卷。这里风光旖旎，环境幽雅、空气清新，明清古建筑古色古香且保存完好、被广誉为『最后的香格里拉』、『中国最美的乡村』。

企业调查 18

ENTERPRISE INVESTIGATION

- 2003年企业家信心指数一、三季度均创下当时历史新高,第三季度为128.1。
- 2003年企业景气指数一、三、四季度均创下当时历史新高,第四季度为126.7。
- 50家省级调查企业集团年末资产总计997亿元。主营业务收入664亿元,从业人员35.35万人。
- 100家现代企业制度及国家重点企业资本金总计207亿元,年末资产总计861亿元,从业人员23.89万人。

本篇章

资料整理	微机处理
廖超群	廖超群
罗 凯	罗 凯

18－1 企 业 家

年份	一季度				二季度			
	上升	持平	下降	景气指数	上升	持平	下降	景气指数
2002	37.5	45.4	17.1	120.4	32.1	51.3	16.6	115.5
2003	37.1	50.8	12.1	125.1	32.1	49.4	18.5	113.6

18－2 企 业 景

年份	一季度				二季度			
	上升	持平	下降	景气指数	上升	持平	下降	景气指数
2002	28.8	55.0	16.3	112.5	28.9	53.9	17.2	111.6
2003	34.1	51.4	14.5	119.6	28.2	48.7	23.1	105.1

18－3 各 行 业 企

（2003

行业	一季度				二季度	
	上升	持平	下降	景气指数	上升	持平
工业企业	33.0	50.7	16.3	116.6	34.1	50.8
采掘业	33.3	50.9	15.8	117.6	32.8	64.6
制造业	33.7	48.2	18.1	115.5	34.3	48.0
电力、燃气及水的生产和供应业	28.5	66.0	5.5	123.0	33.1	61.4
建筑业	13.3	70.6	16.1	97.2	19.9	62.8
交通运输、仓储和邮政业	52.3	35.7	12.0	140.3	9.7	40.9
批发和零售业	37.1	50.3	12.6	124.5	25.9	50.3
房地产业	34.7	55.1	10.2	124.5	36.7	49.0
社会服务业	53.9	30.7	15.4	138.5	15.4	7.7
信息传输、计算机服务和软件业	71.8	28.2		171.8	79.3	17.2
住宿和餐饮业	19.6	55.4	25.0	94.6	3.6	23.0

信 心 指 数

单位:%

三 季 度				四 季 度			
上 升	持 平	下 降	景气指数	上 升	持 平	下 降	景气指数
32.1	52.0	15.9	116.2	34.0	52.8	13.2	120.7
39.8	48.4	11.8	128.1	39.1	48.8	12.1	127.1

气 指 数

单位:%

三 季 度				四 季 度			
上 升	持 平	下 降	景气指数	上 升	持 平	下 降	景气指数
28.7	55.7	15.6	113.1	32.0	53.3	14.7	117.2
34.0	52.6	13.4	120.6	39.8	47.1	13.1	126.7

业 景 气 指 数

年)

单位:%

		三 季 度				四 季 度			
下 降	景气指数	上 升	持 平	下 降	景气指数	上 升	持 平	下 降	景气指数
15.1	118.9	33.1	53.1	13.8	119.3	42.0	45.3	12.7	129.3
2.6	130.2	39.8	56.6	3.6	136.1	45.6	47.7	6.7	138.8
17.7	116.5	32.5	53.6	13.9	118.7	43.1	43.1	13.8	129.2
5.5	127.6	36.0	49.1	14.9	121.0	36.4	54.0	9.6	126.9
17.3	102.6	25.7	61.0	13.3	112.5	35.7	46.4	17.9	117.8
49.4	60.3	35.6	57.1	7.3	128.3	41.4	53.6	5.0	136.4
23.8	102.1	30.2	50.5	19.3	110.9	35.3	49.9	14.8	120.5
14.3	122.5	39.6	43.7	16.7	122.9	33.3	50.0	16.7	116.7
76.9	38.5	53.9	30.8	15.3	138.5	46.2	30.8	23.0	123.1
3.5	175.9	77.8	22.2		177.8	74.3	25.7		174.3
73.4	30.1	23.4	65.7	10.9	112.5	20.1	65.1	14.8	105.3

18-4 各注册登记类

(2003

分类	一季度				二季度			
	上升	持平	下降	景气指数	上升	持平	下降	景气指数
国有企业	30.3	51.4	18.3	112.0	23.4	50.3	26.3	97.1
集体企业	14.7	57.3	28.0	86.7	19.3	55.0	25.7	93.6
股份合作企业	49.2	35.0	15.8	133.4	38.7	40.3	21.0	117.6
联营企业								
有限责任公司	38.6	52.7	8.7	130.0	37.1	46.5	16.4	120.7
股份有限公司	56.2	40.5	3.3	153.0	53.3	30.8	15.9	137.4
私营企业	40.8	51.0	8.2	132.7	31.3	47.9	20.8	110.4
其它内资企业		33.3	66.7	33.3		33.3	66.7	33.3
外商及港澳台商投资企业	47.1	35.2	17.7	129.4	33.3	41.2	25.5	107.8

18-5 各规模企

年份	分类	一季度				二季度			
		上升	持平	下降	景气指数	上升	持平	下降	景气指数
2002	大型	44.6	50.3	5.1	139.5	51.7	41.2	7.1	144.6
	中型	28.3	51.5	20.2	108.1	29.5	51.4	19.1	110.4
	小型	22.3	56.9	20.9	101.4	21.7	56.7	21.6	100.0
2003	大型	54.4	35.7	9.9	144.5	34.5	42.5	23.0	111.6
	中型	33.3	50.9	15.8	117.4	28.8	49.0	22.2	106.5
	小型	30.3	53.2	16.5	113.7	27.2	48.8	24.0	103.2

18-6 企业生产经营

(2003

分类	一季度				二季度			
	上升	持平	下降	景气指数	上升	持平	下降	景气指数
生产总量	39.9	32.5	27.6	112.3	38.3	29.3	32.4	105.9
盈利(亏损)变化	37.6	32.5	29.9	107.8	31.3	31.9	36.8	94.5
流动资金	17.7	42.2	40.1	77.6	15.7	39.4	44.9	70.8
贷款拖欠	23.3	53.6	23.1	100.2	24.5	50.7	24.8	99.7
劳动力需求	14.7	62.4	22.9	91.8	15.8	55.9	28.3	87.4
固定资产投资	23.6	59.3	17.1	106.4	24.3	61.3	14.4	109.9

型 企 业 景 气 指 数

年）

单位：%

三季度				四季度			
上升	持平	下降	景气指数	上升	持平	下降	景气指数
30.8	52.4	16.8	114.1	35.7	50.3	14.0	121.8
22.3	57.1	20.6	101.7	25.3	52.5	22.2	103.1
38.7	47.3	14.0	124.7	54.5	21.0	24.5	130.0
39.5	50.8	9.7	129.8	46.4	42.9	10.7	135.7
57.0	37.2	5.8	151.2	66.3	30.1	3.6	162.7
27.7	51.0	21.3	106.4	33.3	52.1	14.6	118.8
33.3	66.7		133.3		66.7	33.3	66.7
30.0	62.0	8.0	122.0	46.0	44.0	10.0	136.0

业 景 气 指 数

单位：%

三季度				四季度			
上升	持平	下降	景气指数	上升	持平	下降	景气指数
52.9	43.6	3.5	149.5	62.2	35.3	2.5	159.7
29.0	51.7	19.3	109.7	30.5	51.4	18.1	112.5
22.4	57.6	20.0	102.3	25.6	56.3	18.1	107.5
49.1	41.2	9.7	139.4	70.2	27.8	2.0	168.2
35.3	50.0	14.7	120.6	35.8	49.2	15.0	120.7
26.7	57.8	15.4	111.3	33.0	51.5	15.5	117.5

状 况 景 气 指 数

年）

单位：%

三季度				四季度			
上升	持平	下降	景气指数	上升	持平	下降	景气指数
47.3	32.1	20.6	126.6	47.2	34.4	18.4	128.8
38.2	36.2	25.6	112.6	41.9	33.0	25.1	116.9
15.7	41.3	43.0	72.7	17.0	42.1	40.9	76.1
20.1	58.9	21.0	99.1	22.5	55.7	21.8	100.7
15.4	63.5	21.1	94.3	17.4	61.5	21.1	96.3
28.3	60.2	11.5	116.7	28.7	58.6	12.7	116.0

18－7 省级调查企业

（2003

分　　类	单位数（个）	年末资产总计	年末负债合计
总　　计	**50**	**9 964 517**	**6 423 691**
按集团审批部门分			
国务院			
国务院主管部门	2	757 706	488 045
省级人民政府	11	5 896 835	4 002 873
省级人民政府主管部门	15	994 396	570 608
其他	22	2 315 580	1 362 165
按母公司控股情况分			
国有及国有控股	37	9 223 026	5 990 728
国有绝对控股	34	8 811 824	5 768 730
国有相对控股	3	411 202	221 998
集体及集团控股			
集体绝对控股			
集体相对控股			
其他	13	741 491	432 963
按集团主营行业分			
第一产业	2	31 729	7 668
农、林、牧、渔业	2	31 729	7 668
第二产业	44	9 599 481	6 186 716
工业	39	9 188 246	5 896 456
采矿业	2	770 624	468 931
制造业	36	8 319 880	5 399 252
电力、燃气及水的生产和供应业	1	97 742	28 273
建筑业	5	411 235	290 260
第三产业	4	333 307	229 307
交通运输、仓储和邮政业	1	81 593	37 467
信息传输、计算机服务和软件业			
批发和零售业	1	197 957	158 699
住宿和餐饮业			
金融业			
房地产业	1	32 609	16 326
文化、体育和娱乐业	1	21 148	16 815
按母公司登记注册类型分			
国有企业	14	4 250 536	2 996 708
公司制企业	34	5 569 959	3 355 991
国有独资企业	12	2 541 016	1 450 362
其他有限责任公司	13	625 100	359 140
股份有限公司	9	2 403 843	1 546 489
中外合资企业			
港澳台合资企业			
其他	2	144 022	70 992
按母公司企业规模分			
大型	17	5 960 376	3 719 910
中型	25	2 204 790	1 517 034
小型	7	195 662	115 830
其他	1	1 603 689	1 070 917

集团基本情况

年）　　　　单位:万元

年末股东（所有者权益）	股　本	主营业务收　入	利润总额	从业人员（人）	从业人员劳动报酬
3 540 826	**1 898 154**	**6 636 428**	**194 839**	**353 470**	**438 970**
269 661	78 808	450 675	10 225	11 366	12 868
1 893 962	1 385 412	4 003 162	59 629	238 210	293 962
423 788	190 345	661 149	34 647	30 601	31 655
953 415	243 589	1 521 442	90 338	73 293	100 485
3 232 298	1 763 691	5 901 666	157 414	332 011	418 320
3 043 094	1 663 351	5 703 480	149 851	305 649	393 815
189 204	100 340	198 186	7 563	26 362	24 505
308 528	134 463	734 762	37 425	21 459	20 650
24 061	2 545	6 779	155	845	708
24 061	2 545	6 779	155	845	708
3 412 765	1 851 322	6 491 644	183 839	346 461	429 687
3 291 790	1 741 119	5 943 900	177 394	313 517	385 210
301 693	147 205	228 050	8 827	53 552	60 385
2 920 628	1 558 220	5 682 938	162 891	257 957	321 779
69 469	35 694	32 912	5 676	2 008	3 046
120 975	110 203	547 744	6 445	32 944	44 477
104 000	44 287	138 005	10 845	6 164	8 575
44 126	12 311	26 230	3 237	1 802	2 796
39 258	15 852	101 599	7 468	3 982	5 178
16 283	12 266	8 324	-86	80	59
4 333	3 858	1 852	226	300	542
1 253 828	1 026 673	2 883 051	29 632	195 251	231 238
2 213 968	844 970	3 687 530	160 026	146 471	197 709
1 090 654	271 342	1 512 877	81 451	63 181	91 602
265 960	111 914	688 687	34 384	20 359	19 358
857 354	461 714	1 485 966	44 191	62 931	86 749
73 030	26 511	65 847	5 181	11 748	10 023
2 240 466	1 032 024	3 841 394	120 146	235 506	291 522
687 756	320 276	1 272 118	45 552	61 495	60 165
79 832	39 330	68 546	3 710	5 315	5 379
532 772	506 524	1 454 370	25 431	51 154	81 904

18－8　省级调查企业集团主要财务指标

单位:万元

指　　　　标	2002 年	2003 年
年末资产总计	8 882 228	9 964 517
固定资产原值	5 161 269	5 274 370
累计折旧	1 937 383	1 998 395
#本年折旧	236 283	247 263
无形资产	354 298	418 787
累计对外投资	198 099	270 981
#本年对外投资	46 514	55 807
存货	1 181 950	1 247 353
流动资产平均余额	3 780 716	4 509 183
应收帐款	811 521	831 059
年末负债	5 606 618	6 423 691
流动负债	4 376 876	4 937 713
年末少数股东权益	831 309	919 139
年末股东(所有者)权益	2 444 301	2 621 687
股本(实收资本)	1 834 250	1 898 154
主营业务收入	5 214 790	6 636 428
#主营业务成本	4 282 287	5 532 772
主营业务税金及附加	49 927	67 601
新产品销售收入	472 289	520 511
出口销售总额	209 602	361 715
其他业务收入	120 384	130 369
存货跌价损失和管理、财务等费用	766 395	823 784
#税金	16 020	19 286
劳动、待业保险费	82 151	75 639
职工教育费	2 734	3 282
#广告费	49 811	69 187
#利息支出	119 824	119 273
投资收益	7 773	9 975
营业外收入	14 308	18 561
利润总额	125 590	194 839
应交所得税	40 859	54 099
应缴增值税	226 528	263 346
固定资产投资完成额	532 128	629 253
研究开发费用	72 938	88 023

18－9　省级调查企业集团从业人员和劳动报酬

指　　标	年末从业人数(人)		劳动报酬(万元)	
	2002 年	2003 年	2002 年	2003 年
从业人员	**376 030**	**353 470**	**428 853**	**438 970**
#在岗职工	357 384	334 155	413 973	419 591
其他从业人员	18 646	19 315	14 880	19 379
#研究开发人员	7 657	7 390	11 010	10 502

18－10　省级调查企业集团主要业务指标

分　　类	单　位	2002 年	2003 年
农林牧渔业总产值(当年价格)	万元	13 370	11 090
采掘业(当年价格)	万元	151 769	179 325
制造业(当年价格)	万元	4 430 039	5 416 338
电力、煤气及水的生产和供应企业(当年价格)	万元	21 781	34 125
建筑业总产值(当年价格)	万元	272 732	385 291
交通运输业企业合计			
#货运量	万吨	6	7
客运量	万人	641	1 025
批发零售业商品销售总额	万元	510 776	663 234
外贸企业进出口额	万美元	33 329	43 986
#出口额	万美元	8 331	16 503

18－11　省级调查企业集团所属成员基本情况

分　　类	企业数（个）	注册资本合计（万元）	年末从业人员数（人）	本年主营业务收入（万元）	本年利润总额（万元）	年末资产总计（万元）	年末负债总计（万元）
总　　计	**317**	**3 441 179**	**371 842**	**8 330 785**	**261 266**	**14 420 580**	**9 437 699**
按企业集团主营行业分							
第一产业	15	3 944	1 761	11 227	195	33 177	14 486
农、林、牧、渔业	15	3 944	1 761	11 227	195	33 177	14 486
第二产业	233	3 241 683	353 415	6 975 382	239 509	13 320 141	8 704 015
工业	209	3 121 766	318 777	6 414 852	232 586	12 791 741	8 097 645
采矿业	31	988 610	99 858	1 481 913	85 169	3 383 818	1 958 128
制造业	168	2 090 167	216 244	4 850 570	141 271	9 213 186	6 041 912
电力、燃气及水的生产和供应业	10	42 989	2 675	82 369	6 146	194 737	97 605
建筑业	24	119 917	34 638	560 530	6 923	528 400	606 370
第三产业	69	195 552	16 666	1 344 176	21 562	1 067 262	719 198
交通运输、仓储和邮政业	6	25 780	1 426	21 714	4 762	98 012	37 503
信息传输、计算机服务和软件业	2	650	37	1 046	163	1 228	359
批发和零售业	28	90 690	11 544	1 079 535	11 694	454 772	369 381
住宿和餐饮业	4	510	403	1 499	226	1 114	1 005
金融业							
房地产业	11	25 667	856	29 109	665	60 561	35 323
其他	18	52 255	2 400	211 273	4 052	451 575	275 627
租赁和商务服务业	10	14 038	372	12 134	－143	54 566	17 785
科学研究、技术服务和地质勘查业	4	34 057	1 335	194 539	3 993	371 737	239 447
居民服务业和其他服务业	3	580	393	2 748	－24	4 124	1 580
文化、体育和娱乐业	1	3 580	300	1 852	226	21 148	16 815
按母公司登记注册类型分							
国有企业	125	1 845 027	187 512	4 569 336	124 332	7 991 912	5 663 488
公司制企业	175	1 571 832	182 773	3 740 732	136 047	6 405 084	3 764 219
#国有独资公司	36	312 155	58 736	1 003 892	9 337	2 072 414	1 283 266
其他有限责任公司	99	301 260	58 420	869 165	40 124	1 310 245	757 278
股份有限公司	25	881 423	60 367	1 452 347	76 567	2 774 372	1 552 040
中外合资企业	10	70 595	4 280	404 204	8 710	220 718	158 982
港澳台合资企业	5	6 399	970	11 124	1 309	27 335	12 653
其他	17	24 320	1 557	20 717	887	23 584	9 992

18－12　重点企业建立现代企业制度企业从业人员和劳动报酬

（2003 年）

分类	从业人员（人）	在岗职工	其他人员	研究开发人员（人）	从业人员劳动报酬（万元）	在岗职工	其他人员	研究开发人员报酬（万元）
总　　计	**238 909**	**219 801**	**19 108**	**7 804**	**335 067**	**315 671**	**19 396**	**12 866**
按控股情况分								
国有及国有控股	208 967	190 188	18 779	7 180	298 925	279 684	19 241	11 470
国有绝对控股	195 361	176 666	18 695	7 100	270 310	251 241	19 069	11 392
国有相对控股	13 606	13 522	84	80	28 615	28 443	172	78
集体控股	3 533	3 515	18	70	2 513	2 498	15	112
集体绝对控股	1 122	1 104	18	42	1 281	1 266	15	79
集体相对控股	2 411	2 411		28	1 232	1 232		33
其他	26 409	26 098	311	554	33 629	33 489	140	1 284
按主营行业分								
农、林、牧、渔业	376	376			450	450		
工业	193 904	186 280	7 624	7 717	272 029	266 724	5 305	12 489
采矿业	8 616	8 229	387	142	9 102	8 793	309	225
制造业	183 023	175 980	7 043	7 575	258 335	253 458	4 877	12 264
电力、燃气及水的生产和供应业	2 265	2 071	194		4 592	4 473	119	
建筑业	31 367	22 292	9 075		44 235	32 758	11 477	
交通运输、仓储和邮政业	5 591	3 959	1 632		7 894	5 814	2 080	
信息传输、计算机服务和软件业	125	125		84	495	495		368
批发和零售业	5 807	5 061	746	3	8 261	7 789	472	9
住宿和餐饮业	703	703			592	592		
金融业								
房地产业	280	249	31		293	231	62	
租赁和商务服务业	756	756			818	818		
按登记注册类型分								
国有企业	40 912	37 095	3 817	705	51 931	48 084	3 847	1 322
公司制企业	197 997	182 706	15 291	7 099	283 136	267 587	15 549	11 544
国有独资企业	30 694	30 355	339	2 405	42 719	42 446	273	3 996
其他有限责任公司	103 744	90 568	13 176	2 802	148 242	134 712	13 530	4 059
股份有限公司	39 464	37 972	1 492	1 678	52 341	51 007	1 334	3 197
中外合资企业	204	120	84		655	483	172	
港澳台合资企业	23 891	23 691	200	214	39 179	38 939	240	292
其他								
按重点企业类型分								
520 户国家重点企业	14 997	14 026	971	512	14 013	13 171	842	650
重组为集团的原 512 户企业	31 667	31 268	399	1 729	59 254	58 796	458	3 352
省级重点企业	162 493	144 755	17 738	4 716	213 005	194 909	18 096	7 237
现企原国家百户试点企业	29 752	29 752		847	48 795	48 795		1 627
现企原省级试点企业	3 141	3 141		35	4 016	4 016		120
试点集团母公司								
按企业规模分								
大型	150 090	138 386	11 704	4 881	236 421	221 998	14 423	8 000
中型	75 821	69 143	6 678	2 682	85 087	80 938	4 149	4 326
小型	11 249	10 652	597	157	11 643	11 002	641	172
其他	1 749	1 620	129	84	1 916	1 733	183	368

18-13 重点企业建立现代企业

(2003

分　　类	单位数（个）	资本金合计	年末资产总计	无形资产
总　计	**100**	**2 070 093**	**8 614 010**	**381 930**
按控股情况分				
国有及国有控股	78	1 887 834	7 614 962	312 305
国有绝对控股	75	1 610 839	6 557 089	302 083
国有相对控股	3	276 995	1 057 873	10 222
集体控股	4	28 486	65 679	17 309
集体绝对控股	2	22 469	54 426	15 326
集体相对控股	2	6 017	11 253	1 983
其他	18	153 773	933 369	52 316
按主营行业分				
农、林、牧、渔业	1	845	20 551	261
工业	81	1 857 160	7 732 404	370 287
采矿业	3	51 192	197 209	22 301
制造业	74	1 719 029	7 200 088	347 741
电力、燃气及水的生产和供应业	4	86 939	335 107	245
建筑业	8	64 287	319 506	5 469
交通运输、仓储和邮政业	2	12 560	84 794	2 162
信息传输、计算机服务和软件业	1	1 000	3 538	476
批发和零售业	4	81 062	239 368	2 529
住宿和餐饮业	1	3 300	8 107	479
金融业				
房地产业	1	3 000	15 402	
租赁和商务服务业	1	46 879	190 340	267
按登记注册类型分				
国有企业	22	261 562	1 501 840	34 841
公司制企业	78	1 808 531	7 112 170	347 089
国有独资企业	11	218 088	887 759	38 508
其他有限责任公司	36	936 810	3 097 455	260 831
股份有限公司	27	342 950	1 847 985	28 751
中外合资企业	1	1 591	12 148	
港澳台合资企业	3	309 092	1 266 823	18 999
其他				
按重点企业类型分				
520户国家重点企业	6	161 219	933 926	12 428
重组为集团的原512户企业	4	441 623	1 456 453	14 562
省级重点企业	89	1 125 124	5 349 143	223 927
现企原国家百户试点企业	1	342 127	874 488	131 013
现企原省级试点企业				
试点集团母公司				
按企业规模分				
大型	30	1 540 490	5 939 441	273 837
中型	52	409 819	2 244 965	75 503
小型	14	106 904	374 240	31 296
其他	4	12 880	55 364	1 294

制度企业主要经济指标

年）

单位:万元

累计对外投资	#本年	流动资产年平均余额	主营业务收入	出口额	主营业务成本	主营业务税金及附加	年末负债合计
1 978 614	**256 483**	**3 445 955**	**6 090 538**	**266 073**	**4 889 375**	**221 821**	**5 301 242**
1 882 186	231 473	3 080 959	5 118 719	229 380	4 136 844	216 203	4 637 151
1 348 697	189 430	2 800 519	4 554 671	172 585	3 690 892	212 551	4 137 885
533 489	42 043	280 440	564 048	56 795	445 952	3 652	499 266
6 866	325	34 894	20 738	1 897	17 120	183	37 818
5 397	314	34 062	12 143	1 071	9 981	51	33 055
1 469	11	832	8 595	826	7 139	132	4 763
89 562	24 685	330 102	951 081	34 796	735 411	5 435	626 273
743	26	2 507	2 375		1 336	5	3 882
1 877 187	241 065	3 110 424	5 536 590	254 162	4 395 384	211 331	4 779 484
34 121	4 959	94 603	68 673	920	46 099	960	86 283
1 771 018	215 384	2 969 802	5 346 899	253 242	4 259 476	209 245	4 441 970
72 048	20 722	46 019	121 018		89 809	1 126	251 231
29 532	4 350	213 271	271 945		241 527	8 061	237 103
26 920	1 503	32 440	37 712		26 857	1 245	46 023
116	43	1 987	2 501	1 391	612	75	1 569
31 829	4 777	50 149	232 929	10 520	218 948	906	146 895
9 554	3 911		4 339		2 826	100	2 820
960	250	15 108	2 147		1 885	98	13 244
1 773	558	20 069					70 222
256 058	35 296	659 806	931 548	26 097	624 754	138 789	994 361
1 722 556	221 187	2 786 149	5 158 990	239 976	4 264 621	83 032	4 306 881
103 777	-8 942	366 550	245 287	16 855	207 877	1 745	535 598
649 939	126 158	1 125 705	2 527 188	58 974	2 112 621	21 651	1 950 647
412 278	59 614	861 999	1 601 640	107 352	1 334 716	45 363	1 187 623
3 128	272	10 498	9 165		7 774		10 605
553 434	44 085	421 397	775 710	56 795	601 633	14 273	622 408
100 357	10 445	355 439	277 326	10 239	181 238	1 783	653 784
578 429	26 764	500 137	747 530	71 771	613 655	4 358	714 242
1 002 544	160 192	2 281 766	4 267 697	181 692	3 391 119	210 271	3 419 784
297 284	59 082	308 613	797 985	2 371	703 363	5 409	513 432
1 589 103	197 924	2 105 317	4 336 863	186 769	3 667 935	66 966	3 561 237
334 169	48 822	1 105 745	1 413 877	73 884	964 576	137 996	1 459 344
42 598	5 074	211 193	305 648	4 029	232 103	16 530	247 983
12 744	4 663	23 700	34 150	1 391	24 761	329	32 678

18－13　续表

分　　类	# 流动负债	年末股东（所有者）权益合计	股　本（实收资本）	固定资产投资完成额
总　计	**3 984 535**	**3 312 768**	**2 066 969**	**589 355**
按控股情况分				
国有及国有控股	3 386 618	2 977 811	1 893 060	407 601
国有绝对控股	3 153 102	2 419 204	1 616 065	333 017
国有相对控股	233 516	558 607	276 995	74 584
集体控股	34 249	27 861	29 308	33 391
集体绝对控股	30 486	21 371	23 290	54
集体相对控股	3 763	6 490	6 018	33 337
其他	563 668	307 096	144 601	148 363
按主营行业分				
农、林、牧、渔业	3 363	16 669	845	
工业	3 577 460	2 952 920	1 886 101	583 781
采矿业	76 010	110 926	51 192	15 761
制造业	3 410 360	2 758 118	1 747 650	567 069
电力、燃气及水的生产和供应业	91 090	83 876	87 259	951
建筑业	221 862	82 403	61 840	
交通运输、仓储和邮政业	43 176	38 771	12 560	3 147
信息传输、计算机服务和软件业	1 421	1 969	1 004	244
批发和零售业	83 931	92 473	51 440	1 440
住宿和餐饮业		5 287	3 300	
金融业				
房地产业	8 858	2 158	3 000	
租赁和商务服务业	44 464	120 118	46 879	743
按登记注册类型分				
国有企业	744 715	507 479	254 803	33 421
公司制企业	3 239 820	2 805 289	1 812 166	555 934
国有独资企业	393 321	352 161	245 258	41 541
其他有限责任公司	1 670 325	1 146 808	921 208	354 936
股份有限公司	802 428	660 362	335 017	72 637
中外合资企业	10 605	1 543	1 591	
港澳台合资企业	363 141	644 415	309 092	86 820
其他				
按重点企业类型分				
520 户国家重点企业	495 386	280 142	161 219	15 354
重组为集团的原 512 户企业	410 598	742 211	436 827	108 020
省级重点企业	2 608 192	1 929 359	1 128 475	358 497
现企原国家百户试点企业	470 359	361 056	340 448	107 484
现企原省级试点企业	37 719	76 152	33 033	7 424
试点集团母公司				
按企业规模分				
大型	2 591 784	2 378 204	1 518 524	486 217
中型	1 157 480	785 621	423 857	102 397
小型	207 793	126 257	111 704	497
其他	27 478	22 686	12 884	244

单位:万元

研究开发费用	存货跌价损失和营业管理财务费用合计	其他业务收入	投资收益	营业外收入	利润总额	应缴增值税
47 218	**705 870**	**182 810**	**7 346**	**14 123**	**264 272**	**304 299**
44 711	569 743	181 002	6 538	13 262	191 442	257 885
44 600	520 299	177 341	8 288	13 186	133 754	231 241
111	49 444	3 661	－1 750	76	57 688	26 644
206	3 158	164		6	51	986
132	2 337	102		1	－ 244	609
74	821	62		5	295	377
2 301	132 969	1 644	808	855	72 779	45 428
	1 051	76		21	2	12
46 770	657 042	129 205	6 143	13 047	255 121	300 498
76	13 481	6 114	－62	30	8 923	5 023
46 694	625 645	121 772	6 188	12 939	232 224	283 906
	17 916	1 319	17	78	13 974	11 569
	23 892	2 254	223	685	379	322
	1 991	1 702	711	140	6 045	
376	1 308		22		528	
72	16 634	1 309	236	224	1 044	2 730
		20	1	6	110	14
	333				－ 137	
	3 619	48 244	10		1 180	723
8 172	115 894	33 860	824	770	49 149	55 873
39 046	589 976	148 950	6 522	13 353	215 123	248 426
23 660	47 783	53 706	4 076	850	2 053	5 962
4 377	258 446	29 817	1 364	2 893	110 975	148 404
10 827	199 262	55 652	2 189	1 165	24 474	58 391
	1 300	1			107	265
182	83 185	9 774	－1 107	8 445	77 514	35 404
1 993	94 917	50 046	126	595	3 871	21 690
21 516	75 139	6 644	2 524	862	58 277	28 689
23 508	479 297	121 922	4 331	11 473	181 316	193 115
201	56 517	4 198	365	1 193	20 808	60 805
236	9 531	1 886	1 425	123	8 278	－124
34 989	419 914	110 205	5 105	4 483	169 703	209 711
11 678	235 194	71 574	1 569	1 156	73 693	80 504
175	46 318	1 011	761	8 385	17 616	12 768
376	4 444	20	－89	99	3 260	1 316

企业景气调查简介

企业景气调查是为适应我国社会主义市场经济发展的新形势，借鉴西方国家的成功经验而建立起来的一种新的统计调查制度。它通过对样本企业的经营决策者定期进行问卷调查，并根据他们对企业经营状况及宏观经济形势的判断和预期来编制企业景气指数，由此反映企业的生产经营状况和经济运行情况，并预测未来经济发展的变化趋势，为党政领导进行宏观管理，企业家制定经营决策提供参考依据。

根据国家统计局的统一部署，江西省企业调查队自1998年开始，在全省范围内进行企业景气调查，目前已建立了千家企业景气调查网络体系，调查企业包括全部大型企业和部分中小型企业，涉及工业、建筑业、交通运输仓储和邮政业、批发和零售业、房地产业、社会服务业、信息传输计算机服务和软件业、住宿和餐饮业等八大行业。本项调查为季度调查，每年进行四次，2002年起，逢3、6、9、12月份进行。以一季度为例，本期是指本年度的1月、2月和3月，下期是指本年度的4月、5月和6月，上期是指上年度的10月、11月和12月，以此类推。

景气指数的计算方法

在计算景气指数过程中，对不同规模的企业，采用不同的加权方法计算。首先对大型企业依据上年主营业务收入进行加权（中小企业不加权），然后通过大型企业与中小型企业的样本比例再进行加权，总加权后得到景气指数。计算景气指数的基本方法是：用选择“上升”的企业比例减去选择“下降”的企业比例，所得的值即为景气指数。

宏观景气总指数的计算方法和步骤如下：

一、分别计算工业、建筑业、交通运输仓储和邮政业、批发和零售业、房地产业、社会服务业、信息传输计算机服务和软件业、住宿和餐饮业的景气指数；

二、计算各行业上年增加值占这些行业增加值之和的比重；

三、利用各行业的景气指数，以各行业上年增加值占这些行业增加值之和的比重为权数计算宏观景气总指数。

企业集团和重点企业建立现代企业制度企业简要说明

一、根据《国家统计局关于布置2002年统计年报和2003年定期统计报表制度的通知》（国统字[2002]35号）文件精神，江西省企业调查队决定对全省企业集团和重点企业建立现代企业制度进行定期统计调查。

二、统计范围：

1. 企业集团：一是由国务院批准的国家试点企业集团；二是由国务院主管部门批准的企业集团；三是由江西省人民政府批准的企业集团；四是已在工商部门登记注册、年主营业务收入和资产总计均在3000万元以上的其它各类企业集团。企业集团内部的统计范围包括企业集团的母公司、在中国境内和境外的全资子公司、绝对控股子公司和相对控股子公司；不包括参股企业、协作企业和子公司下属的二级公司。

2. 重点企业建立现代企业制度企业：一是国家重点企业（包括520户和重组为集团公司的原512户国家重点企业）；二是省人民政府及主管部门确定的重点企业；三是国务院确定的建立现代企业制度原百户试点企业；四是省人民政府及主管部门确定的建立现代企业制度原试点企业；五是国家试点企业集团的母公司（即核心企业）；六是股份有限责任公司。

主要统计指标解释

景气指数：又称景气度，它是对企业景气调查中定性指标的量化描述，通过其上升和下降的动态变化，反映和预测经济发展的状态。其最大的特点是具有信息超前性和预测功能，可靠性较强。景气指数的数值范围为0－200之间，100为景气指数的临界值；当景气指数大于100时，表明经济状况趋于上升或改善，处于景气状态；当景气指数小于100时，表明经济状况趋于下降或恶化，处于不景气状态。

企业景气指数：又称企业综合生产经营景气指数，是根据企业家对本企业综合生产情况的判断与预期而编值的指数，用以反映企业的生产经营状况。

企业家信心指数：又称宏观经济景气指数，是根据企业家对企业外部市场经济环境与宏观政策的认识、看法、判断与预期而编值的指数，用以综合反映企业家对宏观经济环境的感受和信心。

520 户国家重点企业： 指 1999 年 10 月经国务院批准确定的 520 户国家重点企业；重组为集团公司的原 512 户国家重点企业：指经国务院批准确定的原 512 户重点企业中，经过重组，已成为某个企业集团的母公司或子公司的企业。

登记注册类型： 指在工商行政管理机关登记注册的具有法人资格的各类企业。其中：(1)国有企业：指企业全部资产归国家所有，并按《中华人民共和国企业法人登记管理条例》规定登记注册的非公司制的经济组织。不包括有限责任公司中的国有独资公司。(2)国有独资公司：指国家授权的投资机构或者国家授权的部门单独投资设立的有限责任公司。(3)其他有限责任公司：指根据《中华人民共和国公司登记管理条例》规定登记注册，由两个以上，五十个以下的股东共同出资，每个股东以其所认缴的出资额对公司承担有限责任，公司以其全部资产对其债务承担责任的经济组织。其他有限责任公司不包括国有独资公司。(4)股份有限公司：指根据《中华人民共和国公司登记管理条例》规定登记注册，其全部注册资本由等额股份构成并通过发行股票筹集资本，股东以其认购的股份对公司承担有限责任，公司以其全部资产对其债务承担责任的经济组织。(5)中外合资企业：指外国企业或外国人与中国内地企业依照《中华人民共和国中外合资经营企业法》及有关法律的规定，按合同规定的比例投资设立，分享利润和分担风险的企业。(6)港澳台合资企业：指港澳台地区投资者与内地企业依照《中华人民共和国中外合资经营企业法》及有关法律的规定，按规定的比例投资设立、分享利润和分担风险的企业。(7)其他：指上述登记注册类型以外的其他登记注册类型企业。

资产总计： 指企业拥有或控制的全部资产，包括流动资产、长期投资、固定资产、无形资产、递延资产和其他资产等。

固定资产原价： 指企业在建造、购置、安装、改建、扩建、技术改造某项固定资产时所支出的全部货币总额。

累计折旧： 指企业在报告期期末提取的各年固定资产折旧累计数。

本年折旧： 指企业在本年度内累计提取的折旧。

无形资产： 指企业为生产商品或者提供劳务、出租给他人、或为管理目的而持有的，没有实物形态的非货币性长期资产。

存货： 指企业在生产经营过程中为销售或者耗用而储存的各种资产。

流动资产平均余额： 指企业在报告期内全部流动资产的平均余额。计算公式为：

$$\text{流动资产年平均余额} = \frac{\sum(\text{月初、月末流动资产余额})}{24}$$

$$\text{流动资产半年平均余额} = \frac{\sum(\text{月初、月末流动资产余额})}{12}$$

股东(所有者)权益合计： 指企业投资人对企业净资产的所有权，企业净资产等于企业全部资产减去全部负债后的余额，其中包括企业投资人对企业的最初投入以及资本公积金、盈余公积金和未分配利润。

股本(实收资本)： 指公司制企业以发行股票的方式筹集的资本。非公司制企业指实际收到的投资人投入的资本。

新存货跌价损失和营业、管理、财务等费用合计： 指企业在生产经营活动中发生的存货跌价损失和营业费用、管理费用、财务费用等。

市、县基本情况 19

BASIC STATISTICS OF CITIES AND COUNTIES

● 2003年，全省共设11个设区市，10个县级市，70个县。

本篇章

资料整理	微机处理
章小彪	章小彪
隋东艳	隋东艳

19－1 各设区市市区

（2003

指　　标	单位	市区合计	南昌市区	景德镇市区	萍乡市区
一、人口、劳动力及土地面积					
年末总人口	万人	818.23	196.37	42.15	80.53
#非农业人口	万人	438.02	149.53	33.96	38.59
年平均人口	万人	786.16	188.68	41.96	79.67
暂住人口(一个月以上)	万人	18.50	10.68	1.45	0.34
年出生人口	人	95 804	17 056	4 511	7 845
年死亡人口	人	28 089	6 542	1 287	2 965
年末总户数	万户	235.09	52.77	14.06	21.45
年末单位从业人员数	万人	128.70	42.99	7.89	10.14
第一产业(农、林、牧、渔业)	万人	2.75	1.5	0.46	0.07
第二产业	万人	59.68	19.12	3.8	6.13
(1)采矿业	万人	2.63			2.02
(2)制造业	万人	40.84	13.47	3.11	3.48
(3)电力、燃气及水的生产和供应业	万人	3.73	1.04	0.44	0.31
(4)建筑业	万人	12.48	4.61	0.25	0.32
第三产业	万人	66.27	22.37	3.63	3.94
(1)交通运输、仓储及邮政业	万人	8.96	4.33	0.21	0.45
(2)信息传输、计算机服务和软件业	万人	1.50	0.54	0.1	0.08
(3)批发和零售业	万人	11.10	2.14	0.41	0.35
(4)住宿、餐饮业	万人	2.11	0.47	0.1	0.15
(5)金融业	万人	4.11	1.63	0.26	0.32
(6)房地产业	万人	1.10	0.36	0.18	0.06
(7)租赁和商业服务业	万人	1.85	0.47	0.05	0.01
(8)科学研究、技术服务和地质勘查业	万人	3.41	1.69	0.32	0.12
(9)水利、环境和公共设施管理业	万人	2.09	1.03	0.11	0.16
(10)居民服务和其他服务业	万人	0.82	0.1	0.05	0.4
(11)教育	万人	11.18	3.89	0.66	0.61
(12)卫生、社会保障和社会福利业	万人	5.05	1.79	0.36	0.35
(13)文化、体育和娱乐业	万人	1.94	0.82	0.1	0.13
(14)公共管理和社会组织	万人	11.05	3.11	0.72	0.75
(15)国际组织	万人				
私营和个体从业人员	人	628 021	134 433	38 900	65 900
年末城镇登记失业人员数	人	101 167	32 861	10 200	15 518
行政区域土地面积	平方公里	11 569	617	423	1 090
#建成区面积	平方公里	436	85	43	63
城市建设用地面积	平方公里	483	102	39	63
#居住用地面积	平方公里	184	54	14	16
公共设施用地面积	平方公里	75	19	4	7
工业用地面积	平方公里	126	29	11	16

社会经济主要指标

年）

九江市区	新余市区	鹰潭市区	赣州市区	吉安市区	宜春市区	抚州市区	上饶市区
62.2	78.47	18.48	54.6	49.86	95.8	103.65	36.12
45.49	29.85	12.73	33.59	22.32	23.71	28.73	19.52
43.22	77.98	18.34	52.26	49.41	95.17	103.41	36.06
1.46	0.81	0.5	0.08	0.35	0.13	0.9	1.8
12 499	8 979	1 841	5 038	5 511	14 138	14 994	3 392
1 439	2 191	330	2 318	1 520	2 841	5 770	886
19.81	24.38	6.23	14.38	14.25	26.92	30.53	10.31
11.14	24.37	1.92	6.75	6.4	5.76	6.91	4.43
0.04	0.32	0.01	0.01	0.13	0.08	0.12	0.01
5.18	12.51	0.54	2.92	2.63	1.97	3.05	1.83
0.01	0.48		0.01	0.02	0.09		
3.71	9.05	0.23	2.14	1.99	0.89	1.66	1.11
0.48	0.47	0.08	0.2	0.18	0.17	0.22	0.14
0.98	2.51	0.23	0.57	0.44	0.82	1.17	0.58
5.92	11.54	1.37	3.82	3.64	3.71	3.74	2.59
0.85	1.11	0.06	0.25	0.52	0.62	0.27	0.29
0.12	0.1	0.05	0.21	0.08	0.06	0.08	0.08
0.49	5.9	0.1	0.16	0.65	0.3	0.45	0.15
0.22	0.69	0.06	0.13	0.06	0.09	0.04	0.1
0.44	0.24	0.13	0.37	0.22	0.17	0.22	0.11
0.06	0.03	0.01	0.08	0.07	0.17	0.03	0.05
0.29	0.64	0.01	0.03	0.12	0.06	0.01	0.16
0.35	0.13	0.09	0.34	0.12	0.11	0.07	0.07
0.14	0.12	0.06	0.16	0.1	0.05	0.1	0.06
0.02	0.21		0.01	0.01			0.02
0.84	1.05	0.21	0.83	0.66	0.89	1.18	0.36
0.46	0.32	0.1	0.42	0.29	0.34	0.34	0.28
0.26	0.06	0.01	0.08	0.08	0.07	0.07	0.26
1.38	0.94	0.48	0.75	0.66	0.78	0.88	0.6
86 809	64 600	40 934	50 477	16 520	68 695	42 753	18 000
12 467	7 100	3 068	2 846	5 500	4 307	3 700	3 600
699	1 786	143	479	1 340	2 532	2 121	339
48	43	19	32	24	28	30	21
48	41	21	35	25	29	57	23
17	15	7	13	7	8	24	9
7	5	2	6	5	6	10	4
13	10	2	9	5	3	23	5

19—1 续表1

指　　标	单位	市区合计	南昌市区	景德镇市区	萍乡市区
二、综合经济					
(一)生产总值(当年价格)	万元	11 243 595	4 669 654	774 307	958 713
第一产业增加值	万元	564 633	57 101	14 924	53 397
第二产业增加值	万元	6 032 807	2 582 919	462 850	589 813
#工业增加值	万元	4 812 051	1 968 499	369 487	561 350
第三产业增加值	万元	4 646 155	2 029 634	296 533	315 503
#交通运输仓储及邮政业	万元	740 548	243 855	25 498	57 278
信息传输、计算机服务和软件业	万元	288 533	151 672	21 975	22 542
金融业	万元	634 597	311 747	116 615	24 181
房地产业	万元	644 910	324 231	30 012	76 143
科学研究、综合技术服务和地质勘查业	万元	115 770	68 277	12 050	1 860
生产总值(2000年价格)	万元	10 923 559	4 762 722	732 729	963 376
人均生产总值	元	14 302	24 844	18 370	12 034
生产总值增长率	%	20.83	19.1	18.17	14.73
(二)财政、金融、保险					
地方财政一般预算内收入	万元	535 689	258 346	31 498	51 547
地方财政一般预算内支出	万元	792 338	277 212	57 495	90 921
#基本建设支出	万元	57 896	28 637	3 784	7 289
企业挖潜改造资金	万元	18 854	5 708	3 828	2 839
科技三项费用	万元	5 938	3 923	488	301
城市维护费	万元	62 456	23 576	2 332	3 170
科学支出	万元	3 383	1 273	278	502
教育支出	万元	106 059	27 007	5 883	11 082
医疗卫生支出	万元	40 525	14 451	3 089	3 464
抚恤和社会福利救济	万元	34 303	10 077	2 388	4 496
社会保障补助支出	万元	99 747	42 799	11 584	8 244
政策性补贴支出	万元	4 119	986	504	482
年末金融机构存款余额	万元	18 671 721	9 957 965	938 396	783 015
#城乡居民储蓄年末余额	万元	9 425 665	3 767 018	571 498	542 545
年末金融机构各项贷款余额	万元	14 843 994	6 975 995	951 409	791 433
保费收入	万元	296 319	123 229	31 614	23 408
#财产险	万元	62 377	26 647	7 152	5 610
人身险	万元	228 414	96 582	24 462	17 798
赔款、给付	万元	65 713	27 128	6 048	3 852
#财产险	万元	35 190	14 667	3 911	2 843
人身险	万元	24 903	12 462	2 137	1 009
三、工业					
国有及年销售收入500万元以上非国有工业企业主要经济指标					
工业企业数	个	1 006	346	68	92
(1)内资企业	个	919	306	64	89
(2)港、澳、台商投资企业	个	50	18	1	3
(3)外商投资企业	个	37	22	3	
工业总产值(当年价)	万元	8 603 637	3 525 924	900 944	769 737
(1)内资企业	万元	7 268 148	2 483 962	897 277	750 870
(2)港、澳、台商投资企业	万元	327 283	118 458	1 723	18 867
(3)外商投资企业	万元	1 008 206	923 504	1 944	

九江市区	新余市区	鹰潭市区	赣州市区	吉安市区	宜春市区	抚州市区	上饶市区
1 555 099	910 100	177 500	591 058	304 839	374 072	571 750	356 503
24 319	101 200	5 952	27 996	49 230	81 905	118 150	30 459
883 920	482 000	44 000	305 843	124 056	153 169	245 200	159 037
700 944	406 100	34 080	252 824	83 620	126 747	177 600	130 800
646 860	326 900	127 548	257 219	131 553	138 998	208 400	167 007
142 526	65 100	41 923	35 780	23 090	15 598	58 278	31 622
37 473	8 480	8 439	14 242	8 155	8 055	4 500	3 000
53 633	45 800	6 115	25 289	5 053	10 044	24 660	11 460
73 628	30 900	13 267	24 997	11 759	19 068	19 170	21 735
8 262	2 630	5 536	9 271	2 306	1 563	915	3 100
1 302 737	856 800	178 960	595 567	311 300	375 875	575 570	267 923
24 091	9 868	9 679	11 310	12 676	3 931	5 529	9 886
15.1	15	17.5	10.3	40.3	8.7	13.5	16.7
69 289	49 465	15 232	13 513	10 156	10 774	15 509	10 360
101 659	82 666	34 870	26 943	28 793	38 484	35 682	17 613
4 220	5 749	2 821	1 678	888	867	1 659	304
802	2 362	1 846	173	161	746	60	329
487	270	159	186	75	21	9	19
8 124	10 398	4 360	8 078	934	610	721	153
522	322	154	228	22	42	7	33
9 769	10 863	3 974	5 972	7 103	9 046	11 504	3 856
6 463	3 337	1 762	844	2 820	1 031	1 952	1 312
3 116	3 700	1 270	2 083	2 248	1 819	1 936	1 170
13 658	6 123	2 636	4 160	3 706	3 146	2 170	1 521
757	608	142	20	207	208	11	194
1 380 922	1 004 866	447 805	1 199 986	630 107	528 688	1 078 302	721 669
870 874	669 831	288 584	680 262	431 024	372 366	810 338	421 325
1 188 334	712 769	245 349	1 195 123	636 966	528 688	832 095	785 833
20 194	21 280	17 177	27 849	5 275	16 189	8 013	2 091
2 393	4 560	3 388	4 545	1 978	3 212	2 560	332
14 420	16 720	13 788	23 304	2 200	12 977	5 453	710
8 098	5 120	2 762	4 259	2 584	2 676	1 431	1 755
966	2 720	2 069	3 680	1 032	2 005	626	671
4 305	2 400	742	579	167	671	83	348
97	73	36	83	39	40	86	46
91	71	35	67	36	39	78	43
3	2	1	12	2	1	6	1
3			4	1		2	2
1 200 675	1 012 338	72 313	392 642	170 652	137 278	293 194	127 940
1 188 101	960 062	71 443	290 008	133 698	124 775	243 795	124 157
7 536	52 276	870	74 573	1 580	12 503	38 435	462
5 038			28 061	35 374		10 964	3 321

19—1 续表2

指标	单位	市区合计	南昌市区	景德镇市区	萍乡市区
从业人员年平均人数	万人		15.35	4.8	4.82
流动资产年平均余额	万元		2 236 725	780 911	409 609
固定资产净值年平均余额	万元		1 499 331	448 731	342 553
产品销售收入	万元	8 467 749	3 459 532	819 220	782 956
#产品销售税金及附加	万元	235 794	157 485	12 189	5 214
本年应交增值税	万元	418 499	162 125	29 136	43 790
利润总额	万元	329 133	210 013	15 021	62 721
四、邮电通信、能源电力					
年末邮政局(所)数	处	413	78	88	34
邮政业务收入	万元	53 066	21 099	3 565	3 246
电信业务收入	万元	497 396	270 491	68 283	38 556
固定电话用户数	万户	229.70	83.3	17.41	19.8
年末移动电话用户数	户	3 370 631	1 328 289	256 208	305 844
国际互联网用户数	户	830 998	461 470	28 808	54 246
全年用电量	万千瓦时	1 315 992	348 001	70 514	172 888
#工业用电	万千瓦时	951 393	266 219	39 705	148 555
城乡居民生活用电	万千瓦时	174 587	62 055	12 836	10 969
五、内外贸易、外经、旅游					
限额以上批发零售贸易业商品销售总额	万元	4 549 650	3 077 402	107 320	160 969
社会消费品零售额	万元	4 189 673	1 703 775	221 979	365 272
限额以上批发零售贸易企业数(法人数)	个	250	124	13	11
其中零售业:按经营方式分组					
1.连锁商店	个	31	12	4	3
2.非连锁商店	个	176	112	6	4
按零售业态分组					
1.百货商店	个	30	7	6	1
2.超级市场	个	34	7	9	4
外国和港澳台地区在华直接投资:					
当年新签项目(合同)个数	个	709	130	29	17
当年合同外资金额	万美元	97 706	53 238	13 909	3 593
当年实际使用外资金额	万美元	82 617	48 250	9 772	1 619
已投产(营业)企业数(年末实有数)	个	1 051	535	97	26
从业人员数	人	92 910	47 120	2 618	3 657
六、固定资产投资					
全社会固定资产投资总额	万元	4 993 087	1 824 898	380 405	382 953
#固定资产投资完成额	万元	3 792 912	1 125 353	380 405	366 917
房地产开发投资完成额	万元	1 349 016	573 121	165 164	63 808
住宅	万元	707 950	299 033	59 723	25 564
全年新增固定资产	万元	2 202 993	706 946	114 256	94 684
本年施工住宅面积	万平方米	1 493.73	551.02	136.19	78.74
本年竣工住宅面积	万平方米	564.70	115.29	44.38	34.44
商品房屋销售面积	万平方米	506.10	116.02	51.07	30.88
#销售给个人	万平方米	474.35	90.28	51.07	30.84
商品房屋空置面积	万平方米	112.52	18.81	14.85	4.01
商品房屋销售额	万元	717 479	301 611	62 852	35 734
#销售给个人	万元	616 256	211 673	62 852	35 688
七、教育、科技、文化、卫生					
学校数					
高等学校	所	61	33	2	2
中等职业学校	所	77	27	4	4
普通中学	所	492	101	37	60
小学	所	1 796	230	94	194

九江市区	新余市区	鹰潭市区	赣州市区	吉安市区	宜春市区	抚州市区	上饶市区
4.48	5.6	0.55	2.85	1.21	1.22	2.12	1.07
461 222	470 107	32 691	239 923	83 512	141 780	134 291	144 454
1 001 109	532 443	17 192	131 427	255 636	87 110	128 124	56 309
1 165 341	1 095 008	71 467	392 753	166 680	130 113	242 313	142 366
44 653	6 441	279	4 150	1 482	491	2 826	584
49 438	73 445	1 534	20 109	11 184	5 527	11 877	10 334
-25 090	19 130	2 608	17 334	7 355	4 767	12 618	2 656
23	36	7	30	47	35	25	10
4 156	3 930	2 285	4 285	2 944	3 907	1 023	2 626
21 785	10 725	3 790	38 865	13 857	9 357	2 523	19 164
28.22	16.44	5.09	19.32	12.15	12.8	5.18	9.99
309 617	215 573	111 360	189 015	64 893	124 401	275 431	190 000
41 062	18 164	22 728	54 172	27 322	46 075	47 951	29 000
249 479	188 293	28 645	140 235	26 810	36 412	25 259	29 456
165 010	164 725	8 510	97 145	14 209	16 722	21 828	8 765
29 090	9 687	3 564	11 821	8 244	4 561	2 836	18 924
301 937	99 682	88 169	218 402	34 318	239 027	192 109	30 315
338 873	266 445	120 789	294 879	131 640	215 074	297 572	233 375
32	23	6	13	9	8	5	6
1	1	1	2		6	1	
16	16	1	6	4	11		
3	6		1		4		2
3		1	6	3			1
24	22	7	30		4	443	3
12 104	4 127	495	6 607		2 680	318	635
11 879	3 655	878	5 485		208	236	635
80	20	6	81	4	6	182	14
7 240	2 394	1 901	14 080	5 500	1 000	5 130	2 270
803 524	455 600	110 900	263 186	137 571	161 997	272 228	199 825
623 524	275 004	73 452	253 547	93 124	150 153	256 862	194 571
96 993	60 823	31 335	66 316	57 269	56 830	113 056	64 301
54 096	18 687	12 431	39 758	44 387	21 897	77 541	54 833
478 103	250 679	93 430	181 358	70 998	93 264	59 967	59 308
97.52	29.29	43.2	169.84	96.43	76.67	132.04	82.79
64.98	19.58	21.44	77.91	37.97	47.32	51.93	49.46
41.23	33.77	16.71	48.43	36.82	35.29	55.17	40.71
39.7	33.27	15.89	48.31	35.62	35.29	54.97	39.11
9.81	6.81	2.05	9.58	13.63	14.15	10.07	8.75
45 688	25 661	18 935	48 031	32 354	29 397	76 216	41 000
44 435	24 531	17 907	43 884	30 408	29 397	75 981	39 500
6	1	1	5	3	2	2	4
3	21	2	3	3	1	5	4
52	52	10	30	28	52	44	26
100	51	29	95	172	345	418	68

19—1　续表3

指　　标	单 位	市区合计	南昌市区	景德镇市区	萍乡市区
专任教师数					
高等学校	人	19 741	11 003	748	466
中等职业学校	人	5 432	2 164	261	224
普通中学	人	32 106	7 204	2 338	3 539
小　学	人	32 973	7 050	2 106	3 412
在校学生数					
高等学校	人	333 140	184 418	10 882	7 043
中等职业学校	人	175 005	104 669	2 177	3 870
普通中学	万人	55.16	12.27	3.06	5.96
小　学	万人	61.34	14.75	4.05	5.43
成人高等教育学校在校学生数	人	173 578	110 220	3 894	2 681
各类专业技术人员	人	195 976	63 360	14 181	22 526
#中级职称以上人员数	人	78 487	26 427	5 465	8 587
体育场馆数	个	1 135	4	3	8
剧场、影剧院数	个	42	7	1	17
公共图书馆图书总藏量	千册、件	6 136	3 145	368	474
医院、卫生院数	个	533	73	22	47
医院、卫生院床位数	张	35 816	11 401	3 126	3 326
医生数	人	16 440	4 756	1 259	1 466
八、人民生活、社会保障					
在岗职工平均人数	万人	105.98	39.85	6.75	9.99
在岗职工工资总额	万元	1 327 185	605 978	76 506	103 571
居民人均可支配收入	元		7 793	6 993	7 130
居民人均消费支出	元		5 079	5 288	5 781
年末离休、退休、退职人员数	万人	46.96	21.93	3.29	5.17
基本养老保险参保人数	人	1 098 829	465 633	86 502	118 349
基本医疗保险参保人数	人	930 656	320 127	67 677	93 445
失业保险参保人数	人	924 811	381 789	57 967	123 612
社会福利院数	个	248	30	2	25
社会福利院床位数	张	9 608	2 035	202	1 216
社区服务设施数	个	1 825	310	97	553
居民最低生活保障线以下人数	人	312 638	53 912	31 544	60 869
九、市政公用事业					
城市维护建设资金支出	万元	654 399	246 951	15 077	120 000
年末实有城市道路面积	万平方米	4 452	1 506	272	519
排水管道长度	公里	2 356	783	124	226
供水综合生产能力(包括自备水源)	万立方米/日	533.70	134	31.1	26
供水总量	万立方米	123 803	47 627	7 936	5 866
#居民家庭用水量	万立方米	42 429	16 856	2 322	3 612
用水人口	万人	524.96	196.37	42.15	45.5
煤气(人工、天然气)供气总量	万立方米	52 693	2 735	33 024	1 900
#家庭用量	万立方米	17 197	2 571	4 957	1 465
用煤气人口	人	1 232 600	425 800	197 200	119 800
液化石油气供气总量	吨	131 798	64 500	12 000	6 810
#家庭用量	吨	115 537	60 630	3 168	6 120
用液化气人口	人	2 886 600	1 302 900	98 000	192 800
年末实有公共汽(电)车营运车辆数	辆	4 140	1 447	233	568
全年公共汽(电)车客运总量	万人次	61 977.70	30 357	3 680	5 180
年末实有出租汽车数	辆	8 617	3 450	594	600
园林绿地面积	公顷	19 949	4 709	1 901	1 350
#公共绿地面积	公顷	3 671	1 282	291	398
建成区绿化覆盖面积	公顷	15 772	4 953	1 704	1 754

九江市区	新余市区	鹰潭市区	赣州市区	吉安市区	宜春市区	抚州市区	上饶市区
2 064	264	144	1 961	627	1 000	860	604
108	1 310	152	217	198	68	233	497
2 675	3 578	755	1 686	1 960	3 138	3 765	1 468
2 626	2 043	698	1 677	2 325	4 163	5 354	1 519
42 478	4 452	2 070	35 913	10 089	11 784	14 223	9 788
2 810	27 973	2 067	8 636	3 604	2 879	6 425	9 895
4.72	5.77	1.3	3.21	3.46	6.17	6.78	2.46
4.47	3.37	1.22	3.35	4.14	8.41	9.41	2.74
5 695	4 425	2 539	23 803	5 976	3 400	1 079	9 866
28 987	21 426	2 132	3 817	6 067	8 127	18 353	7 000
10 509	7 062	1 658	1 683	2 306	2 844	9 246	2 700
10	1 085	1	5	6	3	7	3
1	2	4	2	1	4	1	2
888	183	145	267	267	134	130	135
56	44	12	35	28	150	38	28
3 927	2 388	860	3 108	1 823	3 616	1 131	1 110
1 478	1 122	327	1 258	1 942	956	1 448	428
12.3	8.43	1.82	6.24	3.81	5.73	6.9	4.16
146 094	98 683	20 651	82 200	39 414	54 773	55 386	43 929
7 058	7 087	7 014	6 723	6 528	6 516	6 800	6 773
5 204	5 788	5 347	5 091	5 048	4 975	4 661	4 483
4.43	2.87	0.55	3.43	1.74	1.51	1.24	0.8
126 610	119 480	17 623	34 589	27 868	58 164	21 716	22 295
170 837	119 100	10 633	53 747	11 748	39 000	32 929	11 413
131 799	113 500	20 642	16 321	23 126	18 847	31 600	5 608
12	1	5	15	17	104	36	1
199	80	284	1 170	889	2 032	1 410	91
113	22	23	9	120	39	482	57
25 111	23 501	10 451	30 082	23 107	17 255	26 092	10 714
39 297	49 351	18 028	40 600	32 214	17 515	28 185	47 181
360	449	140	322	144	183	298	259
249	256	52	197	112	97	132	128
196.5	49	13	17	16	20	18	13.1
29 580	13 216	2 900	4 571	2 346	3 078	3 609	3 074
4 064	3 603	1 901	2 285	1 220	2 308	2 136	2 122
55.89	35.2	15	38	19.5	23	33.05	21.3
444	9 038		1 445	2 643	726		738
430	4 386		1 225	793	632		738
27 100	249 000		16 800	68 000	65 000		63 900
18 970	1 224	3 500	4 788	4 950	4 120	6 500	4 436
18 092	981	3 000	4 656	4 850	4 040	5 600	4 400
488 000	38 600	73 000	160 000	80 300	54 000	279 000	120 000
785	191	53	357	116	144	135	111
9 614	3 095	228	3 226.7	2 160	2 500	1 127	810
1 478	231	271	539	115	372	329	638
5 811	1 717	440	1 118	756	1 034	483	630
436	355	46	263	126	188	133	153
1 492	1 748	539	885	554	1 022	414	707

19－2 各地区市、县

（2003

指　　标	单　位	南昌县	新建县	安义县	进贤县
一、社区基本情况					
乡（镇）个数	个	16	19	10	21
村民委员会个数	个	265	309	109	277
#通公路的村数	个	265	306	109	277
通电的村数	个	265	309	109	277
通电话的村数	个	265	309	109	277
自来水受益的村数	个	12	22	6	12
二、人口劳动力情况					
年末总人口	万人	90.5	66.5	24.9	72.4
#乡村人口	万人	72.2	58.4	17.9	63.1
年末总户数	户	258 059	174 119	77 478	198 387
#乡村户数	户	172 891	116 983	43 635	139 593
年末单位从业人员数	人	37 716	33 905	10 654	20 939
#第二产业	人	20 734	9 537	3 910	4 920
第三产业	人	16 749	19 136	6 214	14 439
乡村从业人员数	人	354 353	283 258	80 975	313 155
#农林牧渔业	人	247 767	210 821	42 521	162 290
三、自然资源					
行政区域土地面积	平方公里	1 820	2 383	667	1 955
年末实有耕地面积	公顷	72 031	50 559	16 413	48 290
#水　田	公顷	67 296	43 391	14 813	32 927
四、综合经济					
（一）生产总值（当年现价）	万元	737 351	441 328	137 998	405 177
第一产业增加值	万元	198 106	101 482	38 372	113 661
农　业	万元	77 185	42 543	14 379	42 008
林　业	万元	597	1 571	2 720	1 253
牧　业	万元	85 311	29 322	8 240	22 662
渔　业	万元	35 013	25 678	11 664	46 833
第二产业增加值	万元	255 733	167 598	46 435	186 124
#工　业	万元	207 138	121 772	39 871	169 426
第三产业增加值	万元	283 512	172 248	53 191	105 392
（二）财政、金融、保险					
财政总收入	万元	38 769	21 192	7 457	17 562
#地方财政预算内收入	万元	23 357	14 961	5 684	11 746
各项税收	万元	20 733	12 243	4 955	10 324
财政支出	万元	42 121	32 000	13 776	30 835
年末金融机构各项存款余额	万元	536 515	322 165	154 312	342 497
#城乡居民储蓄存款余额	万元	403 149	231 361	137 727	288 774
年末金融机构各项贷款余额	万元	286 398	177 590	96 481	187 700
#农业贷款	万元	58 450	22 507	19 620	37 542

社会经济主要指标（一）

年）

浮梁县	乐平市	莲花县	上栗县	芦溪县	九江县	武宁县	修水县	永修县
17	16	13	9	10	12	19	36	14
154	296	157	155	136	104	198	395	190
152	295	157	155	135	104	194	359	187
154	296	157	155	136	104	197	392	190
150	296	157	155	134	104	193	371	187
109	24	57	96	63	17	22	45	33
27.5	78.6	24.3	45.4	27.4	34.9	34.8	76	36.1
22.5	62.7	21.1	44	24.4	26.7	29.2	61.5	26.8
79 473	218 233	65 112	105 693	73 555	101 522	94 433	183 792	103 882
57 302	148 151	47 816	98 099	60 300	62 822	71 789	146 726	66 692
22 661	44 997	9 827	10 713	7 123	21 499	12 022	19 305	26 963
13 413	17 585	2 067	1 075	905	4 566	2 968	4 881	11 202
8 732	22 342	7 114	9 428	6 084	12 124	8 423	3 509	11 080
107 691	288 375	99 899	226 349	122 892	134 236	141 400	313 009	133 511
73 762	159 399	65 746	96 840	67 273	75 143	92 362	182 974	94 114
2 850	1 983	1 062	712	963	873	3 507	4 504	2 035
18 679	32 949	13 126	11 296	9 835	16 108	17 046	38 205	22 476
17 397	27 729	12 107	9 882	9 031	6 907	13 396	27 535	17 010
156 242	476 361	90 730	241 633	137 602	115 000	171 008	252 037	191 406
36 502	75 402	24 223	43 141	33 177	46 500	59 609	85 816	58 127
22 525	46 091	13 965	10 537	16 813	31 422	24 022	50 631	28 950
5 369	2 507	3 490	2 383	3 932	1 991	3 943	9 783	1 057
6 682	18 082	4 983	27 410	10 385	3 344	18 113	17 163	9 110
948	6 722	1 592	2 545	1 730	9 283	13 531	7 209	17 411
62 500	235 733	35 257	143 871	76 025	32 767	62 499	73 091	65 542
52 000	192 373	32 301	118 407	72 120	20 092	54 641	59 760	41 226
57 240	165 226	31 250	54 621	28 400	35 733	48 900	93 130	67 737
10 019	28 244	6 362	16 167	12 119	9 413	13 088	17 970	16 869
7 216	17 800	4 552	9 616	8 016	6 708	9 625	13 188	9 105
5 510	11 640	2 970	7 724	7 188	7 102	9 073	8 209	7 799
16 193	34 588	14 997	21 669	16 905	18 131	19 507	31 293	20 480
93 600	337 289	90 709	83 062	86 081	113 436	128 181	176 584	160 090
76 224	275 949	79 094	57 980	72 991	88 060	103 164	143 615	119 570
58 116	192 902	30 354	30 100	75 902	82 146	93 197	125 900	199 094
12 468	20 456	11 345	16 056	13 710	23 135	17 816	16 305	28 562

19－2 续表1

指　　标	单　位	南昌县	新建县	安义县	进贤县
五、农　　业					
(一)生产条件					
农业机械总动力	万千瓦	55.3	31.2	4.7	33.1
化肥使用量(折纯量)	吨	48 926	25 516	11 758	19 748
农药使用量	吨	3 283	1 377	281	696
地膜使用量	吨	483	120	48	188
农村用电量	万千瓦时	14 730	9 551	1 519	9 456
有效灌溉面积	公顷	71 540	48 480	16 353	47 550
(二)农业总产值					
农林牧渔业总产值(当年价格)	万元	308 790	155 844	60 480	186 296
农　业	万元	115 510	60 080	20 334	62 068
林　业	万元	1 079	2 261	3 680	1 766
牧　业	万元	132 434	52 360	21 051	46 581
渔　业	万元	53 921	36 167	13 991	73 731
服务业	万元	5 846	4 976	1 424	2 150
农林牧渔业总产值(90年不变价)	万元	195 435	94 875	35 200	116 746
农　业	万元	56 713	30 472	8 575	31 071
林　业	万元	897	1 895	2 898	1 112
牧　业	万元	80 645	28 884	10 607	26 487
渔　业	万元	51 521	28 802	12 268	56 526
服务业	万元	5 659	4 822	852	1 550
(三)农作物总播种面积	公顷	154 616	116 328	31 043	123 376
粮食作物播种面积	公顷	95 150	72 818	18 588	63 702
#稻　谷	公顷	93 649	67 108	17 824	51 407
油料播种面积	公顷	8 085	24 547	5 934	35 079
棉花播种面积	公顷		233	305	1 415
糖料播种面积	公顷	277	53	10	557
烟叶播种面积	公顷				
蔬菜播种面积	公顷	17 944	5 822	2 225	6 910
(四)主要农产品产量					
粮食总产量	吨	569 506	305 508	91 086	268 499
#稻　谷	吨	564 065	296 652	89 316	254 783
油料产量	吨	7 754	23 200	4 704	31 960
棉花产量	吨		306	331	494
糖料产量	吨	14 188	1 675	100	15 721
烟叶产量	吨				
茶叶产量	吨	336	81	3	314
水果产量	吨	2 489	814	1 741	4 460
肉类总产量	吨	96 844	45 438	16 331	37 722
#猪　肉	吨	74 124	37 467	13 304	29 274
当年生猪出栏	头	887 373	440 129	170 564	389 461
年末生猪存栏	头	597 898	384 440	145 700	332 825
禽蛋产量	吨	70 850	6 800	5 014	16 971
奶类产量	吨	281	6 156		375
水产品产量	吨	84 784	50 301	12 650	81 811

浮梁县	乐平市	莲花县	上栗县	芦溪县	九江县	武宁县	修水县	永修县
14.8	28.7	9.4	13.6	9.7	7.4	11	16	7.5
7 098	15 255	8 265	10 594	6 408	14 838	3 686	8 945	28 016
135	570	200	315	397	565	232	1 057	1 051
97	234	50	87	81	186	129	176	240
1 991	11 456	1 298	8 013	8 212	2 469	2 259	4 128	2 950
16 100	31 300	9 260	10 050	8 480	14 792	12 467	18 816	11 856
55 866	132 694	44 150	80 900	49 720	66 119	99 569	92 486	84 803
33 228	87 302	22 689	27 192	24 584	42 205	43 084	45 491	42 568
7 000	2 921	5 355	4 535	6 171	2 332	7 745	12 534	1 380
12 417	29 126	12 917	44 599	16 109	5 599	28 833	24 920	13 073
1 252	10 046	2 703	4 034	2 220	14 909	19 043	6 382	25 661
1 969	3 299	486	540	636	1 074	864	3 159	2 121
28 779	65 782	26 247	32 684	27 664	45 886	51 460	50 551	52 201
13 952	37 941	13 851	11 613	14 188	23 975	16 538	18 158	23 590
5 560	2 230	3 321	3 547	3 519	1 512	4 927	12 165	1 056
6 780	16 102	6 568	14 588	7 357	3 093	14 354	12 775	8 084
936	6 896	2 056	2 436	2 000	16 706	15 081	5 820	17 614
1 551	2 613	451	500	600	600	560	1 633	1 857
41 396	86 525	35 006	29 150	22 418	37 353	43 138	57 709	51 137
23 115	50 060	19 429	18 740	12 895	11 044	22 906	36 665	24 165
19 001	45 503	15 277	15 861	10 455	7 487	15 697	27 817	22 161
4 659	7 823	3 919	1 113	569	10 170	4 144	3 827	12 556
105	329	36	30	2	7 869	750	161	5 793
193	359	10	1	16	359	226	4	82
		75	69	12				
6 191	16 084	5 843	3 304	3 186	6 003	4 905	5 573	4 310
115 011	252 556	103 317	118 505	89 805	45 488	100 839	153 316	141 815
105 107	240 013	89 062	108 235	81 789	37 264	85 034	136 911	134 652
3 332	12 326	4 072	1 138	818	13 892	5 530	4 497	12 331
52	305	26	34	3	10 109	1 230	223	7 684
4 641	15 404	175	30	485	20 596	3 444	30	4 197
		78	83	36				
1 600	90	54	29	132	9	399	1 204	107
1 634	2 258	2 585	1 487	1 025	1 111	3 965	1 221	5 792
10 428	23 978	12 267	18 982	15 458	5 289	24 633	18 334	13 256
9 604	22 108	9 512	15 051	12 181	4 799	23 554	14 160	10 748
115 088	262 605	126 860	185 700	142 506	70 778	278 684	194 718	136 183
130 038	247 730	104 002	140 060	107 586	51 879	186 170	212 982	90 930
2 170	5 396	1 654	1 316	1 241	1 009	1 719	1 468	2 465
			23	2 282	80			
1 033	12 432	3 795	5 335	3 530	21 002	22 005	8 000	30 016

19－2　续表2

指　　标	单　位	南昌县	新建县	安义县	进贤县
六、工　　业					
国有及年销售收入500万元以上的非国有：					
工业企业数	个	23	31	17	56
工业总产值(现价)	万元	226 702	105 766	31 982	134 714
内资企业	万元	225 692	97 381	27 342	125 915
港、澳、台商投资企业	万元		2 920	2 640	7 599
外商投资企业	万元	1 010	5 465	2 000	1 200
从业人员年平均数	人	9 086	5 607	2 230	13 865
流动资产年平均余额	万元	60 959	24 974	13 660	43 654
固定资产净值年平均余额	万元	51 750	21 505	12 146	34 887
产品销售收入	万元	278 423	83 770	38 964	120 973
#产品销售税金及附加	万元	666	264	239	2 748
本年应交增值税	万元	11 047	392	1 062	2 647
利润总额	万元	9 746	3 683	836	5 311
七、交通运输、邮电通讯					
境内公路里程	公里	554	380	239	450
境内铁路里程	公里	121	22		48
邮电业务总量	万元	7 688	5 386	2 246	6 074
本地电话用户	户	120 116	86 759	24 288	84 976
#农村电话用户	户	65 429	43 427	20 901	57 104
八、贸易、外经					
限额以上批发零售贸易业商品销售总额	万元	10 122	5 985	1 352	1 352
出口总额	万美元	463	306	650	329
当年合同外资金额	万美元	13 037	4 033	637	2 634
当年实际使用外资金额	万美元	5 368	2 675	620	1 437
九、固定资产投资					
基本建设投资完成额	万元	80 362	43 959	17 832	45 336
#地方项目	万元	78 204	43 959	16 904	27 336
基本建设新增固定资产	万元	47 451	22 276	8 925	16 686
更新改造投资完成额	万元	16 010	3 622	375	1 134
十、文教、卫生					
普通中学数	所	37	46	15	57
小学数	所	266	288	97	289
普通中学专任教师数	人	2 597	1 914	1 002	2 855
小学专任教师数	人	4 757	2 653	1 000	3 632
普通中学在校学生数	人	64 038	45 383	19 969	63 084
小学在校学生数	人	73 548	67 920	19 877	62 992
医院、卫生院数	所	28	29	13	31
医院、卫生院床位数	床	1 245	1 126	436	820
医院、卫生院技术人员数	人	1 500	1 146	478	1 322
#医　生	人	612	389	173	459
十一、人民生活					
城镇在岗职工年平均人数	人	36 142	32 909	9 958	20 319
城镇在岗职工工资总额	万元	33 580	26 951	8 607	17 602
农村居民人均纯收入	元	2 721	2 653	2 718	2 694
农民人均住房面积	平方米	26.7	24.2	28.7	37.7

浮梁县	乐平市	莲花县	上栗县	芦溪县	九江县	武宁县	修水县	永修县
39	76	10	26	27	28	24	40	74
44 423	182 239	14 936	31 392	35 989	41 951	27 449	69 737	98 128
41 941	182 239	14 936	27 500	35 989	39 300	23 354	68 952	98 128
			2 381		2 651	1 740		
2 482			1 511			2 355	785	
12 028	20 582	1 711	4 003	5 452	4 858	3 701	6 466	5 514
46 792	86 630	10 371	6 121	19 599	23 011	27 872	33 241	64 056
52 727	107 647	15 373	4 007	9 468	23 249	30 250	71 650	176 745
39 964	180 774	17 078	31 099	31 618	38 793	27 950	62 211	98 769
539	2 118	63	940	516	53	434	560	549
2 339	7 124	797	1 825	1 934	1 581	2 421	4 331	7 433
238	3 373	651	640	1 890	633	4 766	10 274	3 043
756	646	578	530	449	629	1 480	1 296	488
86	37			50	69			45
2 725	10 441	4 359	4 815	5 471	5 430	2 807	1 141	3 951
32 037	62 986	28 873	41 692	34 101	46 892	53 316	69 876	51 000
22 540	26 241	20 283	23 884	19 474	28 039	29 765	48 682	
	6 507				7 211	11 283	85 901	1 745
123	1 106	118	61	70	1 254	1 014	190	
380	919	455	2 045	920	2 800	4 603	1 101	1 550
380	138	455	1 350	500	1 048	1 404	1 212	1 251
22 426	59 404	17 921	25 872	27 963	9 339	29 367	44 888	37 818
22 426	59 404	15 544	25 872	27 963	9 339	29 367	44 888	36 928
8 402	17 176	3 780	11 515	15 052	8 790	28 567	21 953	44 048
1 850	11 691	4 137	800	2 250	14 065	5 950	16 688	12 059
28	47	20	27	20	34	30	51	28
181	297	71	141	95	125	120	193	165
1 006	2 575	1 089	1 812	1 392	1 330	1 457	2 254	1 443
1 499	4 060	1 167	2 113	1 320	1 649	1 181	3 018	2 116
19 167	56 016	20 155	34 152	21 194	26 270	27 845	52 153	27 190
22 855	67 698	19 647	42 850	17 614	33 646	21 167	71 293	41 095
26	27	17	11	10	20	29	43	30
261	1 201	264	435	382	464	473	775	774
252	1 554	436	498	455	506	703	993	763
132	541	183	240	136	172	684	456	258
22 183	46 766	9 545	10 188	6 786	21 345	10 096	17 845	32 686
16 069	39 359	8 921	8 985	9 271	15 647	10 629	16 663	26 584
2 453	2 799	1 356	2 230	2 037	2 461	2 676	1 317	2 707
31	25.5	25	35	33	33	28	27	36

19－3 各地区市、县

（2003

指 标	单 位	德安县	星子县	都昌县	湖口县
一、社区基本情况					
乡(镇)个数	个	13	10	24	12
村民委员会个数	个	84	80	272	122
#通公路的村数	个	84	80	260	122
通电的村数	个	84	80	272	122
通电话的村数	个	84	80	272	122
自来水受益的村数	个	38	8	38	12
二、人口劳动力情况					
年末总人口	万人	16.1	23.8	72.1	27.2
#乡村人口	万人	10.7	20.3	65.2	22
年末总户数	户	42 662	59 332	168 954	73 374
#乡村户数	户	26 569	45 338	147 096	52 138
年末单位从业人员数	人	11 987	9 793	23 904	15 110
#第二产业	人	4 994	2 488	4 894	5 930
第三产业	人	6 993	7 173	17 102	8 668
乡村从业人员数	人	51 561	97 098	327 047	107 021
#农林牧渔业	人	34 769	54 431	181 560	74 890
三、自然资源					
行政区域土地面积	平方公里	927	719	1 988	669
年末实有耕地面积	公顷	7 612	8 867	35 572	13 797
#水 田	公顷	6 107	6 454	22 312	7 055
四、综合经济					
(一)生产总值(当年现价)	万元	96 447	70 100	128 895	97 117
第一产业增加值	万元	21 585	21 000	54 581	38 823
农 业	万元	12 096	6 885	27 573	22 027
林 业	万元	2 299	472	162	250
牧 业	万元	4 871	2 747	2 429	5 092
渔 业	万元	2 167	10 896	24 233	11 281
第二产业增加值	万元	52 112	26 000	21 953	30 870
#工 业	万元	46 681	17 540	12 238	23 185
第三产业增加值	万元	22 750	23 100	52 361	27 424
(二)财政、金融、保险					
财政总收入	万元	8 120	6 827	12 005	8 376
#地方财政预算内收入	万元	5 010	5 305	9 545	6 164
各项税收	万元	3 774	4 498	7 052	3 685
财政支出	万元	14 403	17 743	28 572	14 580
年末金融机构各项存款余额	万元	93 656	64 527	171 186	100 657
#城乡居民储蓄存款余额	万元	78 677	50 284	140 546	81 569
年末金融机构各项贷款余额	万元	71 959	56 918	115 654	86 905
#农业贷款	万元	32 370	8 382	24 057	10 557

社会经济主要指标（二）

年）

彭泽县	瑞昌市	分宜县	余江县	贵溪市	赣　县	信丰县	大余县	上犹县
13	16	10	11	18	19	16	11	14
176	168	126	130	192	279	260	106	131
171	166	125	129	186	254	260	106	126
176	156	126	130	192	271	259	106	131
176	167	126	122	187	256	257	103	131
46	79	68	8	33	23	28	20	38
34.7	42.3	30.9	34.8	53.5	55.7	66.6	28.9	28.1
29.3	30.5	20.8	27.7	42	47.7	55.7	20.7	24.1
90 688	120 526	97 668	90 109	145 941	145 836	191 223	90 128	79 624
68 025	73 956	57 885	69 627	101 634	115 753	140 859	50 663	62 493
15 396	19 340	16 425	18 322	42 924	17 099	21 994	15 592	11 497
3 603	4 842	3 870	1 959	25 964	4 314	7 000	7 653	3 868
11 532	13 798	11 825	8 539	12 759	12 517	14 013	7 487	6 666
143 924	144 521	102 313	131 691	196 989	255 534	285 395	105 307	132 475
89 467	89 622	64 265	81 091	123 089	137 477	143 942	71 482	66 688
1 542	1 423	1 389	933	2 313	2 993	2 878	1 368	1 544
17 794	16 449	16 588	20 882	29 395	21 290	24 336	9 539	8 798
5 469	7 536	14 513	18 222	27 500	16 718	20 807	9 191	8 745
121 116	177 000	170 863	108 329	505 909	161 379	268 708	181 440	96 781
49 956	32 420	47 234	45 181	68 852	68 471	83 720	44 147	39 675
25 038	14 760	21 382	18 176	35 896	32 315	51 697	23 535	15 556
2 049	4 170	8 488	1 841	5 761	3 973	8 728	3 053	3 266
9 258	6 520	10 553	18 647	14 284	23 983	11 415	10 853	10 465
13 611	6 970	6 301	6 130	10 003	7 048	11 179	6 706	9 782
29 088	86 930	79 540	35 000	302 986	40 010	110 024	71 640	28 890
20 346	68 130	63 878	30 500	282 480	23 988	76 026	57 206	19 236
42 072	57 650	44 089	28 148	134 071	52 898	74 964	65 653	28 216
8 672	17 104	18 395	8 600	52 415	13 961	18 118	13 615	9 068
6 361	11 075	13 163	6 003	22 330	9 887	13 602	8 839	6 092
7 368	7 277	7 115	4 089	20 308	6 656	9 205	6 224	4 276
18 037	22 606	25 960	17 532	31 009	26 346	28 343	17 327	15 803
115 604	171 605	151 508	116 525	329 585	178 056	239 535	144 547	100 080
93 721	125 644	119 929	96 412	213 795	143 199	198 508	115 775	75 181
112 137	175 078	77 644	95 593	574 589	82 650	96 280	60 557	43 348
22 128	14 765	18 395	20 306	29 681	16 343	24 551	13 634	12 660

19－3　续表1

指　　　　　　　　标	单　位	德安县	星子县	都昌县	湖口县
五、农　　　业					
（一）生产条件					
农业机械总动力	万千瓦	3.4	5.6	18.7	8.1
化肥使用量（折纯量）	吨	3 239	4 619	23 502	11 460
农药使用量	吨	204	119	666	532
地膜使用量	吨	77	71	107	47
农村用电量	万千瓦时	1 769	2 468	3 532	1 739
有效灌溉面积	公顷	7 290	7 500	29 680	12 192
（二）农业总产值					
农林牧渔业总产值（当年价格）	万元	29 764	33 313	92 090	61 211
农　业	万元	16 194	12 155	40 944	32 776
林　业	万元	2 500	576	463	391
牧　业	万元	7 462	5 267	12 901	8 986
渔　业	万元	3 228	13 975	37 476	18 801
服务业	万元	380	1 340	306	257
农林牧渔业总产值（90年不变价）	万元	17 856	19 756	58 145	31 174
农　业	万元	9 135	6 172	17 803	13 155
林　业	万元	1 588	296	614	250
牧　业	万元	3 874	2 861	7 684	4 273
渔　业	万元	2 989	9 854	31 806	13 367
服务业	万元	270	573	238	129
（三）农作物总播种面积	公顷	16 811	19 275	77 706	32 325
粮食作物播种面积	公顷	6 192	12 157	41 261	14 018
#稻　　谷	公顷	4 817	9 146	32 470	11 995
油料播种面积	公顷	3 822	3 068	17 988	10 775
棉花播种面积	公顷	3 393	1 143	5 909	4 963
糖料播种面积	公顷	35	22	225	130
烟叶播种面积	公顷				
蔬菜播种面积	公顷	2 325	1 752	7 031	1 677
（四）主要农产品产量					
粮食总产量	吨	30 289	52 690	151 074	64 501
#稻　谷	吨	27 234	44 416	139 199	60 977
油料产量	吨	4 277	4 135	13 674	13 193
棉花产量	吨	4 244	1 271	4 129	5 299
糖料产量	吨	567	520	3 178	2 589
烟叶产量	吨				
茶叶产量	吨	9	8	9	22
水果产量	吨	1 315	322	540	865
肉类总产量	吨	5 478	5 303	14 099	6 171
#猪　肉	吨	4 243	4 651	13 744	5 858
当年生猪出栏	头	50 080	59 810	210 635	82 396
年末生猪存栏	头	49 779	50 282	183 958	63 842
禽蛋产量	吨	2 514	232	673	1 031
奶类产量	吨				4
水产品产量	吨	3 656	21 502	57 692	25 234

彭泽县	瑞昌市	分宜县	余江县	贵溪市	赣　县	信丰县	大余县	上犹县
11.6	5.2	11.2	6.2	11.5	11.2	15.7	8.1	6.3
8 123	7 482	10 836	13 958	14 148	11 601	12 461	6 650	5 993
693	535	315	507	500	733	637	550	203
226	48	318	85	230	529	1 136	154	116
2 947	2 631	3 251	2 783	2 720	3 938	4 872	1 496	2 342
13 206	11 000	12 640	20 882	29 395	17 460	24 250	9 390	8 750
88 539	60 857	74 658	80 450	118 588	103 550	125 806	67 980	56 975
45 542	24 448	33 280	32 436	62 504	45 525	69 844	34 884	22 223
3 755	8 140	10 544	2 935	7 857	4 433	9 628	3 360	3 712
11 522	12 428	21 020	35 197	35 131	42 926	30 774	19 563	18 255
26 812	13 592	7 702	9 330	12 446	8 363	14 158	7 473	11 571
908	2 249	2 112	552	650	2 303	1 402	2 700	1 214
48 159	35 950	43 676	44 145	62 334	61 888	75 685	36 496	34 511
20 239	11 230	16 855	18 000	25 327	28 873	34 450	13 685	10 028
1 722	4 143	8 274	1 273	6 228	3 739	6 595	3 161	3 280
5 867	6 874	11 833	18 048	19 658	20 820	24 314	11 717	9 998
19 585	12 728	5 727	6 420	10 647	6 624	8 924	5 433	9 993
746	975	987	404	474	1 832	1 402	2 500	1 212
41 937	29 189	37 927	56 870	75 955	53 658	60 929	26 858	26 667
12 510	12 495	24 079	33 061	51 953	34 313	34 681	15 780	15 722
9 926	8 631	20 753	30 611	47 104	29 716	28 332	12 401	13 557
13 957	6 119	2 712	5 202	5 202	3 541	5 647	2 213	776
12 365	1 790	20	6	3	4		1	
9	6	18	545	121	17	864	66	96
				12	1 094	912		1
2 189	4 928	4 814	4 607	5 948	7 952	11 309	5 430	4 014
54 459	54 503	106 766	174 715	267 341	155 869	168 574	76 734	83 731
50 177	42 397	102 730	168 803	256 568	147 046	151 804	66 382	76 850
23 482	7 252	2 826	10 738	7 604	6 571	12 364	6 882	1 874
16 638	1 442	25	5	3	3		1	
168	146	439	23 315	4 880	912	45 731	3 086	8 851
				10	1 646	1 501		2
23	5	13	12	189	47	65	36	461
284	977	2 647	4 560	21 627	8 488	55 144	13 683	6 071
8 102	12 799	18 105	38 515	30 694	28 031	20 120	20 488	13 813
7 732	11 032	13 706	31 902	21 865	22 880	13 900	10 936	10 317
119 922	163 810	180 805	401 276	273 314	296 050	186 500	145 550	137 569
90 762	91 260	121 668	257 064	240 316	148 970	175 642	65 136	56 102
563	602	3 499	5 807	6 738	3 310	3 679	1 378	2 710
		155	54	33	73	72	158	26
26 205	21 890	8 500	10 166	12 249	9 832	16 969	6 241	10 148

19－3　续表2

指　　　　　标	单　位	德安县	星子县	都昌县	湖口县
六、工　　业					
国有及年销售收入500万元以上的非国有：					
工业企业数	个	30	18	28	18
工业总产值（现价）	万元	64 580	20 042	13 682	38 972
内资企业	万元	61 679	20 042	13 682	38 367
港、澳、台商投资企业	万元	2 901			
外商投资企业	万元				605
从业人员年平均数	人	7 423	1 597	1 520	3 396
流动资产年平均余额	万元	28 357	6 412	7 123	22 798
固定资产净值年平均余额	万元	30 268	9 354	12 417	19 308
产品销售收入	万元	55 216	11 694	13 272	35 466
#产品销售税金及附加	万元	501	190	77	231
本年应交增值税	万元	1 747	434	380	1 174
利润总额	万元	548	98	151	412
七、交通运输、邮电通讯					
境内公路里程	公里	506	161	405	365
境内铁路里程	公里	23			
邮电业务总量	万元	1 892	3 820	4 782	3 909
本地电话用户	户	27 366	38 780	64 578	39 960
#农村电话用户	户	12 266	24 827	44 957	25 704
八、贸易、外经					
限额以上批发零售贸易业商品销售总额	万元	8 716	10 101	11 183	13 726
出口总额	万美元		133		162
当年合同外资金额	万美元		417	1 306	1 131
当年实际使用外资金额	万美元		1 052	1 306	1 131
九、固定资产投资					
基本建设投资完成额	万元	40 659	25 398	14 052	7 027
#地方项目	万元	40 659	24 398	14 052	7 027
基本建设新增固定资产	万元	7 023	20 000	7 880	4 044
更新改造投资完成额	万元	11 370	5 000	7 138	5 844
十、文教、卫生					
普通中学数	所	16	16	32	20
小学数	所	29	88	324	141
普通中学专任教师数	人	676	845	2 457	1 034
小学专任教师数	人	914	1 070	3 724	1 531
普通中学在校学生数	人	10 871	15 092	63 553	24 605
小学在校学生数	人	10 229	29 490	82 586	23 224
医院、卫生院数	所	31	17	25	20
医院、卫生院床位数	床	590	561	776	504
医院、卫生院技术人员数	人	597	539	1 000	633
#医　生	人	239	238	343	306
十一、人民生活					
城镇在岗职工年平均人数	人	11 197	9 556	24 013	13 987
城镇在岗职工工资总额	万元	9 728	7 904	17 309	12 746
农村居民人均纯收入	元	2 479	1 902	1 778	2 427
农民人均住房面积	平方米	31	33	22.4	34

彭泽县	瑞昌市	分宜县	余江县	贵溪市	赣　县	信丰县	大余县	上犹县
17	43	33	19	22	17	29	30	26
29 138	169 810	68 872	61 892	975 146	68 956	49 675	62 654	35 879
22 906	67 521	59 768	61 892	971 272	63 151	42 126	54 207	23 175
6 232	9 022			1 021	568	7 549	7 402	7 046
	93 267	9 104		2 853	5 237		1 045	5 657
2 039	9 183	8 304	4 160	29 132	6 341	6 511	9 136	4 141
20 707	94 505	27 188	35 173	600 983	18 276	19 762	32 277	13 238
23 077	193 414	59 638	66 450	879 951	16 590	47 420	31 944	62 219
26 332	112 495	65 583	56 728	1 284 034	67 084	47 432	64 264	34 964
84	275	697	254	5 864	198	809	462	251
575	5 625	3 330	2 759	38 539	2 543	2 251	3 837	1 751
549	7 366	3 113	5 078	37 692	1 700	4 464	1 644	1 380
343	430	1 372	367	468	624	756	542	538
	20	38	35	156	48	70		
2 547	5 520	3 355	6 126	10 480	9 878	11 560	6 798	5 236
49 583	60 850	39 348	30 529	42 395	52 233	71 496	41 627	29 987
39 167	37 552	17 709	20 191	14 666	31 409	43 667	22 195	15 834
9 156	68 040	16 398	2 873	3 833	28 884	23 065		7 426
	156	1 046	795	1 282	479	25	229	106
459	10 600	180	516	1 808	878	3 741	4 211	2 294
1 308	4 800	60	602	361	800	5 385	4 001	2 205
14 153	101 215	21 492	9 872	69 323	27 628	210 599	47 751	5 223
14 153	7 638	19 790	9 482	68 873	27 628	210 599	47 751	5 223
13 086	84 036	16 772	7 702	22 815	25 774	222 412	10 000	3 840
15 609	1 500	14 758	6 591	88 804		682	2 033	14 811
40	40	24	28	39	30	26	24	19
76	140	88	136	190	269	263	91	120
1 570	1 760	1 217	1 393	2 100	1 592	2 086	1 084	962
1 984	2 063	1 459	1 637	2 387	2 254	2 426	1 130	990
26 378	28 762	16 159	26 958	37 855	37 361	46 999	20 955	20 581
27 871	34 740	18 311	31 749	43 357	52 503	61 016	19 794	23 088
29	42	19	16	35	28	29	24	23
629	1 052	640	490	918	691	665	671	370
754	780	638	666	811	789	862	693	463
288	420	243	247	392	262	348	301	180
14 321	20 864	15 507	18 225	42 364	16 672	21 491	15 488	10 839
11 544	17 260	15 135	13 094	57 293	13 445	20 160	12 831	10 477
2 148	2 556	2 751	2 536	2 731	1 398	2 407	2 530	1 390
30	45	32	49	45.1	23	29	32	26

19－4 各地区市、县

（2003

指标	单位	崇义县	安远县	龙南县	定南县
一、社区基本情况					
乡(镇)个数	个	16	18	15	7
村民委员会个数	个	123	236	97	119
#通公路的村数	个	121	199	96	119
通电的村数	个	123	227	97	119
通电话的村数	个	122	224	97	119
自来水受益的村数	个	19	34	26	8
二、人口劳动力情况					
年末总人口	万人	19.7	34.7	29.9	19.8
#乡村人口	万人	16.1	29.5	25.4	16.6
年末总户数	户	53 875	81 590	80 784	51 617
#乡村户数	户	39 618	66 750	61 325	38 238
年末单位从业人员数	人	11 401	10 824	17 540	8 802
#第二产业	人	4 119	1 512	9 370	1 738
第三产业	人	6 148	8 918	7 630	6 737
乡村从业人员数	人	80 912	144 249	155 053	86 464
#农林牧渔业	人	50 069	92 500	80 150	52 387
三、自然资源					
行政区域土地面积	平方公里	2 197	2 375	1 641	1 316
年末实有耕地面积	公顷	7 637	10 747	8 663	6 936
#水　田	公顷	7 068	10 127	7 334	5 953
四、综合经济					
(一)生产总值(当年现价)	万元	112 694	95 823	152 735	79 562
第一产业增加值	万元	29 342	47 680	45 610	27 506
农　业	万元	7 681	24 880	20 949	10 524
林　业	万元	14 222	5 917	1 647	1 607
牧　业	万元	3 032	14 381	17 572	11 288
渔　业	万元	4 407	2 502	5 442	4 087
第二产业增加值	万元	37 374	14 793	69 020	22 054
#工　业	万元	28 090	9 260	51 405	15 023
第三产业增加值	万元	45 978	33 350	38 105	30 002
(二)财政、金融、保险					
财政总收入	万元	9 125	6 894	15 948	7 742
#地方财政预算内收入	万元	6 486	5 552	11 620	5 678
各项税收	万元	4 304	3 761	5 554	3 764
财政支出	万元	14 222	21 273	19 912	14 182
年末金融机构各项存款余额	万元	81 794	67 290	137 601	59 007
#城乡居民储蓄存款余额	万元	61 682	53 213	102 219	46 932
年末金融机构各项贷款余额	万元	53 626	49 583	55 316	47 950
#农业贷款	万元	10 556	13 576	18 731	10 004

社 会 经 济 主 要 指 标（三）

年）

全南县	宁都县	于都县	兴国县	会昌县	寻乌县	石城县	瑞金市	南康市
9	24	23	25	19	15	10	17	19
86	268	355	304	246	172	130	237	294
86	268	339	303	226	160	130	230	293
86	268	347	304	239	170	130	235	293
85	252	349	300	213	169	124	229	294
80	51	46	47	29	19	38	32	38
18.5	71.4	90.2	73.2	43.4	29.7	30.3	60.1	76.5
12.8	60.9	73.0	62.2	38.2	25.3	23.8	50.0	65.0
51 398	205 742	218 559	184 888	106 567	80 265	74 529	140 286	225 508
31 928	141 458	166 148	143 571	86 028	58 036	54 357	113 817	161 961
13 186	19 647	30 292	18 118	12 874	10 483	10 054	19 013	17 537
7 702	4 628	11 343	4 179	3 312	2 237	2 369	6 149	3 172
4 903	13 576	17 855	13 137	8 990	7 387	7 412	12 209	14 218
64 474	316 772	345 387	360 495	214 366	122 813	128 348	246 142	376 691
34 719	174 857	206 155	218 639	144 246	86 507	86 345	192 892	201 146
1 521	4 053	2 893	3 214	2 722	2 311	1 582	2 448	1 796
7 439	38 989	28 394	28 058	16 540	10 574	12 843	21 696	25 726
6 710	36 476	25 873	25 095	16 011	9 771	11 978	19 359	20 761
99 684	272 021	238 375	222 658	136 840	95 930	89 133	229 762	280 722
33 198	94 633	75 120	95 163	54 260	39 619	41 822	67 949	78 278
18 251	44 970	36 113	38 144	21 027	20 498	15 638	31 032	30 966
4 323	7 532	5 227	5 510	3 843	1 470	3 037	4 106	2 281
6 035	32 860	21 310	40 574	22 434	13 629	10 455	17 562	28 189
4 589	9 271	11 049	10 181	6 656	4 022	12 117	12 468	16 800
34 112	94 883	88 621	76 247	35 533	16 510	20 657	59 238	88 422
24 722	65 482	61 620	49 027	22 126	11 906	9 825	46 912	71 677
32 374	82 505	74 634	51 248	47 047	39 801	26 654	102 575	113 572
7 501	13 400	17 662	18 746	8 966	7 427	7 095	15 816	19 136
5 515	10 456	13 009	11 233	6 505	5 931	4 982	11 461	14 018
2 963	7 385	9 417	8 271	4 780	3 005	3 617	7 361	10 705
12 953	29 201	34 218	32 872	20 589	17 474	16 036	27 861	29 712
67 503	260 668	251 029	185 290	86 965	51 111	94 009	215 035	283 534
55 295	217 842	204 482	145 056	66 916	36 054	77 632	171 723	233 951
39 215	109 755	96 409	106 874	45 738	36 977	36 320	75 431	132 694
18 569	31 984	19 268	22 333	14 347	11 734	13 073	13 199	28 094

19－4　续表1

指　　　　　标	单　位	崇义县	安远县	龙南县	定南县
五、农　　业					
（一）生产条件					
农业机械总动力	万千瓦	4	4.8	8	5.3
化肥使用量（折纯量）	吨	6 061	10 260	4 405	4 141
农药使用量	吨	392	934	107	56
地膜使用量	吨	24	206	233	76
农村用电量	万千瓦时	5 293	1 440	2 288	976
有效灌溉面积	公顷	7 020	10 740	7 430	5 150
（二）农业总产值					
农林牧渔业总产值（当年价格）	万元	41 522	74 625	72 036	42 367
农　业	万元	10 821	37 718	29 868	14 250
林　业	万元	18 400	6 961	1 900	1 942
牧　业	万元	5 644	26 397	33 681	19 784
渔　业	万元	5 384	2 789	6 252	4 964
服务业	万元	1 273	760	335	1 427
农林牧渔业总产值（90 年不变价）	万元	29 457	41 765	38 571	23 668
农　业	万元	5 641	18 669	13 849	7 092
林　业	万元	15 453	5 844	1 802	1 796
牧　业	万元	3 469	14 539	16 913	11 553
渔　业	万元	3 720	1 953	5 672	2 282
服务业	万元	1 174	760	335	945
（三）农作物总播种面积	公顷	11 927	28 071	26 608	17 237
粮食作物播种面积	公顷	9 363	17 991	10 916	11 938
#稻　　谷	公顷	8 505	17 055	8 395	10 570
油料播种面积	公顷	342	384	1 452	223
棉花播种面积	公顷	2	3		
糖料播种面积	公顷		20		9
烟叶播种面积	公顷	9	43		
蔬菜播种面积	公顷	1 832	4 612	8 975	3 093
（四）主要农产品产量					
粮食总产量	吨	50 934	92 612	52 531	55 509
#稻　谷	吨	46 832	88 976	46 004	51 426
油料产量	吨	890	569	4 459	117
棉花产量	吨	4	5		
糖料产量	吨	9	976		52
烟叶产量	吨	29	80		
茶叶产量	吨	154	38	13	93
水果产量	吨	3 533	34 831	8 386	7 824
肉类总产量	吨	7 670	17 333	21 640	18 942
#猪　肉	吨	4 714	9 617	14 454	15 019
当年生猪出栏	头	62 860	136 535	192 720	200 257
年末生猪存栏	头	41 634	93 052	155 750	106 489
禽蛋产量	吨	497	5 573	9 710	377
奶类产量	吨	8	4	118	12
水产品产量	吨	7 889	3 571	6 270	4 614

全南县	宁都县	于都县	兴国县	会昌县	寻乌县	石城县	瑞金市	南康市
5.5	13	10.8	12.9	5	6.6	6.6	8.5	16.5
7 612	18 775	14 175	12 625	14 397	10 854	9 420	11 792	19 528
646	1 395	1 036	1 183	765	1 273	217	426	525
527	713	1 721	273	289	298	298	211	111
2 603	3 605	6 576	3 534	3 022	2 748	1 420	3 209	6 014
7 430	31 550	25 680	24 410	15 220	9 290	11 380	21 270	22 770
48 470	144 481	116 919	152 027	89 824	67 266	60 735	109 397	123 056
26 841	65 340	51 095	57 522	35 256	32 679	23 141	47 821	44 895
4 866	9 023	5 911	6 759	5 880	1 848	3 574	4 742	3 099
11 120	56 538	43 678	73 719	35 052	27 367	18 031	34 880	52 412
5 241	12 215	13 394	12 957	10 386	5 167	15 097	18 090	21 667
402	1 365	2 841	1 070	3 250	205	892	3 864	983
29 296	82 689	69 925	81 388	55 603	36 920	33 440	69 899	71 345
15 730	33 455	24 249	31 063	18 377	16 916	10 025	27 455	27 758
4 268	6 697	4 689	5 416	5 731	1 537	2 336	3 800	2 488
5 941	32 082	30 341	34 823	19 619	14 161	8 806	17 285	24 633
3 091	9 090	7 805	9 016	9 376	4 174	11 610	18 805	15 533
266	1 365	2 841	1 070	2 500	132	663	2 554	933
24 389	81 905	74 048	66 881	39 816	25 559	21 795	55 376	64 016
11 905	47 835	39 614	38 788	25 727	19 184	14 503	30 482	30 664
9 406	41 764	29 297	31 429	22 872	16 512	13 178	24 482	25 477
1 529	6 365	13 323	5 273	2 308	956	1 162	9 182	8 540
	4			4	5		1	2
6	54	70	863	1 156	5	31	976	90
127	331	37	991	920	38	2 266	302	125
6 595	6 806	10 627	10 251	5 558	3 888	1 329	7 147	15 430
58 975	242 709	167 122	170 165	129 566	84 636	71 285	137 981	152 075
51 104	222 516	149 159	153 511	123 709	78 365	68 217	125 300	137 999
3 479	10 932	23 721	10 554	2 452	2 207	1 594	10 145	23 837
2	5	2		2	6		1	
134	3 436	2 241	50 555	62 673	54	880	71 680	3 620
303	392	76	1 004	1 507	57	3 765	476	164
171	85	56	137	68	25	11	12	27
23 315	23 831	10 254	18 248	14 017	71 182	2 210	27 718	10 616
8 552	59 233	33 583	62 599	25 187	23 042	13 645	29 464	37 026
6 501	22 935	17 447	26 068	11 515	16 197	10 649	18 090	26 910
86 682	327 650	232 642	334 216	153 545	220 978	135 655	241 210	351 000
62 283	239 100	146 387	253 053	119 534	104 577	86 950	127 690	167 000
68	3 200	7 645	5 120	2 220	2 020	846	3 510	7 500
14	550	32 140	95	28		38	180	150
5 985	16 634	15 967	13 254	9 849	5 530	7 498	12 192	17 080

19－4　续表2

指　　标	单　位	崇义县	安远县	龙南县	定南县
六、工　　业					
国有及年销售收入500万元以上的非国有：					
工业企业数	个	16	18	35	10
工业总产值(现价)	万元	49 174	9 187	78 480	17 695
内资企业	万元	46 628	7 748	60 641	17 695
港、澳、台商投资企业	万元	2 036	1 440	13 291	
外商投资企业	万元	511		4 548	
从业人员年平均数	人	4 902	1 998	9 003	1 710
流动资产年平均余额	万元	27 954	9 731	18 284	6 010
固定资产净值年平均余额	万元	23 332	16 795	30 983	16 511
产品销售收入	万元	40 260	9 672	75 907	16 524
#产品销售税金及附加	万元	269	43	2 034	147
本年应交增值税	万元	2 471	529	1 965	907
利润总额	万元	2 026	3	2 399	407
七、交通运输、邮电通讯					
境内公路里程	公里	491	621	541	361
境内铁路里程	公里			29	17
邮电业务总量	万元	5 145	5 294	7 751	4 519
本地电话用户	户	28 901	34 270	42 741	29 808
#农村电话用户	户	15 432	19 683	13 864	13 981
八、贸易、外经					
限额以上批发零售贸易业商品销售总额	万元	4 559			
出口总额	万美元	163	29	1 583	
当年合同外资金额	万美元	100	595	6 506	537
当年实际使用外资金额	万美元	160	510	6 746	582
九、固定资产投资					
基本建设投资完成额	万元	17 449	8 274	63 955	37 208
#地方项目	万元	16 699	8 274	63 955	37 208
基本建设新增固定资产	万元	17 449	6 086	30 901	3 568
更新改造投资完成额	万元	5 037	68	1 215	4 333
十、文教、卫生					
普通中学数	所	20	18	19	14
小学数	所	137	183	114	79
普通中学专任教师数	人	610	1 256	1 077	739
小学专任教师数	人	847	1 637	1 201	835
普通中学在校学生数	人	12 156	21 799	21 796	14 203
小学在校学生数	人	16 881	39 306	27 700	17 401
医院、卫生院数	所	20	24	21	20
医院、卫生院床位数	床	328	393	443	424
医院、卫生院技术人员数	人	455	521	473	584
#医　生	人	189	215	179	236
十一、人民生活					
城镇在岗职工年平均人数	人	10 978	10 816	16 381	8 516
城镇在岗职工工资总额	万元	10 432	8 874	13 561	7 859
农村居民人均纯收入	元	2 273	1 367	2 435	2 146
农民人均住房面积	平方米	27	21	27	23

全南县	宁都县	于都县	兴国县	会昌县	寻乌县	石城县	瑞金市	南康市
21	27	33	26	18	10	9	28	34
40 375	22 620	59 521	51 429	35 124	11 394	4 019	55 378	106 882
37 384	21 074	46 804	50 579	22 275	9 630	4 019	21 372	105 148
	1 546	11 718	850	9 000	1 764		4 024	1 733
2 991		1 000		3 849			29 982	
8 147	4 795	8 810	6 034	3 425	1 279	732	4 642	3 824
15 747	13 425	23 233	27 109	19 592	9 849	3 313	21 749	69 387
17 715	15 014	39 534	38 220	21 718	19 927	6 841	34 322	35 137
39 228	22 027	50 465	54 377	30 022	11 086	3 905	47 885	103 763
233	136	1 039	3 288	201	49	16	200	23 823
1 608	1 007	3 233	3 652	2 223	528	247	3 038	7 648
1 293	11	1 753	3 255	681	387	-72	427	4 159
342	1 408	1 013	777	747	594	398	751	779
			48					38
4 069	10 684	12 286	10 185	6 201	5 951	5 102	9 767	14 765
25 264	58 606	83 612	59 486	36 183	33 763	28 915	61 043	99 683
12 055	28 694	53 510	35 042	18 084	18 376	12 716	27 444	60 032
	22 806	23 880	21 619	8 598		11 280	17 327	17 370
1 373	77	136	182	572	12		2 273	20
871	1 374	3 828	5 962	1 653	406	196	4 268	608
922	1 248	3 894	5 286	1 047	175	129	4 299	506
9 678	19 798	21 086	49 638	17 248	7 129	21 082	27 296	229 279
9 678	19 648	21 086	49 086	17 248	7 129	21 082	24 259	229 279
11 451	3 974	11 786	73 096		2 808	10 192	28 225	323 995
2 187	1 000	1 089	5 697	2 230	370		6 915	
17	32	46	35	27	23	19	36	41
88	275	329	272	251	110	109	193	233
672	2 123	2 361	1 946	1 289	988	1 160	1 937	2 364
739	3 043	3 656	2 847	1 884	1 198	1 210	2 894	3 267
12 382	50 475	55 741	43 776	25 359	21 972	24 081	40 067	59 389
12 216	58 674	113 565	69 162	53 555	33 051	29 935	59 175	77 731
27	36	31	36	27	21	23	26	33
453	903	1 040	646	435	373	397	449	741
542	953	1 110	1 256	561	431	480	696	1 004
166	413	459	385	251	146	164	253	474
12 754	19 758	29 622	17 385	12 605	9 876	9 048	18 912	17 722
10 116	15 625	25 649	16 707	10 640	8 309	6 816	16 652	18 032
2 324	1 373	1 475	1 371	1 389	1 322	2 123	2 261	2 283
32	22	24	25	23	18	27	27	31

19－5 各地区市、县

（2003

指　　标	单　位	吉安县	吉水县	峡江县	新干县
一、社区基本情况					
乡(镇)个数	个	19	18	10	13
村民委员会个数	个	260	250	80	135
#通公路的村数	个	254	248	78	133
通电的村数	个	260	250	79	135
通电话的村数	个	260	250	78	135
自来水受益的村数	个	8	6	13	8
二、人口劳动力情况					
年末总人口	万人	43.6	47.1	16.4	30.2
#乡村人口	万人	37.7	38.8	12.2	23.6
年末总户数	户	118 166	149 040	45 730	95 729
#乡村户数	户	83 742	88 897	31 580	68 904
年末单位从业人员数	人	16 858	21 312	9 199	13 563
#第二产业	人	5 930	6 572	2 127	3 549
第三产业	人	10 021	12 205	5 742	9 108
乡村从业人员数	人	180 843	187 054	57 579	117 809
#农林牧渔业	人	124 578	130 081	41 406	74 049
三、自然资源					
行政区域土地面积	平方公里	2 111	2 475	1 310	1 229
年末实有耕地面积	公顷	36 736	36 919	18 690	27 544
#水　田	公顷	33 389	33 742	18 180	25 348
四、综合经济					
(一)生产总值(当年现价)	万元	188 300	147 205	71 500	145 600
第一产业增加值	万元	64 258	55 396	30 714	49 678
农　业	万元	22 590	29 326	17 993	31 683
林　业	万元	7 203	6 467	4 272	2 503
牧　业	万元	27 852	12 035	3 037	8 832
渔　业	万元	5 609	7 111	4 361	5 980
第二产业增加值	万元	65 100	58 237	22 103	52 700
#工　业	万元	54 400	46 187	17 000	38 550
第三产业增加值	万元	58 942	33 572	18 683	43 222
(二)财政、金融、保险					
财政总收入	万元	16 801	11 680	7 143	14 075
#地方财政预算内收入	万元	11 827	8 851	5 789	10 003
各项税收	万元	12 346	8 682	5 325	11 452
财政支出	万元	23 876	19 560	11 098	18 849
年末金融机构各项存款余额	万元	194 097	182 541	88 091	182 537
#城乡居民储蓄存款余额	万元	154 497	150 363	74 648	154 653
年末金融机构各项贷款余额	万元	78 853	91 509	52 849	101 300
#农业贷款	万元	16 719	24 978	12 627	25 090

社会经济主要指标(四)

年)

永丰县	泰和县	遂川县	万安县	安福县	永新县	井冈山市	奉新县	万载县
21	22	23	16	19	23	17	13	16
217	290	304	135	256	273	106	146	181
217	281	272	90	238	270	103	146	172
217	289	304	120	247	272	106	145	181
217	288	284	111	244	271	102	145	174
18	16	43	3	7	20	7	19	39
40.9	51.3	52.2	29.5	38.8	47.8	15	30.1	46.5
33.5	43.6	48.7	24.4	28.5	40	10.8	21.5	39.5
101 918	147 457	138 505	83 061	109 854	114 749	42 846	85 205	130 843
72 364	93 894	118 278	56 508	67 186	79 392	22 722	54 642	101 266
16 283	21 319	15 986	12 748	17 856	14 274	15 931	12 161	14 558
3 903	6 194	4 147	2 376	5 799	2 349	4 274	1 588	2 008
10 728	13 179	10 722	8 940	9 707	10 721	8 818	9 720	11 248
166 720	206 604	253 138	115 944	143 945	201 573	54 988	97 565	182 640
106 363	140 573	162 659	76 672	105 029	148 881	37 659	68 062	110 948
2 691	2 681	3 092	2 037	2 796	2 159	1 298	1 642	1 714
31 066	44 146	25 561	18 869	30 084	24 589	8 491	25 084	22 422
29 803	38 301	22 822	17 410	27 652	22 834	7 921	23 702	20 543
169 336	296 900	154 510	81 000	214 100	129 436	91 612	154 138	163 671
58 360	99 076	44 167	35 310	61 615	47 009	18 762	50 386	53 590
33 720	41 339	19 686	14 894	30 236	19 933	11 243	33 675	31 539
12 290	4 449	11 670	4 783	14 297	3 141	3 843	6 457	8 674
8 050	39 256	7 849	6 796	9 770	10 480	1 272	5 521	7 617
3 505	13 456	4 314	8 300	6 104	13 091	1 644	4 733	5 760
63 700	98 180	58 400	25 840	72 800	44 105	35 608	66 952	59 987
54 100	78 830	36 000	19 740	57 000	30 767	19 964	50 708	49 969
47 276	99 644	51 943	19 850	79 685	38 322	37 242	36 800	50 094
12 659	16 484	10 829	10 503	13 558	8 820	8 264	13 250	13 392
8 505	12 089	7 718	7 100	9 012	6 504	5 960	9 751	8 865
10 023	12 402	8 349	8 215	10 303	4 059	6 328	7 483	11 717
20 615	23 705	20 617	17 064	19 350	23 112	17 621	19 135	23 363
153 719	241 288	148 793	120 508	156 458	180 029	128 578	142 788	141 710
124 710	194 324	116 478	96 057	140 112	158 526	85 644	118 968	116 462
73 598	117 034	64 487	99 272	55 685	55 467	55 142	95 662	94 976
21 381	18 668	20 243	12 409	16 327	15 065	7 679	23 099	21 892

19－5　续表 1

指　　　　　标	单　位	吉安县	吉水县	峡江县	新干县
五、农　　业					
(一)生产条件					
农业机械总动力	万千瓦	16.5	24.8	5.4	12.1
化肥使用量(折纯量)	吨	8 569	14 847	5 572	15 717
农药使用量	吨	503	773	132	1 267
地膜使用量	吨	93	125	110	368
农村用电量	万千瓦时	2 566	2 581	1 748	2 435
有效灌溉面积	公顷	27 730	34 970	16 440	25 060
(二)农业总产值					
农林牧渔业总产值(当年价格)	万元	101 545	97 511	47 702	84 650
农　业	万元	44 024	51 413	26 593	46 882
林　业	万元	11 213	10 861	5 187	4 053
牧　业	万元	38 262	24 314	9 599	24 690
渔　业	万元	7 042	10 137	4 628	7 469
服务业	万元	1 004	786	1 695	1 556
农林牧渔业总产值(90 年不变价)	万元	51 782	62 839	26 787	50 442
农　业	万元	26 042	29 120	13 305	26 868
林　业	万元	8 663	7 811	4 179	3 218
牧　业	万元	10 944	17 083	5 053	12 569
渔　业	万元	5 129	8 265	2 787	6 854
服务业	万元	1 004	560	1 463	933
(三)农作物总播种面积	公顷	71 380	76 722	47 672	74 024
粮食作物播种面积	公顷	46 819	56 286	28 276	43 130
#稻　　谷	公顷	41 439	50 950	24 841	38 210
油料播种面积	公顷	15 523	11 511	8 346	14 622
棉花播种面积	公顷	2		14	167
糖料播种面积	公顷	759	24	223	66
烟叶播种面积	公顷			492	
蔬菜播种面积	公顷	5 968	6 704	3 802	5 344
(四)主要农产品产量					
粮食总产量	吨	169 384	253 856	118 088	217 401
#稻　谷	吨	159 736	238 254	110 622	206 673
油料产量	吨	13 320	11 164	8 408	15 850
棉花产量	吨	2		9	178
糖料产量	吨	23 712	399	5 832	909
烟叶产量	吨			838	
茶叶产量	吨	4	7	3	20
水果产量	吨	2 767	6 832	5 898	20 575
肉类总产量	吨	21 240	23 441	9 057	26 485
#猪　肉	吨	17 512	20 405	7 162	24 046
当年生猪出栏	头	218 909	259 956	84 270	307 651
年末生猪存栏	头	134 396	208 863	59 610	139 433
禽蛋产量	吨	511	974	1 062	1 400
奶类产量	吨				
水产品产量	吨	11 251	11 001	6 210	10 017

永丰县	泰和县	遂川县	万安县	安福县	永新县	井冈山市	奉新县	万载县
12.2	19.5	7.8	11.2	12	14.2	2.5	13.2	10.2
14 290	11 780	12 057	6 566	13 256	10 133	1 636	11 697	5 867
506	1 425	690	377	368	434	58	468	350
282	142	53	101	79	381	19	160	154
1 842	6 459	9 506	1 916	2 488	2 441	1 041	6 041	3 011
29 750	38 970	19 890	17 150	30 000	22 800	6 440	23 000	18 780
94 642	163 903	75 242	61 213	94 546	93 455	33 792	81 631	83 975
55 264	76 851	31 622	25 641	45 299	41 684	17 342	52 708	39 485
16 230	5 677	16 672	7 193	17 314	5 171	6 027	9 305	10 749
17 793	64 272	20 016	14 355	22 367	30 539	5 976	12 156	24 554
4 093	15 278	5 312	12 396	8 008	15 333	2 947	6 398	8 167
1 262	1 825	1 620	1 628	1 558	728	1 500	1 064	1 020
53 335	73 923	44 762	32 750	49 344	42 136	18 938	52 142	51 588
28 806	29 491	16 688	12 305	20 089	15 600	9 131	32 782	21 124
9 905	3 335	11 811	4 773	11 780	3 080	4 139	7 175	6 834
10 416	30 907	11 128	6 264	10 691	13 104	2 237	6 588	14 875
3 387	9 163	4 196	8 599	5 428	9 988	1 931	4 545	7 869
821	1 027	939	809	1 356	364	1 500	1 052	886
80 586	97 165	50 000	36 826	70 152	54 781	17 049	48 241	59 816
46 049	51 233	34 856	24 667	47 189	35 925	11 462	33 650	37 793
39 133	45 081	29 788	22 545	43 263	33 758	9 260	31 878	32 517
5 265	23 428	3 003	6 466	14 618	11 527	1 028	6 293	3 795
				14	2		119	19
389	2 311	41	160	112	55	56	23	118
		21	1	104		18		78
11 152	8 513	8 823	2 725	4 727	4 189	3 126	3 863	7 038
186 180	214 102	157 398	85 862	189 659	170 281	60 115	175 867	200 539
173 667	202 215	146 625	82 644	182 309	164 776	53 510	169 509	188 334
6 428	22 058	3 020	6 041	13 953	13 860	1 544	6 722	3 770
				7	1		236	30
19 041	94 867	2 685	6 390	3 108	1 371	672	1 093	3 862
		33	1	185		34		85
62	231	560	18	30	12	81	37	97
2 054	6 920	7 953	2 475	7 241	2 436	3 611	3 439	1 165
16 684	48 313	18 641	15 480	17 542	18 051	4 940	10 667	20 956
13 396	26 221	16 016	12 866	15 610	14 867	3 750	9 788	17 344
175 435	327 512	195 959	169 346	194 581	216 355	50 012	128 489	252 463
150 229	175 000	132 936	110 288	122 071	118 875	34 114	78 772	179 502
1 556	17 847	811	413	1 641	1 278	186	2 091	2 561
	180	20						20
5 307	15 706	4 840	13 035	9 100	11 604	1 466	7 760	11 009

19－5 续表2

指　　标	单 位	吉安县	吉水县	峡江县	新干县
六、工　　业					
国有及年销售收入500万元以上的非国有：					
工业企业数	个	18	21	18	24
工业总产值(现价)	万元	47 150	61 977	20 214	79 599
内资企业	万元	45 300	61 977	18 914	76 642
港、澳、台商投资企业	万元	1 850		1 300	2 957
外商投资企业	万元				
从业人员年平均数	人	3 340	3 958	1 818	5 563
流动资产年平均余额	万元	154 163	8 313	4 562	17 333
固定资产净值年平均余额	万元	249 910	11 526	8 516	23 173
产品销售收入	万元	409 545	59 972	19 149	69 080
#产品销售税金及附加	万元	16 368	1 402	94	448
本年应交增值税	万元	20 757	804	725	2 525
利润总额	万元	26 441	1 393	936	1 608
七、交通运输、邮电通讯					
境内公路里程	公里	550	495	355	366
境内铁路里程	公里	15	47	20	43
邮电业务总量	万元	5 931	6 327	3 120	5 656
本地电话用户	户	44 509	52 488	21 073	41 218
#农村电话用户	户	28 766	31 540	12 891	21 801
八、贸易、外经					
限额以上批发零售贸易业商品销售总额	万元	14 758		3 721	7 964
出口总额	万美元	30	348	321	463
当年合同外资金额	万美元	1 323	315	548	2 056
当年实际使用外资金额	万美元	680	336	435	820
九、固定资产投资					
基本建设投资完成额	万元	42 045	8 425	12 691	23 551
#地方项目	万元	39 045	8 425	12 691	23 551
基本建设新增固定资产	万元	26 363	8 325	12 691	15 648
更新改造投资完成额	万元	3 225	5 300		4 242
十、文教、卫生					
普通中学数	所	28	30	15	20
小学数	所	184	238	85	62
普通中学专任教师数	人	1 570	1 634	684	1 421
小学专任教师数	人	2 021	2 009	809	1 399
普通中学在校学生数	人	26 160	29 863	10 613	24 036
小学在校学生数	人	42 901	41 515	15 926	23 937
医院、卫生院数	所	25	21	13	19
医院、卫生院床位数	床	679	595	316	607
医院、卫生院技术人员数	人	787	777	412	852
#医　生	人	327	353	175	401
十一、人民生活					
城镇在岗职工年平均人数	人	16 739	20 533	9 161	14 054
城镇在岗职工工资总额	万元	15 370	15 160	6 979	10 996
农村居民人均纯收入	元	1 538	2 334	2 680	2 598
农民人均住房面积	平方米	27.2	35.4	35.6	36.8

永丰县	泰和县	遂川县	万安县	安福县	永新县	井冈山市	奉新县	万载县
30	21	18	14	21	19	15	60	35
73 305	57 828	23 484	14 864	42 033	29 439	19 404	106 901	35 034
69 636	55 855	19 447	14 801	42 033	24 857	19 404	106 390	35 034
2 301	1 973	480	63		4 582		511	
1 368		3 557						
4 271	4 643	2 864	1 310	6 408	4 715	3 140	9 177	6 944
29 305	16 437	18 418	3 799	12 388	22 905	12 542	24 811	21 485
22 029	24 983	5 402	5 356	36 990	24 506	31 120	37 810	26 085
66 063	56 246	19 881	14 123	36 618	26 232	14 944	114 446	31 037
1 459	304	290	200	539	385	53	986	1 323
2 418	1 932	1 004	837	2 812	1 273	882	4 486	1 821
2 649	2 299	187	404	- 178	857	-1 869	6 759	133
523	979	548	299	518	482	529	1 322	1 533
	24			65	59			
5 396	8 398	5 885	4 110	6 039	5 764	4 161	3 168	3 118
41 256	66 309	51 212	30 511	47 228	49 532	23 779	35 866	45 183
20 052	43 270	29 311	20 123	24 914	32 925	11 292	18 524	24 279
15 251	23 565	22 191	10 060	12 912	14 723		1 763	12 322
1 218	142	279	13	3	31	67	9	683
1 544	2 074	976	124	593	698	1 230	4 964	131
952	939	623	392	512	546	990	4 964	62
25 544	34 710	20 909	7 464	10 737	9 430	39 769	25 956	33 687
25 544	34 560	20 835	7 464	10 737	9 430	38 349	25 656	33 616
23 904	13 611	17 688	6 514	6 156	3 211	9 111	2 216	30 763
5 170	6 281	319	2 718	2 240	1 135	4 499	600	9 337
30	37	36	21	29	31	14	20	21
222	259	299	126	180	168	74	122	168
1 358	2 017	1 652	1 051	1 676	1 506	545	1 216	1 489
2 032	2 111	2 125	1 521	1 653	2 456	829	1 350	2 040
25 662	34 538	31 019	18 266	28 429	29 252	9 174	19 403	22 933
47 593	44 280	48 489	28 173	26 985	44 010	14 826	20 314	38 038
23	31	26	21	31	33	18	18	19
571	896	631	480	766	735	415	631	693
642	879	728	546	839	859	473	720	963
253	396	343	244	348	471	235	294	395
15 862	20 361	13 887	12 325	18 192	13 571	15 108	12 161	15 728
11 727	18 576	14 056	10 238	15 783	11 191	11 991	11 289	12 605
2 434	2 818	1 412	1 296	2 430	1 322	1 303	2 826	2 480
36.8	24.5	33.5	22.4	37.7	28.8	26.2	32.2	39.1

19－6 各地区市、县

（2003

指　　　　标	单　位	上高县	宜丰县	靖安县	铜鼓县
一、社区基本情况					
乡（镇）个数	个	12	14	11	9
村民委员会个数	个	184	195	74	102
#通公路的村数	个	179	195	74	102
通电的村数	个	179	195	74	102
通电话的村数	个	174	175	74	100
自来水受益的村数	个	61	77	7	37
二、人口劳动力情况					
年末总人口	万人	33.7	27.2	13.7	13.6
#乡村人口	万人	21.4	17.7	9.4	9.2
年末总户数	户	109 104	85 885	41 791	41 634
#乡村户数	户	62 840	51 151	26 931	23 538
年末单位从业人员数	人	14 791	16 555	6 834	10 053
#第二产业	人	5 500	2 785	1 389	3 580
第三产业	人	8 711	13 770	4 958	6 473
乡村从业人员数	人	97 151	80 161	36 870	42 454
#农林牧渔业	人	66 005	52 221	24 189	30 236
三、自然资源					
行政区域土地面积	平方公里	1 350	1 935	1 377	1 548
年末实有耕地面积	公顷	23 491	20 227	9 113	5 613
#水　田	公顷	19 787	19 373	8 687	5 036
四、综合经济					
（一）生产总值（当年现价）	万元	210 508	139 000	69 160	67 800
第一产业增加值	万元	70 084	45 200	22 402	22 470
农　业	万元	36 792	17 274	12 642	6 748
林　业	万元	2 054	9 010	4 402	11 837
牧　业	万元	23 150	13 700	2 856	2 723
渔　业	万元	8 088	5 216	2 502	1 162
第二产业增加值	万元	75 814	53 500	26 908	23 230
#工　业	万元	68 806	46 000	23 258	21 250
第三产业增加值	万元	64 610	40 300	19 850	22 100
（二）财政、金融、保险					
财政总收入	万元	15 542	11 991	6 948	6 718
#地方财政预算内收入	万元	10 747	8 636	4 773	5 012
各项税收	万元	8 215	9 386	4 060	3 488
财政支出	万元	21 707	18 955	13 882	11 610
年末金融机构各项存款余额	万元	173 914	151 822	83 610	57 987
#城乡居民储蓄存款余额	万元	142 074	120 128	66 700	46 970
年末金融机构各项贷款余额	万元	158 955	110 120	53 913	53 095
#农业贷款	万元	37 993	23 480	8 366	11 856

社会经济主要指标（五）

年）

丰城市	樟树市	高安市	南城县	黎川县	南丰县	崇仁县	乐安县	宜黄县	金溪县
26	14	20	12	13	12	15	15	12	13
518	242	298	151	109	175	145	175	138	149
474	242	298	151	109	172	145	166	138	149
518	242	272	151	109	171	145	172	138	149
513	242	293	151	107	170	145	119	131	145
19	14	22	40	33	58	13	21	68	23
127.2	53.6	80.7	30	23.7	27.2	31.6	34.9	21.1	26.7
97.6	40	58.7	23.1	19	22.3	26.5	27.6	17.1	23.9
348 952	152 797	243 862	82 634	63 655	68 311	78 961	92 186	54 652	75 236
224 538	99 150	150 379	53 332	44 995	52 121	59 617	62 846	42 689	55 624
48 325	25 882	28 946	14 301	11 957	14 383	13 992	12 181	10 449	11 007
23 908	7 963	6 797	1 751	629	3 311	1 356	1 617	1 512	2 221
23 851	15 082	21 705	12 070	10 344	10 204	11 826	9 958	7 985	8 359
452 734	204 982	285 484	107 057	87 030	116 170	130 389	131 204	77 379	107 435
248 660	128 914	188 903	78 999	58 456	80 129	82 603	100 158	53 083	70 286
2 845	1 290	2 439	1 698	1 729	1 909	1 520	2 415	1 944	1 358
81 702	38 311	64 739	16 254	14 617	17 256	19 379	22 612	14 866	23 342
69 237	32 201	51 426	14 701	14 027	13 946	18 515	20 628	13 283	22 584
550 998	303 800	314 834	142 060	81 197	146 155	149 849	98 274	67 042	97 085
161 198	82 702	90 714	46 344	29 097	51 893	50 328	39 130	27 267	33 902
103 980	42 060	62 434	18 201	15 655	32 892	26 362	15 117	13 522	20 044
5 366	1 923	3 110	4 818	4 588	5 111	1 479	9 463	8 844	2 093
33 923	24 314	16 759	15 880	4 086	10 346	18 660	10 458	2 186	9 473
17 929	14 405	8 411	6 125	3 688	3 544	3 827	4 092	1 632	2 292
185 200	125 000	111 520	45 560	28 700	42 608	55 814	28 737	23 307	30 825
151 600	93 300	88 240	36 135	23 270	31 800	47 901	21 124	19 605	17 978
204 600	96 098	112 600	50 156	23 400	51 654	43 707	30 407	16 468	32 358
45 866	31 016	24 859	9 468	5 536	9 636	10 618	19 903	4 802	6 522
23 834	18 049	17 887	7 088	4 183	8 042	7 995	4 021	3 549	5 081
21 862	26 900	14 164	5 792	5 017	6 376	6 477	35 130	2 877	4 387
43 940	32 097	34 950	17 598	12 778	16 071	17 820	18 656	12 324	15 497
545 982	397 332	371 442	151 624	93 198	123 567	12 556	142 302	88 894	99 477
449 004	317 956	285 905	121 845	74 232	100 276	11 206	120 950	75 413	82 145
367 672	206 108	259 654	77 881	64 184	75 572	96 905	64 653	80 527	73 477
40 933	38 750	56 024	19 787	12 848	15 125	17 368	16 588	16 347	10 816

19－6　续表1

指　　　标	单　位	上高县	宜丰县	靖安县	铜鼓县
五、农　　业					
(一)生产条件					
农业机械总动力	万千瓦	12.5	19.5	10	6
化肥使用量(折纯量)	吨	15 190	9 523	1 760	1 417
农药使用量	吨	397	413	294	59
地膜使用量	吨	553	132	43	18
农村用电量	万千瓦时	3 722	6 045	1 826	888
有效灌溉面积	公顷	20 170	19 160	8 630	4 500
(二)农业总产值					
农林牧渔业总产值(当年价格)	万元	127 038	80 749	37 337	38 531
农　业	万元	62 104	28 110	20 561	11 223
林　业	万元	5 155	12 483	6 844	18 123
牧　业	万元	41 698	30 109	5 086	7 596
渔　业	万元	17 431	8 362	4 336	1 568
服务业	万元	650	1 685	510	21
农林牧渔业总产值(90年不变价)	万元	66 901	48 560	22 294	24 600
农　业	万元	29 386	14 637	11 226	5 708
林　业	万元	3 965	8 386	4 214	13 326
牧　业	万元	22 036	16 604	2 524	4 220
渔　业	万元	10 864	7 753	3 820	1 332
服务业	万元	650	1 180	510	14
(三)农作物总播种面积	公顷	63 647	39 819	18 241	8 035
粮食作物播种面积	公顷	37 069	32 480	11 574	6 270
#稻　　谷	公顷	33 395	30 265	10 216	5 449
油料播种面积	公顷	8 049	1 645	2 119	225
棉花播种面积	公顷	291	23	73	1
糖料播种面积	公顷	668	83	17	
烟叶播种面积	公顷			1	
蔬菜播种面积	公顷	6 542	2 958	2 342	830
(四)主要农产品产量					
粮食总产量	吨	201 925	177 896	65 178	29 891
#稻　谷	吨	189 039	169 305	60 004	27 582
油料产量	吨	11 640	1 562	3 227	319
棉花产量	吨	395	27	142	1
糖料产量	吨	31 305	1 800	343	
烟叶产量	吨			3	
茶叶产量	吨	109	44	35	64
水果产量	吨	5 728	8 299	14 704	435
肉类总产量	吨	36 602	21 184	4 443	4 237
#猪　肉	吨	32 785	18 430	3 899	3 242
当年生猪出栏	头	477 054	218 619	45 277	40 106
年末生猪存栏	头	208 424	129 349	29 533	28 517
禽蛋产量	吨	1 606	7 969	492	289
奶类产量	吨		8		21
水产品产量	吨	23 580	11 002	4 260	2 750

丰城市	樟树市	高安市	南城县	黎川县	南丰县	崇仁县	乐安县	宜黄县	金溪县
34	24.9	37.7	10	6.4	8.9	6.2	7.3	5.3	8
45 613	26 907	53 317	7 904	6 390	20 192	13 059	7 301	4 241	11 968
1 750	1 450	2 339	299	186	1 210	483	128	309	259
500	281	349	157	41	276	119	69	26	122
14 223	4 615	8 992	2 918	1 511	1 750	1 760	826	1 649	9 589
70 460	33 490	54 220	14 980	11 239	15 600	18 604	13 213	14 220	19 040
247 352	147 324	164 927	81 808	59 901	79 677	91 654	70 700	48 745	65 946
140 585	61 529	95 356	32 914	30 893	50 565	41 134	31 599	22 063	37 794
7 393	2 559	4 059	6 352	8 410	5 739	2 738	15 142	11 558	4 407
65 594	63 047	48 809	27 563	11 741	17 141	40 971	16 650	10 474	18 518
31 351	18 390	14 303	12 339	8 177	5 052	6 612	6 144	3 216	4 747
2 429	1 799	2 400	2 640	680	1 180	199	1 165	1 434	480
150 184	85 293	90 840	50 162	40 773	56 261	57 847	49 357	33 858	40 817
70 196	29 644	48 362	19 332	18 451	35 277	24 741	17 181	14 289	22 628
7 436	1 324	3 007	5 520	4 686	5 422	1 794	13 227	9 769	3 833
42 322	36 088	26 341	14 699	6 699	10 238	26 861	11 773	6 024	10 291
28 662	17 205	11 006	8 611	10 537	4 544	4 337	6 056	2 602	3 765
1 568	1 032	2 124	2 000	400	780	114	1 120	1 174	300
207 599	102 260	145 523	47 554	36 810	51 848	64 268	39 687	32 922	59 635
131 717	61 685	88 047	25 257	20 912	22 454	28 730	30 464	18 065	33 373
117 037	56 053	80 561	19 970	17 776	15 939	23 908	27 151	13 799	31 259
26 857	16 519	36 937	2 691	2 449	3 558	10 977	1 206	1 777	2 793
950	179	3 677	161	29		1 334		17	
1 005	48	110	304	184	455	2 412	161	220	487
1		5	144	123	13	17	476	9	
15 450	6 489	11 178	7 544	5 985	13 236	10 660	5 407	5 042	9 021
645 556	325 653	496 173	136 191	111 678	128 660	168 918	134 884	100 500	161 158
614 380	313 029	477 392	119 530	100 826	99 904	155 213	127 451	81 243	154 172
23 550	22 777	40 533	6 362	4 146	6 557	16 319	2 167	2 062	2 905
573	236	3 145	131	40		1 800		26	
84 835	2 121	6 110	10 396	4 700	14 092	155 078	5 242	7 699	22 042
2		5	210	168	20	25	800	11	
111	88	236	14	42	5	50	7	15	469
1 962	3 543	2 379	11 329	3 461	143 505	4 605	691	1 468	8 662
44 698	59 775	47 836	22 050	15 811	19 349	35 830	12 504	8 640	12 029
31 214	39 702	38 224	17 089	14 572	17 072	15 230	9 297	8 230	10 105
408 919	519 000	500 799	243 213	185 726	209 403	175 600	137 896	110 448	134 712
304 416	298 500	261 429	165 888	138 541	138 071	124 322	123 094	87 703	119 205
20 147	5 683	4 460	5 647	1 324	3 584	4 188	1 330	887	1 232
	333	41	80	340	110	8		27	50
63 866	30 015	28 500	15 100	13 006	4 395	8 800	5 560	5 310	5 280

19－6　续表2

指　　　标	单　位	上高县	宜丰县	靖安县	铜鼓县
六、工　　业					
国有及年销售收入500万元以上的非国有：					
工业企业数	个	45	29	21	17
工业总产值(现价)	万元	63 863	48 192	34 328	15 589
内资企业	万元	60 197	41 192	33 559	15 589
港、澳、台商投资企业	万元	1 138	7 000	769	
外商投资企业	万元	2 528			
从业人员年平均数	人	6 841	6 481	2 914	1 996
流动资产年平均余额	万元	29 065	18 805	8 661	6 822
固定资产净值年平均余额	万元	38 812	24 500	13 209	15 374
产品销售收入	万元	58 739	42 550	33 113	14 824
#产品销售税金及附加	万元	393	1 168	155	122
本年应交增值税	万元	2 920	1 952	1 626	756
利润总额	万元	2 471	1 429	927	236
七、交通运输、邮电通讯					
境内公路里程	公里	1 611	1 362	892	896
境内铁路里程	公里	35			
邮电业务总量	万元	3 342	5 930	2 613	1 694
本地电话用户	户	24 840	38 875	24 820	20 517
#农村电话用户	户	12 904	21 068	9 600	7 378
八、贸易、外经					
限额以上批发零售贸易业商品销售总额	万元	23 696	16 127	5 390	
出口总额	万美元	130	166	483	30
当年合同外资金额	万美元	3 000	79		60
当年实际使用外资金额	万美元	1 000	259	32	33
九、固定资产投资					
基本建设投资完成额	万元	59 882	14 360	7 456	2 406
#地方项目	万元	59 752	13 139	7 456	2 406
基本建设新增固定资产	万元	53 249	6 986	4 508	2 226
更新改造投资完成额	万元	1 414	2 818	7 386	1 568
十、文教、卫生					
普通中学数	所	20	20	14	14
小学数	所	147	65	55	63
普通中学专任教师数	人	1 230	1 168	593	505
小学专任教师数	人	1 447	1 452	723	635
普通中学在校学生数	人	20 586	14 070	8 721	7 742
小学在校学生数	人	28 629	19 510	9 636	9 243
医院、卫生院数	所	19	17	10	11
医院、卫生院床位数	床	710	619	258	198
医院、卫生院技术人员数	人	704	712	282	311
#医　生	人	275	277	111	136
十一、人民生活					
城镇在岗职工年平均人数	人	14 791	16 555	6 725	8 053
城镇在岗职工工资总额	万元	13 275	13 631	6 443	7 069
农村居民人均纯收入	元	2 909	2 847	2 645	2 436
农民人均住房面积	平方米	40.4	38	26	26.7

丰城市	樟树市	高安市	南城县	黎川县	南丰县	崇仁县	乐安县	宜黄县	金溪县
26	31	46	26	15	30	23	15	23	14
276 198	173 832	106 578	38 605	29 695	43 978	57 688	11 089	11 888	22 958
274 253	154 439	98 288	33 857	29 695	41 117	36 900	11 089	11 888	13 825
1 945	5 430	8 290	1 411		2 861	18 742			8 472
	13 963		3 337			2 047			661
21 694	9 323	18 420	5 913	2 794	3 564	3 738	1 662	2 855	10 860
143 139	86 432	72 814	7 003	10 620	13 744	27 079	4 549	9 142	13 266
446 204	60 408	64 959	21 928	13 425	13 391	16 061	6 280	15 715	7 630
263 536	157 276	100 550	36 474	18 150	33 272	50 472	8 592	10 908	25 979
3 956	8 319	639	652	92	260	94	234	78	79
26 379	7 077	6 169	936	749	842	1 873	407	600	898
25 477	2 639	－1 367	2 184	269	345	690	757	46	－4
3 012	1 575	2 708	524	681	318	832	1 025	930	429
55	100	33				45	28		
2 283	11 056	6 400	5 153	3 490	2 420	1 658	2 698	2 788	2 410
105 866	77 491	87 855	44 000	31 593	30 110	21 698	23 675	21 847	27 568
66 365	38 730	44 138	20 240	17 787	14 273	7 678	12 453	9 963	13 716
260 081	54 376	54 412			3 341	17 302		5 933	42 358
452	440	110	350	150	151	220	37		140
53 265	2 520		260		1 516	688	88	10 127	70 800
1 636	1 563	724	260		1 027	568	48	5 664	359
71 464	41 173	59 327	11 775	13 167	10 732	3 851	7 504	2 439	28 706
70 914	41 173	59 247	11 775	13 155	10 472	3 291	7 504	2 439	25 632
88 744	14 428	28 949	4 941	5 361	8 359	3 930	5 745	1 764	4 028
3 100	12 759	805	1 500	4 045	3 833	1 036	2 100	355	436
76	38	35	18	19	19	20	23	16	18
449	170	285	160	108	154	154	213	131	118
4 106	2 420	2 743	1 236	966	979	3 078	1 098	721	1 062
6 124	2 650	3 766	1 769	1 106	1 561	1 699	1 769	994	1 140
86 100	41 124	49 368	15 092	19 036	20 734	22 123	21 984	13 446	18 964
117 565	37 678	72 703	27 515	16 941	23 922	36 216	33 060	19 254	19 140
41	20	26	14	23	21	23	24	14	15
1 894	1 281	1 220	554	380	431	426	661	463	324
2 619	1 318	1 496	821	501	684	598	718	529	635
871	477	676	407	227	430	396	334	244	329
54 660	25 882	28 706	13 709	11 453	13 493	13 695	12 091	10 047	9 364
46 750	24 473	26 317	12 349	9 031	10 235	11 141	9 272	7 975	8 910
2 685	2 715	2 746	2 689	2 507	2 842	2 658	1 222	2 351	2 463
29	26.2	32	27	26.7	24.2	28	24	27.8	28

19－7 各地区市、县

(2003

指　　标	单　位	资溪县	东乡县	广昌县	上饶县
一、社区基本情况					
乡(镇)个数	个	7	13	11	27
村民委员会个数	个	70	142	129	522
#通公路的村数	个	70	142	127	242
通电的村数	个	70	142	127	252
通电话的村数	个	66	138	106	247
自来水受益的村数	个	42	2	61	14
二、人口劳动力情况					
年末总人口	万人	10.7	42.6	22.9	69.5
#乡村人口	万人	8	30.5	19.5	64.7
年末总户数	户	31 447	119 079	60 099	175 698
#乡村户数	户	19 076	75 242	46 258	148 581
年末单位从业人员数	人	9 919	28 402	10 862	22 940
#第二产业	人	2 900	10 058	2 822	1 756
第三产业	人	6 388	12 544	7 190	20 508
乡村从业人员数	人	37 376	143 040	94 609	290 885
#农林牧渔业	人	19 343	100 123	62 796	130 506
三、自然资源					
行政区域土地面积	平方公里	1 251	1 263	1 612	2 240
年末实有耕地面积	公顷	4 628	25 509	12 322	21 530
#水　田	公顷	4 282	23 258	11 307	18 964
四、综合经济					
(一)生产总值(当年现价)	万元	47 127	218 500	48 916	213 242
第一产业增加值	万元	13 620	52 700	18 167	49 433
农　业	万元	6 422	25 497	10 567	31 584
林　业	万元	3 848	5 308	2 204	6 592
牧　业	万元	2 421	16 696	3 812	4 252
渔　业	万元	929	5 199	1 584	7 005
第二产业增加值	万元	18 735	102 100	10 997	101 960
#工　业	万元	13 349	75 649	4 203	73 841
第三产业增加值	万元	14 772	63 700	19 752	61 849
(二)财政、金融、保险					
财政总收入	万元	9 833	14 836	5 262	16 588
#地方财政预算内收入	万元	3 373	11 319	3 807	10 489
各项税收	万元	3 429	12 531	3 652	8 623
财政支出	万元	9 756	22 885	21 165	30 710
年末金融机构各项存款余额	万元	82 621	168 489	96 309	196 584
#城乡居民储蓄存款余额	万元	68 824	145 953	42 114	158 975
年末金融机构各项贷款余额	万元	35 674	146 303	59 346	179 608
#农业贷款	万元	9 113	36 863	8 106	37 431

社会经济主要指标（六）

年）

广丰县	玉山县	铅山县	横峰县	弋阳县	余干县	鄱阳县	万年县	婺源县	德兴市
23	18	20	4	18	24	38	16	23	13
197	261	196	67	157	356	565	162	172	90
195	258	191	67	151	352	519	162	167	90
197	261	191	67	152	356	565	162	172	90
194	257	182	61	140	356	556	162	154	89
32	41	20	12	14	8	27	26	14	28
76.4	54.5	41	20.8	36.5	84.9	138	36.1	33.5	31.2
76.4	45.5	34.1	16.1	29.6	79.4	118.2	28.8	26.9	20.4
187 020	155 371	107 317	51 483	95 902	212 426	325 600	84 016	100 238	91 828
187 020	123 782	84 696	38 236	73 089	168 076	266 452	70 428	72 118	52 821
28 920	19 051	12 614	9 717	17 438	27 285	56 079	19 876	14 229	20 203
8 123	4 092	2 019	3 140	5 667	2 934	6 293	7 863	561	5 964
19 012	14 789	9 434	5 762	7 990	24 351	27 975	11 659	11 478	12 160
343 611	169 121	161 628	72 499	139 508	375 032	561 125	143 397	123 527	101 044
184 013	91 319	98 087	48 412	72 466	274 852	323 713	65 763	89 740	66 052
1 378	1 728	2 178	655	1 580	2 331	4 215	1 140	2 948	2 082
18 259	17 671	19 619	8 080	21 859	46 118	70 871	19 107	17 968	11 818
17 805	16 871	18 231	7 428	20 220	39 294	53 965	17 556	16 643	10 654
461 200	164 568	172 300	64 426	123 798	163 800	267 795	135 929	157 040	284 215
82 150	35 920	49 300	19 327	35 665	70 864	121 007	40 385	39 340	33 655
37 824	9 969	24 115	11 889	18 467	24 697	69 465	21 300	22 328	16 818
4 728	6 604	5 384	1 062	4 232	1 888	6 448	4 435	11 792	6 927
26 792	10 579	6 734	4 498	8 544	15 342	17 989	7 280	3 541	4 396
3 350	8 658	9 263	1 598	4 422	28 373	27 105	6 480	1 679	5 161
196 500	74 226	69 500	24 212	47 330	47 500	61 228	52 734	63 681	184 908
138 800	53 006	63 000	17 210	46 599	28 735	34 006	41 470	53 018	160 805
182 550	54 422	53 500	20 887	40 803	45 436	85 560	42 810	54 019	65 652
46 487	13 788	13 308	5 589	11 560	13 719	16 358	12 746	10 667	25 408
23 037	9 161	8 108	4 300	7 204	11 451	13 155	7 376	7 116	13 676
12 993	11 577	5 678	3 024	10 823	11 021	11 411	8 062	8 498	10 404
43 832	25 236	18 223	11 386	20 256	34 898	48 558	19 447	21 476	22 803
232 560	220 321	158 994	91 428	155 900	210 859	273 605	149 609	149 394	233 155
193 113	178 320	133 908	76 713	125 017	169 481	226 241	77 316	118 018	192 247
173 727	119 999	80 181	72 192	140 100	190 757	234 099	182 819	127 870	158 295
31 990	27 111	13 924	19 855	22 779	47 336	36 793	3 275	45 448	44 518

19－7　续表1

指　　标	单　位	资溪县	东乡县	广昌县	上饶县
五、农　　业					
（一）生产条件					
农业机械总动力	万千瓦	2.6	10.1	8	12.7
化肥使用量（折纯量）	吨	1 811	15 402	7 090	11 917
农药使用量	吨	50	286	163	318
地膜使用量	吨	20	261	21	44
农村用电量	万千瓦时	768	1 309	2 405	3 416
有效灌溉面积	公顷	4 282	24 000	9 930	19 800
（二）农业总产值					
农林牧渔业总产值（当年价格）	万元	21 800	109 405	32 374	64 742
农　业	万元	10 392	46 977	18 439	34 842
林　业	万元	4 895	10 795	3 898	8 635
牧　业	万元	4 580	39 741	6 374	12 162
渔　业	万元	1 571	10 497	2 902	8 146
服务业	万元	362	1 395	761	957
农林牧渔业总产值（90年不变价）	万元	13 281	60 668	20 918	34 708
农　业	万元	4 774	22 837	9 363	15 902
林　业	万元	4 452	6 773	3 999	5 385
牧　业	万元	2 293	19 852	3 613	6 010
渔　业	万元	1 414	10 334	3 508	6 532
服务业	万元	348	872	435	879
（三）农作物总播种面积	公顷	12 975	62 643	25 108	45 329
粮食作物播种面积	公顷	6 604	34 300	13 280	31 047
#稻　谷	公顷	5 341	32 138	11 609	27 454
油料播种面积	公顷	179	5 218	528	1 744
棉花播种面积	公顷		1		29
糖料播种面积	公顷	121	493		173
烟叶播种面积	公顷			2 003	1
蔬菜播种面积	公顷	3 225	9 545	2 987	6 034
（四）主要农产品产量					
粮食总产量	吨	35 351	180 178	58 947	154 156
#稻　谷	吨	31 419	174 593	54 286	145 779
油料产量	吨	330	7 270	569	1 959
棉花产量	吨		1		32
糖料产量	吨	4 523	32 001		5 027
烟叶产量	吨			2 985	1
茶叶产量	吨	20	5	12	207
水果产量	吨	524	2 697	2 472	2 388
肉类总产量	吨	4 020	35 431	6 912	10 208
#猪　肉	吨	3 625	33 962	5 496	8 319
当年生猪出栏	头	45 310	485 169	72 655	106 168
年末生猪存栏	头	42 200	285 432	64 765	106 371
禽蛋产量	吨	564	2 895	448	1 255
奶类产量	吨		912		18
水产品产量	吨	987	14 356	4 250	11 200

广丰县	玉山县	铅山县	横峰县	弋阳县	余干县	鄱阳县	万年县	婺源县	德兴市
11.7	10	11.8	3.5	10.5	30.2	32	4.3	9	5
9 385	8 998	9 257	2 838	12 666	22 184	38 446	5 952	4 392	5 047
505	786	262	76	36	638	504	41	157	118
108	191	102	29	266	94	380	27	72	40
4 680	2 884	3 413	2 310	3 495	9 327	18 456	1 847	4 225	6 287
17 133	10 310	18 660	8 080	8 870	37 780	50 190	18 173	17 590	11 345
123 158	62 160	71 468	33 290	58 914	108 194	231 019	79 662	51 933	53 311
57 740	22 247	35 810	14 987	25 282	38 000	119 675	35 037	24 340	18 293
5 451	8 577	8 116	2 123	6 260	2 174	9 710	11 451	14 349	14 754
47 880	15 218	11 121	13 168	20 417	24 000	47 706	23 332	9 003	9 375
11 137	15 908	15 553	2 621	6 908	44 000	48 387	9 034	3 548	10 810
950	210	868	391	47	20	5 541	808	693	79
56 736	49 500	44 117	18 382	39 044	86 107	160 420	42 701	46 480	37 817
19 551	14 237	17 773	7 306	14 510	30 228	85 868	14 267	19 367	9 012
4 986	8 058	5 893	1 895	4 764	1 745	7 099	6 348	15 355	11 317
22 574	12 555	4 454	6 241	12 029	19 099	29 408	15 688	8 046	7 659
8 725	14 500	15 120	2 549	7 716	35 015	34 071	5 628	3 019	9 758
900	150	877	391	25	20	3 974	770	693	71
55 267	48 576	42 713	15 668	42 494	114 844	135 116	46 299	35 235	25 097
36 986	31 541	27 714	11 457	30 019	77 927	93 959	30 375	22 181	16 596
30 373	26 683	25 095	9 720	27 642	72 459	84 724	27 213	20 016	14 329
4 001	5 482	1 162	1 124	4 547	16 323	30 429	7 929	4 740	3 097
3	49	10	4	13	93	1 486	357	40	73
133	34	289	99	255	413	366	461	47	290
200	9	1				200			
4 413	5 052	8 838	1 586	4 295	4 156	4 557	2 972	3 671	2 272
180 684	144 805	138 785	58 537	147 894	387 599	448 082	145 416	109 961	84 391
160 176	133 869	132 615	53 738	141 538	372 646	431 017	137 957	104 037	78 186
6 210	6 894	1 593	1 450	4 735	15 503	38 768	8 231	4 167	2 812
4	69	6	4	15	49	2 700	402	45	26
7 600	1 506	11 789	5 262	7 642	28 068	13 185	11 127	1 073	9 661
585	4	1				369			1
107	163	200	53	106	17	181	105	2 141	241
8 500	3 529	2 164	848	9 687	1 840	1 845	1 333	704	4 197
36 020	17 764	13 411	12 548	17 175	23 407	33 415	19 815	7 019	7 149
19 528	16 359	11 783	12 236	13 519	16 984	30 792	18 720	6 142	6 463
244 198	166 489	103 749	161 000	198 113	229 036	355 518	260 068	79 970	69 437
256 800	117 458	123 539	130 000	169 174	209 876	368 113	203 597	79 748	67 013
17 846	1 547	1 362	359	1 870	4 250	3 171	1 416	720	516
88	9	19	60	72		30	1	15	
18 400	18 800	15 800	3 300	12 200	74 039	71 700	8 000	5 300	7 200

19－7　续表2

指　　标	单　位	资溪县	东乡县	广昌县	上饶县
六、工　　业					
国有及年销售收入500万元以上的非国有:					
工业企业数	个	9	33	19	27
工业总产值(现价)	万元	13 502	74 991	15 876	60 474
内资企业	万元	13 502	71 150	14 749	59 762
港、澳、台商投资企业	万元		3 841		447
外商投资企业	万元			1 127	265
从业人员年平均数	人	695	5 278	1 188	4 283
流动资产年平均余额	万元	5 092	25 126	8 598	31 086
固定资产净值年平均余额	万元	7 457	25 133	12 056	41 382
产品销售收入	万元	8 991	69 885	12 383	60 462
#产品销售税金及附加	万元	306	287	141	958
本年应交增值税	万元	503	2 307	378	2 629
利润总额	万元	497	826	383	138
七、交通运输、邮电通讯					
境内公路里程	公里	193	569	345	621
境内铁路里程	公里	30	40		35
邮电业务总量	万元	2 300	6 774	3 142	4 939
本地电话用户	户	15 547	43 456	18 116	47 000
#农村电话用户	户	5 322	19 532	5 217	38 000
八、贸易、外经					
限额以上批发零售贸易业商品销售总额	万元	4 866		4 967	21 019
出口总额	万美元	222	200		86
当年合同外资金额	万美元	501	3 000	980	2 934
当年实际使用外资金额	万美元	387	1 620	450	1 829
九、固定资产投资					
基本建设投资完成额	万元	4 028	29 245	9 946	85 210
#地方项目	万元	4 028	27 110	9 946	85 210
基本建设新增固定资产	万元	3 910	23 868	9 946	54 290
更新改造投资完成额	万元	2 436	5 940	300	3 765
十、文教、卫生					
普通中学数	所	8	30	18	40
小学数	所	77	176	131	262
普通中学专任教师数	人	631	1 695	912	2 146
小学专任教师数	人	852	2 005	1 445	3 820
普通中学在校学生数	人	9 296	28 870	10 432	39 840
小学在校学生数	人	9 343	39 096	27 356	81 454
医院、卫生院数	所	7	18	21	37
医院、卫生院床位数	床	158	578	277	681
医院、卫生院技术人员数	人	270	942	479	963
#医　生	人	90	409	167	325
十一、人民生活					
城镇在岗职工年平均人数	人	9 852	28 559	10 697	21 435
城镇在岗职工工资总额	万元	8 410	23 671	8 544	21 778
农村居民人均纯收入	元	2 453	2 806	1 232	1 308
农民人均住房面积	平方米	26	33	19	31.5

广丰县	玉山县	铅山县	横峰县	弋阳县	余干县	鄱阳县	万年县	婺源县	德兴市
27	26	22	18	32	15	15	19	16	41
204 763	55 079	35 586	10 902	57 541	43 629	26 445	73 041	25 603	82 532
201 734	55 079	29 943	10 152	56 291	42 329	26 445	70 981	25 603	81 589
					1 300		2 060		
3 029		5 642	750	1 250					943
1 304	5 538	3 725	2 391	7 515	212	4 494	5 652	2 381	7 541
64 210	20 924	10 282	1 069	34 035	21 614	11 493	80 067	10 871	38 916
52 413	55 892	17 486	10 944	28 291	17 288	17 892	72 828	13 302	41 966
200 298	51 282	32 746	10 255	55 612	39 746	22 292	86 847	23 872	82 050
13 015	238	68		327	138	629	604	307	390
8 157	3 322	1 420	440	2 857	1 267	1 049	5 343	1 463	3 969
8 289	3 729	990	115	–13	1 176	1 181	1 162	510	4 559
581	473	494	102	523	364	486	76	950	1 203
	30	100	42	42			6		25
11 259	8 202	5 542	1 300	6 307	2 790	11 543	3 765	4 198	7 027
70 000	113 000	37 885	25 810	44 000	60 190	61 240	39 196	42 268	56 550
50 000	38 000	27 080	12 596	15 000	37 342	40 418	18 953	22 956	30 614
101 900	20 561	7 463		145 951	19 605	38 197	5 913	5 225	7 074
420	700	5 360	80	20				500	839
40 000	910		200	274	472	1 410		180	800
19 500	620	385	200	274	472	278	2 051	178	770
44 143	16 898	22 152	6 600	34 565	76 440	37 489	12 863	26 283	28 949
44 143	16 898	22 152	6 600	34 480	76 440	37 489	12 863	26 123	28 949
9 700	7 266	3 819	2 770		76 440	22 848	6 390	22 042	21 601
3 580	35 211		3 706	4 597	5 530		2 798	2 421	44 813
48	33	39	15	29	58	87	21	29	25
232	227	182	70	141	413	503	193	402	86
3 347	2 008	1 397	657	1 397	3 011	3 863	1 364	1 465	1 176
4 104	2 645	1 806	904	1 737	4 597	6 186	1 986	1 564	1 492
62 489	39 281	22 197	12 373	24 867	59 328	80 446	25 727	27 844	16 021
79 365	44 649	33 242	14 171	29 941	120 113	160 138	39 756	24 350	21 571
46	29	21	12	29	36	48	27	27	25
615	882	457	239	640	962	952	596	518	859
1 269	1 180	695	468	716	1 307	1 551	771	618	978
558	491	284	185	310	581	983	310	268	339
28 127	22 893	12 449	7 148	16 981	26 776	55 603	16 898	12 774	19 102
29 998	20 633	12 311	4 791	17 884	20 061	41 026	15 372	15 013	21 209
3 123	2 448	2 536	1 283	2 340	1 435	1 352	2 233	2 543	2 928
24.8	42	34.6	27.9	38	27.2	30.5	24	27	28.5

各省、市、自治区主要经济指标 20

MAJOR INDICATORS ON NATIONAL ECONOMIC AND SOCIAL DEVELOPMENT BY REGION

- 2003年,全国国内生产总值116898.4亿元,比上年增长9.1%。

- 2003年,全国总人口129227万人,人口自然增长率6.01‰。

本篇章

资料整理	微机处理
黄正坤	黄正坤

20－1　各省(市、区)生产总值

单位:亿元

地　　区	1998年	1999年	2000年	2001年	2002年	2003年
全　国	**78 345.2**	**82 067.5**	**89 468.1**	**97 314.8**	**105 172.3**	**116 898.4**
北　京	2 011.3	2 174.5	2 478.8	2 845.7	3 212.7	3 611.9
天　津	1 336.4	1 450.1	1 639.4	1 840.1	2 051.2	2 386.9
河　北	4 256.0	4 569.2	5 089.0	5 577.8	6 122.5	7 095.4
山　西	1 486.1	1 506.8	1 643.8	1 780.0	2 017.5	2 445.6
内蒙古	1 192.3	1 268.2	1 401.0	1 545.8	1 734.3	2 092.9
辽　宁	3 881.7	4 171.7	4 669.1	5 033.1	5 458.2	6 002.5
吉　林	1 557.8	1 669.6	1 821.2	2 032.5	2 246.1	2 521.8
黑龙江	2 798.9	2 897.4	3 253.0	3 561.0	3 882.2	4 433.1
上　海	3 688.2	4 035.0	4 551.2	4 950.8	5 408.8	6 250.8
江　苏	7 200.0	7 697.8	8 582.7	9 511.9	10 631.8	12 451.8
浙　江	4 987.5	5 364.9	6 036.3	6 748.2	7 796.0	9 200.0
安　徽	2 805.5	2 908.6	3 038.2	3 290.1	3 569.1	3 973.2
福　建	3 286.6	3 550.2	3 920.1	4 253.7	4 682.0	5 241.7
江　西	1 852.0	1 963.0	2 003.1	2 175.7	2 450.5	2 830.0
山　东	7 162.2	7 662.1	8 542.4	9 438.3	10 552.1	12 430.0
河　南	4 356.6	4 576.1	5 137.7	5 640.1	6 168.7	7 025.9
湖　北	3 704.2	3 858.0	4 276.3	4 662.3	4 975.6	5 395.9
湖　南	3 118.1	3 326.8	3 691.9	3 983.0	4 340.9	4 633.7
广　东	7 919.1	8 464.3	9 662.2	10 647.7	11 769.7	13 449.9
广　西	1 903.0	1 953.3	2 050.1	2 231.2	2 455.4	2 733.2
海　南	438.9	471.2	518.5	546.0	604.1	677.5
重　庆	1 429.3	1 479.7	1 589.3	1 749.8	1 971.3	2 250.1
四　川	3 580.3	3 711.6	4 010.3	4 421.8	4 875.1	5 456.3
贵　州	841.9	911.9	993.5	1 084.9	1 185.0	1 344.3
云　南	1 793.9	1 855.7	1 955.1	2 074.7	2 232.3	2 458.8
西　藏	91.2	105.6	117.5	138.7	161.4	184.6
陕　西	1 381.5	1 487.6	1 660.9	1 844.3	2 036.0	2 398.6
甘　肃	869.8	932.0	983.4	1 072.5	1 161.4	1 301.1
青　海	220.2	238.4	263.6	301.0	341.1	390.2
宁　夏	227.5	241.5	265.6	298.4	329.3	384.9
新　疆	1 116.7	1 168.6	1 364.4	1 485.5	1 598.3	1 849.8

注:本表按当年价格计算。

20－2　各省(市、区)年末总人口

单位:万人

地　　区	1998 年	1999 年	2000 年	2001 年	2002 年	2003 年
全　国	**124 761**	**125 786**	**126 743**	**127 627**	**128 453**	**129 227**
北　京	1 246	1 257	1 357	1 383	1 423	1 456
天　津	957	959	1 001	1 004	1 007	1 011
河　北	6 569	6 614	6 674	6 699	6 735	6 769
山　西	3 172	3 204	3 248	3 272	3 294	3 314
内蒙古	2 345	2 362	2 372	2 377	2 379	2 380
辽　宁	4 157	4 171	4 184	4 194	4 203	4 210
吉　林	2 644	2 658	2 682	2 691	2 699	2 704
黑龙江	3 773	3 792	3 807	3 811	3 813	3 815
上　海	1 464	1 474	1 641	1 614	1 625	1 711
江　苏	7 182	7 213	7 327	7 355	7 381	7 406
浙　江	4 456	4 475	4 596	4 613	4 647	4 680
安　徽	6 184	6 237	6 286	6 328	6 338	6 410
福　建	3 299	3 316	3 410	3 440	3 466	3 488
江　西	4 191	4 231	4 149	4 186	4 222	4 254
山　东	8 838	8 883	8 998	9 041	9 082	9 125
河　南	9 315	9 387	9 488	9 555	9 613	9 667
湖　北	5 907	5 938	5 960	5 975	5 988	6 002
湖　南	6 502	6 532	6 562	6 596	6 629	6 663
广　东	7 143	7 270	7 707	7 783	7 859	7 954
广　西	4 675	4 713	4 750	4 788	4 822	4 857
海　南	753	762	789	796	803	811
重　庆	3 060	3 075	3 092	3 097	3 107	3 130
四　川	8 493	8 550	8 602	8 640	8 673	8 700
贵　州	3 658	3 710	3 756	3 799	3 837	3 870
云　南	4 144	4 192	4 241	4 287	4 333	4 376
西　藏	252	256	258	263	267	270
陕　西	3 596	3 618	3 644	3 659	3 674	3 690
甘　肃	2 519	2 543	2 557	2 575	2 593	2 603
青　海	503	510	517	523	529	534
宁　夏	538	543	554	563	572	580
新　疆	1 747	1 774	1 849	1 876	1 905	1 934

注:全国总计包括中国人民解放军现役军人数,但不包括香港、澳门特别行政区和台湾省数据;分省数据中未包括中国人民解放军现役军人数。

20－3 各省(市、区)就业人员

(年末数) 单位:万人

地区	1998年	1999年	2000年	2001年	2002年	2003年
全国	**70 637**	**71 394**	**72 085**	**73 025**	**73 740**	**74 432**
北京	624	622	622	630	799	737
天津	427	421	407	411	403	420
河北	3 383	3 340	3 441	3 380	3 386	3 389
山西	1 429	1 434	1 419	1 413	1 417	1 469
内蒙古	1 007	1 017	1 017	1 013	1 010	1 005
辽宁	1 818	1 796	1 813	1 833	1 842	1 861
吉林	1 127	1 103	1 079	1 057	1 095	1 045
黑龙江	1 723	1 680	1 635	1 631	1 626	1 622
上海	670	677	673	692	743	772
江苏	3 635	3 596	3 559	3 565	3 506	3 610
浙江	2 651	2 661	2 700	2 772	2 835	2 962
安徽	3 311	3 313	3 373	3 390	3 404	3 416
福建	1 622	1 631	1 660	1 678	1 711	1 757
江西	1 971	1 961	1 935	1 933	1 955	1 972
山东	4 657	4 699	4 662	4 672	4 752	4 851
河南	5 000	5 205	5 572	5 517	5 522	5 536
湖北	2 616	2 572	2 508	2 452	2 467	2 537
湖南	3 499	3 496	3 462	3 439	3 469	3 516
广东	3 737	3 761	3 861	3 963	3 967	4 120
广西	2 471	2 482	2 530	2 543	2 571	2 601
海南	321	326	334	340	342	354
重庆	1 645	1 639	1 636	1 624	1 640	1 660
四川	4 535	4 482	4 436	4 415	4 409	4 450
贵州	1 946	1 976	2 046	2 068	2 081	2 118
云南	2 270	2 273	2 295	2 323	2 341	2 350
西藏	118	122	123	125	129	131
陕西	1 802	1 781	1 813	1 785	1 873	1 911
甘肃	1 176	1 186	1 182	1 187	1 255	1 304
青海	230	241	239	240	247	254
宁夏	260	271	274	278	282	291
新疆	678	670	672	685	701	721

20-4 各省(市、区)固定资产投资

单位:亿元

地区	1998年	1999年	2000年	2001年	2002年	2003年
全国	**28 406.2**	**29 854.7**	**32 917.7**	**37 213.5**	**43 499.9**	**55 117.9**
北京	1 124.6	1 171.2	1 280.5	1 513.3	1 796.1	1 986.2
天津	571.1	576.5	610.9	705.0	807.5	923.6
河北	1 591.8	1 770.5	1 816.8	1 912.5	2 020.4	1 619.3
山西	454.9	477.6	548.2	663.6	813.4	931.7
内蒙古	316.8	348.2	423.6	503.6	707.9	1 052.4
辽宁	1 057.7	1 119.5	1 267.7	1 421.2	1 605.6	1 664.9
吉林	431.8	500.0	603.5	701.7	834.2	849.4
黑龙江	770.1	751.7	832.6	963.6	1 046.2	1 014.6
上海	1 966.4	1 855.8	1 869.4	2 004.6	2 213.7	2 213.2
江苏	2 450.4	2 441.9	2 570.0	2 823.2	3 450.1	3 664.8
浙江	1 801.7	1 958.1	2 350.0	2 834.9	3 477.5	3 057.1
安徽	722.6	703.5	804.0	893.4	1 074.5	1 093.9
福建	1 053.0	1 084.7	1 112.2	1 172.9	1 253.1	1 182.0
江西	400.6	454.4	516.1	631.8	889.0	975.4
山东	1 935.6	2 220.6	2 531.1	2 788.7	3 483.3	3 564.8
河南	1 289.7	1 206.8	1 377.7	1 544.1	1 725.9	1 554.0
湖北	1 156.8	1 239.1	1 339.2	1 486.6	1 605.1	1 460.8
湖南	796.9	883.9	1 012.2	1 174.3	1 348.0	1 160.2
广东	2 644.1	2 937.0	3 145.1	3 484.4	3 850.8	3 835.2
广西	562.3	578.8	583.3	655.6	750.3	717.5
海南	173.4	194.8	198.9	213.3	225.4	237.8
重庆	493.0	525.3	572.6	697.0	899.3	970.2
四川	1 145.3	1 224.4	1 418.0	1 617.5	1 902.7	1 788.6
贵州	278.4	311.9	397.0	536.0	633.0	653.6
云南	660.4	664.0	684.0	738.5	814.6	775.6
西藏	41.3	53.6	64.1	83.3	106.6	134.8
陕西	517.6	587.8	653.7	773.4	915.3	1 007.7
甘肃	301.5	355.5	395.4	460.4	526.2	536.2
青海	108.8	117.2	151.1	196.4	232.4	225.0
宁夏	106.8	128.1	157.5	191.1	227.0	245.9
新疆	514.8	526.7	610.4	706.0	800.1	833.2

注:1. 由于有不分地区项目,因此各地区相加不等于总计(以下各地区表同)。
2. 2003年各地区数据不含除房地产开发投资以外的城乡集体与个体投资。

20－5　各省(市、区)居民消费价格分类指数

(2003 年,上年＝100)

地区	居民消费价格指数	食品	烟酒及用品	衣着	家庭设备用品及服务	医疗保健和个人用品	交通和通信	娱乐教育文化	居住
全　国	**101.2**	**103.4**	**99.8**	**97.8**	**97.4**	**100.9**	**97.8**	**101.3**	**102.1**
北　京	100.2	103.2	100.2	97.1	97.7	100.1	97.8	98.3	101.6
天　津	101.0	103.3	98.8	88.1	96.5	94.0	97.0	110.7	101.7
河　北	102.2	104.5	100.1	97.8	97.0	106.0	98.1	100.7	104.5
山　西	101.8	104.7	100.7	97.5	98.8	99.0	98.2	100.4	106.7
内蒙古	102.2	102.8	99.4	98.7	98.1	98.9	97.3	112.0	99.7
辽　宁	101.7	105.3	98.6	97.8	96.4	103.5	97.7	99.6	101.7
吉　林	101.2	104.0	100.4	99.6	97.9	101.8	97.9	99.2	100.4
黑龙江	100.9	103.3	98.8	98.4	97.0	99.4	98.5	101.9	101.2
上　海	100.1	101.3	99.8	97.5	98.4	100.0	96.3	100.3	101.1
江　苏	101.0	103.3	99.5	99.0	96.6	100.3	97.4	102.5	101.0
浙　江	101.9	102.8	101.2	96.7	96.9	100.1	95.1	111.2	101.2
安　徽	101.7	106.0	99.9	97.3	97.7	99.9	97.9	100.9	100.7
福　建	100.8	102.0	100.4	96.5	97.3	98.7	97.3	104.3	102.8
江　西	100.8	102.9	99.8	97.2	97.5	97.8	99.3	100.1	102.1
山　东	101.1	104.9	99.6	96.9	98.0	100.3	98.8	100.1	101.0
河　南	101.6	104.7	100.3	98.0	97.7	102.5	99.2	99.4	102.3
湖　北	102.2	104.3	99.8	101.0	97.3	99.6	98.5	102.7	103.5
湖　南	102.4	105.8	99.8	98.8	97.2	105.9	98.0	100.4	103.1
广　东	100.6	102.3	101.4	97.7	98.0	100.4	97.9	98.0	103.1
广　西	101.1	102.9	100.0	98.5	97.4	102.8	96.4	100.6	102.3
海　南	100.1	102.9	100.1	95.9	98.1	100.1	91.8	98.7	101.7
重　庆	100.6	104.3	98.2	94.2	95.5	99.3	98.7	99.6	102.2
四　川	101.7	102.7	100.2	98.5	98.3	102.9	99.8	100.7	102.9
贵　州	101.2	103.2	99.6	97.6	97.2	104.3	100.2	100.7	101.0
云　南	101.2	101.7	99.9	97.2	98.4	99.3	98.6	106.4	101.9
西　藏	100.9	100.5	103.0	101.5	101.4	101.0	100.1	99.7	98.8
陕　西	101.7	105.2	99.6	99.0	97.1	106.6	95.6	98.9	101.0
甘　肃	101.1	103.0	99.8	98.4	98.5	101.9	98.7	100.5	101.5
青　海	102.0	104.1	99.0	101.9	100.1	104.8	98.7	100.9	99.9
宁　夏	101.7	104.5	101.1	99.4	95.7	100.2	98.1	105.6	100.0
新　疆	100.4	102.5	99.8	99.2	98.9	94.8	99.1	99.1	104.2

20－6 各省(市、区)城镇居民人均收支情况

(2003 年)　　单位:元

地区	总收入	#可支配收入	总支出	消费性支出	非消费性支出	恩格尔系数(%)
全国	**9 061.2**	**8 472.2**	**8 731.6**	**6 510.9**	**2 220.6**	**37.1**
北京	14 959.3	13 882.6	13 762.9	11 123.8	2 639.0	31.7
天津	10 971.6	10 312.9	11 088.0	7 867.5	3 220.5	37.7
河北	7 608.4	7 239.1	7 284.2	5 439.8	1 844.4	35.2
山西	7 446.9	7 005.0	7 435.1	5 105.4	2 329.7	33.5
内蒙古	7 351.6	7 012.9	6 984.4	5 419.1	1 565.3	31.5
辽宁	7 832.7	7 240.6	8 220.2	6 077.9	2 142.3	39.4
吉林	7 311.2	7 005.2	7 171.0	5 492.1	1 678.9	35.6
黑龙江	6 968.0	6 678.9	6 327.0	5 015.2	1 311.8	35.6
上海	16 380.2	14 867.5	17 110.0	11 040.3	6 069.6	37.2
江苏	9 912.1	9 262.5	9 107.7	6 708.6	2 399.1	38.3
浙江	14 295.4	13 179.5	13 692.1	9 712.9	3 979.2	36.6
安徽	7 155.9	6 778.0	7 100.9	5 064.3	2 036.5	44.2
福建	10 816.3	9 999.5	9 879.3	7 356.3	2 523.0	42.2
江西	7 153.7	6 901.4	6 387.5	4 914.6	1 473.0	40.3
山东	9 057.6	8 399.9	8 290.0	6 069.4	2 220.6	33.8
河南	7 245.0	6 926.1	6 465.6	4 941.6	1 524.0	33.6
湖北	7 745.8	7 322.0	7 551.1	5 963.3	1 587.9	38.2
湖南	8 145.1	7 674.2	8 441.6	6 082.6	2 359.0	35.8
广东	13 451.1	12 380.4	12 825.5	9 636.3	3 189.2	37.2
广西	8 293.9	7 785.0	7 582.3	5 763.5	1 818.8	40.0
海南	7 605.7	7 259.3	7 055.0	5 502.4	1 552.6	44.8
重庆	8 671.9	8 093.7	8 584.8	7 118.1	1 466.7	38.0
四川	7 488.5	7 041.9	7 506.6	5 759.2	1 747.4	38.9
贵州	6 746.4	6 569.2	6 081.2	4 949.0	1 132.3	39.8
云南	8 202.6	7 643.6	7 650.6	6 023.6	1 627.0	41.6
西藏	9 696.8	8 765.5	10 498.7	8 045.3	2 453.4	44.0
陕西	7 314.4	6 806.4	7 552.2	5 666.5	1 885.7	34.6
甘肃	7 132.8	6 657.2	7 027.8	5 298.9	1 728.9	36.0
青海	7 155.1	6 745.3	7 090.3	5 400.2	1 690.1	36.8
宁夏	6 991.3	6 530.5	7 911.8	5 330.3	2 581.5	36.0
新疆	7 866.9	7 173.5	7 141.6	5 540.6	1 601.0	35.9

20－7 各省(市、区)农村居民家庭人均收支情况

(2003年) 单位:元

地 区	总收入	#纯收入	#现金收入	总支出	#生活消费	#现金支出	恩格尔系数(%)
全 国	**3 582.4**	**2 622.2**	**2 929.5**	**3 025.0**	**1 943.3**	**2 537.4**	**45.6**
北 京	6 477.5	5 601.6	6 316.2	5 242.3	4 147.3	5 173.5	32.1
天 津	5 900.3	4 566.0	5 532.1	3 836.9	2 319.5	3 702.1	38.2
河 北	3 785.5	2 853.4	3 202.5	2 618.0	1 600.1	2 326.7	39.9
山 西	2 879.3	2 299.2	2 255.1	2 091.8	1 434.4	1 812.8	43.3
内蒙古	3 862.0	2 267.7	2 934.1	3 583.9	1 770.6	2 879.2	41.3
辽 宁	4 458.5	2 934.4	3 771.5	3 618.7	1 884.1	3 115.3	43.2
吉 林	3 862.1	2 530.4	3 118.9	3 379.4	1 815.6	2 952.0	44.0
黑龙江	4 268.2	2 508.9	3 700.1	3 863.9	1 661.7	3 482.4	40.7
上 海	7 227.2	6 653.9	6 936.3	6 931.0	5 669.6	6 642.3	35.3
江 苏	5 202.5	4 239.3	4 652.7	3 858.6	2 704.4	3 393.3	41.4
浙 江	6 666.8	5 389.0	6 316.0	5 906.5	4 285.1	5 617.0	38.2
安 徽	2 842.6	2 127.5	2 255.3	2 378.8	1 596.3	1 928.7	46.0
福 建	4 640.1	3 733.9	4 158.4	3 737.9	2 715.5	3 449.7	45.0
江 西	3 181.0	2 457.5	2 542.6	2 731.1	1 907.6	2 152.5	51.7
山 东	4 482.2	3 150.5	3 887.3	3 521.4	2 133.2	3 087.8	41.8
河 南	3 036.2	2 235.7	2 228.3	2 320.2	1 444.5	1 885.3	45.9
湖 北	3 378.8	2 566.8	2 560.5	2 755.3	1 801.6	2 128.0	51.7
湖 南	3 515.5	2 532.9	2 867.0	3 184.3	2 139.2	2 607.8	51.9
广 东	4 946.7	4 054.6	4 376.9	3 888.4	2 927.4	3 418.5	47.9
广 西	2 916.2	2 094.5	2 323.2	2 631.3	1 751.2	2 122.9	51.3
海 南	3 428.7	2 588.1	2 880.3	2 502.1	1 644.8	2 000.2	57.6
重 庆	2 922.1	2 214.6	2 019.6	2 333.9	1 583.3	1 672.0	52.5
四 川	3 255.8	2 229.9	2 327.8	2 828.4	1 747.0	1 985.9	53.9
贵 州	2 147.3	1 564.7	1 463.6	1 840.5	1 185.2	1 213.3	56.9
云 南	2 554.4	1 697.1	1 709.8	2 320.4	1 405.7	1 616.5	53.0
西 藏	1 973.2	1 691.0	1 287.6	1 434.3	1 030.1	939.0	65.0
陕 西	2 281.0	1 675.7	1 849.7	2 189.1	1 455.4	1 923.0	39.3
甘 肃	2 336.8	1 673.1	1 644.2	2 053.2	1 336.9	1 611.7	43.9
青 海	2 410.0	1 794.1	1 740.3	2 286.7	1 563.2	1 679.4	49.6
宁 夏	3 268.0	2 043.3	2 624.5	3 029.8	1 637.1	2 457.3	41.5
新 疆	3 564.1	2 106.2	2 930.4	3 082.8	1 465.3	2 599.4	45.5

注:本表现金收支不含储蓄借贷。

20－8 各省(市、区)农林牧渔业总产值及增长速度

(2003年)

地区	农林牧渔业总产值(亿元)	#农业	#林业	#牧业	#渔业	农林牧渔业总产值比上年增长(%)
全国	**29 691.8**	**14 870.1**	**1 239.9**	**9 538.8**	**3 137.6**	**3.9**
北京	246.8	88.8	13.5	125.5	10.2	4.1
天津	213.9	88.2	1.6	77.2	26.4	6.9
河北	1 956.9	958.3	41.3	820.6	57.7	6.3
山西	403.6	249.5	20.4	111.9	2.0	4.7
内蒙古	666.4	336.0	47.9	267.1	4.9	6.2
辽宁	1 215.0	497.3	38.4	422.0	224.0	7.1
吉林	792.1	438.3	33.8	298.4	13.6	6.3
黑龙江	903.3	502.9	59.1	294.2	23.1	3.0
上海	247.3	98.2	13.1	81.1	49.2	1.1
江苏	1 952.2	981.2	31.5	458.9	371.6	1.0
浙江	1 184.0	529.4	65.7	233.0	337.1	4.2
安徽	1 305.4	617.9	73.4	443.5	129.7	-6.0
福建	1 151.2	466.8	79.3	237.3	351.9	3.7
江西	841.6	383.7	70.5	254.0	118.5	2.7
山东	2 902.5	1 599.3	53.7	831.3	370.0	5.5
河南	2 193.1	1 137.7	69.1	835.9	23.3	-2.0
湖北	1 342.1	733.4	34.8	383.7	170.4	5.3
湖南	1 453.0	671.7	81.7	575.1	97.0	3.7
广东	1 908.7	851.7	55.7	482.8	432.7	3.8
广西	1 030.9	500.8	53.8	342.8	115.5	4.3
海南	380.0	152.7	53.3	64.8	103.1	9.0
重庆	488.6	270.1	14.6	177.6	18.3	6.7
四川	1 784.5	804.7	59.3	832.3	53.3	6.2
贵州	466.7	275.5	25.9	139.5	6.1	5.4
云南	799.3	433.9	73.2	242.5	16.6	6.6
西藏	58.6	25.3	5.3	27.1	0.0	5.0
陕西	535.0	334.4	26.8	145.6	4.5	6.4
甘肃	400.8	275.8	19.8	93.9	1.0	5.9
青海	76.9	29.7	2.6	40.7	0.1	3.0
宁夏	103.4	54.1	7.5	36.4	2.6	6.0
新疆	688.3	482.8	13.7	162.0	3.2	6.3

注:本表绝对数按当年价格计算,增长速度按可比价格计算。

20-9 各省(市、区)社会消费品零售总额

单位:亿元

地　　区	1998年	1999年	2000年	2001年	2002年	2003年
全　国	**29 152.5**	**31 134.7**	**34 152.6**	**37 595.2**	**42 027.1**	**45 842.0**
北　京	1 167.2	1 313.3	1 443.3	1 593.5	1 673.3	1 916.7
天　津	587.1	657.3	736.6	832.7	831.8	922.3
河　北	1 332.6	1 458.8	1 613.9	1 778.3	1 968.3	2 177.9
山　西	547.1	587.1	629.1	679.9	641.4	729.3
内蒙古	399.5	437.4	484.0	537.3	599.0	726.8
辽　宁	1 568.7	1 696.1	1 847.6	2 034.9	2 074.9	2 330.8
吉　林	680.4	734.0	810.9	909.1	1 008.1	1 110.3
黑龙江	949.7	1 016.2	1 094.0	1 198.9	1 250.4	1 376.5
上　海	1 471.0	1 590.4	1 722.3	1 861.3	2 035.2	2 220.6
江　苏	2 238.0	2 394.1	2 604.1	2 869.0	3 138.1	3 566.5
浙　江	1 909.1	2 075.8	2 298.8	2 555.5	2 847.7	3 157.1
安　徽	924.8	979.1	1 054.3	1 142.8	1 212.4	1 331.2
福　建	1 132.5	1 246.3	1 372.8	1 499.5	1 538.7	1 740.4
江　西	605.1	650.5	704.9	763.3	826.3	923.2
山　东	2 127.2	2 310.1	2 545.9	2 834.9	3 222.5	3 936.5
河　南	1 496.2	1 616.0	1 786.7	1 979.8	2 189.8	2 426.4
湖　北	1 481.4	1 617.1	1 789.4	1 975.2	2 129.4	2 358.7
湖　南	1 125.3	1 229.2	1 364.7	1 511.1	1 638.6	1 816.3
广　东	3 316.3	3 656.0	4 071.9	4 515.3	5 013.6	5 606.0
广　西	733.9	791.3	859.2	935.9	764.5	857.7
海　南	147.9	157.7	172.5	187.5	172.8	191.6
重　庆	553.7	596.3	643.4	699.3	763.1	835.5
四　川	1 298.6	1 382.6	1 523.7	1 680.4	1 850.1	2 091.1
贵　州	289.9	313.8	343.7	378.0	416.2	458.8
云　南	500.1	539.0	583.2	655.4	711.3	782.5
西　藏	35.0	37.9	42.9	49.0	53.4	58.3
陕　西	518.8	557.1	607.6	665.1	728.2	853.2
甘　肃	303.7	331.6	362.7	395.4	433.5	474.6
青　海	70.6	75.2	82.1	90.4	92.1	102.7
宁　夏	77.2	82.7	90.2	98.9	104.9	120.8
新　疆	327.5	347.4	374.5	406.3	378.9	421.2

注:1.社会消费品零售总额按当年价格计算。
2.各地区相加不等于全国总计,原因是全国数据进行了修正。

2003年江西统计工作大事记

1月16日 在省第十届人民代表大会第一次会议上，省统计局副局长孙菊生被选为第十届全国人大代表，并于3月2日随江西省代表团赴北京出席第十届全国人大代表大会。

1月23—24日 全省统计局长会议在南昌召开。会议全面贯彻党的十六大精神，认真传达学习朱镕基总理、温家宝副总理在国家统计局考察工作时的重要讲话和全国统计局长会议精神，总结交流了2002年全省统计工作，研究部署了2003年工作任务。省委副书记、常务副省长吴新雄发表了书面讲话。

2月21—22日 全省农调队长会议在南昌召开。省政府副省长危朝安代表省政府亲临会议并作重要讲话，原国家统计局新闻发言人、综合司司长叶震专程到会指导。

2月22日 省委任命王建农为省统计局党组书记。

3月12日 省政府任命王建农为省统计局局长。

4月4日 省统计局举行了隆重的三支调查队新办公大楼揭牌仪式。国家统计局纪检组长章国荣、财基司副司长刘长松、城调总队总队长黄朗辉、企调总队总队长宋跃征、农调总队副总队长徐志全等一行8人专程赴赣出席揭牌仪式。

4月4日 全省首次统计系统纪检监察工作会议在南昌召开。国家统计局纪检组长章国荣莅会指导。

6月27日 省统计局全面推行全员目标管理考核责任制。

7月至11月 在省政府领导下，我局开展了由省民主评议行风领导小组组织的政务环境评议评价工作，取得了优良成绩。

8月15日 省委副书记、常务副省长吴新雄专程到省统计局视察工作，与省统计局领导和部分单位负责人进行座谈，并作重要讲话。

9月25—30日 国家统计局局长李德水、纪检组长章国荣一行7人赴我省考察调研。在赣考察期间，李德水局长先后到省统计局、五个设区市统计局及三个县级统计局调研，省委书记孟建柱，省委副书记、省长黄智权，省委常委、省委秘书长陈达恒，省委常委、南昌市委书记余欣荣，省政府秘书长魏小琴，省政府副秘书长姚木根，以及所到市、县的党政主要领导会见了李德水局长一行。

11月7日 省政府在南昌市召开全省统计工作会议。会议的主要内容是，认真贯彻"三个代表"重要思想，全面贯彻十六届三中全会精神，动员和部署新形势下的全省统计工作。会议由省政府助理巡视员朱希主持，各设区市分管统计工作的副市长、统计局长，省直有关单位分管统计工作的厅局领导及负责统计工作的职能处室负责人，省统计局处以上领导干部230余人参加了会议。省委副书记、常务副省长吴新雄出席会议并作了重要讲话，省统计局局长王建农就做好新时期的统计工作进行了部署，南昌市政府、赣州市政府、省外经贸厅的分管领导分别作了典型发言。

11月17日 经国家统计局党组研究决定，把江西省统计局井冈山统计干部培训基地列为全国统计干部革命传统教育基地。

12月16日 我省2002年投入产出调查工作全面结束，该项工作获得了国家统计局的奖励。

12月25日 省政府转发《国务院关于开展第一次全国经济普查的通知》（国发[2003]29号），就我省开展第一次全国经济普查工作进行了统一部署。

中国统计出版社最新统计资料书简目

中国统计年鉴 –2004
中国统计摘要 –2004
2004 中国发展报告
中国城市统计年鉴 –2003
中国农村统计年鉴 –2004
中国劳动统计年鉴 –2004
中国人口统计年鉴 –2004
中国工业经济统计年鉴 –2004
中国市场统计年鉴 –2004
2003 中国城市发展报告
中国建筑业统计年鉴 –2003
中国价格及城镇居民家庭收支调查统计年鉴 –2004
国际统计年鉴 –2004
中国对外经济贸易统计年鉴 –2003
中国基本单位统计年鉴 –2003
中国民政统计年鉴 –2004
中国高技术产业统计年鉴 –2004
中国房地产行业名录

北京统计年鉴 –2004
天津统计年鉴 –2004
河北经济年鉴 –2004
山西统计年鉴 –2004
内蒙古统计年鉴 –2004
辽宁统计年鉴 –2004
吉林统计年鉴 –2004
黑龙江统计年鉴 –2004
上海统计年鉴 –2004
江苏统计年鉴 –2004
浙江统计年鉴 –2004
安徽统计年鉴 –2004
福建统计年鉴 –2004
江西统计年鉴 –2004
山东统计年鉴 –2004
河南统计年鉴 –2004
湖北统计年鉴 –2004
湖南统计年鉴 –2004
广东统计年鉴 –2004
广西统计年鉴 –2004
海南统计年鉴 –2004
重庆统计年鉴 –2004
四川统计年鉴 –2004
贵州统计年鉴 –2004
云南统计年鉴 –2004
西藏统计年鉴 –2004
陕西统计年鉴 –2004
甘肃年鉴 –2004
青海统计年鉴 –2004
宁夏统计年鉴 –2004
新疆统计年鉴 –2004
新疆生产建设兵团统计年鉴 –2004
石家庄统计年鉴 –2004
唐山统计年鉴 –2004
邯郸统计年鉴 –2004
呼和浩特经济统计年鉴 –2004
鄂尔多斯市统计年鉴 –2004
包头统计年鉴 –2004
赤峰统计年鉴 –2004
沈阳年鉴 –2004
大连统计年鉴 –2004
鞍山统计年鉴 –2004
长春统计年鉴 –2004
吉林市社会经济统计年鉴 –2004
四平统计年鉴 –2004
延吉统计年鉴 –2004
哈尔滨统计年鉴 –2004
齐齐哈尔经济统计年鉴 –2004
牡丹江统计年鉴 –2004
大庆统计年鉴 –2004
黑龙江垦区统计年鉴 –2004
上海浦东新区统计年鉴 –2004
南京统计年鉴 –2004
苏州统计年鉴 –2004
无锡统计年鉴 –2004
常州统计年鉴 –2004
徐州统计年鉴 –2004
南通统计年鉴 –2004
盐城统计年鉴 –2004
镇江统计年鉴 –2004
杭州统计年鉴 –2004
宁波统计年鉴 –2004
绍兴统计年鉴 –2004
台州统计年鉴 –2004
舟山统计年鉴 –2004
温州统计年鉴 –2004
金华统计年鉴 –2004
嘉兴统计年鉴 –2004
丽水统计年鉴 –2004
福州年鉴 –2004
厦门经济特区年鉴 –2004
福州经济技术开发区年鉴 –2004
南昌经济社会统计年鉴 –2004
九江经济统计年鉴 –2004
济南统计年鉴 –2004
青岛统计年鉴 –2004
潍坊统计年鉴 –2004
郑州统计年鉴 –2004
洛阳统计年鉴 –2004
三门峡统计年鉴 –2004
平顶山统计年鉴 –2004
南阳经济统计年鉴 –2004
武汉统计年鉴 –2004
宜昌统计年鉴 –2004
十堰统计年鉴 –2004
荆州统计年鉴 –2004
广州统计年鉴 –2004
东莞统计年鉴 –2004
惠州统计年鉴 –2004
深圳统计年鉴 –2004
南宁统计年鉴 –2004
桂林经济社会统计年鉴 –2004
柳州经济统计年鉴 –2004
来宾统计年鉴 –2004
河池地区经济社会统计年鉴 –2004
海口统计年鉴 –2004
成都统计年鉴 –2004
贵阳统计年鉴 –2004
昆明统计年鉴 –2004
西安统计年鉴 –2004
兰州年鉴 –2004
西宁统计年鉴 –2004
银川统计年鉴 –2004
乌鲁木齐统计年鉴 –2004
巴音郭楞统计年鉴 –2004
吐鲁番统计年鉴 –2004

编辑部电话：(010)63262276 63266600 –30607
欲购以上图书请与中国统计出版社发行部联系。电话：(010)63459084 同样行书店电话：68585978
通讯地址：北京市西城区三里河月坛南街75号。邮政编码：100826

抚州市盐业总公司

2003年抚州市盐业公司在认真学习党的十六大精神，全面贯彻落实"三个代表"的重要思想，坚定不移执行总公司"一个中心、两个关键"的工作目标，公司领导班子始终牢记"为民高于一切，创新重于一切，发展决定一切"的宗旨，公司上下讲团结、顾大局、比奉献、议发展，经过上下共同努力工作，取得了可喜的成绩。一年来复合膜小包装食盐销售较去年提高25%，质量和服务得到明显改善，质量和服务问题的投诉率为零。抚州市盐业公司因此被当地工商、质检部门授予"质量信得过企业"的光荣称号，由于我们在抓好业务工作的同时，注重企业文化建设，努力创造一个干事、谋事的好环境，员工的素质普遍提高，综合治理工作进一步加强，党风廉政建设和精神文明建设，特别是干部队伍作风建设得到重视并取得新的成效，生产经营秩序明显好转，运行质量明显提高，效益增长，各项目标任务取得明显提高，据统计：全年完成食盐购进10000吨，为年计划的100%。

全年销售9600吨，为年计划100%，与去年同期相比略有增长，其中复合膜小包装食盐销售7000吨，与去年5769吨相比，提高1231吨，库存3739吨，为年计划123%，实现利税111.5万元，完成计划的100%，资金回笼率100%，合格碘盐食用率、碘盐覆盖率和食盐复合膜小包装普及率达到98%以上，公司党支部被授予"先进支部"，单位被评为"文明单位"。

一、众志成诚抗击"非典"，确保抚州食盐市场供应

在抗击"非典"的战役中，抚州连续两次出现食盐的抢购风，由于领导重视，措施得力，信息把握准确，迅速地平息了抢购风波，群众满意。

二、进一步加大监管力度，确保市场平稳有序

坚持查、防、打并举的原则，坚持走综合治理之路，加强联合执法，建立长效管理机制，始终对犯罪分子保持高压严打的态势；其次，坚持日常监督，专项检查，集中治理并举，全方位进行拉网式对市场进行检查。重点地区长期派人不间断检查，"非典"过后我们立即恢复对边界地区的堵查。

三、把"钉子户、难缠户"作为打击重点，申请司法公安机关介入进行打击，2003年治安拘留3人，追回应交罚款5000元，维护了盐业法规的尊严

四、宣传盐业法规。全市各级盐业部门通过电视、电台、报纸、政务宣传栏等多种形式，反复宣传盐业法规，同时我们也十分加强队伍建设，提高盐政执法人员素质。在队伍管理方面，始终以"外树形象，内强素质"为主题的教育。使盐政人员的素质普遍得到了提高，保证为食盐专营保好驾。

五、以提高小包装质量为总抓手，打造诚信盐业新形象

抚州市盐业公司切实把提高小包装产品质量工作落实到实处，进一步健全质量保证体系，认真落实质量责任制，严把质量关，批发部严格按照国家标准制定各项实施细则，使每一道工序有章可依，我们的小包装合格率为100%。就连质监部门不得不信服地说，"你们做的非常过硬"。

其次，向社会公开质量服务承诺制度。及时地向社会公示各类盐产品的产地、价格、用途、标准等，要为用户提供优质服务，让消费者买得放心、用得满意。

新的一年即将来临，让我们高举邓小平理论的伟大旗帜，团结在以胡锦涛为总书记的党中央周围，认真贯彻落实好"三个代表"重要思想，与时俱进、同舟共济，为把抚州盐业做强做大而努力工作。

赣州市邮政局

2003年，赣州市邮政局辖18个县（市）局，邮政从业人员2522人，其中在岗职工1124人，其中本科学历为62人，占5.52%；专科学历为187人，占16.64%；中专学历为197人，占17.53%；高中以下学历678人。全局共有管理人员及专业技术人员372人，享有初级职称者有121人，占10.77%；中级职称者有8人，占1.60%；高级职称者有2人。安排社会下岗职工和待业青年1398人，减轻了社会就业压力，增加了就业渠道，为维护社会稳定作出了贡献。

全局在经营工作上一是实现了三个“到位”：从市局到县局一把手都把主要精力放在狠抓经营工作上，副职分管几项经营几项经营工作，真正实现了以经营为中心开展各项工作，确保了领导精力到位、发展政策到位、业务宣传到位，同时加强了市对县局经营工作的指导，实现了一体化经营。全局以“发展、创新、调整、落实”八字方针为指导，注意把握好“调整与发展，继承与创新，细分与规模，成本与效益”四个关系，“提速、全面、超前、务实”地开展各项工作，大力调整业务结构，积极发展长效和高效业务，在调整中发展，以发展促调整。

二是健全了大客户营销体系。明确了机构，成立了大客户管理部和专业大客户管理与营销部；落实了人员，建立了50多人组成的赣州邮政营销队伍；强化了“三E”管理（每月工作计划、每周工作小结、每天工作日志）；量化了考核，较好地拓展了业务。2003年全市三类以上大客户用邮收入达2035.48万元，同比增长54.36%，占邮政总收入（剔除储汇收入）的25.26%。三类以上大客户数达326户，比上年增加79户，同比增长31.98%，超额完成省局下达的增长10%的目标。其中年收入30万以上的特等大客户达到4户，比上年增加了2户，一类大客户达到32户，比上年增加15户，二类大客户50户，比上年增加17户，三类大客户244户，比上年增加47户，全局大客户服务综合满意度在全省排名第三，我局客户经理满意度列全省第一。

三是扩大了传统业务内涵。包裹业务结构良好。突出发展快递包裹，快包收入增长75%，占包裹收入的比重达74.8%，快包业务量增长56.27%，保持了在全省的优势地位。

四加快了新型业务发展.代理保险实行了“五个到位”。各局按照“认识到位、培训到位、宣传到位、人员到位、奖罚到位”的要求，狠抓柜台营销和专职营销，有力促进了该项业务的发展。全局代收保费超1个亿，增长33倍，兼业代理市场占有率达51.36%，绝对值居全省第2位；实现手续费收入431万元，绝对值居全省第2位。于都局代收保费突破千万元，绝对值挤入全省县市局前十名。大余局提前半年完成了市局下达的代理保险业务计划。

五是加大了多种经营力度。鸿宇公司运作良好。公司下属的印刷公司、装饰公司都具备了一定的市场竞争能力。

结合两个文明建设，在全局真正形成了承诺服务、规范服务和优质服务的良好风尚。

赣州市烟草专卖局（分公司）

赣州市烟草专卖局（分公司）成立于1984年8月，受省烟草专卖局（公司）和市委、市政府的双重领导，对全市烟草业务实行专卖、专营。

近年来，市烟草专卖局（分公司）先后被评为“全国烟草系统‘打假’工作先进集体”、“全国烟草专卖管理先进单位”，“全国烟草专卖管理工作先进集体”，连续三年被赣州市评为“文明单位”，在全省烟草系统的年度管理综合考评中，连续多年名列前茅。

2003年，市烟草专卖局（分公司）稳步推进企业组织结构调整，大力开展人事制度改革，加强企业内部管理，继续狠抓销售结构调整、网络建设、专卖管理和烟叶生产，积极抓好队伍和精神文明建设，推动了企业的全面发展，全市系统共销售卷烟17.04万箱，同比增长12.84%；销售本地产卷烟9.3万箱，其中赣南卷烟厂卷烟6.76万箱，兴国卷烟厂卷烟2.54万箱，占两厂生产总量的51%；实现利润达1.0012亿元，同比增长38%，首次突破亿元大关；上缴各种税金9646万元，为赣州市财政增长和地方经济的发展作出了积极的贡献，在全省烟草系统目标考核中获得一等奖。

吉安市石油分公司

中国石油化工股份有限公司江西吉安石油分公司是中国石化股份有限公司直属的国有销售企业，负责成品油资源的储运、经营和管理。公司机关设置“六部一室”、下辖十一个县(市)支公司(经营部)，拥有4座油库，库容量达3万余立方米，118座加油站，年销量20余万吨。现有员工1030人。河东铁路油库、袍田油库已形成全自动化付油、电脑监控、油气可燃气体报警、液位监控于一体的自动化工作系统，如今已成为全省科技含量高，现代化设施齐全的园林式现代化油库。公司日常管理实现信息网络化办公和资源共享，其业务销售、财务统计、信息传输等全部纳入计算机网络管理。公司在省石油总公司和吉安市委、市政府的正确领导下，进一步解放思想，更新观念，一如既往地坚持“用户至上、信誉第一、优质服务”的经营宗旨和“规范、严谨、诚信”的经营准则，竭诚为全国新老用户服务，为吉安经济的腾飞和国民经济发展作出新的更大贡献。

弋阳县房地产管理局

在县委、县政府的正确领导下，在市房管局大力支持和指导下，认真学习“三个代表”重要思想，切实贯彻执行《中华人民共和国城市房地产管理法》，求新思变，齐心协力，锐意进取，使我县房地产业继续保持健康、快速发展势头、局各项经济、业务指标超额完成，精神文明建设和行政规章建设不断完善和规范，职工工作热情和业务操作能力不断提高。在积极落实好政府经济发展、体制改革政策的同时，也树立了房地产人新形象。

规范了房地产开发行为。目前，我县共有房地产开发企业12家，2003年全县房地产开发完成投资1亿多元，开发面积10.2万平方米，竣工8.12万平方米，分别比去年同期增长12%、16.7%、48%，人均住宅面积达21平方米，为规范房地产市场秩序，我们主要做到：一是把好房地产开发市场准入关，严厉查处和取缔违规开发、无证开发行为，对开发企业资质申报和年检，在资金、技术人员、项目情况等方面认真审查。二是加强房地产开发项目监督，严格执行房地产开发项目资本金制度，即企业项目资本金占项目总投资比例不得低于20%，建立了房地产开发项目手册制度，有效保护预购人的合法权益，杜绝“烂尾”楼现象的发生。三是加强了商品房预售管理，实行了《商品房预售许可证》和《住宅质量保证书》、《住宅使用说明书》制度，其执行比例达100%，推行了商品房买卖合同示范文本，规范企业销售行为。四是加强商品房质量监督管理，实行商品房竣工综合验收制度，未经综合验收的房地产项目一律不准交付使用。

房地产交易与权属登记工作得到了加强。在房地产权属登记中，我局切实提高服务质量，改善服务态度，实行“三公开”制度。

规范了房地产中介机构中介行为。我县房地产评估机构自与主管部门脱钩以来，依法经营，持证上岗，科学评估，取得较好社会和经济效益，全年完成房地产评估702件，评估面积17.12万平方米，评估金额1.04亿元，并积极参与了县企业改制工作。

开展了物业管理工作。目前，我县共有物业企业4家，物业管理服务工作在我县尚属起步阶段，服务内容和范围仅在环卫、水电、车辆停放等方面提供有偿服务。

安全管理和白蚁预防治工作得到加强。我局直管公房172套，面积0.51万平方米。多数房屋属年久失修的老房、旧房、危房，安全管理一直是重点，今年成立了危房安全鉴定小组，落实责任，定期对公房进行安全鉴定，登记在册，该维修的及时维修，该拆的拆，确保了无安全事故发生。白蚁防治工作提倡以服务为主，要求工作人员深入现场，科学实施，签订合同，建立台帐，跟踪服务。

我局一直坚持以“管理促效益”，作风树形象。狠抓内部管理，实行挂牌上岗，向社会开展“承诺工程”，减化办事程序，改善服务态度，推出便民措施。认真开展了行风建设工作，今年成立行风建设领导小组，严格按照“六查六看”的要求查找自身问题。切实加强队伍素质建设，要求每个岗位都必须有资格上岗证。此外，积极发挥工、青、妇等组织的作用，关心职工生活和工作，组织开展了丰富多彩的文体活动。

今年继续深入学习贯彻“三个代表”重要思想，落实全国房地产工作会议精神，紧扣发展这个主题，进一步改变观念、完善管理、深化改革、优化房地产市场环境，为经济和社会发展作出新的贡献。

上饶县供电有限责任公司

1984年4月，经上饶县人民政府研究决定成立上饶县水电公司。1987年7月成立上饶县供电局。1999年4月，由江西省电力公司与上饶县人民政府共同出资组建上饶县供电有限责任公司。现有正式职工742人，聘用电工430人。公司设经理、书记1人，副书记1人，副经理3人，工会主席1人，专职党委委员1人，公司有9个职能科室，25个供电所，4个多种经营部门。现有110KV变电站1座，35kV变电站8座，10KV开闭所1个，110KV输配电线路10.3公里，35KV输电线路217.6公里，10KV配电线路1123公里。2002年，完成供电量1.6123亿千瓦时，售电收入6408.86万元，实现利润30.04万元，电费回收率100%。从1984年至今，公司（供电局）先后获得14项省部级荣誉，18项地厅级荣誉，80余项县处级荣誉。